Antonia Leugers

Interessenpolitik und Solidarität

Antonia Leugers

Interessenpolitik und Solidarität

100 Jahre Superioren-Konferenz

Vereinigung Deutscher Ordensobern

Verlag Josef Knecht · Frankfurt am Main

Herausgegeben von der
Vereinigung Deutscher Ordensobern (VDO)

Die Deutsche Bibliothek – CIP-Einheitsaufnahme

Leugers, Antonia:
Interessenpolitik und Solidarität : 100 Jahre Superiorenkonferenz – Vereinigung Deutscher Ordensobern / Antonia Leugers. Hrsg. v. der Vereinigung Deutscher Ordensobern. – Frankfurt am Main : Knecht 1999
ISBN 3-7820-0809-X

Umschlaggestaltung: Kiesewetter & Partner, Freiburg i. Br.
Umschlagmotiv: VDO-Logo

Satz: Fotosetzerei G. Scheydecker, Freiburg i. Br.
Druck und Bindung:
Verlagsdruckerei Schmidt, Neustadt a. d. Aisch 1999
Gedruckt auf umweltfreundlichem,
chlor- und säurefrei gebleichtem Papier
ISBN 3-7820-0809-X

Inhalt

ZWEITER TEIL
Die Superioren-Konferenz 1914–1918

DRITTER TEIL

Die Superioren-Konferenz/Superioren-Vereinigung 1919–1932

VIERTER TEIL
Die Superioren-Vereinigung 1933–1945

SCHLUSS

ANHANG

Vorwort des Herausgebers

Das einhundertjährige Jubiläum der *Vereinigung Deutscher Ordensobern* als weltweit erster und zum Modell gewordener Zusammenschluß von Entscheidungs- und Jurisdiktionsträgern klerikaler Ordensgemeinschaften bot den Anlaß, die Geschichte dieses Verbandes untersuchen zu lassen. Die Herausgeber sind der Autorin Dr. Antonia Leugers dankbar, dieses zeitlich knapp befristete Forschungsprojekt übernommen zu haben.

Die Realisierung des Vorhabens wäre der VDO, die ebensowenig an der Kirchensteuer partizipiert wie die Ordensgemeinschaften in Deutschland, ohne Finanzhilfen von außen nicht möglich gewesen. Zu danken ist deshalb vor allem den Vorständen der kirchlichen Banken in Deutschland (Liga Spar- und Kreditgenossenschaft Regensburg, Pax-Bank Köln, Bank im Bistum Essen, Darlehnskasse Münster und Bank für Kirche und Caritas im Erzbistum Paderborn), die mit großzügigen Zuschüssen einen erheblichen Teil der Kosten dieses Forschungsprojekts bis hin zur Veröffentlichung finanziert haben. Auch die *Vereinigung der Ordensoberinnen Deutschlands* und einige Frauenorden haben gemeinsam mit den Brüderorden in dankenswerter Weise bei der Finanzierung dieses Unternehmens mitgeholfen.

Den Herausgebern war es ein Anliegen, sich der eigenen Herkunft zu vergewissern, um Rückhalt und Dynamik zu gewinnen für die weitere Entfaltung solidarischen Handelns im Rahmen ihrer niemals nur binnenorientierten Interessenpolitik. Die VDO weiß sich jetzt um so mehr eingebunden in die Mitverantwortung für die Gestaltung der Kirchen- und Zeitgeschichte in unserem Land.

Bamberg, den 31. 12. 1998

P. Wolfgang Schumacher OCarm
Generalsekretär der VDO

Vorwort

Die vorliegende Geschichte der „Vereinigung Deutscher Ordensobern“ (1898–1998) bildet nicht den Abschluß der Forschungen zur 100-jährigen Verbandsgeschichte, sondern ihren entscheidenden Anfang. Neben der Auswertung der geschlossen überlieferten Akten 1946–1998 galt es zunächst einmal, die verschollenen Akten 1898–1945 aufzuspüren und den ehemaligen Bestand zu rekonstruieren. Für die freundlichen Auskünfte und nützlichen Hinweise habe ich den Mitarbeiterinnen und Mitarbeitern der verschiedenen Archive und Institutionen sehr zu danken. Einige Archive reagierten auf meine Rechercheanfrage leider nicht.

Nach der äußerst knapp bemessenen Zeit für das VDO-Forschungsprojekt kann nun eine aus den Quellen geschöpfte erste Beschreibung dieser Verbandsgeschichte im Überblick vorgelegt werden. Sie bewahrt sich noch die Lebendigkeit, die nicht selten das erste Opfer der folgenden wissenschaftlichen Analysen wird, die das Vorurteil nähren, als müßten Verbandsgeschichten, noch dazu katholische, langweilig sein. Dem ist keineswegs so.

München, den 31. 12. 1998 *Antonia Leugers*

Einleitung

Die versunkene 100-jährige Geschichte der „Superioren-Konferenz" – „Vereinigung Deutscher Ordensobern"

Bei kirchlich oder gesellschaftlich relevanten Ereignissen und in der Öffentlichkeit nicht selten kontrovers diskutierten Problemen erwartet man üblicherweise Stellungnahmen und Verlautbarungen zweier Institutionen aus dem katholischen Raum: Von seiten der Hierarchie äußert sich die Deutsche Bischofskonferenz, von seiten des Laienkatholizismus das Zentralkomitee der deutschen Katholiken. Unabhängig vom aktuellen Tagesgeschehen zählen die Frühjahrs- und Herbstvollversammlungen der Deutschen Bischöfe und die Katholikentage zu den von der Öffentlichkeit aufmerksam verfolgten Veranstaltungen. In den 150 Jahren, die seit dem ersten Katholikentag in Mainz und der ersten Konferenz der deutschsprachigen Bischöfe in Würzburg im Jahre 1848 vergangen sind, konnte sich dieses Wechselspiel zwischen interessierter kirchlicher und gesellschaftlicher Öffentlichkeit und den katholischen Institutionen Bischofskonferenz und Zentralkomitee/Katholikentag zu einem wirkungsvollen Faktor der öffentlichen und veröffentlichten Meinung herausbilden.

Die „dritte Kraft", die durch Exemtion und Priesterstand ihrer Mitglieder weder in der Ortskirche noch im Laienkatholizismus ihre adäquate Vertretung findet, ist hingegen in Kirche und Gesellschaft weitgehend unbekannt, ja ihre Repräsentanten wurden selbst im innerkirchlichen Raum bei offiziellen Anlässen unter den Geladenen zuweilen vergessen: die „Vereinigung Deutscher Ordensobern" (VDO) als Zusammenschluß der Höheren Obern der Priesterorden und -kongregationen mit Amtssitz in Deutschland. Die nunmehr 100 Jahre, auf die die 1898 als „Superioren-Konferenz" (SK) gegründete Ordensobern-Vereinigung (seit 1927 „Superioren-Vereinigung" SV, seit 1946 VDO) „erst" zurückblicken kann, dürfte als Begründung für ihre vergleichsweise Unscheinbarkeit in den Medien heute kaum herangezogen werden können. Die SV-Satzung von 1936 versuchte das Besondere dieser Institution mit der Formel zu umschreiben, als freier Zusammenschluß höherer kirchlicher Obern bilde die SV „keinen Verein im gewöhnlichen Sinne"[1].

---

[1] Satzungen der Superioren-Vereinigung 1936. AVDO, DPB.

Die VDO-Geschichte, so die naheliegende Schlußfolgerung, wird demgemäß auch keine gewöhnliche Vereins- und Verbandsgeschichte aus dem katholischen Spektrum sein, deren Relevanz und Wirksamkeit sich an der Präsenz der VDO in den Medien heute ablesen ließe. Das vorliegende Buch befaßt sich erstmals mit der Geschichte dieser Institution[2].

Zu den Besonderheiten der VDO zählt das Fehlen eigener Rückbesinnungen auf die historische Entwicklung und Bedeutung der Vereinigung. Schon die frühesten Daten, die den Anlaß hierzu hätten bieten können – das 25-jährige Bestehen im Jahre 1923 und das 50-jährige Jubiläum im Jahre 1948 – erwiesen sich als äußerst ungünstig. 1923 trat der 2. Generalsekretär der SK sein Amt mitten in der Inflationszeit an und war mit der Errichtung des SK-Büros in Berlin beschäftigt. 1948 war die erweiterte Organisation der VDO am neuen Amtssitz Köln noch immer im Aufbau begriffen. Die Quellen von 1898–1945 aus dem früheren Generalsekretariat in Berlin galten als verschollen. Die eigene Geschichte versank. Erst das 100-jährige Jubiläum 1998 bot den Anlaß, Rettungsversuche zu ihrer Rekonstruktion zu unternehmen. Es zeigte sich bald, daß diese Geschichte alles andere als unscheinbar ist. Sie reicht von den Auseinandersetzungen im Kaiserreich zwischen den missionierenden Ordensobern und den päpstlichen Werken zur Glaubensverbreitung bis zu medienwirksam inszenierten Veranstaltungen der Superioren mit Regierungsvertretern in der Zeit der Weimarer Republik, vom konspirativen Widerstand von SV-Vorstandsmitgliedern im „Ausschuß für Ordensangelegenheiten“ gegen das nationalsozialistische Regime bis zur Konstituierung des „Solidarwerk der katholischen Orden Deutschlands“ als Sicherung bei der Versorgung der alten und nicht mehr arbeitsfähigen Ordensleute. Die 100-jährige Geschichte der VDO kennt brisante Konflikte im innerkirchlichen Raum seit dem Kaiserreich, um den Pluralismus im Missionswesen zu wahren, die bedenkliche Nähe zur Politik, um die eige-

---

[2] Der 2. Generalsekretär A. Sinnigen veröffentlichte 1931 eine „Geschichtliche Darstellung der in der Superioren-Vereinigung zusammengeschlossenen Orden und Kongregationen“, deren Ziel allerdings nicht die Beschreibung der Institutionsgeschichte der SV, sondern die Darstellung ihrer Mitglieder war. Vgl. von den Generalsekretären der SV/VDO die jeweiligen LThK-Artikel: A. Sinnigen, Superioren-Vereinigung; K. Siepen, Vereinigung Deutscher Ordensobern; W. Schumacher, Superiorenkonferenzen. Zu den Generalsekretären Schwager, Sinnigen, Braun, Flesch, Siepen vgl. K. Müller, Friedrich Schwager; M. Kassiepe, Zur Erinnerung; A. Leugers, Dominikanische; K. Siepen, P. Josef Flesch; W. Brachthäuser, Nachruf; K. Meyer, P. Dr. Karl Siepen. Vgl. weitere kürzere Überblicke von K. Siepen zur Geschichte: K. Siepen, Die Konferenzen; Ders., Die Superioren-Konferenz und das Missionsärztliche Institut; Ders., Die „Vereinigung Deutscher Ordensobern“; Ders., Zusammenschlüsse; Deutscher Katholischer Missionsrat (Broschüre). Zu den neueren Forschungen vgl. A. Leugers, Gegen; Dies., Die Superioren-Vereinigung 1933–1945; Dies., Die Vereinigung Deutscher Ordensobern.

nen Interessen durchzusetzen, den gefährlichen Einsatz gegen das Unrechtsregime, um verfolgten Menschen zu helfen, und die konstruktive Lösung für die vom modernen Staat gestellten versicherungsrechtlichen Probleme, um auch am Ende des 20. Jahrhunderts die eigene Lebensform der Orden zu behaupten. Diese versunkene Geschichte mußte durch Quellenrecherchen zunächst einmal „gehoben" werden.

Quellenlage

Der entscheidende Bruch in der Überlieferung der Akten vollzog sich 1945. Seit 1923 hatte sich das Generalsekretariat der SK/SV unter den Generalsekretären P. Ansgar Sinnigen OP (1923–1940) und P. Odilo Braun OP (1940–1945) in Berlin neben dem Dominikanerkloster St. Paulus in der Oldenburgerstraße 47 befunden. Sinnigen hatte vom scheidenden 1. Generalsekretär, P. Friedrich Schwager SVD (1919–1923), Akten aus Hangelar erhalten. Die Einrichtung einer Geschäftsstelle im Jahr 1919 durch Schwager verdeutlicht allerdings schon, daß für die Zeit von 1898–1919 keine geschlossene Aktensammlung bestanden hatte. Sinnigen versuchte später diese Lücken durch Rundfragen bei den Mitgliedern mit der Bitte um leihweises Überlassen von Akten aus den Anfangsjahren zu schließen. 1929 bemerkte er, er habe die Protokolle und anderes Material bis auf weniges zusammengebracht. Somit ist davon auszugehen, daß es nie eine gesicherte Überlieferung seit der Gründung der SK gegeben hat. 1929 erstellte Sinnigen einen ersten knappen statistischen Überblick über die Konferenzen seit 1898 nach Terminen, Orten, Mitgliedern und Verhandlungsgegenständen[3]. Die Überprüfung anhand der neueren Nachforschungen ergab jedoch merkliche Unstimmigkeiten in den Angaben.

Sinnigen selbst war während seiner Amtszeit bemüht, das Generalsekretariat auszubauen. Über den Umfang gibt es nur einige Anhaltspunkte in den Quellen. 1928 erwähnte er, die Bibliothek des Generalsekretariats zähle 150–200 Bände und mindestens ebenso viele kleine Schriften und Broschüren, eine Sammlung von Zeitschriften mit 170 Bänden, zudem eine Sammlung von Zeitungsausschnitten, einen Verfasser-, Sach- und Standortkatalog. Sinnigen legte ein Journal für Briefeingänge und -ausgänge sowie

[3] Vgl. A. Sinnigen, Aus der Geschichte der Superioren-Vereinigung 1898–1929, 1929. AVDO; vgl. die ebenfalls teilweise fehlerhaften Angaben über Jahr, Datum, Ort, Teilnehmer und Vorsitz bei: A. Sinnigen, Verzeichnis der bisherigen Superioren-Konferenzen 1898–1939 [22. 8. 1939]. AMS, VIIJII.

ein Fremdenbuch für die Besucher des Generalsekretariats an. Die Korrespondenz fülle, so Sinnigen 1934, schon an die 200 Ordner.

Das alles galt als verschollen. Ein Bericht aus dem Jahr 1952 erklärt ohne nähere Quellenangabe, die Akten seien 1943 beschlagnahmt worden und wahrscheinlich bei der Zerstörung und Besetzung von Berlin unauffindbar verlorengegangen[4]. Doch von einer Beschlagnahmung von Akten im Jahr 1943 findet sich nichts in den noch erhaltenen Berichten des damaligen Generalsekretärs Braun[5]. Eine Beschlagnahmung der Unterlagen durch die Gestapo nach Brauns Verhaftung und nach der Verhaftung seiner Sekretärin Aenne Vogelsberg am 27. 10. 1944 wäre plausibel, ist allerdings auch nicht überliefert. Braun kehrte nach seiner Entlassung aus dem Gefängnis am 12. 2. 1945 wieder in die Oldenburgerstraße zurück, wo sich auch schon seine Sekretärin seit ihrer Freilassung am 26. 1. 1945 befand. Vogelsberg entschloß sich am 8. 5. 1945 zur Flucht in den Westen. Braun wohnte die meiste Zeit bei der Familie einer Jugendfreundin in Berlin, Am Heidehof, und war seelsorglich tätig. Das Büro wurde aufgelöst, wahrscheinlich, um wohnungslosen Menschen als Unterkunft zu dienen, und die Akten wurden vermutlich in das nahegelegene Dominikanerkloster St. Paulus gebracht. Im ungünstigsten Fall wurden sie dort vergessen, Teile verrotteten oder wurden weggeworfen, vielleicht erfüllten sie auch in der Nachkriegsnot schlicht einen letzten, wenigstens nicht ganz jeglichen Sinnes leeren Dienst als Heizmaterial. Dies sind allerdings lediglich Vermutungen. Festzustellen bleibt: Es hat sich offenkundig in der unmittelbaren Nachkriegszeit niemand verantwortlich darum gekümmert, die Akten der SK/SV 1898–1945 zu sichern. Von seiten der VDO, die in Köln ihr Generalsekretariat neu aufbaute, befragte wohl auch niemand den letzten Generalsekretär Odilo Braun nach dem Verbleib der Akten. P. Paul Obergarz SJ (1946–1953) bat 1951 die Obern, ihm „etwa vorhandenes Material“ zu überlassen, da er aus der Zeit vor 1945 „nur ein einziges Dokument von 2–3 Seiten“ besitze[6]. Da Braun erst im Jahr 1981 starb, hätte sich die Möglichkeit seiner Befragung immerhin später noch ergeben können, doch sie wurde auch vom 6. Generalsekretär, P. Karl Siepen CSsR, der von 1962–1989 das Amt bekleidete, nicht ergriffen.

---

[4] Vgl. Bericht über die Vereinigung Deutscher Ordensobern, 19. 3. 1952. Darauf beruhend auch: Bericht über die Vereinigung Deutscher Ordensobern. Zusammengestellt für die Tagung der Landesorganisation der Ordensgemeinschaften in Rom (8.–14. 12. 1957), 20. 11. 1957. Vgl. auch den Bericht aufgrund der „spärlichen Akten“ von Prov. H. Hack CSSp, 60 Jahre „Vereinigung Deutscher Ordensobern“, 1958. AVDO.

[5] Zum NL Braun, zu seiner Tätigkeit als Generalsekretär und zu A. Vogelsberg vgl. A. Leugers, Gegen.

[6] VDO-Protokoll, 1951. AVDO.

Siepen übernahm in seinem Artikel von 1964 über die VDO „nach Akten und Berichten des Generalsekretariats“ die Version, die Akten des Berliner Generalsekretariats seien beschlagnahmt worden[7]. Er konnte damals für die Anfangszeit der SK/SV nur auf spärliches Material zurückgreifen, wie er schreibt. Im Oktober 1980 erhielt Siepen vom Archiv der Kölnischen Franziskanerprovinz Mönchengladbach „Material über die Superiorenkonferenz, das für die Geschichte der Superiorenkonferenz in der Zeit zwischen den beiden Weltkriegen sehr wichtig ist“[8]. Dazu zählten Altakten und ein Foto von 1918[9]. Jene Altakten, die Siepen 1964 wahrscheinlich schon vorlagen, bilden den restlichen Teil des Mischbestands, der aus fremder Provenienz dem Kölner VDO-Generalsekretariat zugegangen war: Der handschriftlichen Paginierung[10] zufolge handelt es sich um Altakten, die vom Archiv der Hünfelder Oblaten Siepen übergeben worden sind, ohne daß Siepen dies allerdings explizit bestätigte[11]. Zum heutigen Bestand des „Archiv Vereinigung Deutscher Ordensobern“ (AVDO) zählen somit der Mischbestand aus Altakten und Fotos von 1898–1944 sowie die fortlaufenden Akten des Generalsekretariats seit 1946.

Im Juni 1996 wurden nach neuerlichen Bemühungen des amtierenden Generalsekretärs P. Wolfgang Schumacher OCarm aus dem Zeitraum 1922–1946 Altakten und Fotos vom Dominikanerkloster St. Paulus Berlin (AVDO, DPB) überlassen. Diese Unterlagen enthalten allem Anschein nach auch Akten der beiden Generalsekretäre Sinnigen und Braun, womit sich die Vermutung bestätigt, daß wenigstens Teile der Akten des Generalsekretariates im Kloster untergebracht worden waren. Inzwischen seien dort keine weiteren Akten und keine Bücher des Generalsekretariats mehr vorhanden, so der Prior von St. Paulus[12]. Zuvor war noch ein Aktenordner aus dem Berliner Bestand für das Archivum Provinciae Teutoniae nach Köln (APT) gelangt, so daß die wenigen Berliner Originale aus dem Generalsekretariat zersplittert sind: ein Teil befindet sich im AVDO, ein Teil im APT. Kopien von letzteren Akten (1924–1944) wurden in die AVDO-Ergänzungsdokumentation aufgenommen[13], ebenso Kopien von weiteren im

---

[7] Vgl. K. Siepen, Die „Vereinigung Deutscher Ordensobern“ nach Akten, S. 109.

[8] Siepen an P. Edmund Kurten OFM, Archiv der Kölnischen Franziskanerprovinz, 16.10.1980. AVDO.

[9] Vgl. Kurten an Siepen, 11.10.1980. AVDO.

[10] Die Altakten im Provinz-Archiv der Hünfelder Oblaten in Mainz tragen diese auch.

[11] Siepen an Verf. in, 11.10.1996: „Der Empfang von Akten, die mir per Post zugesandt worden sind, wurde schriftlich bestätigt. Wenn eine solche Bestätigung nicht vorliegt, wurde das Material bei irgendeinem Treffen persönlich übergeben“.

[12] Mündliche Auskunft von Prior P. B. Runne OP am 2.1.1997.

[13] Kopien gingen dem AVDO freundlicherweise von P. G. A. Bramlage OP am 9.8.1996 zu.

APT vorhandenen Dokumenten (1905, 1911–1962), die insbesondere durch die Korrespondenz von Sinnigen und Braun mit ihren Provinzialen von Interesse sind. Nach weiteren Recherchen wurden die Altakten des AVDO 1997 durch die Überlassung von Originalen aus dem Provinz-Archiv der Herz-Jesu-Missionare Freilassing (AVDO, MSC Salzburg) für den Zeitraum 1919–1941 wesentlich ergänzt. Daneben kamen 13 Originaldokumente (Dubletten aus dem Zeitraum 1911–1940) und 8 Fotos, die dem AVDO von den Provinz-Archiven der Weißen Väter Köln (AVDO, WV), der Hünfelder Oblaten Mainz (AVDO, OMI), der Arnsteiner Patres Aachen (AVDO, SSCC) und der Redemptoristen Köln (AVDO, CSsR Köln) überlassen wurden.

Zur Rekonstruktion der fehlenden Akten aus dem Generalsekretariat (Protokolle, Berichte, Rundschreiben, Eingaben, Denkschriften, Korrespondenz usw.) konnten nach einer Umfrage im November 1996 bei den SK/SV-Mitgliedern, die zwischen 1898 und 1945 schon der Vereinigung angehörten, durch Kopien der dort überlieferten Dokumente und durch Fotoreproduktionen erhebliche Lücken geschlossen werden. Insbesondere für die Anfangszeit wurden bedeutende Dokumente gesichert, so im Archivum Generale SVD Rom (AG-SVD) 1898–1938, in den Provinz-Archiven der Pallottiner Limburg (SAC Limburg) 1899–1943, der Weißen Väter Köln (WV) 1901–1947, der Hünfelder Oblaten Mainz (OMI) 1903–1940, der Bayerischen Kapuziner München (OFMCap) 1905–1946, der Franziskaner Fulda Frauenberg (OFM Fulda) 1910–1943, im Archiv der Sächsischen Franziskanerprovinz Werl (ASFP) 1910–1942/1945–1963 und im Archivum Monasterii Swarzacensis der Abtei Münsterschwarzach (AMS) 1918–1941. Für die Zeit der Weimarer Republik bis in die NS-Zeit und für die Anfangszeit nach 1945 füllten Aktenkopien weiterer Provinz-Archive manche Lücken: Provinz-Archiv der Pallottiner Friedberg (SAC Friedberg) 1936–1941, der Salvatorianer München (SDS) 1925–1948, der Arnsteiner Patres Aachen (SSCC) 1935–1947, der Norddeutschen Provinz der Hiltruper Missionare Münster (MSC Münster) 1926–1938/1946–1949, 1970. Daneben gab es kleinere Ergänzungen[14].

Ob alle Altakten aus den Mitgliedsarchiven entdeckt wurden, kann leider nicht mit Sicherheit gesagt werden, da auf die Rundfrage vom November 1996 folgende Mitglieder, die der SK/SV schon zwischen 1898 und 1945 angehörten, nicht reagierten: Erzabtei St. Ottilien OSB, Abtei Schweiklberg

[14] Mit nur wenigen Dokumenten: Archiv der Abtei Maria Laach (MLA) 1935/36, Provinz-Archiv der Redemptoristen Gars (AMPR) 1937–1940, der Steyler Missionare St. Wendel (SVD St. Wendel) 1937–1946, der Redemptoristen (CSsR Köln) 1943/44.

OSB, Kapuziner OFMCap Koblenz, Oblaten des Hl. Franz von Sales OSFS Mühlheim-Saarn, Oblaten des Hl. Franz von Sales OSFS Eichstätt, Missionare von der hl. Familie MSF Düren, Vinzentiner CM Köln, Franziskaner Minoriten OFMConv Würzburg, Kamillianer OSCam Heidhausen. Vom Archiv Knechtsteden der Spiritaner CSSp wurde die Auskunft erteilt, aus der Zeit vor 1945 seien „keine nennenswerten Überlieferungen“[15] erhalten. Da jedes fehlende Dokument für eine Rekonstruktion von Bedeutung ist, wäre eine exaktere Antwort wünschenswert gewesen; eine Bitte um Präzisierung wurde leider nicht beantwortet. Die Anfrage an die Norddeutsche Provinz der Salvatorianer SDS wurde freundlicherweise an das Generalat nach Rom weitergeleitet – und blieb ohne Antwort.

Bezüglich einer möglichen Gegenüberlieferung beim Zentralkomitee der deutschen Katholiken Bonn aus der Anfangsphase der Missionskommission ergaben sich keine Aktenhinweise. Auf weitere Anfragen zu möglichen Quellen im Zusammenhang mit der SK/SV-Geschichte bei Missio (Ludwig-Missions-Verein) München und beim Archivio Segreto Vaticano traf leider keine Antwort ein.

Für die Gegenüberlieferung im Zusammenhang mit dem „Reichsverband für die katholischen Auslandsdeutschen“ (RKA) – Sinnigen war zeitweise in Personalunion Generalsekretär der SK/SV und des RKA – waren Akten aus dem Archiv Deutscher Caritasverband Freiburg (ADCV) 1921–1935 und aus dem Nachlaß Büttner im Archiv der Kommission für Zeitgeschichte Bonn (KfZG) 1918–1942 von Bedeutung. Die Gegenüberlieferung des Archivs Missio Aachen (Missio) 1916–1926 barg wichtige Dokumente über die Auseinandersetzungen zwischen den päpstlichen Werken für die Glaubensverbreitung und der SK, wobei insbesondere der Anteil des 1. Generalsekretärs Schwager an konstruktiver Zusammenarbeit deutlich wird. Einige Dokumente zum Themenbereich Mission befinden sich auch im Historischen Archiv des Erzbistums Köln (HAEK) und im Staatsarchiv Wertheim (StAWt-R) im Nachlaß von Alois Fürst zu Löwenstein.

Der Gesamtbereich der diversen Kontakte Sinnigens zu den staatlichen Behörden ist vor allem im Politischen Archiv des Auswärtigen Amtes Bonn belegt (PAAA). Der Frage, welche Rolle Sinnigen in den vielfältigen Kolonial- und Deutschtumsvereinen zukam, denen er angehörte, mußte einigermaßen aufwendig im Bundesarchiv Koblenz (BAK), Bundesarchiv Berlin (BAB) und Landesarchiv Berlin (LA Berlin) nachgegangen werden. Insbesondere die im Zusammenhang mit der NS-Zeit stehenden Akten waren im BAB belegt, ebenso Akten über koloniale und Missionsangelegenheiten aus

[15] B. Peters an Verf. in, 8. 1. 1997.

den Vorjahren, die demgegenüber im Geheimen Staatsarchiv Preußischer Kulturbesitz (GStAPK) aufgrund lückenhafter Überlieferung wenig ergiebig waren[16].

Die Darstellung der 100-jährigen Geschichte der SK/SV/VDO beruht auf der Auswertung zahlreicher erstmals erschlossener und in diesem Zusammenhang ausgewerteter Quellen der Ordensarchive und weiterer privater, kirchlicher und staatlicher Archive. Um den Anmerkungsapparat mit den Quellennachweisen aus 100 Jahren nicht zu überlasten, beschränken sich die Anmerkungen zumeist auf den unmittelbaren Zitatnachweis[17].

Aufbau

Die vorliegende Arbeit stellt die 100-jährige Geschichte der VDO in einem historischen Längsschnitt dar. Im Anhang sind zudem Übersichten zu den Mitgliedsgemeinschaften nach dem ermittelten Beitrittsdatum, zu den Mitgliederversammlungen 1898–1998 mit Angaben zu Termin, Ort und Leitung/Vorstand und ein Überblick zu den wichtigsten Daten für die VDO-Geschichte. Ein Organigramm veranschaulicht das heutige dichte Organisationsnetz der VDO nach Struktur und Kooperation. Zusätzlich finden sich im Anhang: ein Quellenverzeichnis, das alle Fundorte aufführt, wo Quellen im Zusammenhang der SK/SV/VDO-Geschichte belegt sind; Literaturhinweise, die sich beschränken auf gedruckte Quellen und Literatur, die die SK/SV/VDO-Geschichte und die Veröffentlichungen der Generalsekretäre betreffen; schließlich sind ausgewählte Fotos abgebildet.

Der historische Längsschnitt, der notwendigerweise in der Überblicksdarstellung zur 100-jährigen Geschichte gewählt werden mußte, stellt die Schwerpunkte der Entwicklung der Ordensobern-Vereinigung heraus: Zentral für die Vereinigung war die Frage der Organisationsform, die dem Erreichen ihrer Ziele dienen sollte. Sie wurde jeweils, zuweilen mit erheblicher Verzögerung nach entsprechenden Erfahrungen, zuweilen aber auch rasch und flexibel, den Erfordernissen der Zeit angepaßt unter Ausnutzung vermeintlicher oder echter Kooperationschancen. Von Anfang an zählten zur

---

[16] Vgl. die Übersicht über die ungedruckten Quellen im Anhang. Eine Bestandsübersicht über Dokumente und Fotos sowie eine chronologische Übersicht der Originale und Ergänzungskopien aus dem Zeitraum 1898–1945 (teilweise darüber hinaus) wurden von der Verf. in für das AVDO erstellt.

[17] Die Schreibweise wurde in der Regel vereinheitlicht (statt „Auktorität" nun „Autorität", statt „Conferenz" nun „Konferenz" u. ä.), übliche Abkürzungen wurden der Lesbarkeit halber ausgeschrieben („kath." in „katholisch" usw.).

Selbstbeschreibung des Zieles der Ordensobern-Vereinigung der Erfahrungsaustausch untereinander und die Interessenvertretung der Kirche und dem Staat gegenüber. Die Kapitel zum Erfahrungsaustausch zeichnen sehr deutlich den Wandel im Verständnis dieses Verbandszieles. Anfangs kam gerade der eigentliche Erfahrungsbereich im missions- und ordensspezifischen Sektor nicht zur Sprache, wohingegen am Ende des 20. Jahrhunderts die Obern und ihre Mitbrüder in den Mitgliedsgemeinschaften sich als Weggefährten in offenem Austausch über alle Fragen begegnen. Die Kapitel zur Interessenvertretung der Obern der Kirche und kirchlichen Institutionen und dem Staat und der gesellschaftlichen Öffentlichkeit gegenüber zeigen auf, in welcher Weise die „dritte Kraft“ ihr Selbstverständnis, ihre besondere Lebensform und ihren besonderen Dienst unter den wechselnden Bedingungen zu realisieren suchte. Dabei war es nicht einmal immer der Staat, der den (missionierenden) Orden das Leben schwer machte, wie dies offenkundig während der nationalsozialistischen Diktatur geschah. Ganz im Gegenteil: Die Orden sahen sich auch einer gefährlichen Nähe zur Politik ausgesetzt. Andererseits waren die Ortskirche und kirchliche Institutionen nicht sogleich natürliche Verbündete der Obern zum Erreichen der gemeinsamen oder der ausdifferenzierten Ziele. Die Orden sahen sich zeitweise mit erheblichen Konflikten, ja mit bösen intrigenhaften Auseinandersetzungen aus dem kirchlichen Raum konfrontiert. Die Ergebnisse, wie die Obern mit diesen Gefahren und Problemen staatlicher- und kirchlicherseits umgingen, liefern einen Beitrag zur Relevanz und Wirksamkeit der Obernvereinigung im kirchlichen und gesellschaftlichen Leben. Neben der Interessenpolitik der Obern ist eine weitere Frage für die Untersuchung der VDO-Geschichte von Bedeutung: Kamen über das Interesse der Vereinigung an den für sie wichtigen eigenen Dingen auch Fragen in den Blick, die andere Menschen und Problembereiche betrafen und eine besondere Antwort verlangten? Dies berührt die Frage eines solidarischen Verhaltens und einer „Option“, die trotz Gefährdung eigener legitimer Interessen eingefordert und gelebt wird. Die Darstellung zeigt, daß während des nationalsozialistischen Regimes eine Option für die Verfolgten von seiten der SV ergriffen wurde und daß sich auch in jüngster Zeit die VDO den drängenden Fragen der Solidarität stellte.

Die Darstellung der 100-jährigen Geschichte orientiert sich an der politschen Geschichte und deren Periodisierung. Sie gliedert sich in die Abschnitte Kaiserreich, 1. Weltkrieg, Weimarer Republik, „Drittes Reich“, Bundesrepublik Deutschland. Jeder Hauptabschnitt des Buches enthält: eine Darstellung der organisatorischen Entwicklung der SK/SV/VDO, eine Untersuchung, inwieweit missions- bzw. ordensspezifische Fragen innerhalb der Vereinigung von Bedeutung waren – wozu auch ein Kapitel „Optionen" zählt –, eine Analyse, in welchem Maße der Vereinigung ihre Interessenvertretung gegenüber der Kirche und den katholischen Institutionen einerseits und gegenüber dem Staat und der gesellschaftlichen Öffentlichkeit andererseits gelungen ist. Nach den Hauptabschnitten soll eine Zusammenfassung den Ort der SK/SV/VDO im jeweiligen politischen und kirchlichen Umfeld und im Hinblick auf die eigenen missions- bzw. ordensspezifischen Optionen entsprechend den Leitfragen Interessenpolitik und Solidarität gewichten.

Die Geschichte des weitverzweigten katholischen Vereins- und Verbandswesens harrt noch immer einer grundlegenden Bearbeitung. Die vorliegende Darstellung der 100-jährigen Geschichte liefert einen bescheidenen Beitrag über einen dieser katholischen Vereine. Sie versteht sich allerdings nicht als umfassende Monographie, sondern als eine aus den ermittelten und ausgewerteten Quellen geschöpfte erste Beschreibung dieser Verbandsgeschichte im Überblick. Es werden dabei auch Themenbereiche angeschnitten, die in den ausgewerteten Akten quellenmäßig nicht ausführlich belegt sind, zum Aufweis der Verflechtungen dieses Verbandes jedoch aufgenommen wurden. Dieser Überblick ist somit eine Grundlegung für eine vertiefte Studie, die die Analyse und Auswertung weiterer Quellenbestände, gedruckter Quellen und Sekundärliteratur einbeziehen müßte. Das war im Rahmen dieses zeitlich befristeten Forschungsprojekts nicht möglich.

ERSTER TEIL

Die Superioren-Konferenz 1898–1913

I.
Die Gründung der SK 1898

1. Der Anlaß:
Beteiligung der Missionsorden an einer Kolonialausstellung

Gegen Ende des 19. Jahrhunderts expandierte das Vereins- und Verbandswesen im Deutschen Kaiserreich. Freie Zusammenschlüsse zu Vereinen erlaubten einzelnen und Gruppen, ihre wirtschaftlichen und gesellschaftlichen Interessen wirksam in der Öffentlichkeit zu vertreten sowie in der Gesetzgebung und gegenüber der Verwaltung zur Geltung zu bringen. Das katholische Milieu fügte sich mit seinem blühenden Verbandskatholizismus nahtlos in dieses Gesamtbild ein. Als sich am 24. 8. 1898 in Krefeld Vertreter der missionierenden Priesterorden und –kongregationen zur „Superioren-Konferenz“ (SK) zusammenschlossen, wurde dies, wie es der Missionsbenediktiner P. Dominicus Enshoff OSB formulierte, als „zeitgemäß“ begrüßt[1]. Es war der Beginn der jetzt 100-jährigen Geschichte der „Vereinigung Deutscher Ordensobern“.

Doch dieses historische Ereignis – denn es handelte sich um den ersten Zusammenschluß von Ordensobern überhaupt – wurde nicht publik. Die Superioren-Konferenzen seien „rein privater Natur und bedürften weder einer höheren Erlaubnis, noch nachher Berichterstattung darüber. Auch solle man sonst nicht mit denselben an die Öffentlichkeit treten. Man trete nur zusammen“, so die Erklärung der Obern in ihrem Bericht von 1899, „um Ratschläge, Erfahrungen, Winke etc. etc. gegenseitig auszutauschen und so einander zu nutzen“[2]. Der Verzicht auf eine formelle und offizielle Konstituierung der Ordensobernvereinigung forderte schon bald seinen Tribut. Die besonderen Umstände, die das erste Treffen herbeiführten, erhellen den verzögerten Aufbau eines notwendigen funktionstüchtigen

[1] Enshoff an auf der Heide, 27. 7. 1898. AG-SVD, SK 71466.
[2] SK-Protokoll, 5.–6. 9. 1899. AG-SVD, SK 71478–71499.

Organisationsapparats. Der Anstoß zu einer Begegnung der Ordensobern kam nämlich unvorhergesehen von außen.

Mitte Februar 1898 richtete das Deutsche Kolonial-Museum Berlin gleichlautende Schreiben an die Missionare vom Heiligsten Herzen Jesu (Hiltrup), die Oblaten der Unbefleckten Empfängnis (Hünfeld), die Patres vom Heiligen Geist (Knechtsteden), die Pallottiner (Limburg), die Steyler Missionare, die Missionsbenediktiner von St. Ottilien und die Weißen Väter (Trier). Diese Missionsgesellschaften waren tätig in den deutschen „Schutzgebieten" (Kolonien) Deutsch-Südwest-Afrika, Deutsch-Ostafrika, Kamerun, Togo, Kaiser-Wilhelms-Land (Neuguinea), Bismarck-Archipel und Marshall-Inseln. Das Museum plante eine Kolonialausstellung. Der Kölner Domkapitular Karl Hespers, zugleich Mitglied des Kolonialrats, in dem vom Reichskanzler berufene Sachverständige und Delegierte der Kolonialgesellschaften vertreten waren, hatte das Schreiben des Museums an die Superioren veranlaßt. Die evangelische Mission hatte nämlich ihre Teilnahme bereits zugesagt. Wegen einer möglichen Mitwirkung katholischerseits sollten sich die Missionsobern untereinander verständigen, denn es solle auch, so das Museum, „das segensreiche Wirken und die eminente Bedeutung" der Missionsarbeit dem Publikum vor Augen geführt werden[3]. Dermaßen überschwenglich umworben wurden die Orden damals erst seit kurzem.

Noch während der „Kulturkampfzeit" unter dem Reichskanzler Otto von Bismarck war den religiösen Orden und Kongregationen 1875 durch Ausweisung und Verbot ein schwerer Schlag versetzt worden, dessen Auswirkungen nach den „Friedensgesetzen" der 1880er Jahre mühsam behoben werden konnten. Der innenpolitische Kurswechsel nach Bismarcks Sturz und der späte Einstieg des Deutschen Reichs in die „Weltpolitik" durch den Erwerb von „Schutzgebieten" in Afrika und in der Südsee fand seinen Niederschlag auch in den Gesetzen von 1887. Den bestehenden und wieder zuzulassenden Orden und Kongregationen wurde insbesondere die Erlaubnis zur Errichtung von Niederlassungen, die der Ausbildung von Missionaren dienten, in Aussicht gestellt. Dies war ein deutliches Signal für die religiösen Gemeinschaften, welches Interesse der Staat an ihrer Tätigkeit hegte und welche erfolgversprechende „Politik" sich ihnen damit eröffnete. Die Einladung des Kolonial-Museums 1898 zur Beteiligung der Missionsgesellschaften an der Ausstellung ist daher symptomatisch für die neue Entwicklung am Ende des 19. Jahrhunderts.

---

[3] Deutsches Kolonial-Museum an Scharsch, 14. 2. 1898. AVDO.

2. Die Motivation: Erfahrungsaustausch und gemeinsame Interessenpolitik

Den ersten Schritt zur Verständigung der Obern untereinander unternahm Generalsuperior Arnold Janssen SVD, Gründer der Gesellschaft vom Göttlichen Wort, der von seinem gerade tagenden Generalkapitel dazu eigens ermuntert worden war. Über die unmittelbare Frage nach der Ausstellungsbeteiligung hinaus deutete Janssen in seinem Rundschreiben schon an, daß die Versammlung „auch noch in anderer Hinsicht von großer Bedeutung" werden könne. Sie böte die Gelegenheit, „gemeinsame Interessen zu besprechen und gemachte Erfahrungen auszutauschen"[4]. Letztlich ging es bei diesem Ersuchen um eine miteinander abzustimmende Interessenpolitik der Missionsorden. Das aber war nicht nur neu, sondern löste auch einige Unsicherheiten aus, wie noch zu zeigen sein wird.

Als Termin der ersten Zusammenkunft empfahl Janssen den 13. 4. 1898. Daß sich die Superioren dennoch erst vier Monate später trafen, lag am überraschenden Schicksal, das Janssens Brief vom 1. März ereilt hatte, in dem er vorgeschlagen hatte: „Am einfachsten wäre es nun, wenn dieses Schreiben von einem Missionsobern zum andern gesandt, zuletzt wieder an mich zurückkäme"[5]. Am 20. April mußte Janssen allerdings vermerken: „Leider hat dieses Schreiben den ersten Adressaten in Knechtsteden verfehlt und ist so in die weiteren Hände nicht gekommen"[6]. Der Vertreter von St. Ottilien, P. Enshoff, sorgte umgehend für den notwendigen Modernisierungsschub aus Bayern und erläuterte dem Generalsuperior in Steyl: Er sende „Tinte und Bogen zum Hektographieren", „womit man sehr einfach Schriftstücke vervielfältigen kann, da das Umlaufenlassen eines Schreibens viele Hindernisse erfährt und zum Mindesten Verzögerungen erleidet"[7].

Der Hünfelder Oblatenpater Max Kassiepe OMI, der seinen Obern begleiten sollte, brachte als zweiten Termin „Krefeld zur Zeit der Katholiken-Versammlung" als den geeigneten „Rendezvous-Platz" ins Gespräch[8].

---

[4] Janssen an Obern, 1. 3. 1898. AG-SVD, SK 71458.

[5] Ebd.

[6] auf der Heide an Enshoff, 20. 4. 1898. AG-SVD, SK 71461. Acker (an Janssen, 30. 3. 1898. AG-SVD, SK 71459) erläuterte, er habe das Schreiben vom Kolonial-Museum nicht erhalten, habe auch keine Ausstellungsgegenstände. Ihm war vermutlich der Brief Janssens zugegangen, den er aber nicht weiterschickte. Enshoff (an Janssen, 13. 4. 1898. AG-SVD, SK 71460) fragte von sich aus wegen der Ausstellungsbeteiligung an.

[7] Enshoff an Janssen, 27. 6. 1898. AG-SVD, SK 71461.

[8] Kassiepe an [Kugelmann], 19. 7. 1898. AG-SVD, SK 71464.

3. Das erste Treffen: 24. August 1898

Das erste Treffen verlief nach diesen Anfangsschwierigkeiten schließlich für alle Beteiligten recht angenehm. Es fand im Haus von Kanzleirat Vinzenz Enshoff, dem Vater des Vertreters von St. Ottilien, in Krefeld, Westwall 44, am 24. 8. 1898 statt. P. Enshoff hatte dazu eingeladen. Als „eigentlichen Urheber dieser Zusammenkunft" überließ er Janssen den Vorsitz und die Benennung der Beratungspunkte[9]. Janssen beschränkte sich zunächst auf die Frage einer möglichen Ausstellungsbeteiligung. Er schlug vor, bei der Sitzung selbst „gemeinschaftlich ein Verzeichnis von Fragen" für spätere Versammlungen zu entwerfen[10]. Man begann am Vormittag um 10 Uhr[11] mit den Beratungen, die am Spätnachmittag schlossen. Den Aufzeichnungen Janssens zufolge waren lediglich sechs der sieben Missionsorden vertreten; die Weißen Väter, obgleich von Anfang an fraglos als Mitglieder aufgeführt, fehlten demnach[12]. Die vom Pallottinersuperior Max Kugelmann PSM zuvor schon als „Superioren-Konferenz"[13] betitelte Runde prägte sich den Beteiligten nicht zuletzt wegen des „so gemütliche[n] Rahmen[s]"[14] ein, zu dem die beiden unverheirateten Töchter Maria und Hedwig Enshoff ihren Teil beitrugen. Der Wunsch nach einem Folgetreffen war geweckt[15]. Ein den Erwartungen Janssens genügendes Beratungsergebnis aber blieb noch aus. Man stimmte zwar für die Ausstellungsbeteiligung und deren gemeinsame

---

9 Enshoff an Prokurator SVD, 8. 8. 1898. AG-SVD, SK 71467.

10 Janssen an Enshoff, 11. 8. 1898. AG-SVD, SK 71467; vgl. Janssen an Kugelmann, 15. 8. 1898. AG-SVD, SK 71468.

11 Sinnigen (Rundschreiben, 30. 4. 1929. AVDO) gibt als Zeiten an: 9–13 und 15–17 Uhr.

12 Janssen führt als weitere Obern Acker (Knechtsteden) und Scharsch (Hünfeld) auf, als Vertreter der Pallottiner P. Bancken, der Hiltruper Missionare P. Heines, der Benediktiner P. Enshoff. Vgl. Tagesablauf Janssens, Anwesenheitsliste, Tagesordnung und Beschlüsse, 24. 8. 1898. AG-SVD, SK 71469 u. 71470. Sinnigen (Rundschreiben, 30. 4. 1929. AVDO) gibt an, es hätten am Mittagessen 7 Vertreter der Missionsgesellschaften teilgenommen und noch ca. 6 andere Missionare. M. Kassiepe (Erinnerung, S. 2) berichtet, er habe seinen Obern zur Konferenz begleitet. Die Angaben über die genaue Teilnehmerzahl differieren leider.

13 Kugelmann an Janssen, 20. 7. 1898. AG-SVD, SK 71465.

14 Zitat eines Schreibens von P. Enshoff an Sinnigen aus dem Jahr 1929 in: Sinnigens Rundschreiben R 12, 23. 9. 1939. AVDO.

15 Enshoff (an Sr. Sixta Kasbauer, 12. 3. 1938) erinnerte sich: „Nach einer arbeitsreichen Tagung stellte ich zum Schlusse den Antrag, zu solcher Besprechung alle Jahre zusammenzukommen. Das war die Gründung der 'Superioren-Konferenz'. Der einzige Generalsuperior, der anwesend war, war P. Arnold Janssen. Er gab zuerst seine Zustimmung. Was Gutes aus dieser Einrichtung gewachsen ist, ist sonach auch sein Verdienst". Frdl. Hinweis von P. J. Alt (an die Verf. in, 10. 12. 1998) aus seinem 1999 erscheinenden Buch: Arnold Janssen. Lebensweg und Lebenswerk des Steyler Ordensgründers.

Finanzierung, doch konnte man sich nicht auf die Art der Durchführung einigen. Als weitere Themen für das im September 1899 in Steyl gewünschte Treffen wurden solche aufgelistet, die sowohl die eigentliche Mission betrafen als auch finanzielle und rechtliche Fragen in Deutschland tangierten.

II.
Die organisatorische Entwicklung der SK 1898–1913

Die zunächst als „privat“ verstandenen Zusammenkünfte der Superioren entwickelten sich im Verlaufe der Jahre gemäß den selbstgesetzten Zielen der Interessenvertretung und des Erfahrungsaustauschs zu einer Institution, die schließlich zur effektiveren Arbeitsweise Geschäftsordnung und Satzung verabschiedete.

1. Konferenzen

Der private Charakter der Versammlung der Superioren im Gründungsjahr wurde durch den Ort der Konferenz im Privathaus der Familie Enshoff unterstrichen. Intendiert war dies von vornherein allerdings nicht. Janssen hatte zur ersten Begegnung das Missionshaus in Steyl vorgeschlagen, doch hatte sein Schreiben unglücklicherweise die Adressaten verpaßt, so daß ein erneuter Versuch für den Augusttermin wegen der Belegung in Steyl ein Ausweichen auf das Privathaus – am Ort der Katholikenversammlung – empfahl. Es blieb die Ausnahme. In den folgenden Jahren kamen die Superioren in den Missionshäusern der Mitgliedsgemeinschaften zusammen. Dort wurden auch die Sitzungen abgehalten, so in Steyl/Holland (1899), Limburg (1900), Knechtsteden (1909), St. Ottilien (1910), Fulda-Frauenberg (1911) und in Valkenburg/Holland im St. Ignatius-Kolleg (1912). Wie schon 1898 traf man sich zumeist in räumlicher und zeitlicher Nähe zu den jährlich stattfindenden Generalversammlungen der Katholiken Deutschlands. St.Ottilien erhielt in den Folgejahren als Tagungsort einen besonderen Anreiz durch die in der Nähe stattfindenden Oberammergauer Passionsspiele, die die Obern von der Benediktinerabtei aus leicht besuchen konnten, so erstmals 1910.

Prov. Linckens MSC schlug 1901 vor, nicht in seinem Missionshaus in Hiltrup zu tagen, sondern direkt nach Osnabrück zu gehen, um eine effektivere und direkte Interessenvertretung der Missionsobern auf den Katholikentagen zu ermöglichen. Man könne auch „andere Herren und Missionsfreunde" zur Konferenz hinzuziehen, „deren Mitwirkung nicht zu unterschätzen" sei. So könnten „leichter einige Beschlüsse zugunsten der Missionen in den geschlossenen Sitzungen der Katholiken-Versammlung erwirkt werden". Die Entscheidung fiel „nach der Mehrheit der Stimmen" für Osnabrück[16]. Man tagte in der jeweiligen Katholikentags-Stadt entweder am gemeinsamen Unterkunftsort, wie im Priesterseminar Metz[17] (1913), oder man erhielt einen Tagungssaal in der Stadt, so den Roten Saal des Osnabrücker Vereinshauses (1901) oder einen Saal in der Maxschule in Würzburg (1907)[18]. P. Enshoff notierte akribisch, was in diesem Fall zu tun sei: „Für die Zusammenkunft der Vertreter und Vorstände der katholischen Missionshäuser braucht man im Versammlungslokal ein Zimmer mit einem Dutzend Stühlen". Das müsse man vom Lokalkomitee der Katholikentage erbitten. „Für einiges Papier und Bleistift zu sorgen, ist nicht gerade Pflicht, aber doch ganz angenehm"[19]. Informelle Treffen fanden zudem Ende November 1901 aus gegebenem Anlaß zur Koordinierung des weiteren Vorgehens der Superioren in den Missionshäusern in Trier und Limburg statt.

Abgesehen vom 2. Treffen Anfang September 1899 hatte sich für die ordentlichen jährlichen Versammlungen – bedingt durch die Katholikentagstermine – der August als Tagungsmonat eingespielt. Die Konferenzen dauerten ein oder zwei Tage, wobei die Anreise zu einem frühen Sitzungsbeginn am Vortag angesetzt wurde. Soweit man gemeinsam untergebracht war, nahm man die Mahlzeiten zusammen ein. Zuweilen gab es auch ein offenes Angebot an anderem Ort für das Mittag- und Abendessen, so in Metz. Im Vergleich mit den gemeinsamen liturgischen Feierformen der „Vereinigung Deutscher Ordensobern" am Ende des 20. Jahrhunderts gestaltete sich zunächst – nach den Quellen – der geistliche Aspekt der Sitzungen ausgesprochen karg. Er reduzierte sich auf das gemeinsame Gebet, so das „Veni Creator Spiritus" und das „Ave Maria", kniend[20] zu Beginn der Sitzung und/oder an deren Ende. Janssen empfahl, die Konferenz von 1899 unter den besonderen Schutz der „hl. Engel"[21] zu stellen.

---

[16] Linckens an die Obern, 22. 5. 1901. AG-SVD, SK 71516. Janssen war allerdings für Hiltrup: Janssen an Linckens, 27. 6. 1901. Ebd.

[17] Metz im sogenannten Reichsland Elsaß-Lothringen, das 1871–1918 zum Deutschen Reich zählte.

[18] Die Termine, Orte und Versammlungslokalitäten sind im Anhang im Datenüberblick 1898–1998 verzeichnet.

[19] Geschäftsgang nach Enshoff, 6. 6. 1907. WV.

[20] „Wenn 5–6 [der Obern] da sind, Veni Creator und Ave Maria kniend beten (wie bei uns vor der Konferenz)". Ebd., vgl. S. 295.

[21] SK-Protokoll, 5.–6. 9. 1899. AG-SVD, SK 71478–71499.

Man vereinbarte jeweils am Schluß der Tagung den nächsten Versammlungstermin und -ort und beauftragte ein Mitglied, die Konferenz vorzubereiten und die Einladung mit Tagesordnung unter Berücksichtigung der Vorschläge der Mitglieder zu verschicken. Spezielle Referate wurden unter den Anwesenden während der ersten Konferenzen bereits verteilt. Aufträge zur Weiterbehandlung von Fragen und zur Durchführung von Beschlüssen wurden einzelnen Obern oder einer Kommission aus Superioren übertragen.

2. Leitung und Vorsitz

Janssen war 1898 aufgrund seiner Initiative der Vorsitz[22] der 1. Konferenz zugefallen. Nachdem sich die Beteiligten für eine erneute Zusammenkunft ausgesprochen hatten, lud Janssen zur 2. Konferenz 1899 nach Steyl ein. Bemerkenswert für die Superioren-Konferenzen der sich als gleichberechtigt verstehenden Ordensobern sind die bereits praktizierten oder zumindest angestrebten demokratischen Gepflogenheiten für die gemeinsamen Versammlungen. Gastgeber Janssen regte 1899 eine Wahl des Vorsitzenden an. Auf Vorschlag von Prov. Acker CSSp wurde Janssen dann zwar nicht geheim auf Stimmzetteln, so doch „per acclamationem" gewählt, wodurch er als Gastgeber und Vorjahresvorsitzender bestätigt wurde. Im folgenden Jahr eröffnete der mit der Vorbereitung betraute Gastgeber Vizeprov. Kugelmann die Konferenz, deren Leitung er wiederum gern Janssen übertragen hätte. Janssen traf verspätet ein, so daß Acker gewählt wurde.

In seinem Rundschreiben, mit dem Linckens zur Tagung 1901 einlud, stellte er zur Leitungsfrage fest: „Der Vorsitzende wird durch Stimmenmehrheit gewählt. Dem Vorsitzenden müssen selbstredend die notwendigen Befugnisse, um die Sitzung zu leiten, erteilt werden, damit die Geschäfte eine regelmäßige Erledigung finden können"[23]. Trotz der klaren Ansätze zu formalen Verfahrensweisen erfüllte auch die Konferenz von 1901 diese Forderungen nicht; führte in der ersten Sitzung noch Linckens den Vorsitz, so fehlte er in der zweiten Sitzung des nächsten Tages, so daß Acker den Vorsitz übernahm und Linckens erst wieder die abschließende dritte Sitzung leitete.

[22] Vgl. die Angaben zu Vorsitz/Leitung/Kommission aller Mitgliederversammlungen im Anhang.

[23] Linckens an Obern mit Geschäfts[Tages]ordnung, 19. 8. 1901. AG-SVD, SK 71526–71527.

Mit der Konferenzleitung war auch die Sorge für die Protokollführung verbunden, um Verhandlungsverläufe, Ergebnisse und Beschlüsse festzuhalten. Verpflichtend wurde dies allerdings nicht festgelegt, so daß von der 1. Zusammenkunft nur Janssens persönliche Notizen überliefert sind. 1899 beauftragte er einen seiner Patres, Aufzeichnungen anzufertigen, offenbar wiederum nur für den eigenen Gebrauch. Erst auf Bitten des mit der Vorbereitung der 3. Konferenz beauftragten Kugelmann wurde eine Protokollfassung gefertigt und verschickt. Die darauf bezogene Wiedergabe der Ergebnisse mancher Tagesordnungspunkte stimmte hingegen nicht unbedingt mit der Erinnerung der Teilnehmer überein. Kugelmann regte daher an, ausführliche Berichte über die Beratungen und Beschlüsse der Konferenz sowohl den Obern der Missionshäuser als auch den Obern der betreffenden Missionen zu schicken und letztere um Beantwortung von speziellen Fragen zur Mission zu bitten. Doch schon 1901 wurde erneut auf die Protokollführung verzichtet. „Jeder solle sich Notizen machen", so berichtete der Vertreter der Steyler Missionare, P. Blum SVD, dem fehlenden Janssen[24].

1902 wurde P. Friedrich Schwager SVD als versierter Schriftführer bestellt, der das Protokoll dem Vorsitzenden der Konferenz zur Gegenzeichnung vorlegte und allen Obern zukommen ließ. Der selbstbewußte junge Missionsfachmann und spätere 1. SK-Generalsekretär[25] hatte während der Sitzung schon darauf gedrungen, die Beschlüsse festzuhalten, um eine ähnliche Verwirrung, wie sie durch ein fehlendes Protokoll von 1901 entstanden war[26], von vornherein zu vermeiden. „In Gegenwart von P. Linckens, der in Osnabrück den Vorsitz führte, wies ich bei passender Gelegenheit darauf hin, wie wichtig es sei, wenigstens die Beschlüsse protokollarisch niederzulegen"[27]. Für 1907 war Enshoff mit der Vorbereitung der Konferenz betraut worden. Da Abt Weber OSB nicht zugegen war, führte der Pater de facto den Vorsitz der SK. Hinsichtlich der Protokollführung notierte er mittlerweile wie selbstverständlich: „Nicht vergessen, sich Notizen zu machen und nachher noch im August einen mechanisch vervielfältigten Bericht über die Versammlung an jedes Missionshaus senden"[28]. Seither wurden in der Regel Protokolle geführt.

Auf der 3. Konferenz regte Acker die Errichtung einer Geschäftsstelle an. „Nach längerer Beratung kommt man überein, daß diese Frage von großer

---

[24] Blum an Janssen, 29. 8. 1901. AG-SVD, SK 71528.
[25] Vgl. S. 129–132.
[26] Vgl. S. 66.
[27] Schwager an Janssen, 28. 8. 1902. AG-SVD, SK 71609.
[28] Geschäftsgang nach Enshoff, 6. 6. 1907. WV.

Bedeutung sei, wenn die Konferenzen von Nutzen und Erfolg sein sollen. Es sollte eine geeignete Persönlichkeit beauftragt werden, die in der Konferenz besprochenen Angelegenheiten zu Ende zu führen, damit künftighin nichts mehr unerledigt liegen bleibe." Das Protokoll vermerkt jedoch die Ergebnislosigkeit der Beratung: „Es wurde vieles hierüber gesprochen, zu einem eigentlichen Endresultat aber kam man für diesmal nicht"[29].

Erst nachdem Janssen abschließend das Thema wieder aufgenommen hatte, beschloß die Versammlung, eine „Kommission zu wählen, welche die Beschlüsse der Konferenz usque ad ultima verfolgen und die einzelnen Superioren in Kenntnis setzen sollte"[30]. Die für ein Jahr gewählte Kommission setzte sich zusammen aus Janssen, Acker und Linckens und sollte im Januar 1901 zusammentreten. Sie wurde beauftragt, „die gesamten Interessen der Genossenschaften in den Missionen bei den Mitgliedern des Zentrums und der Regierung in Berlin zu vertreten", was sich in diesem Fall auf Fragen der Missionsschulen und der Bevorzugung der Mohammedaner in den Missionsgebieten bezog. „Man müsse mit vereinten Kräften arbeiten und Schulter an Schulter stehen"[31], so das Protokoll zu dieser Initiative. Durch gesonderte Verhandlungen der Spiritaner und Benediktiner aber verlor die Kommission ihre eigentliche Aufgabe, wie Janssen später enttäuscht vermerkte. 1902 wurde zur größeren Kontinuität der Arbeit beschlossen, daß der mit der Vorbereitung der Konferenz betraute Superior auch ihr Leiter sein und die Geschäfte im Verlaufe des Jahres führen solle.

Die Anfangsjahre der SK krankten an mancherlei formalen Schwächen. Erst die konkreten Versuche, Bestimmungen und Satzungen der Konferenzen zu entwerfen, führten schließlich zu verläßlicher Arbeit dieser Institution.

3. Mitglieder und Teilnahme

Die Mitgliedschaft[32] der späteren SK wurde 1898 durch die gemeinsame Einladung zur Ausstellungsbeteiligung vom Kolonial-Museum und durch die Bereitschaft der Ordensobern an einer gemeinsamen Aussprache festgeschrieben auf die sieben in den deutschen Schutzgebieten missionierenden Priesterorden und -kongregationen.

---

[29] SK-Protokoll, 30.–31. 8. 1900. AVDO.

[30] Ebd.

[31] Ebd.

[32] Vgl. die Liste Mitgliedsgemeinschaften nach Beitrittsjahr im Anhang.

Damals lag der Amtssitz des Ordensobern der Steyler Missionare, in diesem Falle des Generalsuperiors, nicht im Deutschen Reich, sondern in Holland, und die Vertreter mancher Mitgliedsgemeinschaften, so der Benediktinermissionare von St. Ottilien, erreichten erst mit der formellen Errichtung der deutschen Provinzen (z. B. Weiße Väter, Trier 1905) bzw. mit der Erhebung zur Abtei (St. Ottilien 1902) den Status als „superiores majores“, d. h. als Provinzial bzw. als Abt. Zudem entsandten die Mitgliedsgemeinschaften zur Teilnahme an den Konferenzen gern als Vertreter des Obern den jeweiligen Prokurator[33] oder einen in Missionsfragen ausgewiesenen Pater. Zuweilen wurden auch zwei Vertreter delegiert, was die Konferenz von 1902 zu unterbinden suchte. Jede Genossenschaft solle nur einen Vertreter entsenden. Begleitern oder Beratern sei es nicht gestattet, der Konferenz beizuwohnen, es sei denn in Sonderfällen als Fachleute, jedoch ohne Stimmrecht. Die Konferenz von 1905 bekräftigte diesen Modus. Mancher Obere hatte sich von einem Pater begleiten lassen, weitere Patres waren als Referenten oder Sachverständige hinzugezogen worden. Dadurch erhielten die Superiorenkonferenzen von Anfang an einen offeneren Charakter als beispielsweise deren bischöfliches Pendant, die Konferenzen des Episkopats.

Dennoch blieb der Kreis der stimmberechtigten und ständigen Mitglieder auf die Ordensobern beschränkt. Der Vorschlag, auch „einzelne sachverständige und besonders verdiente Missionsfreunde“ zu den Konferenzen hinzuzuziehen, wurde 1902 abgelehnt[34]. Acker, für den die Beschlüsse „kaum zu existieren bzw. ihm nicht bekannt“ zu sein schienen, handhabte dies 1903 wiederum anders: Domkapitular Hespers und zwei Jesuiten erschienen im „Widerspruch zu dem Beschluß der vorigjährigen Konferenz“, wie P. Schwager aufgebracht berichtete[35].

Die Mitgliederzahl wuchs im Verlauf der Jahre stetig und erreichte 1913 die Zahl 22. Zum einen wurden Niederlassungen im Deutschen Reich von weiteren missionierenden Priesterorden und -kongregationen zugelassen. Zum anderen widmeten sich im Deutschen Reich schon ansässige Orden und Kongregationen inzwischen der Mission. Als Mitglieder aufgenommen wurden aber auch deutsche Missionsgesellschaften, deren Amtssitz noch im Ausland lag, so im Fall der Trappisten in Mariannhill/Südafrika, der Salvatorianer in Rom oder der seit dem Kulturkampf noch nicht wieder im Deutschen Reich zugelassenen Jesuiten in Exaeten/Holland. Ein weiterer Grund

---

33 Vgl. Prokurator Metzinger OMI an Kugelmann, 24. 8. 1900. SAC Limburg: „Mich im Voraus der schönen Tage freuend [...]“.

34 SK-Protokoll, 25.–26. 8. 1902. AG-SVD, SK 71610.

35 SK-Bericht Schwagers, nach 24. 8. 1903. AG-SVD, SK 71620.

der Zunahme der Mitgliederzahl lag in der Errichtung weiterer Provinzen der Mitgliedsgemeinschaften.

Die Konferenz von 1910 beschloß, nicht nur jene Gemeinschaften aufzunehmen, die in den Deutschen Schutzgebieten missionierten, sondern auch jene, die überhaupt in der „Heidenmission" tätig waren. Prov. Froberger MA hatte seinen Vorschlag der Erweiterung damit begründet, daß der „Aufschwung des Interesses für Mission seit dem Katholikentage von Breslau [1909][36] und das Auftauchen verschiedener Anregungen" eine „breitere Basis" dieser SK erfordere, „damit die Missionen selbst als geschlossene Einheit all diesen Anregungen gegenüberstehen"[37]. Schwager machte darauf aufmerksam, der inzwischen verstorbene Stifter Janssen habe dies schon zehn Jahre zuvor gewünscht. Schwager hatte sich seinem Generalsuperior Blum gegenüber geäußert, welche Hoffnung er mit der Erweiterung des Teilnehmerkreises verbinde: „Vielleicht kann man dadurch auch die [Missionszeitschrift: Die] Katholischen Missionen vorsichtiger machen, wenn man dem Vertreter SJ bei dieser Gelegenheit ernste Vorhaltungen macht?"[38] Schwager dachte also an eine Art Disziplinierung mancher sich unsolidarisch verhaltender Ordensvertreter durch das Gremium.

Die zweite Frage Frobergers, wie man „die Basis normieren" könne, eröffnete verschiedene Antwortmöglichkeiten. Sollte jeder Orden nur einen Vertreter schicken? Oder jede Provinz einen? Jedes Missionsgebiet? Sollten nur Reichsdeutsche oder jene, die Deutsch sprechen, teilnehmen? Wer sollte teilnehmen? Obere und Begleiter? Man beschloß: „Jede reichsdeutsche Provinz, die eine von der kirchlichen Autorität übertragene Mission hat, entsendet einen stimmberechtigten Vertreter. In zweifelhaften Fällen entscheidet die Konferenz"[39]. Auch Abteien seien stimmberechtigt. Dem Wunsch der Kamillianer nach Mitgliedschaft konnte zunächst nicht entsprochen werden, weil sie nur Stationen in Dänemark besaßen, also keine Mission im eigentlichen Sinne unter „Heiden" ausübten. Vertreter müßten schriftliche Delegation vorlegen, so eine weitere Forderung zur Formalisierung.

4. Geschäftsordnung und Satzung

Die SK trat nach außen hin zunächst nicht in Erscheinung, ja sie deklarierte ihre Zusammenkünfte als „privat". Hinter dieser verharmlosenden Einstu-

[36] Vgl. S. 70f.
[37] SK-Bericht, 26.9.1910. AVDO.
[38] Schwager an Blum, 14.8.1910. AG-SVD, 28.
[39] SK-Bericht, 26.9.1910. AVDO.

fung standen kirchenrechtliche Bedenken. Es sei sonst wohl notwendig, so Janssens Vermutung, „in Rom Mitteilung von diesen Konferenzen zu machen“[40]. Wie die Vorschriften über Errichtung und Genehmigung der Ordensobernkonferenzen durch den Hl. Stuhl im 20. Jahrhundert belegen können (CIC 1983, cc. 708–709), war diese Unsicherheit begründet[41]. Doch die Superioren des letzten Jahrhunderts beschritten mit ihrer „Erfindung“ der „privaten“ Superioren-Konferenz nicht nur einen neuen, sondern vorerst auch einen pragmatischen Mittelweg.

Janssen war es, der 1899 „die Notwendigkeit und den Nutzen gegenseitiger Anregung und Ermunterung, fern von jeder Eifersucht“ unterstrich und „zum energischen Wirken und brüderlichen Zusammengehen und Austauschen der Erfahrungen“ aufforderte[42]. Die Superioren-Konferenz brachte letztlich „konkurrierende“ Missionshäuser an einen gemeinsamen Tisch. Die Vorteile einer Zusammenarbeit mußten sich erst noch erweisen. Janssen war daher von Anfang an bestrebt, Transparenz und Offenheit in der Gestaltung der Konferenzen bezüglich der Themen und der Verfahrensweise zu gewährleisten. Das Protokoll hielt fest: „Zur Geschäftsordnung bemerkt der Vorsitzende ferner, daß jeder sich aussprechen möge, wenn er Wünsche und Ratschläge bzgl. des modus derselben habe; ob jemand anderes als das Vorgeschlagene zuerst vorzubringen wünsche, ob überhaupt als Verhandlungsgegenstand gut geheißen werde, was vorgelegt worden sei; womit zu beginnen sei; und daß man zuerst das ins Auge fassen wolle, was verhandelt werden müsse“[43]. Doch zunächst nahmen die Teilnehmer die vorgeschlagene Tagesordnung Janssens ohne Einwand an.

Die neue Institution mußte sich erst bewähren. Die anfänglichen Erfahrungen über Verlauf und Ergebnis der Konferenzen entmutigten nicht wenige. 1902 bemerkte Froberger: „Wenn dieses Jahr die Superiorenkonferenz wieder so aussichtslos verläuft, so ist es besser, wir sollten sie lassen“[44]. P. Blum vermutete, „daß die Superiorenkonferenz keine große Bedeutung erhalten wird. Es will sich niemand binden und schließlich kann sich auch niemand binden, besonders von den Gesellschaften, von denen der General nicht selbst der Konferenz anwohnt. Es wird also stets bei einer, falls es gut geht, freundschaftlichen Besprechung bleiben. Man lernt sich kennen, hört einiges und alles bleibt beim alten“[45].

---

[40] SK-Protokoll, 5.–6. 9. 1899. AG-SVD, SK 71478–71499.
[41] Vgl. S. 319 f.
[42] SK-Protokoll, 5.–6. 9. 1899. AG-SVD, SK 71478–71499.
[43] Ebd.
[44] Froberger an Kugelmann, 20. 8. 1902. SAC Limburg.
[45] Blum an Janssen, 7. 9. 1902. AG-SVD, SK 71611.

Auf der Konferenz von 1902 wurde die Frage nach der Verbindlichkeit der Beschlüsse und nach dem Ziel der Konferenzen aufgegriffen, nachdem in den Vorjahren einige Verwirrung und Uneinigkeit darüber entstanden war[46]. Die Beschlüsse besäßen keine bindende Kraft für den einzelnen Obern, so das Ergebnis. Andererseits wurde als Ziel angegeben: Die „Aussprache und Verständigung in schwebenden praktischen Fragen von allgemeinem Interesse mit Ausschluß der Interna der Genossenschaften" und die „Erzielung einheitlichen Vorgehens, wo dieses den gemeinsamen Aufgaben der Missionsgenossenschaften dienlich scheint". Die Spannung, die sich hier auftat, sollte wenigstens dadurch gemindert werden, daß sich die Obern verpflichten sollten, sich laufend über die gemeinsamen Verhandlungsgegenstände zu informieren, damit nicht aus Unkenntnis gegenläufige Entscheidungen gefällt würden. Zudem verlange es die „selbstverständliche Pflicht der Höflichkeit", den SK-Geschäftsführer zu informieren, wenn sich ein Oberer von einem früher vereinbarten Vorgehen abwende[47]. Das waren erste Versuche, auf dem Weg zur Vertrauensbildung: Ausschluß der gefürchteten Einmischung in Interna, Sicherung der Unabhängigkeit, d.h. der von der jeweiligen Gemeinschaft vorgegebenen Entscheidungsstrukturen ohne Einflußnahme von außen, Verhinderung der Beliebigkeit der Äußerungen zu Vorhaben der SK und des anschließenden diskreten Zuwiderhandelns. Damit hätte die SK jegliche Autorität verloren und wäre tatsächlich, wie es Janssen schon für 1905 konstatierte, „mehr und mehr zu einer gewissen Bedeutungslosigkeit herabgesunken"[48].

Doch die Konferenzen krankten unübersehbar an verschiedenen Übeln. 1903 hatte Acker als Vorsitzender die Beschlüsse von 1902 zur Begrenzung der Teilnehmer nicht beachtet und vermochte „eine Debatte nicht zielbewußt und erfolgreich zu leiten". Der von ihm geladene Domkapitular Hespers habe „tatsächlich die Führung in der Konferenz" übernommen. Man befaßte sich in gut zwei Stunden mit nur einem Tagesordnungspunkt. „Charakteristisch war", so Schwager, daß einer der Herren gefragt habe, „ob die Konferenz auch späterhin noch gehalten werden solle. Die Frage wurde zwar bejaht, aber es scheint doch möglich, daß die Konferenz später zuweilen ausfallen wird, weil kein Antrag und keine Frage von Bedeutung gestellt ist. – Schon auf der vorjährigen Konferenz erhielt ich den Eindruck, daß vorläufig ein gemeinsames Vorgehen zu einer wesentlichen Förderung

---

[46] Vgl. S. 35.

[47] SK-Protokoll, 25.–26.8.1902. AG-SVD, SK 71610. Der Vorschlag zur Formulierung dieser Passage stammte von P. Schwager, dem Schriftführer 1902; vgl. Schwager an Janssen, 28.8.1902. AG-SVD, SK 71609.

[48] Janssen an Bodems, 11.8.1905. AG-SVD, SK 71626.

des Missionswesens nicht machbar ist. Dieser Eindruck ist diesmal in mir noch verstärkt worden". Das Fazit Schwagers hieß daher 1903: „Wir werden uns selbst helfen und danach streben müssen, die von uns beeinflußbaren Kreise, Geistliche wie Laien, allmählich enger und fester mit uns in Verbindung zu bringen"[49].

Erst 1909 griff die SK die Frage nach ihrer Organisationsform auf. Das Protokoll hielt fest: „Sollen unsere alljährlichen Zusammenkünfte, unsere Konferenzen, wirklich Früchte bringen, so müssen sie besser organisiert, auf eine solidere Basis ausgebaut werden". Einstimmig wurden sodann sieben „Bestimmungen" und ein „Notandum" angenommen. Die Teilnehmer sollten mit der „Legitimation" des Ordensobern für die zu entscheidende Frage erscheinen. Diese Bestimmung sollte die Handlungs- und Entscheidungsfähigkeit der Konferenz, gerade im Falle der Vertretung eines Obern durch einen seiner Mitbrüder, gewährleisten. Zugelassen als Verhandlungspunkte seien nur Fragen von „allgemeinem Interesse", d.h. Interna blieben ausgeschlossen. Wenigstens vier Wochen vor der Konferenz sollten die Fragen den Teilnehmern zugestellt werden. Würden später oder erst während der Konferenz Gegenstände vorgebracht, so könne nicht definitiv darüber befunden werden. Ein wesentliches Bekenntnis zur Autorität der Institution SK enthielt die 5. Bestimmung: „Die von der Versammlung gefaßten Beschlüsse sollen bindende Kraft haben"[50]. Soweit notwendig, seien die Teilnehmer auch durch Stillschweigen gebunden. Während des Jahres solle ein von der SK ernannter „Ausschuß", auch als „Kommission" bezeichnet, die Gesellschaften vertreten und Ort und Datum der nächsten Versammlung bestimmen. Das „Notandum" empfahl als Versammlungsort möglichst ein Missionshaus und als Termin die Tage vor der Katholikenversammlung. 1909 wurden zu Mitgliedern der Kommission Acker, Froberger (Schriftführer), Linckens und Prov. Steffen SM[51] gewählt[52].

Die Frage der Verbindlichkeit der Beschlüsse blieb eine höchst sensible Thematik und wurde daher erwartungsgemäß nicht ohne Einwände hingenommen. Blum machte Acker darauf aufmerksam, früher sei hinsichtlich der Konferenzen doch betont worden, „daß es nur eine gegenseitige Aussprache ohne bindende Kraft sein solle". Wenn nun „Majoritätsbeschlüsse" verbindlich sein sollten, dann nur in der Weise, daß der Obere, der einen

---

[49] SK-Bericht Schwagers, nach 24. 8. 1903. AG-SVD, SK 71620.

[50] In P. Kopfs Notizen über die SK (4. 8. 1909. SAC Limburg) findet sich noch die Präzisierung: „2/3-Mehrheit in allgemeinen Fragen".

[51] In P. Kopfs Notizen über die SK (Ebd.) findet sich abweichend Prov. Watterott OMI als Kommissionsmitglied.

[52] SK-Protokoll, 3.–4. 8. 1909. SAC Limburg.

Vertreter schicke, den Beschluß nachträglich gutheißen müsse, ehe der Beschluß für ihn bzw. seine Gesellschaft verbindlich sei. „Praktisch wird die Lösung nicht so schwierig sein, da ja die Materien zeitig durch die Tagesordnung kund gegeben werden“[53]. Acker bekräftigte daraufhin, daß die Majoritätsbeschlüsse „etwas berechtigtes“ hätten, „denn sonst kommen wir zusammen, sprechen, und kommt nichts dabei heraus“. Die Sonderinteressen einer Gesellschaft sollten dadurch aber nicht leiden[54].

1910 beschloß die SK eine „Konstituierung der Konferenz der deutschen Missions-Obern“ und begab sich damit auf den Weg der Formalisierung der Vereinigung. Die Mitgliedschaft wurde über den Kreis der in den deutschen Kolonien missionierenden Gemeinschaften erweitert auf die reichsdeutschen Provinzen und Abteien mit „Heidenmission“, auch in anderen Missionsgebieten. Von den Verhandlungsgegenständen wurden wiederum missionsspezifische Fragen ausgeschlossen. „Dagegen ist Gegenstand die Beziehung der Mission nach außen in Deutschland, zu den Katholiken, den Missionsinteressenten, zur Regierung“. Das umschrieb den Bereich der gemeinsamen Interessenpolitik nach außen. Für interne Angelegenheiten der Genossenschaften sei die Konferenz nicht zuständig. Eine gewählte Kommission aus einem Präsidenten und zwei weiteren Mitgliedern sollte die jeweils nächste Konferenz vorbereiten, die Beschlüsse ausführen und „Fühlung nehmen“ nach außen und innen. Themenvorschläge sollten an die Kommission gehen. Diese sollte die Tagesordnung an alle Stimmberechtigten schicken. Obere konnten Vertreter mit schriftlicher Delegation entsenden. Die Kommission war zudem befugt, außerordentliche Superiorenkonferenzen zu berufen und die Zahl der Begleiter festzulegen. Als Empfehlung für die Konferenzen galt die Zeit vor den Katholikentagen. Nach innen sollte die Kommission Fühlung nehmen bei Schwierigkeiten zwischen einzelnen Häusern, nach außen in der Vertretung der gesamten Konferenz[55].

In Anbetracht der Tatsache, daß bei der Wahl der Kommissionsmitglieder und Vorsitzenden gewisse Gemeinschaften überrepräsentiert waren, machte sich bei Schwager 1910 Unmut darüber breit. Er schrieb Generalsuperior Blum: „Es hat mich geradezu erregt, daß Steyl, die größte Missionsgesellschaft mit den meisten Missionen, auf der letzten Superiorenkonferenz wieder nicht in den Ausschuß gekommen ist. Gerade unter den jetzigen Ver-

---

[53] Blum an Acker, 28.10.1909. AG-SVD, Kopierbuch Blum; Schwager (an Blum, 25.10.1909. AG-SVD, 26) hatte Blum geraten, diese Einschränkungen und Interpretationen vorzubringen.

[54] Acker an Blum, 1.11.1909. AG-SVD, 26.

[55] SK-Bericht, 26.9.1910. AVDO.

hältnissen wäre das sehr zu wünschen“[56]. Blum antwortete Schwager: „Menschlich gesprochen hätte ich auch erwartet, daß man uns auf der letzten Superiorenkonferenz in den Ausschuß gewählt hätte. Sachlich ist es aber besser so. Es hat die ganze Sache nicht sehr viel Zweck und je weiter man davon absteht, um so besser ist es. Je mehr wir uns bemühen, in der Verborgenheit zu arbeiten, um so besser werden wir fahren. Was hat die Präsidentschaft P. Froberger und P. Acker für Vorteile gebracht? P. Froberger gilt jetzt selbst bei [dem Bischof von Trier] Msgr. Korum als vorlaut, der zu sehr das eigene ‚Ich‘ betone und dergleichen“[57].

Der einmal eingeschlagene Weg zu einer formellen Geschäftsordnung und Satzung für die Superioren-Konferenz wurde weiterverfolgt. Im Oktober 1911 leitete Acker die Vorbereitungen für eine Satzung ein: „Wenn einer von den Herren, gestützt auf die in Knechtsteden und Fulda schon angenommenen Beschlüsse, mir einen Vorschlag machen, oder einen Entwurf vorlegen wollte – wonach so eine Art von Satzungen zu unsern Versammlungen aufgestellt werden könnten – würde ich Ihnen sehr dankbar sein“[58]. Die provisorischen Regelungen zu Leitung und Geschäftsführung der jährlichen Treffen fanden ihren formellen Abschluß mit der 1. Satzung der Superioren-Konferenz von 1912. Der Entwurf stammte von P. Hermann Krose SJ[59]. Der endgültige Text[60] wurde auf der SK von 1912 in Valkenburg verabschiedet.

Zu den stimmberechtigten Mitgliedern zählten 1912 die 20 Obern der reichsdeutschen Ordensprovinzen und Abteien, „die eine von der kirchlichen Autorität übertragene Heidenmission haben“. An der Konferenzteilnahme verhinderte Obern konnten einen stimmberechtigten Vertreter mit schriftlicher Vertretungsvollmacht schicken. Weitere Ordensmitglieder waren nur zur Beratung zugelassen. Jene deutschen Ordensgenossenschaften, die keine Missionen unterhielten, konnten als Gäste eingeladen werden, ebenso weitere Personen. Über die Berechtigung der Teilnahme entschied die Konferenz.

Der Vorstand sollte jährlich von der Konferenz gewählt werden, wobei Wiederwahl zulässig war: ein Vorsitzender und zwei andere Mitglieder, deren Wohnsitze „nicht zu weit von einander entfernt liegen“ sollten. Bei

---

[56] Schwager an Blum, 31. 10. 1910. AG-SVD, 26.

[57] Blum an Schwager, 7. 11. 1910. AG-SVD, Kopierbuch Blum.

[58] Acker an Obern, Oktober 1911. SAC Limburg.

[59] Vgl. Entwurf Kroses: Satzungen und Geschäftsordnung der SK, 1912. OFM Fulda, II15c Lagerort 2654.

[60] Satzungen und Geschäftsordnung der Konferenz der Ordens- und Missionsobern in Deutschland für Missions- und Ordensangelegenheiten, 10. 8. 1912. AVDO, WV.

Ausscheiden eines Mitgliedes während des Jahres ergänzte sich der Vorstand bis zur nächsten Konferenz selbst.

Zu den Aufgaben des Vorstandes zählten die Bestimmung von Ort und Zeit der Tagung, wobei jedoch die ordentliche Jahresversammlung im Anschluß an die Generalversammlung der Katholiken Deutschlands stattfinden sollte. Ein Ordenshaus in der Nähe solle als Tagungsort gewählt werden. Weiter zählten zu den Aufgaben des Vorstandes die Vorbereitung der Konferenz, die Festsetzung der Tagesordnung nach Eingang von Anträgen und Vorschlägen bis spätestens acht Wochen vor der Konferenz, die Ernennung von (Gast-)Referenten, die Durchführung der Beschlüsse und die Einberufung von außerordentlichen Versammlungen. Eigens wurde unter die Aufgaben des Vorstands gezählt, „die gemeinsamen Interessen der Konferenzmitglieder nach außen zu vertreten".

War im Entwurf schon explizit festgelegt, daß alle internen Angelegenheiten der Genossenschaften, deren Missionsbetrieb und rein wissenschaftliche Fragen über Missionsmethoden usw. ausgeschlossen seien von der Beratung, so wurden im verabschiedeten Text die Verhandlungsgegenstände eingegrenzt. Zu ihnen gehörten „alle den Mitgliedern gemeinsamen Interessen, ihre Stellung zu kirchlichen und weltlichen Behörden, zum Weltklerus, zum katholischen Volke mit seinen Organisationen und Vertretungen und zu den Missionsinteressenten".

Im Entwurf des Jesuiten Krose war für die Wahl der Vorstandsmitglieder der Modus „auf Vorschlag durch Zuruf" vorgesehen. „Geheime Wahl durch Stimmzettel findet nur auf Antrag statt, wenn einen solchen die Mehrzahl der Mitglieder unterstützt"[61]. Die SK entschied sich demgegenüber für das demokratische Modell: „Der Vorsitzende und die beiden andern Mitglieder des Vorstandes werden durch geheime Stimmzettel gewählt. Relative Mehrheit entscheidet". Neu war die Einrichtung der wenigstens einmal jährlich stattfindenden Vorstandssitzung.

Auch die Konferenzen selbst erhielten mit der neuen Satzung eine formale Struktur. Der Vorsitzende, im Verhinderungsfall das der Wahl nach älteste Vorstandsmitglied, eröffnete und schloß die Sitzungen und erteilte das Wort. Der Protokollführer wurde vom Vorsitzenden vorgeschlagen, am Schluß wurde das Protokoll verlesen und vom Vorsitzenden und Schriftführer unterzeichnet. Der Vorsitzende erstattete Bericht über die Arbeit des Vorstandes, die Ausführung der Beschlüsse, neue Fragen und Aufgaben und „über sonst bemerkenswerte Vorgänge". Es folgten Referate, die mit Ergebnis oder Resolution endeten, an die sich Diskussionen anschließen sollten.

[61] Wie Anm. 59.

Die Verhandlungen seien vertraulicher Natur, und einstimmig gefaßte Beschlüsse sollten „insoweit bindende Kraft haben, daß einzelne Mitglieder (bzw. Genossenschaften) nichts unternehmen dürfen, was diesen Beschlüssen entgegen wirken könnte“. Satzungs- und Geschäftsordnungsänderungen bedurften der Stimmenmehrheit von zwei Dritteln der anwesenden Mitglieder.

Die Einrichtung von Kommissionen aus drei gewählten Mitgliedern oder aus vom Vorstand ernannten Mitgliedern zur Erledigung oder zum Studium bestimmter Angelegenheiten wurde ebenfalls festgehalten. Nach einem halben Jahr sollte Mitteilung über die Ergebnisse an den Vorsitzenden gehen, der Konferenz sollte ein Bericht darüber vorgelegt werden[62].

Die 1. Sitzung eines gewählten Vorstands der SK fand am 16.12.1912 im Franziskanerkloster in Düsseldorf statt. Man kam überein, in die Satzung solle auch eine Zweckbeschreibung aufgenommen werden. In der vorläufigen Formulierung bestimmte man: „Zweck der Konferenz ist, unter den Mitgliedern selbst und im Verkehr und Wirken nach außen möglichst gleichförmiges und einheitliches Vorgehen“[63]. In der Vorstandsitzung vom 26.6.1913 faßte man die Zweckbestimmung schließlich so: „Zweck der Konferenz ist Erstrebung möglichst großer Einheit der Gesellschaften untereinander und nach außen hin“. Zur Verbindlichkeit der Beschlüsse wurde vorgeschlagen: „Die Beschlüsse der Konferenz sollen insoweit bindende Kraft haben, daß einzelne Mitglieder (bzw. Genossenschaften) nichts unternehmen dürfen, was den in zweiter Lesung mit 2/3 Mehrheit gefaßten Beschlüssen entgegenwirken könnte“[64]. Die Zweckbeschreibung wurde auf der SK 1913 angenommen, die Bedingung der Einstimmigkeit bei Beschlüssen aber blieb bestehen[65].

III.
Die Ziele der SK und ihre Umsetzung 1898–1913

Als Janssen die Obern im September 1899 nach Steyl zur 2. Konferenz einlud, legte er deren Themenspektrum breiter an als zur 1. Krefelder Tagung. Ein Klärungsbedarf bestand in drei Bereichen: Missionstätigkeit, Kirche

---

62 Wie Anm. 60.
63 SK-V-Protokoll, 16.12.1912. AVDO.
64 SK-V-Protokoll, 26.6.1913. AVDO.
65 Vgl. SK-Protokoll und Präsenzliste, 16.8.1913. AVDO.

und Staat. Im Prinzip waren damit die Bereiche umschrieben, die auch in den folgenden Jahren für die SK bestimmend blieben.

1. Erfahrungsaustausch über missionsspezifische Fragen

(a) Schutz der Interna statt Austausch über Missionsthemen

Schutz der Interna

Die missionsspezifischen Fragen erwiesen sich letztlich als empfindlich gehegte Interna der einzelnen Gemeinschaften. Zwar wurde zunächst der Versuch gestartet, über diese Fragen auch ins Gespräch zu kommen. So erfuhren die Superioren beispielsweise, daß die Missionsschwestern in den Tropen keineswegs die gleichen Fortbewegungsmittel wählten. Das Protokoll hielt fest: „Die Schwestern der Benediktiner reiten; die der Weißen Väter werden getragen in Hängematten“[66]. Ein wirklich offener Gedankenaustausch kam nicht recht zustande, ja es wurde immer wieder – wie es hieß: in „animierter Stimmung“[67] – debattiert, welches Fragenmaterial die Konferenz überhaupt behandeln solle. Auch später noch spiegelt sich diese reservierte Haltung in den Randbemerkungen eines Obern zu entsprechenden Tagesordnungspunkten der Konferenz von 1901 wider: Zum Tagesordnungspunkt „Unterhaltung und Herstellung der Gesundheit der Missionare und Bekämpfung der tropischen Krankheiten“ vermerkte er für seinen Vertreter, den er zur Versammlung schickte: „Über diese Punkte werden Sie kein Wort verlieren; es ist unnütz...“ Zum Punkt „Beziehungen der Missionshäuser zu den Missionen“ findet sich die Notiz: „Das geht die Versammlung nichts an. Sollte etwas beschlossen werden, das effektiv zum Nachteil unserer Beziehungen zu unseren Missionen gereichen könnte, so halten Sie sich stark ablehnend“[68]. Die Interna wurden in den Folgejahren daher weitgehend ausgeklammert vom gemeinsamen Austausch.

Demgegenüber waren die Obern bemüht, außerhalb der Konferenzen im wissenschaftlichen und professionellen Bereich die allgemein interessierenden theoretischen und praktischen Fragen der Mission weiter behandeln zu lassen durch Spezialisten, wovon letztlich alle profitierten. Das spiegelt insbesondere die Entwicklung zwischen 1898 und 1913 wider[69]. Die protokollierten Ergebnisse der Gespräche der Obern auf den ersten Konferenzen, auf

[66] SK-Protokoll, 5.–6. 9. 1899. AG-SVD, SK 71478–71499.
[67] SK-Protokoll, 30.–31. 8. 1900. AVDO.
[68] Geschäftsordnung für die 4. SK, 26. 8. 1901 (mit Randbemerkungen). AVDO.
[69] Vgl. S. 49–51.

denen sie sich zunächst noch mit Missionsthemen befaßten, gewähren einen interessanten Einblick in deren Mentalität, Reflexionsstand und Einstellung, so im Verhältnis der katholischen zur evangelischen Mission, in der Einstellung zu den „Heiden“, in der Beurteilung von Missionshaus und „Welt“, in der Beschreibung der internen Hierarchie von Obern, Priestern und Brüdern. Der Vergleich zu den inhaltlichen Diskussionen der Obern, besonders seit den 1960er Jahren[70], wird so Entwicklung und Wandel seit den Anfängen der Ordensobern-Vereinigung schlaglichtartig beleuchten können.

Missionsthemen auf den ersten Tagungen

Als Themen der Konferenzen waren schon 1898 von Janssen und von P. Enshoff aufgeführt worden: Reise in die Mission und Rückkehr; Gesundheitsmaßregeln in der Mission; Frage nach der Häufigkeit der Rückkehr aus Fieberländern; Erfahrungen über die beste Weise des Missionierens; Loskauf von „Heidenkindern“; Naturalisation der ausgewanderten Missionare. 1899 ergänzte Janssen diese Fragen durch weitere: Hindernisse der Glaubenspredigt und die Bekämpfung der Hindernisse; der Vergleich mit der Missionsmethode der Nichtkatholiken, deren positive, nachahmenswerte und negative Aspekte; die beste Vorbereitung der Missionszöglinge; Schulen und Institute in den Missionen; Standhaftigkeit der Neuchristen; Bekämpfung der „Vielweiberei“; Bekämpfung tropischer Krankheiten.

Janssen hatte 1899 die Diskussionen durch Referate eines seiner Missionare, P. Franz Müller SVD, der aus Togo kommend damals in der Heimat weilte, fundierter zu gestalten gesucht. Durch die Offenheit des Steyler Missionars ergab sich ein vergleichsweise reger Austausch der Versammelten. Bei der Beurteilung der Missionsmethoden der Protestanten im Unterschied zu den Katholiken kam Müller zu einem ausgewogenen Urteil, wie das Protokoll vermerkte: „Vorerst warnt er vor übermäßigem Hervorheben der katholischen Mission über die protestantische, da ja auf beiden Seiten je nach Ort und Zeit Vorteilhaftes und Nachteiliges zu verzeichnen sei. Dem stimmen alle mit weiteren Ausführungen vollkommen bei“[71]. Eine fehlende Missionstheorie auf katholischer Seite wurde bedauert. Die Frage wolle man weiter im Auge behalten. Die Protestanten hätten schon Erfolge zu verzeichnen in der Missionswissenschaft an den Hochschulen und in der Organisation der ärztlichen Mission. Davon hätten die Katholiken kaum eine Spur aufzuweisen. Müller und Enshoff referierten zudem über Gesundheits-

[70] Vgl. S. 320–340.
[71] SK-Protokoll, 5.–6. 9. 1899. AG-SVD, SK 71478–71499.

fragen, woran sich eine lange Diskussion zu Chinin, Mosquito, Sandfloh und Fieber anschloß.

Ein Merkblatt für die Reise der Missionare wollte Linckens den anderen zugehen lassen, denn die Missionsreise hatte sich als eigener Problembereich erwiesen. Sie berührte die innere Hierarchie der Gemeinschaft zwischen Priestern und Brüdern und die unausweichliche dauernde Konfrontation mit der „Welt", die auf einem Schiff die sonst klösterlich abgeschlossen lebenden Ordensmänner umgab. An Müllers Referat zu Reiseerfahrungen[72] schloß sich eine Diskussion über das Für und Wider der Reise von Priestern und Brüdern in der gleichen Klasse an. Janssen meinte, wenn Priester und Brüder 1–2 Monate in allem gleichgestellt lebten, liege auch „eine gewisse Gefahr für die Zukunft darin"[73]. Auf die Gefährdung der „dauernden Berührung mit den meist sozialdemokratischen Unterbeamten auf den Schiffen" wurde eigens hingewiesen. Religionsgespräche mit Protestanten, glaubenslosen Passagieren und Schiffsleuten seien in der Regel nutzlos. „Sie wollen nicht bekehrt sein, können aber recht wohl manche unlösbaren Schwierigkeiten und Zweifel verursachen, die ungünstig auf das Geistesleben des betreffenden einwirken". Man sei andererseits aber auch „nicht blöde und allzu schüchtern auf der Reise". Falls einer der Passagiere oder die Schiffsleute spotteten oder den Stand und die katholische Kirche tadelten, so sei „sofortige energische Beschwerde das beste Mittel", um die Wiederholung zu verhindern[74]. Eine große Gefahr sei das lange Aufbleiben, die Teilnahme an den Spielen und Trinkgelagen.

Bei der Frage nach den besten Methoden der Missionierung kam man zum Ergebnis, einheimischer Klerus, einheimische Katecheten und christliche Ehen würden die Missionierung begünstigen. Im Hinblick auf eingeborene Priester galt das nicht zuletzt wegen der Gesundheitsprobleme, die sich bei weißen Missionaren zumeist in den Tropen einstellten. Der Zölibat[75] und die schwierige Überwachung der schwarzen Priester stünden dem allerdings entgegen. Als Hindernisse der Glaubenspredigt wurden genannt: Klima, Fremd- und Vielsprachigkeit des Missionsgebietes, Fetischismus, der notwendig mit Essen und Trinken verbunden sei, Islam, Protestantismus, Unsittlichkeit und Polygamie, Kinderverlobung und Quasiverkauf der

---

72 P. Enshoff riet bei Seekrankheit, „ein oft mit Nutzen angewandtes Mittel dagegen sei ein Stück Löschpapier oder Zeitungspapier in Spiritus oder Cognac getaucht auf den Bauch und [die] Magengegend gelegt". Ebd.

73 Ebd.

74 Ebd.

75 Am Rand im Protokoll findet sich die Notiz: „Der Zölibat ist doch nur eine kirchliche Disziplinarvorschrift, während die Missionierung De Institutione Divina ist". Ebd.

Töchter bei der Heirat, Indifferenz und Indolenz der Eingeborenen für die religiösen Wahrheiten, Finanznot, die Unvollkommenheit der Missionare und das unsittliche Leben der Europäer an der Küste.

Bezüglich des „Loskaufs von Heidenkindern" wurde eine angemessenere Sprachregelung gewünscht: „Patengeschenk für die Heidenkinder"[76]. Die Missionare hatten für diesen „Loskauf" früher 21 Mark erhalten. Da die europäischen Großmächte jedoch den Sklavenhandel zu unterbinden suchten und der Sultan von Sansibar die Sklaverei aufgehoben hatte, verringerte sich die Zahl der Sklavenkinder. Dennoch würden Geldmittel zum Unterricht des Kindes bis zur Taufe, für Kleidung und Nahrung benötigt. Daher wurde es notwendig, die Spende, die für den Loskauf gegeben worden war, auch für Unterhalt und Erziehung verwenden zu dürfen.

Als 1900 auch Fragen nach den willkürlichen Steuern und Zöllen in den Missionen auftauchten, wurde eingeworfen, dies sei doch Sache der dortigen Missionsbischöfe, Vikare und Präfekten und gehöre nicht in die Superioren-Konferenz. Ebenso wurden die Fragen nach Missionsmethoden und weitere Tagesordnungspunkte „als nicht hierher gehörig übergangen". Janssen nahm dies zum Anlaß, den Zweck der Konferenzen zu beleuchten. „Es sei ja keine strenge offizielle Versammlung, welche sich in genau abgegrenztem Rahmen bewegen müßte. Es sei mehr eine vertrauliche Besprechung, ein Gedankenaustausch und so könne man vieles behandeln, welches man in jedem anderen Falle übergehen würde. Wenn man antwortet: um Erfahrung zu sammeln möge man sich nur an die Missionsliteratur wenden, so gelte dagegen, daß man nicht alles in der Öffentlichkeit sagen könne, wie in einer Privatversammlung. Und gerade deshalb solle man die vorliegende Frage besprechen, wenn wir auch keinen autoritativen Beschluß darüber fassen. Nach längerer Disputation über Nutz und Frommen so mancher Fragen wird erläutert, daß es Fragen gebe, welche die Missionshäuser allerdings gar nichts angingen, es seien aber viele andere, welche zum mindesten indirekt für dieselben von großer Bedeutung wären"[77]. Janssen fragte nun explizit, ob die Verhältnisse in den Missionsländern und die Arbeiten der Missionare auch zur Sprache kommen sollten. Diese Kenntnisse nützten doch dem Superior der europäischen Missionshäuser in der Erziehung der künftigen Missionare, im Verkehr mit den Obern der Missionen und in der Vertretung der Missionsinteressen, so seine Argumentation. Die Konferenz bejahte dies und beschloß, eine Eingabe an Zentrumsabgeordnete zu richten. In den Missionen sollten christliche Schulen

[76] SK-Protokoll, 30.–31. 8. 1900. AVDO.
[77] Ebd.

gefördert, Unterbeamte aus den Missionsschulen rekrutiert und gegen die Bevorzugung der Mohammedaner vorgegangen werden. „Wir haben das Recht, von unseren Abgeordneten die Vertretung der katholischen Sache gerade in einem so wichtigen Punkte zu fordern“[78]. Die 1900 gewählte Kommission Janssen, Acker, Linckens solle die Verbindung zur katholischen Zentrumspartei deswegen aufnehmen. Zuvor richtete sie eine Anfrage an die kirchlichen Obern der Missionen, wie sie deren Interessen gewahrt zu sehen wünschten.

War der Austausch über missionsspezifische Themen an sich schon schwierig genug, so daß er von Janssen immer wieder in seiner Bedeutung hervorgehoben werden mußte, so zeigte sich nach den Sitzungen, daß die Missionsgemeinschaften sich erst allmählich daran gewöhnen mußten, gemeinsam ihre Interessen zu vertreten. Janssen vermerkte einigermaßen enttäuscht, daß das Vorhaben bezüglich der Missionsschulen und der Umfrage in den Missionen durch gesonderte Absprachen der Spiritaner – obgleich Acker sogar Kommissionsmitglied war – mit dem neuen Gouverneur von Deutsch-Ostafrika und der Benediktiner mit der Regierung in Daressalam unterlaufen worden war. Janssen erfuhr inzwischen, daß im Schutzgebietsgesetz vom Juli 1900 den Angehörigen der im deutschen Reich anerkannten Religionsgemeinschaften in den Schutzgebieten Gewissensfreiheit und religiöse Duldung gewährleistet werde und die freie und öffentliche Ausübung dieser Kulte das Recht zum Bauen gottesdienstlicher Gebäude und die Einrichtung von Missionen umfasse. Damit gehöre auch die Einrichtung von Missionsschulen dazu. Nach weiteren vertraulichen Auskünften Hespers' aus dem Kolonialrat ließ Janssen schließlich die weitere Arbeit der Kommission ruhen.

1902 erklärte die SK bezüglich der Missionsschulfrage, sie erachte sich in dieser Sache als „inkompetent“[79]. Damit schloß sich der Kreis der anfänglichen Aversion bezüglich der Interna der Gemeinschaften und der Themen aus der Mission wieder. Missionsspezifische Themen wurden Fachleuten anvertraut.

(b) Ausbau des professionellen Missionssektors

Eine vielbeachtete Missionsrede, die dem Gedanken der Missionspflicht der deutschen Katholiken eine unerwartete öffentliche Resonanz verlieh, hielt 1909 Alois Fürst zu Löwenstein auf dem Breslauer Katholikentag[80]. Sie

[78] Ebd.
[79] SK-Protokoll, 25.–26. 8. 1902. AG-SVD, SK 71610.
[80] Vgl. S. 70 f.

wirkte wie eine Initialzündung für längst keimende Ideen, Institutionen ins Leben zu rufen, die der Spezialisierung und Professionalisierung in Forschung, Lehre und Ausbildung, die aber auch der Öffentlichkeitsarbeit dienen sollten. Nicht zuletzt sollte auch der Rückstand zu den protestantischen Einrichtungen aufgeholt werden.

Missionswissenschaftliche Fragen

1910 erhielt Josef Schmidlin seine Ernennung zum a. o. Professor für Kirchengeschichte in Münster. Erstmalig war in den Lehrauftrag „katholische Missionskunde" eingeschlossen. Das wertete man allgemein als Durchbruch. 1914 wurde Schmidlin ordentlicher Professor für Missionswissenschaften. Die Gründung der „Zeitschrift für Missionswissenschaft" und des „Internationalen Instituts für missionswissenschaftliche Forschung" in Münster (1911) förderten die akademische Auseinandersetzung mit Missionsfragen. Ab 1912 dienten Missionskongresse und Missionsfeste deren Popularisierung.

Die Superioren berieten die neueren Entwicklungen auf dem missionswissenschaftlichen Sektor bei einer außerordentlichen Beratung am 3. 5. 1911 in Berlin unter Vorsitz Frobergers. Den Ausbau des missionswissenschaftlichen Schwerpunkts in Münster zu einem Kolonialinstitut lehnten sie ab. Es sei wichtiger, Studenten an die bestehenden Institute in Berlin, so das Orientalische Seminar, und das Kolonialinstitut in Hamburg zu senden „und dort den Katholiken Geltung zu verschaffen". Die Obern wollten im übrigen keine ausschließliche Bindung an Münster: „Hauptsache ist also, daß den Missionsoberen volle Freiheit verbleibt für die wichtige Frage der Beschickung der verschiedenen Institute und sie keinerlei Versprechen abgegeben haben, auf Grund derer sie in Zukunft in ihrer Bewegungsfreiheit beschränkt wären"[81].

Auf der Sitzung des Missionsausschusses des Zentralkomitees der Katholikentage in Berlin teilte Froberger im Namen der Missionsobern mit, daß sie den Ausbau der missionstheoretischen Wissenschaften in Münster begrüßten, hinsichtlich der praktischen Seite aber auch die Angebote in Hamburg und Berlin schätzten. Die Resolution hielt fest: „Die Missionsobern begrüßen es mit Freuden, daß neben Hamburg der Ausbau von Münster in missionswissenschaftlicher und kolonialpolitischer Hinsicht vorgenommen werde, und sind gern bereit, die Vorlesungen nach Kräften zu beschicken"[82].

---

[81] Froberger an Obern, 8. 5. 1911. ASFP.

[82] Bericht über die Sitzung des Missionsausschusses des ZK der Katholikenversammlungen Deutschlands, 4. 5. 1911. OFM Fulda, II15c Lagerort 2655.

Die SK von 1912 dankte den Münsteraner Professoren Meinertz und Schmidlin wegen ihres Eintretens für die Mission. Sie kam überein, deren missionswissenschaftliche Bestrebungen zu fördern und Studenten dorthin zu senden. Gegen die Hinzuziehung eines Jesuiten in die neue Missionszeitschrift, an der Schmidlin beteiligt werden sollte, sprach sich Schwager aus. Die Jesuiten hätten mit den „Katholischen Missionen" eine eigene Zeitschrift und hätten darin „die deutschen Missionsgesellschaften und deren Interessen direkt bekämpft, und ich habe keine Lust, ein Organ zu schaffen, um unseren Gegnern einen Einfluß zu erwirken"[83].

Missionsärztliche Fragen

Das Thema der ärztlichen Fürsorge in den Missionen wird erstmals 1908 im Zusammenhang mit der Superioren-Konferenz erwähnt. Der erste Kursus für Brüder fand im November/Dezember 1908, jener für Schwestern im Frühjahr 1909 statt. Dieser im Vergleich mit den Fortschritten der Protestanten zaghafte Anfang sollte schließlich zur Errichtung des Katholischen Missionsärztlichen Instituts in Würzburg unter maßgeblicher Beteiligung der Superioren-Konferenz führen[84].

(c) Konkurrenz oder Kooperation der Gemeinschaften

Konnte man auch in der SK auf Dauer berechtigterweise die Interna ausschließen und die missionsspezifischen Fragen auf die theoretische, professionelle Ebene in Fachinstitutionen außerhalb der SK weiterbearbeiten lassen, so blieb doch unweigerlich im Umgang miteinander die Frage nach dem Verhältnis der Ordensgemeinschaften zueinander. Wollte man gemeinsame Interessen wirksam nach außen vertreten, so mußte man die Konkurrenz zueinander zu vermeiden und das gemeinsame Ansehen zu wahren suchen. Mißhelligkeiten und Klagen blieben kein theoretisches Konstrukt. Deutlicher Unmut über manche Gemeinschaften herrschte seit langem.

Auf der SK von 1911 wurden Klagen über die Vertreibung von Drucksachen durch Kolportage vorgebracht. Das Vorgehen einzelner Gemeinschaften zwinge die übrigen, auch für ihre Sache zu werben. „Dadurch würde aber die Verstimmung im Volke noch größer und die Bischöfe [würden] wahrscheinlich zum Einschreiten veranlaßt"[85]. Für die Laienbrüder sei die Zeit außerhalb des Klosters eine Gefahr. Es sei unpassend, daß Ordensleute

[83] Schwager an Blum, 31. 3. 1910. AG-SVD, 28. Vgl. S. 72, 164.
[84] Vgl. S. 143–146.
[85] SK-Bericht, 5. 8. 1911. AVDO.

wie Geschäftsreisende Kolportage betrieben. Generalassistent Bodems SVD trat dieser Ansicht entgegen. Die Steyler hätten sich mit den Bischöfen ins Benehmen gesetzt, achteten auf die Laienbrüder, seien sogar von den Geistlichen gebeten worden zur Abwehr sozialdemokratischer Kolportage. Schließlich sei Kolportage eine Existenzfrage für das Steyler Missionshaus. Die SK beschloß, die jeweilige Missionsgesellschaft solle Mißbräuche abstellen bzw. zu verhüten suchen. In der Umgebung von Missionshäusern solle von anderen Genossenschaften keine Kolportage oder Kollekte gehalten werden.

Neben den Konflikten bei der Kolportage und beim Kollektieren blieb auch die Frage der Selbstdarstellung bei Ausstellungen nicht frei von Spannungen. Im September 1912 sah sich Acker als Vorsitzender der SK genötigt, die Vorgänge um die Missionsausstellung in Aachen zu hinterfragen. Grundsätzlich rief er nochmals in Erinnerung, welches Ziel für ihn seit der Gründung der SK relevant gewesen sei: „Ein einheitliches Auftreten nach außen hin zu bewirken. Einigkeit macht stark". Alles, was zu „Mißhelligkeiten Anlaß geben könnte zwischen den Genossenschaften" und was „auf das katholische Volk und den Klerus einen unangenehmen Eindruck machen könnte", sei zu verhindern. Nur dadurch hätten die Missionsobern auf den Katholikentagen „den mächtigen Einfluß gewonnen". Als Aufgabe des SK-Vorstands listete er auf, „unsere Interessen nach außen hin vertreten" bei der Regierung, dem Missionsausschuß, den Missionsvereinen, den bischöflichen Behörden, dem Volk und dem Lokalkomitee. Dieser gemeinsamen Vorgehensweise habe jedoch die Ausstellung in Aachen nach Meinung Ackers widersprochen, bei der sich insgesamt vierzehn Missionsgesellschaften beteiligt hatten. Acker fühlte sich als SK-Vorsitzender „von diesem gemeinsamen Auftreten der Missionsgesellschaften bei der Ausstellung ausgeschlossen". Das traf ihn tief. Er sei bereit gewesen, als Vorsitzender deshalb seine „Demission" einzureichen. Schließlich überzeugte er sich aber davon, daß dies keine Absicht gewesen war. Die Zusammenarbeit sei wichtiger. „Diese gemeinsame Arbeit ist unbedingt notwendig, wenn das Missionswerk bei dem Klerus und dem katholischen Volke die ihm gebührende Achtung finden soll"[86].

(d) Optionen

In der sehr reduzierten Behandlung der missionsspezifischen Fragen auf den Superiorenkonferenzen ragen jene Äußerungen der Obern heraus, die

---

[86] Acker an Obern, 28. 9. 1912. WV.

zunächst einmal nicht nur die interessebedingte Perspektive der Superioren wiedergeben, sondern Rechtspositionen von anderen Menschen verteidigen, auch oder gerade wenn die Einnahme dieser Option durch die Obern nicht den Optionen des Staates entsprachen. Letztlich war das für Missionsgemeinschaften, die in den deutschen Kolonien tätig und daher auch abhängig waren von der dortigen Verwaltung, nicht unbedingt von Vorteil. Daher blieben die Reaktionen der Obern wohl auch recht verschieden: diskrete Äußerungen, Untätigkeit, verhaltene interne Eingaben.

Rektor Froberger trat auf der SK 1900 für die Rechtsposition der Eingeborenen ein, wenngleich er deutlich erkennbar den zeitbedingten Auffassungen über den Zweck der katholischen Mission im Hinblick auf den obrigkeitlichen Kolonialstaat verhaftet blieb. Froberger entrüstete sich über die Steuern, die den Eingeborenen in ihren Missionen auferlegt würden. „Es soll geradezu barbarisch sein. Die Neger müßten bezahlen, was sie in einem Jahr gerade verdienten". „Gerade die Christen müßten bezahlen, denen man doch im Gegenteil eher eine Erleichterung gewähren sollte. Sind doch gerade sie die besten Untertanen. Es sei ja gut, daß auch die Schwarzen Steuern entrichteten und dadurch bei ihnen Opfersinn erzogen wird. Aber mit Maß![87]"

Bei einem Aufruf deutscher Mitglieder der „Congo Reform Association" zur Hebung der Lage der Eingeborenen und der Förderung kolonialer Interessen, der an alle Missionsanstalten und Vereine im April 1907 ging, blieben – einem handschriftlichen Vermerk zufolge – die Limburger Pallottiner hingegen untätig: „Wir halten es für besser, einfach nichts zu antworten"[88]. Die Unterzeichner des Aufrufs[89] begründeten ihr Vorhaben damit, „daß die Missionsanstalten und Vereine in Deutschland zum Zeichen der Solidarität in dieser Kongofrage, welche neben der Förderung berechtigter Handelsinteressen rein menschliche Beweggründe und Hebung der Lage der Eingeborenen zur Grundlage hat, der britischen Congo Reform Association bei Gelegenheit ihrer Jahresversammlung ihre Sympathie und ihre Zustimmung zu ihren Zielen zum Ausdruck bringen mögen. Es wird eine gute Tat sein, die den Lohn schon in sich trägt". Den Eingeborenen solle eine „gerechte und humane Behandlung" zugesichert werden, sie sollten in ihre Rechte auf Grund und Boden und die Erzeugnisse derselben wieder eingesetzt und ihre

[87] SK-Protokoll, 30.–31. 8. 1900. AVDO.

[88] Handschriftlicher Vermerk auf Begleitschreiben Ludwig Deuß', 10. 4. 1907. SAC Limburg.

[89] Ludwig Deuß, J. K. Vietor, C. Goedelt, F. Oloff, C. Bödecker, Hamburger und Bremer Afrika-Kaufleute und Mitglieder der Congo Reform Association. Ebd.

individuelle Freiheit solle unter einer gerechten und humanen Verwaltung wiederhergestellt werden[90].

Auf der SK von 1912 referierte Acker über die Frage der „Rassen-Mischehe", deren gegenwärtige parlamentarische, behördliche und ethische Auffassung. Ein Verbot sei undurchführbar, „so unerwünscht diese Mischehen auch seien". Ein Gesetz gegen diese Eheform werde seinen Zweck nicht erreichen, es werde nur „Schaden anrichten, indem es den Haß schürt". Prinzipiell aber betonte Acker, es sei eine „unzulässige Beschränkung der Freiheit und insbesondere der Gewissensfreiheit". Kassiepe ergänzte, das Gesetz sei im übrigen leicht zu umgehen durch Trauungen in den Nachbarkolonien. Für die Sitzung des Missionsausschusses des Zentralkomitees am 16. 8. 1912 in Aachen hatte Kassiepe Leitsätze vorbereitet, die „allgemein gutgeheißen wurden". Eine von Kassiepe, Prov. Janssen MSC und P. Kilian Müller OMCap verfaßte Resolution der SK sollte Löwenstein zur Weiterleitung an die Regierung vorgelegt werden[91].

2. Interessenvertretung der Kirche und katholischen Institutionen gegenüber

Die Satzung von 1912 zählte zu den Verhandlungsgegenständen „alle den Mitgliedern gemeinsamen Interessen, ihre Stellung zu kirchlichen und weltlichen Behörden, zum Weltklerus, zum katholischen Volke mit seinen Organisationen und Vertretungen und zu den Missionsinteressenten"[92]. Ihrem Selbstverständnis gemäß verhielten sich die Obern der missionierenden Priesterorden und -kongregationen diesen Institutionen und Personen gegenüber als eine besondere Größe im kirchlichen Raum. Zwar verstanden sich die Obern fraglos auch als integrativer Bestandteil der Kirche als solcher. Doch sie wußten, daß sie dadurch nicht der in mancher Hinsicht chronisch konfliktreichen Zwangslage enthoben waren, dennoch ihre spezifischen Interessen allen übrigen Institutionen und Personen gegenüber vertreten zu müssen. Auch im katholischen Raum gab es kein automatisches harmonisch-konfliktfreies Ineinandergreifen der Kräfte, die sich dem Aufbau des Reiches Gottes widmen wollten. Von zentraler Bedeutung blieb die Klärung der Beziehung der Obern zu den Bischöfen und zum Weltklerus, zum Papst

---

[90] Aufruf an Missionsanstalten und Vereine zur Hebung der Lage der Eingeborenen und Förderung kolonialer Interessen; Die Politik der Congo Reform Association, 10. 4. 1907. SAC Limburg.

[91] SK-Protokoll, 10. 8. 1912. AVDO.

[92] Wie Anm. 60.

und zu den römischen Behörden. Im Verhältnis der Missionsorden zu den päpstlichen Werken der Glaubensverbreitung war, so läßt es sich kaum anders beschreiben, ein steter Konfliktherd gegeben. Daneben waren die Vereine und Verbände des Laienkatholizismus, allen voran das Zentralkomitee der Generalversammlungen der Katholiken Deutschlands mit seinen diversen Aktivitäten besonders im Missionsbereich, wichtig für die Verhältnisbestimmung der Orden zu ihnen.

(a) SK und Ortskirche

Fragen bezüglich des Verhältnisses der Missionsorden in Konfliktzonen mit der Ortskirche in Deutschland wurden als „sehr wichtig, aber auch sehr heikel“[93] eingestuft, so das Kollektieren oder der Vertrieb von Zeitschriften und Kalendern. Während der Konferenz von 1899 waren die Obern beim Frühstück auf dieses Thema gekommen, das nicht auf der Tagesordnung gestanden hatte. Nun aber drängte es geradezu zur Aussprache. Detailliert wurde über Erfahrungen berichtet. Der Breslauer Kardinal Kopp sei ein „vielvermögender, hochangesehener Mann, aber diese Frage hält er in seinem Sinne sehr fest“[94]. Kopp habe nicht genügend Unterstützung für seine Konvikte in Gleiwitz und Breslau und lege daher eine feste Hand auf die Kollekten, die nur mit seiner Erlaubnis gestattet seien. So würden auch andere Bischöfe verfahren. Die Obern überlegten, ob man nicht eine gemeinsame Eingabe an den Kardinalpräfekten der Propaganda in Rom richten solle, damit er auf die Bischöfe einwirke. Doch Generalsuperior Janssen bezweifelte den Erfolg, da Kopp in Rom großes Ansehen genieße. Linckens vermutete, man erreiche nur das Gegenteil. Man müsse daher mit großer Vorsicht zu Werke gehen, so Janssen. Spätere Protokollvermerke formulieren die latente Konfliktlage ungeschminkter: Viele Geistliche und der größte Teil des Episkopats verhielten sich, so der Eindruck, den Missionaren gegenüber geradezu „feindselig“. Für den Klerus lagen zunächst die pastoralen Sorgen der Heimatkirche im Blickfeld, weniger die Mission. Es sei aber eine Tatsache, so die Obern: „Da, wo viel für die Missionen geschehe, geschehe auch viel für die Diözese und die inneren Missionen. ‚Wenn der hl. Bonifatius so gedacht hätte wie die heutigen Verteidiger des Bonifatiusvereines, wäre er in England geblieben‘“[95]. Die Suche der Missionsorden nach einer adäquaten innerkirchlichen Interessenpolitik und Standortbestim-

[93] SK-Protokoll, 5.–6. 9. 1899. AG-SVD, SK 71478–71499.
[94] Ebd.
[95] SK-Protokoll, 30.–31. 8. 1900. AVDO.

mung blieb fortan ein verbindendes Anliegen der Superioren. Erschwerend für eine harmonische Lösung kam hinzu, daß die Mehrzahl der Obern lediglich einzelne Gemeinschaften für das angeschlagene Image der sammelnden Missionsgenossenschaften verantwortlich machten. In der Konferenz von 1902 brachte Prov. Scharsch OMI diesen Punkt sogar auf die Tagesordnung. Das Prestige der Orden leide durch „das unverschämte, eindringliche Wesen der Kollektanten"[96]. Das Protokoll vermerkte, man solle darauf hinarbeiten, daß die Achtung vor dem Missionswerk und den Missionsgesellschaften wachse.

Zu den größten Wünschen der Superioren gehörte es, daß ihre Missionstätigkeit von den Bischöfen in Hirtenbriefen und Kanzelverlautbarungen den Gläubigen zur Förderung empfohlen werde. Damit, so hofften sie, würde die Spannung zum Klerus und Episkopat gelöst werden und das Ansehen des Einsatzes der Missionsorden als unterstützungswürdige, ja unterstützungspflichtige kirchliche Aufgabe sei gesichert. Das Fehlverhalten einiger Gemeinschaften würde dies nicht desavouieren können. Auf der SK von 1909 wurde erwogen, ob man eine Eingabe an die Bischöfe wegen einer Empfehlung in einem gemeinsamen Hirtenbrief richten solle. Schließlich lasse „unter dem deutschen Volke und dem Klerus ein klarer Begriff der Missionspflicht noch viel zu wünschen übrig". Daher fehle es an Mitteln und Personal. Die Ansichten über den Erfolg dieses Schrittes waren geteilt. Die Mehrzahl meinte, die Eingabe werde bei den Bischöfen „keine gute Aufnahme finden". „Die Idee ist richtig und sehr gut, aber noch nicht ausführbar; die Hauptsache für uns ist nun, daran zu arbeiten, daß sie später verwirklicht werden könne". Zunächst müsse Vorarbeit geleistet werden durch Publikationen zum Thema der Glaubensverbreitung in theologischen Zeitschriften – „natürlich darf es kein Missionar sein". „Könnte ein Bischof dafür gewonnen werden, so wäre das Spiel schon halb gewonnen". Selbstkritisch fragten sich die Superioren sogar, ob die Missionare nicht „gar manches daran verschuldet" hätten, wenn die „Missionsfrage so sehr im argen liegt in Deutschland"[97].

Die Missionsgemeinschaften wagten es also noch nicht, um einen empfehlenden Hirtenbrief für ihre Tätigkeit zu bitten. Unsicherheit und Distanz beherrschten das Verhältnis der Superioren-Konferenz und der Bischofskonferenz. Als die Bischöfe in einem Pastorale den Gläubigen lediglich die Förderung der allgemeinen Missionsvereine[98] raten wollten, war die SK alar-

[96] SK-Bericht, 25.–26. 8. 1902. SAC Limburg.
[97] SK-Protokoll, 3.–4. 8. 1909. SAC Limburg.
[98] Vgl. S. 58.

miert. Im Oktober 1910 wandte sich Generalsuperior Blum besorgt an Acker, er habe erfahren, demnächst solle von allen Bischöfen ein Hirtenbrief erscheinen, der den Franziskus-Xaverius-Verein (FXV) und den Kindheit-Jesu-Verein (KJV) für alle Pfarreien vorschreibe. Gleichzeitig dürften keine anderen Sammlungen stattfinden. „Wenn das wahr ist, dann sind die Missionen doch sehr zu bedauern“[99], so Blums verhaltene Enttäuschung. Der Ausschuß der SK müsse eigentlich eintreten, eine gemeinsame Beratung solle stattfinden, eine Eingabe müsse gemacht werden, so die verschiedenen Vorschläge zur Lösung des Problems.

Manche Provinziale zogen nun persönliche Erkundigungen in ihren Diözesen ein und erhielten meist beruhigende Auskünfte. So hatte Prov. Kolb PSM im Limburger Ordinariat erfahren, nur eine Diözesan-Verordnung sei geplant, die für jede Diözese die Ernennung eines Diözesan-Direktors des FXV ankündige und die statutengemäße Einführung der Vereinsgliederung. „An sich ist ja auch das schon unangenehm genug, weil dies in den Händen mancher Geistlicher ein willkommener Vorwand sein wird, um den Förderern der Missionsgesellschaften das Handwerk zu legen, wie ich auch klipp und klar an der gemeinten Stelle [im Limburger Ordinariat] erklärt habe“[100]. Das sei nicht beabsichtigt und werde nicht gebilligt, versicherte man Kolb. Das stimmte so nicht ganz. Im Dezember 1910 versammelten sich die Bischöfe schließlich zu einer außerordentlichen Konferenz und ordneten in einem gemeinsamen Hirtenschreiben an, „daß für diesen Verein [FXV] in allen Dözesen, wo er nicht vorhanden ist, eine entsprechende Organisation geschaffen und der Verein gemäß seinen Satzungen in den Gemeinden eingeführt werde“[101]. Für die Missionsorden, die in ihren Sondervereinen einen schweren Stand gegen die allgemeinen, päpstlich und bischöflich wiederholt empfohlenen Missionsvereine hatten, war dies eine herbe Enttäuschung.

Auch als die Superioren in einer Eingabe an die Fuldaer Bischofskonferenz vom 5. 8. 1911 monierten, ein Teil der Almosen der allgemeinen Missionsvereine werde entgegen ihrer Bestimmung für die Missionen zu Diaspora-Zwecken gebraucht, war ihnen kein Erfolg beschieden. Kardinal Kopp, der die Eingabe von Acker empfangen hatte, legte sie den Bischöfen einfach nicht vor. Eine neue Eingabe sei wenig opportun, so Acker.

Die SK suchte auf verschiedenen Wegen, das Bewußtsein von der Notwendigkeit der kirchlichen Aufgabe der Missionierung im Episkopat, beim

---

[99] Blum an Acker, 24. 10. 1910. AG-SVD, Kopierbuch Blum.
[100] Kolb an Blum, 28. 10. 1910. AG-SVD, 26.
[101] Zitiert nach: KH III (1910/1911), S. 328.

Klerus, vor allem aber beim gläubigen Volk zu stärken. Eine von der SK gewünschte Ergänzung im Katechismus sollte die Missionspflicht herausstreichen und durch den exponierten Platz im Katechismus zum allgemeinen Wissensbestand aufsteigen. Die Nutzanwendung bestand in der Gebetsempfehlung für die Bekehrung der „armen Heiden" und in der Empfehlung des Beitritts zu einem Verein, der die Missionare unterstütze[102].

Soweit die Superioren-Konferenz in Bischofsstädten tagte, vereinbarte sie einen Empfang beim Ortsbischof, so 1911 beim Fuldaer Oberhirten. Es waren die Anfänge für eine sich herausbildende Tradition der Einladung des jeweiligen Diözesanbischofs, zur SK als Gast und Vertreter der Ortskirche zu kommen und diese mit seiner Anwesenheit zu ehren.

(b) SK und allgemeine Missionsvereine

Die speziellen Missionsvereine der Orden und Kongregationen standen den allgemeinen Missionsvereinen im Bestreben, Almosen für die „Heidenmission" zu sammeln in einer nicht geringen Spannung gegenüber. Zu den allgemeinen Missionsvereinen zählten das 1822 gegründete Werk zur Verbreitung des Glaubens mit Sitz in Lyon, in Deutschland unter der Bezeichnung Franziskus-Xaverius-Verein mit Sitz in Aachen bekannt (FXV), der 1838 gegründete Ludwig-Missionsverein in München (LMV), der 1843 gegründete Kindheit-Jesu-Verein (KJV), die 1894 in Rom gegründete St. Petrus-Claver-Sodalität für die Missionen in Afrika, der 1888 gegründete Afrikaverein deutscher Katholiken in Köln, der 1895 gegründete Deutsche Verein vom Heiligen Lande und die 1902 gegründete Missionsvereinigung katholischer Frauen und Jungfrauen[103].

P. Schwager unterbreitete auf der SK 1902 den Vorschlag, man solle die jeweiligen Präsidenten der großen Missionsvereine und um die Mission verdiente Männer wie Hespers als ständige und stimmberechtigte Mitglieder zur SK hinzuwählen. Dadurch behielte einerseits die SK „das Heft in der Hand" bezüglich der zu Wählenden, andererseits würden diese dann mitverantwortlich für das Missionswesen sein und könnten daran mitarbeiten, „Bischöfe und Klerus allmählich günstiger für die Mission zu stimmen". Auf diesen Konferenzen könnten sie vor allem „vertraulich und loyal etwaige Bedenken äußern und darüber aufgeklärt werden", so daß öffent-

[102] Anlage I zum SK-Protokoll, 10. 8. 1912. OFM Fulda, II15c Lagerort 2655. Vgl. S. 309.

[103] Beschreibung der Vereine, Organe, Zeitschriften, Einnahmen in: KH I (1907/1908), S. 217–221.

liche Angriffe verhindert werden könnten. Enttäuscht vermerkte Schwager die Reaktion der Obern auf diesen Vorschlag: „Das einzige, was man darauf erwiderte, war: sie könnten zu viel kritisieren"[104]. Schwagers Vorschlag wies im Grunde genommen schon auf eine Entwicklung hin, die erst in der bundesrepublikanischen Zeit einsetzte und zu einem gemeinsamen Gremium für Missionsfragen – zum Katholischen Missionsrat[105] – führte. Wie man sich den allgemeinen Missionsvereinen gegenüber verhalten sollte, wurde auf der Konferenz von 1902 nicht entschieden. Es wurde die „Zersplitterung der Vereine und Sammelstellen" bedauert[106], ohne jedoch zu einer sinnvollen organisatorischen Form zu finden.

Überlegungen zu neuen Institutionen im Missionswesen tauchten immer wieder auf – und verschwanden auch wieder. In der vertraulichen Besprechung auf der ersten allgemeinen katholischen Missionsfeier in Berlin 1905, an der neben Missionsvertretern auch Vertreter der Missionsvereine und Abgeordnete teilnahmen, wurde ein Antrag eingebracht, einen allgemeinen Missionsverein der Katholiken des Deutschen Reiches ins Leben zu rufen. Froberger befand in der ersten Begeisterung noch, das sei „epochemachend"[107]. Vorerst kam man aber nicht über die Bildung eines vorbereitenden Ausschusses und über eine Absichtserklärung zur Herausgabe einer „Missions-Korrespondenz" hinaus, die Gesetze, Verordnungen, Vorkommnisse und Mitteilungen zusammenstellen sollte. Doch dieses Vorhaben sollte sich – wie alle Bestrebungen zu neuer institutioneller Bildung im Missionsvereinswesen – zu einem Politikum entwickeln, das auch die SK tangierte.

Der Ausschuß, zu dem Prinz Arenberg und Matthias Erzberger, Domkapitular Msgr. Schwarz, Prälat Kleineidam und Geheimer Finanzrat Dr. Heßberger zählten, hatte am 28. 6. 1906 getagt. Man beabsichtigte, bei der Generalversammlung der Katholiken Deutschlands einen Antrag zur Bildung dieses Allgemeinen Missionsvereins einzubringen. Die Missionsvereine sollten nichts an Selbständigkeit einbüßen, so wurde beteuert, „sondern durch den Zentralverein in nähere Beziehung zueinander gebracht werden". Arenberg und Kleineidam wandten sich, um „in einer solchen, die Interessen der hl. Kirche aufs innigste berührenden Angelegenheit möglichst sicher zu gehen", zuvor an den Episkopat, um „dessen Rat und Weisung

104 Schwager an Janssen, 28. 8. 1902. AG-SVD, SK 71609.
105 Vgl. S. 382–386.
106 SK-Protokoll, 25.–26. 8. 1902. AG-SVD, SK 71610.
107 Erste Allgemeine katholische Missionsfeier in Berlin. Vertrauliche Besprechung, 9. 10. 1905. OFMCap, Abt. VII Fach 78 Fasz. 5d.

sich zu erbitten“[108]. Das war nötig. Es war nämlich inzwischen genügend Unruhe entstanden über diese neuen Pläne.

Hespers zeigte sich erstaunt über die Einrichtung eines „Allgemeinen Missionsvereins“ und machte seinen ganzen Einfluß geltend, um den Plan zu Fall zu bringen. Er bat Arenberg, zu verhindern, daß der Antrag von einem „gänzlich unreifen, in dieser Angelegenheit absolut unwissenden Mann wie Erzberger“ eingebracht werde[109]. Erzberger wurde privatim durch Froberger ersucht, den Antrag fallen zu lassen; er verzichtete. Acker überreichte dem Kölner Kardinal Antonius Fischer eine Eingabe der SK für die Fuldaer Bischofskonferenz, in der die Obern ihre „Mißbilligung über die geplante Gründung eines ‚Allgemeinen deutschen Missionsvereins‘“ aussprachen und erklärten, „daß sie in allen solchen Vereinsfragen sich ehrfurchtsvollst den Weisungen und Wünschen des hochwürdigsten Episkopats unterwerfen“[110]. Damit war das bestehende Institutionengeflecht gesichert, gefürchtete Abhängigkeiten von neuen Superorganisationen waren abgewehrt. Man mußte sich mit dem status quo auch mühsam genug arrangieren.

Als auf der SK von 1909 der Wunsch aufkam, eine Eingabe[111] an die Bischöfe zu verfassen, damit sie sich in einem Hirtenbrief für die Missionen einsetzen, nahmen die Obern davon noch Abstand. Es müsse noch Vorarbeit geleistet werden. Insbesondere hinterfragten die Superioren selbstkritisch ihr eigenes Verhalten. Es wurde appelliert an die Einigkeit, gegen die „unehrlichen oder gar verleumderischen Verdächtigungen“. Ob die eigene Propaganda nicht zu vorlaut sei. Auch für die allgemeinen Missionsvereine müsse man eintreten. „Aber daß sich diese Vereine in Wort und Schrift befehden, wie das vorkommt (wir erinnern nur an den Franziskus-Xaverius-Verein, an die ‚Katholischen Missionen‘), das kann und darf nicht mehr so weiter gehen. Unsere Pflicht ist es, da versöhnend einzugreifen und so dies keinen Erfolg haben sollte, energische Vorstellungen zu machen“. Im Hinblick auf die „Katholischen Missionen“ mit ihren „gehässigen Angriffen“ wurde der Wunsch ausgesprochen, bei erneuten Attacken beim Provinzial der Jesuiten im Namen aller energisch Klage zu führen[112]. Da der Verfasser, P. Anton Huonder SJ, im Anzeiger für die Katholische Geistlichkeit und in den Katholischen Missionen seine Angriffe gegen das „Kollektanten- und

[108] Arenberg, Kleineidam an Episkopat, Missionsgesellschaften und Vereine, Juli 1906. SAC Limburg.
[109] Hespers an Froberger, 1. 8. 1906. WV.
[110] SK an Fischer, 22. 8. 1906. AG-SVD, SK 71646.
[111] Vgl. S. 56.
[112] SK-Protokoll, 3.–4. 8. 1909. SAC Limburg.

Kolportagewesen“ fortsetzte, zeigten sich die Obern nicht wenig erbost. Rektor Kolb PSM schrieb an Generalsuperior Blum: „Wir sind aber der Ansicht, daß dem P. Huonder unbedingt das Handwerk gelegt werden muß“. Blum solle sich auch beim Jesuitenprovinzial beschweren. Die Pallottiner würden es über einen befreundeten Jesuitenpater versuchen, damit „die Bearbeitung von verschiedenen Seiten kommt und um so stärker wirkt“[113]. Blum wandte sich mit diesem „Anliegen ernster Natur“ zunächst an Löwenstein als Präsident des in Breslau gebildeten Missionskomitees. Löwenstein habe in seiner Rede auf dem Breslauer Katholikentag 1909[114] „geradezu ein Muster aufgestellt, wie man die Interessen der verschiedenen in Betracht kommenden Faktoren (Vereine, Missionen und Missionsgesellschaften) positiv fördern kann, ohne irgendeinem dieser Faktoren zu nahe zu treten“[115].

Auch an Prov. Thill SJ in Valkenburg wandte sich Blum. Wiederholt sei auf der SK über Huonder geklagt worden. Thill antwortete, er kenne den Artikel nicht, habe auch noch nicht mit P. Huonder gesprochen, aber es sei wohl nicht die Absicht Huonders, „die ‚Kolportage‘ selbst zu untersagen (wozu er ja auch nicht das Recht hat)“. Auch wolle er die Einnahmen der Steyler nicht „rauben“ oder einschränken[116]. Schwager nannte den Brief Thills „recht unbefriedigend“[117]. Sie müßten erreichen, daß in den Katholischen Missionen keine öffentliche Kritik mehr geübt werde. Man solle nochmals an den Provinzial schreiben, auch von anderer Seite. Die SK von 1910 vermerkte schließlich: „Wenn in irgend einer Zeitschrift ein Lapsus vorkommt, so möge der Präsident der Kommission vermitteln. Verstöße sollen an den Oberen oder den Redakteur berichtet werden“[118]. Der FXV-Verwaltungsrat aber ließ Jesuitenpater Huonders KM-Artikel auf Vereinskosten als Broschüre drucken und gratis an alle Bischöfe und den Klerus schicken[119]. Damit identifizierte sich der FXV mit Huonders Thesen und verschärfte den Konflikt ohne Not.

(c) SK und Katholikentage

Die Kolonial- und Missionsbegeisterung rief auch aus dem katholischen Milieu Personen und Verbände auf den Plan, die ihre eigenen Vorstellungen

[113] Kolb an Blum, 19. 11. 1909. AG-SVD, 26.
[114] Vgl. S. 70f.
[115] Blum an Löwenstein, 29. 11. 1909. AG-SVD, Kopierbuch Blum.
[116] Thill an Blum, 7. 12. 1909. AG-SVD, 26.
[117] Schwager an Blum, 23. 12. 1909. AG-SVD, 26.
[118] SK-Bericht, 26. 8. 1910. AVDO.
[119] Vgl. S. 164.

zu verwirklichen suchten. Die Superioren hatten alle Mühe, auf ihrem ureigensten Gebiet „als geschlossene Einheit all diesen Anregungen gegenüberzustehen“[120], die vor allem von den Generalversammlungen der Katholiken Deutschlands und den allgemeinen Missionsvereinen ausgingen. Da sich die Obern anfangs zurückgehalten hatten mit ihrer neuen Organisation und weil sie sich über kirchliche Verbindungsleute und politische Mittelsmänner – wie Domkapitular Hespers im Kolonialrat und Prinz Arenberg – vertreten ließen, verloren sie wertvolle Zeit, sich im Bewußtsein der Öffentlichkeit als die Hauptvertreter des Missionsgedankens zu profilieren.

Baumgartens gescheiterte Missionskonferenz

1901 brachten der Münchner Msgr. Paul Maria Baumgarten und der Trierer Dompropst Scheuffgen auf der Generalversammlung der Katholiken Deutschlands in Osnabrück einen Antrag ein, der die „Schaffung einer jährlich oder öfter zusammentretenden allgemeinen Missionskonferenz“ empfahl. Geborene Mitglieder seien die Missionsprokuratoren, die in Europa befindlichen deutschen Missionen und die Vorstände der Missionsvereine. Von der Konferenz zu wählende Freunde der Missionen und Sachverständige sollten als stimmberechtigte ordentliche Mitglieder zusätzlich der Konferenz angehören. Diese „gewiß segensreiche Einrichtung“ solle „möglichst bald“ ins Leben gerufen werden[121]. Die Superioren fanden sich auf Einladung Baumgartens im Sitzungssaal des Ausschusses für Missionen unter dem Vorsitz von Graf Praschma ein. Der Antrag wurde angenommen. Der Vertreter Janssens, P. Blum, notierte jedoch, dies sei unter „einer gewissen Reserve“ geschehen von seiten der Missionssuperioren. „Es wurde befürchtet, die allgemeine Missionskonferenz könnte mehr schaden als nützen, besonders wenn man darauf ausginge, alle unter einen Hut zu bringen“. Man hoffte, wenn man die Sache auf sich beruhen lasse, würde sie „wohl mit dem Antrag begraben werden“. Doch Baumgarten bat die SK schon am nächsten Tag, die Missionskonferenz bald ins Werk setzen zu dürfen. Blums Notizen zufolge habe man ihn „um ein genaues Programm gebeten“[122], großes Interesse an Baumgartens Sache aber zeige eigentlich niemand. Damit unterschätzten die Obern jedoch die Zielstrebigkeit, mit der Baumgarten das Projekt verfolgte und wodurch er für erhebliche Unruhe sorgte. Dies war durch den Gestaltungsspielraum aufgrund des wenig konkreten An-

---

[120] SK-Bericht, 26. 8. 1910. AVDO.

[121] Wörtliches Zitat von Antrag Nr. 14 in: Blums Notizen aus der SK, 26.–27. 8. 1901. AG-SVD, SK 71529.

[122] Blums Notizen aus der SK, 26.–27. 8. 1901. AG-SVD, SK 71529.

trags schon vorprogrammiert. Baumgarten suchte ihn in seinem Sinne zu nutzen.

Schon Froberger hatte im Vorfeld der Osnabrücker Versammlung den Mitinitiator des Antrags, Dompropst Scheuffgen, nach dem Zweck der Missionskonferenz befragt. Die Verhandlungsgegenstände, die Tragweite der Resolutionen, deren Bindung und Ausführung, müssten genau gefaßt werden. Daß das Missionswesen in Deutschland eine „planmäßige Unterstützung und Befürwortung erhalte"[123], wie es Froberger formulierte, stand für ihn im Vordergrund einer solchen Konferenz. Baumgarten aber schwebte eine Institution vor, die besondere Befugnisse in Anspruch nehmen sollte. Das mußte früher oder später zum Konflikt mit der SK führen.

Als die Missionskonferenz angekündigt wurde, meinten die Superioren noch, sie durch geschlossene Teilnahme und vor allem durch Mobilisierung ihrer Missionsfreunde in ihrem Sinne majorisieren zu können. Alarmiert fühlten sie sich erst, als deutlich wurde, welchen Charakter Baumgarten der Konferenz verleihen wollte. Baumgarten bat Provinzial Froberger, Leitsätze vorzulegen, unter anderem zur Kolportagepraxis der Missionshäuser, denn diese fordere „eine generelle Regelung durch die Konferenz"[124]. Blum befürchtete, man wolle „der Selbständigkeit der Missionsgesellschaften an den Kragen"[125]. Baumgarten übte deutliche Kritik an den Superiorenkonferenzen, die „bisher nur mäßige Ergebnisse" aufzuweisen hätten. Sie sollten nicht ausgeschaltet werden, sondern „innerlich und äußerlich erstarken". Baumgartens Formulierungen signalisierten den Obern, daß er eine Art höhere Institution anstrebte: „Zweck der Konferenz ist, – im allgemeinen gesprochen – der, daß die gemeinschaftlichen Interessen der Missionshäuser und der Sammelvereine sowie aller hervorragenden Missionsfreunde dort besprochen und geregelt werden sollen. Es soll ein Organ geschaffen werden, das autoritative Reformen in Gesetzgebung, Abwehr von Angriffen, gemeinschaftliche sonstige Aktionen anregen und durch Unterausschüsse ausführen lassen soll. Ein Bindeglied zwischen allen Missionshäusern und allen unseren Interessenten soll geschaffen werden"[126]. Mitte November 1901 begannen die Superioren, sich ernsthaft zu fragen, welche Absichten Baumgarten eigentlich verfolge und wer dieser Mann überhaupt sei, der sich dazu aufschwang, autoritative Regelungen treffen zu wollen. Erkundigungen über Baumgarten wurden eingezogen.

---

[123] Froberger an Scheuffgen, 5. 8. 1901. WV.

[124] Baumgarten an Froberger, 13. 11. 1901. WV. Vgl. Auszüge in: AG-SVD, SK 71537.

[125] Blum an Janssen, 13. 11. 1901. AG-SVD, SK 71538.

[126] Baumgarten an Janssen, 15. 11. 1901. AG-SVD, SK 71541.

Der 41-jährige Priester und Dr. phil. Paul Maria Baumgarten habe die juristische Laufbahn aufgegeben, war zu erfahren. Er sei dann nach Rom gegangen und habe sich durch sein galantes Wesen hohe Freunde und Gönner auch im Vatikan verschafft, habe an der Gregoriana Theologie studiert und sich historischer Forschung gewidmet und in angesehenen Zeitschriften publiziert. Patres, die Baumgarten aus Rom kannten, „fällten ein wenig günstiges Urteil über ihn“[127]. In seinen Artikeln hielt Baumgarten mit Kritik an Missionszeitschriften, die in Wort und Bild unzulänglich seien, nicht zurück. Man habe es dort auf die „Rührseligen“ abgesehen, erzähle „Geschichtlein von oft sehr zweifelhafter Bedeutsamkeit, die lediglich auf die Tränendrüsen der Leser wirken sollen“[128]. Baumgarten schwebten Forschungen zur Missionsgeschichte, Missionsstatistiken und die Abhaltung von Missionskonferenzen vor. Zweifelsohne ging es Baumgarten auch um die Einführung gewisser Qualitätsstandards und um theoretische und praktische Verbesserungen. Und unbestritten schien er auch „außerordentlich begabt“ zu sein[129]. Froberger sah es jedoch als „Unverschämtheit“ an, daß sich Baumgarten „über alle Missionssuperioren stellen wolle“, so P. Stenz SVD nach einem Gespräch mit dem Trierer Provinzial[130]. Die Trierer Patres fürchteten zudem, „daß man auch ihren Weinhandel angreifen werde“[131].

Baumgarten lud zum 8. 12. 1901 nach Fulda zur ersten Missionskonferenz ein. Er bezog sich ausdrücklich auf den in Osnabrück begeistert aufgenommenen Antrag und auf die angebliche Beauftragung Ackers und Baumgartens durch die Superioren, „das Zusammentreten der ersten Missionskonferenz in die Wege zu leiten“[132]. Der Bischof von Fulda hatte bereits seine Einwilligung erteilt und einen Saal zur Verfügung gestellt. Baumgarten ließ die Einladung zur Konferenz auch in der Presse verbreiten mit dem Hinweis: „Eine gemeinschaftliche Organisation für unsere deutschen Missionen und Missionshäuser zu schaffen, ist in den gegenwärtigen Zeiten von so hoher Wichtigkeit, daß um möglichst zahlreichen Besuch der Konferenz auf das dringendste und herzlichste gebeten wird“[133]. Schwager, der als Missionssachverständiger diese Angelegenheit verfolgte, fand es bedenklich,

---

127 Notiz Bodems', 17. 11. 1901. AG-SVD, SK 71543.

128 Abschrift eines Artikels von P. M. Baumgarten aus: Kirche in Wort und Bild, Heft 18 (1901). AG-SVD, SK 71547–71548.

129 Kösters an Janssen, 24. 11. 1901. AG-SVD, SK 71566–71567.

130 Stenz an Janssen, 22. 11. 1901. AG-SVD, SK 71551.

131 Stenz an Janssen, 22. 11. 1901. AG-SVD, SK 71556.

132 Einladung Baumgartens, 21. 11. 1901. AG-SVD, SK 71553.

133 Abschrift, Auszug aus: Fuldaer Zeitung vom 23. 11. 1901. AG-SVD, SK 71537. Vgl. Germania und Kölnische Volkszeitung vom 23. 11. 1901. Vgl. Hinweis in: AG-SVD, SK 71562 und 71563.

daß in der Zeitung um zahlreichen Besuch gebeten werde. Die „wahrscheinlich vorauszusehenden Erörterungen diskreter und peinlicher Natur" würden so in weitere Kreise dringen. Er vermutete, „daß auch das mit Absicht geschieht, um uns mundtot zu machen"[134]. Unklar sei noch, welche Referate geplant seien.

Janssen schlug ein Treffen der Superioren vor, denn es sei doch ihre „ernste Pflicht zu prüfen und zu überlegen"[135]. Froberger meinte, die SK habe Fehler begangen. Sie müßten nun die Sache „im Interesse unserer Gesellschaften und der katholischen Kirche" wieder einlenken[136]. Zunächst wies Froberger Baumgarten in die Schranken. Er sei „etwas stutzig" geworden wegen des verlangten Referats, das seiner Meinung nach auf die Kolportagepraxis der Steyler Missionare abziele. Das sei aber Sache von Generalsuperior Janssen. Man könne ihm nur Rat erteilen in den „gehörigen Schranken" und nur unter den Obern selbst. Auch über die Missionen und Beziehungen zur Regierung könne die Missionskonferenz nicht verhandeln, denn dies sei Sache der unabhängigen Missionsbischöfe, die nur der Propaganda in Rom gegenüber verantwortlich seien. Eine Missionskonferenz könne nur Hilfe für die Propagandaarbeit bieten. Den „Weg der Kritik betreten zu wollen, wäre wohl nicht ratsam"[137]. Baumgarten seinerseits sah sich genötigt, zu beruhigen, es werde sich alles „in schönster Harmonie abspielen"[138]. Davon waren die Superioren nicht mehr überzeugt.

Am 26. und 27.11.1901 trafen sich Froberger und Janssen in Trier, am 28.11. kamen sie in Limburg mit Kugelmann und dem Prokurator von Hünfeld, P. Huss OMI, zusammen. P. Blum brachte von Hiltrup die Auskunft, daß man dort „gegen eine Bevormundung der Missionsgesellschaften durch die Konferenz" sei[139]. Froberger und Janssen waren sich einig in der Ablehnung Baumgartens und schätzten die Gefahr, die von der Konferenz ausgehen könne, gleich ein. Die Superioren gaben schließlich eine gemeinsame Erklärung ab und bereiteten eine Zeitungsmeldung über ihre Absage der Konferenz vor. Außerdem verschickten sie gezielt an Einzelpersonen und Vereine ihre Stellungnahme. Sie beklagten, eine eingehende Vorbereitung über den Gegenstand der Konferenz und den Modus ihres Verlaufes fehle. Auch seien sie befremdet über die Art und Weise, in der über die Konferenz Mitteilung gemacht worden sei. Sie hätten Bedenken wegen der Refe-

---

[134] Schwager an Janssen, 23.11.1901. AG-SVD, SK 71563.
[135] Janssen an Froberger, 23.11.1901. AG-SVD, SK 71558.
[136] Froberger an Janssen, 24.11.1901. AG-SVD, SK 71564.
[137] Froberger an Baumgarten, vor 26.11.1901. WV.
[138] Baumgarten an Froberger, 26.11.1901. WV.
[139] Blum an Janssen, 28.11.1901. AG-SVD, SK 71581.

rate, „denn in einem Referate sollte die Propagandamethode unserer Missionsgesellschaften einer Kritik unterzogen werden; auch andere wichtige, das innere Leben der Missionshäuser und Missionen betreffende Fragen sollten kritisch und zwar ‚rückhaltlos' besprochen werden. Ferner kam zu ihrer Kenntnis, daß ein gemeinsames Organ geschaffen werden solle, in welchem ‚autoritativ' schwebende Fragen behandelt werden müßten". Die Superioren stellten demgegenüber ihre Kompetenzen heraus: „Ähnliche wichtige Fragen können selbstverständlich nicht vor weiteren Kreisen behandelt werden, ohne daß die Obern der deutschen Missionshäuser eine gemeinsame Bestimmung über den zu behandelnden Gegenstand getroffen haben". Über Konferenz, Beratungsgegenstände und Mitglieder wollten die Superioren in ihrer nächsten Versammlung einen Beschluß fassen. Sie bedauerten, daß „die unmotivierte Nachricht in die Öffentlichkeit" gelangt sei[140]. Doch nicht alle Vertreter der SK reagierten in gleicher Weise auf die geplante Missionskonferenz.

Ackers Erinnerung zufolge habe er in Osnabrück den Auftrag erhalten, Baumgarten mitzuteilen, die Versammlung zu veranstalten. Er verstehe nicht, warum die anderen Obern nun dagegen seien. Daher setzte er unter die Erklärung der fünf Obern auch den Zusatz, er sei für die Versammlung und man solle sich frei und offen aussprechen. Auch Enshoff, der Prokurator von St. Ottilien, plädierte für die Beteiligung in Fulda. „Bei Beschränkungsversuchen der Aktionsfreiheit der Missionshäuser und dergleichen Eingriffen müssen wir halt offen und nachdrücklich zusammenhalten und unsere Meinung deutlich sagen, wenn so was vorkommt"[141].

Die Stellungnahme der Superioren wurde von Domkapitular Hespers als „die einzig richtige" begrüßt. Auch die päpstlichen Missionsvereine seien nicht gefragt worden. Eine Konferenz ohne Programm und ohne Rücksicht auf die maßgebenden Faktoren sei „ein Unding" und nach „protestantischem Muster", obgleich in der Katholischen Kirche „eine autoritative Organisation für das Missionswerk besteht". Baumgarten, der „hier genügsam bekannt ist, darf unmöglich in dieser Angelegenheit das Heft in der Hand behalten"[142]. Hespers verständigte den Bischof von Fulda, der die Informationen zur Sachlage und vor allem zur Persönlichkeit Baumgartens dankbar entgegennahm.

---

[140] Erklärung der Superioren Janssen, Froberger, Kugelmann, Linckens und P. Huss, 29. 11. 1901. WV. Vgl. Ebd. die Zeitungsnotiz und eine Liste mit Namen, die über die Absage informiert werden sollten.

[141] Abschrift: Enshoff an Blum, 28. 11. 1901; vgl. Enshoff an Kugelmann, 29. 11. 1901. WV.

[142] Hespers an Froberger, 30. 11. 1901. WV.

Kugelmann übermittelte Baumgarten die Erklärung der Obern und bat um Verschiebung der Konferenz und eine entsprechende Mitteilung an die Presse, „daß wir nicht ohne weitere Vorbereitung Debatten über unsere Interessen und unsere Tätigkeit beiwohnen können“[143]. Baumgarten erreichte diese Stellungnahme in dem Moment, als er seine „Mitteilungen des Ausschusses zur Vorbereitung der ersten Missionskonferenz“[144] verschicken wollte. Er zeigte sich überrascht und bedauerte, daß „in den wesentlichsten Punkten mit einer mich in Erstaunen setzenden Skrupellosigkeit falsch berichtet“ worden sei. Er könne das nicht als „nach jeder Richtung loyal ansehen“. Er werde die Zeitungsnotiz darüber, daß die Konferenz nicht stattfinde, weitergeben, jedoch die Begründung der Limburger Stellungnahme nicht anführen, die er mit Entrüstung von sich weise. Die Fragen der Missionsalmosen würden doch längst in der Öffentlichkeit diskutiert. Daß diese eine „wohlwollende Besprechung und Auseinandersetzung auf einer geschlossenen Konferenz nicht vertragen, ist mehr wie ich verstehen kann. Gut, dann setzen wir die öffentliche Diskussion fort, wenn das eher gewünscht wird“. Laienkreise wünschten Klärung[145]. Froberger versuchte Baumgarten nochmals die Bedenken zu erläutern, die gegen die Teilnahme erhoben worden waren. Prinzipiell signalisierte er Interesse an einer Missionskonferenz. „Sie wissen ja, daß wir nicht an verknöcherten Traditionen hängen, sondern uns der Zeit anzupassen bestrebt sind“[146].

Am 3.12.1901 meldete die Presse, die Missionskonferenz sei abgesagt, Gründe seien nicht angegeben worden. Wahrscheinlich gingen die Meinungen über die geplante Organisation wohl auseinander, vermutete die Zeitung[147]. Enshoff äußerte sich nach wie vor verständnisvoll Baumgarten gegenüber: „Eigentlich sind durch den Limburger Beschluß wir Missionare in den Augen der richtig denkenden mehr bloßgestellt als Sie, da wir in Osnabrück Ihren Antrag empfohlen, und nun die Ausführung derselben verhindern oder besser gesagt verschieben“[148].

Schließlich äußerte sich auch die Leiterin der St. Petrus-Claver-Sodalität, Maria Theresia Gräfin Ledóchowska. Baumgarten und Acker hätten im März 1901 schon in München vor der Sodalität Vorträge gehalten und sich miteinander besprochen. Baumgarten wolle die Vereine und Gesellschaften

143 Kugelmann an Baumgarten, 29.11.1901. WV.

144 Mitteilungen des Ausschusses zur Vorbereitung der ersten Missionskonferenz, 29.11.1901. WV. Mit handschriftlichen Notizen Baumgartens in: SAC Limburg.

145 Baumgarten an Froberger, 30.11.1901. WV.

146 Froberger an Baumgarten, 1.12.1901. WV.

147 Vgl. Abschrift: Westfälischer Mercur Nr. 613 vom 3.12.1901. AG-SVD, SK 71595.

148 Abschrift: Enshoff an Baumgarten, 4.12.1901. WV.

„maßregeln", so Ledóchowskas Eindruck. „Nun! Die göttliche Vorsehung griff rechtzeitig ein. Die Konferenz wurde abgesagt"[149]. Auch in St. Gabriel, Mödling, freuten sich die Steyler Missionare: „Wollen hoffen, daß auch in Zukunft alles nach dem festen Willen Gottes in Frieden geordnet wird"[150].

Missionsthemen auf den Generalversammlungen

Die Superioren waren bemüht, bei den Generalversammlungen der Katholiken Deutschlands Initiativen zu ergreifen, damit „etwas für die deutsche Mission getan" werde, wie Froberger hoffte[151]. Hier war ein Forum gegeben, das die öffentliche Aufmerksamkeit auf sich lenkte und dadurch allen dort verhandelten Themen einen Bedeutungsschub verlieh. Die Empfehlungen der Generalversammlungen der Katholiken Deutschlands erhielten nicht zuletzt deswegen so hohe Attraktivität auch für die Missionshäuser, weil sie üblicherweise in der Katholischen Presseöffentlichkeit weiteste Verbreitung fanden. Die Superioren brachten daher einen gemeinsamen Antrag zur ideellen und finanziellen Förderung ihrer Missionshäuser ein und suchten Missionsreden im Veranstaltungsplan anzuregen.

Zunächst einmal verliefen die Bemühungen um einen gemeinsamen Antrag nicht ohne Reibereien zwischen den Obern selbst. Nachdem der Knechtstedener Prov. Acker seinen Entwurf 1901 den übrigen Mitgliedern zur Prüfung vorgelegt hatte, entspann sich zwischen Acker und Generalsuperior Janssen ein Disput wegen der Reihenfolge, in der die Missionshäuser genannt werden sollten.

Auf Janssens Einwand zu Ackers Entwurf, er vermisse die „Aufzählung der Missionshäuser nach erkennbarem Prinzip"[152] der Ordnung, entgegnete Acker, er habe alternativ die Häuser nach der Jahreszahl der Gründung und nach dem Beginn der Tätigkeit in den Schutzgebieten aufgeführt. Beide Male standen allerdings die Knechtstedener „Väter vom hl. Geist" an erster Stelle, die Steyler Missionare hingegen an zweit- bzw. drittletzter Position, was Janssens Unmut auslöste[153]. Er hatte an eine alphabetische Nennung gedacht, bei der seine „Gesellschaft des Göttlichen Wortes" Chancen für einen besseren Platz erzielt hätte. Janssen empörte sich, Acker wolle „seine Wünsche zur Geltung" bringen, indem die Generalversammlung das

---

149 Rundschreiben Ledóchowskas, 20. 12. 1901. SAC Limburg.

150 Breidenbach an Janssen, 6. 12. 1901. AG-SVD, SK 71599.

151 Froberger an Kugelmann, 9. 8. 1900. SAC Limburg.

152 Janssen an Kugelmann, 27. 6. 1901. AG-SVD, SK 71517–71520; vgl. Janssen an Acker und Ordensobern, 5. 8. 1901. AG-SVD, SK 71524.

153 Vgl. Acker an Janssen, 18. 8. 1901. AG-SVD, SK 71525.

Knechtstedener Haus an erster Stelle empfehlen solle[154]. Acker hingegen vermutete, Janssens Gründe seien „ganz sicher nicht die wahren Gründe, die Sie bewogen haben zu dem Widerstande gegen diesen harmlosen Antrag". Die Geistlichen seien „unzufrieden mit dem Betteln von Tür zu Tür, und ganz besonders mit dem Aufdrängen von Schriften in den Pfarrhäusern, wie es herumreisende Brüder einiger Gesellschaften tun. Überall hört man bittere Klagen über diesen Modus von Propaganda".

Acker holte also zu einem gezielten Schlag gegen die Kolportagepraxis der Steyler Missionsbrüder aus. Das war keine feine Art, spiegelt aber die inneren Spannungen der Missionshäuser wider, die hier und da deutlicher aufbrechen konnten. Acker brachte den Antrag mit den Unterschriften der übrigen Obern – ausgenommen Janssen – beim Lokalkomitee des Katholikentags in Osnabrück ein. Janssens Verlangen, den Antrag zurückzuziehen, sei eine „Anmaßung". Wenn Janssen darauf bestünde, werde „unsere Superioren-Konferenz in die Brüche gehen", so Ackers Drohung[155]. Die SK solle entscheiden, ob der Antrag eingebracht werden sollte. Trotz dieser Querelen obsiegte schließlich das gemeinsame Interesse der Obern. Ackers Antrag wurde angenommen – und auch das Steyler Missionshaus wurde genannt[156]. Damit empfahl die 48. Katholiken-Versammlung in Osnabrück 1901 „die Unterstützung der Missionshäuser der in Deutschland zugelassenen Missionsgesellschaften": Spiritaner, Weiße Väter, Hiltruper Missionare, Benediktiner, Pallottiner, Steyler Missionare, Oblaten und Maristen[157].

Es gelang den Missionsobern schließlich, ihren Antrag 1907 zu einer festen Einrichtung auf den Generalversammlungen erheben zu lassen. In der zweiten geschlossenen Versammlung begründete Enshoff ihn ganz kurz. 10 Missionshäuser – zu den Gründungsmitgliedern von 1898 waren die Oblaten vom hl. Franz von Sales, die Kapuziner und die Maristen gekommen – mit 163 Hauptstationen, 338 Missionaren, 200 Brüdern und 216 Schwestern waren in den deutschen Schutzgebieten tätig, die inzwischen zusätzlich zu den Gebieten von 1898 auch Deutsch-China, Samoa, die Salomoninseln und die Karolineninseln umfaßten[158]. Nach Enshoffs Begründung des Antrags der Superioren hielt der Apostolische Vikar Henninghaus von Südschantung eine Ansprache, „in deren zweitem Teile er die landläufigen Ein-

[154] Janssen an Acker und Ordensobern, 5. 8. 1901. AG-SVD, SK 71524.

[155] Acker an Janssen, 18. 8. 1901. AG-SVD, SK 71525.

[156] Vgl. Zeitungsausschnitt über Annahme des Antrags zur Unterstützung der Missionshäuser in der 2. geschlossenen Generalversammlung [August 1901]. WV.

[157] Blums Notizen aus der SK, 26.–27. 8. 1901. AG-SVD, SK 71529.

[158] Angaben in: Aufruf der Obern der katholischen Missionshäuser für die deutschen Schutzgebiete zum Missionskongreß, August 1907. AG-SVD, SK 71655.

wendungen gegen die Missionen trefflich widerlegte. Der sonst so knappe und schneidige 1. Präsident dankte bischöflichen Gnaden ganz gerührt und bezeichnete dessen Rede als die bedeutsamste oder doch ergreifendste Tat der ganzen Katholiken-Versammlung"[159].

Ganz anders war der Eindruck über die Reaktion der Katholikenversammlung von 1908 in Düsseldorf, wie sie P. Blum erlebte, der vermerkte, sie habe „der Mission kein Plätzchen an der öffentlichen Sonne" gegönnt[160]. „Allgemeine Mißstimmung" herrschte auch auf der SK, die den Düsseldorfer Katholikentag mit seiner Missionsversammlung reflektierte. Es kam die Frage auf, ob man nicht ein „Missionskomitee" gründen solle[161].

Wie ein Durchbruch auf dem Missionssektor wirkte 1909 die Missionsrede von Alois Fürst zu Löwenstein in der ersten öffentlichen Versammlung auf dem Breslauer Katholikentag über die Missionspflicht der deutschen Katholiken. Ein Missionsausschuß des Zentralkomitees wurde 1910 gebildet, Missionsveranstaltungen auf den Katholikentagen eingerichtet. In der zweiten geschlossenen Sitzung der Katholikenversammlung nahm man einstimmig einen Antrag über die Missionen an, der erstmals die Wünsche der Missionsgenossenschaften und Missionsvereine zusammen nannte. Die Generalversammlung erinnerte darin „eindringlich an die bedeutungsvolle Stellung, welche die Bekehrung der Heiden in dem Heilswerke der Kirche nach dem Willen ihres göttlichen Stifters einnimmt". Die „hohen Ziele wahrer Kulturarbeit in den Kolonien" könnten ohne die „ungehinderte Mitwirkung der Missionare nicht erreicht werden". „Sie empfiehlt daher dem tatkräftigen Wohlwollen der deutschen Katholiken alle Werke, welche der Ausbreitung des heiligen Glaubens dienen, die Missionshäuser, die ihre Mitglieder als Apostel in die heidnische Welt aussenden, und die Vereine, deren Gebete und deren Geldmittel die Erhaltung und Ausbreitung der Missionen bezwecken". Am 2. 9. 1909 wurde eine Missionskommission des ZK gebildet unter Vorsitz Löwensteins zusammen mit Kommerzienrat Cahensly, Reichsgraf Oppersdorff und Msgr. Dr. Werthmann[162].

Die Missionsrede Löwensteins war für die SK wie ein lang ersehnter, von außen kommender Zuspruch zu ihrem Werk. Blum schrieb Löwenstein, seine Rede sei allen Missionsgesellschaften und Missionsfreunden „aus dem Herzen gesprochen. So klar ist die Wahrheit über die Pflicht der Glaubens-

---

[159] SK-Bericht, 26. 8. 1907. AG-SVD, SK 71654.

[160] Tagebuchnotiz Blum, 31. 8. 1908. AG-SVD, Tagebuch Blum. (Frdl. Hinweis von P. J. Alt, Rom).

[161] SK-Protokoll, 3.–4. 8. 1909. SAC Limburg.

[162] Missionskonferenz Berlin, 22. 1. 1910, S. 1f. AG-SVD, 26.

verbreitung dem katholischen Klerus und Volk noch selten kundgegeben worden". Löwenstein sei dadurch zum „Wohltäter des ganzen Missionswerkes" geworden[163]. Acker rief in Erinnerung, daß noch 1908 das Lokalkomitee in Düsseldorf die Missionsrede abgelehnt hatte. „Dieses Jahr stand sie an der Spitze, mit scharfer Betonung der Wichtigkeit und Dringlichkeit des Missionswerkes". Ein Laie habe die Missionspflicht sehr scharf betont und in allen Zeitungen sei dies veröffentlicht worden. Als Gewinn der Breslauer Rede verbuchte Acker, auch Msgr. Werthmann vom Caritasverband wolle die Mission unterstützen, ebenso der Volksverein für das katholische Deutschland. „Warum sollte der Volksverein, der den Zweck hat, das Volk über seine Pflichten aufzuklären, es nicht auch über die Missionspflicht aufklären?" Acker hoffte, daß die Superioren auf diese Weise „hoffentlich nach und nach an die Bischöfe von unten herauf" herankämen. Es müßte auch in den Seminarien und an den Universitäten offiziell von den Missionen gesprochen werden. Schmidlin schreibe ihm gerade, daß er beabsichtige, einen Missionskursus an der Universität Münster einzuführen. „Unser Ziel müßte sein, überall das Bewußtsein der Missionspflicht beizubringen. Wenn uns das gelingt, dann wird es schon gehen. Wir [d.h. unser Heiland][164] haben ein Recht auf die Almosen der Gläubigen zur Unterstützung der Missionen. Wir sind viel zu ängstlich, das zu sagen"[165].

Missions-Kommission des Zentralkomitees

Rektor Kolb PSM beurteilte 1909 die „Zentralisationsidee der Missionsvereine, wie sie von Breslau und Berlin aus" wieder betrieben zu werden scheine, kritisch[166]. Zwar verliefen in diesem Falle die Bestrebungen nicht wie bei Baumgarten, doch blieben Vorbehalte von seiten der Superioren gegen jede übergeordnete Institution.

Am 22.1.1910 traf die Missions-Kommission des Zentralkomitees der Generalversammlungen der Katholiken Deutschlands zu ihrer ersten Sitzung in Berlin zusammen, zu der neben den Mitgliedern der Kommission, Löwenstein, Werthmann, Cahensly, durch Kooptation 19 Ordensvertreter, darunter 6 Provinziale und Abt Weber von der SK, sowie 11 weitere Herren, auch Erzberger, Karl Bachem und Alois Oster vom Kindheit-Jesu-Verein erschienen. Löwenstein erinnerte an die Missionskonferenz von 1905[167], deren Wege mit dem allgemeinen Missionsverein nicht zum Ziel

[163] Blum an Löwenstein, 1.9.1909. AG-SVD, Kopierbuch Blum.
[164] Zusatz Ackers am Briefrand.
[165] Acker an Blum, 13.9.1909. AG-SVD, 26.
[166] Kolb an Blum, 19.11.1909. AG-SVD, 26.
[167] Vgl. S. 59.

geführt hätten und daher nicht weiterverfolgt werden sollten. Es ginge darum, wie das Missionsinteresse der deutschen Katholiken gestärkt werden könne. Die Kommission habe nicht „vom grünen Tisch" aus beraten wollen, sondern gleich den sachverständigen Rat und die Mitwirkung der Missionare und Vereinsvorstände erbeten. LMV und Afrikaverein hatten sich entschuldigt. Der FXV habe es abgelehnt zu erscheinen. Die Kommission wolle nicht eine „Zentralstelle" sein, die in die Verwaltung der bestehenden Vereine „hineinregiere" und wolle auch kein neuer Verein sein. Auch den Bischöfen wollten sie keinen Rat aufdrängen.

Jesuitenpater Huonder, der durch seine Publikationen bereits das angestrengte Interesse der Superioren auf sich gelenkt hatte[168], referierte über die Neubelebung und Organisation des deutschen Zweigs des Vereins der Glaubensverbreitung, den FXV. Der Verein der Glaubensverbreitung sei „ein Werk der besonderen göttlichen Vorsehung" und von den Päpsten und Bischöfen empfohlen. Huonder nannte ihn einen „Musterverein", „der einzige universelle Missionsverein". Die Verteilung der Gelder sei unparteiisch und nicht partikularistisch wie bei den Ordensvereinen. Die Missionshäuser hätten ihre Spezialvereine gegründet. Es sei dadurch eine „zunehmende Zersplitterung und nicht ganz gesunde Konkurrenz" in das Missionswesen gekommen und „ein gewisser, engherziger, nationaler Zug", der der „katholischen Gesamtmission verhängnisvoll" werden könne. Die „großen, dem allgemeinen Missionswerk dienenden Vereine" müßten wieder mehr zur Geltung kommen und nicht „durch die zahlreichen Einzelvereine und Sonderbestrebungen sozusagen aufgesogen" werden. Die übrigen Vereine sollten daneben auch weiterbestehen. Huonder plädierte für eine „dominierende und zentrale Stellung" des FXV in Deutschland, das sei auch der Wunsch der Päpste. Der Verein habe internationalen Charakter und sei eine „Macht, mit der unter Umständen auch die Regierungen rechnen müßten". Er habe größere Werbekraft, eine einfachere Verwaltung, eine bessere Kontrolle und gerechtere Verteilung der Missionsgelder und „die geistlichen Gnadenschätze" in „reicherem Maße als andere"[169].

Msgr. Werthmann nannte die bescheidenen Ziele der an der Missionskonferenz beteiligten Personen. Sie wollten „nicht die Lehrer der Bischöfe" in Missionsfragen sein, keine „Reorganisatoren und Reformatoren" der Missionsvereine und keine „Instruktoren der Missionsorden". Die Missionskommission wolle keine „autoritative Zentralstelle in irgend welcher

---

[168] Vgl. S. 60f.

[169] A. Huonder, Der Verein der Glaubensverbreitung, in: Missionskonferenz Berlin, 22.1.1910, S. 6–23. AG-SVD, 26.

Form und gegenüber irgend jemand darstellen". Damit wolle er „einen scharfen Schnitt" zwischen 1910 und 1905 machen[170].

Abt Weber betonte, auf den Katholikenversammlungen müsse nicht nur die Unterstützung der allgemeinen Missionsvereine, sondern auch der Missionshäuser den Katholiken empfohlen werden, was Acker, Froberger, Schwager und P. Dix MSC bekräftigten[171]. Froberger übernahm mit dem Vortrag über die Propagandatätigkeit und die Kollekten der einzelnen Missionsgesellschaften ein höchst delikates Thema. Er betonte daher, daß er sich mit den anwesenden Missionsobern über die Punkte ausgesprochen habe. Es herrsche in allen Auffassungen „vollständige Einmütigkeit", dadurch sei „jede Möglichkeit verwirrender Gegensätzlichkeit vollständig ausgeschlossen". Froberger war beauftragt, die einstimmig beschlossene Erklärung und Bitte der Missionskommission zu unterbreiten: „Die versammelten Vereinsvorstände und Missionsobern verurteilen entschieden alle Mißbräuche auf dem Gebiete des Kollektierens, sie werden dagegen ankämpfen, soweit es in ihrer Macht steht, und werden streng darauf sehen, daß die Kollekten in Zukunft nur mehr im Einklang mit den römischen Vorschriften erfolgen. Sie richten an das Zentralkomitee der Katholiken Deutschlands die Bitte, die Vereine zur Unterstützung der Missionen, die Missionsorden und -kongregationen und deren Erziehungsanstalten zur Heranbildung von Missionen wohlwollend zu empfehlen"[172]. Werthmann sprach, auch im Hinblick auf die vielen Kirchenbettler aus dem Weltklerus, die auch zur Mißstimmung über das Kollektieren beitrügen, von einer „Anarchie des Bettelwesens"[173]. Das Zentralkomitee nahm am 23.1.1910 die Anträge der Missions-Kommission an und bildete den Missionsausschuß aus Löwenstein, Landgerichtsrat Gröber, Cahensly und Werthmann. Das Recht der Kooptation wurde ihnen zuerkannt[174].

Die SK von 1913, seit 1912 durch Satzung, Geschäftsordnung und Vorstand mit einem höheren Grad der institutionellen Autorität versehen, wünschte bei Einladungen zu den öffentlichen Missionsversammlungen der Katholikentage die Missionsorden und -gesellschaften als Mitunterzeichner aufzuführen. Auch solle der Missionsausschuß des Zentralkomitees der Generalversammlungen der Katholiken Deutschlands der SK die Fragen und Anträge, die die Missionsveranstaltungen auf den Katholikentagen be-

---

170 Missionskonferenz Berlin, 22.1.1910, S. 26. AG-SVD, 26.
171 Ebd., S. 31f.
172 Ebd., S. 32–35.
173 Ebd., S. 35.
174 Vgl. Ebd., S. 47.

träfen, zur Kenntnis geben und die Wünsche und Ansichten des Vorstands entgegennehmen[175].

Missionsfeste, Missionskongresse, Missionskorrespondenz

Die geeignete Form der Selbstdarstellung und der Weckung der Missionsbegeisterung in kirchlichen Kreisen schien den Obern die Form der Missionsfeste zu sein. Für 1903 sollte Prov. Scharsch OMI die Vorbereitungen einleiten. Seine Vorabsprachen mit dem Bischof von Fulda, der das Protektorat übernehmen wollte, ergaben, daß dieser wünschte, alle Orden und Kongregationen, die irgendwie in den auswärtigen Missionen tätig seien, sollten dazu eingeladen werden, ebenso der Bonifatiusverein. Es solle auch geschlossene beratende Versammlungen geben. Das widersprach allerdings dem Beschluß der SK von 1902. Auf den Rat von Domkapitular Hespers stellte Scharsch seine weiteren Überlegungen bis zur Katholikenversammlung zurück, auf der die nächsten Planungen angegangen werden sollten[176].

Unter Hespers' Führung, der der SK beiwohnte, faßte man dann den Beschluß, in Verbindung mit den Katholikenversammlungen einen Missionskongreß durchzuführen, dessen Zweck es sei, den Missionsgedanken in seiner Tragweite beim Volk und beim Klerus bekannt zu machen und sie für das Missionswerk zu begeistern. Der Kongreß sollte zusammen mit den Vorständen der allgemeinen Missionsvereine und den Gesellschaften, deren deutsche Provinzen auswärtige Mission hätten, veranstaltet werden. Ausdrücklich wurde betont, die SK sollte dadurch in keiner Weise beeinträchtigt werden. Ausgeschlossen seien auch Reden, die in die innere oder äußere Verwaltung der Missionshäuser und Missionen eingriffen[177].

Prov. Flaus SM, der mit der Vorbereitung beauftragt war, gelang es im Zusammenwirken mit den anderen Vereinen, zur Zufriedenheit der SK[178] die erste Allgemeine Missionsversammlung in Regensburg am 24. 8. 1904, im Anschluß an die Generalversammlung der Katholiken Deutschlands durchzuführen. Das Präsidium übernahm Dr. Bachem, den Vorsitz Flaus, Reden zur Bedeutung und Geschichte der Mission wurden von Patres der Mitgliedsorden gehalten. Flaus lud „im Namen aller Missionsgesellschaften und Missionsvereine des katholischen Deutschlands“ ein. „Die Missionstätigkeit des deutschen Katholizismus hat eine solche Ausdehnung erlangt, daß sie eine der bedeutendsten Äußerungen des katholischen Lebens in

[175] Vgl. SK-Protokoll und Präsenzliste, 16. 8. 1913. AVDO.
[176] Vgl. Rundschreiben Scharschs, 18. 2. 1902. AG-SVD, SK 71613.
[177] Vgl. SK-Protokoll, 24. 8. 1903. AG-SVD, SK 71621.
[178] Vgl. SK-Protokoll, 22.–24. 8. 1904. SAC Limburg.

unserm Vaterlande bildet. Andererseits erfordern die erfreuliche Zunahme der Missionshäuser in der Heimat, wie die jährlich erwachsenden Aufgaben in den Missionsländern gesteigerte Anstrengungen, um das Personal sowie die Kosten des gegenwärtigen Missionsbetriebes aufzubringen"[179]. Damit war für die SK seit den Querelen von 1901 um den verunglückten Missionskongreß mit Baumgarten[180] eine Form gefunden, die der positiven Selbstdarstellung in der kirchlichen Öffentlichkeit diente – und das und nur das bezwecken sollte. Im Vorfeld hatte Flaus noch ängstlich als Beratungspunkt für die SK notiert: „Wie würde man unangenehme Fragen, falls welche erörtert würden, abwenden?"[181] Das schien nicht nötig gewesen zu sein.

Im folgenden Jahr wurde in Straßburg wiederum eine Missionsversammlung veranstaltet, 1906 fand sie in Essen statt. Generalsuperior Janssen betonte, es solle jeder „Partikularismus" vermieden werden, so daß „Weckung der Eifersucht ausgeschlossen bliebe"[182]. Alle Missionen sollten geschildert und die zahlenmäßigen Erfolge zusammengenommen werden. „Alle Missionen erscheinen als Brüder, die zusammen zu dem einen Zweck der Verbreitung des hl. Glaubens tätig sind"[183]. Die Missionsversammlung von 1907 hatte P. Enshoff vorzubereiten[184]. Mit Plakaten, Handzetteln, speziellen Einladungen von Persönlichkeiten, Notizen und Einladungen in der Lokalpresse und im Amtsblatt wurde für die Versammlung geworben, mit freiem Eintritt – „auch Frauen und Kinder!" Es gebe keine Diskussion, keine Beschlüsse, nur Reden. Es gelte „Liebe und Mitarbeit für das Missionswesen zu wecken, um deren Betätigung alle gebeten seien"[185]. Enshoff hatte einen Aufruf „im Auftrag der katholischen Missionshäuser für die deutschen Schutzgebiete" drucken lassen, der die „Aufgabe der Ausbreitung unseres katholischen Glaubens" als wesentlichen „Bestandteil unserer hl. Kirche" herausstrich[186].

Obgleich dies alles erfolgreich verlief, beschloß die SK, im folgenden Jahr keine eigene Missionsversammlung mehr zu organisieren, sondern in Absprache mit dem Lokalkomitee der Katholikentage eine öffentliche Mis-

---

[179] Einladung Flaus' zur Allgemeinen Missionsveranstaltung in Regensburg, 24. 8. 1904. SAC Limburg.

[180] Vgl. S. 62–68.

[181] Einladung Flaus' und Tagesordnungspunkte zur SK, vor 22. 9. 1904. SAC Limburg.

[182] Janssen an Hespers, 23. 6. 1906. AG-SVD, SK 71634.

[183] Janssen an Obern, 20. 7. 1906. AG-SVD, SK 71637.

[184] Vgl. Enshoff an Obern, 9. 8. 1907. WV.

[185] Geschäftsgang nach P. Enshoff, 6. 6. 1907. WV.

[186] Aufruf der Obern der katholischen Missionshäuser für die deutschen Schutzgebiete zum Missionskongreß, August 1907. AG-SVD, SK 71655.

sionsrede halten zu lassen[187]. Insbesondere Acker hatte argumentiert, mit der Missionsversammlung würden sie nur jene Leute erreichen, die schon zu den Missionsfreunden zählten. Es sei aber besser, einen Redner in der öffentlichen Versammlung der Katholikentage sprechen zu lassen. Diese Ansicht teilten auch die anderen Obern[188].

Neben Missionsversammlungen und Missionsreden stellte der vom Zentrumsabgeordneten Erzberger aufgegriffene Plan einer „Missionskorrespondenz" (MK) ein weiteres Mittel zur Verbreitung der Missionsidee dar. Satz und Versand sollte von dem Berliner Zeitungsverlag „Germania" übernommen werden, die Redaktion liege bei Erzberger. Zweck der MK sei, „das Interesse der deutschen Katholiken für das Missionswesen zu wecken und zu fördern"[189]. Schwager fand es „merkwürdig", daß die Missionskommission der Katholikentage nicht vorher mit den Missionsgesellschaften in Verbindung getreten sei und ihnen „ohne zu fragen, einen Erzberger auf die Nase setzt". Man solle die Sache bis zur nächsten SK ad acta legen[190]. Froberger wies in seinem Rundschreiben darauf hin, daß von verschiedenen Seiten Zweifel geltend gemacht worden seien wegen der geplanten Missionskorrespondenz. Insbesondere betraf dies die Existenz der eigenen Missionszeitschriften und „Befürchtungen einer eventuellen Verwicklung dieser Korrespondenz mit Fragen politischer Natur", was Erzberger als Zentrumsabgeordneten betraf. Die Superioren seien zuvor nicht befragt worden, sollten provisorisch die Korrespondenz mit geeigneten Mitteilungen versorgen, sich aber den definitiven Entschluß darüber vorbehalten bis zur SK[191].

Acker informierte Blum darüber, daß er Erzberger geschrieben habe, die Sache scheine ihm nicht reif zu sein. Vorher müsse die Angelegenheit besprochen werden. „Das Organ dieser Besprechung ist natürlich die Superiorenkonferenz"[192]. Die SK stellte fest, daß sie vor einem fait accompli stünde und daher bereit sei, die MK durch kurze Mitteilungen aus den Missionen zu unterstützen, wobei auf eingehendere Schilderungen in den Missionszeitschriften verwiesen und dadurch diese empfohlen werden könnten. Als verantwortlicher Redakteur zeichne nun Löwenstein. „Alles Politische sei aus der MK ausgeschlossen"[193].

---

[187] Vgl. SK-Bericht, 26. 8. 1907. AG-SVD, SK 71654.
[188] Vgl. SK-Bericht Donders' an Froberger, 2. 9. 1907. WV.
[189] Erzberger: Denkschrift über die Missionskorrespondenz, 5. 6. 1910. ASFP.
[190] Schwagers Notizen auf: Froberger an Obern, 5. 6. 1910. AG-SVD, 26.
[191] Froberger an Obern, 20. 6. 1910. AG-SVD, 26.
[192] Acker an Blum, 25. 6. 1910. AG-SVD, 26.
[193] SK-Bericht, 26. 9. 1910. AVDO.

Neben den Missionsversammlungen und der Missionskorrespondenz zählten die Missionsfeste zu den volkstümlichsten Formen der Werbung und Information im Missionsbereich. P. Kassiepe OMI, der am 9. 8. 1912 die erste Konferenz aller bei Volksmissionen[194] in Deutschland beteiligten Orden und Kongregationen in Valkenburg durchgeführt hatte, referierte auf der SK über Missionsfeste. Er empfahl dafür die Einrichtung einer „Propagations-Zentrale“. Auf den Volksmissionen sollten alle Orden „den Heidenmissionen die Sympathie weiter Volkskreise erwerben“. Die SK bestimmte Kassiepe, P. Rathscheck OFM und Prov. Janssen MSC für die „Propagations-Zentrale“[195]. Die Zentrale für die Vorbereitung der Missionsfeste erstellte eine Liste der beteiligten Ordensgenossenschaften, an die sich die Pfarrer selbst wenden sollten. Andererseits wurden Vermittlungsdienste für größere Orte angeboten, wobei die Genossenschaften gleichmäßig eingesetzt und die Erträge zu gleichen Teilen später aufgeteilt werden sollten. Bevor der Klerus informiert werde, würde sich die Zentrale zunächst an die Bischöfe wenden[196].

(d) SK und katholischer Buchhandel

Die Missionsgesellschaften verfügten über eigene Druckereien, Verlage und Buchhandlungen. Der katholische Buchhandel empfand dies als Konkurrenzunternehmen. Klagen wurden laut. 1907 unternahmen beide Seiten Schritte, um „eine friedliche Einigung“ zu erzielen[197]. Das SK-Protokoll von 1907 vermerkte zufrieden, die Besprechung zwischen Vertretern der Missionsgesellschaften und dem Vorstand der Vereinigung des katholischen Buchhandels habe „bei ihrer friedlichen Absicht zur Aufklärung und Beseitigung manch übertriebener Auffassung“ gedient und habe „in gegenseitiger Fixierung einiger Leitsätze einen gemeinsamen Boden für friedliches Zusammenarbeiten“ gefunden[198]. Der Vertreter der Weißen Väter, P. Max Donders, resümierte über die Zusammenkunft: „Die Verleger waren äußerst nobel und delikat, namentlich Herder, und ziemlich unparteiisch“[199].

---

194 Vgl. Bericht für den Episkopat über die 1. Konferenz aller bei Volksmissionen in Deutschland beteiligten Orden und Kongregationen, 9. 8. 1912. OMI. Vgl. S. 136.

195 SK-Protokoll, 10. 8. 1912. AVDO.

196 Vgl. Protokoll der 1. Konferenz der Zentrale für Vorbereitung der Missionsfeste, 27. 11. 1912. ASFP.

197 Einladung zur Besprechung zwischen Vertretern der Missiongesellschaften und dem Vorstand der Vereinigung des katholischen Buchhandels, 21. 8. 1907. WV.

198 SK-Bericht, 26. 8. 1907. AG-SVD, SK 71654.

199 SK-Bericht Donders' für Froberger, 2. 9. 1907. WV.

Der Vorsitzende der Vereinigung der Vertreter des katholischen Buchhandels, Hermann Herder, betonte, die Buchhändler wollten „eine Verständigung über die bestehenden Meinungsverschiedenheiten" herbeiführen. Enshoff erklärte die Bereitwilligkeit, in die Verhandlungen einzutreten, machte aber „strengste Diskretion zur Bedingung". Herder erläuterte, aus dem katholischen Buchhandel kämen Klagen über die „Konkurrenz" von seiten der Missionsgesellschaften, die über die geschäftlichen Möglichkeiten hinausgingen. Da die Klosterbuchhandlungen mit billigen oder unbezahlten Kräften arbeiteten, würden Preise kalkuliert, mit denen der reguläre katholische Buchhändler nicht Schritt halten könne. Beim Publikum setze sich dann die Meinung fest, der katholische Buchhändler sei zu teuer. Kalender, billige Zeitschriften, Gebetbücher, Volksschriften seien dem katholischen Verlag wie dem Sortiment bereits in weitem Umfang entzogen. Dabei sei „die Ausstattung der Erzeugnisse der Klosterdruckereien oft geradezu schlecht". Das Rabattgeben an Privatleute im Sortimentsbetrieb der Klosterbuchhandlungen sei unzulässig. „Ganz besonders unangenehm wird es aber im Buchhandel und auch vielfach im Publikum empfunden, wenn für den Kauf von Büchern etc. geistige Wohltaten, wie Anteil an heiligen Messen, Gebeten etc., versprochen werden". Friedrich Pustet brachte weiterhin Klagen über Ordensbrüder als Reisende mit Büchervertrieb auf dem Lande vor. Enshoff erläuterte, die Brüder von St. Ottilien hätten einen vorschriftsmäßigen Gewerbeschein. Die Leute würden die „Kalender und andere Druckwerke eben lediglich deshalb kaufen, weil sie das gute Werk der Missionen dadurch unterstützen wollen". Das mißbräuchliche Versprechen geistiger Vorteile werde wohl auch von allen andern nicht gebilligt. Herder meinte, es sei gewünscht worden, daß die Missionsgesellschaften „sich beim geschäftlichen Betriebe an die buchhändlerischen Normen halten".

Abschließend unterschrieben die Vertreter der Missionsgesellschaften eine Resolution. Sie sagten zu, „unverlangte Zusendungen von Kalendern an die Geistlichkeit zwecks Weiterverkaufes, wie bisher, überhaupt nicht zu machen". Im Prinzip erklärten sie sich damit einverstanden, „daß die Verlagstätigkeit der Missionsgesellschaften in der Regel beschränkt bleiben soll auf die religiöse und erbauliche sowie die reine Missionsliteratur". Ausgenommen seien die wissenschaftliche, populär-wissenschaftliche und belletristische Literatur, abgesehen von den Autoren der eigenen Orden und Sonderausgaben oder Sonderdrucke aus Zeitschriften. Die Ladenpreise sollten

---

[200] Protokoll der Besprechung zwischen den Vertretern der Missionsgesellschaften und dem Vorstande der „Vereinigung der Vertreter des katholischen Buchhandels", 28. 8. 1907. WV.

„in normaler Höhe" festgelegt werden. Eine weitere Zusammenkunft im nächsten Jahr wurde anvisiert[200]. Sie fand 1908 in Düsseldorf im Zusammenhang mit der Superioren-Konferenz statt[201].

3. Interessenvertretung dem Staat und der gesellschaftlichen Öffentlichkeit gegenüber

Als Initialzündung zur Konstituierung der Superioren-Konferenz wirkte sich die Bitte des Berliner Kolonial-Museums im Februar 1898 wegen einer Beteiligung der Missionsorden an der Kolonialausstellung aus[202]. Der tiefgreifende politische Kurswechsel und die allgemeine gesellschaftliche Klimaveränderung seit der Kulturkampfzeit waren daran abzulesen. Das Museum sprach von dem „in allen Schichten der Bevölkerung herrschenden Interesse für die koloniale Bewegung"[203]. Die Integration der evangelischen und katholischen Mission als Teil der „Bewegung" lag im Interesse aller Beteiligten. Das Kolonial-Museum, untergebracht im früheren Marine-Panorama am Lehrter Bahnhof in Berlin, werde, so die „Deutsche Kolonialzeitung", einen „Sammelpunkt bilden für koloniale Interessen und koloniales Leben"[204].

Die Orden spürten gegen Ende des 19. Jahrhunderts ihre Chance für eine gesellschaftliche Positionsstärkung. Im Hinblick auf den Staat sprach es Generalsuperior Janssen auf der 2. SK offen aus: Die Regierung sei gezwungen, auf die Katholiken zu achten, „denn ohne ihre Unterstützung könne sie keine Kolonialpolitik treiben"[205]. Den eigentlichen Beratungspunkt, die Frage nach einer Beteiligung an der Kolonialausstellung, überlagerten deshalb bald schon Themen, die die Gemeinschaften unmittelbar angingen. Sie zeigen das vitale Interesse der Missionsorden, in Personal- und Finanzfragen vorteilhafte Konditionen zu erreichen. Die Bereiche Schule, Militärdienst, Steuern erwiesen sich für die Superioren fraglos als gemeinsam empfundene Zentralthemen, denn sie betrafen die möglichst frühe Rekrutierung des Nachwuchses, den möglichst ununterbrochenen Einsatz der Missionare und die möglichst günstigsten finanziellen Rahmenbedingungen der Missionsgemeinschaft.

---

201 Vgl. Tagebuchnotiz Blum, 31. 8. 1908. AG-SVD, Tagebuch Blum. (Frdl. Hinweis von P. J. Alt, Rom); Blum an Janssen, 20. 8. 1908. AG-SVD, SK 71659.

202 Vgl. S. 28.

203 Deutsches Kolonial-Museum an Scharsch, 14. 2. 1898. AVDO.

204 Deutsche Kolonialzeitung. Organ der Deutschen Kolonialgesellschaft, 10. Jahrgang (30. 1. 1897) Nr. 5, S. 43. BAB, R 61 Ko 1, 645.

205 SK-Protokoll, 5.–6. 9. 1899. AG-SVD, SK 71478–71499.

(a) Repräsentation auf Ausstellungen und Kongressen

Im Gegensatz zu diesen vitalen Interessen der Orden wurde die Selbstdarstellung im Kolonial-Museum weit weniger dringlich behandelt, ohne daß die prinzipielle Beteiligung der katholischen Missionare in Frage gestellt worden wäre. Janssen sprach sich schon deshalb dafür aus, weil die Protestanten bereits vertreten waren und daher die Katholiken „um der Ehre der katholischen Missionen willen nicht ferne bleiben" dürften, denn das würde sonst „als Armutszeugnis" ausgelegt und getadelt werden[206], gerade in katholischen Abgeordnetenkreisen. Acker wünschte ebenfalls, daß „die katholischen Missionen nicht zurückbleiben"[207], ähnlich äußerte sich der Vertreter St. Ottiliens. Obgleich die erste Konferenz von 1898 den Wunsch nach einer Ausstellungsbeteiligung unterstrichen hatte, gab es noch keine Einigung über die Art und Weise der Durchführung, so daß im folgenden Jahr das Thema wieder aufgegriffen werden mußte. Janssen hatte sich das Ausstellungsgebäude inzwischen angesehen und mit dem Vorsteher gesprochen. Die „ganze Sache sei ihm doch recht kleinlich erschienen". Froberger hatte bei der Besichtigung in Berlin den Eindruck gewonnen, „die Sache habe den Zweck, der Kolonialgesellschaft zu dienen für ihre Interessen und man benutze die Missions-Gesellschaften nur, um so die Kolonien in ihrem Ganzen recht anschaulich zu machen". Da aber den Missionen nahestehende Persönlichkeiten eine Beteiligung empfohlen hatten, sollte mit Domkapitular Hespers und mit Prinz Arenberg nochmals Rücksprache gehalten werden. Jeder Missionsorden solle für sich ausstellen, aber in Gemeinschaft mit den übrigen[208]. Obgleich Froberger die Gefahren der Instrumentalisierung der katholischen Missionen für die Interessen der Kolonialgesellschaft deutlich benannt hatte, entschloß er sich doch zur Teilnahme. Bis zum November 1899 war die Ausstellung nur von den Weißen Vätern mit Büchern und ethnographischen Materialien bestückt worden[209]. Das Protokoll der Konferenz von 1900 vermerkt lakonisch: „Es herrscht keine große Begeisterung für die Sache unter den H. H. Anwesenden"[210]. Jedes Haus möge nach eigenem Ermessen handeln.

Als der Präsident der Deutschen Kolonialgesellschaft, Herzog Johann Albrecht zu Mecklenburg, auch die Ordensobern einlud zu einem nationa-

---

[206] Janssen an Obern, 1. 3. 1898. AG-SVD, SK 71458.

[207] Acker an Janssen, 30. 3. 1898. AG-SVD, SK 71459.

[208] Wie Anm. 205.

[209] Vgl. Gustav Meinecke, Direktion Deutsches Kolonial-Museum, an Geh. Leg. Rat v. König, AA Kolonialabt., 5. 11. 1899. BAB, R 1001, 6360. Vgl. Deutsches Kolonial-Museum an Janssen mit Vertragsentwurf, 1. 6. 1899. AG-SVD, SK 71472–71473.

[210] SK-Protokoll, 30.–31. 8. 1900. AVDO.

len Kolonialkongreß im Februar 1902 in Berlin[211], um „den kolonialen Überseegedanken im deutschen Volke zu vertiefen und den geistigen und wirtschaftlichen Zusammenschluß der Deutschen auf der Erde zu fördern", bestand für die Superioren Einvernehmen darin, teilzunehmen. Froberger unterstrich, der Trierer Bischof habe ihm dazu geraten. Die SK von 1902 entschied, geschlossen den Kolonialkongreß zu besuchen und Redner anzumelden. Eine eigene Resolution zur Hebung der Sittlichkeit in den deutschen Kolonien sollte allerdings nicht eingebracht werden. Würden die Protestanten dies tun, so solle einer der Superioren im Namen aller katholischen Missionsgenossenschaften diesen Antrag unterstützen[212].

Die katholischen Missionsvertreter spürten deutlich ihre Defizite den protestantischen Vertretern gegenüber, was bei nichtkonfessionellen öffentlichen Kolonialkongressen immer wieder zu Vergleichen führen mußte. Wünschenswert, so die Überlegungen der SK von 1906, sei „eine den fachmännischen Leistungen der protestantischen Missionsvertreter entsprechende Beteiligung an den Debatten des Kolonialkongresses". Eine „Ursache der größeren Gewandtheit der Protestanten" sah man darin, daß mehrere Pfarrer es zu „fachmännischer Beherrschung der Missionsfrage" gebracht hatten und „damit zu imponieren wissen". „Wenn es auch nicht notwendig sei, auf dem Kongreß zu glänzen und den Neid der Protestanten hervorzurufen, erscheine es doch angebracht, dahin zu streben, daß nicht die Stimmung erweckt werde, die katholische Mission sei der protestantischen nicht gleichwertig"[213].

Beim Kolonialkongreß 1910[214] in Berlin wurden die in der Sektion IV behandelten Themen Islam, Erziehung der Eingeborenen, Polygamie und Einheitssprache paritätisch auf Katholiken und Protestanten verteilt. Löwenstein riet, um Eindruck bei der Regierung und allen „Kolonialschwärmern" machen zu können, müßten die Redner beider Konfessionen möglichst einmütig vorgehen. Alles, „was die Empfindlichkeit der Protestanten irgendwie reizen könnte", müsse vermieden werden[215]. Die Selbstdarstellung der in den deutschen Kolonien tätigen Missionsorden bezweckte also, sich der

---

[211] Vgl. Herzog Johann Albrecht zu Mecklenburg an Kugelmann, 24.1.1902; Einladungsschreiben und Tagesordnungspunkte, 19.2.1902. SAC Limburg.

[212] SK-Protokoll, 25.–26.8.1902. AG-SVD, SK 71610; SK-Bericht, 25.–26.8.1902. SAC Limburg.

[213] SK-Bericht, 20.–22.8.1906. AVDO.

[214] Vgl. Programm: Deutscher Kolonialkongreß im Reichstagsgebäude, 6.–8.10.1910. BAK, R 57 neu / 1050-12. 117 Vereine waren angemeldet, zu den Mitunterzeichnern zählten der St. Raphaelsverein, die Benediktiner St. Ottilien, die Pallottiner, die Spiritaner und die Hünfelder Oblaten.

[215] Löwenstein an Acker, 8.2.1910, zitiert in: Acker an Obern, 12.2.1910. AG-SVD, 26.

Öffentlichkeit und dem Staat als unentbehrliche und der protestantischen Mission als gleichwertige Größe für die Kolonialpolitik zu präsentieren, selbst unter Verzicht auf die übliche kontroverstheologische Apologie. Das war noch keine ökumenische Position, aber immerhin eine friedliche, die sich durch Abwesenheit von Kämpfen aufgrund der gesellschaftspolitischen Bedingungen und Zwänge ergab.

(b) Zusammenarbeit mit Interessenverbänden und Politikern

Im Anschluß an den 2. Kolonialkongreß wurde 1905 in Berlin die erste allgemeine katholische Missionsfeier abgehalten. Eine vertrauliche Besprechung der Missionare mit Mitgliedern des dortigen Lokalkomitees, darunter Zentrumsabgeordnete und Vertreter der Missionsvereine, zeigt, wie die Bestrebungen im kirchlichen und gesellschaftspolitischen Bereich zur Unterstützung der Mission als integrativem Bestandteil der Kolonialinteressen zusammenwirkten. Der Reichstagsabgeordnete der Zentrumspartei, Matthias Erzberger, versicherte, die Abgeordneten „würden sich gern der Missionen und deren Tätigkeit annehmen. Es gebe im Reichshaushaltsetat auch noch verschiedene Etatstitel, aus denen den Missionen Unterstützungen gewährt werden können“. Froberger erkundigte sich im Hinblick auf die damit verbundene politische Seite der Angelegenheit, wie sich die Missionare verhalten sollten, „wenn sie nicht von kirchlicher Seite, sondern von Kolonial-Gesellschaften oder von Kolonial-Vereinen in einzelnen Städten zu Vorträgen aufgefordert“ würden. Prinz Arenberg ging auf die politischen Aspekte nicht ein, die ihm offenkundig kein Problem zu sein schienen. Doch riet er den Missionaren, daß bestimmte Qualitätsstandards gefordert seien für „gut durchgearbeitete und wirkungsvolle Vorträge mit kulturellem, geographischem und ethnographischem Inhalt“. Damit würden sie „in andersdenkenden Kreisen an Ansehen gewinnen“. Publikationen in kolonialen Zeitschriften wurden ebenfalls empfohlen, „damit auch nach außen hin die fruchtbare Tätigkeit der Missionare in Ansehung der kulturellen Hebung der Eingeborenen und der Erschließung der Kolonien für die Wissenschaft wie in wirtschaftlicher Beziehung mehr wie bisher zum Ausdruck kommen und so den kolonialen Kreisen der hohe Wert dieser Tätigkeit vor Augen geführt werde“[216].

Die Superioren hatten seit Gründung ihrer Konferenz in Domkapitular Hespers und Prinz Arenberg wichtige Verbindungsmänner zu den politi-

---

[216] Erste Allgemeine katholische Missionsfeier in Berlin. Vertrauliche Besprechung, 9. 10. 1905. OFMCap, Abt. VII Fach 78 Fasz. 5d.

schen Kreisen in Berlin gefunden. Zu Erzberger, der sich den Missionsgemeinschaften ebenfalls als politischer Vermittler anbot, hatte Hespers kein Vertrauen, da Erzberger auch vor scharfer Kritik an der Politik der Kolonialabteilung des Auswärtigen Amts nicht zurückschreckte. Daran war dem loyalen Hespers nicht gelegen. Er riet Janssen, „daß die Missionare sich mit Erzberger nicht einlassen“[217] sollten. Doch die Superioren behielten sich die Freiheit vor, selbst zu entscheiden, wen sie als Vermittler einschalteten. Dazu zählte nach wie vor auch Erzberger, wenn auch nicht als zentrale Figur[218]. Als sich nämlich die Frage stellte, wer die „Erbschaft Arenbergs“ nach dessen Tod übernehmen könne, schlug Franz Bachem Prov. Acker vor, Fürst Löwenstein darum zu bitten. Ein „Quasi-Protektor der Missionen im eigentlichen Sinne“ solle er aber nicht sein. Natürlich stünde es jedem frei, sich an den einen oder anderen Abgeordneten zu wenden. Nicht zuletzt durch seine Missionsrede auf der Breslauer Katholikenversammlung verschaffte sich Löwenstein dann aber das nötige Vertrauen in den Missionskreisen[219].

Als das Reichskolonialamt 1910 verlauten ließ, es betrachte als „offiziellen Vertreter der Missionen Domkapitular Hespers in Köln“, stellte die SK fest, „daß die Kommission der Superiorenkonferenz einen Auftrag hat, die Missionshäuser zu vertreten“[220]. Die Erfahrungen der Vorjahre hatten die Obern gelehrt, daß ihr zwar Mittelsmänner im politischen Raum nützlich sein konnten, daß ihre Vereinigung aber auch daran krankte, nicht in der Öffentlichkeit erkennbar zu sein. Die SK mußte letztlich die eigenen Interessen durch ein eigenes autoritatives Organ selbst vertreten. Erstmals artikulierte sich hier 1910 der Anspruch auf unvermittelte Interessenvertretung.

(c) Stellung der Missionsschulen

Der Schul- und Ausbildungssektor des Nachwuchses betraf die Existenzgrundlage einer jeden Gemeinschaft. Das SK-Protokoll von 1900 vermerkte, der Tagesordnungspunkt bezüglich der besten Vorbereitung für die Missionszöglinge, -brüder und -schwestern sei „einer der wichtigsten der ganzen Konferenz“[221]. Das Bestreben, in diesem Bereich die günstigsten Bedingungen zu schaffen, verband die SK-Mitglieder. Dabei gingen die Obern davon aus, wie Gespräche der ersten Konferenzen 1899 und 1900 zeigen, daß die

217 Hespers an Janssen, 1. 7. 1906. AG-SVD, SK 71635.
218 Vgl. S. 85.
219 Acker an Blum, 24. 5. 1909. AG-SVD, 26.
220 SK-Bericht, 26. 8. 1910. AVDO.
221 SK-Protokoll, 30.–31. 8. 1900. AVDO.

Zöglinge „auf den bevorstehenden Kampf vorbereitet werden“ müßten, wie Generalsuperior Janssen es nannte[222]. Die „Keuschheit“ sei im übrigen die erste Tugend, die zu pflegen sei. Der Kontakt zur „Außenwelt“, auch in den Ferien und selbst zur Familie, müsse möglichst reduziert werden. In der „Sturm- und Drangperiode“ gingen Schüler, die eine Berufung hätten, „draußen oft leicht verloren“[223].

Es sollte daher angestrebt werden, auch noch schulpflichtige Jungen in die Missionsschulen aufzunehmen. In der Handhabe der Altersklassen verfuhren die Missionsschulen jedoch unterschiedlich. Als man in Schlesien alle Schüler der Steyler Missionare, die noch nicht 14 Jahre alt waren, entlassen hatte, setzte sich Janssen beim Kultusministerium mit Verweis auf den versprochenen Schutz der Missionshäuser „im Interesse der Kolonien“ für eine frühere Aufnahme ein[224]. Die Steyler und die Hiltruper Missionare erlangten die staatliche Genehmigung, schulpflichtige Kinder ab 12 Jahren in die deutschen Missionshäuser aufnehmen zu dürfen[225]. Es war nur eine Frage der Zeit, wann es deswegen zu Konflikten der Missionsschulen mit den staatlichen Schulaufsichtsbehörden kommen mußte[226].

(d) Finanz- und Rechtsfragen

Finanz- und Rechtsfragen zählten zu den zentralen Punkten, die alle SK-Mitglieder betrafen, denn sie umfaßten nicht allein die personelle Seite der Existenz wie im Falle der Schulen, sondern die materielle Existenzfrage. Im Hinblick auf die Steuern strebten die Obern nicht unbescheiden an, „prinzipiell und nicht durch Gnade von den Abgaben frei zu werden“[227]. Die Aussprachen ergaben, daß sich allein schon hinsichtlich der Steuern ein unterschiedliches Bild in der SK abzeichnete. Konnten die Hiltruper und Hünfelder auf Steuerfreiheit ihrer Gemeinschaft verweisen, so galt das für die Spiritaner nicht, da die Knechtstedener Gebäude auf den Namen des erzbischöflichen Stuhles in Köln eingetragen waren. Der einfachste Modus, so erläuterte es 1899 Prokurator Blum SVD den Obern, sei die Form der „Gesellschaft mit beschränkter Haftung“, wie sie Steyl gewählt habe[228]. 1902 bot der Hiltruper Prov. Linckens eine Art Kollegenberatung in Fragen

---

[222] SK-Bericht (Auszug), 30.–31. 8. 1900. AG-SVD, SK 71504.
[223] SK-Protokoll, 5.–6. 9. 1899. AG-SVD, SK 71478–71499.
[224] Ebd.
[225] Vgl. SK-Protokoll, 30.–31. 8. 1900. AVDO.
[226] Vgl. S. 213f.
[227] Wie Anm. 225.
[228] Vgl. Anm. 223.

GmbH an[229]. P. Rathscheck referierte auf der SK 1912 über Eigentumsübergang, Enteignungen von Grundstücken und Wertzuwachssteuer[230]. Das Oberverwaltungsgericht habe den Missionshäusern Gebäudesteuerfreiheit konzediert, so die Mitteilung auf der SK 1913[231].

Boten also einerseits die Superiorenkonferenzen die Möglichkeit, sich intern gegenseitig zu beraten und zu informieren, was allerdings nicht systematisch verfolgt wurde, so wurden zudem Möglichkeiten des Austauschs mit Experten genutzt. Die Frage nach der Sicherstellung des Grundeigentums einer Missionsgesellschaft wurde 1909 einem Ausschuß, dem Acker, Froberger, Linckens und Steffen SM angehörten, übertragen. Sie sollten in Berlin mit Löwenstein und anderen Abgeordneten sprechen und „eine praktische Lösung“ finden[232]. Insbesondere Erzberger nahm sich der Sache an. Am 9. 8. 1911 kamen auf Einladung Erzbergers Vertreter der Orden, Kongregationen und Missionsgesellschaften in Mainz zusammen. Erzberger stellte die „äußerst schwierige Frage“ vor, die den Rechtstitel des Besitzes der verschiedenen Orden betreffe. Soweit ein Orden Korporationsrecht besitze, also juristische Persönlichkeit sei, oder sein Vermögen im Anschluß an oder durch den bischöflichen Stuhl besitze, seien die Rechtstitel klar, so daß die Sicherung des Besitzes in ruhigen Zeiten keine Schwierigkeiten ergäbe. Nicht bewährt habe sich der Eintrag des Ordensbesitzes auf den Namen eines Laien. Daneben gäbe es Besitzformen nach Art moderner Gesellschaftsbildungen. Dazu zählten die Genossenschaft, der eingetragene Verein, die Gesellschaft mit beschränkter Haftung und die Aktiengesellschaft. Keine dieser Formen habe sich als Garantie für die Besitzsicherung herausgestellt. Zu erwägen sei die Verleihung des Korporationsrechts für die Orden. Das sei aber verbunden „mit mancherlei lästigen Kautelen“. Ein neuer Plan bestünde in der Gründung einer Hypothekenbank im Anschluß an die Deutsche Bank. Die Beratung dieser Idee ließ noch viele Fragen offen. Eine Kommission wurde gegründet, der als beratende Fachmänner Landgerichtsrat Gröber, Erzberger, Bankdirektor Hager, Berlin, und Reichstagsabgeordneter Müller, Fulda, angehörten. Gewählt wurden P. Bodems SVD, Linckens, Kassiepe, Thill, und P. Rathscheck. Die Geschäftsführung übernahm Kassiepe[233].

Eine weitere drängende Frage für die Missionsorden bildeten die Reisekosten. Im Bereich der Verkehrstarife Vergünstigungen zu erreichen, stellte

[229] Vgl. SK-Bericht, 25.–26. 9. 1902. SAC Limburg.
[230] Vgl. SK-Protokoll, 10. 8. 1912; Anlage IV. AVDO.
[231] Vgl. SK-Protokoll, 16. 8. 1913. AVDO.
[232] SK-Protokoll, 3.–4. 8. 1909. SAC Limburg.
[233] Mainzer Protokoll, 9. 8. 1911. AVDO, WV.

sich allerdings je nach Ländern und Verkehrsbetrieben unterschiedlich erfolgreich dar. Über die Vorgehensweise, Ermäßigungen zu erreichen, bestand noch Unklarheit. Sollte man den Kaiser direkt anfragen? Immerhin verfolge man caritative Zwecke. Zunächst wollte man die wichtigsten Fragen im Hinblick auf die Bahnfahrten vorbereiten und das Kolonialratsmitglied Hespers einladen bzw. in Fragen der Dampfschifftarife mit Prinz Arenberg reden[234]. Janssen legte in einer Eingabe für den Kolonialrat die Lage dar. Die Missionen hätten ungemein große Auslagen für die Heranbildung und den Unterhalt der Missionare zu tragen. Außerdem müßten sie alle drei Jahre das gesamte Personal aus Gesundheitsgründen austauschen, das sei etwa so, als würde jeder Tag eines Missionspriesters, -bruders und einer Missionsschwester mit einer Mark besteuert. Die Missionare seien für das Wohl der deutschen Kolonien in hervorragender Weise tätig und erhielten kein Salär vom Staat. Also sei es angebracht, wenn der Staat ihnen in anderer Weise unter die Arme greife, so in der Ermäßigung der Fahrpreise zum Hafen[235]. Hespers gab zu bedenken, daß die Petition der SK, die an den Minister von Thielen als Ressortchef der preußischen Staatsbahnen gerichtet war, wenig Aussicht auf Erfolg habe, weil von Thielen weder auf die Reichseisenbahnen noch auf die anderen Bahnen Einfluß habe[236]. Die SK von 1901 beschloß, die Eingabe solle auf Preußen beschränkt umformuliert werden. Bayern habe schon erklärt, falls Preußen das Privileg erteile, gäbe es auch dort keine Schwierigkeiten. Bei den Schiffahrtspreisen stand dem Wunsch der SK die Vielzahl der Schiffsgesellschaften gegenüber, mit denen Verhandlungen zu führen wären. Soweit die Regierung die Verträge mit dem Norddeutschen Lloyd erneuern würde, sollte darauf hingewirkt werden, daß sie sich die freie Fahrt für die Mission ausbedinge[237]. Bei Schiffen wurden 1902 Ermäßigungen von 20 % gewährt, bei Eisenbahnen gab es nur für krankenpflegende Orden Ermäßigungen[238].

(e) Militärdienst von Ordensangehörigen

Auch die Befreiung der Ordensleute vom Militärdienst gehörte zu den Standardfragen, die es zu regeln galt. Das Gesetz vom 8. 2. 1890, das als „Lex Huene“ bekannt war, gewährte Militärpflichtigen römisch-katholi-

---

[234] Vgl. SK-Protokoll, 30.–31. 8. 1900. AVDO.

[235] Vgl. Janssen an Hespers, 26. 3. 1901. AG-SVD, SK 71514.

[236] Vgl. Hespers an Janssen, 31. 3. 1901. AG-SVD, SK 71515.

[237] Vgl. Notizen Blums zur SK, 26.–27. 8. 1901. AG-SVD, SK 71529.

[238] Vgl. SK-Protokoll, 25.–26. 8. 1902. AG-SVD, SK 71610; SK-Bericht, 25.–26. 9. 1902. SAC Limburg.

scher Konfession, die Theologie studierten, im Frieden die Zurückstellung vom Militärdienst, nach Empfang der Subdiakonatsweihe die Überweisung zur Ersatzreserve unter Freistellung von den Übungen[239]. Fraglich war, wie bei Missionszöglingen und Laienbrüdern zu verfahren sei. Hier wünschten die Missionshäuser ebenfalls Befreiung. Der Preußische Ministerialerlaß vom 24. 3. 1896 hatte erklärt, eine generelle Befreiung ganzer Berufsklassen könne nicht gewährt werden, jedoch könnten „Anträge der Missionsgesellschaften in jedem einzelnen Falle sich wohlwollendster Prüfung versichert halten". Der Kriegsminister halte sich für ermächtigt, „auf Antrag im Einzelfall diejenigen evangelischen und katholischen Missionszöglinge und Laienbrüder von Missionsgesellschaften, die zur Tätigkeit eines Missionars unter den Heiden bestimmt sind, nach einjähriger Dienstzeit zur Reserve zu entlassen". Im Einzelfall sei er bereit, auch eine „vollständige Befreiung vom aktiven Dienste zu verfügen". „Dazu würde im allgemeinen der Nachweis gehören, daß die Missionsgesellschaft im deutschen Geiste geleitet wird und daß der Betreffende das Deutsche als tägliche Umgangssprache spricht, der Vergünstigung würdig und zur dauernden Verwendung als Missionar in den deutschen Schutzgebieten bestimmt ist". Auch die Missionszöglinge könnten zur Beendigung ihrer Ausbildung zurückgestellt werden[240]. Dies war die Ausgangslage für die Superioren-Konferenz.

Die SK von 1899 diskutierte die bisherige Praxis. Es war nicht gelungen, eine prinzipielle Befreiung zu erreichen, obgleich der Kolonialrat sich hierfür eingesetzt hatte[241]. Die SK von 1900 strebte nun eine Befreiung auch jener Laienbrüder an, die sich in den deutschen Missionshäusern aufhielten, denn das Missionshaus bilde mit den Missionen und Kolonien „ein Ganzes, so zwar, daß ein jedes Mitglied desselben als stets zu dauernder Verwendung, als Missionar in den Schutzgebieten bestimmt zu betrachten ist"[242]. 1901 einigte man sich, Steyl und Knechtsteden sollten durch Reklamation der Brüder in den Missionshäusern die Gleichstellung zu erhalten suchen und darüber der nächsten SK berichten. Doch für 1902 war kein neues Ergebnis zu vermelden als jenes der Entscheidungen von Fall zu Fall[243].

---

239 Vgl. Lex Huene, Gesetz betr. die Wehrpflicht der Geistlichen, 8. 2. 1890, in: Sammlung behördlicher Erlasse und Kundgebungen betreffend den Militärdienst. OMI.

240 Erklärung des Kriegsministers und des Innenministers, 24. 3. 1896, in: Ebd.

241 Vgl. Protokolle der Kolonialratssitzungen, 5. 2. 1896 und 20. 10. 1896. BAB, R 1001, 6892.

242 Gemeinsame Eingabe der Missionshäuser bzgl. Befreiung der Laienbrüder vom Militärdienst, September 1900. AG-SVD, SK 71507.

243 Vgl. SK-Protokoll, 25.–26. 8. 1902. AG-SVD, SK 71610; SK-Bericht, 25.–26. 9. 1902. SAC Limburg.

Auch in den folgenden Jahren ergab sich keine Verbesserung, sondern eher eine Verschlechterung aufgrund des Ministerialerlasses vom 9. 10. 1908, der nur noch in ganz besonderen Ausnahmefällen, ohne diese näher festzulegen, die Befreiung vom Militärdienst gewährte mit Berufung auf den Grundsatz, es dürften keine ganzen Berufsklassen befreit werden. Acker wandte sich im Namen der SK am 16. 8. 1909 an Löwenstein mit der Bitte, er möge dahingehend wirken, daß weiterhin die Bestimmungen von 1896 angewandt werden würden. Es sei damals um das „Wohl der Kolonie" gegangen, so Acker. Prinz Arenberg habe diese Handhabung der Ausnahmeregelungen entsprechend in der Budgetkommission hinsichtlich der Wehrpflicht stets vertreten, ebenso Domkapitular Hespers im Kolonialrat. Die Missionare würden danach während ihrer Vorbereitung in einem deutschen Missionshaus von der Ableistung der Wehrpflicht befreit und während der Dauer ihrer Tätigkeit in den Schutzgebieten. „Auch die unterzeichneten Vertreter der in Deutschland zugelassenen Missionsgesellschaften erklären hiermit, daß sie auch jetzt nicht die Befreiung der ganzen Berufsklasse der Laienbrüder begehren, sondern daß eine Ausnahme gemacht werden soll nur für diejenigen Brüder, ‚die zur dauernden Verwendung als Missionar in den deutschen Kolonien bestimmt sind' "[244].

Löwenstein sprach beim Kriegsminister vor, der zusagte, die Gesuche auf Befreiung der Laienbrüder, die für die Schutzgebiete bestimmt seien, „von Fall zu Fall zu genehmigen". Damit würde man den tatsächlichen Bedürfnissen gerecht werden. Löwenstein empfahl, „die gute Absicht des Kriegsministers nicht durch weiteres Bestehen auf einer prinzipiellen richtigen Lösung der Frage zu stören". Falls ein Gesuch abschlägig beschieden werde, solle man Löwenstein benachrichtigen[245]. Im Reichstag werde er die Frage nicht vorbringen, weil dies eher zu einer Verschlechterung führe[246].

(f) Mission und koloniales und nationales Interesse

Zulassung von Niederlassungen

Nirgendwo sonst spürte man den innenpolitischen Kurswechsel nach der Kulturkampfzeit so deutlich wie bei der Zulassung von Ordensniederlassungen im Deutschen Reich. Die 1890 gebildete Kolonialabteilung des Auswärtigen Amts, die Jahre zuvor noch Anträge abschlägig beschieden hatte,

[244] SK an Löwenstein, 16. 8. 1909 (die Unterschriften fehlen in diesem Entwurf). AG-SVD, 26.
[245] Löwenstein an Acker, 8. 2. 1910, zitiert in: Acker an Obern, 12. 2. 1910. AG-SVD, 26.
[246] Vgl. Löwenstein an Acker, 20. 9. 1913. StAWt-R, Lit. D 761 c 54.

betonte beispielsweise im Falle der Maristen 1899, „unter den gegenwärtigen, wesentlich veränderten Verhältnissen“ werde sie das Gesuch „wärmstens“ befürworten[247]. Auch das Kultusministerium hatte keine Einwendungen gegen eine Niederlassung der Maristen in Preußen „zum Zwecke der Heranbildung deutscher Missionare“ für deutsche Schutzgebiete[248]. Das Gesuch von P. Franz Rarkowski SM wurde ausdrücklich als „im kolonialen Interesse“ liegend befürwortet[249]. Kolonialratsmitglied Domkapitular Hespers wurde bei Anträgen der Orden auf Niederlassungen zumeist um eine Stellungnahme ersucht, womit ihm ein nicht unerheblicher Einfluß auch auf diesem Gebiet zuerkannt wurde[250].

Die Missionare argumentierten bei ihrer Antragstellung den behördlichen Erwartungen gemäß. Der Hiltruper Prov. Linckens brachte seine Hoffnung zum Ausdruck, daß sein Missionshaus „ein Brennpunkt wird für die deutsche Zivilisation in den deutschen Schutzgebieten der Südsee“[251]. Überschritten die Orden jedoch nur wenig die ihnen zugedachte Rolle als treu ergebene Untertanen im Dienste der Kolonialpolitik, so wurden sie schnell in ihre Grenzen verwiesen. Als Froberger bei einem Gespräch in der Kolonialabteilung für seine Missionare auch Freibriefe für Sklaven wünschte, lehnte das Amt dies ab. „Die Missionare würden damit eine bedenkliche Machtbefugnis erhalten, die leicht zu Kollisionen mit den Verwaltungsbeamten führen könnte. Zudem könnten sie leicht durch Übereifer die sozialen Verhältnisse der Eingeborenen störend beeinflussen“[252]. Die Regierung wünschte für die Kolonien nützliche Missionare. Acker ersuchte die Missionsgesellschaften zur Veröffentlichung im Jahrbuch für deutsche Kolonien, insbesondere statistische Angaben darüber zu machen, wieviele Beamte und Handwerker die Mission der Regierung geliefert habe und was geschehen sei zur „Heranziehung der Schwarzen zur Arbeit, zur Verbesserung der Landwirtschaft“, für die Krankenpflege und sonstige Dienste, die der Regierung bzw. der Kolonie zum Vorteil gereicht seien[253]. Dies war erwünscht.

1909 diskutierte die Superioren-Konferenz ausführlich das Problem der „entsetzlich schnellen Ausbreitung des Islams“ in den Missionsgebieten,

---

[247] Kolonialabt. AA an Min. der geistlichen, Unterrichts- und Medizinalangelegenheiten, 24. 2. 1899. BAB, R 1001, 6890.

[248] Min. der geistlichen, Unterrichts- und Medizinalangelegenheiten an AA, 30. 3. 1899. Ebd.

[249] Kolonialabt. AA an Min. der geistlichen, Unterrichts- und Medizinalangelegenheiten, 26. 2. 1900. Ebd.

[250] Vgl. Dokumente in: BAB, R 1001, 6891.

[251] Linckens an Kolonialabt. AA, 25. 1. 1898. BAB, R 1001, 6902.

[252] Vermerk Kolonialabt. AA, nach 2. 11. 1901. BAB, R 1001, 6904.

[253] Acker an Obern, 4. 7. 1909. SAC Limburg.

wobei die Stärke des Protestantismus als christliche Konfession zwar auch nicht geschätzt wurde, aber als tolerierbar erschien. Die Frage bestand darin, wie man der Bevorzugung von Mohammedanern durch die Kolonialregierung begegnen könne. Eine direkte Konfrontation aber scheuten die Orden. Man erwog lediglich, durch indirekte Methoden die Förderung der eigenen Missionsschulen zu erreichen[254]. Manchen Vorhaben der Regierung aber verschlossen sich die Ordensobern aus prinzipiellen Erwägungen. 1911 lehnte die SK[255] die Wünsche der Regierung nach Abgrenzung der Missionsgebiete zwischen Katholiken und Protestanten ab, da dies dem Missionsbefehl Jesu widerspreche: „Gehet hin in alle Welt".

Nachdem Ende des 19. und Anfang des 20. Jahrhunderts die Niederlassung von Missionsorden verstärkt genehmigt worden war, zeigte sich bei weiteren Gesuchen in der Phase vor dem 1. Weltkrieg durchaus auch zögerliches Verhalten seitens der Kultusministerien. Löwenstein, der sich in Preußen für die Missionsschulbrüder einsetzte, klagte 1912: „Heute besteht der unwürdige Zustand, daß deutsche Reichsangehörige, die sich der Ausbreitung christlicher Gesittung und deutscher Kultur im Heidenlande widmen wollen, im Auslande erzogen werden müssen. Ich glaube, daß ein nationales Interesse dafür spricht, die Heranbildung dieser deutschen Missionare in Deutschland selbst zu ermöglichen"[256]. Aber das Kultusministerium sprach sich, wie im Fall der Hiltruper Missionare, durchaus nicht rasch für eine neue Niederlassung aus[257].

Nationalspende 1913

Auf Veranlassung „einiger Preßvertreter" war der Gedanke aufgekommen, zum 25-jährigen Regierungsjubiläum von Kaiser Wilhelm II. im Juni 1913 eine Nationalspende zugunsten der christlichen Missionen in den deutschen Schutzgebieten zu veranstalten. Vorbereitende Gespräche fanden am 9. 12. 1912 und 9. 1. 1913 bei Graf von Schwerin Löwitz in Berlin statt. Unter den 23 anwesenden Persönlichkeiten waren Unterstaatssekretär Conze, der Dr. Solf vertrat, Löwenstein, Felix Porsch, Werthmann und Acker. Kaiser Wilhelm wolle die Spende annehmen, „wenn sie wirklich als vom ganzen Volke getragen angesehen werden könne". Auch Reichskanzler Bethmann Hollweg werde dann zum allgemeinen Aufruf seine Unterschrift geben. „Daß die höchsten weltlichen Behörden in dieser Weise den kulturellen

[254] SK-Protokoll, 3.–4. 8. 1909. SAC Limburg.
[255] Vgl. SK-Bericht, 5. 8. 1911. AVDO.
[256] Löwenstein an Trott zu Solz, 31. 12. 1912. StAWt-R, Lit. D 761 c 54.
[257] Vgl. Löwenstein an Janssen MSC, 17. 9. 1913. Ebd.

Wert der Missionen in den Kolonien anerkennen wollen, war ja nicht zu unterschätzen", so das Urteil Ackers. Löwenstein stellte aber klar den katholischen Standpunkt dar: Die Katholiken dürften nicht aufgefordert werden, für die evangelischen Missionen etwas beizusteuern, auch müßten die von katholischer Seite aufgebrachten Gelder nur für katholische Missionen in den deutschen Kolonien Verwendung finden. Auch die Protestanten wünschten keine „Mischung der Konfessionen". In einem gemeinsamen Aufruf sollten die „kulturellen Arbeiten der Missionen in ausgiebiger Weise" hervorgehoben werden. Löwenstein und Porsch bildeten den Arbeitsausschuß für die Nationalspende, der den Aufruf entwerfen und die Propagandaarbeit leisten sollte.

Acker bemerkte insgesamt zu dem Plan: „Die Lage war und ist etwas heikel". Aber vom „nationalen Standpunkt aus" sei es schwer gewesen, sich von der Sache fernzuhalten[258]. Der Präsident des Herrenhauses, von Wedel, schrieb dem Staatssekretär im Reichskolonialamt, Dr. Solf, es werde getrennte Aufrufe geben, da die Bischöfe „Bedenken tragen, einen Aufruf zu unterzeichnen, welcher nicht allein der katholischen, sondern auch der evangelischen Mission zugute kommt"[259]. Der Spendenaufruf barst vor nationalem Pathos: „Deutsches Wesen und deutsche Kultur sind die stärksten Träger von Deutschlands Macht in fernen Weltteilen, sind ihre Grundfesten in den eigenen Schutzgebieten. Zu den wirksamsten Pionieren deutscher Gesittung in den Schutzgebieten gehören die christlichen Missionen". Das Regierungsjubiläum des Kaisers biete die Gelegenheit, „durch eine Spende unseren Missionen zu helfen und damit zugleich ein nationales Interesse zu fördern"[260].

Löwenstein unterbreitete dem Auswärtigen Amt im November 1913 Vorschläge über die Verteilung der von den Katholiken gesammelten Gelder: Es stand eine Summe von 1 436 213,34 Mark zur Verfügung[261]. Das Geld ging beim Bankhaus Cahensly, Limburg, ein[262]. Die nationale Integration der einstigen „Reichsfeinde" der Kulturkampfzeit konnte am Ende der Kaiserzeit bemerkenswerte Fortschritte verzeichnen, wie sie in dieser Aktion zum Ausdruck kamen.

---

[258] Acker an Obern, 13. 1. 1913. SAC Limburg.

[259] Wedel an Solf, 20. 1. 1913. BAB, R 1001, 6908.

[260] Aufruf der Katholiken: Nationalspende zum Kaiserjubiläum für die christlichen Missionen in unseren Kolonien und Schutzgebieten, 1913. BAB, R 61 Ko 1, 483.

[261] Vgl. Löwenstein an AA, 28. 11. 1913. BAB, R 1001, 6908.

[262] Vgl. Deutsche Kolonialgesellschaft an Bankhaus P. P. Cahensly, Limburg, 18. 9. 1913. BAB, R 61 Ko 1, 483.

IV.
Zusammenfassung

Die Superioren-Konferenz 1898–1913

Die Obern der missionierenden Priesterorden und -kongregationen des Jahres 1898 konnten bei ihrer Gründung einer Superioren-Konferenz auf kein Modell einer Obernvereinigung zurückgreifen: Die SK von 1898 war die erste ihrer Art. Es bedurfte mehr als eines Jahrzehnts, bis die Superioren sich 1912 eine formelle Satzung und Geschäftsordnung gaben. Zuvor hatte die Konferenz Defizite eines im Grunde genommen nur losen Zusammenschlusses erfahren: das stets wiederkehrende Hinterfragen des Zwecks der Zusammenkünfte, die mindere Qualität der Leitung und der Protokollführung, das Unterlaufen von Beschlüssen durch gesonderte Vereinbarungen einzelner Mitglieder, die fehlende Autorität und Anerkennung der SK. Schließlich band der Wunsch nach einer gemeinsamen und wirksamen Interessenvertretung die Superioren trotz der bescheidenen Anfänge dauerhaft aneinander. Der Kreis der 7 Gründungsmitglieder wuchs bis 1913 auf 22 Mitglieder an, die – damit blieb man der Gründungsintention treu – in der „Heidenmission“ tätig waren.

Der Erfahrungsaustausch über missionsspezifische Fragen, den sich Generalsuperior Janssen als vertrauensvoll und offen gerade in diesem Gremium vorgestellt hatte, kam über mäßige Versuche nicht hinaus. Die Interna, so der Wunsch der Mitglieder, sollten von den Verhandlungen ausgeschlossen bleiben. Gemeinsam förderte die SK hingegen die Spezialisierung und Professionalisierung in Forschung, Lehre, Ausbildung und Öffentlichkeitsarbeit hinsichtlich aller mit der Mission in Zusammenhang stehenden Fragen, die dadurch außerhalb des Gremiums ihren inhaltlichen Ort fanden. Der Konferenz selbst blieb die Entscheidung über die organisatorisch-technische und finanzielle Seite der Förderung der gemeinsamen Vorhaben. Notgedrungen innerhalb des Gremiums der Superioren mußten Konflikte zwischen den Mitgliedsgemeinschaften angesprochen werden, die insbesondere das Kollektieren und die Kolportage von Druckerzeugnissen betrafen. Dieses „Kollektanten- und Kolportagewesen“ führte nicht nur zu offener Konkurrenz der Gemeinschaften in manchen Regionen, sondern auch zu vielen Klagen über die Praxis als solche. Die Aufgabe der SK bestand nun darin, die Konkurrenz untereinander in sachdienliche Kooperation miteinander zu wenden und „Auswüchse“, die das Ansehen aller schädigten, zu unterbinden zu suchen. Der eigentliche Erfolg der Konferenz lag zunächst einmal darin, daß diese Probleme überhaupt angesprochen wurden, auch wenn sich die Verbesserungen nur mühsam einstellten.

Für die Standortbestimmung der SK im Verhältnis zur Kirche und zu katholischen Institutionen ist es in dieser Zeit charakteristisch, daß die missionierenden Priesterorden und -kongregationen den Eindruck hatten, ihre Missionstätigkeit werde weder von Bischöfen und Klerus, noch vom Volk in der zentralen Bedeutung, die ihr für die Kirche zukam, geschätzt. Das Bestreben der SK ging dahin, die Bischöfe dazu zu bewegen, die Förderung der Missionsorden ausdrücklich in Hirtenbriefen zu empfehlen. Auffällig bleibt, daß allein schon die Initiative für eine Eingabe, die diesen Wunsch dem Episkopat unterbreiten sollte, versiegte.

Eine merkliche Distanz und Unsicherheit herrschte zwischen den Ordensobern und den Bischöfen. Dies zeigt vor allem das Fehlen des direkten Gesprächs zwischen der Bischofskonferenz und der Superioren-Konferenz an. Direkten Kontakt fanden die Obern hingegen zum Gremium des organisierten Laienkatholizismus, zum Zentralkomitee der Generalversammlungen der Katholiken Deutschlands. Hier achteten sie auf die Präsenz des Missionsthemas bei den Katholikenversammlungen und beteiligten sich an weiterer Gremienarbeit. Den Aufschwung in der öffentlichen Wertschätzung der Missionsarbeit leitete die Rede eines Laien, Alois Fürst zu Löwenstein, auf dem Breslauer Katholikentag 1909 ein. Ungelöst blieb die Frage, wie die verschiedenen „Missionsfaktoren“, d.h. die allgemeinen Missionsvereine und die speziellen Missionsvereine der Orden sowie weitere an der Mission interessierte Kreise und Einzelpersonen in einen konstruktiven Dialog zu bringen seien. Verschiedene Ideen und Anläufe zur Schaffung von Missionskonferenzen, allgemeinen deutschen Missionsvereinen oder ähnlichen übergeordneten Institutionen scheiterten daran, daß deren Zweck und Befugnisse gegenüber den Teilorganisationen nicht eingegrenzt werden konnten. Die SK lehnte eine Superorganisation ab, die über sie befinde, ihre internen Belange diskutiere und Kritik von außen übe. Die SK, die ihrem Selbstverständnis nach die tragende Kraft im deutschen Missionswesen darstellte durch die Ausbildung des Missionspersonals und durch den Unterhalt der Missionstätigkeit aufgrund von Sammlungen ihrer Missionsvereine, hatte lediglich ein Interesse an der Förderung der Werbung für die Mission. Hier war sie zur Kooperation mit anderen Gremien bereit.

Die zentrale Bedeutung der missionierenden Priesterorden und -kongregationen und deren Missionsvereine und -zeitschriften bestritt Jesuitenpater Huonder, dessen Ziel die Zentralisation der Missionsförderung durch die päpstlichen Missionsvereine, Franziskus-Xaverius-Verein und Kindheit-Jesu-Verein, war. Huonder holte 1909 zu einem publizistischen Schlag gegen die speziellen Missionsvereine aus. Er schädigte deren Ansehen durch Anwürfe gegen die Kollekten- und Kolportagepraxis. Hier zeichnete sich ein Konfliktherd ab, der während des 1. Weltkrieges noch an Brisanz zunahm.

Im Verhältnis der SK zum Staat und zur gesellschaftlichen Öffentlichkeit zeigte sich demgegenüber, daß sich die missionierenden Orden eines wachsenden Interesses und einer gezielten Förderung erfreuten, da sie den kolonialen und nationalen Zielen äußerst nützlich schienen. Die Orden ihrerseits suchten durch Herausstellen ihrer kulturellen und nationalen Leistungen die in sie gesetzten Erwartungen nicht zu enttäuschen und die Basis für weitere Unterstützungen zu schaffen.

Die Verfolgung der eigenen Interessen zur personellen und materiellen Förderung der Mitgliedsgemeinschaften, die im Mittelpunkt des Engagements der SK stand, entzog sie nicht dem Spannungsfeld der Kolonialpolitik des Deutschen Reiches, sondern machte die Missionsorden in den Missionsländern und im Heimatland zu einem Teil desselben. Daß den Obern nicht jeglicher Sinn dafür fehlte, welche negativen Auswirkungen eine obrigkeitsstaatliche Kolonialpolitik für die davon betroffenen Menschen hatte, scheint in manchen verhaltenen Äußerungen von Superioren auf, so bei Frobergers Empörung gegen die barbarische Besteuerung der Schwarzen oder bei Ackers Bemerkung, das Verbot der „Rassen-Mischehe" mißachte die Freiheit und Gewissensentscheidung der Menschen. Doch die SK als solche hatte die Reflexion und Diskussion über die missionsspezifischen Fragen – insbesondere die Situation in den Missionsgebieten – eigens von ihrem Erfahrungsaustausch ausgeklammert und behandelte die schwerwiegenden Themen zur Kolonialpolitik daher nicht. Angesichts der Tatsache, daß 1904 der Ausrottungskrieg der kaiserlichen Schutztruppe in Südwestafrika, dem über 65 000 aufständische Herero und Nama zum Opfer fielen, und die menschenverachtende Behandlung, die die Überlebenden seitens der Kolonialmacht danach erfuhren, erbitterte Diskussionen in Deutschland gegen die Kolonialpolitik auslösten, ist das Fehlen einer Stellungnahme der SK geradezu bedrückend.

ZWEITER TEIL

Die Superioren-Konferenz 1914–1918

I.
Die organisatorische Entwicklung der SK 1914–1918

1. Konferenzen

Am 28. 7. 1914 schrieb P. Schwager, er wolle mit weiteren Vorhaben noch warten, „bis sich entschieden hat, ob der Krieg zwischen Frankreich und Deutschland ausbricht“[1]. Der Krieg „brach aus“. Die Kontinuität der Superiorenkonferenzen, die seit 1898 jährlich stattfanden, wurde dadurch erstmals 1914 unterbrochen. Die für den 13. 8. 1914 in Münster im Anschluß an den Katholikentag geplante Versammlung kam nicht zustande. Der Krieg prägte in den folgenden Jahren die Konferenzen bis in die äußeren Bedingungen hinein. Bei der Einladung zur Tagung im Februar 1917 erinnerte Acker die Obern daran: „Auch ist es ratsam, Brotkarten und Fleischkarten mitzubringen“[2].

Der „Aufschwung“ des Franziskus-Xaverius-Vereins mitten in den entbehrungsreichen Kriegsjahren[3] zog manche organisatorische und terminliche Rücksichtnahme der Superiorenkonferenzen nach sich. Im Oktober 1917 verbanden die Superioren die Einladung zum 75-jährigen Jubiläum des FXV in Aachen mit einer SK sowie mit einem Gespräch zwischen den beiden Vorständen. Auch die Fuldaer Tagung im Mai 1918 mit einer gemeinsamen Besprechung zwischen FXV und SK war dominiert vom FXV und den aufwendigen Veranstaltungen zum Missionstag der Stadt und der Diözese Fulda[4]. Weitere gemeinsame Tagungen wünschte die SK allerdings nicht mehr; nur die Vorstände beider Vereinigungen sollten untereinander verkehren, so die Meinung.

---

[1] Schwager an Blum, 28. 7. 1914. AG-SVD, 28.

[2] Acker an Obern, 31. 1. 1917. AVDO.

[3] Vgl. S. 107–111.

[4] Vgl. Programm der Konferenz der deutschen Diözesanvertreter des Glaubensvereins und der Superioren der deutschen Missions-Orden und -Gesellschaften, 26.–27. 5. 1918. SAC Limburg.

2. Leitung und Vorsitz

Zu einem Novum in der Geschichte der SK wurden die beiden ersten Treffen im Krieg, nachdem 1914 und 1915 keine Versammlungen zustande gekommen waren. Im November/Dezember 1916 ergriff Josef Schmidlin die Initiative in der Frage des vom FXV geplanten neuen Vereinsorgans und lud die Superioren zu zwei Besprechungen ein, die er auch leitete. Das führte zu erheblichen Kontroversen innerhalb des Vorstands, da der SK-Vorsitzende Acker hier eine andere Linie verfolgte als seine Vorstandsmitglieder Prov. Huss OMI und Prov. Witzel OFM, die mit Amtsniederlegung drohten[5]. Weil eine Änderung im Vorstand unmittelbar nach dem FXV-Jubiläum 1917, an dem die SK teilgenommen hatte, „bei Außenstehenden Aufsehen erregen würde", unterließ man diesen Schritt. Trotz ihrer Bedenken erklärten sich also auch Witzel und Huss bereit, weiter ihre Ämter zu versehen[6].

3. Mitglieder und Teilnahme

Die SK 1918 beschloß, daß die Mitgliedsgemeinschaften je einen Vertreter pro Provinz und pro Abtei zur SK entsenden könnten[7]. So wurde die zur Erzabtei St. Ottilien gehörende Benediktinerabtei Münsterschwarzach 1918 aufgenommen, ihr folgte 1919 die Abtei Schweiklberg.

Die Superioren, die bei offenen Diskussionen auch Gäste zur SK einluden, verhielten sich Schmidlin gegenüber, der mit seinen Sitzungen 1916 und mit seinen diversen Artikeln auch in die SK Unruhe gebracht hatte, zunehmend distanzierter. Als Schmidlin 1918 wünschte, mit den Missionsobern wegen der Abhaltung eines Missionskursus für Missionsangehörige zu konferieren, kam die SK zum Ergebnis, „das Erscheinen des Herrn wird unter den obwaltenden Verhältnissen als nicht opportun betrachtet". Auch hegte man den Verdacht, Schmidlin habe in Vorlesungen und im Seminar Interna der SK weitererzählt. Er wurde gebeten, dies zu unterlassen. Der Allianz mit Schmidlin erteilten die Obern zur Wahrung ihrer Autorität eine deutliche Absage. Daher wurde auch nochmals die „Vertraulichkeit der Verhandlungen" betont[8]. Schmidlin versicherte später, er habe nur privat, nicht im Kolleg oder Seminar über die SK gesprochen[9].

---

[5] Vgl. S. 102–107.
[6] SK-Protokoll, 21.–22. 10. 1917. AVDO.
[7] Vgl. SK-Protokoll, 26.–27. 5. 1918. AVDO.
[8] Ebd.
[9] Vgl. Ebd.

4. Geschäftsordnung und Satzung

Prov. Kleinschmidt OFM wünschte 1917 eine Revision der Satzungen und eine „straffere Organisation der Konferenzen". Prov. Janssen MSC hielt dem entgegen, bei der Abfassung der Satzungen sei doch gerade betont worden, allgemein bindende Beschlüsse ließen sich auf den Konferenzen kaum fassen. Auf gegenseitiges Entgegenkommen und Einvernehmen sei hinzuwirken. Der Vorstand wurde von der SK gebeten, „sich so oft zu vereinigen, als die Interessen der Superiorenkonferenz es zweckmäßig erscheinen ließen"[10]. Die Unzufriedenheit über die Institution SK war noch nicht beseitigt.

5. Pläne für ein Generalsekretariat

In der Einladung für die SK im Mai 1918 nannte der stellvertretende SK-Vorsitzende Witzel erstmals als Tagesordnungspunkt: „Ausbau der Superioren-Konferenz. Einsetzung eines ständigen Generalsekretärs"[11]. Auf der SK unterstrich Witzel dann „den Nutzen dieser Einrichtung zur Erledigung der laufenden Geschäfte" und um „eine gewisse Stetigkeit der Traditionen in der Geschäftsführung beim häufigen Wechsel der Provinziale zu sichern". Die Beschlußfassung über diesen Punkt wurde jedoch auf die nächste Konferenz verschoben. Zur Bestreitung der Unkosten und für die Sitzungen des Vorstandes, so der Vorschlag des neugewählten Beisitzers Prov. Laumen MSC, sollte jeder Provinzial einen „kleinen Beitrag pro rata zu einer gemeinsamen Kasse beisteuern". Für 1918 wurden 50 Mark bestimmt[12].

Als neuer 1. SK-Vorsitzender forcierte Witzel die Entscheidung über die Einrichtung des Generalsekretariats. Schwager, der zuvor schon mit Entwürfen, Denkschriften und durch seine engagierte Teilnahme als Vertreter seiner Gemeinschaft an den Konferenzen seine Kompetenz unter Beweis gestellt hatte, wurde von Witzel um Übernahme des Amtes gebeten. Schwager hielt ein Generalsekretariat für unentbehrlich, da auch „Aachen eine Zentral-Auskunftsstelle" einrichten wolle. Aachen geriere sich mehr und mehr „als Zentrale". Die SK könne zum FXV noch „ein Gegengewicht schaffen"[13].

---

[10] SK-Protokoll, 21.–22. 10. 1917. AVDO.
[11] Witzel an Obern, 9. 5. 1918. SAC Limburg.
[12] SK-Protokoll, 26.–27. 5. 1918. AVDO.
[13] Schwager an Blum, 17. 7. 1918. AG-SVD, 26.

Nach der Einverständniserklärung zur Übernahme des Amtes, die Generalsuperior Blum Schwager erteilte, unterbreitete dieser schon seine Vorstellungen darüber, daß das Sekretariat möglichst nicht mit einem Missionshaus verbunden sein solle, um unparteiisch zu bleiben. Vielleicht sei es in einem Schwesternhaus oder in einem Privathaus unterzubringen. Während des Krieges aber sei die Ernährungsfrage schwierig. Von St. Augustin aus müßte Hilfe geleistet werden, „speziell Kartoffeln und Brot". „Hühner, Kaninchen und Ziege würden wir wo möglich selbst züchten!", so Schwagers optimistische Planung. Als Hauptaufgabe nannte Schwager „die Vertretung der gemeinschaftlichen Interessen der Missionsgesellschaften und die ständige Pflege eines einheitlichen Vorgehens gegenüber anderen Faktoren, die für das Missionswesen von Bedeutung sind". Zu den Aufgaben zählte er die Beobachtung der Presse, Herausgabe einer Missions-Korrespondenz für die katholische Presse, Herausgabe von Werbematerial, Errichtung einer Zentralauskunftstelle für Missionsfragen, Rechenschaftsberichte, Einrichtung eines Arbeitsausschusses und eines Beirates zur Unterstützung des Generalsekretärs. Eigentlich sei er, so Schwager, durch Schmidlins Vorhaltungen auf die Idee eines Generalsekretariats gekommen, „da er immer sagte, wir müßten, soweit möglich, alles selbst in die Hand nehmen und selbst die Führung behalten"[14].

6. Deutsche SK als Modell für andere Länder?

Schwager empfahl Rektor Grendel SVD von St. Gabriel in Österreich, im Februar 1918 eine Superioren-Konferenz zu gründen, „ähnlich der reichsdeutschen". „Diese hat uns gegenüber Aachen und SJ gute Dienste getan, wenn sie auch in anderer Hinsicht lästig sein kann und wegen der Unfähigkeit ihres Vorsitzenden sonst <nur> wenig Positives geschaffen hat"[15].

[14] Schwager an Blum, 20.–21. 7. 1918. AG-SVD, 26.
[15] Schwager an Grendel, 5. 2. 1918. AG-SVD, 28.

II.
Die Ziele der SK und ihre Umsetzung 1914–1918

1. Erfahrungsaustausch über missionsspezifische Fragen

Nachdem in den beiden ersten Kriegsjahren 1914 und 1915 die Konferenzen ausgefallen waren, fragte Acker 1916 an, „ob wir nicht einmal zusammenkommen sollten, um uns über Missionsangelegenheiten in diesen schweren Zeiten auszusprechen". Da aber die Zukunft der Missionen in den deutschen Kolonien unbestimmt sei, habe er dies noch nicht angeregt[16]. Auch Blum fragte sich, „welchen Nutzen die Konferenz jetzt bringen könnte"[17]. Schon bald sahen sich die Obern aber gezwungen, sich mit den Bestrebungen des FXV zur „Monopolisierung"[18] zu befassen. Der eigentliche Erfahrungsaustausch trat in diesen Jahren vor der Interessenvertretung zurück.

2. Interessenvertretung der Kirche und katholischen Institutionen gegenüber

(a) SK und Ortskirche

Bei den Superioren-Konferenzen der Kriegsjahre suchten die Obern den Kontakt zum Ortsbischof, so durch den Empfang bei Felix Kardinal von Hartmann am 14. 2. 1917 während der SK in Köln[19]. Auch im Oktober 1917 kam Kardinal Hartmann zu einem gemeinsamen Gespräch, das der Vorstand des FXV und die SK in Aachen anläßlich des 75-jährigen Jubiläums des FXV führten[20]. Zugleich war Hartmann als Vorsitzender der Fuldaer Bischofskonferenz in diesem Falle für beide Seiten in ihren Auseinandersetzungen die autoritative Größe, wie im folgenden dargestellt werden soll.

---

[16] Acker an Obern, 20. 7. 1916. AG-SVD, 26.
[17] Blum an Acker, 25. 7. 1916. AG-SVD, 26.
[18] Vgl. S. 102–111.
[19] Vgl. Acker an Obern, 31. 1. 1917. AVDO.
[20] Vgl. SK-Protokoll, 21.–22. 10. 1917. AVDO.

(b) SK und allgemeine Missionsvereine

Neben der Sorge um die Missionen, die mit der Ausweitung der kriegerischen Auseinandersetzungen auch in den Kolonien wuchs[21], zeichnete sich für die SK während des Ersten Weltkriegs ein zweiter Konfliktherd im innerkirchlichen Raum in Deutschland ab. Die Meinungen innerhalb der SK über den einzuschlagenden Weg gingen auseinander. Auch der Vorstand war zeitweise gespalten. Die Missionsorden sahen sich bedroht von einer „Monopolisierung" des päpstlichen Werks der Glaubensverbreitung, „Franziskus-Xaverius-Verein" (FXV), auf dem Gebiet des Vertriebs von Missionszeitschriften, bei der Sammlung von Missionsgeldern und von Vereinsbeiträgen. Als eigentliche Träger der Missionsarbeit fürchteten die Orden, ihnen werde die Möglichkeit des Verkaufs eigener Missionszeitschriften und des Kollektierens zunehmend beschnitten. Letztlich würde dies den gesicherten Unterhalt der Missionshäuser und die Finanzierung der Ausbildung des Missionspersonals gefährden.

Im Jahr 1916 gelang es dem Missionswissenschaftler Schmidlin, Teile der SK für eine aggressive Vorgehensweise zu gewinnen. Generalsuperior Blum notierte im Vorfeld dieser Aktion: „Der Xaverius-Verein will SJ die Redaktion der Vereinsschriften übertragen und die Agitation monopolisieren". Schmidlin arbeite „contra und berief die Provinziale extra SJ"[22] für eine Besprechung nach Düsseldorf am 23. 11. 1916. Die Gründung der neuen FXV-Zeitschrift „Die Weltmission der Katholischen Kirche"[23], deren Redaktion ausschließlich Jesuiten übertragen sei, werde, so die Furcht der Obern, der „Todesstoß für die andern Missionsvereine"[24]. In Düsseldorf wurde beschlossen, eine Eingabe an die Fuldaer Bischofskonferenz zu richten. Die zweite Konferenz fand am 1. 12. 1916 in Köln statt. Kein Zweifel bestand von seiten Schwagers daran, daß eine gemeinsame Vorgehensweise der SK nötig sei, „denn die SJ handeln nicht korrekt und bei ihrer bekannten Richtung würde so ausschließlicher Einfluß eine direkte Gefahr"[25]. Blum

---

[21] Vgl. S. 113–115.

[22] Tagebuchnotiz Blum, 21. 11. 1916. AG-SVD, Tagebuch Blum. (Frdl. Hinweis von P. J. Alt, Rom).

[23] Die Weltmission der katholischen Kirche. Illustrierte Monatsblätter des Franziskus-Xaverius-Vereins, Herder, Freiburg, jährlich 12 Hefte. Die neue Zeitschrift sollte an die Stelle der bisherigen „Jahrbücher der Glaubensverbreitung" treten, „‚weil diese auf deutsche Missionen, deutsche Auffassung und deutschen Geschmack gar keine Rücksicht nahmen'": KH VI (1916/1917), S. 193.

[24] Witzel an Kolb, 26. 11. 1916. SAC Limburg.

[25] Schwager an Blum, 30. 11. 1916. AG-SVD, 28.

nannte die Zusammenkunft vom 1.12.1916 kurzum „die Conferentia contra Jesuitos“[26].

Der SK-Vorsitzende Acker allerdings wollte die geplante Eingabe nicht mittragen. Die Obern würden einem „Fiasko“ entgegengehen und sie dienten nur Schmidlins Zwecken, so Ackers Befürchtung. Es sei doch „viel edler, loyaler und christlicher“, sich an den Provinzial der Jesuiten wegen der Frage der neuen Zeitschrift zu wenden. Erst dann solle man an die Bischöfe herantreten[27]. Acker beklagte sich über seine Beisitzer Huss und Witzel, die sich auf Schmidlins Seite gestellt hätten. Er frage sich, ob er so SK-Präsident bleiben könne. Statutengemäß sei die Frage doch eine der SK, Schmidlin habe „unberufen die Zügel in die Hand genommen“[28].

Die Eingabe der Kölner Versammlung ging Mitte Dezember 1916 an den Episkopat. Die neue Zeitschrift solle in einer „neutralen“ Hand sein, „d.h. in einer solchen, die nicht direkt den missionierenden Gesellschaften angehört“. Die Bischöfe sollten einen Redakteur ernennen. FXV und KJV lösten nur einen Teil der Aufgaben, denn statutengemäß gäben sie nichts an die Anstalten selbst, die für den Nachwuchs an Missionaren zu sorgen hätten. Ein wichtiger Teil sei die spezielle Missionspflege durch Werbeorganisationen, Missionsvereine, Zeitschriften, Berichte, Bücher, Broschüren und Vorträge. Der Papst belobige und bestätige die besonderen Missionsvereine und versehe sie mit Ablässen. Es wäre „eine ungesunde und ungerechte Zentralisation, wollte man für den FXV ein Monopol irgend welcher Art errichten, als ob nur er ein katholischer Verein sei und nur der wahrhaft die Missionen unterstütze, der diesen Verein fördere“. Die Gaben für die speziellen Missionsanstalten könne er nicht aufbringen, weil sie Folge der direkten, oft persönlichen Beziehungen der Geber zu den Missionaren und zu ihren Genossenschaften seien. Falls ein „Monopol“ für den FXV zustande käme, würde ihm das wenig nützen, „die Missionsgenossenschaften aber, die eigentlichen Träger der Missionsaufgabe, in ihren vitalsten Interessen auf eine nicht gut zu machende Weise schädigen“. Die Bischöfe sollten neben dem FXV und dem KJV auch die spezielle Missionspflege dem Klerus empfehlen „oder doch wenigstens nichts dagegen sagen“. Die Obern ersuchten die Bischöfe, zur Versammlung der Diözesanvertreter des FXV, die über die Neuorganisation beraten sollten, auch zwei gewählte Vertreter der

[26] Tagebuchnotiz Blum, 1.12.1916. AG-SVD, Tagebuch Blum. (Frdl. Hinweis von P. J. Alt, Rom).
[27] Acker an Huss, 2.12.1916. AVDO.
[28] Acker an Huss, 11.12.1916. AVDO.

Obern entsenden zu dürfen[29]. Die SK wünschte also in Fragen des sie unmittelbar betreffenden Missionsbereichs Partizipationsrechte und im übrigen den Pluralismus von gleichberechtigten Vereinen und Zeitschriften.

Die Eingabe hatte formale Mängel: Es fehlten die Unterschriften und das Datum. Um sie noch rechtzeitig den Bischöfen vor der Diözesanvertreter-Versammlung zukommen zu lassen, hatte man auf das aufwendige Verfahren der einzelnen Unterschriften der Obern verzichtet. Nachdem die Eingabe an den Episkopat gegangen war, erhielten die Obern schon bald vom Vorsitzenden der Fuldaer Bischofskonferenz, dem Kölner Kardinal von Hartmann, die Anfrage, ob sie an der Denkschrift beteiligt seien[30].

Der SK-Vorsitzende Acker richtete nun an die Bischöfe ein eigenes Schreiben, in dem er darlegte, niemand sei beauftragt worden, diese Eingabe im Namen aller Orden und Kongregationen zu unterzeichnen[31]. Schwager meinte, Ackers Schritt sei „unverzeihlich“, er habe schon früher „ähnliche Konfusion angerichtet“[32]. Blum notierte kategorisch: „Wir stehen auf dem Standpunkt der Kölner Konferenz. Kein Monopol in Missionssachen, Freiheit für alle“[33].

Schmidlin, der zunächst zur Konferenz der Diözesan-Vertreter des FXV, auf der die Neustrukturierung und der Plan des neuen Vereinsorgans des FXV besprochen werden sollte, geladen worden war, richtete sich nach der Rücknahme der Einladung in einer eigenen Denkschrift an die Bischöfe mit scharfer Kritik an der Verfahrensweise ohne vorherige Konsultationen[34].

Für die SK bestand vor allem die Notwendigkeit, selbst wieder zu einer geschlossenen Position zu kommen, die durch Ackers Alleingang unterlaufen worden war. Die Vorstandsmitglieder Witzel und Huss bestanden darauf, gegen Acker im Januar 1917 eine Konferenz abzuhalten. Schwager plädierte aber für eine kluge Einigung und erneute Eingabe der SK, „in welcher der frühere einmütige Beschluß klargelegt und von allen Superioren unterschrieben wird“[35].

---

[29] Eingabe der missionierenden Orden und Kongregationen an den deutschen Episkopat, Mitte Dezember 1916. AVDO. Handschriftlicher Vermerk über Redaktionsteam der Eingabe, Huss, Schmidlin, Witzel, Wallenborn auf Exemplar in: SAC Limburg.

[30] Vgl. Hartmann an Obern, 16. 12. 1916. SAC Limburg.

[31] Acker an Episkopat, 21. 12. 1916. AVDO.

[32] Schwager an Blum, 28. 12. 1916. AG-SVD, 26.

[33] Tagebuchnotiz Blum, 22. 12. 1916. AG-SVD, Tagebuch Blum. (Frdl. Hinweis von P. J. Alt, Rom).

[34] J. Schmidlin: Denkschrift an den hochwürdigsten deutschen Episkopat zu Händen Sr. Eminenz des Herrn Kardinals von Köln. ASFP.

[35] Schwager an Blum, 2. 1. 1917. AG-SVD, 26.

Kolb legte inzwischen P. Krose SJ nochmals die ganze Problematik der Umorganisation des FXV dar. Die bisherige Einteilung der Zeitschriften sei davon ausgegangen, die „Katholischen Missionen" seien für die „gebildete Welt", die „Zeitschrift für Missionswissenschaften" für die wissenschaftliche Welt und die Zeitschriften der Missionsgesellschaften für das gewöhnliche Volk. Auf Anregung der Jesuiten solle aber die neue Zeitschrift für das gesamte Volk erscheinen. Sobald der Klerus wirklich an die Ausführung gehe, folge die Unterdrückung der anderen Missionszeitschriften. Es sei kein gewöhnlicher Wettbewerb mit den anderen Zeitschriften, weil der ganze Klerus und Episkopat dafür „mobil" gemacht würden. „Was nun die Sache besonders schwer macht, das ist die ganz offensichtliche Rücksichtslosigkeit, mit der die hier in Frage kommenden Mitglieder Ihrer Gesellschaft vorgingen". Verantwortlich dafür sei Jesuitenpater Huonder als Redakteur der KM, in dem Kolb die „Haupttriebkraft der ganzen Sache" vermutete[36].

Acker verteidigte sein Verhalten auf der SK am 14.2.1917. Die Kölner Versammlung sei keine offizielle SK gewesen und die Eingabe habe „eine Spitze gegen die Jesuitenpatres" enthalten. Als Vorsitzender müsse er das ganz entschieden ablehnen. Erschwerend sei damals hinzugekommen, daß der Eindruck entstanden sei, als ob sie „gemeinsame Sache mit Prof. Schmidlin" machten. Die Eingabe sei „ein grober Verstoß" gegen die Statuten. Acker hoffte, die SK werde ein solches Verfahren einstimmig mißbilligen „oder unser Verband müßte auseinandergehen". Der anwesende Jesuitenprovinzial Kösters versicherte, „daß niemand von den Jesuitenpatres ein Unrecht tun wollte. Die Übernahme der neuen Zeitschrift sei nicht von ihnen ausgegangen". P. Huonder SJ habe seine Meinung geändert. Man beschloß schließlich, eine neue Eingabe an die Bischöfe zu richten, „schon allein um den üblen Eindruck der ‚namenlosen' Eingabe mit ihren Folgeerscheinungen zu verwischen".

Schwager legte einen Entwurf vor, in welchem der Episkopat gebeten wurde, die besonderen Missionsvereinigungen zu empfehlen und die neue Zeitschrift auf die Rolle eines Vereinsorgans zu beschränken. Diese beiden Punkte wurden angenommen, die Forderung Schwagers, daß die neue Zeitschrift in neutrale Hand gelegt werde, wurde nach dem Einwand des Jesuitenprovinzials, man solle prüfen, wie die jetzige Redaktion, also die von Jesuiten gebildete, ihr Amt ausübe, mit 10 gegen 8 Stimmen fallengelassen. Die Eingabe an die Bischöfe wurde verlesen und einstimmig angenommen[37].

---

36 Kolb an Krose, 13.1.1917. SAC Limburg.
37 SK-Protokoll, 14.2.1917. AVDO.

Man überreichte Kardinal von Hartmann schließlich zwei Eingaben: Die Teilnehmer der Kölner Konferenz vom 1. 12. 1916 legten die Gründe für die besondere Form der damaligen Eingabe und deren Anliegen dar[38]. Die zweite Eingabe an den Episkopat war von Acker als Vorsitzendem im Namen weiterer 19 Missionsorden und -kongregationen verfaßt. Es herrsche in weiten Kreisen eine große Beunruhigung durch „gewisse Veröffentlichungen, in welchen Stimmung gegen die Werbetätigkeit der Missionsgesellschaften gemacht wurde". Man spielte hier auf Huonders Angriffe an. Die Bischöfe sollten Klerus und Gläubige aufklären, daß „auch die Unterstützung der Missionsgesellschaften als notwendig empfohlen wird". Durch die Missionshäuser müsse der wichtigste Faktor im Missionsbetrieb, der Nachwuchs, sichergestellt werden. Die neue Zeitschrift des FXV nicht nur als Vereins-, sondern auch als Familienzeitschrift werde die Zeitschriften der Missionsgesellschaften empfindlich schädigen[39]. Hartmann betonte bei der Audienz, die Bischöfe wollten die Missionsgelder nicht monopolisieren. Er freue sich, die SK kennen zu lernen. „Auf seine Unterstützung für die Missionen dürfen wir immer zählen", so die zuversichtliche SK-Protokollnotiz[40]. Acker engagierte sich nach der SK ganz entschieden für die Interessen aller Missionsorden und -kongregationen. Einige Tage nach der Audienz legte er Beweise für die Monopolisierungsabsichten des FXV dem Kardinal vor. Doch Hartmann habe sich dazu nicht geäußert, sondern nur gelächelt[41]. Nach Beschwerden über angebliche oder tatsächliche Auswüchse und Mißbräuche im heimatlichen Missionswerk hatte die SK im Februar 1917 beschlossen, die Mitglieder sollten sich gegenseitig darauf aufmerksam machen. Man wolle eine persönliche Aussprache mit dem Verwaltungsrat des FXV in Aachen suchen[42].

Huonder wertete die Kölner Versammlung mit dem „Gewittersturm über den bösen P. Huonder" als Beispiel dafür, wie „Zwangsideen" entstünden und sich festsetzten[43]. „Daß ich meine Anschauungen völlig geändert hätte, ist wohl zu viel gesagt; wohl aber stark modifiziert und zwar aus Überzeugung". Ein einzelner Verein könne die Aufgabe nicht lösen, aber die übrigen Missionsvereine sollten sich doch um Aachen scharen und daran mitwirken,

---

38 Vgl. Eingabe der Teilnehmer an der Kölner Versammlung vom 1. 12. 1916, 14. 2. 1917. AVDO.
39 Eingabe Acker an Episkopat, 14. 2. 1917. AVDO.
40 SK-Protokoll, 14. 2. 1917. AVDO.
41 Vgl. Schwager an Blum, 23. 3. 1917. AG-SVD, 28.
42 Vgl. SK-Protokoll, 14. 2. 1917. AVDO.
43 Huonder an Pallottinerpater, 16. 2. 1917. SAC Limburg.

daß sich der deutsche Zweig des Weltvereins „machtvoll" durchsetze[44]. Huonder veröffentlichte im übrigen weiter seine Angriffe gegen die Kolportage und Sammeltätigkeit, was die Obern erboste. Blum plädierte für ein Schreiben an den Jesuitenprovinzial, in dem dieser darauf aufmerksam gemacht werden sollte, daß dieses Verhalten Huonders der auf der SK getroffenen Vereinbarung widerspräche[45].

Mittlerweile drohte ein zweiter Konflikt im Vorstand. Acker wollte die Eingaben von der SK im Februar 1917 nicht an die einzelnen Bischöfe versenden, da ihm Kardinal Hartmann gesagt hatte, er werde sie dem Episkopat in Fulda vorlegen. Das Vorstandsmitglied Witzel aber verlangte die Versendung an jeden Bischof[46]. Huss hatte sein Amt aus Protest niedergelegt[47]. Die Bischofskonferenz unter Vorsitz Hartmanns faßte im August 1917 den Beschluß: „Die Bischöfe wünschen den Bestrebungen und der den kirchlichen Grundsätzen entsprechenden Sammeltätigkeit (nicht nur des Xaverius-Vereins, sondern auch) der übrigen Missionsvereine und Missionsgesellschaften nach wie vor warme Unterstützung". Dieser Beschluß wurde dem Diözesanklerus zur Kenntnis gebracht[48]. Acker fühlte sich bestätigt in seiner Vorgehensweise[49].

Die Ernennung von Dr. Louis zum Generalsekretär des FXV in Aachen begrüßte Kolb zunächst, denn Louis wisse auch die „Interessen der Missionsgesellschaften" zu würdigen[50]. Louis antwortete, ihm gehe es um die Förderung und Hebung des FXV und um „lückenlose Missionsförderung". Er wolle die Missionsgesellschaften weder herabsetzen noch schädigen, sondern ihnen Hilfestellung geben[51].

Zur „kriegsgemäß ernsten Jubelfeier des 75-jährigen Bestehens des Franziskus Xaveriusvereins" in Aachen am 21./22. 10. 1917 lud Generalsekretär Louis auch die Obern ein. Der Vorstand hoffe, mit den Obern „herzliche Fühlung zu gewinnen und in gemeinsamer Zusammenkunft eine freimütig liebevolle Aussprache herbeizuführen, bei der das so notwendige Vertrauen gefördert und etwa noch bestehende Hindernisse harmonischen Zusammenwirkens beseitigt würden"[52].

---

[44] Huonder an Pallottinerpater, 8. 3. 1917. SAC Limburg.
[45] Vgl. Blum an Kolb, 23. 3. 1917 mit Auszug: Artikel Huonders. SAC Limburg.
[46] Vgl. Schwager an Blum, 20. 4. 1917. AG-SVD, 26.
[47] Acker an Huss, 12. 5. 1917. AVDO. Vgl. S. 98.
[48] Hartmann an Acker, 28. 8. 1917; vgl. EB GV Köln an Klerus, 6. 9. 1917. AG-SVD, 26. Vgl. Kirchlicher Anzeiger für die ED. Köln Nr. 20 (1917) vom 15. 9. 1917.
[49] Acker an Huss, 12. 10. 1917. AVDO.
[50] Kolb an Louis, 1. 5. 1917. Missio, SK A-170/1.
[51] Louis an Kolb, 5. 5. 1917. SAC Limburg.
[52] Louis an Obern, 29. 9. 1917. SAC Limburg.

Die SK tagte am 21./22. 10. 1917 in Aachen. Auf Vorschlag Schwagers präzisierte sie die Fragen für die Begegnung mit dem Vorstand des FXV. Die „Weltmission" solle nur Vereinsorgan sein. Eine energische Werbeaktion für die deutschen Missionen sei erforderlich. „Nach reiflichem Überlegen des Für und Wider haben die Oberen der missionierenden Orden sich bereit erklärt, die Propagandatätigkeit des FXV zu unterstützen"[53]. Nach dieser Vorbesprechung der SK-Mitglieder kam es am Nachmittag zur ersten Begegnung des Vorstands des FXV mit der SK, bei der der Vorsitzende der Fuldaer Bischofskonferenz, Kardinal von Hartmann, zugegen war. Acker verband seinen Glückwunsch zum FXV-Jubiläum mit der Beteuerung, die Obern seien gewillt, „für und mit dem FXV zu arbeiten". Hartmann seinerseits bekräftigte, der deutsche Episkopat wünsche das Fortbestehen und Gedeihen aller Missionsvereine und Missionshäuser. Es sei keine Veranlassung zu Befürchtungen wegen der Entwicklung des FXV. Im weiteren Verlauf der Besprechung ohne Hartmann erläuterte Louis, in einer der nächsten Nummern der Weltmission wolle er eine Erklärung abgeben wegen der Instruktion der Geistlichen, allen Missionsvereinen und -häusern weitherzig entgegenzukommen[54]. Als die Obern am 22. 10. 1917 ihre SK fortsetzten, wurde darauf hingewiesen, in Ansprachen und Veröffentlichungen solle sorgfältig alles vermieden werden, „was das gute Einvernehmen" zwischen SK und FXV stören könne[55].

Schon bald nach diesen Vereinbarungen zwischen FXV und SK kam es zu Unstimmigkeiten, weil Louis die bei den Veranstaltungen gemachten Reineinnahmen zu 1/3 nicht vereinbarungsgemäß den deutschen Missionen, sondern nur den deutschen Kolonialmissionen zukommen lassen wollte. Dagegen protestierte Witzel[56]. Acker berichtete Kolb im Dezember 1917, Louis gehe „mit seiner Propaganda in der Erzdiözese Köln ganz stürmisch darauf los. Ob er es in den andern Diözesen auch so tun wird? Er beschlagnahmt ein Dekanat nach dem andern und da müssen an einem Tag, auf Kommando alle Missionsgenossenschaften in allen Pfarreien des Dekanats Missionssonntage halten. Ich weiß nicht, wie es mit Ihnen steht. Uns schadet er hic et nunc jedenfalls. Unsere Häuser sind ganz umzingelt und da, wo der Sturm durchgeht, wird eine Zeitlang nichts mehr zu machen sein. Andererseits aber werden Predigten und Vorträge in Pfarreien gehalten, wo wir nie Zutritt erhalten hätten und dadurch der Missionssinn erweckt"[57].

---

[53] Vgl. dazu auch die Wiedergabe seines Antrags auf der SK in: Witzel an Fels, 1. 12. 1917. Missio, SK A-170/1.
[54] SK-Protokoll, 21.–22. 10. 1917. AVDO.
[55] Ebd.
[56] Wie Anm. 53.
[57] Acker an Kolb, 20. 12. 1917. SAC Limburg.

In der nächsten gemeinsamen Sitzung der SK mit dem Vorstand und den Diözesanvertretern des FXV, am 27. 5. 1918, wurde festgehalten, der FXV wolle „kein Monopol", werde aber auch kein solches dulden[58]. Unerledigte Fragen im Missionswesen sollten nicht in die Öffentlichkeit gebracht, sondern dem Episkopat unterbreitet werden. Jährlich solle am 1. Sonntag im Advent eine Unterweisung verlesen werden, durch die die Gläubigen mit den Zielen des FXV bekanntgemacht werden sollten, die „aber auch die andern Missionsvereine, namentlich die in der betr. Diözese bestehenden, warm empfiehlt". Die Verteilung der Erträge der Kollekten von Missionstagen und Missionssonntagen wurden vereinbart. Zur Verbesserung der Kommunikation zwischen SK und FXV einigte man sich auf ein- bis zweimal jährlich stattfindende Gespräche. Der umfassendere Plan des FXV ging dahin, die Organisation weiter auszubauen zu „einem großen Zentralrat aller Missionsorgane". Bei den jährlichen gemeinsamen Versammlungen sollten die einzelnen Organisationen per turnum den Vorsitz führen. Auf diese Neuregelung mochte die SK nicht eingehen. Es bestünden große Bedenken.

Für die weitere Entwicklung wurden folgende Vereinbarungen zwischen SK, FXV und LMV von Bedeutung: „Der Vorstand des FXV erklärt sich bereit, eine von den Missionsobern abzufassende Erklärung in seinen Organen zu veröffentlichen, die darauf hinzielen soll, daß namentlich die Geistlichkeit die bisherigen Mißverständnisse aufgibt und bei aller pflichtmäßigen Förderung des FXV die Spezialvereine der Missionsorden nicht unterdrücken oder schädigen. Hingegen verlangt der Vorstand von Aachen, daß auch die Missionsobern eine entsprechende Empfehlung und Erklärung von seiten Aachens in ihren Organen aufnehmen und sich bemühen, namentlich bei Missionsfesten auch den FXV zu empfehlen und bei seiner Einführung und Verbreitung behilflich zu sein". Eigens wurde festgehalten: „Der Zentral-Sekretär des Ludwig-Missionsvereins von Bayern bittet die Missionsobern um Unterstützung bei Einführung des LMV und verspricht: Keine Unterdrückung, sondern warme Empfehlung der Spezialvereine"[59]. Diese Vereinbarungen allein schon waren symptomatisch für das durch und durch gestörte Verhältnis der allgemeinen Missionsvereine zu den speziellen Vereinen. Am 23. 7. 1918 schickte Schwager den Entwurf der SK-Erklärung, der zuvor vom Vorstand gebilligt worden war, an Louis. Nach den Fuldaer Vereinbarungen sei der Entwurf „für die Weltmission und – worauf die

[58] Vgl. eine Stellungnahme Kolbs, in der er nachweist, daß klare Monopolbestrebungen beim FXV vorhanden seien: Stellungnahme Kolbs, o. D. SAC Limburg.

[59] SK-Protokoll, 26.–27. 5. 1918. AVDO.

Superiorenkonferenz besonderen Wert legt – für die Flugschriften für den Klerus“ vorgesehen[60].

Inzwischen hatte der Kirchliche Anzeiger für die Erzdiözese Köln aber am 15. 7. 1918 wegen „Mißbräuchen“ bei Missions- und Bonifatiussonntagen eine Anordnung des Kölner Generalvikariats veröffentlicht, in der die künftige Abhaltung solcher Veranstaltungen der Genehmigung unterliege und der Ertrag „ganz dem Diözesankomitee des Bonifatiusvereins bzw. des Franziskus-Xaverius-Missionsvereins zufließen“[61] solle. Diese Anordnung empfanden die Missionsobern ohne vorherige Absprachen als einen scharfen Affront gegen ihre Gemeinschaften und vor allem gegen die SK. Witzel schrieb am 23. 7. 1918 Louis: „Da haben wir wieder ein Schulbeispiel für das Thema ‚Theorie und Praxis‘. Selbstredend ist das wieder Wasser auf die Mühlen jener, die allen Friedensaktionen von seiten des Franziskus-Xaverius-Vereins nicht über den Weg trauen, indem sie bekennen: alles nur Gimpelfang! Aachen oder vielmehr ‚Köln‘ macht doch, was es will! Ob sie so ganz unrecht haben??? Unter solchen Umständen verspreche ich mir von unsern weiteren Verhandlungen sehr wenig!“[62] Am 24. 7. 1918 wandte sich Witzel erneut an Louis, da bereits von allen Seiten Fragen wegen der Kölner Erklärung bei ihm eingetroffen waren und nun „mit einem Federstrich doch wieder ein Monopol“ errichtet werde. Witzel wollte zur Vorbereitung der Vorstandssitzung genaue Auskünfte darüber, welche konkreten Mißbräuche aufgetaucht seien und ob Kardinal Hartmann von den Fuldaer Beschlüssen in Kenntnis gesetzt worden sei. Er bedauere den Kölner Beschluß, „zumal damit zu rechnen ist, daß dieses Beispiel ansteckend wirkt!“[63]. Als Datum für ein gemeinsames Gespräch FXV und SK schlug Witzel den 30. 7. 1918 in Köln vor.

Louis schrieb, auch die Aachener seien „außerordentlich überrascht“ wegen der Kölner Erklärung. Er sei in der letzten Woche im Generalvikariat in Köln gewesen, Klagen seien von Pfarrern und Dechanten eingelaufen, die sich beschwerten, daß sie Missionare eingeladen hätten, die kein Wort vom FXV gepredigt hätten, obschon die Pfarrer zur Pflege des Vereines behördlich aufgefordert seien und auch den Verein haben wollten. Einzelne Patres hätten die gesamte Kollekte gefordert und mitgenommen, andere hätten von der Kanzel die Leute aufgefordert, ihnen persönlich ins Pfarrhaus Geld

---

[60] Schwager an Louis, 23. 7. 1918. Missio, SK A-170/1. Vgl. Die deutschen Missionsgesellschaften und der Xaveriusverein, o. D. Ebd. (vgl. Ebd. ein 2. Entwurf).

[61] Kirchlicher Anzeiger ED. Köln Nr. 16 (15. 7. 1918). Zitat in: Witzel an Obern, 12. 11. 1918. AVDO.

[62] Witzel an Louis, 23. 7. 1918. Missio, SK A-170/1.

[63] Witzel an Louis, 24. 7. 1918. Ebd.

zu bringen. „Zweifellos sind einzelne Genossenschaften an der Verordnung schuld“, so Louis. Köln sei augenblicklich „sehr ungehalten“[64]. Witzel bat daraufhin Louis, ihm das Material über die Mißbräuche zur Verfügung zu stellen, damit der SK-Vorstand auf Änderung hinarbeiten könne. „Von einer gemeinsamen Besprechung werden unter den jetzigen Umständen 9/10 der Superiorenkonferenz nichts wissen wollen“[65]. Von seiten der SK kamen Zweifel auf über die Legitimation der FXV-Vertreter zu Vereinbarungen mit der SK. Insbesondere hörte man aus dem Kölner Generalvikariat, Louis habe sogar seine Genugtuung über die Kölner Regelung zum Ausdruck gebracht[66]. Louis antwortete Witzel erst einen Monat später, am 12. 11. 1918, er freue sich, aus Witzels Schreiben „die Hoffnung auf ein weiteres gedeihliches Arbeiten schöpfen zu können“. Auf die geforderten Einzelheiten ging er nicht ein[67].

Der SK-Vorsitzende Witzel berichtete im November 1918 den SK-Mitgliedern enttäuscht von den zurückliegenden Monaten seit der letzten Versammlung im Mai. In Fulda habe Hoffnung auf gute Zusammenarbeit mit dem FXV bestanden, die jedoch jäh vernichtet worden sei durch die Veröffentlichung des Kölner Kirchlichen Anzeigers im Juli 1918. Witzel habe sofort Louis geschrieben, das Annäherungswerk Aachens werde von den Pessimisten als „Gimpelfang“ angesehen. Vor der Fuldaer Bischofskonferenz sprachen Laumen und Witzel mit mehreren Bischöfen, damit die Kölner Praxis nicht auf andere Diözesen übergreife. Mitte August war Laumen beim Kölner Kardinal zur Audienz. Auf der Fuldaer Bischofskonferenz sollten die Befürchtungen zerstreut werden; die Eingabe, die von Schwager verfaßt und von Laumen abgeschickt worden war, scheine aber nicht rechtzeitig eingetroffen zu sein, jedenfalls habe es keine Reaktion gegeben. Wahrscheinlich sei sie nicht zur Sprache gekommen.

3. Interessenvertretung dem Staat und der gesellschaftlichen Öffentlichkeit gegenüber

(a) Stellung der Missionsschulen

Auf der SK von 1918 referierte Prov. Steffen SM über die Frage, ob das Studium der Missionszöglinge an einem städtischen Gymnasium oder an der

[64] Louis an Witzel, 29. 7. 1918. Ebd.
[65] Witzel an Louis, 9. 8. 1918. Ebd.
[66] Vgl. Witzel an Louis, 10. 10. 1918. Ebd.
[67] Louis an Witzel, 12. 11. 1918. AVDO und Missio, SK A-170/1.

eigenen Missionsschule vorzuziehen sei, so daß sie als Externe ihr Abitur machen. Es sei aber bekannt, daß das Abitur der Externen schwieriger als das normale sei. Ein Franziskanerpater meinte, man spreche in Münster von einer „Totenkommission", da die Externen meist durchfielen. Als Nachteile des Besuchs der Klosterschüler an einem Gymnasium nannte Steffen, die Schüler würden die Lehrer der Ordensschule und des Gymnasiums vergleichen, was „zur Geringschätzung der Ordenslehrer ausfällt: sie sind nicht fähig, die oberen Klassen zu dozieren". Die Missionsschüler würden auch viel Zeit verlieren durch die Wege zwischen Kloster und Gymnasium, im Studium zurückbleiben und dann unzufrieden sein mit der Missionsschule. Freundschaften zwischen Schülern des Gymnasiums und der Missionsschule könnten den Missionsschülern „schädlich" sein; „es werden Bücher gelesen, die der Kontrolle entbehren". Der Haupteinwand aber liege darin, daß gerade in den Jahren, „wo der Beruf den größten inneren und äußeren Gefahren ausgesetzt ist", der Schüler dem „wirksamen Einfluß der Patres entzogen" sei. Es komme zu einer schlimmen „Herzens- und Charakterbildung", falls dann schon der Entschluß reife, dem Kloster den Rücken zu kehren, aber der Schüler so lange warte, bis das Abitur bestanden sei. Die Missionsschule als solche halte gerade die Schüler ab, die sie nur besuchen würden, um billiger studieren zu können. Sie begünstige aber die Erziehung zum richtigen Ordensleben und Ordensgeist, womit der Zuwachs sichergestellt sei.

Steffen zog abschließend aus den Erfahrungen seiner Missionsgenossenschaft das Fazit: „In Meppen besuchten unsere Schüler von Obersekunda ab das städtische Gymnasium. Wir bekamen keinen Nachwuchs. Nur drei oder vier gelangten im Laufe von etwa 10 Jahren zum Ziel. Seitdem wir uns aber vom Gymnasium getrennt haben, haben wir guten Nachwuchs und recht guten Geist in der Schule. Bis jetzt ist nur einer beim Abitur als Externer durchgefallen. Mehrere haben es glänzend bestanden. Die Schüler schätzen ihre Lehrer und lernen fleißig"[68]. Doch die Mehrheit der SK-Mitglieder sprach sich dennoch für den Besuch des Gymnasiums in den oberen Klassen aus. Der Abt von Münsterschwarzach meinte, sie hätten dadurch keine höheren Austrittszahlen als früher. Auch gebe es keine Schwierigkeiten, so die Meinung anderer Superioren, wenn Abiturienten und Nichtabiturienten später als Priester wieder beisammen seien. Gut sei es, die Zöglinge auf ein Gymnasium zu schicken, auf das auch Zöglinge des bischöflichen Konvikts gingen, weil dort ein „besserer Geist" herrsche[69].

---

[68] Referat von Prov. A. Steffen SM, in: SK-Protokoll, 26.–27. 5. 1918. AVDO.
[69] Schwager an Blum, 20. 6. 1918. AG-SVD, 28.

(b) Militärdienst von Ordensangehörigen

Mit dem Ersten Weltkrieg wurden die Möglichkeiten zur Befreiung vom Militärdienst für Ordensangehörige, wie sie in den Friedensjahren großzügig gehandhabt wurden, schwieriger. Acker meinte, auch der Dienst des Ordensklerus als solcher müsse wie der des Weltklerus als „vaterländischer Dienst" angesehen werden. Doch er war sich der Schwierigkeit dieser Argumentation bewußt: „Es ist augenblicklich sehr schwer, eine Ausnahmestelle zu beanspruchen. Man wird zu leicht des Mangels an Patriotismus angeklagt"[70].

Es wurden daher regelmäßig Statistiken über die Leistungen der Orden im Krieg veröffentlicht und den Behörden vorgelegt. Msgr. Werthmann unterbreitete Kaiser Wilhelm eine Statistik vom 1. 8.–31. 12. 1914, die belegen sollte, daß sich die katholischen Ordensgesellschaften „mit Ausbruch des Krieges sofort in den Dienst des bedrohten Vaterlandes gestellt" hätten, ein „bescheidenes Zeichen aufopfernder Hingabe und treuer vaterländischer Gesinnung der katholischen Ordensgesellschaften"[71]. Die Steyler Missionare dokumentierten unter dem Titel „Die Gesellschaft des Göttlichen Wortes im Dienste des Vaterlandes" Ende Juli 1917 akribisch die Zahl der Feldgeistlichen, Militärgeistlichen, Krankenpfleger, Soldaten, deren Auszeichnungen, die Einrichtung von Lazaretten[72].

Kriegszeiten brachten im übrigen für Ordensangehörige spezielle Fragen mit sich, mit denen sich auch die SK befassen mußte, so mit den Bestimmungen der Römischen Kongregation über die Unterbrechung des Noviziats und die Frage der Erteilung der Weihen an Kriegsverletzte, über den Kontakt zu den im Felde stehenden Ordensangehörigen bezüglich der Vorschriften über Urlaub, Besuche und Armut[73].

(c) Mission und koloniales und nationales Interesse

Der Erste Weltkrieg, den die Deutschen in ihrer großen Mehrheit als Verteidigungskrieg begeistert zu kämpfen bereit waren, traf die Missionsorden

---

[70] Acker an Huss, 12. 1. 1916. AVDO.

[71] Werthmann an Wilhelm II., 24. 7. 1915. GStAPK, I. HA Rep. 89 (2. 2. 1) Nr. 23652. Vgl. Die katholischen Orden Deutschlands und der Völkerkrieg 1914/15. Statistik ihrer Kriegsarbeit vom 1. 4.–31. 12. 1914, Freiburg 1915. PAAA, R 62271; Erzberger: Wehrbeitrag der Missionshäuser, Orden und religiösen Genossenschaften in der Sitzung des Missionsausschusses des ZK am 18. 1. 1914. HAEK, Gen. 23. 3, V. 1. Abschließende Übersicht: KH 9 (1919/20), S. 393–398.

[72] Vgl. Die Gesellschaft des Göttlichen Wortes im Dienste des Vaterlandes, Ende Juli 1917. Missio, SK, A-170/1.

[73] Vgl. SK-Protokoll, 26.–27. 5. 1918. AVDO.

unerwartet durch die Ausweitung des Konflikts auf die Kolonialbesitzungen. Dieses Vorgehen bedeutete einen Verstoß gegen die Vereinbarungen der Kongo-Akte (Art. 11) von 1885, die die Übertragung kriegerischer Verwicklungen europäischer Mächte auf Afrika untersagte.

Ende August 1914 erschien der „Notschrei der katholischen Missionen an die christlichen Mächte“[74]. Er war namentlich gezeichnet von zehn Obern der SK und von Bischof Franziskus Wolf SVD, dem Apostolischen Vikar von Togo. Die meisten Obern erfuhren hiervon allerdings erst im nachhinein. Der damalige 1. SK-Vorsitzende Acker erklärte, das Reichskolonialamt habe ihn gebeten, den Aufruf zu verfassen. Mit mehreren „Freunden unserer Missionen“ habe er dann das Schreiben in Berlin formuliert. Der Aufruf „trägt auch Ihre Unterschrift, doch ohne daß es mir möglich war, vorher Ihre Genehmigung einzuholen“. Acker entschuldigte sich dafür und erläuterte die dringenden Umstände, die ihn dazu gezwungen hätten. Er sei davon ausgegangen, „dabei durchaus in unserem gemeinsamen Interesse“ zu handeln[75].

Es ging um den Schutz des Missionswerks und um die Vermeidung eines Kolonialkriegs. Der Appell schloß beschwörend: „Unter dem zwingenden Druck dieser Erwägungen fühlen wir katholische Missionare uns in unserem Innersten verpflichtet, laut und eindringlich unsere Stimme zu erheben, um im Namen der großen gemeinsamen Aufgabe der Verbreitung des Christentums und christlicher Gesittung, ja im Namen der einfachen Menschlichkeit Einspruch zu erheben gegen den Versuch, den europäischen Krieg auch hinüberzuspielen in die Gegenden Afrikas“. Ausdrücklich hatte das Reichskolonialamt diesen Aufruf der Ordensobern begrüßt, nicht ohne eigene politische Hoffnungen daran zu knüpfen. Doch dieser weitverbreitete Appell erbrachte weder eine Solidarisierung der Katholiken der beteiligten Länder noch einen wirksamen Druck auf die Kontrahenten zur Begrenzung der Auseinandersetzungen.

Nicht zuletzt die deutschpatriotische Siegeseuphorie, die die Missionsobern selbst in diesem Aufruf zum Ausdruck gebracht hatten, entkleidete den „Notschrei“ seiner nur christlichen Bescheidung: „Bisher hat dieser Kampf uns den Sieg gebracht, dank der Gnade des allmächtigen Gottes, welcher Deutschlands gerechte Sache so offensichtlich unterstützt“. Zwar unterstrichen die Unterzeichner, die „internationale Politik gehört nicht in den Kreis unserer Aufgabe als Missionare“. Ihre Aufgabe sei es, den afrika-

[74] Notschrei der katholischen Missionen an die christlichen Mächte! 30. 8. 1914. AVDO. Vgl. KH V (1914/1916), S. 116.

[75] Acker an Obern, nach 30. 8. 1914. WV.

nischen Völkern das Evangelium und den Frieden zu bringen und „die christliche Gesittung" zu vermitteln. „Aber als Deutsche dürfen wir doch sagen, daß wir uns über den Sieg der deutschen Waffen freuen und dem Herrn der Heerscharen für ihn danken". Für die Obern war es eine „gerechte Sache" und Rußland, Frankreich und England seien „der rächenden Gerechtigkeit in den Arm gefallen [...], damit Königsmörder straflos" ausgingen. Ein Kolonialkrieg träfe alle Kolonialmächte. Die Eingeborenen würden sicher auf den Gedanken kommen, „ob sie nicht den Augenblick benutzen können, um die ganze Herrschaft der Weißen abzuschütteln. Das kann zu Aufständen und Kämpfen führen, welche das ganze so mühsam aufgebaute Missionswerk zerstören müssen"[76].

In der Heimat suchte man demonstrativ, auch nach vier Kriegsjahren noch, die Missionsbegeisterung zu wecken, woran insbesondere dem reorganisierten FXV lag. So trafen die in Verbindung mit der SK im Mai 1918 in Stadt und Diözese Fulda veranstalteten Missionstage auf eine breite öffentliche Resonanz. Zufrieden führte FXV-Generalsekretär Louis in seinem Zeitungsartikel „die Teilnahmeäußerung höchster und hoher Stellen" auf. Glückwunschtelegramme fast aller Kirchenfürsten Deutschlands, insbesondere Kardinal von Hartmanns, der Behörden und Missionsförderer im öffentlichen Leben seien gekommen, darunter von Reichskanzler Graf von Hertling, vom Reichskolonialamt, vom Nuntius in München. Auch ein „überaus huldvolles Antworttelegramm des Kaisers" sei eingetroffen: „‚Seine Majestät sehen mit festem Vertrauen auf die Zukunft der deutschen Kolonien und wissen, daß die deutschen Missionsorden, deren Schutz und Förderung Seine Majestät allerhöchst sich angelegen sein lassen, eine treue Hilfe sein werden'"[77]. Dieses Telegramm war insofern interessant, als es die Missionsorden als Adressaten und Träger der Mission in den Kolonien benannte, nicht eigentlich den FXV, der die gesamte Veranstaltung für sich und sein öffentliches Erstarken nach der Reorganisation und dem Zusammengehen mit dem Ludwig-Missions-Verein verbuchte. Die SK mußte hier für sich in den kommenden Jahren ein eigenes Profil als Organisation und direkte Interessenvertretung erst noch gewinnen.

Ende September 1918 – alle Hoffnungen über einen siegreichen Frieden waren mittlerweile geschwunden und damit waren auch die Sorgen um die Missionen gewachsen – richtete der SK-Vorstand eine Eingabe an die Zentrumspartei. Die Politiker sollten dahin wirken, „daß die Freiheit der Mis-

---

[76] Notschrei (wie Anm. 74).

[77] Louis, Bedeutungsvolle Tagung für das deutsche Missionswesen in Fulda, in: KV Nr. 427 vom 1. 6. 1918. Das Telegramm war vom Geheimen Kabinettsrat von Berg unterschrieben. SAC Limburg.

sionen jeder Nationalität – ähnlich wie früher in der Kongoakte – beim Friedensschluß über die Grundbestimmungen des internationalen Völkerrechtes aufgenommen wird". Witzel bat die SK-Mitglieder „schriftlich Ihre Ansichten über das, was die gegenwärtige Zeitlage von uns fordert", zu äußern. Eine gemeinsame Beratung, „die ja jetzt dringend nötig wäre, läßt sich der politischen und bahntechnischen Verhältnisse wegen kaum abhalten; wir werden uns auf Vorstandsberatungen beschränken müssen. Möge das blühende deutsche Missionswesen aus dem allgemeinen Zusammenbruche in aller Kraft zu neuem Leben erblühen!"[78]

III.
Zusammenfassung

Die Superioren-Konferenz 1914–1918

Während des Ersten Weltkriegs verdichtete sich das Gefühl einer organisatorischen Schwäche der Superioren-Konferenz, der durch Errichtung eines Generalsekretariats begegnet werden sollte. Der Druck zu dieser Neuerung, die freilich erst 1919 realisiert werden konnte, ging von der Neugestaltung des Franziskus-Xaverius-Vereins aus als größtem Konkurrenten auf dem Feld des Missionswesens in Deutschland. Die Furcht vor einer „Monopolisierung" und „Zentralisierung", die 1916 durch die Pläne des FXV zur Gründung einer allgemeinen Missionszeitschrift „Die Weltmission der Katholischen Kirche" ausgelöst wurde, ließ sich nach Gesprächen zwischen FXV und SK und nach Vereinbarungen zur gegenseitigen Empfehlung der allgemeinen und speziellen Missionsvereine und -zeitschriften kaum bannen. Bischöfliche Verordnungen gegen angebliche „Auswüchse" im „Kollekten- und Kolportagewesen" schürten das Mißtrauen der Superioren, diese Fälle würden instrumentalisiert, um ihre Vereine und Zeitschriften schließlich zu unterdrücken und zu diskreditieren. Letztlich würde dies den gesicherten Unterhalt der Missionshäuser und die Finanzierung der Ausbildung des Missionspersonals gefährden. Trotz wiederholter Bitte der SK, ihr doch die konkreten Fälle zu benennen, um zu deren Lösung und zukünftiger Verhinderung beitragen zu können, wurden diese den Superioren nicht mitgeteilt.

---

[78] Witzel an Obern, 12. 11. 1918. AVDO.

Die zweite Sorge der SK galt in den Kriegsjahren der Rettung der Missionen durch Abwehr des Übergreifens der Auseinandersetzungen auf die Kolonien. Zu Beginn des Krieges hatten sich die Superioren mit ihrem „Notschrei der katholischen Missionen an die christlichen Mächte!" nicht gerade überzeugend international und neutral dafür eingesetzt, sondern – es war eine Auftragsarbeit des Reichskolonialamts – deutschpatriotisch und siegeseuphorisch. Die Initiative blieb erfolglos. Die Bemühungen nach dem verlorenen Krieg sahen deutlich anders aus. Man hatte in diesem Bereich – zumindest in der an die internationale Öffentlichkeit gerichteten Argumentation – gelernt.

DRITTER TEIL

Die Superioren-Konferenz/ Superioren-Vereinigung 1919–1932

I.
Die organisatorische Entwicklung der SK/SV 1919–1932

Die Superioren-Konferenz nutzte in der demokratischen Weimarer Republik alle Möglichkeiten zur Entfaltung ihrer Organisation. Dies zeigt sich insbesondere in der Errichtung eines erfolgreich für die eigenen Interessen arbeitenden Generalsekretariats.

1. Konferenzen

Die Kommunikation in der SK war während der Krisenjahre 1919–1923 und in der Inflationszeit zunächst durch erschwerte Reisemöglichkeiten und gestörte Postzustellungen behindert. Wegen der Ruhrgebiets-Besetzung durch französische und belgische Truppen fiel 1923 die Kölner Versammlung aus.

War noch in der Anfangszeit der SK den Teilnehmern die Sorge um Unterkunft und Beköstigung bei Tagungen aufgebürdet worden, so übernahmen mehr und mehr die gastgebenden Klöster diese Aufgabe, deren Superioren mit nicht geringem Stolz die ansehnlichen Gebäudekomplexe und Klosterkirchen präsentierten. Reisekosten und weitere Auslagen wurden schließlich aus der gemeinsamen Kasse bezahlt. Im Falle der Abtei Schweiklberg, die „am Ende des Gebietes der Zivilisation“ liege (Erzabt Weber), nahmen die Obern dies gern an[1]. Die Konferenzen, anfangs noch parallel zu den Generalversammlungen der Katholiken, waren nun häufig mit anderen Zusammenkünften zentraler Institutionen wie dem „Reichsverband für die katholischen Auslandsdeutschen“ (RKA) verbunden. Die Katholikentage nutzte die SK zu informellen Treffen.

Die Konferenzen erhielten gemäß den Satzungen und einer gewissen sich ausbildenden Tradition der Anteilnahme am Leben der Mitgliedsgemein-

[1] SK-Protokoll, 5.–6. 5. 1926. AVDO.

schaften einen festen Ablauf: Nach der Vorstandssitzung begann die Mitgliederversammlung. Der Vorsitzende eröffnete sie mit der Ermahnung zur Brüderlichkeit, der Anrufung des Hl. Geistes, dem Gedenken verstorbener Mitglieder, der Gratulation zu Jubiläen der Mitgliedsgemeinschaften und der Begrüßung neuer Mitglieder. Die Verbindung zur Weltkirche fand ihren Ausdruck im Verlesen des Grußtelegramms aus Rom, das eine Antwort auf die Adresse der Superioren an den Papst darstellte. Im Verlauf der Versammlung brachte der Besuch des eigens geladenen Ortsbischofs bzw. seines Vertreters die Verbundenheit zur Ortskirche zum Ausdruck; nicht selten aber blieb es nur beim Verlesen einer Grußbotschaft des verhinderten Oberhirten. Nach der geschlossenen Sitzung, an der lediglich stimmberechtigte Mitglieder teilnehmen durften, folgte der offene Teil mit Referenten und Gästen, die je nach Thematik und Anlaß aus den Bereichen Kirche, Gesellschaft, Politik und Wissenschaft kamen. Dieser Teil wurde zuweilen in repräsentative Räume verlegt, so 1926 in das Reichstagsgebäude. Die Medien griffen diese Ereignisse gern auf. Der Sitzungsabend schloß für die SV-Mitglieder meist mit einem „geselligen Beisammensein“[2].

Ein eindrucksvolles Bild über den Verhandlungsverlauf liefern insbesondere die stenographischen Berichte P. Cajetan Schmitz’ OFM, die er zwischen 1922 und 1932 führte. Zusammen mit den Fotos, die Generalsekretär Sinnigen seit 1924 jährlich von den Teilnehmern und Gästen der Zusammenkünfte anfertigen ließ, sind für diese Entwicklungsphase der SK in mancher Hinsicht recht lebendige Quellen überliefert. Abt Vogel OSB dankte Schmitz für seine Arbeit, da sie auch die Kontroversen der Verhandlungsverläufe erkennbar mache. Nach außen habe die SV „eine gewisse Einigkeit“, aber es gäbe auch Themen, die man nicht berühren dürfe. „Und doch ist es auch in dieser Beziehung im Vergleich zu früher viel besser geworden. Ich bin immer froh, wenn so ein enfant terrible mit einer so kitzligen Frage hereinplatzt, die ich nicht anzuschneiden gewagt hätte“[3]. Prov. Kassiepe OMI eröffnete 1932 die Konferenz mit dem Hinweis, die Obern wollten sich über gemeinsame Fragen unterhalten, „um uns auf diese Weise auch wieder innerlich näher zu kommen“[4]. Die Konferenzprotokolle spiegeln insgesamt gesehen Nähe und Distanz, Harmonie und Spannung wider und sind alles andere als glattgebürstet.

---

[2] SV-Protokoll, 8.–9. 5. 1928. AVDO.
[3] Vogel an Schmitz, 7. 6. 1927. ASFP.
[4] SV-Protokoll, 9.–10. 5. 1932. AVDO.

2. Leitung und Vorsitz

Die Leitung der Verhandlungen wurde zuweilen als „ziemlich fruchtlos" und als „hilflos und haltlos" hin und her schwankend erlebt[5]. Andererseits gab es „Anerkennung für die vorzügliche Leitung der Tagung" im Jahr 1919, die dem Vorsitzenden Prov. Witzel OFM galt[6]. Die Zahl der Vorstandsmitglieder wuchs in der Weimarer Zeit auf fünf[7]. Gab es schon allein durch Amtsende oder Rücktritt des jeweiligen Provinzials manche Fluktuation im Vorstand, die durch Selbstergänzung bzw. automatisches Nachrücken des Amtsnachfolgers in den SK-Vorstand ausgeglichen wurde, so blieb der Rücktritt Abt Vogels vom Amt des 1. Vorsitzenden 1928 die Ausnahme. Die Wahl verlief nicht immer statutengemäß geheim auf Stimmzetteln, sondern zuweilen pragmatisch per acclamationem für den gesamten Vorstand oder einzelne Mitglieder.

Für die Zusammensetzung des Vorstands wünschte man sich, daß neben den jüngeren Gemeinschaften des 19. Jahrhunderts auch die älteren Orden vertreten seien, um „ihren größeren Einfluß zugunsten der Allgemeinheit zu verwenden"[8]. Abt Vogel suchte die Bereitschaft zur Übernahme eines Vorstandsamts dadurch zu wecken, daß er 1925 darlegte, viel „Zeitverlust" bringe es nicht. Die Kontinuität des Vorstands werde durch den Generalsekretär gewahrt, „der sehr gut und am besten von uns allen Bescheid weiß" und „den Löwenanteil der Arbeit zu bewältigen hat. Der Vorsitzende hat hier und da zu unterschreiben und Anregungen zu geben; Pater Sinnigen muß die Arbeit leisten"[9].

3. Mitglieder und Teilnahme

Von 22 Mitgliedern 1918 wuchs die Zahl ab 1919 bis 1932 auf 41 Mitglieder. Der Kreis erweiterte sich, weil zusätzliche Provinzen und Abteien errichtet wurden, weitere Gemeinschaften die Missionstätigkeit aufnahmen und seit 1927 auch die Seelsorge an Auslandsdeutschen in außereuropäischen Ländern zur Aufnahme berechtigte durch die „‚Mischehe' zwischen SV und Reichsverband [für die katholischen Auslandsdeutschen]"[10]. Alle

[5] SK-Bericht eines Steyler Missionars, 3.–4. 6. 1924. AG-SVD, 26.
[6] Rieck an P. Delegatus, 3. 4. 1919. ASFP.
[7] Vgl. S. 126f.
[8] Schwager an Lettenbauer, 27. 6. 1922. SAC Limburg.
[9] SK-Protokoll, 13. 5. 1925. AVDO.
[10] SK-Protokoll, 5.–6. 5. 1926. AVDO.

reichsdeutschen missionierenden Priestergenossenschaften waren schließlich Mitglieder der SV: 3 Äbte, 37 Provinziale und der Direktor des Missionsärztlichen Institutes Würzburg. Die Mitglieder der SV 1932, 8 Orden und 16 Kongregationen, besaßen im ganzen in Deutschland und im christlichen Ausland 529 Niederlassungen mit 114 Missionsschulen, dazu 47 Missionsgebiete. Alles in allem zählten 6 224 Patres, 3 095 Fratres, 7 086 Brüder und 9 930 Schüler, zusammen 26 335 Personen, dazu[11].

Eine Besonderheit stellte 1919 die Aufnahme der Maristenschulbrüder dar, da sie nicht zu den Priesterorden und -kongregationen zählten. 1926 wurde beschlossen, Laiengenossenschaften könnten keine stimmberechtigten Mitglieder werden. Erzabt Weber meinte, den „Versuch mit den Schulbrüdern“ hätten sie doch „als außerordentlich störend empfunden!“[12] Eine weitere Diskussion um die Mitgliedschaft entspann sich wegen der Aufnahme der Abteien. Der 1. SV-Vorsitzende Kassiepe bemerkte, die zu einer Kongregation zusammengeschlossenen Abteien sollten eigentlich nur als Kongregation Mitglied sein, d. h. die Erzabtei St. Ottilien zugleich für die Abteien Münsterschwarzach und Schweiklberg. In der Satzung von 1927 war allerdings schon die Mitgliedschaft der Abteien festgeschrieben, ebenso die des damaligen Direktors des Katholischen Missionsärztlichen Instituts Würzburg, Dr. Becker SDS, aus „rein persönlicher Rücksicht“, obgleich er „tatsächlich nicht in die SV gehört“[13].

Die Attraktivität einer Zugehörigkeit zur SK/SV stieg. Abzulesen war dies nicht zuletzt daran, daß die Superioren bemüht waren, nun persönlich auf den Konferenzen zu erscheinen, um gerade bei den Zusammenkünften in Berlin mit Regierungsvertretern und Parlamentariern in den 1920er Jahren zugegen zu sein. Erstrebenswert war die Mitgliedschaft auch deswegen, weil sie den Mitgliedern Anteil gewährte an den der SK/SV eingeräumten Stipendienprivilegien Roms und an weiteren Vermittlungshilfen. Wiederholt richteten Gemeinschaften, die allerdings die satzungsgemäßen Voraussetzungen für eine Mitgliedschaft noch nicht erfüllten, die Bitte um Aufnahme an den SV-Vorstand und mußten abschlägig beschieden werden.

Eine immer wieder diskutierte Frage zur Mitgliedschaft betraf die Einbeziehung der nichtmissionierenden Orden. P. Wallenborn OMI schlug 1919 dafür einen „Zweckverband reichsdeutscher Ordensgenossenschaften“[14] vor. P. Kilian Müller OMCap als Vertreter seines Provinzials auf der Konferenz 1926 meinte etwas salopp, „freuen wir uns, wenn ‚unser Haus voll

---

[11] Vgl. A. Sinnigen, Geschichtliche, S. 153.
[12] SK-Protokoll, 5.–6. 5. 1926. AVDO.
[13] SV-V-Protokoll, 8. 5. 1932. AVDO.
[14] SK-Protokoll, 23. 7. 1919. AVDO, WV.

wird!' Seien wir doch froh, wenn sich möglichst viele melden!" Man solle nicht einmal die außereuropäische Mission und den Priester-Charakter betonen, so Müller. Erzabt Weber trat diesem Vorschlag mit Bestimmtheit entgegen, weil das „eine Verneinung der ganzen bisherigen Entwicklung der SV" sei; dann stünden sie „vor einem Wendepunkt". Abt Vogel malte unabsehbare Folgen aus, wenn sie Müllers Vorschlag annähmen. Dann stehe „auch nichts mehr im Wege, daß wir Schwesterngenossenschaften in die SV aufnehmen!" Müller provozierte noch mit der Frage: „Warum nicht?"[15] Doch dieser Vorschlag kam erwartungsgemäß nicht durch. Wieder und wieder tauchte die Frage auf, ob man nicht die Österreicher aufnehmen solle. Die Antwort fiel stets negativ aus[16]. Auch der Hinweis auf die Erweiterung des regelmäßigen Teilnehmerkreises an den Tagungen war nicht neu. Einigermaßen spitz vermerkte der Generalsekretär des Franziskus-Xaverius-Vereins 1922 zur Frage gegenseitiger Teilnahme: „Der Superiorenkonferenz, die einmal uns vorschlug, sie an unseren Generalversammlungen teilnehmen zu lassen, haben wir unsere Bereitwilligkeit unter der Bedingung erklärt, daß auch Vertreter des Xaveriusvereins an der Missionssuperiorenkonferenz teilnähmen. Seitdem haben wir nichts mehr davon gehört"[17]. Es blieb bei gelegentlichen Einladungen.

4. Geschäftsordnung und Satzung

Am 23. 7. 1919 wurde der 1. Generalsekretär der SK, P. Schwager SVD, gewählt[18]. Eine Neufassung der gedruckten „Satzungen und Geschäftsordnung der Deutschen Superioren-Konferenz"[19] erschien am 14. 9. 1920. Sie stimmte in vielen Punkten mit der Satzung von 1912 überein[20]. Der erweiterte Begriff „Mission" umfaßte nun das Wirken der „Missionare" unter „Heiden, Nichtkatholiken oder unter katholischen Kolonisten". Der Vorstand, bestehend aus einem Vorsitzenden und zwei Beiräten, vertrat die „gemeinsamen Interessen der Konferenzmitglieder nach außen". Der in geheimer Abstimmung auf unbestimmte Zeit mit absoluter Stimmenmehrheit gewählte Generalsekretär führte die Geschäfte. Hinsichtlich der Verbind-

[15] SK-Protokoll, 5.–6. 5. 1926. AVDO.
[16] Vgl. S. 240.
[17] Louis an P. Freitag SVD, 22. 9. 1922. Missio, SK A-170/2.
[18] Vgl. S. 130.
[19] Satzungen und Geschäftsordnung der Deutschen Superioren-Konferenz, 14. 9. 1920. AMS, VIIJII.
[20] Vgl. S. 42–44.

lichkeit der Beschlüsse bei „positive[n] Unternehmungen“ sei ein „in geheimer Abstimmung mit 2/3 Mehrheit gefaßter Beschluß für alle verbindlich“[21]. Diese Bestimmung sollte offenkundig die Geschlossenheit und Handlungsfähigkeit der SK stärken.

Nach der Amtsniederlegung Schwagers übernahm als 2. Generalsekretär P. Sinnigen OP im April 1923 die SK-Geschäftsführung im neuen Berliner Generalsekretariat[22]. Im Mai 1926 wurde auf Vorschlag Sinnigens der Name in „Superioren-Vereinigung“ geändert[23]. Am 6. 12. 1927 fand in Berlin die Gründungsversammlung der SV als eingetragener Verein nach dem Bürgerlichen Gesetzbuch statt. Den ersten Vorstand der SV e. V. bildeten Abt Vogel OSB, Prov. Haggenmiller OMCap, Prov. Gnädig SM, Prov. Ricking OFM und P. Sinnigen OP. Die Eintragung ins Vereinsregister erfolgte am 10. 4. 1928[24].

Am 25. 2. 1928 erschienen die bis dahin ausführlichsten und juristisch geprüften Satzungen der SV, die einleitend erläuterten: „Die selbständigen Äbte und Provinziale, Obern der priesterlichen Orden und Kongregationen innerhalb des Deutschen Reiches, welche Missionare zu den Heiden und Seelsorger zu den deutschen Ansiedlern in außereuropäische Länder schikken, haben sich zu einer Vereinigung zusammengeschlossen, welche den Namen Superioren-Vereinigung EV führt. Die Superioren-Vereinigung ist eine kirchliche, gemeinnützige, mildtätige Vereinigung. Sie hat ihren Sitz in Berlin und ist in das Vereinsregister eingetragen“. Als Vereinszweck wurde gefaßt, in gemeinsamen Beratungen ein einheitliches und planmäßiges Vorgehen bei der Missionsarbeit zu erstreben, unter den verschiedenen Orden und Kongregationen die brüderliche Einmütigkeit zu fördern und die angeschlossenen Orden und Kongregationen durch die Berliner Geschäftsstelle zu vertreten bei kirchlichen und weltlichen Behörden, Missionsvereinen und anderen Organisationen.

Die Aufgaben der jährlich stattfindenden ordentlichen Mitgliederversammlung wurden mit der Beschlußfassung über den Haushalt, der Entlastung des Vorstands und den Wahlen vereinsrechtlich formalisiert. Der aus dem 1. und 2. Vorsitzenden, 2 Beisitzern und dem Generalsekretär beste-

---

[21] Wie Anm. 19.

[22] Vgl. S. 132–136.

[23] SK-Protokoll, 5.–6. 5. 1926. AVDO; AVDO, MSC Salzburg.

[24] Vgl. Protokoll der Gründungsversammlung der SV als e. V., 6. 12. 1927. OFMCap, Abt. VII Fach 78 Fasz. 5; Sinnigen an Vorstand, 7. 12. 1927 mit Entwurf Eintragung der SV in das Vereinsregister beim Amtsgericht Berlin-Mitte. ASFP. Sinnigens Jahresbericht, 8.–9. 5. 1928. AVDO, DPB. Vgl. Sinnigen an Amtsgericht Berlin-Mitte, 22. 5. 1928. OMI.

hende Vorstand wurde von der Mitgliederversammlung durch Stimmzettel mit überhälftiger Stimmenmehrheit gewählt, der Generalsekretär mit 2/3 Mehrheit. Vorsitzende und Beisitzer wurden auf 4 Jahre so gewählt, daß alle 2 Jahre einer der Vorsitzenden und einer der Beisitzer ausschied. Der Generalsekretär wurde auf unbestimmte Zeit gewählt. Bei Tod oder Ablauf des Provinzialats trat der Amtsnachfolger des Vorstandsmitglieds für die Wahlzeit ohne weiteres in den Vorstand ein, eine Praxis, die später zu Änderungen führte. Der 1. Vorsitzende repräsentierte die SV nach außen, berief die Mitgliederversammlung ein und führte den Vorsitz. Der Generalsekretär leitete hauptamtlich die Geschäftsstelle und war der Vorstand im Sinne des BGB. Er vertrat die Angelegenheiten der Mitglieder bei allen Behörden und Institutionen. Bei Übernahme außergewöhnlicher Verbindlichkeiten, besonders finanzieller Art, war die Genehmigung des 1. Vorsitzenden erforderlich. Der Generalsekretär bereitete die Konferenzen vor, gab die Rechnungsablage für das verflossene Jahr, legte den Kostenvoranschlag für das folgende vor und sorgte für die Herstellung des Protokolls, das von ihm und vom 1. Vorsitzenden unterzeichnet wurde. Eigens aufgenommen war, daß der Generalsekretär die Mitglieder durch periodische Mitteilungen über alle die Vereinigung angehenden Vorkommnisse unterrichten solle. Die Vorstandssitzungen sollten unmittelbar vor den Mitgliederversammlungen stattfinden, bei wichtigen Angelegenheiten auch darüber hinaus noch.

Die Aufgabenbeschreibung des Generalsekretariats gab 1928 die Praxis der Geschäftsführung Sinnigens wieder, die er seit seiner Amtsübernahme aufzubauen bestrebt war. „Aufgabe des Generalsekretariates ist es, das ganze Gebiet der Missionstätigkeit zu überschauen und alles einschlägige Material in einem Archiv zu sammeln, um eine Gesamtübersicht zu gewinnen und so eine Auskunftsstelle zu bilden sowohl für die Mitglieder der angeschlossenen Missionsgesellschaften, wie auch für weitere Kreise: Schriftsteller, Parlamentarier, verwandte freie Vereinigungen und die Kirchen- und Staatsbehörden. Außerdem stellt es sich für alle Missionsinteressenten, Brüder- und Schwesterngenossenschaften, Missionsvereine usw. zu Hilfeleistungen jeglicher Art zur Verfügung. Es weist gegebenenfalls Rat- und Hilfesuchende an die betr. Vereine und staatlichen Einrichtungen oder leitet auch selbst Unterstützungen an die hilfeheischenden Stellen. – Die Vereinigung läßt jedoch den einzelnen angeschlossenen Missionsgesellschaften völlige Betätigungsfreiheit".

Mitgliedsbeiträge deckten die Kosten für den Unterhalt des Sekretariats und sonstige Vereinsausgaben. Hinzu kamen Spesen für besondere Dienstleistungen des Generalsekretärs und außerordentliche Zuwendungen. Bei besonderen Vorhaben wurden auch größere Umlagen erhoben, „deren

Höhe vom Vorstand im Einvernehmen mit den Mitgliedern schlüsselmäßig festzusetzen“ war. Für besondere Arbeitsgebiete wurden von der Mitgliederversammlung, wie in den Jahren zuvor schon, Ausschüsse eingesetzt, die ihr Amt im Auftrag des Vorstands ausübten. Ständige Arbeitsausschüsse waren der Arbeitsausschuß des Generalsekretariats, der Schulausschuß und der Presseausschuß[25], zeitweise auch ein Ausschuß für Ausstellungen.

Auf der Mitgliederversammlung vom 5. 5. 1931 wurden Zusätze zur Satzung gefaßt, die Sinnigen nicht als Änderung, sondern als Ergänzungen gewertet wissen wollte, „weil wir uns sonst wegen des EV in Unkosten stürzen würden“. Sinnigen unterließ aus „Sparsamkeitsrücksichten“ auch die Anmeldung der jeweils neuen Vorstandsmitglieder beim Amtsgericht, wobei mancher Provinzial wegen der juristischen Folgen anmerkte: „Ist der Modus nicht doch etwas bedenklich?“[26] Sinnigen legte ein zuweilen unkonventionelles Verhältnis zu den Satzungen an den Tag, so wenn turnusgemäße Wahlen ihm wegen der bevorstehenden zahlreichen Amtswechsel wenig sinnvoll erschienen. Er plädierte für Ignorieren und Weitermachen mit der Bemerkung, „die Satzungen sind doch von uns gemacht“, wohingegen der amtierende 1. Vorsitzende Kassiepe darauf pochte: „Deshalb dürfen wir uns doch nicht über sie hinwegsetzen“[27].

Bei den Zusätzen von 1931 sollte zum einen bei Amtsende des 1. Vorsitzenden verhindert werden, daß sein Amtsnachfolger als Provinzial sogleich zum Vorsitzenden einer Institution erhoben würde, der er noch gar nicht angehört hatte. Der 2. Vorsitzende sollte dann nachrücken. Zum Charakter der SV als Verein wurde festgehalten, daß sie „als Vereinigung höherer kirchlicher Obern kein Verein im landläufigen Sinne“ sei. Es sollte damit verhindert werden, daß die SV korporativ Verbänden oder Arbeitsgemeinschaften beitrat und dadurch die einzelnen Mitglieder der SV gebunden würden. Unterstrichen wurde, die SV werde „Vereinsarbeit und Unternehmungen von religiös oder allgemein kulturell wichtiger Art durch ihr Ansehen und ihren Einfluß“ fördern. Eigens wurde auch im Hinblick auf SV-Beschlüsse festgelegt, die Mitglieder würden sich bei Belastungen finanzieller Art nur insoweit binden, als es ihre Ordenssatzungen zuließen[28].

---

[25] Satzungen der Superioren-Vereinigung E. V., 25. 2. 1928. AVDO, DPB.
[26] SV-V-Protokoll, 4.–5. 5. 1931. AVDO.
[27] SV-V-Protokoll, 8. 5. 1932. AVDO.
[28] SV-Kurzprotokoll, 5.–6. 5. 1931. AVDO.

5. Die Einrichtung eines Generalsekretariats 1919 und dessen Ausbau

(a) Generalsekretär P. Friedrich Schwager SVD (1919–1923)

Schon 1918 hatte die SK die Einrichtung eines Generalsekretariats ins Auge gefaßt. P. Friedrich Schwager SVD[29] war als Generalsekretär vorgeschlagen worden[30]. Schwager versprach sich vom „organisatorischen Ausbau" der SK einen „dadurch erreichbaren Einfluß der Orden", denn ohne eine sachkundige Vertretung, die sich dauernd mit Hingebung der Bearbeitung aller Fragen widme, könnten die Orden ihre Stellung gegenüber allen anderen Organisationen und Interessenten nicht entsprechend wahren. Dafür sei der Wechsel der Provinziale zu häufig und ihre Inanspruchnahme durch Amtsgeschäfte zu groß[31].

Prov. Laumen MSC legte auf der Juli-Konferenz 1919 den Superioren überzeugend die Gründe für ein Generalsekretariat dar. Insbesondere solle der „Gefahr der Unbeständigkeit der Politik der SK bei stetigem Wechsel des Vorstandes" begegnet werden. „Daraufhin wurde die Bildung eines Generalsekretariats ohne weitere Erörterung einstimmig beschlossen"[32]. P. Wallenborn OMI legte die Statuten des Generalsekretariats der SK vor, über die einzeln abgestimmt wurde und die in die Satzung von 1920 einflossen. Der Generalsekretär sollte während seiner Amtszeit in der eigenen Genossenschaft keine Tätigkeit ausüben, die mit seiner Stellung schwer vereinbar sei. In engster Verbindung mit dem SK-Vorstand sollte er die „Interessen der SK" wahren, ihre Ziele nach Maßgabe der Statuten fördern und die SK nach außen vertreten. Er sollte den Schriftwechsel führen, die SK-Tagung vorbereiten und die Verhandlungen protokollieren. Schließlich wurde zu den Aufgaben des Generalsekretärs „Anlegung und Führung eines Archivs, einer Registratur, einer Pressezentrale und Herausgabe einer Korre-

---

[29] Schwager, P. Friedrich SVD, geb. 28. 3. 1876 in Altenhagen gest. 3. 5. 1929 Redfield/South Dakota; 1889 Eintritt in Steyl, Ewige Gelübde 1898, Priesterweihe 1899 St. Gabriel, 1899–1908 Lehrer in Steyl, 1900–1909 Redakteur „Kleiner Herz-Jesu-Bote", später: „Steyler-Herz-Jesu-Bote", „Steyler-Missions-Bote"; Hauptinitiator der „Zeitschrift für Missionswissenschaft", 1919–1923 SK-Generalsekretär; 1923 Übersiedlung in die USA; 24. 1. 1925 Übertritt zu den deutschen Kongregationalisten, 1925 Heirat, Lehrer am Redfield College; vgl. K. Müller, Schwager. Übersicht über Schwagers publizistische Tätigkeit: Ebd., S. 201–207; weitere Literaturhinweise im Anhang.

[30] Vgl. S. 99f.

[31] Schwager an Blum, 2. 7. 1919. AG-SVD, 26.

[32] SK-Protokoll, 23. 7. 1919. AVDO, WV.

spondenz für die Presse“ gezählt. Zur Übernahme von Verbindlichkeiten war die Genehmigung des Vorstandes (Vorsitzender und ein Vorstandsmitglied) und nach dessen Urteil auch seine Gegenzeichnung erforderlich. Der amtliche Schriftwechsel mit dem Hl. Stuhl und der Regierung wurde durch den Vorsitzenden geführt. Der Generalsekretär erhielt eine Vergütung seiner Aufwendungen im Dienst der SK und ein jährliches Gehalt. Zur eigenen Unterstützung konnte er einen ständigen Arbeitsausschuß mit 2 Mitgliedern einrichten[33].

Auf Vorschlag des Vorsitzenden Witzel wurde Schwager durch geheime Wahl einstimmig zum 1. Generalsekretär der SK gewählt. Der Sitz[34] des Generalsekretariats war im Augustinushaus der Steyler Missionare in Hangelar, Siegkreis[35]. Als Betriebskapital für die SK wurden die 31 000 Mark bestimmt, die der Aachener FXV gemäß dem Abkommen über die Missionsfeste an die Missionsgesellschaften zu verteilen hatte[36]. Der Geldtransfer von Aachen, das damals im besetzten Gebiet lag, konnte allerdings nicht in das unbesetzte Gebiet nach Hangelar erfolgen[37], so daß Schwager im Oktober 1919 31 000 Mark und 1 240 Mark Zinsen auf sein Konto bei der Deutschen Bank in Bonn, das ebenfalls im besetzten Gebiet lag, erhielt[38]. Weitere Finanzierungsquellen für die SK nach dem Krieg wurden in Form von Papstspenden gewährt[39], von denen ein Teil für die gemeinsamen SK-Aufgaben verwendet wurde.

Die „Missions- und Auslands-Korrespondenz“ (MAC), zunächst in Form von Nachrichten[40], setzte die von Löwenstein und Erzberger herausgegebene Missionskorrespondenz fort[41] und wurde nun mit Unterstützung des FXV, KJV und LMV im Auftrag der SK vom Generalsekretariat herausgegeben. Der erste Jahrgang (1919) erschien als Manuskript, der Jahrgang 1920 im Druck. Schwager begründete die Notwendigkeit der MAC damit, daß

---

33 Satzungen des Generalsekretärs der Superioren-Konferenz, 23. 7. 1919, in: SK-Protokoll, 23. 7. 1919. AVDO, WV; Satzungen und Geschäftsordnung der Deutschen Superioren-Konferenz, 14. 9. 1920. AMS, VIIJII.

34 Schwager aber hielt sich – z. T. krankheitsbedingt – auch an anderen Orten über längere Zeit auf, so im Herbst 1921 in Rhöndorf im Lehrerheim.

35 Die Postadresse war später Missionshaus St. Augustin Siegburg.

36 SK-Protokoll, 23. 7. 1919. AVDO, WV.

37 Vgl. Louis an Schwager, 1. 10. 1919. Missio, SK A-170/2.

38 Vgl. Louis an Schwager, 27. 10. 1919. Ebd. Zu den Ausgaben des Generalsekretariats vgl. Aufstellung vom 5. 1. 1922. OFM Fulda, II15c Lagerort 2654.

39 Vgl. S. 182f.

40 Vgl. SK-Protokoll, 23. 7. 1919. AVDO, WV. Vgl. Missions- und Auslands-Korrespondenz. Exemplare 1920 in: AG-SVD, 28.

41 Vgl. S. 76.

„die deutschfeindliche Missionspolitik der Alliierten öffentlichen Widerstand und die in Deutschland verbreitete irrige Auffassung von der Vernichtung aller deutschen Missionen und der angeblichen Zwecklosigkeit weiterer Missionsunterstützung gründliche Aufklärung dringend erforderten". Auch seien der „Kampf gegen die Erdrosselung der deutschen Missionen" in der Auslandspresse zu führen und Fachartikel über die Mission darzubieten[42]. Eine weitere Aufgabe des Generalsekretärs bestand in der Eröffnung einer „Auskunftsstelle für Missionsfragen"[43]. Diese verstand Schwager durchaus im Sinne der Förderung auch der übrigen Vereine, so des FXV, für den er Statuten und Materialien mit verschickte.

Zum Arbeitsausschuß des Generalsekretariats von Schwager zählten P. Heese OP, der die SK in Berlin vertrat[44], P. Schütz SJ und P. Pietsch OMI[45]. Am 16. 3. 1922 wurde der „Ausschuß der katholischen deutschen Missionsgesellschaften für China" gegründet[46], der sich als „Sonderkommission der Superiorenkonferenz" betrachtete und dessen Geschäftsführung Schwager besorgte[47]. Im September 1922 beschloß die SK, eine Missions-Ausstellungskommission zu bilden unter Leitung des Generalsekretärs und eines von der Kommission zu wählenden stellvertretenden Vorsitzenden, um „die gemeinsamen Interessen der ausstellenden Genossenschaften" zu vertreten. Jedes SK-Mitglied war berechtigt, einen Vertreter in die Kommission zu entsenden[48].

Im März 1922 stellte Schwager Überlegungen zur Verlegung des Generalsekretariats nach Berlin an. Schon lange hatte er über seinen angegriffenen Gesundheitszustand geklagt, doch setzten die rastlosen Verpflichtungen und Reisen als Generalsekretär ihm am meisten zu. Am 27. 1. 1923 reichte er dem SK-Vorstand sein Abdankungsgesuch ein. Er sei genötigt, auf lange Zeit jeder äußeren Tätigkeit zu entsagen. Nur „im Hinblick auf die damalige Notwendigkeit einheitlichen Widerstandes gegen den Missionsparagraphen von Versailles"[49] habe er das Amt des Generalsekretärs übernommen. In Berlin seien besonders wichtige Interessen der Orden und Missionen zu vertreten, daher wäre die ständige Gegenwart des Generalsekretärs „unstreitig ein entschiedener Fortschritt unserer Sache". In dieser Hinsicht sei

[42] MAC 2. Jg. (1920) Nr. 9. AG-SVD, 28.
[43] Schwager an Louis, 19. 11. 1919. Missio, SK A-170/2.
[44] Vgl. Witzel an Reichskolonialamt, 1. 12. 1919. OFM Fulda, II15c Lagerort 2655.
[45] Vgl. SK-Bericht, 12.–14. 9. 1920. AVDO.
[46] Vgl. zum Anlaß der Gründung S. 223.
[47] Bericht der Gründungskonferenz des Ausschusses der katholischen deutschen Missionsgesellschaften für China, 16. 3. 1922. AG-SVD, 26.
[48] SK-Bericht, 4. 9. 1922. SAC Limburg.
[49] Vgl. S. 221.

die Verbindung mit dem RKA von Bedeutung. Das „gemeinsame ‚Dach' des Reichsverbandes" solle bestehen bleiben, „weil dieser Name auch dem Vertreter der SK in Berlin eine breitere Basis geben würde". Es sei „alles noch im Werden" und der SK sei „die ihr zukommende Stellung in Berlin noch erst zu erringen". Schwager schlug als seinen Nachfolger P. Riedel SVD vor und sandte diese Überlegungen dem Vorsitzenden, Abt Vogel, der sie mit seiner Stellungnahme an den Vorstand weiterleiten sollte[50]. Am 24. 2. 1923 teilte Schwager den SK-Mitgliedern seinen Rücktritt aus Gesundheitsgründen mit. Er habe noch keine Nachricht, wen der Vorstand zu seinem Nachfolger gewählt habe. „Um jedoch Porto zu sparen, nehme ich schon heute Abschied von den hochwürdigsten Mitgliedern der SK, indem ich mich Ihrem Gebete empfehle"[51].

(b) Generalsekretär P. Ansgar Sinnigen OP (1923–1940)

Am 1. 3. 1923 teilte Schwager Generalassistent Bodems mit, der Vorstand habe einstimmig P. Riedel als Nachfolger Schwagers gewählt[52]. Doch schon am 8. 3. 1923 mußte Schwager dem Dominikanerprovinzial Stuhlweißenburg die „merkwürdige Wendung der Dinge" schildern. Stuhlweißenburg solle „aus der Not eine Tugend" machen und „einen Pater stellen"[53]. Stuhlweißenburg schlug P. Ansgar Sinnigen OP[54] aus Venlo vor. Der ausgebildete Mittelschullehrer Sinnigen sei geeignet, den geschäftlichen Teil der SK und ggf. des RKA zu übernehmen. In die eigentlichen missionswissenschaftlichen Fragen müsse er sich noch einarbeiten. Sinnigen könne, soweit der Vorstand einverstanden sei, sofort nach Berlin gehen. Der Vorsitzende Abt Vogel bezeichnete Stuhlweißenburg als „Retter aus der Not"[55].

---

[50] Schwager an SK-Vorstand, 27. 1. 1923. AG-SVD, 26.

[51] Schwager an Obern, 24. 2. 1922. OFM Fulda, II15c Lagerort 2654.

[52] Schwager an Bodems, 1. 3. 1922. AG-SVD, 26.

[53] Schwager an Stuhlweißenburg, 8. 3. 1923. APT.

[54] Sinnigen, P. Ansgar OP, Taufname: Arnold, geb. 19. 6. 1870 in Blumenthal D. Hildesheim, gest. 11. 7. 1940 in Berlin; Gymnasium in Venlo u. Hildesheim bis Klasse IIb, Lehrerseminar Hildesheim, 1891 Examen, 1894 2. Lehrerprüfung, 1898 Mittelschullehrerprüfung in Hannover, Ordensstudien in Venlo u. Düsseldorf, Militärzeit Infanterie Sanitätsabt. 1892, 1895, 1896 (zusammen 20 Wochen); 1901 Einkleidung in Venlo, 1905 feierliche Gelübde, 1906 Priesterweihe in Köln; 1902–1923 Lehrer an der deutschen Schule in Venlo; 1923–1940 SK-/SV-Generalsekretär, 1924–1927 RKA-Geschäftsführer, 1925–1935 Geschäftsführer des Gutachter-Ausschusses für die katholische Deutsche Auslandsarbeit; 1935/36 4 Monate Gefängnishaft wg. „Devisenvergehen". Vgl. Personalakte Sinnigen. APT; Nachruf: M. Kassiepe, Zur Erinnerung. Veröffentlichungen: s. Literaturhinweise im Anhang.

[55] Vogel an Stuhlweißenburg, 11. 4. 1923. APT.

Sinnigen traf als neuer Generalsekretär[56] am 20. 4. 1923 in Berlin im Dominikanerkloster in der Oldenburgerstraße 46 in Moabit ein. Der RKA-Geschäftsführer, P. Sonnenschein CSSp, führte ihn sogleich in die RKA-Geschäfte ein wegen der vielen „Berührungspunkte mit der SK" und weil die Finanzierung der SK-Stelle damit aufs engste zusammenhänge[57]. Sinnigen erhielt vorübergehend im Klausurbereich des Klosters ein Zimmer im Parterre, das als Büro diente. Er besuchte mit Sonnenschein mehrere Konferenzen und stellte sich – noch vor seiner Wahl – schriftlich bei Kardinal Bertram, Nuntius Pacelli und Abt Vogel vor. Sinnigen hoffte: „Gottes Güte, die mein bisheriges stilles Leben mit Segen begleitet hat, wird mir auch beistehen, jetzt, wo ich plötzlich auf einer exponierten Stelle stehe"[58]. Anfang Mai 1923 wurde Sinnigens neues Büro in der Oldenburgerstraße 47 im Wohnhaus neben dem Kloster fertig, als Postadresse gab er weiterhin das Kloster in Nr. 46 an. 1931 bezog Sinnigen eine großzügige Bürowohnung im IV. Stock von Nr. 47 und vermietete die frühere Wohnung.

Am 4. 5. 1923 erst informierte der 1. SK-Vorsitzende Abt Vogel die SK-Mitglieder über die Berufung Sinnigens, weil „gegenwärtig manche Ordensinteressen in Berlin zu vertreten" seien[59]. Am 12. 6. 1923 fand eine Vorstandssitzung in Köln statt, bei der sich Vorstand und Generalsekretär kennenlernten. Da die Versammlung 1923 ausgefallen war, wurde Sinnigen erst auf der SK am 3. 6. 1924 in Berlin in geheimer Wahl einstimmig zum 2. Generalsekretär gewählt. Der Vorsitzende Vogel würdigte den „wegen Krankheit aus seinem Amte ausgeschiedenen, um die SK hochverdienten P. Schwager"[60].

Der Haushalt des Generalsekretariats wuchs während der Weimarer Zeit auf fast 10 000 Mark jährlich an. Neben Spesen aus der Vermittlung von Meßstipendien und Beihilfen, regelmäßigen Fördermitteln seitens des Auswärtigen Amts und des Reichsinnenministeriums[61], finanzierte sich die SK/SV auch über Mitgliedsbeiträge. Der Jahresbeitrag stieg auf 200 Mark. Er konnte mit Stipendien verrechnet werden. Der Generalsekretär erhielt 100 Mark monatlich und eine Auslagenerstattung. Eine finanzielle Einbuße erlitt die SK 1931 durch den Zusammenbruch der Berliner Bank für Handel und Grundbesitz, bei der Sinnigen die Rücklagen für das Büro hatte. Bis

---

[56] Vgl. Aus der Geschichte der Superioren-Vereinigung, 1929. AVDO; A. Sinnigen, Geschichtliche, S. 10 f.; SV-Satzungen 1936. AVDO, DPB.
[57] Sonnenschein an Stuhlweißenburg, 12. 4. 1923. APT.
[58] Sinnigen an Stuhlweißenburg, 29. 4. 1923. APT.
[59] Vogel an Obern, in: Rundschreiben Sinnigens, 4. 5. 1923. AVDO, DPB.
[60] SK-Protokoll, 3.–4. 6. 1924. AVDO, DPB.
[61] Vgl. S. 228 f.

30 % wurden später aus der Konkursmasse erstattet. Der Verlust betrug 2 341 Mark und wurde durch einen Reichszuschuß beinahe ausgeglichen.

Auch Sinnigen führte zunächst die Missions- und Auslandskorrespondenz Schwagers weiter, doch die „augenblickliche kritische Lage" hielt ihn 1923 von weiteren Nummern ab[62]. Nachdem die MAC 1924 eingegangen war, wurde die „Katholische Korrespondenz" von der SV mit genutzt, die P. Chrysostomus Schulte OMCap herausgab. Die SV zahlte 1926–1928 pauschal einen Beitrag für Porto und Versand der KK, die gratis an die SV-Mitglieder ging. Ende 1928 vereinigte sich die KK ohne Wissen der SV mit der Korrespondenz Jesuitenpater Friedrich Muckermanns. 1929 empfahl der Vorstand den Mitgliedern, sie nun persönlich zu abonnieren[63].

Die Anlage eines „Missions- und Auslandsarchivs" zur Zusammenfassung und Verwertung der Missionsstatistiken wurde 1924 beschlossen. Sinnigen widmete sich gerade mit besonderer Hingabe dem Aufbau einer Registratur, eines Archivs und einer Bibliothek[64]. Die statistische Aufbereitung der Missionsleistungen der deutschen Orden und Kongregationen legte er 1930 im Manuskript aufgrund seiner Fragebogenaktion dar[65]. In einem „Fremdenbuch" verzeichnete er akribisch die Besucher des Sekretariats. 1927/28 waren es 7 Bischöfe, darunter 1 Kardinal, 13 Äbte, 46 Provinziale und Prälaten und 230 andere prominente Personen[66]. Zum Archivaufbau zählte für Sinnigen auch die Sicherung der aktenmäßig belegbaren SV-Geschichte seit 1898[67].

1925 wurde eine ständige Kommission für Schulfragen, 1927 ein ständiger Arbeitsausschuß zur Erleichterung der Geschäftsführung, zu dem P. Grentrup SVD, P. Heese OP und P. Schulte OMCap ernannt wurden, gebildet. Sie hatten das Recht, an allen Vorstandssitzungen und Mitgliederversammlungen teilzunehmen[68].

Sinnigen verschickte regelmäßig Rundschreiben bzw. „Mitteilungen" an die SK-Mitglieder. Anfangs geschah dies noch handschriftlich und hektographiert, später maschinenschriftlich und mit dem gedruckten Briefkopf „SK Generalsekretariat der Superioren-Konferenz Haupt-Vertretung der Katho-

---

62 Sinnigen an Stuhlweißenburg, 24. 10. 1923. APT.

63 Vgl. SV-V-Protokoll, 29. 4. 1929. OFMCap, Abt. VII Fach 78 Fasz. 5d; SV-Protokoll, 30. 4. 1929. AVDO.

64 Vgl. S. 17.

65 Vgl. A. Sinnigen, Statistische Gesamtübersicht über die Tätigkeit der deutschen missionierenden Orden und Genossenschaften im In- und Ausland (VII u. 112 Seiten, Ms.), Berlin 1930. AVDO.

66 Vgl. Sinnigens Jahresbericht 1927/28, 8.–9. 5. 1928. AVDO, DPB.

67 Vgl. S. 17.

68 Vgl. SV-V-Protokoll, 5. 5. 1927. OFMCap, Abt. VII Fach 78 Fasz. 5d.

lischen Missionen" versehen. Diese Rundschreiben wurden auch zu einer Informationsquelle über Angebote aus dem In- und Ausland, die sich an Ordensleute zur Übernahme spezieller Institutionen richteten. Kaufangebote von Gebäuden und Grundstücken, selbst Angebote von Firmen, deren Produkte speziell für Missionsorden von Interesse waren oder hätten sein können, Stellenangebote und die Warnungen vor Schwindlern fanden sich in den Mitteilungen Sinnigens.

Sinnigen meinte 1926 zufrieden, „das Ansehen und die Bedeutung unserer Geschäftsstelle" seien gewachsen. Besondere Unterstützung habe die SK von Prälat Dr. Schreiber MdR, Mitglied des Vorstandes des RKA, erfahren. Schreibers Auftreten im Parlament und in den beiden Ministerien des Innern und des Äußern sei es in erster Linie zu verdanken, daß für katholische Zwecke Mittel zur Verfügung gestellt worden seien. Außerdem hatte Sinnigen selbst wichtige Kontakte knüpfen können zur Abteilung II des Reichsministeriums des Innern, zur Vatikanischen Abteilung und zur Kulturabteilung des Auswärtigen Amtes, wo er auf besonderes Verständnis für Missions- und Ordensbelange stieß[69].

Dieses Verständnis zeigte sich auch in großzügiger Unterstützung staatlicherseits. Doch Sinnigen machte die SK-Mitglieder darauf aufmerksam, „sehr vorsichtig" zu sein, da die Geldunterstützungen aus Berlin „sogenannte ‚schwarze Gelder' sind, die nicht im Etat stehen! Die deutsche Regierung hat eingesehen, daß durch Unterstützung beider Konfessionen in ihren kirchlichen Belangen auch die Belange des Reiches und des Auslandsdeutschtums gefördert werden. Es soll aber aus naheliegenden Gründen in keinem Fall bekannt werden, daß durch Gelder der Regierung kirchliche Institutionen unterstützt werden"[70].

Kirchlicherseits zählte zu den wertvollen Beratern für Sinnigen P. Gehrmann SVD, der Privatsekretär von Nuntius Pacelli, in Berlin. Gehrmann habe sich „als Interpret unserer Wünsche" erfolgreich bewährt, so bei der Erneuerung des Stipendienindults[71].

Sinnigen wurde als RKA- bzw. SK/SV-Geschäftsführer auch in die Vorstände und Hauptausschüsse von Organisationen gewählt, insbesondere von Deutschtums- und Kolonialvereinen, daneben aber auch in den Hauptausschuß des Caritasverbandes und in das Zentralkomitee der Katholikentage[72]. Sinnigen selbst war stark an einer wirksamen Öffentlichkeitsarbeit gelegen. Er verfaßte diverse Artikel über die Orden und die SV.

---

69 Vgl. S. 224–230.
70 SK-Protokoll, 5.–6. 5. 1926. AVDO; vgl. S. 224–230.
71 Vgl. S. 132 f.
72 Vgl. S. 175, 204–209.

Um die Bedeutung der SV herauszustellen, hob er in seinem Artikel über die Mitgliederversammlung in Münster 1928 hervor, welche kirchlichen und kommunalpolitischen Vertreter als Gäste gekommen waren, welche Verbindungen zu den weiteren Institutionen, Universität, Forschungsstelle für Auslandsdeutschtum und Auslandskunde, Missionswissenschaftliches Institut und Akademischer Missionsbund, bestanden. Es sei „ein höchst erfreuliches Bild katholischer Einmütigkeit, katholischer Gesinnung und katholischer Liebe“ gewesen[73].

1929 tauchte in der SV wegen der Diskussionen um die Einigung in der Buchhändlerfrage[74] die Idee auf, eine Art „Prüfungskommission“ oder „Ehrenrat“ zu bilden, der alle Klagen gegen Mitglieder der SV entgegennehmen und prüfen und dann die entsprechenden Schritte in die Wege leiten solle. Man vereinbarte schließlich einstimmig, der Vorstand sei dazu ermächtigt, Klagen als Vermittlungsstelle entgegenzunehmen, zu prüfen, weiterzuleiten und nach eigener Wahl Sachverständige hinzuzuziehen. „Denn fair“, so SV-Vorsitzender Kassiepe, „wollen wir doch alle sein“[75].

Generalsekretär Sinnigen hatte die Arbeit der SV in der Weimarer Zeit stark geprägt. Das entging natürlich den aufmerksamen Beobachtern auch nicht. Im April 1931 urteilte Prov. Stratmann SVD, das Schwergewicht der SV liege „längst nicht mehr in den Generalversammlungen, sondern im Vorstande, und hier beim Generalsekretär“. „Der Generalsekretär der SK ist zu einer Großmacht geworden in Kirche und Staat, in Handel und Gewerbe! Mit Emphase wird auf diese Machtstellung bei der Generalversammlung hingewiesen. Ob diese ‚Machtstellung‘ den missionierenden Orden auf die Dauer von Nutzen sein wird?“[76]

6. Überlegungen zur Verschmelzung der Konferenz für Volksmissionen („Missionskonferenz“) mit der SK 1921

Die SK von 1921 ermächtigte den Vorstand, mit dem Vorstand der 1912 gegründeten Konferenz für Volksmissionen[77], auch „Missionskonferenz“ (MK) genannt, über „die Verschmelzung beider Gruppen zu verhandeln

[73] A. Sinnigen: Aus der Superioren-Vereinigung E. V., in: Industrie- und Handels-Zeitung. Germania Nr. 249 vom 31. 5. 1928. OMI.

[74] Vgl. S. 178.

[75] Vgl. SV-Protokoll, 30. 4. 1929. AVDO.

[76] Stratmann an Grendel, 20. 4. 1931. AG-SVD, 26.

[77] Vgl. Bericht über die 1. Konferenz für Volksmissionen, 9. 8. 1912 mit Liste der Teilnehmer. OMI.

und darüber Vereinbarungen zu treffen“[78]. Da Prov. Kassiepe OMI den Vorsitz der MK und der SK wegen der Übernahme des Amtes als Generalassistent in Rom nicht mehr weiterführen konnte, wurde auf der 3. MK-Konferenz 1921 in Würzburg der SK-Vorsitzende Prov. Witzel OFM per acclamationem auch zum MK-Vorsitzenden gewählt. Als Generalsekretär war P. Damasus Fuchs OFM tätig[79]. Als Änderungen für die Satzung und Geschäftsordnung der SK wurden vorgeschlagen: „Die Konferenz besteht aus zwei Abteilungen, der Abteilung für auswärtige Missionen und der für Volksmissionen. (Volksmissionen sind hier im weitesten Sinne zu verstehen, also alle Veranstaltungen der außerordentlichen Seelsorge, für die man Missionare zu verwenden pflegt). In den allen Ordensgenosssenschaften gemeinsamen Fragen verhandeln beide Abteilungen zusammen, getrennt jedoch in allen Fragen, welche ausschließlich die auswärtigen Missionen bzw. die Volksmissionen betreffen. Dementsprechend sind die einzelnen Ordensgenossenschaften stimmberechtigt oder nicht. Im Zweifel über die Berechtigung zur Abstimmung entscheidet die Gesamtkonferenz durch einfachen Mehrheitsbeschluß“. Die Geschäfte von MK und SK sollten getrennt durch zwei Generalsekretäre geführt werden[80]. Witzel bildete 5 regionale MK-Arbeitsgemeinschaften, die sich eigene Vorstände wählten[81]. Als Kassiepe von Rom zurückkehrte und wiederum das Amt des Provinzials der Hünfelder Oblaten innehatte, vereinigte er 1928 wiederum SK- und MK-Vorsitz in Personalunion. Zur MK zählten 73 Orden und Genossenschaften und 4 Weltpriester-Missionsvereinigungen. Das Generalsekretariat führte P. Theodosius Briemle OFM[82]. Einen weiteren Niederschlag in den Quellen fanden diese Verschmelzungs- und Satzungs-Überlegungen jedoch nicht.

7. Personalunion von SK- und RKA-Generalsekretär 1923–1927

Schon Ende 1922 wies Generalsekretär Schwager den SK-Vorstand darauf hin, daß es sinnvoll sei, RKA und SK zu verbinden, dies sei die „gesundeste und natürlichste Verbindung“, wie der scheidende RKA-Geschäftsführer

---

[78] SK-Bericht, 5. 7. 1921. AVDO.

[79] Protokoll der 3. Konferenz für Volksmissionen mit Präsenzliste, 7. 7. 1921. OMI.

[80] Vorschläge für die Änderung der Satzungen und Geschäftsordnung der deutschen Superiorenkonferenz, 1921. OMI.

[81] Vgl. Rundschreiben und Programm der süddeutschen Gruppe der Missionskonferenz, vor 25. 7. 1922. OMI. Zur Frage des Vorsitzes 1923: vgl. Fuchs an P. Hülsmann, 17. 7. 1923. ASFP.

[82] Vgl. MK-Bericht, 11.–12. 7. 1928. ASFP.

P. Sonnenschein CSSp meine. Beim Caritasverband, der ihn seit seiner Selbständigkeit vor einem Jahr getragen habe, werde der RKA „zu einem bloßen Zierat". RKA und SK-Geschäftsführung, so Schwager, gehörten sachlich zusammen. In Berlin ließe sich, solange das Zentrum in der Regierung vertreten sei, noch manches an Unterstützung für die Mission gewinnen[83].

Sonnenschein führte Sinnigen in die Geschäfte ein, bevor er eine Auslandsreise antrat. Er teilte den Behörden mit, der SK-Generalsekretär sei ab 1.5.1923 mit seiner Vertretung beauftragt[84]. Die gemeinsame Geschäftsstelle befand sich zunächst im Berliner Dominikanerkloster St. Paulus in der Oldenburgerstraße 46[85], seit 16.2.1925 in einer großzügigen Bürowohnung im Nachbarhaus des Klosters in der Oldenburgerstraße 47/II. Das Auswärtige Amt hatte eigens zur Anmietung dieser Räume bestätigt, die Tätigkeit des RKA sei gemeinnützig und liege im „Reichsinteresse"[86]. Auf der RKA-Jahresversammlung in Berlin am 4.6.1924 wurde Sinnigen zum neuen RKA-Geschäftsführer gewählt[87]. Sinnigen hatte einen Bürohalter und eine Stenotypistin angestellt. Die Kosten für die Einrichtung und den Unterhalt des Büros wurden aus Zuschüssen der Regierung, Spesen aus Vermittlung von Beihilfen und Jahresbeiträgen gedeckt[88].

Nach langwierigen Auseinandersetzungen innerhalb des RKA-Vorstands, auf die unten ausführlich eingegangen wird[89], legte Sinnigen am 16.2.1927 sein Amt als RKA-Geschäftsführer nieder. Die Personal- und Bürounion von RKA und SK endete. Am 8.11.1927 erklärte die Superioren-Vereinigung ihren Austritt aus dem RKA.

8. Ständige Vertretung in Rom

Schon auf der Düsseldorfer Konferenz der Superioren vom Juli 1919 war der Vorschlag unterbreitet worden, daß P. Carl Friedrich SVD die „ständige Vertretung der SK im allgemeinen und hinsichtlich der Rettungsaktion für

---

83 Schwager an SK-Vorstand, 22.12.1922. AG-SVD, 26.

84 Vgl. Sonnenscheins Rundschreiben, 1.5.1923. PAAA, R 62279.

85 Vgl. Meldung Sinnigens beim Amtsgericht Berlin-Mitte, 18.12.1923. LA Berlin, Rep. 42 Acc. 2371 Nr. 28650.

86 Vgl. Bestätigung Heilbrons AA, 13.12.1924. PAAA, R 62279.

87 Vgl. RKA-Bericht, 4.6.1924. APT.

88 Vgl. RKA-Protokoll, 13.5.1925. KfZG, NL Büttner, RKA, A.III.2a. RKA-Tätigkeitsbericht Sinnigens 1924/25. KfZG, NL Büttner, RKA, A.III.2.

89 Vgl. S. 192–198.

die deutschen Missionen" übernehme. Er sollte die Interessen der SK in Rom vertreten und wichtige Informationen nach Deutschland leiten[90]. Doch Generalsuperior Blum blieb skeptisch, ob die SK „wirklich eine Vertretung in Rom nötig" habe. Er befürchtete eine Art „politische Aktion"[91]. Auch Friedrich selbst meinte, es sei „eine sehr undankbare und gefährliche Aufgabe", in Rom „das Sprachrohr der Superioren-Konferenz sein zu sollen. Die Reibungsflächen, die nun einmal da sind zwischen dem Xaverius-Verein und den Missionen, werden besser privatim ausgetragen und gemildert als durch offizielle Hilfe von Rom"[92].

Im November 1921 teilte P. Hermann Fischer SVD Schwager mit, der Generalrat der Missionare vom Göttlichen Wort wünsche nicht, daß Friedrich in Rom „irgendwie als Vermittler der Eingaben oder Anträge der Superiorenkonferenz" auftrete. Die SK bräuchte einen „neutralen Anwalt"[93]. In „nichtamtlicher Weise" könne Friedrich der SK gern Informationen und ähnliche Gefälligkeiten vermitteln[94].

Die SK hielt dennoch an dem Plan fest, in Rom eine Vertretung einzurichten[95], wofür schließlich zeitweise der damalige Generalrat Kassiepe OMI „als ständiger Vertreter des Reichsverbandes und der Superiorenkonferenz in Rom gewonnen" werden konnte[96]. Die SK von 1925 sprach Kassiepe ihren Dank dafür aus[97].

9. SV als Modell für andere Länder?

Der Steyler Rektor in Techny/USA hatte sich bei P. Kost SVD um Informationen über die Superioren-Vereinigung bemüht, da es Überlegungen gab, eine ähnliche Vereinigung in den USA zu gründen. Kost lieferte im Juli 1927 allerdings aufgrund der völlig veralteten Statuten nur recht allgemeine Beschreibungen zur SV. „Ob die Verhältnisse dort bei Ihnen so liegen, daß die Einführung einer Superiorenkonferenz sich empfiehlt, kann ich von hier aus nicht beurteilen"[98].

---

90 Schwager an Blum, 20. 10. 1919. AG-SVD, 26.
91 Blum an Schwager, 23. 10. 1919. AG-SVD, 26. Blum starb am 29. 10. 1919.
92 Friedrich an Gen. Assistent, 26. 6. 1921. AG-SVD, 26.
93 Fischer an Schwager, 21. 11. 1921. AG-SVD, 26.
94 Fischer an Schwager, 29. 11. 1921. AG-SVD, 26.
95 Vgl. SK-Protokoll, 3.–4. 6. 1924. AVDO, DPB.
96 RKA-Tätigkeitsbericht Sinnigens 1924/25. KfZG, NL Büttner, RKA, A. III. 2.
97 Vgl. SK-Protokoll, 12.–13. 5. 1925. AVDO.
98 Kost an Rektor SVD in Techny, 4. 7. 1927. AG-SVD, 26.

Eine Ausdehnung der deutschen SV auf das Ausland lehnte die Konferenz wiederholt ab mit dem Hinweis auf die möglichen Neugründungen. „Es könnte jenen Provinzialen geraten werden, sich in ähnlicher Weise, wie es in Reichsdeutschland geschehen, zusammenzuschließen“[99].

II. Die Ziele der SK/SV und ihre Umsetzung 1919–1932

Während der Zeit der Weimarer Republik entwickelte sich nicht nur die SK/SV in ihrer Organisation. Diverse Institutionen im Bereich der Mission und der Auslandsseelsorge erlebten geradezu einen unerhörten Aufschwung. Diese Entwicklung im katholischen kirchlichen Sektor fand ihre Parallele im Erstarken der kolonialpolitischen und auslandsdeutschen Bestrebungen im gesellschaftlichen Bereich. Die SK/SV sah sich in dieser Phase von verschiedenen Seiten umworben, aber auch in konkurrierende Auseinandersetzungen verwickelt. Wie sie ihre Ziele verwirklichte und ihre Interessen vertrat, soll im folgenden dargestellt werden.

1. Erfahrungsaustausch über missions- und ordensspezifische Fragen

(a) Vom Schutz der Interna zum Erfahrungsaustausch

Ausgesprochen selten kam es zu einem Erfahrungsaustausch der Obern über interne Angelegenheiten. Abt Vogel regte auf der Konferenz 1925 ein Gespräch über die Handhabung der Ferien für Missionszöglinge an. Es zeigte sich, daß „Ferien“ bei den Obern gleichgesetzt wurde mit vielfältig lauernden Gefahren der „Außenwelt“. Die Sommerferien böten eine gewisse Gefahr, „allein schon im Hinblick auf das heute gebräuchliche viele Wandern, auch mit jungen Mädchen“. Der Kapuzinerprovinzial nannte eine weitere Gefahr: „Eine der größten Gefahren waren – die Geistlichen! Sehr viele Geistliche haben Seminaristen veranlaßt, auszutreten und ins bischöfliche Seminar überzutreten: ‚Sei doch nicht so dumm und werde Kapuziner!‘ Das kommt immer und immer wieder vor!“ Die Tendenz innerhalb der SK ging dahin, die Ferien kurz und möglichst selten anzusetzen. Als eine

---

[99] SV-Protokoll, 8.–9. 5. 1928. AVDO.

weitere Schwierigkeit in der Erziehung der Zöglinge hatten sich die Einflüsse der Jugendbewegung ausgewirkt, insbesondere durch die Gruppen „Bund Neudeutschland“ (ND) und „Quickborn“, die Uneinigkeit ins Seminar gebracht hätten. „Der zweite ebenso große Nachteil ist, daß diese jungen Leute, die mit der Jugendbewegung in Berührung kamen, sich nichts mehr sagen und dreinreden ließen“, so Abt Vogel. Nachdem sie im Seminar die „alten bewährten Grundsätze wieder eingeschärft“ hätten, hätten sie die Unnachgiebigen unter den Jugendlichen entlassen, andere seien ausgetreten mit der Bemerkung, die Obern würden schon noch gezwungen sein, ihre Ansicht zu ändern. Bei den Steylern habe der Missionsgedanke als „Ferment“ geholfen, der sehr gepflegt werde. Die Gruppen hätten „relativ große Selbständigkeit“ entwickelt. Einen weiteren Gefahrenherd beim Besuch von externen Gymnasien machten die Obern im Turnunterricht aus, weil die Kleidung „der Sittlichkeit ins Gesicht schlägt“, wie Abt Vogel urteilte. Auch das Fußballspielen, so Prov. Glasschröder OMCap sei verheerend. „Es ist noch kein Fußballer bei uns geblieben“[100].

(b) Auslandsseelsorge

Der Bereich der Seelsorge für Deutsche im Ausland bekam für die SV in der Weimarer Zeit einen wichtigen Stellenwert, nachdem in den Satzungen die Mitgliedschaft auf jene Ordensobern ausgedehnt worden war, die in der Auslandsseelsorge tätig waren. Ein besonderes Interesse an der Seelsorge für Deutsche im Ausland hegten aber auch die staatlichen Behörden, die deswegen an den Generalsekretär herantraten. So betonte Sinnigen im Hinblick auf die Not der Deutschen in Bessarabien: „Unsere diplomatische Vertretung und die Reichsbehörden würden die Angelegenheit gewiß fördern, und es dürfte dem Prestige der SV nur von Nutzen sein, wenn es gelänge, Ordenspriester für Bessarabien zu gewinnen“[101]. Insoweit die dortigen Seelsorger deutsche Kultur und Wohlfahrtszwecke förderten, erhielten sie auch behördliche Unterstützungen[102]. Wichtig sei es, „für diese Aufgabe möglichst einen besonderen Priester anzustellen, der sein Amt in treuer, deutschvaterländischer Gesinnung auszuüben gewillt ist“[103]. Die Gefährdung der eigentlichen religiösen und kirchlichen Zwecke durch Sekundärzwecke und

[100] Vgl. SK-Bericht Grendels, 12.–13. 5. 1925. AG-SVD, 26; Ergänzungen zum SK-Protokoll, 12. 5. 1925. AVDO.
[101] Sinnigens Rundschreiben, 27. 8. 1928. SDS, 22. 12a.
[102] Vgl. SK-Bericht Grendels, 12.–13. 5. 1925. AG-SVD, 26.
[103] SK-Protokoll, 12.–13. 5. 1925. AVDO.

Fremdinteressen lag bei solch einer in Aussicht gestellten behördlichen Finanzierung nicht außerhalb des Möglichen.

(c) Ausbau des professionellen Missionssektors

Missionswissenschaftliche Fragen

Die Pflege der Missionswissenschaft wurde in der Zeit der Weimarer Republik intensiviert und von der SK/SV unterstützt. Die Universität Münster bot für Missionare einen Missionswissenschaftlichen Kursus an, der Vorlesungen und Übungen bei Prof. Schmidlin, Angebote in der theologischen Fakultät bei anderen Professoren und in den übrigen Fakultäten umschloß[104]. Schmidlin referierte auf der SV-Mitgliederversammlung 1928 in Münster über die Vorbildung der Missionare. Kassiepe und Sinnigen empfahlen im November 1928 dringend den Obern, Patres zum missionswissenschaftlichen Studium nach Münster zu schicken[105].

1932 unterbrach jedoch wieder einmal ein Konflikt die gute Kooperation der SV mit Schmidlin, weil dieser wie schon in früheren Jahren in der „Zeitschrift für Missionswissenschaft“ auch missionskritische Stimmen veröffentlichte. Die SV ließ Schmidlin über Fürst Löwenstein, dem Vorstand des Instituts für Missionswissenschaft, wissen, daß sie bei weiteren Ausfällen in der ZM diese nicht mehr finanziell unterhalten könne und die Studenten nicht mehr zur Ausbildung nach Münster schicke[106]. Darauf aber war Schmidlin angewiesen.

Sinnigen urteilte sogar ganz nüchtern, von Schmidlins Ausführungen sei „ein gut Stück begründet“, aber „die Form ist natürlich unter allen Kanonen“[107]. Löwenstein teilte mit, Schmidlin habe auf die Beschlüsse der Superioren, „mit einem von Entrüstung schäumenden Brief“ geantwortet. Die Artikel der ZM werde Schmidlin vor der Drucklegung nun durch Steffes prüfen lassen. „Hoffen wir, daß es Professor Steffes ermöglicht wird, sein Zensorenamt mit Erfolg auszuüben“, so Löwenstein skeptisch[108].

---

104 Vgl. Missionswissenschaftlicher Kursus für Missionare an der Universität Münster WS 1919. Missio, SK A-170/1.

105 Vgl. Sinnigens Rundschreiben, 6. 11. 1928. SDS, 22. 12a.

106 SV-V-Protokoll, 8. 5. 1932; SV-Protokoll, 9.–10. 5. 1932. AVDO.

107 Sinnigen an Kassiepe, 30. 6. 1932. OMI.

108 Löwenstein an Kassiepe, 13. 6. 1928, zitiert in: SV-Besprechungs-Protokoll, 2. 9. 1932. OFM Fulda, II15c Lagerort 2655.

Missionsärztliche Fragen

Erstmals auf dem Katholikentag in Würzburg 1920 wurde der Plan zu einem Missionsärztlichen Institut erörtert. Rundschriftlich hatten die Superioren diesen Plan begrüßt. Die SK bat P. Dr. Christophorus Becker SDS, den ehemaligen Apostolischen Präfekten von Assam, zusammen mit P. Thomas Ohm OSB ein Promemoria zur praktischen Förderung der ärztlichen Mission für den SK-Vorstand auszuarbeiten[109]. Am Anfang der Idee zum späteren „Katholischen Missionsärztlichen Institut Würzburg" waren also die missionierenden Priesterorden und -kongregationen, die in der SK vereinigt waren, beteiligt[110]. Das Promemoria wurde der SK nie eingereicht, die Entwicklung nahm aber unter Beckers Führung ihren zielstrebigen Fortgang.

Am 1.7.1921 wurde in Aachen der „Deutsche Katholische Verein für missionsärztliche Fürsorge" gegründet mit dem Organ „Zeitschrift für missionsärztliche Fürsorge"[111]. Vorbild für das geplante katholische Institut war das missionsärztliche Institut der protestantischen deutschen Missionsgesellschaften in Tübingen. Das Ziel des Würzburger Instituts war die Ausbildung von Ärzten und Ärztinnen für die katholische Auslandsmission, Ausbildungskurse für Missionsbrüder und -schwestern bis zum Abschluß der staatlichen Krankenpflegeprüfung und kürzere Ausbildungskurse für die Missionspriester. Die 1. Generalversammlung des Vereins für missionsärztliche Fürsorge fand in Aachen im September 1922 statt. Es wurde angeregt, auch die SK möge 100 000 Mark für das Missionsärztliche Institut stiften. Der SK-Vorstand befürwortete dies ebenfalls. Die SK habe „größtes Interesse daran, auf den Gang der Dinge in Würzburg bestimmenden Einfluß zu gewinnen, damit dort allen berechtigten Wünschen der Missionsgesellschaften Geltung verschafft werden kann. Das geht natürlich nur, wenn wir auch finanziell mithelfen", so Generalsekretär Schwager. Das Geld könne man aus dem Anteil der SK am Reingewinn der Aachener Missionswoche vom September 1922 – etwa 50 000 Mark – und aus dem Betriebskapital der SK nehmen[112]. Diese (im Oktober 1922 ohne einen formellen SK-Beschluß vom Vorstand vorgenommene) sehr weitreichende Erklärung zu einer finanziellen Verbindlichkeit versetzte den Generalsekretär

---

109 Vgl. SK-Bericht, 12.–14.9.1920. AVDO.

110 Vgl. S. Weih; K. Siepen, Superioren-Konferenz und Missionsärztliches Institut.

111 Ärztliche Fürsorge in den Missionsländern. Aufruf an die Freunde und Förderer des katholischen deutschen Missionswerks, Eingangsstempel: 16.3.1922. BAK, R 57 neu/1039-6.

112 Schwager an Obern, 6.10.1922. SAC Limburg.

bald in nicht geringe Unruhe. Er lud die Superioren und Becker zu einer außerordentlichen Konferenz am 14. 11. 1922 nach Köln ein[113].

Becker erläuterte den Obern die Entwicklung des Institutsplans und die Schwierigkeiten, die eingetreten seien, weil Schwager eine eigene SK-Sitzung einberufen hatte. Schwager argumentierte, die Mehrzahl der SK-Teilnehmer werde sich gegen das Institut in dieser Form aussprechen. „Damit aber war uns mit einem Schlag der Boden unter den Füßen weggezogen. [...] Ob das Institut noch eröffnet werden soll, hängt einzig und allein von Ihrer heutigen Stellungnahme ab", so die dramatische Lagebeschreibung Beckers. Wenn die Superioren nicht mitgingen, so werde „das Unternehmen in der Wurzel getroffen, und es hat gar keinen Zweck zu beginnen". Das Schicksal des Instituts läge in der Hand der Obern. Wenn der Plan zusammenbreche, so sei das „zum Schaden nicht nur der Missionssache, sondern des Katholizismus". Bereits am 3. 12. 1922 sollte das Institut eröffnet werden. Auch Chefarzt und Privatdozent Dr. Förster aus Würzburg führte aus, wie dringlich eine Beteiligung der Orden sei.

Schwager bestritt die enge Fühlungnahme in der Planung des Instituts mit der SK; eine Zustimmung der SK selbst habe es nie gegeben. Er nannte die Gründe für seinen „Umschwung" in dieser Frage. Es habe ihn „außerordentlich stutzig" gemacht, als ein Provinzial kategorisch erklärte: „‚Ich werde mich nie auf einen solchen Plan einlassen und werde nie und in keinem Fall einen Kandidaten aus dem Würzburger Institut übernehmen! Ich werde grundsätzlich nur Ärzte nehmen, die sich schon erprobt haben!'" Auch die Rundfrage an die Superioren wegen der Übernahme von Kandidaten sei nicht affirmativ gewesen. Dann seien an Schwager Forderungen herangetragen worden, daß die Missionsvereine und die missionierenden Orden und Genossenschaften für die laufenden Ausgaben des Instituts aufkommen müßten. Dazu sei er aber nicht bevollmächtigt gewesen. Es sei seine Pflicht, so Schwager, die SK aufzuklären. Die Frage bestehe, ob das Institut in Würzburg auf dem richtigen Weg sei, das Ziel zu erreichen.

Förster entgegnete, Schwager und Witzel hätten sich aber schriftlich als Träger des Instituts verpflichtet, ohne Bedenken geäußert zu haben. Dem widersprach Schwager. Abt Vogel mußte nun die erregte Diskussion in sachliche Bahnen lenken. Er selbst hatte ein großes Interesse daran, daß der Institutsplan nicht falle. „Wir alle tragen Schuld, wir konnten die Tragweite der Gründung nicht übersehen. Was nun? Seien wir doch alle überzeugt: Ohne einen großen Skandal geht die Würzburger Gründung nicht mehr auf. Lassen wir deshalb alle kleinlichen Bedenken ruhig einmal beiseite!" Vogel

113 Vgl. Schwager an Obern, 3. 11. 1922. AG-SVD, 26.

führte die tatsächliche finanzielle Belastung, die sich auf verschiedene Gesellschaften verteile, als tragbar an. Aber auch er dramatisierte die Entscheidung, denn wenn das Institut nicht zustande käme, erlebe er „die bitterste und größte Enttäuschung meines Lebens; dann lasse ich ein Stück meines Herzens hier". Becker ließ ebenfalls nicht nach in der dramatischen Beschreibung der Lage: „Ich mache nur mit, wenn die SK mitmacht. Und ich erkläre weiter: Ich eröffne das Institut nicht!" „Dann werden wir eben liquidieren! Ich komme wirklich nicht als Bittender zu Ihnen!"

Abt Vogel schlug eine Diskussion darüber vor, ob in den katholischen Missionen Ärztebedarf bestehe und für wie viele Verwendung sei. Die Antworten gingen dahin, daß entweder die jeweiligen Regierungen keine deutschen Ärzte zuließen, die Missionen keine bräuchten, die Mitglieder z.Z. in keiner „Heidenmission" tätig seien oder der Bedarf bereits gedeckt sei. Vogel schloß die Runde: „Kein Ärztebedarf, also ist das Institut sehr überflüssig. [...] Das sieht ja wirklich ganz böse aus". Schwager hatte mit seinen Bedenken recht gehabt.

Das erstaunliche Ergebnis war nun, daß die Superioren den Institutsplan nicht fallenlassen wollten. Prov. Leyendecker OMI meinte, sie gäben „ein klägliches Schauspiel" ab. „Ich schlage vor, wir lassen abstimmen, ob die SK aus unserm Fonds etwa 150 000 M für das Institut stiften will". Das Protokoll vermerkt schließlich: „Nach längerem hin und her und nachdem P. Schwager immer wieder betont hat, daß auf den Zetteln nicht der Name vermerkt werden darf, wird die Abstimmung vorgenommen; Ergebnis: 17 Stimmen pro, zwei contra, eine unterschrieben; die erforderliche Zweidrittelmehrheit ist also vorhanden". Vogel, dem „ein Stein vom Herzen" fiel, dankte Schwager, „obschon er sich als advocatus diaboli gezeigt hat"[114]. Die SK spendete für das Institut aus ihrem Betriebskapital 150 000 Mark für ein Jahr, übernahm aber keine „Verpflichtung mit unbeschränkter Haftung"[115]. Am 3.12.1922 wurde das Institut in Würzburg eröffnet.

Die weitere Geschichte des Instituts und der SK wurde schon nicht mehr mit Schwager geschrieben, der im Januar 1923 als Generalsekretär abdankte. Sinnigen unterstützte von Anfang an nach Kräften den Direktor des Instituts, Msgr. Becker. Ihm wurde Gelegenheit gegeben, auf den Konferenzen zum Stand des Instituts zu referieren und um allgemeine oder spezielle Unterstützung zu ersuchen. Er wurde als stimmberechtigtes Mitglied in die SK aufgenommen. Die Superioren konnten – statutengemäß – zwar keine der Mitgliedsgemeinschaften verbindlich zu einem Beitrag zum Institut ver-

[114] SK-Protokoll, 17.11.1922. AVDO, DPB.
[115] Beschlüsse der SK, 14.11.1922 mit handschriftlichen Ergänzungen Schwagers. OMI.

pflichten, doch einigte man sich auf jährlich zu zahlende finanzielle Beihilfen. Damit wurde die SK zu einer wichtigen Stütze des Instituts. Der jeweilige Direktor wurde von der SK vorgeschlagen[116]. Auch bei dem von der Bayerischen Regierung für das KMI geforderten Reservefonds beteiligte sich die SV[117]. Sinnigen machte sich zu einem der entschiedendsten Förderer des Instituts, indem er jede Bitte Beckers zur finanziellen und ideellen Unterstützung sogleich in seinen Rundschreiben kundtat. Becker seinerseits hob zur Fertigstellung des Institutsneubaus im April 1929 hervor, das Missionsärztliche Institut sei „wirklich kat exochen das Institut der SV“[118].

Bevor die SV sich 1931 weiter verpflichtete, prüfte sie die Institutsunterlagen und erhielt vertrauliche Informationen Beckers zur finanziellen Situation, die er selbst dem Kuratorium vorenthielt. Sie beschloß, dem geplanten neuen Verein als Mitglied beizutreten. Die SV müsse ideell einen größeren Einfluß haben, die erzieherische Seite in die Hand nehmen und den Direktor stellen[119]. Am 7. 7. 1931 trat die Gründungsversammlung des neuen Vereins „Katholisches missionsärztliches Institut Würzburg“ in Frankfurt a. M. zusammen, das aus dem katholischen Verein für missionsärztliche Fürsorge hervorgegangen war. Zu den Mitgliedern zählten: Katholischer Verein für missionsärztliche Fürsorge, SV, FXV, LMV, KJV, Missionsvereinigung katholischer Frauen und Jungfrauen, Priestermissionsbund Aachen und München, der Würzburger Bischof. Das Vorschlagsrecht für den Direktor kam dem SV-Vorstand zu. 5 SV-Vorstandsmitglieder hatten in der Mitgliederversammlung Sitz und Stimme. Auch im Verwaltungsrat des KMI, der dem Direktor für die Wirtschaftsführung beigegeben war, war ein Vertreter der SV[120].

Missionskurse

Auf der SK vom März 1919 wurde eine Kommission zur Vorbereitung von praktischen Missionskursen für Missionare, die aus den Missionen zurückkehrten, bestimmt. Zu ihr zählten der Vorstand der SK, P. Schwager, kirchliche Ordensobern der Mission, die noch in der Heimat waren, und weitere Patres[121]. Am 22. 7. 1919, unmittelbar vor der SK, tagte der vorbereitende

---

[116] Vgl. SK-Bericht Grendels, 12.–13. 5. 1925. AG-SVD, 26.
[117] SV-Protokoll, 9.–10. 5. 1932. AVDO.
[118] Vgl. SV-Protokoll, 30. 4. 1929. AVDO.
[119] SV-Protokoll, 5.–6. 5. 1931. AVDO.
[120] Protokoll der Gründungsversammlung des Vereins „Katholisches missionsärztliches Institut Würzburg“ in Frankfurt a. M., 7. 7. 1931. AVDO. Satzungen des KMI, Geschäftsordnung für die wirtschaftliche Leitung des KMI, [5. 10. 1932]. ASFP.
[121] Vgl. SK-Protokoll, 26.–27. 3. 1919. AVDO.

Ausschuß für den Missionskurs. Die Kosten der Veranstaltung trug die SK, Anmeldung und Anfragen liefen über das neu eingerichtete Generalsekretariat Schwagers[122].

Vom 7.–14. 10. 1919 veranstaltete die SK den Missionskursus für Missionare und Ordenspriester in der Heimat im Düsseldorfer Paulushaus. Mit den Themen, die Missionsfachleute theoretisch und praktisch behandelten, wurde im Grunde genommen das eingelöst, was Generalsuperior Janssen 1898 und in den Jahren darauf als Gesprächsrunde der Superioren angestrebt hatte. Der Vorsitzende der SK Witzel eröffnete die Veranstaltung mit einem Referat zum Stand und zur Rettungsaktion für die deutschen Missionen, Schwager mit Ausführungen zur Entschädigungsfrage verlorengegangener Missionen[123]. Schwager schrieb rückblickend: „Was dem Kursus mit jedem Tage größere Sympathie weckte und das Gefühl der Befriedigung über die praktischen Erfolge stärkte, war der Geist der Liebe und Brüderlichkeit, der die ganze Veranstaltung durchwehte und ihr ein so gemütliches Gepräge verlieh. Der Unterschied der Orden verschwand hinter der einen großen Missionsaufgabe, der sich die Teilnehmer geweiht. Wieder einmal zeigte sich, daß Einigkeit stark macht. Die Bande der Einigkeit und Freundschaft, die der Düsseldorfer Kursus um die Mitglieder der verschiedenen Orden und Missionen geschlungen hat, werden nicht mehr gelöst werden. Und das ist nicht der geringste Gewinn des Kursus!“[124]

MIVA: Missions-Verkehrs-Arbeitsgemeinschaft

Am 22. 3. 1927 wurden die Satzungen der „Missions-Verkehrs-Arbeitsgemeinschaft“ in Köln auch von Generalsekretär Sinnigen unterzeichnet. Die MIVA war gegründet[125]. P. Paul Schulte OMI berichtete im April 1929 auf der SV-Mitgliederversammlung über die neue Institution. Ziel und Zweck seien Beschaffung und Betrieb von modernen Verkehrsmitteln für das Gebiet der katholischen Weltmission, für Missionare, Brüder, Schwestern, Ärzte, Lehrer, Katecheten und Auslandsdeutsche durch Kraftwagen, Dampf-Motorboote, Wasser- und Landflugzeuge. Ebenso wurden den Diaspora-

---

122 Vgl. Mitteilungen über den Missionskurs, nach 22. 7. 1919. AG-SVD, 26.

123 Vgl. Programm: Missionskursus für Missionare und Ordenspriester, 7.–14. 10. 1919. AMS, VIIJII; Der Düsseldorfer Missionskursus für Missionare und Ordenspriester. Vorträge, Aussprachen und Beschlüsse des Missionskursus, hg. i. A. der Superiorenkonferenz, Aachen 1919.

124 F. Schwager, Der Düsseldorfer Missionskursus (7.–14. Oktober 1919), zitiert in: K. Müller, Schwager, S. 121.

125 MIVA-Satzungen, 22. 3. 1927. PAAA, R 62179. Vgl. Artikel: MIVA. Ein großzügiges katholisches Missionsunternehmen, in: KV Nr. 217 vom 23. 3. 1927. Ebd.

pfarrern in der Heimat Hilfeleistungen durch Kraftwagen gegeben. Nicht nur die Missionsinstitutionen, auch Vertreter der Industrie sprachen auf das neue Unternehmen an. Selbst der Papst empfahl die MIVA als „höchst zeitgemäß“: „valde quidem opportunem“. Fürst Löwenstein schlug vor, die SV solle das Missionsgebiet bestimmen, in dem die MIVA-Expedition starten solle mit deutschen Verkehrsmitteln, Flugzeug, Wasserboot und Kraftwagen. Der Mission würden die Fahrzeuge geschenkt werden. Die SV beschloß einstimmig, die Unternehmung solle, da von Anfang an von den Oblaten getragen, in deren Missionsgebiet in Südwestafrika vorgenommen werden[126].

Der Geschäftsführer der MIVA, P. Vorthmann OMI, erläuterte auf der SV 1931 die äußeren Voraussetzungen für einen schnelleren Fortschritt der Missionsarbeit: Verkürzung der ungeheuren Entfernungen, Schonung der Missionskräfte, Rettung in Krankheitsfällen, Verlängerung der Arbeitsjahre und Steigerung der Arbeitsleistung, erheblicher Zeitgewinn, Überflügelung des andersgläubigen Wettbewerbs, straffere Leitung, bessere Verbindung untereinander, Minderung der Strapazen und Hebung der Berufsfreude[127]. 1931 beschloß die SV, auf den Wunsch der MIVA einzugehen und den SV-Vorsitzenden mit dem Recht der Subdelegation in den MIVA-Vorstand zu entsenden[128].

Missions-Werkbund

P. Sonnenschein CSSp, ehemaliger Geschäftsführer des RKA, fand als Direktor des Missions-Werkbundes ein neues Arbeitsfeld. Die Idee – analog zum Missionsärztlichen Institut Würzburg als Ausbildungsstätte für Ärzte und Ärztinnen in der Mission – betraf nun Landwirte und Handwerker, die in einem Um- und Ausbildungsheim zur Schaffung katholischer Neusiedlungen im Missionsausland ausgebildet werden sollten. Mit „Christianisierung“ als „Kultivierung“ sollte der Not der katholischen Missionen und zugleich der Not der Heimat, nämlich „den drängenden Menschenmassen Existenzmöglichkeiten zu verschaffen“, begegnet werden. Als Schlußausruf unter dem Aufruf, unterschrieben vom Protektor Alois Fürst zu Löwenstein und P. Sonnenschein CSSp, stand die Parole: „Raum dem Volk!“[129] Das sagten in dieser Zeit auch andere, allerdings mit anderen Intentionen.

---

126 SV-Protokoll, 30. 4. 1929. AVDO.

127 SV-Protokoll, 5.–6. 5. 1931. AVDO.

128 SV-V-Protokoll, 8. 5. 1932; SV-Protokoll, 9.–10. 5. 1932. AVDO.

129 Aufruf Missions-Werkbund: Katholische Siedler in Katholische Mission; vgl. Rundschreiben Sonnenscheins, 28. 10. 1928. OMI.

Um die Idee umzusetzen, fehle die „katholische Siedlerschule“, wie Sonnenschein in seinem Referat im Dezember 1928 vor den Superioren ausführte. Der SV-Vorsitzende Kassiepe riet dazu, in einzelnen Missionsgebieten einen Versuch zu machen und erst, wenn sich die Sache bewährt habe, sie größer auszubauen. Die SV könne keine Entschließung fassen, aber Kassiepe könne versprechen, „daß wir der Sache sympathisch gegenüberstehen“[130].

Im Mai 1932 referierte Sonnenschein erneut vor den Ordensobern über die Entwicklung des Missions-Werkbunds, der grundsätzlich Arbeitslose aufnehme, landwirtschaftlich ausbilde, nach erfolgreichem Abschluß in den Siedlerbund e.V. aufnehme und in die Mission entsende. Bis 1932 waren es 22 junge Leute. Sonnenschein bat um die Hilfe der SV und um eine Resolution, daß die SV die Siedlungsbewegung in der Zeit der furchtbaren Arbeitslosigkeit begrüße. „Mir schwebt vor, daß wir unter dem Namen Kreuzlandsiedelung eine Art Ordenssiedelungs-Bewegung schaffen können“. Eine Art „Heidenmission“ in Deutschland. Die Resolution wurde angenommen[131].

(d) Audiovisuelle Medien

1919 wurde der von den Bischöfen anerkannte Zentralbildungsausschuß der deutschen Katholiken gegründet, eine Arbeitsgemeinschaft der Spitzen der katholischen Verbände, die sich vierteljährlich trafen und über kulturelle Fragen aus dem Bereich Kunst, Theater, Volkshochschulen, Universitäten, Film, Rundfunk diskutierten. Die Leitung hatte Direktor Marschall inne, der 1932 über die Chancen der audiovisuellen Medien vor den Ordensobern referierte, streckenweise durchaus politisch krude und antisemitisch.

Den Ordensobern aber wollte Marschall die Chancen der modernen Kommunikationsmittel erläutern. „Vor einiger Zeit haben wir den Versuch gemacht, ein Kloster hörbar zu machen im Rundfunk. Es war Knechtsteden. Damit haben wir eine sehr gute katholische Visitenkarte vor ganz Deutschland abgegeben“. „Interessant ist folgendes: Eine Reihe von Lehrern läßt regelmäßig Aufsätze schreiben: ‚Was hat mir in der vergangenen Woche am besten im Rundfunk gefallen?‘ Ein ganz großer Prozentsatz schrieb nach der Woche, in der wir Knechtsteden gegeben hatten, daß man nie für möglich gehalten habe, daß es in einem Kloster so schön und so natürlich sei“[132].

---

[130] SV-Kurzprotokoll, 2.12.1928. AVDO, MSC Salzburg.
[131] SV-Protokoll, 9.–10.5.1932. AVDO.
[132] Ebd.

Trotz dieser positiven Einführung wurden audiovisuelle Medien erst in der Nachkriegszeit von den Superioren als eigenständiger Bereich weiterverfolgt[133].

(e) Ordenslektorenvereinigung

1926 wurde die Ordenslektorenvereinigung (OLV) in Maria Laach gegründet. 1927 fand eine Tagung in Bochum, 1928 in Hofheim statt. Der 1. Vorsitzende der OLV, P. Dr. Emil Rouff CSsR, bat die SV um einen finanziellen Beitrag, doch Sinnigen schlug vor, die OLV solle sich als Verein organisieren und Beiträge von den Vereinsmitgliedern einziehen. „Daß die OLV eine gute Sache ist, brauche ich nicht eigens hervorzuheben. Allein schon der immer stärker werdende Gegensatz zwischen Welt- und Ordensklerus sollte uns veranlassen, uns möglichst auf allen Gebieten und nicht zuletzt auf dem Gebiet der wissenschaftlichen Ausbildung und Vorbildung unseres Nachwuchses zusammenzuschließen. Die OLV dient dem Ansehen aller Orden und Genossenschaften, und es wird deshalb gut sein, wenn die heutige GV allen Provinzialen aufs wärmste den Beitritt ihrer Lektoren zur OLV empfiehlt“[134].

(f) Konkurrenz oder Kooperation der Gemeinschaften

Die SK vom März 1919 sandte auf Vorschlag Witzels ein von P. Schwager[135] verfaßtes Rundschreiben an die Mitglieder aller Missionsgesellschaften „zum Ausdruck und zur Förderung der Eintracht unter den verschiedenen Missionsgesellschaften“[136]. Die unsichere Phase vor dem Versailler Friedensschluß, der das weitere Schicksal der Missionsorden bestimmen sollte, und die politische Umbruchphase nach der deutschen Revolution vom November 1918 verwies die Orden aufeinander. Es sollte „das gemeinsame äußere Unglück die Mitglieder aller Orden innerlich enger zusammenschmieden“, so die Obern in ihrem Rundschreiben vom 27. 3. 1919. „Die besonderen Ziele und Bedürfnisse der eigenen Genossenschaft dürfen wir nachdrücklich vertreten, aber wir wollen auch mit Freuden passende Gelegenheiten wahrnehmen, um andern Orden und den gemeinsamen Ordensinteressen uneigennützig zu dienen“[137]. Das Rundschreiben,

---

133 Vgl. S. 346.
134 SV-Protokoll, 30. 4. 1929. AVDO.
135 Schwager an Blum, 28. 3. 1919. AG-SVD, 26.
136 SK-Protokoll, 26.–27. 3. 1919. AVDO.
137 SK-Rundschreiben, 27. 3. 1919. AVDO, MSC Salzburg.

so die Empfehlung, solle eingerahmt im Refektorium oder Kapitelsaal aufgehängt und jeweils in der Weihnachtszeit verlesen werden. Die März-Konferenz der Superioren hinterließ bei Schwager einen ausgesprochen positiven Eindruck: „Der ganze Verlauf war diesmal herzlich, familiär, harmonisch“[138].

Doch die Ermahnungen der Folgejahre bezüglich der Kolportagepraxis der „Reisebrüder“[139] und bezüglich des „in vieler Hinsicht lächerlichen Wettlauf[s] der Ordensgenossenschaften bei dem Versand der Kalender“[140], die Empfehlung Prov. Kassiepes, zugleich Vorsitzender der MK und der SK, sich doch der beiden Institutionen für Verständigungen unter den Orden zu bedienen, zeigen die Fortdauer von Differenzen an[141]. Sinnigen unterstrich, die SV verfolge doch den Zweck, „brüderliches und einmütiges Zusammenarbeiten unter den verschiedenen Gesellschaften zu fördern“[142]. Der SV-Vorsitzende Kassiepe mahnte auf der Konferenz 1928, „daß wir Ordensleute uns gegenseitig doch keine Konkurrenz machen dürfen. Auch vor der Öffentlichkeit müssen wir uns gegenseitig achten und gegenseitig schützen. Auch in der Herausgabe von Zeitschriften, Kalendern usw. dürfen wir uns unter keinen Umständen untereinander schädigen“[143].

Bemerkenswert für das Bemühen um Zusammenarbeit und Verständigung bleibt die – wenn auch nicht realisierte – Idee von 1928, für die an der Universität studierenden Ordensleute in Münster ein gemeinsames Konvikt zu errichten[144]. Auf der SV-Mitgliederversammlung im April 1929 wurde vorgeschlagen, Familiennachrichten aus den Orden und Genossenschaften der SV in der Zeitschrift „Paulus“ zu veröffentlichen. Das würde, so Kassiepe, „ohne Zweifel die brüderliche Liebe und das gegenseitige Verständnis und Sich-Kennen-Lernen“ fördern[145].

(g) Selbstdarstellung in Publikationen

P. Schwager war als Missionsfachmann durch zahlreiche Publikationen ausgewiesen[146], die vor allem vor seiner Amtszeit als Generalsekretär erschie-

---

138 Wie Anm. 135.
139 SK-Protokoll, 3.–4. 6. 1924. AVDO, DPB.
140 Janssen MSC an Sinnigen, 25. 1. 1928. MSC Münster.
141 MK-Bericht, 11.–12. 7. 1928. ASFP.
142 Sinnigens Rundschreiben, 11. 2. 1928. AVDO, DPB.
143 SV-Protokoll, 2. 12. 1928. AVDO, DPB.
144 Vgl. SV-Protokoll, 8.–9. 5. 1928. AVDO. Sinnigens Rundschreiben, 5. 10. 1928. SDS, 22. 12a.
145 SV-Protokoll, 30. 4. 1929. AVDO.
146 Vgl. Liste der Veröffentlichungen Schwagers: K. Müller, Schwager, S. 201–207.

nen waren. Sinnigen, der zum Generalsekretär nicht aufgrund seiner missionswissenschaftlichen oder missionspraktischen Fachkenntnisse gewählt worden war, sondern im Vertrauen auf seine Fähigkeit, die Geschäftsführung der Obernvereinigung erfolgreich leiten zu können, entwickelte kein geringeres Interesse an Publikationen als sein Vorgänger. Sie erhielten jedoch einen anderen Charakter. Sinnigen ging es um die öffentlichkeitswirksame Selbstdarstellung der einzelnen Mitgliedsgemeinschaften der Superioren-Vereinigung. Als die „Geschichtliche Darstellung der in der Superioren-Vereinigung zusammengeschlossenen Orden und Kongregationen" 1932 erschien, schrieb Sinnigen in seinem Vorwort: „Die Hervorkehrung der deutschen Provinz und die teilweise Beschränkung der Darstellung auf diese entspricht dem besondern Zweck des Buches: zu zeigen, wie Deutschland durch die Arbeit tausender seiner Söhne in den verschiedenen religiösen Genossenschaften in beachtenswerter Weise an der Weltmission teilnimmt. Die übernationalen katholischen Orden haben in Deutschland immer einen fruchtbaren Nährboden gefunden, und deutsche Art und deutsches Wesen bilden ein wertvolles Element für die Christianisierung der Welt. Die große Beteiligung der deutschen Ordensleute am Leben und Wirken der Weltkirche zeigt auch, wie deutsches Denken und Fühlen geeignet sind, sich diesem Leben anzupassen, und wie beide harmonisch gegeneinander abgestimmt sich wechselseitig fördern und heben können"[147]. Die Betonung der vermeintlichen Werte aus dem deutschnationalen Sprachgebrauch stand in einer langjährigen Entwicklungslinie der Zusammenarbeit Sinnigens mit den staatlichen Behörden[148]. Mit den Veröffentlichungen verfolgte Sinnigen zielstrebig seine eigenen Projekte, denn die Superioren verhielten sich beim gesamten Buchplan eher vorsichtig, ja skeptisch.

Ihnen versuchte Sinnigen daher schrittweise Bedeutung und Sinn des Werkes zu erläutern. Nachdem er 1930 durch Fragebogen einen Überblick über die Tätigkeiten der Mitgliedsgemeinschaften erhalten hatte, plante er die Geschichtliche Darstellung, um die Mitglieder der SV mit der Ordensgeschichte der übrigen bekannt zu machen und um „dadurch Verständnis und Interesse für die Arbeiten der anderen Orden zu wecken und so dem Hauptzweck der SV ‚unter den verschiedenen Orden und Kongregationen brüderliche Einmütigkeit zu fördern' zu dienen"[149]. Eigentlich hätte diese Begründung gerade den internen Gebrauch seines Manuskripts nahegelegt. Sinnigen wollte jedoch eine Außenwirkung des Werks erzielen.

---

147 A. Sinnigen, Geschichtliche, S. 7.

148 Vgl. S. 224–230.

149 Sinnigens Rundschreiben, 25. 2. 1931. SAC Limburg.

Es sei eigentlich, „selbst was die Geistesarbeit dabei angeht", die Arbeit seiner Sekretärin, Maria Feuerlein, „die aber ihren Namen absolut nicht drauf haben möchte". Da Sinnigen mitgearbeitet habe, so könne ja sein Name als Verfasser genannt werden[150]. Die Beschreibungen zu den einzelnen SV-Mitgliedsgemeinschaften gingen den Superioren zur Durchsicht, Korrektur und Ergänzung zu. Fotos zur Illustration wurden von ihnen zur Verfügung gestellt. Kassiepe, der zunächst noch an eine „gedruckte Broschüre für einen größeren Kreis" dachte[151], sah sich schließlich mit den übrigen Mitgliedern einem im Rhenania-Verlag herausgegebenen „Prachtwerk im Quartformat auf feinstem Kunstdruckpapier"[152] gegenüber. Der Verlag hatte das Buch mit reicher Illustration kostenlos gedruckt mit der Auflage, einen Annonceteil von Firmen, die Klöster belieferten, aufnehmen zu dürfen, wodurch verlagsseitig die Kosten gedeckt waren.

Hier setzten schon die kritischen Bemerkungen an. Auf der SK 1931 meinte Prov. Reyter SM, sie seien „Superiores majores, also doch sicher keine Geschäftsleute, die zulassen dürfen, daß irgend ein geschäftliches Unternehmen mit unserm Namen verknüpft wird". Sinnigen verbürgte sich aber für die Seriosität des ganzen Unternehmens. Reyter gab auch zu bedenken, „in dieser so schweren Zeit solche Veröffentlichung in den Vordergrund" zu rücken. Prov. Stuhlweißenburg OP meinte sogar, sie stellten doch „der Gegenseite, unsern Gegnern, das Material zusammen, das sie gegen uns brauchen". Kassiepe aber verteidigte das Werk, sie benötigten etwas „Authentisches" über das, was sie leisteten. „Ein solches Werk ist schließlich ein Stück Selbstachtung vor uns selbst"[153]. Am Schluß der Diskussion waren 75 % der Superioren dafür, Sinnigen solle das Buch unter seinem Namen ohne Berufung auf die SV herausgeben. Sinnigen empfand dies als „Mißtrauensvotum", da sich die Obern auch nicht sogleich dafür aussprachen, daß er seinen Titel als Generalsekretär in der Veröffentlichung beifügen dürfe[154]. Prov. Tellkamp SVD berichtete: „Mühsam wurde die Sache wieder eingerenkt. – Immerhin war es sehr deutlich wahrzunehmen, wie die Mehrheit sich zu distanzieren versuchte"[155].

Prov. Baumann PSM urteilte, das Buch sei schön ausgefallen, wenn auch einige Fehler vorkämen. So sei durch eine falsche Bildunterschrift „das

---

150 Sinnigen an Stuhlweißenburg, 19. 4. 1931. APT.
151 Kassiepe an Sinnigen, 4. 3. 1931. OMI.
152 Sinnigens Rundschreiben, 15. 12. 1931. AVDO.
153 SV-Protokoll, 5.–6. 5. 1931. AVDO.
154 Ebd.
155 Tellkamp an General SVD, 10. 4. 1932. AG-SVD, 26.

schöne Innere der Olpener Kirche nach Queenstown verlegt" worden[156]. Die kritischen Stimmen zum Buch verstummten nicht. Prov. Stratmann SVD urteilte, das Buch sei sicher eine große Reklame für die Klöster, aber wohl auch „geradezu gefährlich". „Solche Bücher zeigen unserer Zeit die gewaltige wirtschaftliche Macht unserer Klöster und fordern gerade heute zur Kritik heraus an der ‚toten Hand'". Beim Weltklerus und in den Ordinariaten mache sich „eine steigende Animosität gegen uns Ordensleute" bemerkbar. Ihnen werde vorgeworfen, sie verbrauchten das meiste Geld für Bauten in der Heimat. Prov. Janssen MSC befand, die Häuser machten „vielfach einen etwas protzigen Eindruck" im Buch[157].

Sinnigen aber war vom Erfolg des Werks überzeugt. Das Buch habe „beim Episkopat außerordentliche Anerkennung gefunden, ebenso bei den hiesigen amtlichen Stellen, und ich werde von allen Seiten ermuntert, auch die an der Mission beteiligten Schwestern so zu bearbeiten, womit wir denn auch schon begonnen haben"[158].

(h) Auseinandersetzung mit politischen und sozialen Fragen

Die politische, wirtschaftliche und gesellschaftliche Entwicklung in der Zeit der Weimarer Republik ist gezeichnet von Strukturproblemen, Krisen und Auflösungstendenzen. Die SV, deren Mitglieder zusammentraten, um sich vordringlich mit der gemeinsamen Missionstätigkeit und der Auslandsseelsorge zu befassen, kamen in diesen Krisenjahren nicht umhin, sich auch mit der Situation im eigenen Land auseinanderzusetzen. Im Januar 1931 berichtete Sinnigen Prov. Tellkamp SVD „von der bedenklichen Stimmung, die allenthalben herrsche. Man rechne mit ernstlichen Unruhen und Blutvergießen". Auch im Klerus spreche man „von Laternenpfählen und vom Rollen der Köpfe". Man müsse auf alles gefaßt sein[159]. Auf der Konferenz 1925 hatte P. Gehrmann SVD, der die päpstliche Hilfsaktion für das hungernde Rußland leitete, erschütternde Bilder der Folgen der dortigen Hungersnot gezeigt und betont, welche Gefahren Deutschland und der Welt drohten, wenn der russische Bolschewismus die Oberhand bekäme[160]. Ein Referat, das sich explizit mit der Gefahr der nationalsozialistischen Bewegung befaßte, gab es in diesen Jahren nicht. Gleichwohl wurde die Gefahr von rechts auch mitbedacht.

---

156 Baumann an Sinnigen, 7. 3. 1932. SAC Limburg.
157 SV-Protokoll, 9.–10. 5. 1932. AVDO.
158 Sinnigen an Baumann, 8. 3. 1932. SAC Limburg.
159 Tellkamp an Grendel, 10. 1. 1931. AG-SVD, 26.
160 Vgl. SK-Protokoll, 12.–13. 5. 1925. AVDO.

Auf der Mai-Konferenz der Superioren 1931 befaßte sich der Vorsitzende Kassiepe mit den Aufgaben und Pflichten der missionierenden Orden und Kongregationen in der Gegenwart. Es sei nicht Sache der SV, in die Aufgaben und Pflichten jedes Ordens hineinzureden. „Aber es gibt gewisse allgemeine Gesichtspunkte, die sich aus der Zeitlage, aus den wirtschaftlichen Verhältnissen der Gegenwart, aus unsern gemeinsamen Interessen und aus dem Geiste brüderlicher Liebe herleiten lassen". Auch Kassiepe malte die Gefahren aus, die drohten. „Kommt der Rechts- oder Linksradikalismus auch nur vorübergehend in unserem Lande zur Herrschaft, so kann es geschehen sein um unsere schönen Studienhäuser, Abteien und Klöster. Es ist nicht meine Absicht, Schreckgespenster an die Wand zu malen. Aber die Möglichkeit eines gewaltsamen Umsturzes und damit eine Bedrohung auch unserer blühenden Anstalten ist vorhanden". Kassiepe ermahnte die Obern dazu, auf die Not zu reagieren durch Almosen, Armenspeisung und Schaffen von Arbeitsgelegenheiten. Gleich wichtig sei auch eine „freiwillige Beschränkung in unserer Ausbreitung, unsern Unternehmungen und besonders in der Sammeltätigkeit. Ich habe bittere Klagen von Bischöfen gehört, daß in ganz armen Gegenden, in der schlimmsten Zeit, Brüder von Haus zu Haus gezogen sind, um Missionsalmosen zu sammeln, Missionsschriften zu verkaufen, oder zum Eintritt in einen Missionsverein zu veranlassen". Die SV, „die ja zur Vertretung unserer gemeinsamen Interessen gegründet wurde", habe mit Bischöfen Vereinbarungen wegen der Sammeltätigkeit getroffen, die die SV-Mitglieder loyal beobachten sollten, um zu vermeiden, was den gemeinsamen Interessen schaden könnte[161].

Auf der Konferenz von 1932 griffen die Obern nochmals die Gefahr des „Bolschewismus" und die Möglichkeit seiner Überwindung durch die Mittel der ordentlichen und außerordentlichen Seelsorge auf. Dr. Algermissen, Leiter der apologetischen Abteilung der Zentralstelle des Volksvereins in Mönchengladbach, forderte, der Ordensklerus solle darin eine „seiner großen und wichtigsten und zeitgemäßesten Aufgaben" sehen. Kassiepe befand, das sei eine „ernste Gewissenserforschung für uns". Auch Caritaspräsident Kreutz rührte vor diesen Missionssuperioren ein wenig an der alten Frage Mission oder Heimatpastoral: „Aber dürfen wir heute in einer solchen Zeit furchtbarster Not nicht auch sagen: Wir wollen über dem fremden Kind das deutsche Kind nicht vergessen? Wir wollen über dem sozialen, sittlichen, religiösen Elend der Heidenvölker nicht das soziale, sittliche, religiöse Elend unseres zusammengebrochenen Volkes nicht vergessen, das zum Teil wieder heidnisch geworden ist. Wie gesagt, Sie sollen aus

[161] SV-Protokoll, 5.–6. 5. 1931. AVDO. Vgl. S. 174.

diesem ‚häretischen' Satz keine Antipathie gegen die Heidenmission heraushören, und ich weiß, daß gerade Sie mich richtig verstehen". Kreutz wollte die Orden dann für den katholischen Siedlungsgedanken gewinnen, wie schon im Jahr zuvor Dr. Brauns[162]. Aber Kassiepe machte darauf aufmerksam, daß die Orden auch vollauf durch andere Arbeiten beansprucht seien[163].

(i) Optionen

Die SK/SV selbst wurde in der Nachkriegszeit nicht initiativ in Fragen der Versöhnung oder des Einsatzes für andere, sondern griff eher Anregungen von außen auf, so die Idee des „Papstfriedens". Für die SK vom September 1922 schlug Schwager als Thema vor: „Was können die katholischen Orden für die Wiederversöhnung der Völker und die Wiederherstellung des Friedens tun?" Zunächst habe er bei dem „Spezialisten für diese Frage", P. Franziskus Stratmann OP, angefragt, der aber verhindert sei. Es sei doch „gewiß eines der zeitgemäßesten Probleme", das sie behandeln könnten. Die SK habe die Aufgabe, „auf eine Klärung und bewußt einheitliche Aktion hinzuarbeiten"[164]. P. Antonius Fabry OP hielt dann den Vortrag. Als Beschluß wurde festgehalten: „Eine Kommission, die aus dem Vorstand und den Superioren der mit Frankreich und Belgien in näherer Beziehung stehenden Genossenschaften besteht, möge die Möglichkeiten der Förderung des Papstfriedens durch die Orden untersuchen und praktische Anregungen geben"[165].

Bei dem an den Reichspräsidenten gerichteten Protest des Zentralkomitees der deutschen Katholiken gegen die Bedrückung der Glaubensbrüder in Mexiko schloß sich die SV 1928 einstimmig an[166], bei einer Anfrage wegen einer Beteiligung am Protest gegen die Verfolgungen in Rußland erklärte sich der SV-Vorsitzende zur Unterschrift bereit, wenn die Mehrzahl der katholischen Organisationen für diese gemeinsame Protestaktion gewonnen wäre[167].

---

162 Vgl. S. 226f.
163 SV-Protokoll, 9.–10. 5. 1932. AVDO.
164 Schwager an Lettenbauer, 1. 8. 1922. SAC Limburg.
165 SK-Bericht, 4. 9. 1922. SAC Limburg.
166 Vgl. SV-Protokoll, 8.–9. 5. 1928. AVDO.
167 Sinnigen und Kassiepe an Generaldirektor van der Velden, 15. 3. 1930. AVDO.

2. Interessenvertretung der Kirche und katholischen Institutionen gegenüber

(a) SK/SV und Ortskirche

Die deutschen Bischöfe setzten sich im März 1919 in einer Eingabe an Kardinal van Rossum, den Präfekten der Propaganda fide, zum Schutz der deutschen Missionen ein. Auch von seiten des Klerus wurden deswegen Eingaben über den Nuntius in München an den Papst gerichtet. Der SK-Vorsitzende Witzel dankte dem Episkopat für diesen Einsatz[168]. Diese bekundete Solidarität stärkte das Vertrauen der SK zum Episkopat in der unmittelbaren Nachkriegszeit.

Nun erwiesen sich aber gerade die Jahre der Weimarer Republik in der Folgezeit als eine für die Ortskirche belastende Herausforderung. Demgegenüber stachen die prosperierenden Orden hinsichtlich ihrer personellen, aber auch institutionellen Entwicklung aus der allgemeinen Krisenlage heraus. Das schaffte nicht wenige Spannungen.

Eines der Dauerthemen der katholischen Öffentlichkeit zeigte sich darin, nun die Notwendigkeit der „Heidenmission“ zu hinterfragen, solange die heimatliche Diaspora darbe. Der Vorsitzende des Missionsausschusses des Zentralkomitees der Katholikentage Deutschlands, Fürst Löwenstein, veröffentlichte im Mai 1921 eine energische Entgegnung in der „Kölnischen Volkszeitung“. Er sprach sich für die Mission und die Diasporaseelsorge als zwei Seiten der einen Aufgabe der Seelenrettung aus. Auch die Mission sei zu fördern[169]. Die SK trat im Juli 1921 mit einer Denkschrift an den Episkopat heran. Die Mission wurde als „glänzendes Ruhmesblatt in der Geschichte des deutschen Katholizismus“ gewürdigt als Folge der „hochsinnigen Förderung des deutschen Episkopats“. Die Mission befruchte auch das religiöse Leben der Heimat und nütze dem Vaterland, weil die Missionare „den geschmähten deutschen Namen unter den Völkern wieder zu Ehren“ brächten. Ausführlich legten die Superioren den Stand der verlorengegangenen Missionen, der vertriebenen Missionare und der noch erhaltenen gebliebenen und wohl neu zu verteilenden Gebiete dar. Damit wollten sie dem „verhängnisvollen Irrtum“ begegnen, es gäbe keine Mission mehr, und das Missionsalmosen sei zwecklos, die Diasporaförderung sinnvoller. Der Episkopat solle bei Gelegenheit, so die Bitte der Obern, auf die Bedeutung und

---

[168] Vgl. Eingabe des deutschen Episkopats an van Rossum, 25. 3. 1919; Witzel an Hartmann, 1. 4. 1919. HAEK, Gen. 23. 3., V. 1.

[169] A. v. Löwenstein, Die Missionsaufgaben der deutschen Katholiken, in: KV Nr. 345 vom 8. 5. 1921. SAC Limburg.

die Hilfsbedürftigkeit des Missionswerkes, der Missionsanstalten und der -vereine empfehlend hinweisen[170].

Die Lage blieb aber gespannt. Im Mai 1926 fürchteten die Superioren gar, ein Sturm auf die besonderen Missionsvereine stehe bevor. Prov. Laqua PSM meinte, die „Stimmung der Bischöfe uns gegenüber ist so schlecht, daß, wenn die Frage der Missionsvereine in Fulda zur Sprache kommt, wir das Schlimmste ruhig fürchten können!“[171] Außerdem würden den Orden die niedrigen Pensionspreise ihrer Missionskonvikte angelastet, mit denen die bischöflichen nicht mithalten könnten. Dadurch seien die Bischöfe „tatsächlich ernstlich böse“. Prov. Dreiling OFM plädierte für eine grundsätzliche Klärung der Obern gegenüber dem Episkopat: „Nicht nur Kollisionen verhüten, sondern ein positives Verhältnis schaffen! Mit andern Worten: Wir müssen einmal den Mut haben, unser Verhältnis zum Episkopat und zum Weltklerus bis in die Wurzeln zu behandeln!“[172]

Die Obern verfaßten eine Eingabe an die Bischöfe für den Eventualfall, daß auf der Bischofskonferenz Beschlüsse zu Lasten der Sondermissionsvereine gefaßt werden sollten. Die Superioren unterstrichen wie schon 1921 die hohe Bedeutung der Weltmission für den Katholizismus in Deutschland und für Deutschland im Ausland. Den Orden sei die Ausbreitung der allgemeinen Missionsvereine eine „heilige Pflicht“, aber sie hätten auch die Pflicht für ihre Sonderorganisationen, die der Episkopat schon 1917 empfohlen habe[173]. Darauf sollte auch die Aachener FXV-Zentrale hinweisen. Es dürfte nicht so dargestellt werden, „als ob der Hl. Vater die allgemeinen Missionsvereine allein wünsche“. Eine „stärkere Fühlungnahme“ zwischen den Missionsorden und den allgemeinen Vereinen müsse herbeigeführt werden. Der Episkopat solle dem Pfarrklerus Richtlinien an die Hand geben[174]. Die Denkschrift wurde den Kardinälen Schulte und Bertram übergeben. Nachdem in Fulda diese Frage nicht zur Debatte gestanden hatte, übergab Schulte dem FXV-Vizepräsidenten, Weihbischof Sträter, die Denkschrift zur Kenntnisnahme. Sträter teilte Schulte mit, auch von Aachen aus bestehe der „Wunsch gegenseitigen Sichverstehens“ mit den Sondervereinen. Er bot gemeinsame Gespräche an[175]. Der SK-Vorsitzende Vogel erhielt dieses Schreiben von Schulte und antwortete Sträter nun direkt. Er würde sich freuen, „wenn ein einträchtiges Neben- und Miteinander-Arbeiten zwischen

170 SK-Denkschrift an den deutschen Episkopat [5. 7. 1921]. AVDO.
171 SK-Protokoll, 5.–6. 5. 1926. AVDO.
172 Ebd.
173 Vgl. S. 107.
174 SK-Denkschrift an den Episkopat, 5. 5. 1926. AVDO, MSC Salzburg.
175 Sträter an Schulte, 21. 2. 1927. AVDO, MSC Salzburg.

uns und den großen allgemeinen Vereinen sich ermöglichen" ließe[176]. Die Prozedur war denkbar kompliziert und zeigt die sensible Lage dieser beiden Organisationen, die seit Jahrzehnten Differenzen pflegten. Der Episkopat bot sich für die SK als vermittelnde Autorität an, aber nicht nur als solche.

Erneute Sorgen plagten die Superioren, als die Ordinariate von Bamberg, Freiburg, Regensburg und München 1928/1929 Verordnungen herausgaben, die scharfe Verbote gegen die Kolportage und das Kollektieren der Brüder erließen[177]. Was die Vereinigung besonders traf, war die alte Praxis von seiten der Bischöfe, wie es Sinnigen beschrieb: „Dabei werden die H. H. Superioren und die SV ganz unbeachtet gelassen"[178]. Dennoch boten sich gerade die Superioren-Konferenzen, zu denen die Ortsbischöfe eingeladen wurden, als Foren an, zumindest mit jeweils einem Oberhirten in ein direktes und positives Gespräch zu kommen. Bischof Ehrenfried habe sich 1929 „sehr lebhaft an den Debatten" beteiligt und sei auch beim Konveniat am Abend „sehr aufgeräumt" gewesen[179]. Bischof Schreiber von Berlin habe 1931 auf der Konferenz das „denkbar beste Einvernehmen" zwischen Ordens- und Weltklerus in seiner Diözese konstatiert[180]. Den tiefsten Eindruck am Ende der Weimarer Republik, bei der Mitgliederversammlung im Mai 1932 in St. Augustin, hinterließ Kardinal Schulte, nicht nur, weil er den Vorsitzenden der SV als „mein lieber alter Jugendfreund, Pater Provinzial Kassiepe" ansprach. Schulte machte für die Selbsteinschätzung der SV äußerst wichtige Ausführungen.

Erstmals beschrieb ein Vertreter des Episkopats die Superioren-Vereinigung als eine ähnliche Organisation wie sie die Bischofskonferenzen darstellten. Obschon er die SV-Satzungen nicht im einzelnen kenne, sei er „aber sicher, daß die SV keine kirchenrechtlich sanktionierte Organisation ist. Sie wird also ähnlich sein, wie unsere Fuldaer Bischofskonferenz, also gegründet auf einen freien Entschluß der Superioren der einzelnen Orden und Genossenschaften, die sich in dieser Vereinigung zusammenfinden. Entschließungen dieser Vereinigung können deshalb auch keinen kirchenrechtlichen Charakter haben; sie binden weder den einzelnen Obern, noch den Orden oder die Genossenschaft, die er vertritt. Und doch haben diese Entschließungen große, ja ich sage größte Bedeutung. Schon deshalb haben sie großen Einfluß, weil sie ja in gemeinsamer reiflicher Überlegung und mit einhelliger Zustimmung zustande gekommen sind. So ist es ja auch bei

176 Vogel an Sträter, 30. 3. 1927. ASFP; zum Gespräch vgl. S. 167f.
177 Vgl. S. 169f.
178 Sinnigen an Stuhlweißenburg, 28. 7. 1929. APT.
179 Sinnigen an Stuhlweißenburg, 1. 5. 1929. APT.
180 SV-Protokoll, 5.–6. 5. 1931. AVDO.

unseren Bischofskonferenzen. Der Wert unserer Bischofskonferenz beruht, ähnlich, wie es auch bei Ihnen der Fall sein wird, auf den vielen, vielen Anregungen, die von den Organen der Konferenz bzw. der Vereinigung ausgehen. Es ist höchst wertvoll, daß die verantwortlichen kirchlichen Oberen sich in solchen freien Organisationen von Zeit zu Zeit zusammenfinden. Der Episkopat kann seine Konferenzen deshalb nicht entbehren, weil er seine Interessen, die die Interessen der Kirche sind, oft und immer wieder vertreten muß äußeren Rechts- und Machtfaktoren gegenüber, die seinen Aufgabenkreis tangieren. So wird es auch von erheblicher Bedeutung sein, daß die Ordensgesellschaften, die doch viele gemeinsame Interessen haben, diese auch in geschlossener Front den Macht- und Rechtsfaktoren gegenüber vertreten können, die den Kreis der Aufgaben der Orden und Kongregationen berühren. Ja, es ist heute eine solche gemeinsame Aktion der kirchlichen Obern einfach unentbehrlich. Gerade heute, wo unsere Umwelt immer komplizierter wird, werden wir nur dann unsern Platz an der Sonne behaupten, wenn in geschlossener Einigkeit vorgegangen wird. Unsere Kirche befördert auch solche freien Vereinigungen und sieht sie deshalb schon gern, weil sie aus Erfahrung weiß, welche segensreiche Kraft aus dieser freien Vereinigung kirchlicher Obern entspringt". Der Heilige Vater habe „schon im Jahre 1927 allen Orden und Genossenschaften, die in der SV zusammengeschlossen sind, seinen apostolischen Segen" erteilt. Schulte dankte dem Ordensklerus. „Kraftlos wäre der Hirtenstab oft genug in meiner Hand geworden, wenn ich mir die Hilfe des Ordensklerus nicht zur Seite gewußt hätte. Und bei dieser Gelegenheit Ihnen einmal aus übervollem Herzen Dank sagen zu dürfen, ist mir eine heilige Freude. Nehmen Sie diesen Dank, wie ich ihn meine und seien Sie überzeugt: der ganze Episkopat in den deutschen Diözesen steht hinter mir, wenn ich diese Worte mit Betonung ausspreche"[181]. Diese Stellungnahme Schultes hatte für die SV eine solche Bedeutung, daß sie in Sinnigens Publikation und in der späteren Satzung von 1936 einleitend zitiert wurde[182].

(b) SK/SV und allgemeine Missionsvereine

Die letzten Kontakte zwischen dem SK-Vorsitzenden und dem Generalsekretär des FXV lagen Monate zurück[183]. Louis hatte im November 1918 auf die Bitte Witzels, ausführlich auf seinen Brief einzugehen, nicht mehr

181 SV-Protokoll, 9.–10. 5. 1932. AVDO.

182 A. Sinnigen, Katholische Ordensgenossenschaften, S. 3f.; Satzungen der Superioren-Vereinigung 1936. AVDO, DPB.

183 Vgl. S. 111.

reagiert. Als im März 1919 der FXV ein Rundschreiben veröffentlichte, die deutschen Missionsorden und Gesellschaften, die Missionsvereine und Missionszeitschriften sollten sich durch einen Aufruf an der Sammlung für den Frankfurter Kirchenbau zum Bonifatiusjubiläum 1919 beteiligen[184], waren die Superioren befremdet. Sie mißbilligten den „Modus, wie Aachen vorging". Sie erklärten sich dem Bonifatius-Verein „mit Rücksicht darauf, daß St. Bonifatius der größte deutsche Missionar war", ohne weiteres zur Unterstützung durch Aufrufe bereit[185]. Der Bonifatius-Verein war vom Schritt des FXV nicht unterrichtet worden[186].

Die Diskussion der SK vom März 1919 offenbarte eine nicht ganz überwundene distanzierte Haltung gegenüber dem FXV und gegenüber Schmidlin, denn „ein jeder in seiner Weise" habe das Bestreben, „das ganze deutsche Missionswesen zu beherrschen"[187]. Dennoch waren die Superioren bemüht, sich streng an die Regeln von Fulda, die mit dem FXV vereinbart worden waren, zu halten[188]. Schmidlin sollte mitgeteilt werden, die Superioren könnten keine weiteren Beiträge zur ZM liefern, wenn Schmidlin anonyme Zuschriften von Ordensleuten, die sich gegen kirchlich anerkannte Organisationen wendeten – so gegen den FXV –, veröffentliche[189].

Die Frage blieb, wie von seiten des FXV neu zu einer Verständigung angeknüpft werden könne. Dies war eine Schwierigkeit, weil die Schuld offenkundig auf seiten des FXV lag. Indem sie den „vertraulichen Charakter" der Sitzungen bei ihrer Informationsweitergabe nicht immer wahrten, suchten nun die Jesuitenpatres Krose und Schütz dem FXV auf ihre Weise einen Weg zu bahnen. Es sei unangenehm empfunden worden, so Krose über die Märzkonferenz der SK, daß Louis auf Witzels Schreiben nicht geantwortet habe. Außerdem seien die zugesagten Gelder noch nicht verteilt worden. Krose „als aufrichtiger Freund und begeisterter Anhänger der Xaverius-Vereinssache" bat nun Louis dringend, sich „freundlich" zur SK zu stellen. Sie sei doch die „berufene Vertretung" des Missionswerkes nach außen. Es liege „im beiderseitigen Interesse", ein gutes Einvernehmen anzubahnen. Die früheren Differenzen solle man einfach „begraben sein" lassen[190].

Auch Jesuitenpater Schütz, Redakteur der FXV-Zeitschrift „Weltmission der katholischen Kirche", wandte sich an seinen Duzfreund Louis. Er emp-

---

184 Vgl. Rundschreiben Louis', 25. 3. 1919. Missio, SK A-170/1.
185 SK-Protokoll, 26.–27. 3. 1919. AVDO.
186 Vgl. Witzel an Obern, 26. 4. 1919. OFM Fulda, II15c Lagerort 2654.
187 Rieck an P. Delegatus, 3. 4. 1919. ASFP.
188 Vgl. S. 109.
189 Vgl. SK-Protokoll, 26./27. 3. 1919. AVDO.
190 Krose an Louis, 1. 4. 1919. Missio, SK A-170/1.

fahl eine Erklärung, warum Louis auf Witzels Schreiben nicht geantwortet habe. Schütz kam es dabei nicht auf die wahren Zusammenhänge und Gründe für dieses Versäumnis an, auch nicht auf ehrliches oder nur höflich vorgebrachtes Bedauern darüber, sondern auf ein taktisches Manöver, das die SK in ihrem Mißtrauen den Jesuiten[191] gegenüber nur noch hätte bestärken müssen. Louis könnte doch hinweisen auf die Angriffe auf den FXV und seinen Generalsekretär in der ZM. „Du habest vergebens darauf gewartet, daß die Superiorenkonferenz zu diesen von ihren Untergebenen geschriebenen Anklagen irgendwie in bedauernder Weise Stellung nehmen werde, was in keiner Weise geschehen sei". Nach der Fuldaer Konferenz habe der FXV alles, was auf Differenz hindeuten könne, in der Öffentlichkeit unterlassen. Jesuitenpater Schütz wurde ziemlich direkt in seiner Empfehlung: „Mit anderen Worten, mache aus den Auslassungen in der ZM so viel als möglich! Hier hast Du die Peitsche in der Hand!" Schütz forderte vom FXV-Generalsekretär auch die Druckfahnen für den Jahresbericht, um noch Korrekturen anzubringen: „Da ich noch manches weiß, was ich Dir nicht sagen kann, wenigstens nicht augenblicklich und nicht schriftlich, so kann ich manche Retouchierungen vornehmen, für die Du mir dankbar sein wirst". Daher solle Louis ihm auch den Brief an die SK zuvor zur Durchsicht schicken. „Ich will Dir gerne alle meine Kenntnis der Situation, die ich neulich auch wieder in zwei Unterredungen mit Schwager gewonnen habe, dafür zur Verfügung stellen"[192].

Louis hielt sich in seinem Entwurf[193] eines Schreibens an Witzel passagenweise wörtlich an Schütz' Vorgaben, doch fand Schütz ihn nicht ausreichend und schickte daher einen von ihm verfaßten Brief[194], den er mit Krose und einem weiteren Jesuitenpater durchgesprochen hatte. Er solle „Essig und Öl in richtiger Mischung" vereinigen. Der Hauptzweck des Schreibens sei: Louis solle sich rechtfertigen wegen seines „im Grunde sehr zu beanstandenden Nichtschreibens" an Witzel im Herbst 1918. Es ginge darum, den SK-Vorsitzenden „in sehr bestimmter, aber doch nicht verletzender Form auf eine von ihm begangene Unterlassungssünde aufmerksam zu machen, etwa nach dem Prinzip: excuso me accusando te". Schließlich solle man unter die „unliebsame Vergangenheit einen Strich" setzen, um wieder neu anfangen zu können. Hier zeigte Jesuitenpater Schütz, mit welchen Mitteln er zu arbeiten gewillt war – es kam nicht auf Wahrhaftigkeit, sondern auf Wahrung von Positionen an. Vor allem ließ er nicht unerwähnt,

---

[191] Vgl. S. 102f, 105, 107.
[192] Schütz an Louis, 5.4.1919. Missio, SK A-170/1.
[193] Vgl. Louis an Witzel, o.D. Ebd.
[194] Vgl. Entwurf Schütz': Louis an Witzel, o.D. Ebd.

welche Erwartungen von seiten der Jesuitenpatres dem Generalsekretär des FXV gegenüber in ihrer Doppelrolle zwischen FXV und SK bestanden: „Nun erwarte ich aber auch, daß Du an dem Entwurf keine Änderungen machst. Wenn Du ihn unverändert schickst, wie er steht, so werden P. Krose und ich Dich auf der Superiorenkonferenz heraushauen, sonst natürlich nicht". Der Brief werde von Witzel sicher wieder an die Obern weitergegeben. „Auf diese Weise ist mir – im Vertrauen gesagt – schon manch eines Deiner eigenen Schriftstücke wieder zu Gesicht gekommen, manche, die ich schon genau kannte und andere, die mir unbekannt waren. Mehr darf ich Dir darüber aber nicht sagen". Auch wegen der Verteilung der Gelder solle er eine „möglichst unverbindliche Form, die Dir die Freiheit der Entschließung läßt", wählen[195].

Louis erfüllte die Forderungen der Jesuiten, entschuldigte sich in keiner Weise, sondern holte zur Anschuldigung aus. In der ZM-Oktobernummer 1918 seien „geradezu maßlose Angriffe gegen den Xaveriusverein, seine leitenden Organe und seine Geschäftsführung erhoben" worden, die „über das Maß der zulässigen Kritik" hinausgingen. Nach der Fuldaer Besprechung habe er den Eindruck gehabt, „ein für beide Teile zufriedenstellender ‚modus vivendi' im Geiste der Versöhnung" sei gefunden. Der FXV habe „auf der einen Seite optima fide peinlich jegliches unterlassen, was dieses Verhältnis hätte trüben können, und war auf der andern Seite, so weit es nur an ihm lag, bemüht, in seinen amtlichen Publikationen vor Klerus und Volk das Recht der den missionierenden Orden angeschlossenen Sammelvereine auf Existenz und eifrige Unterstützung zu betonen". Die Auslassungen der ZM seien „um so schmerzlicher und befremdlicher" als die SK nicht ihre Mißbilligung zum Ausdruck gebracht habe und im nächsten Heft ein Artikel mit „noch maßloseren Anwürfen" ohne ein erklärendes Wort der SK erschienen sei. Aus „Liebe zum Frieden" hätte der FXV aber von einer energischen Zurückweisung abgesehen. Das sei ein nicht geringes Opfer. „Auch sind wir gerne bereit, in christlicher Liebe das Vorgefallene zu vergessen". Sie sollten wieder zu Aussprachen finden[196]. Louis hatte also die verdeckten strategischen Winkelzüge der Jesuiten ausgeführt.

Der unerbittliche publizistische Kampf von Jesuitenpater Huonder gegen die speziellen Missionsvereine hatte seit 1909 die für das Missionswesen arbeitenden Institutionen und Persönlichkeiten polarisiert. In einer internen Darlegung reflektierte Jesuitenpater Schütz, welche schwere Verantwortung

---

195 Schütz an Louis, 3. 5. 1919. Ebd.

196 Louis an Witzel, 6. 5. 1919, zitiert in: Witzel an Obern, 27. 5. 1919. AVDO; vgl. Louis an Witzel, 6. 5. 1919. Missio, SK A-170/1.

die Jesuiten daran trugen. Hauptpunkte der Anklagen seien vor allem, daß Huonder 1909 zur Neuorientierung des Missionswerkes in Deutschland den besonderen Missionsvereinen der missionierenden Orden neben dem FXV als kirchenamtlichem Zentralmissionsverein „die Existenzberechtigung" abgesprochen habe. Huonders Artikel hätten starke publizistische Verbreitung auch in einer FXV-Broschüre an Bischöfe und Klerus gefunden. Damit identifizierte sich der FXV mit den Thesen und drängte die Missionsorden in die Opposition. 1916 habe die Wiederbelebung des FXV „auf unser Betreiben hin mit Nachdruck" eingesetzt[197], so der Jesuit. Im Jubiläumsartikel der „Katholischen Missionen" 1917/18 hätten auch die „gegen uns in sehr unliebsamer Weise ausgespielten Sätze" gestanden: „Das prachtvoll gelungene Jubiläumsfest [...] bedeutet zugleich einen endgültigen Sieg über die vielen unerwarteten Hemmnisse und Gegenströmungen, die sich dem großen Werke der Neugestaltung entgegenstellten". Der FXV werde sich „die ihm zukommende Führerstellung im heimatlichen Missionswesen nicht wieder entwinden lassen". Besonderer Nachdruck werde „von unsern Anklägern auf die Tatsache gelegt, daß diese Worte die übliche Zensur der Gesellschaft [Jesu] passiert haben". In den Anklagen sei manches unrichtig und schief, nicht weniges aber „leider auch wahr". Der Jesuitenprovinzial habe auf der SK schon Fehler zugegeben, was sichtlich beruhigend gewirkt habe. Aber Huonder habe sich nicht zu einem „rückhaltlosen ‚peccavi'" durchgerungen. Schütz selbst habe in einem Artikel in den „Stimmen der Zeit" im August 1918 das grundlegende Verhältnis des FXV zu den Missionsorden dargelegt. Schwager, der „bedeutendste Kopf" der SK habe erklärt, eine Opposition der Superioren gegen den FXV hätte sich niemals gezeigt, wenn dies schon immer vertreten worden wäre. Zu Anfang der Belebung des FXV sei das Verhältnis der Jesuiten zu den Missionsorden das „offener Feindseligkeit" gewesen. Auf der SK im März 1919 sei sichtlich zu Tage getreten, „daß das alte Mißtrauen und die tiefwurzelnde Antipathie, die auf allen früheren Konferenzen zu so unangenehmen Auseinandersetzungen und heftigen Angriffen geführt hatten, einem wohltuenden Vertrauen Platz gemacht hatte"[198].

Witzel zeigte sich unbeeindruckt von Louis' Brief mit den den Jesuiten geschuldeten Schachzügen, die noch nicht die reflektierte Position der internen Überlegungen Schütz' trugen. Die SK warte noch immer auf eine Antwort Louis', die ZM-Angriffe mißbillige sie und sie sei daran interessiert, friedlich zusammenzuarbeiten. Das Verhältnis der SK zum FXV solle nicht

---

[197] Vgl. S. 105; damals wurde dies von Jesuiten bestritten.

[198] [Notiz Schütz'] In Sachen des Xaveriusvereins, o. D. Missio, SK A-172.

„das Verhältnis der Unterordnung" sein. Die Missionsorden, „denen der Löwenanteil der Missionsarbeit zufällt, erkennen nur die Ordens- und die höheren kirchlichen Obern als berufene Führer an". Der Bonifatius-Aufruf sei eine „Kompetenzüberschreitung" des FXV gewesen, „als sei der Xaveriusverein eine über den Missionsorden stehende Instanz". Der FXV sei ein „Hilfsverein" und solle „den Missionsorden gegenüber auf Führergelüste" verzichten[199]. Das war deutlich.

Louis informierte dienstbeflissen Jesuitenpater Krose von diesem Schreiben. Krose riet nun doch, endlich den geforderten Brief zu verfassen. Durch das Ausbleiben der Antwort sei eine Schwierigkeit geschaffen, die den gegenseitigen Verkehr und das Zusammenarbeiten erschwere. Das werde von den Superioren „als eine Nichtachtung und Kränkung" aufgefaßt. Louis solle „diesen letzten Stein des Anstoßes aus dem Wege" schaffen. Die Bonifatius-Sache hätte die SK so ausgeführt, weil wiederholt von verschiedenen Seiten „die Missionsobern einfach beiseite geschoben und über ihre Köpfe hinweg in Missionsangelegenheiten dekretiert worden wäre". Sie würden sich jetzt bemühen, „ihre Stellung als die berufenen Vertreter der Missionen zur Geltung zu bringen". Ein „Aufsichtsrecht" über den FXV dürften sie sich aber nicht anmaßen[200].

Nun erteilte Louis endlich am 24. 6. 1919 Witzel die ausgebliebene Antwort vom Oktober 1918 und entschuldigte sich mit den damaligen politischen Verhältnissen und den außergewöhnlichen Zeiten, wodurch alles liegengeblieben sei. Auf dem Weg „persönlicher und mündlicher Fühlungnahme" könnten die schwebenden Fragen geklärt werden. Führergelüste hätten sie nicht, sie seien alle „Hilfsorgane des Missionswerkes", auch die Obern[201]. Witzel antwortete Louis knapp auf einer Postkarte, er gebe sich „der Hoffnung hin, daß bei dem beiderseits vorhandenen guten Willen bald ein einträchtiges Zusammenarbeiten angebahnt" sein werde. Er werde die Besprechung auf der nächsten SK zur Erörterung stellen[202].

Schwager teilte seinem Generalsuperior Blum „streng vertraulich!" mit, die Jesuiten sähen jetzt selbst ein, daß Huonders Vorgehen „ein wahres Unglück für unsere gemeinsamen Interessen und die Einigung der Orden war". Die Versendung des Artikels Huonders 1912 als FXV-Broschüre sei „ein schwerer Mißgriff" gewesen[203]. Schwager hatte mittlerweile mit Schütz zu

---

[199] Witzel an Louis, 19. 5. 1919. Missio, SK A-170/1; vgl. Zitat in: Witzel an Obern, 27. 5. 1919. AVDO.

[200] Krose an Louis, 3. 6. 1919. Missio, SK A-170/1.

[201] Louis an Witzel, 24. 6. 1919. Ebd.

[202] Witzel an Louis, 11. 7. 1919. Ebd.

[203] Schwager an Blum, 2. 7. 1919. AG-SVD, 26.

einer kontinuierlichen und sachlichen Zusammenarbeit gefunden. Die SK vom Juli 1919 hatte mit Schwager als neu gewähltem Generalsekretär und Schütz als Mitglied des SK-Arbeitsausschusses schließlich die beiden noch enger aneinander gebunden. Am 6. 8. 1919 fand auf Einladung des SK-Vorstands eine Besprechung mit Louis, Dr. Mergentheim und den Professoren Meinertz, Schmidlin, Berg und Pieper statt, um die „bedauerlichen Zwistigkeiten innerhalb der verschiedenen Faktoren des heimatlichen Missionswesens" zu beseitigen. Es sei eine Einigung erzielt worden, so Witzel an Kardinal von Hartmann, „die für die Zukunft ein nur friedliches Nebeneinander- und freundschaftliches Zusammen-Arbeiten verspricht". Sie hätten nun die Hoffnung, daß Hartmann „das geschätzte Wohlwollen wiederum gleichmäßig allen Faktoren des heimatlichen schwer bedrohten Missionswerkes" zuwenden werde[204]. Louis zeigte sich erfreut, daß zwischen SK und FXV „ein so vertrauensvolles Verhältnis" entstanden sei[205].

Es sah also danach aus, als ob nach 10 Jahren, im August 1919, die Kontrahenten bereit waren zu sachlicher Auseinandersetzung und Kooperation. Doch dieser Eindruck war aufs Ganze gesehen trügerisch. Die Entwicklung bis zum Ende der Weimarer Republik war gezeichnet von weiteren Kontroversen und erneuten Versuchen der Verständigung. Die Lager, die Argumente, die Vorwürfe – es war, als stagnierte alles.

Zu den konstruktivsten Schritten zählte im September 1919 die Sitzung der „Missions-Sachverständigen-Konferenz", an der die „wichtigsten Missionsfaktoren" teilnahmen zur gegenseitigen Verständigung. Sie war als feste, wenngleich „rein privaten Charakter" tragende Institution geplant[206]. Die SK knüpfte daran die Hoffnung, daß so „der Austragung von Differenzen in der Öffentlichkeit vorgebeugt"[207] sei. Die Erwartungen übertrafen allerdings die konkrete Entwicklung.

Die Spannungen zwischen der SK und dem FXV waren während der Amtszeit Schwagers durch dessen permanente Aufmerksamkeit auf mögliche Störungen, durch seinen kontinuierlichen Austausch mit Louis und Schütz, begünstigt auch durch die räumliche Nähe Aachen-Hangelar und die häufigen Gesprächsmöglichkeiten im Köln-Bonner Raum eingegrenzt. Konstruktiv wurde schließlich auch nach der Neuregelung der FXV-Finanzen die Verteilung seiner Gelder vereinbart[208]. Schließlich kam 1926 auch die Gleichbehandlung aller Gemeinschaften zum Tragen, da stets die Jesui-

[204] Witzel an Hartmann, 9. 8. 1919. Missio, SK A-170/2.
[205] Louis an Witzel, 18. 8. 1919. Ebd.
[206] Satzungen der Missions-Sachverständigen-Konferenz, 1. 10. 1919. OMI.
[207] SK-Protokoll, 13.–14. 10. 1919. AVDO.
[208] Louis und Serres an Witzel, 28. 4. 1921. WV.

ten, Lazaristen, Maristen und Oblaten bevorzugt worden waren[209]. Nachdem der FXV einen eigenen Kalender herausbringen wollte, was die Orden beunruhigte, konnte man sich 1921 auch darüber einigen[210]. Die Kalenderfrage wurde 1924 wieder aufgeworfen, führte zunächst zu Unstimmigkeiten, dann aber zu deren Beseitigung[211].

Die Spannungen traten nach Schwagers Amtszeit in verschiedener Weise erneut öffentlich oder intern auf. So lastete Löwenstein, seit 1922 Präsident des FXV, als er die schlechten Sammelergebnisse von KJV und FXV dem Fuldaer Bischof Schmitt mitteilte, den speziellen Missionsvereinen mit ihrer erfolgreichen Propaganda seinen Mißerfolg an[212]. KJV-Generalsekretär Sittard stellte um die Jahreswende 1926/27 fest, es seien Klagen zu hören, der KJV und der Schutzengel-Verein würden in Schulen zurückgedrängt „durch die rücksichtslose Agitation und Propaganda einiger Missionsorden“[213]. Die Orden würden „mit Hilfe ihrer billigen Arbeitskräfte“ schönere Zeitschriften für Kinder herstellen[214]. Louis wurden verschiedene Beschwerden über Sammelbrüder und deren Angriffe gegen den FXV zugespielt, was die Kontroversen anheizte.

Dem neuen Generalsekretär van der Velden riet Löwenstein 1926 zwar, die wichtigste Aufgabe sei „mit den Missionsgesellschaften zu einem guten modus vivendi zu kommen“. Bei Predigten der Missionare auf den FXV-Veranstaltungen müßten sie aber „unbarmherzig verlangen“, daß sie den Beitritt zum FXV empfehlen. Andererseits dürfte der FXV nichts gegen die Vereine der Missionshäuser sagen, aber von den Pfarrern verlangen, „daß sie zunächst einmal nach dem Willen des Heiligen Vaters den Xaverius-Verein in ihren Gemeinden einführen“[215]. Wie bei einer pflichtgemäßen flächendeckenden Einführung der päpstlichen Missionsvereine die speziellen Vereine der Orden noch existieren könnten, wurde nicht diskutiert.

Am 8. 5. 1927 kam es anläßlich der gemeinsam veranstalteten ersten großen Missionstagung in Berlin im Gemeindehaus St. Hedwig zu einer Aussprache zwischen Vertretern der SV, des FXV, KJV und LMV. Mit einem „etwas kümmerlichen Resultat“, so der Eindruck von P. Rieck OFM, schloß die Besprechung[216]. Im nachhinein erst wurden die Richtlinien dieses

[209] Vgl. Löwenstein an Vogel, 30. 3. 1926. AMS, VIIJII.
[210] Serres, Louis an Witzel, 15. 12. 1921. Missio, SK A-170/2.
[211] Sinnigen an Louis, 10. 1. 1924. Ebd.; Sinnigen an Stuhlweißenburg, 29. 1. 1924. APT.
[212] Löwenstein an Schmitt, 9. 8. 1923. StAWt-R, Lit. D 761 e 49.
[213] Sittard: Der KJV um die Jahreswende 1926/27. HAEK, Gen. 23. 5, V. 3.
[214] Sittard an GV Köln, 7. 12. 1928. Ebd.
[215] Löwenstein an van der Velden, 24. 6. 1926. StAWt-R, Lit. D 761 e 38.
[216] Bericht Riecks, 15. 5. 1927. ASFP.

Gesprächs aufgestellt. Beide Seiten wollten sich gegenseitig fördern und ihre Helfer auf die Grundlinien der gemeinsamen Arbeit verpflichten. Die Grundformel bei gemeinsamen Veranstaltungen sollte lauten: „Die heutige Missionsveranstaltung bezweckt, gemäß der Anordnung des Heiligen Vaters und der Bischöfe, die Einführung und Förderung des Franziskus-Xaverius-Vereins (bzw. des Ludwig-Missionsvereins) und des Kindheit-Jesu-Vereins. Dem Wunsche des Heiligen Vaters entsprechend werden aber auch die anderen Missionsvereine der opferfreudigen Mildtätigkeit der Gläubigen aufs wärmste empfohlen". Die Einnahmen sollten zu 1/3 dem FXV/KJV/LMV und zu 2/3 den mitwirkenden Genossenschaften zugehen. Als Richtlinie für das Verhältnis zwischen KJV und Kindermissionsvereinen der Ordensgenossenschaften sollte gelten: „Dem ausdrücklichen Wunsche der Päpste entsprechend soll das Werk der heiligen Kindheit auf allen Schulen an erster Stelle eingeführt und gepflegt werden. Unbeschadet dessen mögen aber auch die an den Schulen bestehenden Sondermissionsvereine für Kinder der Mildtätigkeit der Jugendlichen empfohlen und unterstützt werden". Die Richtlinien sollten von beiden Teilen den Helfern und Helferinnen aus dem Laienstande mitgeteilt und zur Pflicht gemacht und publiziert werden[217]. KJV-Generalsekretär Sittard schickte die Richtlinien an das Kölner Generalvikariat mit der Bemerkung, daß „in Zukunft das Verhältnis wenigstens erträglich" werden würde, wenn sie eingehalten würden[218]. Am 1. 10. 1928 gab der LMV Merkpunkte für die Leitung von Ortsgruppen heraus, in denen die Rücksichtnahme auf die speziellen Missionsvereine deutlich durchkam. Insbesondere die Möglichkeit der Doppelmitgliedschaft wurde durch das Privilegium pauperum eröffnet[219].

Das waren im Grunde genommen sehr moderate Töne, die in die Richtung einer Verständigung wiesen. In diese Phase traf 1928 nun „von außen" die Erklärung des Obersten Generalrates des Vereins der Glaubensverbreitung über das Verhältnis des Päpstlichen Werkes der Glaubensverbreitung zu den missionierenden Ordensgenossenschaften und warf diese gütlichen Ansätze um Jahre zurück. Die Religiosen sollten keine Werke gründen, „die irgendwie einen Anschein erwecken, der zur Verwechslung mit dem Päpst-

---

[217] Aussprache zwischen Vertretern des Werks der heiligen Kindheit, des Werks der Glaubensverbreitung und der Superiorenvereinigung, anläßlich der Missionstagung in Berlin am 8. 5. 1927 im Gemeindehaus St. Hedwig, in: Mitteilungen des Verwaltungsrates des Werks der heiligen Kindheit, hg. v. Generalsekretariat, 2. Jg., 15. 8. 1927, H. 3, S. 76–79. Vgl. Rundschreiben Sinnigens, 14. 5. 1927. OMI. Richtlinien, 8. 5. 1927. AVDO, WV.

[218] Sittard an GV Köln, 12. 7. 1927. HAEK, Gen. 23. 5, V. 3.

[219] Merkpunkte für die Leitung von Ortsgruppen des Ludwig-Missions-Vereins, 1. 10. 1928. AMS, VIIJII.

lichen [Werk] der Glaubensverbreitung führen und das größere Wachstum des Päpstlichen Werkes hindern könnte“, hieß es da. Der Generalrat wolle das Almosensammeln der missionierenden Genossenschaften nicht hindern, aber sie sollten dafür sorgen, daß auch ihre Freunde und Förderer dem Päpstlichen Werk beitreten. Diese römische Erklärung verschärfte die Lage in Deutschland. Der SV-Vorsitzende Kassiepe zitierte den „viel schlimmeren Erlaß“ des Bamberger Ordinariats vom 18.10.1928. Die großen Missions-Vereinigungen KJV, Schutzengelverein, Bonifatiusverein, LMV, Verein katholischer Frauen und Jungfrauen würden in der Erzdiözese „eine recht segensreiche Tätigkeit“ entfalten und sollten darum in jeder Pfarrei Förderung und Verbreitung finden. Andere Sonder-Missions-Vereine würden „aufdringlichst einzuführen gesucht“, was nur auf Kosten der großen Vereine erfolgen könnte. Daher sollte dem entgegengetreten werden! Kassiepe meinte, es zeige sich hier „eine feindliche Tendenz“. Die SV müsse eine „Aktion zum Schutz unserer Sonder-Missionsvereine unternehmen!“ Der FXV habe die Richtlinien von 1927 nicht unterschrieben, nur der KJV habe sie in seinen Mitteilungen veröffentlicht. Leider seien die Richtlinien auch in der SV und bei den Bischöfen kaum bekannt, weil der FXV seine Verpflichtung, sie zu unterrichten, nicht erfüllte. Der SV-Vorstand solle Schritte unternehmen zur Aufklärung der Förderer, der Propaganda und der Bischöfe[220]. Die Auswirkungen des Erlasses von Bamberg zeigten sich schon bald, und zwar drastisch. Eine Förderin habe die Hefte des speziellen Missionsvereins abbestellt, denn der Pfarrer habe diese Vereine auf der Kanzel verboten[221].

Der neue Generalsekretär des FXV, Dr. Kremer, stellte sich auf der SV-Mitgliederversammlung 1929 vor. Bislang hatte sich der FXV nicht schriftlich an die 1927 getroffenen Vereinbarungen gebunden. Kremer beteuerte nur mündlich, er wolle mit den Superioren „gemeinsam positiv“ arbeiten. Auch Kassiepe bekräftigte, sie wollten auch „Hand in Hand“ arbeiten und bei Mißverständnissen und Schwierigkeiten offen und ehrlich darüber sprechen. „Bei gutem Willen werden sich auch solche Fälle leicht und freundschaftlich erledigen lassen“[222].

Diesem bekundeten Einigungswillen folgten erst noch die weitaus heftigeren Angriffe gegen die Orden. Am 21.6.1929 erschien im Amtsblatt der Erzdiözese München und Freising eine Verordnung hinsichtlich der Sammlungen, „sogenannte ‚wilde‘ Sammlungen von Haus zu Haus durch Ordens-

---

[220] SV-Protokoll, 2.12.1928. AVDO, DPB.
[221] Reichertz an P. Provinzial SM, 3.12.1928. WV.
[222] SV-Protokoll, 30.4.1929. AVDO.

leute". Sie seien „zu einer wirklichen Plage für die Seelsorger und die Gläubigen auf dem Lande geworden". Künftig bräuchten die Ordensangehörigen zum Sammeln eine schriftliche Erlaubnis des Ordinariats und müßten sich beim Pfarrer vorstellen[223]. Geradezu als Frontalangriff wurde der Artikel von Joseph Peters, Redakteur des FXV in Aachen, im August 1929 in den Mitteilungen des KJV gewertet. Peters nannte die Erklärung des Generalrats über den Vorrang des Päpstlichen Werks „im Abwehrkampf des letzten Jahres das bedeutendste Dokument". Das sei das „sicherste Fundament" der Zusammenarbeit mit den Orden. „Der Konkurrenzkampf um die Missionsalmosen ist eine der häßlichsten und beklagenswertesten Erscheinungen der neuesten Entwicklung des Missionshilfswesens und ein Beweis für egoistische, übernatürlicher Auffassung entbehrende Einstellung". Die Entwicklung zeige auf die Gründung einheimischer Kirchen in den Missionsländern und eine Umverteilung der Mittel gegen die „Hypertrophie (Überbildung) des heimischen Missionsvorbildungsapparates"[224].

Der Artikel wurde von den Orden als „Kränkung" empfunden. Kassiepe legte dagegen Protest ein. Die Einigung mit den Werken verfolgte er konsequent weiter[225]. Auf der Generalversammlung der päpstlichen Missionsvereine in Mainz im September 1929 wandte sich der SV-Vorsitzende gegen Peters' Vorwürfe und dreiste Fehldarstellungen. Der Hl. Vater habe sich in seiner Missionsenzyklika ausdrücklich um Förderung und Vermehrung der Priestermissionsberufe in den christlichen Ländern ausgesprochen, nicht für eine Unterbindung. Die Heranbildung eines einheimischen Klerus in den Missionsländern liege auch den Orden am Herzen. Aber zunächst einmal müßten die Länder ja missioniert werden. Als gangbarer Weg bezüglich der Einigung der Missionsvereine seien die Merkpunkte des LMV, die das Privilegium pauperum anführten, zu empfehlen. Klagen sollten gegenseitig mitgeteilt werden. „In der Superioren-Vereinigung haben wir ein Organ geschaffen, das zwar nicht autoritativ den Mitgliedern etwas befehlen kann, das aber doch einen von Jahr zu Jahr stärker werdenden moralischen Einfluß ausübt". „Reibungen, die menschlich möglich bleiben, müssen unbedingt zwischen unseren Vorständen erledigt werden, dürfen auf keinen Fall

---

223 Aus dem AB ED. München und Freising Nr. 9 vom 21.6.1929 betr. Sammlungen, in: Mitteilungen der Verwaltung des Werks der heiligen Kindheit (Kindheitverein, Schutzengelverein), hg. v. Generalsekretariat des Werks der heiligen Kindheit in Aachen-Burtscheid, 4. Jg., 15.8.1929, H. 3, S. 93–94. WV.

224 Joseph Peters, In Abwehr und Angriff. Zur Generalversammlung des Werkes der Glaubensverbreitung und des Werkes der hl. Kindheit in Mainz, in: Ebd., S. 68–86. WV.

225 Rundschreiben Kassiepes und Sinnigens, 8.8.1929. AVDO, DPB.

in die Öffentlichkeit getragen werden“, so Kassiepe. Ein Mitglied des SV-Vorstandes solle ständiges Mitglied des Verwaltungsrates des Werkes der Glaubensverbreitung werden. Andererseits könnten Vertreter des päpstlichen Werkes zur besonderen Aussprache bei Veranstaltungen der SV eingeladen werden[226].

Am 23.10.1929 fand eine Aussprache in der Zentrale des FXV unter Vorsitz Weihbischof Sträters mit Vertretern des FXV, KJV und der SV statt. Es wurde nun vorgeschlagen, daß die Förderer von Sondermissionsvereinen zugleich in Personalunion Förderer des FXV in der Pfarrei werden, wobei das Privilegium pauperum eingeräumt werden dürfe. Um die freundschaftliche Zusammenarbeit zwischen FXV und SV zu erleichtern, sollte ein SV-Mitglied in den FXV-Verwaltungsrat als beratendes Mitglied aufgenommen werden. Der FXV-Generalsekretär solle regelmäßig von der SV zu Besprechungen eingeladen werden[227]. Eine interne Aussprache von SV-Mitgliedern unter Vorsitz Kassiepes über das Verhältnis zur Aachener Missionszentrale erbrachte die Notwendigkeit, sich mit den Werken, dem Pfarrklerus und den Bischöfen zu einigen, um nicht isoliert zu werden. Kassiepe sagte offen, der „letzte und tiefste Grund der Schwierigkeiten liegt doch schließlich in den römischen Erlassen“. Sie hatten die Schwierigkeiten verschärft. Ordens- und Weltklerus seien „durch eine Kluft“ getrennt. „Es muß einfach etwas geschehen. Es geht wirklich so nicht weiter“[228].

Zur SV-Mitgliederversammlung 1930 lud man Generalsekretär Kremer ein. Doch er konnte nur berichten, „daß die Bischöfe die Sache in die Hand genommen hätten und in Fulda darüber beraten wollten“. Er könne keine bindenden Abmachungen treffen[229]. Der FXV war in Schwierigkeiten und diese führte er allein auf die Missionsorden zurück. Löwenstein sah sich im Mai 1930 veranlaßt, dem Episkopat darzulegen, „daß eine zu große Zahl von Missionsvereinen, eine übermäßige Kolportage von Missionszeitschriften und ein übertriebenes Kollektenwesen geeignet sind, die Missionsliebe des katholischen Volkes zu erschüttern und seine Opferkraft zu lähmen, sowie eine starke Mißstimmung im Klerus hervorzurufen“. Die Orden hätten die bevorzugte Stellung des Päpstlichen Werkes anerkannt. Der Verwal-

---

226 Referat Kassiepes: Vorschläge für die Zusammenarbeit zwischen den päpstlichen Werken der Glaubensverbreitung und den missionierenden Orden [9.9.1929]. AVDO, MSC Salzburg.

227 Ergebnis der Aussprache zwischen Vertretern des FXV, KJV und der SV, 23.10.1929. AVDO, MSC Salzburg.

228 SV-Besprechung, 18.11.1929 mit Protokoll über Aussprache zwischen Vertretern SV, FXV, KJV, 23.10.1929. AVDO.

229 Tellkamp an Grendel, 30.5.1930. AG-SVD, 26.

tungsrat des FXV bat den Episkopat, durch Diözesanverordnung sicherzustellen, daß in allen Pfarreien der FXV gepflegt werde, sich Diözesanausschüsse bilden und ein Weltmissionssonntag bestimmt werde[230]. In einem Memorandum wurde der Vorrang des FXV herausgestrichen durch seinen „universalen, kirchenamtlichen Charakter". Er sei zu fördern, so daß „alle Katholiken ohne Ausnahme zunächst und vor allem" in den drei Werken, FXV, KJV und Werk vom Hl. Petrus, „und zwar in jeder Pfarrei am Missionswerk der Kirche beteiligt sein sollen". Die päpstlichen Werke dürften durch die Sondermissionsvereine nicht behindert werden. Der Pfarrer sei „‚ex officio'" verantwortlich für die päpstlichen Missionswerke. Außerdem solle er die Sonderwerke „in edelmütiger Weise empfehlen und fördern". Die Sondermissionsvereine seien aber so viele, daß dies auf Kosten der päpstlichen Werke gehe. Die Kolportage ihrer Drucksachen sei eine „Landplage". Es seien literarisch wenig wertvolle Kalender. Das Kollektenwesen, vor allem „die wilde, an keine Ordnung und kirchliche Kontrolle gebundene Bettelei, ist als Schädigung des Missionsgedankens anzusehen". Es gebe keine Kontrolle, ob die Gelder für die Mission verwendet würden. „Die Missionssache, die ihrem Wesen nach eine universale katholische Angelegenheit ist, trägt allzu sehr den Charakter des Ordensmäßigen an sich". Löwenstein beklagte die „Ordnungslosigkeit in der Missionspropaganda und ein unerträgliches Übermaß von Kolportage, Vereinen, Missionskollekten". Es sei eine „autoritative Regelung sehr ratsam". „Sondermissionsvereine, Kollekten, Missionssonntage müßten irgendwie an die Approbation der hochwürdigsten Bischöfe gebunden werden". Der Pfarrer solle dann pro Pfarrei über die Genehmigung entscheiden[231].

Nun schaltete sich auch der SV-Vorsitzende Kassiepe ein, nachdem er beim Vorsitzenden der Fuldaer Bischofskonferenz Bertram zu einem Gespräch gewesen war und gehört hatte, „daß etwas im Gange war"[232]. Er schrieb im Juli 1930 Bertram zum Stand der Vereinbarungen zwischen den allgemeinen und den speziellen Missionsvereinen. Die Orden seien bereit „an der Abstellung wirklicher Übelstände, die niemand mehr bedauert, als wir selbst, tatkräftig mitzuwirken, und erbitten uns von den hochwürdigsten Herrn Bischöfen nur die Möglichkeit, solche Fälle nachzuprüfen, um, wenn die Klage berechtigt ist, auf sofortige Abstellung dieser Mißstände zu dringen. Nur darf den Missionsgesellschaften nicht die Möglichkeit genom-

230 Löwenstein an Fuldaer Bischofskonferenz, 20. 5. 1930. HAEK, Gen. 23. 73.

231 Memorandum: Päpstliches Werk der Glaubensverbreitung Franziskus-Xaverius-Missionsverein Aachen [1930]. HAEK, Gen. 23. 73.

232 Protokoll über Aussprache der Superioren anläßlich des Katholikentags in Münster, 5. 9. 1930. AVDO, DPB.

men werden, in der von Rom ausdrücklich gebilligten Form für die Bedürfnisse ihrer Studienanstalten und ihrer Missionen Freunde und Wohltäter zu gewinnen". Vor Aufstellung von Richtlinien sollten die Bischöfe Vertretern der päpstlichen Missionsvereine und der Missionsorden Gelegenheit zur Äußerung geben[233].

Die Beratungen der Fuldaer Bischofskonferenz vom August 1930 ergaben, die Bischöfe würden durch Diözesanbekanntmachungen die Pfarrer anweisen, im Sinne der päpstlichen und bischöflichen Kundgebungen sich der Pflege des FXV „mit besonderer Liebe anzunehmen". FXV und SV sollten sich durch Vereinbarungen, die den Bischöfen zur Genehmigung vorzulegen seien, einigen. „Was die Ausdehnung der Missionssammelvereine und die Intensität der Sammlungen betrifft, so gönnt der Episkopat jedem Orden günstige Erfolge, muß aber dringend verlangen, daß in Zulassung und Auswahl der Sammler, Zeit des Kollektierens und Art ihres Betriebes Rücksicht genommen werde auf die Pfarrämter, die sehr oft begründete Klagen führen über Verbitterung im Volke wegen Übermaß des Kollektierens. Jeder Sammler und jeder Vertreiber von Missionszeitschriften hat eine schriftliche Erlaubnis des Ordinarius nötig, an die er sich bezüglich Ort, Zeit und Art des Sammelns zu halten hat". „Von Obigem bitte gefälligst Kenntnis zu nehmen und zur Ausführung der Intentionen des Episkopates nach bestem Können mitwirken zu wollen"[234]. Eine Besprechung zwischen Episkopat und Superioren hatte nicht stattgefunden.

Am 5. 9. 1930 waren 20 SV-Mitglieder in Münster zu einer außerordentlichen Beratung dieser Angelegenheit zusammengekommen. Der SV-Vorsitzende Kassiepe sprach offen an, „daß auch viele Fehler vorkommen, daß Mangel an Takt und fehlendes soziales Verständnis manchen Sammelbruder Mißgriffe tun läßt, für die die Oberen nicht einmal verantwortlich zu machen sind". Bertram habe über Sammelbrüder im Waldenburger Gebiet geklagt, „also in der wirklich ärmsten und sozial am tiefsten stehenden Gegend Deutschlands, wo gerade in der Zeit der größten Arbeitslosigkeit von Haus zu Haus für die Missionen gesammelt worden sei. Das habe mit Recht eine sehr große Erbitterung hervorgerufen". Bertram habe gemeint, dies schade dem Ansehen aller Orden und Genossenschaften. Hinsichtlich der Regelungen zum Sammeln gab Kassiepe zu: „Wenn wir ruhig überlegen, müssen wir eine solche Maßnahme auch berechtigt finden und wir können den Bischöfen ihr Vorgehen nicht einmal verübeln". Nach selbstkritischen Ausführungen der Obern zu Mißständen, aber auch zu positiven prakti-

233 Kassiepe an Bertram, 17. 7. 1930. AVDO, MSC Salzburg.
234 Rundschreiben Sinnigens, 29. 8. 1930. Ebd.

schen Handhabungen verschiedener Gemeinschaften stellte Prov. Reyter SM die Forderung auf, die SV sollte „endlich einmal klare uns alle bindende Richtlinien aufstellen, deren Durchführung kontrolliert werden müßte". Kassiepe meinte, schon „aus rein sozialen Erwägungen heraus" sollten sie ihre Tätigkeit einschränken, denn erfahrungsgemäß würden die einfachen Leute von den Brüdern „heimgesucht werden" und so unter einen gewissen Druck gesetzt. Prov. Karthaus SVD sprach ein permanentes Defizit an: Vor einer Entscheidung der Bischöfe hätte Rücksprache mit der SV gehalten werden sollen. „In einem solchen Vorgehen des Episkopats müssen wir aber dann doch eine starke Geringschätzung unserer Organisation der SV erblicken". P. Chrysostomus Schulte meinte, sie müßten „mit den Bischöfen an den grünen Tisch. Wir müssen mit ihnen verhandeln". Sie würden den Orden sicher entgegenkommen[235].

Die Antwort der SV, die Bertram zuging, war ausdrücklich um Verständigung bemüht. Die SV anerkannte die bischöflichen Verordnungen[236]. Bertram seinerseits bekundete, daß die Entschließungen der SV den Beschlüssen der Bischöfe entsprächen[237]. Am 25.11.1930 übergab Kassiepe Bertram dann die von allen SV-Mitgliedern hinsichtlich des Sammelns von Missionsbeiträgen anerkannten Richtlinien[238]. Das Ergebnis der Vereinbarungen ging dem Diözesanklerus zu[239]. In Bayern allerdings, so Kardinal Faulhaber, würden strengere Richtlinien gehandhabt werden müssen durch Zuweisen der einzelnen Pfarreien für die Sammler, ebenso durch das Genehmigungsrecht des Pfarrers und die Beschränkung der Erlaubnis durch das Generalvikariat auf ein Jahr[240].

(c) SK/SV und Unio Cleri pro Missionibus

Auf der SK im Oktober 1919 referierte Jesuitenpater Schütz über die Priestermissionsbewegung in Deutschland, die von Prof. Schmidlin und Kardinalpräfekt van Rossum zu einem Priester-Weltbund für die Mission ausgebaut wurde. Der Sinn und Eifer für das Missionswerk im Klerus solle damit gehoben werden. Mitglieder könnten Welt- und Ordenspriester und

[235] Wie Anm. 232.

[236] Sinnigens Rundschreiben, 28.10.1930 mit Kassiepe/Sinnigen an Bertram, 20.10.1930. AVDO, MSC Salzburg.

[237] Bertram an SV, 1.11.1930. Ebd.

[238] Sinnigens Rundschreiben, 28.11.1930. SAC Limburg.

[239] GV Trier: Kollektieren und Verbreiten von Schriften durch Mitglieder der Missionsorden. Richtlinien, 15.3.1931. WV.

[240] Faulhaber an Kassiepe, 13.12.1930; betr.: Sammlungen, aus: AB ED. München und Freising Nr. 8 vom 27.5.1930. AVDO.

Theologiestudenten werden. Die SK wählte 7 Vertreter für den Zentralrat. Generalsekretär Schwager trat bei der Generalversammlung des Kölner Diözesanverbandes 1920 und beim ersten Weltkongreß des Priestermissionsbundes 1922 als Redner auf.

(d) SK/SV und Katholikentage

Von seiten der Superioren bestand weiterhin das Bestreben, in den öffentlich zugänglichen Veranstaltungen der Generalversammlungen der Katholiken Missionsreden aufnehmen zu lassen und an allen Fragen, die das Missionswesen betrafen, vom Zentralkomitee beteiligt zu werden. Auf die Fortsetzung des „bisherigen harmonischen Zusammenwirkens“ mit der Missions-Kommission des Zentralkomitees werde großes Gewicht gelegt, so Generalsekretär Schwager im Juli 1919[241]. Über den Missionsausschuß suchte die SK Einfluß auf Gestaltung und Rednerliste für die Missionsveranstaltungen auf den Katholikentagen zu gewinnen. Der SK-Vorsitzende Witzel wurde zum 2. Vorsitzenden des Missionsausschusses gewählt. Den 1. Vorsitz hatte Fürst Löwenstein inne. Schwager übernahm die Schriftführung seit 1920. Löwenstein übertrug 1923 Sinnigen als Nachfolger Schwagers das Amt, da sich die Personalunion von SK-Generalsekretär und Schriftführer des Missionsausschusses bewährt habe. Sinnigen war nun bestrebt, auch in das Zentralkomitee aufgenommen zu werden, damit „in Zukunft wohl immer nur nach Rücksprache mit der SK über Missionssachen verhandelt“ werde[242]. Sinnigen war seit 1925 dann im ZK, doch seine optimistische Ansicht über die Einflußmöglichkeiten bei den gewachsenen Strukturen der Generalversammlungen und des jeweiligen Lokalkomitees waren nicht immer so leicht auf Mitbeteiligung der SK zu lenken.

(e) SK/SV und katholischer Buchhandel

Die Spannungen zwischen dem katholischen Buchhandel und den Orden waren mit der Vereinbarung von 1907[243] keineswegs beseitigt. Ihren schärfsten Ausdruck fanden sie, als sich Ende April 1927 Fonk, der Generalsekretär der Handels- und Industrie-Beiräte der Deutschen Zentrumspartei, an Sinnigen wandte, weil sich in der katholischen Geschäftswelt in der letzten Zeit „eine steigende Erregung gegen die geschäftliche Betätigung der

---

[241] SK-Protokoll, 23. 7. 1919. AVDO, WV; vgl. S. 71–74.
[242] Sinnigen an Frey, 20. 1. 1925. WV.
[243] Vgl. S. 77–79.

katholischen Ordensgesellschaften“ geltend mache. Zu einer Arbeitsgemeinschaft hätten sich daher verschiedene Verbände zusammengeschlossen[244]. Die Beschäftigung mit den von dieser Arbeitgemeinschaft geäußerten Beschwerden in der Öffentlichkeit sei „aus Gründen des Katholizismus“ vermieden worden. Sollte dieser Einigungsversuch nicht gelingen, müßten sie dies aber tun, auch um damit „im Interesse des Katholizismus zu handeln, da dieser an der Leistungsfähigkeit der in Betracht kommenden katholischen Unternehmen und Geschäfte das größte Interesse“ habe.

Die Einwendungen gegen die geschäftliche Betätigung der katholischen Ordensgesellschaften betrafen deren Druckereien und Buchbindereien. Sie verursachten eine starke Schädigung der dafür in Frage kommenden Buchdruckereien und -bindereien des katholischen Verlegertums und Buchhandels. Auch Diözesangebet- und Gesangbücher stellten sie her. Eine Ordensgesellschaft propagiere und vertreibe „sogar einen eigenen Füllfederhalter“. Bei Ordensveranstaltungen würden die Bücher empfohlen und dann vertrieben, so daß der Umsatz des katholischen Buchhandels geschmälert werde. Auch Ordensbrüder würden die Schriften vertreiben. Durch die steigende Zahl von Ordensniederlassungen vergrößere sich der Umfang ihrer geschäftlichen Betätigung. „Nicht allein die katholischen Unternehmer aller in Betracht kommenden Betriebe werden in Mitleidenschaft gezogen, sondern naturgemäß auch deren ganze Angestellten- und Arbeiterschaft; ein Teil der dort bestehenden Arbeitslosigkeit ist sicherlich auf die Tätigkeit der Ordensgesellschaften zurückzuführen“. Durch die Steuerfreiheit der Orden sei eine Bevorzugung gegeben, die sich auch preismäßig niederschlage. „Die Folgen dieser Ordensbetätigung liegen auf der Hand. Den Schaden hat nur der Katholizismus“. Die Arbeitsgemeinschaft habe eine Kommission gewählt, um mit der SV zu einer Einigung zu gelangen[245]. Das waren schwere Vorwürfe, die sich im Grunde genommen gegen alle Orden, also auch jene richteten, die nicht in der SV zusammengeschlossen waren. Außerdem betrafen sie Phänomene, die nicht zuletzt auch durch Verlage und Druckereien weiterer katholischer Verbände mitverursacht wurden, wie z. B. den Bonifatius-Verein.

Die SK vom Mai 1927 besprach Fonks Eingabe, wobei zugegeben wurde, daß die Klagen teilweise wohl durch die „wilde und zügellose Kolportage

---

[244] Verband kath. kaufmännischer Vereinigungen Deutschlands, Reichsbund Deutscher Papier- u. Schreibwarenhändler, AG kath. Sortimenter, Bund Deutscher Buchbinderinnungen, Verband Rheinischer Buchbindermeister, Einzelhandelsverband f. Rheinland u. Westfalen, Graphischer Zentralverband (Christliche Gewerkschaften), Einzelhandelsbeirat d. Zentrumspartei, Vereinigung Westdeutscher Gesangbuchfabrikanten, Vereinigung d. kath. Buchhandels.

[245] Fonk an Sinnigen, 28. 4. 1927. MSC Münster.

und nicht zuletzt das schlimme, schlimme Kalenderunwesen“ verursacht seien. Nach den internen Beratungen sprach Fonk auf der Konferenz. Die SV erklärte ihre Bereitschaft, eine Kommission zur Weiterberatung zu bilden[246]. Sie wünschte jedoch die Beiziehung der andern in Frage kommenden Betriebe und katholischen Organisationen, worauf Fonk nicht einging. Es kam zu einer Vorbesprechung, die schon unter dem Zeichen von Angriffen und Entgegnungen, die in der Presse ausgetragen wurden, standen. Der SV-Vorsitzende Vogel bemerkte, wenn man manche Artikel „mit katholischen Fühlern abtastet“, so merke man den Einfluß der Nichtkatholiken. Die SV lehne es ab, so Vogel an Fonk, sich „mit nichtkatholischen Ordensgegnern auseinanderzusetzen, die unbelehrbar sind“. Es wäre verhängnisvoll, wenn es den Ordensgegnern gelingen sollte, diesen Zustand zu einer Hetze gegen die Orden auszunutzen. Ordensleute seien keine Gegner der katholischen Buchhändler[247]. Die SV bot – wie schon 1907 – Vereinbarungen an.

Es fanden nun 1928 Besprechungen mit dem Vertreter des Katholischen Kaufmännischen Vereins Essen, Dr. Wages, statt und mit Vertretern des katholischen Sortiments. Im November 1928 brachte der 1. Vorsitzende der Vereinigung des katholischen Buchhandels (VKB), Dr. Eduard Hüffer, dem SV-Vorsitzenden Kassiepe die Klagen seines Verbandes vor. P. Fischer SVD hatte als Verhandlungsbasis Vereinbarungen zwischen Ordensverlegern und weltlichen Verlegern aufgestellt. Darin sollten die weltlichen Verleger und Sortimenter anerkennen, daß Herstellung und Verbreitung guter Schriften eine würdige Erwerbstätigkeit der Orden sei und daß die Ordensverlage durch intensive Verbreitung guter katholischer Zeitschriften der katholischen Sache einen wichtigen Dienst erwiesen. Die Orden äußerten ihrerseits, sie hätten das „größte Interesse“ an gutgehendem weltlichen katholischen Verlags- und Sortimentsbuchhandel, den sie fördern wollten. Dazu wurden einige Vorschläge gemacht zur Einbeziehung des Sortiments durch die Orden, durch Überlassen der Werk- und Akzidenzdrucke für weltliche Druckereien und durch Verzicht auf das Verlegen von Romanen, wissenschaftlichen Werken usw. mit Ausnahme der Werke der eigenen Mitglieder. Die Brüderkolporteure sollten nur Zeitschriften und Kalender vertreiben und die Ordensverlage sollten sich bei den Verkaufspreisen „an die im deutschen Buchhandel üblichen Tarife und Kalkulationen“ halten. Sie würden die Vorschriften über Rabattierung beachten und keine Bewilligung von Buchhändlerrabatten an Private gewähren. Nach Ansicht Kassiepes sei dies „eine genügend starke Basis für gültige Verhandlungen“[248].

---

[246] SK-Protokoll, 6. 5. 1927. AVDO, DPB.
[247] Vogel an Fonk, 22. 9. 1927. SDS, 22. 12a.
[248] SV-Protokoll, 2. 12. 1928. AVDO, DPB.

Die Verhandlungen erwiesen sich jedoch als einigermaßen zäh. Am 13.2.1929 wurde der 6. Entwurf der Vereinbarungen zwischen der VKB und der SV getroffen. Es waren noch Detailforderungen beider Seiten aufgenommen, die insbesondere die Konkurrenz ausschließen und die Förderung auch des Verkaufs des Buchhandels an die Niederlassungen der Orden fördern sollten[249]. Sinnigen hielt diese Vereinbarungen nun „für annehmbar“[250] und befragte die Obern, die einige Änderungen beisteuerten[251]. Doch bis April 1929 stand eine Einigung noch aus. Die Schwierigkeit lag darin, daß die Buchhändler verlangten, die SV solle die Verantwortung übernehmen für alle in der SV zusammengeschlossenen Orden und religiösen Genossenschaften. Das aber konnte sie wegen der fehlenden Autorität natürlich nicht. „Wir arbeiten in der SV nur brüderlich zusammen“, so Kassiepe. Sinnigen vermutete, die Buchhändler seien entschlossen, „unter Umständen sogar in sehr großzügiger Weise gegen die Klosterbuchhandlungen Sturm zu laufen“. Die Atmosphäre sei „unheilvoll geladen“. Dr. Hüffer habe mitgeteilt, die Hauptversammlung der VKB habe den Entwurf abgelehnt. Die SV hatte als Wortlaut gewünscht, die VKB „erkennt auch an, daß die Orden und Missionsgesellschaften durch intensive Verbreitung nach Inhalt und Form guter Schriften im Rahmen ihrer apostolischen Aufgabe wirken und der katholischen Sache einen wichtigen Dienst erweisen“. Die Verleger wollten den Wortlaut: „Sie erkennen auch an, daß die Ordensverlage durch intensive Verbreitung nach Inhalt und Form guter katholischer Zeitschriften der katholischen Sache einen wichtigen Dienst erweisen“. Sinnigen meinte, damit sei nachgewiesen, „daß wir einfach nicht mehr verhandeln können!“ Sie sollten halt wie die Bischofskonferenz eine Erklärung abgeben, berechtigte Klagen entgegenzunehmen, zu prüfen und Mißstände gegebenenfalls abzustellen. Dieser Vorschlag wurde schließlich angenommen[252].

(f) SK/SV und Weltkirche

Rettung der Missionen

Nach dem Ersten Weltkrieg war die SK bemüht, in der Verhandlungsphase vor dem engültigen Friedensschluß Papst Benedikt XV. als autoritative

[249] 6. Entwurf: Vereinbarung zwischen Vereinigung des katholischen Buchhandels und SV, 13.2.1929. AVDO, DPB.

[250] Sinnigens Rundschreiben, 14.2.1929. AVDO, DPB.

[251] Sinnigen an Stuhlweißenburg, 27.2.1929 mit Änderungen zum 6. Entwurf der Vereinbarungen zwischen der VKB und SV. APT.

[252] SV-Protokoll, 30.4.1929. AVDO.

Instanz, die auf die gegnerischen Seiten einwirken könne, um Hilfe zur Rettung der deutschen Missionen zu bitten. Er solle für die Freiheit und Internationalität der Missionen eintreten. Die Konferenz vom März 1919 hatte als Hauptgegenstand der Beratung: „Was können wir in diesem Augenblicke tun, um unsere Mission zu retten oder uns Deutschen wenigstens die weitere Mitarbeit am Missionswerk zu ermöglichen?“ Die Superioren beschlossen, sich nicht nur an den Papst, sondern auch an einflußreiche Kardinäle im Ausland, an den Trierer Bischof Korum als Berater der Friedenskommission und an die Berliner Behörden zu wenden. Schwager war nun unermüdlich in der Rettungsaktion tätig. Von ihm stammen die Entwürfe wichtiger Eingaben; er verhandelte mit den zuständigen Personen und Institutionen. Auch der SK-Vorsitzende Witzel bemühte sich eingehend um die Missionsfrage. In der Presse sollte von den Unternehmungen jedoch nichts bekannt werden[253], denn es ging gerade darum, daß andere für die deutschen Missionare eintraten.

Anfang Mai 1919 wandten sich der Fuldaer Bischof Joseph Damian Schmitt und der Vorsitzende der SK Witzel an die Katholiken der alliierten und neutralen Länder, Bischöfe, Priester und Laien. Die Freiheit der Missionen, ähnlich wie früher in der Kongoakte, solle verbürgt werden. Es bestehe der Plan, die deutschen Missionare über den Friedensschluß hinaus von den größten und wichtigsten Missionsländern fernzuhalten. Das bedeute „einen flagranten Eingriff in die Freiheit der katholischen Kirche und ihres Apostolates“. Die deutschen Missionare würden aber zeigen, „daß sie keine politischen Agitatoren sind, sondern einzig das Heil der Seelen im Auge“ hätten. Der Appell schloß dramatisch: „Kann es im Interesse der Alliierten liegen, wenn ihrem Friedenswerke durch die Unterdrückung der wehrlosen deutschen Missionen für alle Zeiten der Stempel eines brutalen Gewaltfriedens aufgedrückt würde?“ „Werden nunmehr die Katholiken der alliierten Länder für ihre bedrängten deutschen Brüder eintreten?“[254]

Schwager und Witzel regten an, zudem „den Hl. Vater in Rom mobil“ zu machen durch Telegramme[255]. Über 230 Telegramme, so Schwager, seien „zum Teil in sehr entschiedener Form“ von den großen katholischen Organisationen in Deutschland nach Rom gegangen[256]. Eine wichtige Vorgehensweise schien Schwager auch die Mobilisierung der Orden im Ausland zu

---

253 SK-Protokoll, 26.–27. 3. 1919. AVDO.

254 Schmitt u. Witzel: Funkspruch zur Rettung der deutschen katholischen Auslands-Missionen, 2. 5. 1919. OFM Fulda, II15c Lagerort 2655. Vgl. KH 9 (1919/1920), S. 123.

255 Witzel an Obern, 27. 5. 1919. AVDO.

256 Schwager an Grendel, 22. 6. 1919. AG-SVD, 28.

sein. Vielleicht könnte eine Ordenskonferenz abgehalten werden, die als Themen haben müßte: „Die Aufgaben der Orden hinsichtlich der Völkerversöhnung im allgemeinen"; „Die Solidarität der Kirche, der Orden und Missionen in den gegenwärtigen Missionsfragen"; „Der übernationale, unpolitische Charakter des Missionswerks"[257].

Die SK vom Juli 1919 formulierte „Grundsätze und Erklärungen zur Missionsfrage", die auch in holländischer, französischer und englischer Übersetzung verbreitet wurden. Sie sollten dazu dienen, „die internationale Verständigung zu unterstützen und volle Einmütigkeit der Katholiken hinsichtlich der Freiheit der Missionen herbeizuführen"[258]. Der rein religiöse, ethische und übernationale Charakter des „Heidenapostolates" sei gefährdet. „Der Ausbau des Reiches Gottes ist zu wichtig, als daß er von der wechselnden politischen Lage abhängig werden dürfte. Hier liegt ein solidarisches Interesse aller Missionen und Missionsgesellschaften und der ganzen Kirche vor. [...] Gerade der rein religiöse, unpolitische und übernationale Charakter des Missionswerkes ermöglicht es den Regierungen, die Missionare ohne Unterschied der Nationalität in ihren Kolonien zuzulassen". Es sollten also auch wieder die deutschen Missionare zugelassen werden[259].

Die SK erhielt vom Papst eine wohlwollende Antwort, er verwende „die größte Sorge und Aufmerksamkeit darauf, daß die Missionare ihr altes Arbeitsfeld" zurückerhalten[260]. Das katholische Ausland, so in der Schweiz oder in Holland, trat zunehmend für die deutschen Missionare ein, Stimmen aus England und Frankreich hingegen blieben nach wie vor negativ[261].

Die SV, die in der Nachkriegszeit Anerkennung, Förderung und Schutz Roms für die missionierenden Orden und Kongregationen genoß, unterließ es ihrerseits nicht, in Adressen an den Papst ihre Ergebenheit zu bekunden und bei Empfängen beim Nuntius zum Ausdruck zu bringen. Abt Vogel versprach 1927 „namens aller Obern Liebe und Ergebenheit gegen den hl. apostolischen Stuhl"[262]. Zum 50. Priesterjubiläum des Papstes schickte die SV ein Glückwunschschreiben. Die zuvor besprochene Idee, eine Reise aller

---

257 Schwager an Schütz, 8. 7. 1919. Missio, SK A-172.

258 Vorbemerkung zu: Grundsätze und Erklärungen zur Missionsfrage, 23. 7. 1919. WV.

259 Grundsätze und Erklärungen zur Missionsfrage, 23. 7. 1919. AVDO, WV. Vgl. Conferentie van de oversten der duitsche Missiecongregaties. Gehouden te Düsseldorf op 23 Juli 1919; Principles and Declarations Regarding the Mission Question, 23. 7. 1919. AG-SVD, 26. Vgl. Druck der Grundsätze und Erklärungen zur Missionsfrage, 23. 7. 1919, in: KH 9 (1919/1920), S. 126–128.

260 Gasparri an Witzel, 30. 9. 1919, in: SK-Protokoll, 13.–14. 10. 1919. AVDO. Dt. Übersetzung Rundschreiben Schwagers, Anhang, November 1919. AMS, VIIJII.

261 Vgl. Ausführungen in: KH 9 (1919/1920), S. 130–143.

262 Bericht Riecks, 15. 5. 1927. ASFP.

SV-Mitglieder nach Rom hatte – wie das Protokoll vermerkt – „Heiterkeit“ ausgelöst, wobei auch sachliche Erwägungen dagegen vorgebracht worden waren, insbesondere finanzielle Schwierigkeiten. Kassiepe meinte, man werde dort auch keinen Eindruck machen, denn er habe im Vatikan gehört, „daß man dort gar nicht klug wird aus unsern Organisationen, und in Rom weiß man auch heute noch nicht, was die SV ist und was sie bedeutet“[263]. Die SV blieb fraglos ein wenig abstrakt für manche römische Kreise, nicht zuletzt deshalb, weil sie kirchenrechtlich nicht einmal existent und ein weltweites Unikat darstellte. Sie erhielt daher vor allem ihre Konkretion durch ihre Mitglieder und deren Missionstätigkeit.

Die SV-Mitglieder, die bei allem Dank gegen Rom natürlich auch die Abhängigkeit vom Wohlwollen Roms spürten, waren aufgebracht, als Prof. Schmidlin in einem Artikel in der „Germania“ vom 11. 7. 1929 die Rückgabe der ehemals deutschen Missionen forderte und dabei die Klage ausgerechnet gegen Rom richtete: Es liege einzig am Willen der Propaganda, ob die deutschen Missionare wieder zurückkehren könnten[264].

Der 1. SV-Vorsitzende Kassiepe und Generalsekretär Sinnigen wählten nun eine ebenso öffentlichkeitswirksame Antwort auf Schmidlin in der Germania. Im Namen der SV drückten sie ihr Bedauern wegen des Artikels aus, hoben die Wertschätzung Roms für die deutschen Missionsgesellschaften hervor und ihre Dankbarkeit dem Hl. Stuhl gegenüber. „Die ihnen übertragenen neuen Gebiete haben sie in bereitwilligem Gehorsam gegenüber dem Hl. Stuhl übernommen, eingedenk ihrer apostolischen Aufgabe zu der sie der Göttliche Heiland selbst berufen hat“[265]. „La Dépêche Coloniale et Maritime“ vermerkte dazu: „En effet, la Germania vient de publier une réponse très sèche portant la signature du président et du secrétaire général de l’Association allemande des supérieurs de missions, le P. Max Kassiepe et le P. Ansgar Sinnigen“. „Bref, l’abbé Schmidlin, ancien signataire du manifeste des quatre-vingts treize intellectuels allemands et autonomiste notoire, est formellement désavoué“[266].

---

263 SV-Protokoll, 30. 4. 1929. AVDO.

264 Vgl. Schmidlin: Zur Rückgabe unserer deutschen Missionen, in: Germania Nr. 317 vom 11. 7. 1929. SAC Limburg.

265 Erwiderung Sinnigens und Kassiepes, in: Germania Nr. 341 vom 25. 7. 1929. SDS, 22. 12b.

266 Artikel: „A propos des missions allemandes d’avant guerre“, in: La Dépêche Coloniale et Maritime Nr. 9479 vom 2. 8. 1929. PAAA, R 62174.

Papstspende und Stipendienindult

Zur Unterstützung der heimatlichen Missionshäuser bat die SK 1921 um eine Papstspende. Nuntius Pacelli antwortete dem SK-Generalsekretär Schwager, „daß der Heilige Vater die Eingabe der Provinzialobern der deutschen Missionsorden und -kongregationen allergnädigst aufgenommen und zu diesem Zweck die hochherzige Spende von 200 000 Lire bestimmt hat“[267]. Nach einem von Schwager in Absprache mit den Mitgliedern erstellten Verteilungsschlüssel wurde das Geld zugewiesen. Auch 1922 erhielt die SK nach einer erneuten Eingabe wiederum 200 000 Lire. Die Verteilung eilte, da die inflationäre Lage „durchaus undurchsichtig“ war und Schwager sich auch nicht in „direkte Spekulation“ begeben konnte wegen des möglichst besten Umtausches. Er ließ sich durch Fachleute beraten, von ihnen den Umtausch vornehmen und überwies sofort per Postscheck das Geld. „Da morgen vielleicht im Reiche Streik herrscht, bin ich froh, daß die Überweisungen heute Mittag schon in Köln waren“[268]. Schwager bat die SK-Mitglieder, die Quelle der Spende nicht in Budget- und anderen Berichten zu erwähnen.

Nachdem der SK-Vorstand den Nuntius wiederum um eine Papstspende gebeten hatte, schlug Pacelli vor, die SK solle um ein Meßstipendienprivileg ersuchen. Am 23. 2. 1922 erhielt Schwager die Auskunft, der Papst habe die Vollmacht erteilt, „die Meßintentionen zugunsten der Missionsseminarien auf zwei Goldmark zu reduzieren“. Es sollten keine „Indiskretionen“ wegen dieses Privilegs vorkommen, sonst könne es zurückgenommen werden[269]. Die bei der Nuntiatur einlaufenden Meßstipendien wandte der Nuntius im übrigen auch den deutschen Missionsgesellschaften zu. Generalsekretär Sinnigen übernahm die Weiterleitung an die Mitgliedsgemeinschaften.

Das Stipendienprivileg wurde jährlich erneuert und bildete für die Missionsgemeinschaften eine merkliche finanzielle Einnahmequelle, zumal sich die Reduktionssätze in den Folgejahren noch günstiger gestalteten. Sinnigen empfahl einen pragmatischen Umgang, soweit die jeweilige Verlängerung des Indults nicht rechtzeitig eintreffe. Man könne es „weiter gebrauchen, müsse dann aber bei etwaiger Zurücknahme eine entsprechende Anzahl Intentionen nachlesen“[270]. Eine nicht erlahmende Diskussion entspann sich um die richtige Auslegung. Hier stritten sich die Vertreter der „late“-Inter-

---

[267] Pacelli an Schwager, 25. 10. 1921; vgl. Schwager an Pacelli, 26. 10. 1921. OFM Fulda, II15c Lagerort 2655.

[268] Schwager an Lettenbauer, 10. 7. 1922. SAC Limburg.

[269] Schwager an Obern, 24. 2. 1922. OFM Fulda, II15c Lagerort 2654.

[270] SV-Kurzprotokoll, 2. 12. 1928. AVDO, MSC Salzburg.

pretation mit jenen der „stricte"-Deutung, wobei die finanziellen Auswirkungen der beiden Auslegungsschulen Mehr- oder Mindereinnahmen bedeuteten und den Debatten um Hl. Messen und Intentionen der Spender einen unangenehmen geschäftlichen Beigeschmack verliehen. Sinnigen wies in der SV-Vorstandssitzung im Mai 1931 auf die Gefahr hin, daß „eine laxe Auslegung auch zu Grenzverletzungen führen kann und auch schon geführt hat". Man verfaßte also Hiweise für die korrekte Handhabung[271].

Das den deutschen Missionshäusern wegen der schwierigen wirtschaftlichen Lage nach dem Krieg gewährte Stipendienindult wurde im Dezember 1931 in dieser vorteilhaften Form nicht mehr verlängert, wodurch ein Einnahmeausfall für manche Gemeinschaften zu verzeichnen war. Die geforderte Überweisung der Stipendiengelder nach Rom bereitete zudem aufgrund der verschärften Devisengesetze im Deutschen Reich nicht unerhebliche Schwierigkeiten. Verschiedene Transfermöglichkeiten – über die Verrechnung mit dem jeweiligen Ordensgeneralat in Rom oder über die Nuntiatur – wurden in Erwägung gezogen. Gemahnt wurde zu diskreter Behandlung, denn sonst wäre dies „etwas für die Kommunistischen Blätter!"[272]. Doch wieder einmal wurde „nicht genügend Diskretion gewahrt", wie Sinnigen im September 1932 klagte. Prov. Stuhlweißenburg forderte deshalb, „daß das Thema ‚Privileg' ein für alle Male von der Tagesordnung unserer G[eneral]V[ersammlungen] verschwindet"[273].

Internationale Missionsausstellung in Rom

Kaum war Sinnigen in sein Amt berufen, sah er sich schon konfrontiert mit den hochgesteckten Erwartungen, die aus katholischen Kreisen und von politischer Seite auf die Missionsorden gerichtet wurden; denn die Orden waren nicht nur internationale Gemeinschaften, sondern ihre Mitglieder versahen stets auch im Ausland ihren Dienst, womit ihnen aus Sicht der jeweiligen Heimatländer die Rolle nationaler „Kulturträger" zufiel. Geradezu internationalen Rang für die Kulturvermittlung der deutschen Missionsorden und -kongregationen maß man der im Dezember 1924 eröffneten Missionsausstellung in Rom bei. Sogleich nach deren Ankündigung im Mai 1923 gab der Deutsche Botschafter beim Hl. Stuhl, Diego von Bergen, dem Auswärtigen Amt zu bedenken, ob sie nicht „dadurch dem deutschen Interesse dienstbar gemacht werden könnte, daß man auf ihr der ganzen Welt einmal zeigte, welchen Schaden Kultur, Gesittung und besonders das

271 SV-V-Protokoll, 4. u. 5. 5. 1931. AVDO.
272 Provinz-Prokurator Böschen OFM an Baumann PSM, 14. 12. 1931. SAC Limburg.
273 SV-Besprechungs-Protokoll, 2. 9. 1932. OFM Fulda, II15c Lagerort 2655.

Werk der Glaubensausbreitung durch die Ausweisung der deutschen Missionare gelitten haben“[274]. Alois Fürst zu Löwenstein in seiner Eigenschaft als Vorsitzender des „Reichsverbands für die katholischen Auslandsdeutschen“ (RKA) formulierte es Sinnigen gegenüber noch deutlicher. Es gehe darum, „daß Rom selbst, also in erster Linie die Propaganda, auch bei dieser Gelegenheit wieder eine gute Meinung von den Leistungen der deutschen Missionsgenossenschaften“ bekomme. Er betonte, daß „ein fast noch größeres Interesse an einer würdigen Vertretung Deutschlands auf dieser Ausstellung“ ihm „das politische“ zu sein scheine. Der Regierung gegenüber sollten die Missionskreise dies sehr entschieden betonen, auch, daß sie unmöglich die Kosten der Beschickung tragen könnten. Als die „berufene Instanz“ für die Vorbereitung und Leitung des deutschen Beitrags benannte Löwenstein die SK[275]. Die Missionsausstellung wurde also als einmalige Chance betrachtet, Rom und der Weltöffentlichkeit Bedeutung und Leistung der deutschen Missionstätigkeit vor Augen zu führen.

Der SK-Vorstand begrüßte den Plan. Sinnigen übernahm die weiteren Vorbereitungsschritte. Im Auswärtigen Amt sei man für Sinnigens Bemühungen „geradezu dankbar, als handle es sich um eine Sache, die das Amt zunächst angehe“[276]. Doch die Ordensobern reagierten keineswegs überstürzt hinsichtlich ihrer Beiträge, so daß Löwenstein schon meinte, es sei Zeit, „etwas mehr Bewegung in die Sache zu bringen“. Als Vorsitzender des ZK-Missionsausschusses könne er wohl „den Propeller“ spielen[277]. Über die Ausstellungskonzeption als solche bestand zunächst einige Verwirrung. P. Fischer SVD meinte, man könne doch nicht „planlos allerhand Dinge einpacken und nach Rom senden“[278]. Im November 1923 drängte Abt Vogel auf eine Besprechung[279].

Am 27. 11. 1923 versammelten sich im Juliusspital in Würzburg unter Leitung Löwensteins die Vertreter der SK, des FXV, LMV, KJV, des ZK der Katholiken Deutschlands, des Missionsärztlichen Instituts Würzburg, der missionierenden Orden und eine Vertreterin der Missionsvereinigung katholischer Frauen und Jungfrauen. Die Ausstellung in Rom solle zeigen, was in den missionierten Ländern für das Werk der Glaubensverbreitung geschehe. Als Vertreter in Rom wurde von der Versammlung P. Stegmiller SDS

---

[274] Bergen an AA, 18. 5. 1923. PAAA, R 62211.

[275] Löwenstein an Sinnigen, 15. 5. 1923. StAWt-R, Lit. D 761 e 49. Eine Abschrift des Schreibens auch in: PAAA, R 62211.

[276] Sinnigen an Stuhlweißenburg, 22. 6. 1923. APT.

[277] Löwenstein an Sträter, 17. 10. 1923. StAWt-R, Lit. D 761 e 49.

[278] Fischer an Sinnigen, 22. 10. 1923. AG-SVD, 26.

[279] Vgl. Löwenstein an Louis, 17. 11. 1923. StAWt-R, Lit. D 761 e 49.

bestimmt, der Kontakte knüpfen, Informationen weiterleiten und vor allem dahin wirken sollte, daß „die deutschen Missionsorden und -vereine auch als Deutsche zur Geltung kommen". Die weitere Arbeit in der Heimat wurde einem Ausschuß übertragen[280].

Die großzügige Förderung seitens der Regierung stand von Anfang an außer Frage. Der Sachbearbeiter des Auswärtigen Amtes, Hommerich, stellte grundsätzlich fest, als „Behörde eines religiös indifferenten Staates" fördere das Auswärtige Amt die Missionen nur insoweit als sie „in ihrer Eigenschaft als Kulturträger des Deutschtums im Ausland tätig werden"[281]. Der Missionsausstellung komme eine „außenpolitische Bedeutung" zu. Eine „Mitwirkung der deutschen amtlichen Stellen" dürfe aber „begreiflicherweise nach außen nicht in Erscheinung treten", so der Sachbearbeiter[282]. Der politischen Seite ging es darum, wie es der Botschaftsrat beim Hl. Stuhl, Richard Meyer, formulierte, den Spruch des Versailler Vertrages zu bekämpfen, „daß wir unfähig sind, Kolonien zu haben"[283]. Das Auswärtige Amt wollte sich „eine derartige Gelegenheit, die deutsche Kultur auf dem neutralen Boden des Vatikans vor aller Welt zu rechtfertigen", nicht entgehen lassen. Papst Pius XI. komme Deutschland hierbei „bis an die Grenzen der Neutralität" entgegen[284].

Sinnigen argumentierte in seinen Anträgen auf finanzielle Unterstützung für das Projekt entsprechend den Erwartungen der Behörden. Nicht nur „aus religiösen, missionaristischen Gründen, sondern vor allem auch in deutsch-vaterländischem Interesse" erachteten die Orden eine Beteiligung für unbedingt notwendig. Die „Errungenschaften deutschen Fleißes und deutscher Kulturarbeit" könnten dem internationalen Publikum gezeigt werden[285]. Die Bemühungen dienten „wichtigen vaterländischen Belangen"[286]. So könne dem „deutschen Namen in der Welt wieder zu Ehren" verholfen werden[287].

Stegmiller, der schon 1922 in München eine vielbeachtete Missionsausstellung vorbereitet hatte und nun als Beauftragter für den deutschen Beitrag nach Rom ging, wurde von Löwenstein gelobt. Stegmiller sei ein „praktischer Kopf, dabei sehr energisch, intelligent"[288], obgleich auch, wie der

---

280 Bericht der Konferenz der Missionsinteressenten, 27. 11. 1923. WV.
281 Vermerk Hommerichs, 13. 11. 1924. PAAA, R 62212.
282 Aufzeichnung Oberreg. Rat Dr. Meyer, 15. 11. 1923. PAAA, R 62211.
283 Meyer an Heilbron AA, 3. 10. 1924. PAAA, R 62212.
284 Aufzeichnung AA, 17. 6. 1924. PAAA, R 62211.
285 Sinnigen an AA, 7. 12. 1923. Ebd.
286 Sinnigen an AA, 31. 1. 1924. Ebd.
287 Sinnigen an Hommerich AA, 14. 6. 1924. Ebd.
288 Löwenstein an Bergen, 17. 12. 1923. StAWt-R, Lit. D 761 e 49.

Fürst dem Bayerischen Gesandten beim Hl. Stuhl, Ritter zu Groenstein, nicht verschwieg, „ein arger Bajuware“, „daher an sich nicht gerade die Persönlichkeit, die man zu diplomatischem Verkehr mit römischen Prälaten aussuchen würde“[289]. Stegmiller habe „recht urwüchsige Manieren und nicht übermäßig viel Takt“, so warnte Löwenstein auch den Deutschen Botschafter beim Hl. Stuhl. Stegmiller solle sich über alles genau orientieren und auch vorbeugen, „daß wir Deutschen bei der ganzen Geschichte nicht in die Ecke gedrückt werden“. Es handele sich nicht nur um „ein religiöses, sondern sehr stark auch um ein national-deutsches Interesse“[290].

Löwenstein freute sich, daß von Bergen einen guten Eindruck von Stegmiller gewonnen hatte und die Deutsche Botschaft Stegmillers Tätigkeit in Rom nachdrücklich unterstützte. Doch mit den Grundsätzen der Ausstellung war Löwenstein nicht zufrieden. „Demnach soll die Ausstellung rein katholischen Charakter tragen und keinerlei nationalen Wettstreit zulassen. Die ausgestellten Einzelgegenstände sollen den Namen des Missionsordens tragen, der sie ausstellt, seine Nationalität aber nicht erwähnen“. Dagegen hatte Löwenstein gehofft, daß die Ausstellung zu einer „glänzenden Rechtfertigung deutscher Missionsarbeit“ werde. Man müsse sich ja nun fügen, aber daß die Orden die „Trophäen ihres jahrzehntelangen vorzüglichen Wirkens“ ihren Nachfolgern leihen sollten, sei doch „eine Verbeugung vor der schändlichen Handhabung des Artikels 438 des Versailler Vertrages“[291]. Nur in der tropenhygienischen und in der Literaturabteilung könne die „deutsche Sache“ zur Geltung gebracht werden, so Stegmillers Auskunft[292]. Auch im geschichtlichen Überblick zu den Missionsgebieten mit der Nennung aller dort jemals tätigen Missionsgenossenschaften könnten die Deutschen „zur vollen Geltung“ kommen[293]. Dennoch müsse gerade für die tropenhygienische Abteilung ein Modus gefunden werden, daß sie „nicht offensichtlich ein deutsch-nationales Aussehen habe, sonst wird es Verdrießlichkeiten und peinliche Situationen geben“[294].

Nachdem es in München, dem Sammelpunkt der Ausstellungsexponate, im Oktober 1924 zu einer Vorschau gekommen war, deren Bedeutung durch den Besuch von Nuntius Pacelli und Kardinal Faulhaber öffentlichkeitswirksam herausgestellt worden war[295], gelangte das Ausstellungsmate-

---

289 Löwenstein an Groenstein, 17. 12. 1923. Ebd.
290 Löwenstein an Bergen, 17. 12. 1923. Ebd.
291 Löwenstein an Bergen, 15. 1. 1924. Ebd.
292 Sinnigen an Louis, 15. 1. 1924. Missio, SK A-170/2.
293 Bericht Stegmillers, 21. 1. 1924. ASFP.
294 Sinnigen an Louis, 30. 1. 1924. Missio, SK A-170/2.
295 Vgl. Einladung des Arbeitskomitees Dürck, Erzabt Weber, Dr. Förster, Neuhäusler zum 20.–22. 10. 1924. PAAA, R 62212.

rial in gut einem Dutzend Eisenbahnwaggons nach Rom[296]. Die Medizinische Abteilung erhielt insbesondere auf dem Gebiet der Tropenmedizin und -hygiene von deutschen Wissenschaftlern und Spezialfirmen Unterstützung. Das Deutsche Hygiene-Museum Dresden, das Robert Koch Institut in Berlin, das Hygienische Institut Gelsenkirchen, das Institut für Tropenkrankheiten in Hamburg, sie alle beteiligten sich schließlich an der Missionsausstellung[297]. Die Vorstellungen über die Inhalte in der Medizinalabteilung gingen zwischen den Professoren und den römischen Vertretern auseinander, wie der Münchner Professor Dürck berichtete. „Klassisch war in der Sitzung, wie man das wichtige Kapitel ‚Syphilis' behandelt hat. Gemelli erklärte es für ganz ausgeschlossen, eine eigene Abteilung ‚Syphilis' aufzustellen, ‚weil sonst fortwährend nur diese Abteilung gedrückt voll sein würde'! und weil es eben in Missionskreisen Syphilis überhaupt nicht gibt!"[298] Die Ausstellungsleitung habe Museumsschränke bei einer Dresdner Spezialfirma bestellt, wodurch, wie Sinnigen dem Auswärtigen Amt erläuterte, „der deutschen Industrie eine willkommene Gelegenheit zur Weltreklame gegeben wird"[299]. Der deutsche Botschafter von Bergen setzte sich dafür ein, Dürck die nötigen Mittel für die Ausstellung zur Verfügung zu stellen. Es böte sich hier die einzigartige Gelegenheit, „für alle Welt" an „prominenter Stelle" die „Überlegenheit deutscher Wissenschaft eindringlich zu zeigen und insbesondere deutsche Leistungen auf kolonialem Gebiet für das Wohlergehen einheimischer sowie europäischer Bevölkerung zu veranschaulichen"[300].

Am 22.12.1924 wurde die Weltmissionsausstellung in den Höfen und Gärten des Vatikans von Pius XI. eröffnet unter Anwesenheit des Diplomatischen Korps, des Kardinalskollegiums und geladener Gäste, zu denen Sinnigen als SK-Generalsekretär zählte. Sinnigen berichtete im Januar 1925 in seinem Artikel „Die Vertreter der deutschen Missionen beim hl. Vater" in der „Germania" zufrieden, er sei zusammen mit Stegmiller vom Papst in Privataudienz empfangen worden. Pius XI. habe seine Freude darüber geäußert, daß „gerade die deutschen Missionare in so hervorragender Weise" beteiligt seien. „Es freute den Hl. Vater sichtlich, zu vernehmen", so Sinnigen, „daß die deutschen Reichsbehörden die Bestrebungen sowohl der Superiorenkonferenz, als auch des Reichsverbandes [für die katholischen Auslandsdeutschen] förderten, und daß der deutsche Reichskanzler

296 Vgl. Bericht Stegmillers, vor 14.11.1924. Ebd.
297 Vgl. dazu die Akten in: PAAA, R 62211.
298 Dürck an Taute RMI, 18.5.1924. Ebd.
299 Sinnigen an AA, 13.8.1924. Ebd.
300 Bergen an AA, 3.10.1924. PAAA, R 62212.

Dr. Marx sich so nachhaltig dafür einsetze"[301]. Ein halbes Jahr vor der Ausstellungseröffnung in Rom hatte die SK nämlich in Berlin getagt und im Reichstagsgebäude eine Veranstaltung unter Anwesenheit von Abgeordneten und Vertretern der Ministerien gehalten, die sich der Bedeutung der katholischen Missionen „für die deutsche Kultur und die vaterländischen Interessen" widmete[302].

Auf der 79. Sitzung des Reichstags, am 20. 6. 1925, lobte der Zentrumsabgeordnete Dr. Schreiber die Missionsausstellung in Rom, insbesondere die Abteilung für Tropenhygiene und -medizin. Dadurch sei deutlich geworden, „welch großen Anteil deutsche Wissenschaft und deutscher Fleiß für das Wohl der Menschheit, insbesondere für das Wohl der Tropenbesucher geleistet" haben. Er hob hervor, „daß die deutschen Missionen und die deutschen Ärzte Deutschlands Fähigkeit zu kolonisieren, offenkundig bewiesen" hätten. Das Protokoll vermerkte: „Lebhafter Beifall". Ebenfalls wurde das Missionsärztliche Institut Würzburg gelobt. Schreiber kam zum grundsätzlichen Teil seiner Rede. „Freilich lassen sich auf diesem Gebiete nur dann Erfolge erzielen, wenn man verstaubte Theorien über Trennung von Staat und Kirche in den Winkel stellt und den Mut hat, unabweisbare neue Entwicklungsmöglichkeiten deutscher Kultur und deutschen Auslandseinflusses zu bejahen (sehr gut! im Zentrum)"[303].

1926 erschien das Heft „Weltschau des Katholizismus. Die Vatikanische Missionsausstellung in Wort und Bild"[304]. Der Abgeordnete Leicht empfahl dem Auswärtigen Amt, dieses Heft weit zu verbreiten, denn hier decke sich „das politische Interesse des Deutschen Reiches mit dem Interesse der kirchlichen Stellen"[305].

(g) SK/SV und „Reichsverband für die katholischen Auslandsdeutschen" (RKA)

Am 5. 10. 1918 schlossen sich, einem Beschluß der Fuldaer Bischofskonferenz folgend, in Koblenz mehrere Vereine zum „Reichsverband für die

---

301 Sinnigen, Die Vertreter der deutschen Missionen beim hl. Vater, in: Germania Nr. 31 vom 20. 1. 1925. PAAA, R 62213.

302 SK-Protokoll, 3.–4. 6. 1924. AVDO, DPB; vgl. S. 224 f.

303 79. Sitzung des Reichstags, 20. 6. 1925. PAAA, R 72251.

304 Weltschau des Katholizismus. Die Vatikanische Missionsausstellung in Wort und Bild. Amtliche Deutsche Ausgabe, Heft 10, Verlag Pfeiffer, München 1926. PAAA, R 62214. Vgl. auch: P. Robert Streit OMI, Die Weltmission der katholischen Kirche. Zahlen und Zeichen auf Grund der Vatikanischen Missionsausstellung 1925, Fulda 1928.

305 Leicht an AA, 15. 10. 1926. PAAA, R 62214.

katholischen Auslandsdeutschen“ (RKA) zusammen, darunter der Caritasverband, der Katholische Kaufmännische Verein, die Missionsvereinigung katholischer Frauen und Jungfrauen, der St. Josefsmissionsverein, der FXV, der Raphaelsverein und einzelne Missionsgesellschaften. Im Vorstand tätig waren als 1. Vorsitzender Kuratus Clemens August Graf von Galen aus Berlin, als 2. Vorsitzender Geh. Hofrat Held aus Regensburg, als 1. Beisitzer Prälat Werthmann und als 2. Beisitzer der damalige Vorsitzende der SK Prov. Witzel. Die Geschäftsführung übernahm Divisionspfarrer Benedikt Kreutz, die Geschäftsstelle war beim Caritasverband in Berlin angesiedelt[306].

Die SK vom Juli 1919 beschloß ihren korporativen Beitritt zum RKA. Im Oktober 1919 begründete Generalsekretär Schwager die Abhaltung einer weiteren Konferenz damit, daß es dringend geworden sei, „zu der Auswandererfürsorge Stellung zu nehmen und den ihrer Missionen vorläufig beraubten Orden neue Arbeitsmöglichkeiten zu sichern“[307]. Der Vorsitzende des Raphaelsvereins, Werthmann, bat die Orden um ihre Hilfe bei der Auswanderer- und Auslandsdeutschenseelsorge, damit „die Christenkinder nicht millionenweise wieder Heiden werden“[308]. Der Vorstand der SK wolle dieser Aufgabe, „die ohne die deutschen Missionsorden nicht befriedigend gelöst werden kann, die größte Aufmerksamkeit schenken“[309]. Nachdem Benedikt Kreutz zwischenzeitlich die Geschäftsführung übernommen hatte, führte ab Juli 1921 P. Sonnenschein CSSp die Geschäfte. Den Vorsitz hatte Fürst Löwenstein inne, zu den Beisitzern zählte der SK-Vorsitzende Witzel. Am 7.5.1921 wurde der RKA in das Vereinsregister eingetragen. Die Zahl der Mitglieder, darunter neben einzelnen männlichen und weiblichen Ordensgemeinschaften schließlich auch die SK, stieg auf 40. Der Vereinszweck lag in der gemeinsamen Vertretung der an der Arbeit für die katholischen Auslandsdeutschen beteiligten Vereinigungen und Ordensgemeinschaften. Es sei eine „einheitliche und planmäßige Aufnahme und Durchführung jener Arbeiten zu ermöglichen, welche die katholischen Auslandsdeutschen in ihrem Glauben und ihrem Volkstum erhalten und kulturell und wirtschaftlich fördern sollen“[310]. Nicht nur die aufgrund wirtschaftlicher Notlage gewachsene Zahl der katholischen Auswanderer, sondern auch die durch die Gebietsabtretungen nach dem Versailler Friedensvertrag

---

306 Vgl. Daten zum RKA 1918–1922. PAAA, R 72360.

307 SK-Einladung, o. D. OFMCap, Abt. VII Fach 78 Fasz. 5b.

308 Werthmann: Fürsorge von Ordensleuten für Auswanderer und Auslandsdeutsche [13. 10. 1919]. AVDO.

309 SK-Protokoll, 13.–14. 10. 1919. AVDO.

310 RKA e. V., Aufruf, Satzungen, Mitgliederverzeichnis. ADCV, R 676 Fasz. 1.

nun im Ausland liegenden katholischen deutschen Bevölkerungsteile lenkten die Aufmerksamkeit auf die „katholischen Auslandsdeutschen“. Politische Ziele aber sollte der RKA nicht verfolgen. Mit den freien Vereinen und Organisationen des Auslandsdeutschtums unterhielt er Verbindungen, um hier „die katholischen Interessen wirklich und voll zu wahren“[311].

Seit dem 1.5.1923 übernahm SK-Generalsekretär Sinnigen stellvertretend die RKA-Geschäftsführung in Bürounion beider Sekretariate in Berlin-Moabit in der Oldenburgerstraße[312]. Sinnigen hielt den RKA in seiner „freien unabhängigen Form für eine für uns Ordensleute höchst nützliche Einrichtung“[313]. Ende Juli 1923 hatte Sinnigen den Eindruck, der RKA sei „ganz überflüssig“, könne aber ohne die SK nicht existieren[314]. Die Position als stellvertretender RKA-Geschäftsführer hatte Sinnigen wichtige Verbindungen im Geflecht der Kolonial- und Deutschtumsvereine[315] verschafft und vor allem öffneten sich ihm die Türen bei Parlamentariern, in Ämtern und Behörden, deren Interesse an der Unterstützung auslandsdeutscher Tätigkeit gesteigert war. Das Übergewicht der Ordensgemeinschaften im RKA sicherte ihnen einen entsprechenden Einfluß, d.h. auch einen entsprechenden Nutzen im Hinblick auf finanzielle Förderung.

Sinnigen, der sich als SK-Generalsekretär und als RKA-Geschäftsführer zunächst einarbeiten mußte und dabei interessebezogen vorging, sah sich im Januar 1924 der Kritik innerhalb des Verbands, so vom Caritasverband, vom Raphaelsverein und von dem dem RKA zugehörenden Katholischen Auslands-Sekretariat (KAS) ausgesetzt. Doch Sinnigen blieb davon unbeeindruckt, da er Einarbeitungsschwierigkeiten zugab, die Probleme, den RKA „über Wasser zu halten“ in der Inflationszeit, anführte und im übrigen um „positive Vorschläge“ bat[316]. Sinnigen war durchaus kein einfacher Fall für diesen Verein, wie sich in den Folgejahren noch zeigen sollte. Zunächst aber wurde er im Juni 1924 zum Geschäftsführer gewählt. SK und RKA legten ihre Mitgliederversammlungen nun terminlich und örtlich unmittelbar aufeinander folgend. Die SK empfahl den Mitgliedern, sich der Auswandererfürsorge und der Seelsorge an katholischen Auslandsdeutschen anzunehmen.

Die Mitgliederversammlung des RKA wählte am 26.11.1924 Reichskanzler Marx zum 1. Vorsitzenden und Staatssekretär a.D. Brugger zum 2. Vorsitzenden. Mittlerweile zählten 30 Ordensgemeinschaften, 5 Missions-

---

311 RKA-Jahresbericht 1921–1922. Ebd.
312 Vgl. S. 137f.
313 Sinnigen an Stuhlweißenburg, 22.6.1923. APT.
314 Sinnigen an Stuhlweißenburg, 28.7.1923. APT.
315 Vgl. S. 206–209.
316 RKA-Vorstandsbericht (inoffizielle Fassung), 25.1.1924. ADCV, R 676 Fasz. 1.

schwesternkongregationen, 6 Missionsvereine und 15 weitere Vereine zum RKA. Wienken vom Berliner Caritasverband prognostizierte, Brugger werde es wohl nicht lange mit ansehen, daß der RKA wie bisher weiter arbeite. Wenn er aber eingreife, werde er „mit Pater Sinnigen bald in Gegnerschaft kommen“[317]. Wienken ahnte den herausragenden Konflikt der nächsten Jahre. Er bahnte sich in Etappen an, denn die Entwicklung des Gebildes RKA ging einerseits zu einer Spezialisierung hin, wodurch Abteilungen sich zu verselbständigen drohten, andererseits driftete der Verband ins Politische. Sinnigen wollte weder das eine noch das andere.

Der erste größere Konflikt entspann sich, als die Idee aufkam, das KAS solle selbständig werden. Es war 1921 errichtet worden, um statistische Nachrichten über das katholische Auslandsdeutschtum zu sammeln. Im ersten Jahr übernahm der St. Raphaelsverein in Hamburg das Sekretariat auf seine Kosten unter der Leitung von P. Max Größer PSM. Dieses Provisorium der Unterkunft in Hamburg bestand seither. Größer, dem Raphaelsverein und dessen Protektor Bischof Berning lag nun im April 1925 daran, aus dem Provisorium eine selbständige Stelle zu errichten. Sinnigen trat diesem Plan mit Berufung auf RKA-Beschlüsse entgegen; er wollte diese Stelle in Berlin haben. Zunächst fand er die Unterstützung des RKA-Vorstands. Der Beschluß der RKA-Versammlung 1925 in Limburg erbrachte die Angliederung des KAS an die Geschäftstelle in Berlin. P. Timpe PSM, Generalsekretär des Raphaelsvereins, stimmte allein dagegen.

Diese Desavouierung des bischöflichen Wunsches zog nun weitere Schritte nach sich. Berning trug die Frage des KAS 1925 der Bischofskonferenz vor und verfolgte die Sache konsequent weiter. Sinnigen erkannte die Kompetenz Bernings und der Bischofskonferenz bezüglich des RKA nicht an. Eine demokratische Abstimmung eines eingetragenen Vereins hatte der Empfehlung Bischof Bernings nicht entsprochen. Sinnigen erfuhr, Berning habe sich beklagt, daß sie „mit Hilfe der Orden die andern überstimmten, und daß wir ohne ihn unsere Entschließung gefaßt hätten“. Berning habe aber versucht, so Sinnigen, „diktatorisch über das Sekretariat zu verfügen“. De facto würde aber die Seelsorge im Ausland zu 99 % von Ordensleuten ausgeübt. Berning habe gemeint, „daß die Ordensleute nur ihre Ordensinteressen im Auge hätten, wir aber wollten Auslandsdeutschenpflege, sic!“[318]

Ein Gutachten zum institutionellen Status des KAS wurde erstellt. Es forderte die Verlegung nach Berlin und Selbständigkeit. Als Aufgaben wurden

---

[317] Wienken an Kreutz, 17. 12. 1924. Ebd.

[318] Sinnigen an Frey, 25. 9. 1925. WV.

genannt: Führung des Archivs, Werbung für die Deutschtumsarbeit, Durchführung der wissenschaftlichen Forschungsarbeit, Auskunftsarbeit, Aufbau einer Kartei, Bücherei, technische Hilfsmittel. Die RKA-Vorstandssitzung mit Marx, Brugger und Sinnigen erbrachte dennoch das Ergebnis, das KAS solle als eigene Abteilung des RKA unter einem besonderen Leiter in Berlin eingerichtet werden. Das konnte den Konflikt der unterschiedlichen Richtungen nicht beilegen. Doch machte Berning nun einen vermittelnden Vorschlag: Der RKA solle die meisten Arbeiten des KAS übernehmen, wohingegen das KAS mehr als wissenschaftliches Institut selbständig oder als Mitglied des RKA aufgezogen werden sollte. Berning schien für eine friedliche Lösung und für „dilatorische Behandlung der Angelegenheit" zu sein[319]. Die Frage wurde allerdings auf der RKA-Jahresversammlung im Juli 1926 nicht behandelt, was P. Timpe erboste, insbesondere auch die „Willkürlichkeit der Geschäftsführung" Sinnigens, so daß er schon den Austritt aus dem RKA plante[320]. Brugger als 2. Vorsitzender des RKA kritisierte hingegen Timpe. Er bedauere, daß Timpe an Sinnigens Geschäftsführung „so unfreundliche Kritik" übe[321]. Dieser milde Ton Bruggers sollte sich schon bald ändern. Kurz bevor Sinnigen im Oktober 1926 nach Rom reiste, kam es zu einer folgenschweren Auseinandersetzung zwischen ihm und Brugger. Brugger bastelte nun an Sinnigens Sturz und zog die Fäden im Hintergrund.

Sinnigen hatte aus Mißtrauen gegenüber Brugger alle Korrespondenz und Unterlagen des Verbandes im Kloster weggeschlossen. Die RKA-Gelder waren auf seinem Privatkonto, so daß niemand Zugang dazu hatte. Sinnigen hatte hier die aus Reichsmitteln fließenden Zuschüsse verbucht. Er verstand seine Aufgabe der diskret weiterzuleitenden Mittel in durchaus eigener Verantwortlichkeit, was natürlich bei einem Verein, der die Transparenz der Geschäftsführung, Kassenführung und des Etats vom angestellten Geschäftsführer verlangen durfte und mußte, notwendigerweise auf Unmut stieß. Brugger nannte Sinnigen, der hier stur seiner Linie folgte, den „Meister der passiven Resistenz"[322]. Sinnigen habe auch die Einrichtung einer 2. Abteilung beim RKA dilatorisch behandelt. Straubinger vom Stuttgarter Caritasverband befand, Sinnigen sei „auf die Superiorenkonferenz zurückzudämmen"[323]. Timpe vom Raphaelsverein wünschte auch eine „Scheidung von RKA und Superiorenkonferenz"[324].

---

319 Stand der Sache des KAS, 1. 3. 1926. ADCV, R 650.
320 Timpe an Brugger, 17. 7. 1926. KfZG, NL Büttner, RKA, A. III. 2a.
321 Brugger an Timpe, 24. 8. 1926. Ebd.
322 Brugger an Kreutz, 16. 11. 1926. ADCV, R 676 Fasz. 1.
323 Straubinger an Kreutz, 23. 11. 1926. Ebd.
324 Timpe an Kreutz, 15. 1. 1926. ADCV, R 650.

Der RKA-Vorstand bat Sinnigen nun im Dezember 1926 um die Rechnungslegung, den Etat und bestellte einen Prüfer aus dem Vorstand. Es sollten eine Reform des Rechnungswesens vorgenommen, die Verbandsgelder auf ein RKA-Bankkonto übertragen und die 2. Abteilung am 1. 2. 1927 eingerichtet werden mit einem eigenen Leiter. Die Beziehungen zwischen der Geschäftsstelle und der 2. Abteilung regele Brugger.

Sinnigen witterte in dieser einschneidenden Veränderung Gefahren für seine Position als Geschäftsführer. Einerseits wurde er so degradiert zu einem Abteilungsleiter wie jener der 2. Abteilung, zum anderen unterstand er dem 2. Vorsitzenden Brugger. In seiner Eigenschaft als Generalsekretär der SV aber fand er es unmöglich, in dieser Position – noch dazu unter einem Laien – tätig zu sein. Im übrigen forderte er, eine solche Änderung könne nur von einer Mitgliederversammlung vorgenommen werden.

Nun zeigte es sich, daß Sinnigen nicht nur passiv resistent, sondern auch aktiv sein konnte. Er lud die Superioren nach Würzburg zu einer „vertraulichen Besprechung" in dieser Sache. Es gehe darum, ob er weiter RKA-Geschäftsführer „und damit der bevollmächtigte Vertreter der Interessen der Missionsgesellschaften" sein könne[325]. Seinem Provinzial schrieb Sinnigen, Brugger wolle ihn „einfach ausschalten"[326]. Brugger seinerseits versuchte, für die Position des RKA-Vorstands beim SV-Vorstand Verständnis zu finden. Er empfahl sich dabei als ehemaliger Vortragender Rat im preußischen Kultusministerium, wo er von 1907–1919 Referent für Orden und Kongregationen gewesen war. Doch die SV-Versammlung vom 29. 12. 1926 beurteilte die Entwicklung im RKA aufgrund der Darstellung Sinnigens als kritisch und bekundete in einer Resolution, die Frage der Neuerungen sei durch eine RKA-Mitgliederversammlung zu beschließen. Die Ordensgemeinschaften hatten im RKA ein zahlenmäßiges Übergewicht. Der Beschluß beunruhigte den RKA-Vorstand. Brugger meinte, die Lage habe sich „so ungünstig wie nur denkbar gestaltet"[327].

Der RKA-Vorstand wollte daraufhin die SV bitten, ihren „Widerstand"[328] aufzugeben und den Antrag fallen zu lassen. Der 1. Vorsitzende Marx erläuterte Prov. Louven OP die vom Vorstand bemängelte Geschäftsführung Sinnigens. Louven riet Sinnigen, freiwillig von seinem Amt zurückzutreten. Sinnigen antwortete, er trage keine Bedenken, dem Folge zu leisten. „So nehmen Sie mir eine große Last und Sorge ab, und ich empfinde

---

325 Sinnigens Rundschreiben, 21. 12. 1926. SDS, 22. 12a.

326 Sinnigen an Louven, 21. 12. 1926. APT.

327 Brugger an Louven, 13. 1. 1927. APT.

328 Wienken an Kreutz, 20. 1. 1927. ADCV, R 676 Fasz. 1.

es in diesem Augenblick besonders tief und dankbar, wie glücklich der Ordensmann ist, dem in schwankender Zeit das sichere Urteil seines Obern die rechte Weise zu handeln zeigt"[329].

P. Cajetan Schmitz erlebte Sinnigen in dieser Zeit aber auch bedrückt. Sinnigen fühlte sich von der SV „im Stich gelassen". In der Nuntiatur hörte Schmitz vom Sekretär P. Gehrmann, die Stimmung sei zugunsten Sinnigens umgeschlagen. „Dort sieht man im Vorgehen gegen Sinnigen das Bestreben, den RKA rein politisch zu gestalten, also den Einfluß der SV, die stärksten Einfluß im RKA haben könnte, wenn sie nur wollte, möglichst zu paralysieren". Legationsrat Südhof im Auswärtigen Amt bedauerte Sinnigens Abgang. „Sinnigen habe sich bedingungsloses Vertrauen erworben und auch schon sehr viel durch seine mit Festigkeit gepaarte Ruhe erreicht. Das anfängliche Lächeln über den ‚langsamen, bedächtigen Niedersachsen' habe bald aufgehört, als man seine Zähigkeit kennengelernt habe, mit der er unbekümmert um rechts oder links und getragen von einem unbestechlichen Gerechtigkeitsgefühl vorzugehen pflege"[330]. Auch Sinnigens Mißtrauen gegen Brugger sollte sich als begründet erweisen.

Am 15. 2. 1927 erklärte Sinnigen in einem Gespräch mit Marx seine Bereitschaft zum Rücktritt. Brugger übernahm stellvertretend nun die Geschäftsführung und verlegte den Sitz des RKA vorübergehend in seine Privatwohnung bis zur Neueinrichtung des Sekretariats. Die Abwicklung der Geschäftsstelle durch Übergabe der Akten, Bücher, Übertragung der Gelder und Vorlage der Belege gestaltete sich aufreizend langsam; sie wurde aber prinzipiell nach Gesprächen am 28. 2. 1927 mit einem Vorstandsmitglied Anfang März anerkannt. Sinnigen aber bestand darauf, nichts aus der Hand zu geben, bevor es nicht offiziell und amtlich von unabhängiger Stelle geprüft worden war. Er mißtraute Brugger.

Schon bald nach Sinnigens Amtsniederlegung vom 17. 2. 1927 beschloß der RKA-Vorstand, es solle ein neuer Statutenentwurf zur nächsten Mitgliederversammlung vorgelegt werden. Brugger wollte nun nach seinen Vorstellungen die Institution verändern. Brugger meinte, die „Hauptsache" sei, „daß wir nun endlich ungehemmt arbeiten können", auch wenn die SV bestrebt sein werde, dem RKA „möglichst viel Boden abzugraben"[331]. Sogleich meldeten sich bei Wienken starke Bedenken gegen Bruggers Vorstellungen, der einen „abgebauten höheren Beamten", keinen Weltgeistlichen, zum Geschäftsführer machen und den Mitgliederbestand ortsgruppenartig

---

329 Sinnigen an Louven, 31. 1. 1927. APT.
330 Telegramm Schmitz an Dreiling, 4. 2. 1927. ASFP.
331 Brugger an Kreutz, 8. 3. 1927. ADCV, R 676 Fasz. 1.

verbreitern wolle[332]. Brugger informierte in einem Rundschreiben über Sinnigens RKA-Rücktritt, der SV-Generalsekretär bleibe. „Die gleichen Genossenschaften werden also künftig reine Ordensangelegenheiten und heidenmissionarische Fragen, die in keiner Weise mit Auslandsdeutschtum zu tun haben, nicht mehr an unsere Geschäftsstelle, sondern an das Generalsekretariat der Superioren-Vereinigung richten. Alle Anträge der Missionsgesellschaften, die auslandsdeutschen Charakter tragen, werden nach wie vor durch unsere Geschäftsstelle zur Erledigung kommen"[333]. Dies stellte eine Einmischung in die innersten Angelegenheiten der SV dar. Das Schreiben Bruggers vom 29. 3. 1927, in dem er den gesamten Hergang bis zur Amtsniederlegung Sinnigens nochmals aufrollte und es nicht unterließ, dessen Geschäftsführung in einer Weise zu beschreiben, daß ihn dies, wie Sinnigen ihm entgegnete, „wegen öffentlicher Beleidigung vor den Strafrichter" bringen könnte[334], spitzte den Konflikt zu. Brugger hatte sich die Abwicklung des Büros in vieler Hinsicht vorteilhafter für den RKA vorgestellt, doch hatte sich Sinnigen mit seiner Darlegung der Vermögens- und Eigentumsverhältnisse und dem Verbleib der SV in den Geschäftsräumen durchsetzen können.

Der SV-Vorstand erörterte am 5. 5. 1927 eingehend die zwischen Sinnigen und dem RKA-Vorstand „ausgebrochene Krisis". Der Vorstand sprach nun Sinnigen „bedingungsloses Vertrauen" aus. Dem Streit sei durch einige in der Form verletzende Schreiben eine „unnötige persönliche Note" gegeben worden. Der Vorstand wünschte eine Zurücknahme[335]. Auf ihrer Mai-Tagung befaßten sich die Superioren mit dem Fall. Sinnigen war inzwischen in einer „schlechten seelischen und körperlichen Verfassung". Er erläuterte ausführlich die Zusammenhänge der ganzen Affäre. Er könnte als „Generalsekretär der SV nicht eine untergeordnete Stelle im RKA annehmen; es wäre damit um die Selbständigkeit und Unabhängigkeit der SV geschehen gewesen". Auch das Büro habe er nicht an den RKA geben können, denn dann wäre es „gänzlich um das Generalsekretariat der SV geschehen gewesen"[336]. Abt Vogel berichtete, Marx habe an ihn „das Ansinnen gestellt, Pater Ansgar Sinnigen auch aus seiner Stellung als Generalsekretär der SV zu entfernen, weil er das Vertrauen des RKA nicht mehr besitze. Ich habe dem Herrn Reichskanzler Marx keinen Zweifel gelassen, daß diese Angelegenheit ausschließlich Sache der SV sei, in die sie sich unter keinen Umstän-

---

332 Wienken an Kreutz, 26. 2. 1927. Ebd.

333 Rundschreiben Bruggers, 7. 4. 1927. BAK, R 57/neu 1009-2.

334 Sinnigen an Brugger, 14. 4. 1927. KfZG, NL Büttner, RKA, A. II. 2b.

335 SV-V-Protokoll, 5. 5. 1927. OFMCap, Abt. VII Fach 78 Fasz. 5d.

336 SK-Protokoll, 6. 5. 1927. AVDO, DPB.

den hineinreden lassen könne". Die Mitgliederversammlung sprach dem „Generalsekretär unter diesen Umständen auch öffentlich in dieser Versammlung unser unbedingtes und bedingungsloses Vertrauen" aus. Das Protokoll vermerkte: „Alle erheben sich von ihren Sitzen und rufen laut: Bravo!"

Sinnigen erläuterte zur Person Bruggers noch, „daß dem Herrn Staatssekretär sehr oft die Pferde durchgehen. Er ist vergrämt und verbittert, weil er nicht mehr in den Staatsdienst kommt; und die Verbitterung wuchs, als es ihm nicht gelang, sich in dem RKA eine Stellung zu schaffen, wie er das wünschte. Vor allem, als es ihm nicht gelang, mich an die Wand zu drücken und mich zu seinem Angestellten zu machen". Außerdem kamen wohl auch gewisse Rivalitäten zum Tragen: „Wo Herr Brugger nur mit Zylinderhut und Handschuhen und vielem Zeremoniell eintreten darf, da stehen dem einfachen Pater die Türen offen bei den höchsten kirchlichen Würdenträgern, bei den Ministern und ausländischen Vertretern – immer steht der einfache Pater im Vordergrund – und die Vorstandschaft des Herrn Staatssekretärs ‚fristet nur ein kümmerliches Dasein' ".

Und außerdem, so Vogel, stünden sie, wenn sie auf Bruggers Entwurf der Abgrenzung der Arbeitsgebiete zwischen RKA und SV eingingen, „vollständig unter Curatel des RKA, und unsere Interessen würden durch ihn vertreten". P. Heese führte aus, die Bestrebungen gingen dahin, daß der Episkopat die Versorgung der Auslandsdeutschen nun als seine Verantwortung ansähe, obgleich fast nur Ordensleute dort tätig seien. P. Grentrup machte auf die Gefahr der „Laisierung" des RKA aufmerksam. „Die ganze Auslandsdeutschensache wird nicht nur vom kulturellen Standpunkt aus, sondern auch von politischem Gesichtspunkt her aufgefaßt". Der Kurs gehe auf „Alldeutsche Irredenta!" Grentrup fragte direkt: „Können wir uns mit einer solchen Zielsetzung auch nur entfernt gleichstellen? Darf die SV auch nur scheinbar das mitmachen? [...] Seien wir also auf der Hut! Meines Erachtens nach ist durch die Laisierungsbestrebung des Herrn Staatssekretärs der Anfang gemacht. Halten wir die Augen auf, daß wir nicht in diesen Strudel mit hineingerissen werden. Für unsere Tätigkeit und Wirksamkeit im Auslande wäre das der Tod. [...] Die SV darf unter keinen Umständen in dieses politische Fahrwasser hinein. Sonst gibt es für die SV ein großes, großes Unglück!" Die Orden und Genossenschaften mit „Heidenmission" hätten von Rom den strikten Auftrag, „ausschließlich religiöse Interessen zu vertreten". Sie hätten allen Grund, ihre „ureigensten Interessen selbst zu wahren und selbst zu vertreten"[337].

---

[337] Ebd.

Die SV beschloß im Mai 1927 als Antwort auf die von Brugger angestrebten Neuerungen, „daß alle ihre Angelegenheiten, auch in der Seelsorge für das Auslandsdeutschtum den Behörden gegenüber durch den Generalsekretär der SV vertreten werden; nationale Pflege des Auslandsdeutschtums lehnt die SV ab und überläßt sie dem RKA und seinen Organen". Außerdem solle die Vertretung der SV im Vorstand des RKA durch Statutenänderung wiederhergestellt werden. Fast wie eine Drohung klang der Schluß, daß auf der nächsten RKA-Generalversammlung sämtliche dem RKA angeschlossenen Superioren persönlich oder durch Vertreter anwesend sein werden, damit die „Neuwahlen vor allem des Geschäftsführers den Interessen der SV entsprechend getätigt werden"[338].

Im Vorfeld der RKA-Mitgliederversammlung von 1927 bemühten sich sowohl die SV als auch Brugger um zahlreiche Beteiligung der Mitgliederorganisationen. Wienken meinte, der Verlauf könne wenig angenehm werden. Der RKA strebe mit allen Mitteln danach, „die gesamte Arbeit auf dem Gebiet des Auslandsdeutschtums in seiner Geschäftsstelle zu monopolisieren"[339]. Die RKA-Vorstandssitzung vom Oktober 1927 beschrieb Wienken kritisch hinsichtlich der Vorbereitung durch den neuen Geschäftsführer, Dr. Schade, und Brugger. Der Satzungsentwurf hätte beraten werden sollen, doch nur Schade und Brugger hätten ein Exemplar gehabt. Am 3. 11. 1927 fand eine erneute RKA-Vorstandssitzung statt. Der Satzungsentwurf wurde gegen den Willen Bruggers in mehreren Punkten verändert. Wienken äußerte sich wieder kritisch zu Brugger, der Sinnigen stets den Vorwurf gemacht habe, „daß er ihm keinen Einblick in die Akten gewährt habe. Er tut aber selbst fast noch mehr in der ‚Geheimniskrämerei'. So wollte er in der heutigen Sitzung keinen Aufschluß geben über die Höhe der Gehälter seiner Angestellten, auch wollte er keine Auskunft darüber geben, wie er sich die Beschaffung des Etats-Defizits in der Höhe von 25 000 M denkt. Es hat große Mühe gekostet, daß er dem Vorstand die genauen Zahlen des Etats vorlegte. Wir haben ihm sofort nach der Beratung über den Etat die schriftlichen Unterlagen wieder zurückgeben müssen. Weiterhin weiß ich, daß auch die Regierungsstellen (Auswärtiges Amt und Reichsministerium des Innern) mit der Arbeitsweise des Herrn Staatssekretärs Brugger nicht ganz einverstanden sind"[340].

Unmittelbar vor der RKA-Jahresversammlung kam die SV am 8. 11. 1927 zu einer außerordentlichen Konferenz im Dominikanerkloster in Berlin

338 SK-Protokoll, 6.–7. 5. 1927. AVDO, DPB.
339 Wienken an Kreutz, 23. 8. 1927. ADCV, R 676 Fasz. 1.
340 Wienken an Kreutz, 3. 11. 1927. Ebd.

zusammen. P. Heese meinte, der RKA erhalte mit den Statuten „ein ganz anderes Gesicht". P. Tharsicius Wolf SDS, der es als Zumutung ansah, über einen Entwurf zu entscheiden, den er nicht einmal bekommen hatte, mahnte, der RKA steuere „ins Politische hinein! Und diese ganz neue Richtung, die wir als Ordensleute unter gar keinen Umständen mitmachen dürfen, geht auf das Konto des früheren Staatssekretärs Brugger, der tatsächlich heute an der Spitze des RKA steht und ihr spiritus rector ist". Die Versammlung schloß mit einer gemeinsamen Erklärung: „Die am 8. November im Dominikanerkloster zu Berlin stattgefundene Konferenz der SV nimmt Kenntnis von der Neuentwicklung des RKA in der Richtung auf intensive Propagandatätigkeit. Weil durch diese Propagandatätigkeit gewisse Gefahren und Schwierigkeiten für die in der Seelsorge der Auslandsdeutschen tätigen Mitglieder der religiösen Orden und Genossenschaften entstehen können, sieht sich die SV als solche nicht in der Lage, offiziell an der Arbeit des RKA weiter mitzuwirken und erklärt deshalb hiermit ihren Austritt. Sie stellt es ihren einzelnen Mitgliedern frei, ob sie als Mitglieder im RKA verbleiben wollen"[341]. In einem späteren Rundschreiben erläuterte Sinnigen die Gefahren, die in der neuen RKA-Entwicklung lägen: Ähnlich wie die Deutschtumsvereine würde der RKA nun Propagandatätigkeit zur Pflege des Deutschtums üben. „Hier nun erheben sich eine Reihe von Konflikten; die Deutschtumsvereine können nämlich nicht umhin, auch das politische Gebiet zu berühren und nationalistisch aufzutreten. Es liegen genügend Beweise vor, daß sonst einwandfreie Katholiken in nationalen Fragen manchmal sehr übertriebenen, ja geradezu häretischen Anschauungen huldigen und bei einseitiger Liebe zum eigenen Volkstum leicht die Gerechtigkeit und Liebe gegen andere Völker verletzen"[342].

Der SV-Austritt aus dem RKA, der bei der Versammlung am 9.11.1927 erklärt wurde, machte insbesondere wegen seiner Begründung auch bei anderen Mitgliedsgemeinschaften Eindruck. Die Statuten kamen nicht durch. Es wurde eine Kommission zur Weiterberatung gebildet. Ein Wandel war zu verzeichnen. Auch Timpe vom Raphaelsverein erkläre sich jetzt „durchaus solidarisch" mit Sinnigen. Der RKA-Vorstandstisch sei wegen des Widerstands gegen die neuen Statuten in „außerordentlich peinliche Situationen" gekommen. Wenn jetzt auch die Provinziale – also nicht nur die SV als solche – austreten würden, würde das RKA-Gebäude nicht nur ins Wanken geraten, sondern zusammenfallen. Aber zum Austritt der Obern riet Sinnigen nicht[343].

[341] SV-Protokoll, 8.11.1927. AVDO, DPB.
[342] Sinnigens Rundschreiben, 19.–21.11.1927. AVDO, DPB.
[343] Sinnigen an Schmitz, 15.11.1927. ASFP.

Brugger bezeichnete die Begründung für den Austritt der SV als „außerordentlich matt“. Der Beschluß sei verletzend gegen Reichskanzler Marx, der den Vorsitz niederlegen wolle[344]. Doch die Stellungnahme der SV zeitigte Wirkungen: Der RKA wurde in den neuen Satzungen als Spitzenverband gekennzeichnet, die Selbständigkeit der angeschlossenen Verbände wurde betont, ebenso der unpolitische Charakter des Verbandes[345].

Auf der RKA-Versammlung im März 1928 forderte die SV das Ausscheiden Bruggers aus dem Vorstand. Die Erklärung sei mit eisigem Schweigen aufgenommen worden, so Schmitz. Brugger wurde wiedergewählt. Schmitz meinte, die SV sei im Ansehen bei amtlichen und kirchlichen Stellen nach den RKA-Kontroversen gesunken. Er urteilte intern über die ganze Affäre recht negativ. Abt Vogel und Sinnigen hätten abdanken müssen „und die SV hätte nachdrücklich auch die Ausschiffung des Herrn Staatssekretärs Brugger vom RKA verlangen müssen“. „Wir haben in der SV in den letzten Jahren tatsächlich nichts anderes getan, als die schmutzige Wäsche Sinnigens und Bruggers zu reinigen“[346].

Doch die grundsätzlichen Erwägungen der SV und ihre Einschätzungen des Verhaltens Bruggers waren richtig. Brugger hielt später in der Tschechoslowakei verschiedene offizielle Reden, die in der dortigen Presse eine scharfe Kritik erfuhren, worauf mißbilligend gegen Brugger in der RKA-Vorstandssitzung vom 11. 7. 1928 hingewiesen wurde. Der RKA dürfe nach außen hin besonders im Ausland „nicht politisch auftreten“. „Da im RKA eine ganze Anzahl von Verbänden vertreten sind, die sich grundsätzlich von jeder politischen Stellungnahme fernhalten müssen, so ist es nicht tragbar, daß der 2. Vorsitzende sich in irgend einer Weise kompromittiert“, so Wienken in seinem Bericht. Brugger habe erklärt, er wolle sich in Zukunft neutral verhalten[347].

Im Oktober 1928 feierte der RKA sein 10-jähriges Jubiläum. 83 Verbände und Genossenschaften gehörten ihm an, 34 männliche Orden und Genossenschaften, 13 weibliche Ordensgemeinschaften, 36 große Vereine, Verbände und Institute. Den Vorsitz führte Prälat Leicht, den 2. Vorsitz nahm Brugger weiterhin ein, die Geschäftsführung lag beim geistlichen Studienrat Dr. Schade, das Auslands-Sekretariat leitete P. Größer. 1930 übernahm Dr. Kopp die Geschäftsführung und Dr. Scherer das KAS. Sinnigen urteilte im Februar 1932, „das ganze Unternehmen des RKA“ sei für sie „praktisch wertlos“, „mag die äußere Reklame der Herren noch so blendend sein“[348].

344 Brugger an Bertram, 28. 11. 1927. KfZG, NL Büttner, RKA, A. III. 2c.
345 Vgl. Satzungen des RKA e. V. SDS, 24. 15d.
346 Schmitz an Krajczyk, 24. 2. 1928. ASFP.
347 Wienken an DCV-Zentrale, 19. 7. 1928. ADCV, R 676 Fasz. 1.
348 Sinnigen an Stuhlweißenburg, 18. 2. 1932. APT.

(h) SK/SV und Katholische Schulorganisation Deutschlands

Sinnigen erhob im März 1926 Bedenken der Katholischen Schulorganisation Deutschlands gegenüber. Deren Generalsekretär Böhler ziele darauf hinaus, „entscheidenden Einfluß zu erlangen auf das gesamte Privatschulwesen, sowohl des In- als auch des Auslandes". Vom Ausland kämen Klagen, man wisse nicht mehr, wer katholischerseits in Deutschland für die Schule des Auslandes in Frage komme[349]. Böhlers Vorstellungen gingen dahin, Verbindung zu allen katholischen Auslandsschulen zu erhalten, sie statistisch zu erfassen, sie in juristischen, wirtschaftlichen, pädagogischen Fragen zu beraten und zu unterstützen, ihnen Lehrmittel und Schriftenmaterial zur Verfügung zu stellen. Sinnigen solle für diese Schulen die Anträge der Katholischen Schulorganisation stellen, Unterstützungen und Informationen würden über Sinnigen an die jeweilige Organisation gehen. Zu den Beratungen im Auswärtigen Amt werde der Direktor der Berliner Zweigstelle der Schulorganisation dann hinzugezogen[350].

Auf der SK im Mai 1926 machte Sinnigen die Obern auf die von Böhler angestrebte Veränderung aufmerksam. Die Schulorganisation habe auch eine Abteilung mit der Bezeichnung „Ordenszentrale", weil die weiblichen Genossenschaften darin zusammengeschlossen seien. Sie unterstehe der Jurisdiktion Bischof Wilhelm Bernings. Sinnigen malte, wie immer, wenn es darum ging, die eigentlichen Kompetenzen der SV als in Gefahr befindlich darzustellen, die Lage düster aus. Die Schulorganisation wolle die Ordensschulen „unter ihre Fittiche" bekommen. Sinnigen fürchtete, die Schulorganisation wolle die Ordensschulen kontrollieren und „in ein Abhängigkeitsverhältnis bringen, in dem heute tatsächlich die Schulen der weiblichen Genossenschaften stehen!" Böhler habe versucht, Gelder vom Auswärtigen Amt zu erhalten, sei damit aber „sehr abgeblitzt"[351]. Beim Ersten katholischen Privatschulkongreß in Würzburg vom 27.–29. 12. 1926, den die Zentralstelle der Katholischen Schulorganisation Deutschlands organisiert hatte, war die Gruppe der Missions-(Kloster-)Schulen unter dem Vorsitz von P. Dr. Franz X. Hecht PSM vertreten[352].

Unbeeindruckt von Sinnigens reservierter Haltung ging Böhler davon aus, „auch im Sinne der Superioren-Vereinigung" zu arbeiten in der Frage der Auslandsschulen, für die er einen hauptamtlichen Mitarbeiter eingestellt

---

349 Sinnigen an C. Schmitz, 9. 3. 1926. ASFP.

350 Vgl. Böhler an Sinnigen, 1. 5. 1926. ASFP.

351 SK-Protokoll, 5.–6. 5. 1926. AVDO.

352 Bericht über die Beratung der Gruppe Missions-(Kloster-)Schulen, 27.–29. 12. 1926 (als Manuskript gedruckt). AVDO, MSC Salzburg.

hatte[353]. Der SV-Vorstand beschloß, für alle Schulangelegenheiten der in der SV zusammengeschlossenen Orden und Genossenschaften einen ständigen Schulausschuß zu empfehlen, „der alle Interessen unserer im Inland wie im Ausland liegenden Schulen in enger Verbindung mit dem Vorstand zu vertreten hat". Die Schulorganisation habe ohne Vorwissen der SV eine Zentrale für diese Schulen errichtet. Sie solle gebeten werden, den Namen in „Bischöfliche Zentrale für weibliche Ordensschulen" umzuändern. Die Errichtung des SV-Schulausschusses mit Angabe seines Aufgabenkreises werde den in Frage kommenden Ministerien mitgeteilt[354].

Abt Vogel meinte auf der Konferenz im Mai 1927, sie könnten sich nicht von der Schulorganisation vertreten lassen. „Ich meine, das geht doch nicht gut an, denn wir sind doch schließlich exemt. Wir können doch den Bischöfen nicht die Vertretung unserer Schulinteressen übertragen. Das würde aber mittelbar ganz sicher geschehen, wenn wir Düsseldorf das Recht dieser unserer Vertretung geben". Sinnigen fürchtete, sie kämen sonst „via Schulorganisation Düsseldorf unter die Aufsicht der Bischöfe". Jesuitenpater Schütz fragte dennoch, ob sie nicht gut daran täten, sich einer so starken Organisation für ihre Schulinteressen zu bedienen. Durch eine von den Bischöfen „autorisierte Stelle" stünden sie „ganz anders der Regierung gegenüber". Sinnigen trat dem entgegen, denn die SV sei in sämtlichen Ministerien Berlins besser eingeführt und besser autorisiert als die Schulorganisation. Die Bischöfe hätten keine Jurisdiktion im Ausland. Schütz schlug dann die Vertretung der Ordensschulen im Inland durch die Schulorganisation vor, doch Sinnigen lehnte dies strikt ab. „Wenn die SV sich als Vertreterin der inländischen Ordensschulen hinter die Schulorganisation stellt, genügt das".

P. Chrysostomus Schulte schlug vor, den Antrag wegen der Namensänderung in „Bischöfliche Zentrale für weibliche Ordensschulen" doch nicht zu stellen, sonst würden sich die Bischöfe fragen: „Was hat denn die SV wieder vor? Was bezweckt sie mit diesem Antrag?"[355]

P. Kempf OMConv, wie das Protokoll vermerkt, „sehr erregt!", meldete sich mit einer grundsätzlichen Stellungnahme zu Wort, die die Interessenvertretung der SV allen Organisationen gegenüber betraf. „Wir sollten endlich einmal in all diesen Fragen klare Bahn schaffen. Hat uns denn unsere Leise-Treterei irgend etwas genützt? Hat es uns etwas geholfen, oder hat man es uns nicht vielmehr als Schwäche ausgelegt, wenn wir immer wieder

353 Böhler an Sinnigen, 24. 3. 1927. ASFP.
354 SV-V-Protokoll, 5. 5. 1927. OFMCap, Abt. VII Fach 78 Fasz. 5d.
355 SK-Protokoll, 6. 5. 1927. AVDO, DPB.

zurückgewichen sind? Ich meine, die Verhandlungen über das Verhältnis zum RKA sollten auch dem Blindesten in der SV endlich die Augen öffnen. Wenn die SV nicht den Mut aufbringt, endlich einmal sich zu zeigen, daß sie da ist und da bleiben will, wird sie noch mehr zur Bedeutungslosigkeit herabsinken. Ich habe heute morgen schon gesagt, oder wollte wenigstens sagen, daß die SV im Ausland überhaupt noch nicht bekannt ist. Es wird Zeit, daß sie sich auf sich selbst besinnt und sich ihren Platz an der Sonne erobert und wahrt“[356].

Die SV vom Mai 1927 beschloß selbstbewußt: „Für alle Angelegenheiten der Schulen aller in der SV zusammengeschlossenen Orden und Genossenschaften wurde die Errichtung eines ständigen Schulausschusses beschlossen, der alle Interessen unserer im Inlande und im Auslande liegenden Schulen in enger Verbindung mit dem Vorstande zu vertreten hat. Der katholischen Schulorganisation in Düsseldorf, die ohne Vorwissen der SV eine Zentrale für diese unsere Schulen errichtet hat, soll dieser Beschluß mitgeteilt werden“[357]. Sinnigen antwortete Böhler am 23. 7. 1927 auf dessen Schreiben recht kühl, der Schulausschuß der SV würde sich gelegentlich um Auskunft an die Schulorganisation wenden, die Anträge für Auslandsschulen würden ganz verschieden gehandhabt, entweder direkt im Amt, andere durch Konsulate, wieder andere durch Sinnigen. Das könne die Schulorganisation auch so handhaben. Der Vertreter der Schulorganisation könne jederzeit mit dem Amt konferieren. Offiziell sei nur die Konferenz des Reichsbeirates für das Deutsche Schulwesen im Ausland, in die die Schulorganisation auf Antrag beim Auswärtigen Amt hinzugezogen werden könnte[358].

3. Interessenvertretung dem Staat und der gesellschaftlichen Öffentlichkeit gegenüber

(a) Repräsentation auf Ausstellungen

Die SK als solche hielt sich bei der Vorbereitung und Mitbeteiligung an freien Ausstellungen in der Regel zurück. Der SK-Ausschuß für das Ausstellungswesen habe bei der Weltmissionsausstellung in Rom[359] „versagt“, so Sinnigen, „und wenn ich an die vielen Mühen denke, die diese Ausstellung uns bereitet hat, empfinde ich noch keine große Lust, mich jetzt schon wie-

[356] Ebd.
[357] SV-Ergebnis-Protokoll, 6.–7. 5. 1927. AVDO, DPB.
[358] Sinnigen an Böhler, 23. 7. 1927. ASFP.
[359] Vgl. S. 183–188.

der für ein solches Unternehmen einzusetzen“[360]. 1926 war eine Ausstellung in Düsseldorf für Gesundheitspflege, Soziale Fürsorge und Leibesübung „Gesolei“ geplant, bei der auch die katholische Arbeit in den Missionen und die caritativen, Missions- und Auslandsschulen dargestellt werden sollten. Da 1926 auch eine Kolonialausstellung in Köln und eine Missionsausstellung in Aachen gezeigt werden sollten, überließ Sinnigen die Entscheidung über die Beteiligung den Mitgliedern der SK. Die Abteilung Missions- und Schulwesen wurde schließlich in Zusammenarbeit mit der Katholischen Schulorganisation bestritten.

Im Vorfeld der für 1928 ins Auge gefaßten internationalen Presseausstellung „Pressa“[361] wurden von seiten der SV-Mitglieder Bedenken gegen eine Beteiligung laut. Der Provinzialdelegat der Werler Franziskaner wies darauf hin, daß die Druckereien und Druckerzeugnisse der Ordensgenossenschaften seitens der Laienverlage und Sortimente[362] doch gerade eine „gespannte Beachtung“ auf sich gezogen hätten, so daß mit der Ausstellung eigentlich nur „neues Material und neue Anregung zu Gegenströmungen“ gegeben werde. Die „Germania“ vom 28. 5. 1927 rede in einem Artikel vom „schweren Albdruck“, den die Konkurrenz der religiösen Genossenschaften auf das deutsche katholische Verlagsgeschäft lege. „Dieser merkwürdige Artikel wird schon unter der Überschrift ‚Katholische Verleger gegen katholische Ordensgenossenschaften‘ in der Morgenausgabe vom 9. Juni der Täglichen Rundschau ausgeschlachtet. Caveto!“[363] Die Fuldaer Bischofskonferenz begrüßte ausdrücklich die Einrichtung einer katholischen Abteilung auf der Pressa, zu der alle katholischen Verbände finanziell[364] beitragen sollten, sonst müsse man den Plan „zum Nachteil des katholischen Ansehens“ fallenlassen[365]. Sinnigen stellte es den SV-Mitgliedern frei, sich einzeln, wie bei der Gesolei-Ausstellung, zu beteiligen[366]. Schließlich beurteilten Sinnigen und Kassiepe den Wert der Pressa positiv als besonders wirkungsvolle „Propaganda für die Missionen“[367].

---

360 Sinnigen an C. Schmitz, 3. 11. 1925. ASFP. Vgl. zur weiteren Entwicklung: Rundschreiben Leyendeckers, 30. 11. 1925. AVDO.

361 Vgl. Satzungen des Internationalen Katholischen Comitées für die Pressa 1928, 1. 6. 1927. OFMCap, Abt. VII Fach 78 Fasz. 5; Rundschreiben Sinnigens wg. Pressa, 9. 6. 1927. Ebd. Fasz. 5b.

362 Vgl. S. 176f.

363 Provinzialdelegat OFM an Sinnigen, 11. 6. 1927. ASFP.

364 Vgl. Kostenvoranschlag für die katholische Abteilung der Pressa. ASFP.

365 Rundschreiben Marschalls, Zentralbildungsausschuß der katholischen Verbände Deutschlands, 21. 9. 1927. ASFP.

366 Vgl. Sinnigen an SV-Vorstand, 30. 9. 1927. OFMCap, Abt. VII Fach 78 Fasz. 5f.

367 Sinnigens Rundschreiben, 1. 10. 1928. SDS, 22. 12a.

Der Erfolg schien jedoch nicht immer gleichermaßen erkennbar zu sein. Auf der SK 1928 wurde die Frage diskutiert, ob die Beteiligung an freien Ausstellungen mit all den damit verbundenen Mühen im rechten Verhältnis zum Zweck stehe, denn die eigentliche Missionsarbeit könne überhaupt nicht zur Darstellung kommen. „Bei dem auf der Ausstellung Gebotenen könnte leicht der Gedanke kommen, wenn das, was man da sieht, alles ist, was die Missionen leisten, so ist es nicht weit her damit". Daher seien eigene katholische Missionsausstellungen wie 1927 in Trier zu empfehlen[368].

Die Internationale Hygiene-Ausstellung in Dresden 1931 beschickten wiederum nur einige Orden in der Abteilung, die die Leistungen der katholischen Missionare auf dem Gebiet der „Gesundheits- und Volkshebungspflege" darstellen sollte[369]. Die Abteilung solle „recht ansehnlich geworden sein", so Sinnigen im Juni 1931[370]. Ein leichter Schatten fiel auf die positive Bilanz, als die chinesische Gesandtschaft dem Auswärtigen Amt eine Verbalnote aushändigte. Es sei abträglich, die Kleider der 1897 ermordeten Missionare und solche Fotos, die belächelt würden, zu zeigen. So würde China mit Afrika auf eine Kulturstufe gestellt[371]. Kassiepe als SV-Vorsitzender übermittelte dem Auswärtigen Amt ein Schreiben zur Weiterleitung an die Chinesische Gesandtschaft[372]. Er gab die Erklärung ab, man habe nicht verletzen wollen. Die Fotos seien inzwischen entfernt worden. Man wisse, daß China eine Jahrtausende alte Kultur habe[373].

(b) Zusammenarbeit mit Interessenverbänden und Politikern

Die Zusammenarbeit mit nichtkonfessionellen Interessenverbänden war für die SK in der Zeit der Weimarer Republik, in der diverse Kolonial- und Deutschtumsverbände neu gegründet wurden, zunächst vor allem eine mittelbare Kooperation. Denn den Zugang zu den Verbänden erhielt SK-Generalsekretär Sinnigen anfangs in seiner Eigenschaft als RKA-Geschäftsführer; nach seiner Amtsniederlegung verblieb er dann weiter in den Gremien mit dem Einverständnis der Superioren. Die Frage, inwieweit sich SK-Mitglieder beteiligen durften an explizit politischen Stellungnahmen bzw. inwieweit die SK oder SK-Vertreter schon allein durch ihre Mitgliedschaft in manchen Verbänden in ein politisches Fahrwasser gerieten, wurde wieder-

---

368 SV-Protokoll, 8.–9. 5. 1928. AVDO.
369 Sinnigens Rundschreiben, 2. 12. 1930. SAC Limburg.
370 Sinnigen an Stuhlweißenburg, 13. 6. 1931. APT.
371 Vgl. Verbalnote der Chinesischen Gesandtschaft an AA, 8. 6. 1931. PAAA, R 62167.
372 Vgl. AA an Chinesische Gesandtschaft, 24. 6. 1931. Ebd.
373 Vgl. Kassiepe an AA, 14. 6. 1931. Ebd.

holt angesprochen. Die selbstgesetzten Prinzipien wurden aber nicht konsequent eingehalten. Die Gründe dafür lagen in einer Abwägung von Vor- und Nachteilen. Solange die Vorteile bei Inkaufnahme der Überschreitungen zum Politischen hin für die SK auf der Hand lagen, ließen sich kasuistische Erklärungen finden für den notwendigen Verbleib in den Verbänden. Gesenkt wurde die Toleranzschwelle nicht zuletzt dadurch, daß sich in den Verbänden auch die Vertreter der großen katholischen Verbände bis hin zu einzelnen Bischöfen und den katholischen Abgeordneten der Zentrumspartei und der Bayerischen Volkspartei befanden. Das mochte zudem den Eindruck stärken, daß doch irgendwie alles auch politisch gesehen den zulässigen Rahmen für Katholiken nicht überschritt und die Abgeordneten für die Wahrung der katholischen Interessen nötigenfalls auch politisch fechten würden.

Generalsekretär Schwager riet bereits 1920 den Superioren zum Beitritt[374] in den Reichsverband der Kolonialdeutschen[375] wegen der damit verbundenen Vorteile: Mitglieder erhielten die einschlägigen Drucksachen und Nachrichten, so Richtlinien für die Gewährung von Vorschüssen, Beihilfen und Unterstützungen bei Schäden in den deutschen Schutzgebieten[376]. Nach den Verlusten in den Missionen war dies von größtem Interesse für die Ordensobern.

Schon im Januar 1919 hatte Witzel als „Vorsitzender der deutschen katholischen Missionsoberen-Konferenz" den Aufruf des Reichsverbands der Kolonialdeutschen „Deutsches Volk, brauchst du Kolonien?"[377] unterschrieben, in dem der Anspruch auf Rückgabe der ehemals deutschen Kolonien erhoben wurde. Das war eine klare politische Forderung. Als im folgenden Jahr die Deutsche Kolonialgesellschaft eine Eingabe an den Reichskanzler richtete, um die Besprechung von Kolonialfragen auf der Genfer Konferenz anzuregen, war die Reaktion der SK unter dem Eindruck des Versailler Friedensvertrags jedoch verändert. Den von nun an selbstgesetzten Prinzipien der übernationalen, unpolitischen und neutralen Haltung[378] der Missionsobern gehorchend beschloß die SK, obgleich sie die Eingabe „als sachlich durchaus berechtigt" anerkannte, „von einer Unterzeichnung

---

374 Vgl. Rundschreiben Schwagers, 29. 1. 1920. WV.

375 Der Zusammenschluß der Kolonialdeutschen u. Kolonialinteressenten in einem mit Rechtspersönlichkeit ausgestatteten Verband erfolgte im Dezember 1919 als Voraussetzung für die Durchführung eines Entschädigungsverfahrens. Der Reichsverband wurde zur Mitwirkung im Entschädigungsverfahren berufen.

376 Vgl. Dokumente in: OMI.

377 Aufruf, Januar 1919. BAB, R 43 I, 624.

378 Vgl. S. 222.

absehen zu sollen, da es sich um vorwiegend politische Fragen handelt, deren Vertretung seitens der Missionsgesellschaften den deutschen Missionen in fremdländischen Kolonien schaden könnte“[379].

Während Sinnigens Amtszeit entwickelte sich aufgrund seiner RKA-Position eine enge Verbindung zu den Kolonial- und Deutschtumsverbänden. Die Durchsicht der ermittelten Akten zeigte allerdings, daß er nie exponiert auftrat oder gar die Politik der Verbände mitbestimmte. Im Vordergrund stand also das Bestreben der Vorteilsnahme für die Ordensinteressen. Die Mitgliedschaft in diesen Verbänden sei „für das Verhältnis zu den Reichsbehörden besonders wichtig und vorteilhaft“, so Sinnigen[380]. Die Nähe zu den Regierungsvertretern und Abgeordneten erfuhr ihren deutlichsten Ausdruck in Besprechungen im Reichstag mit der SK und gemeinsamen Abendessen – „das Zentrum bezahlte“[381]. Sinnigen schlug als Ort für weitere Konferenzen daher Berlin vor, weil ihm „in parlamentarischen und Regierungskreisen“ gesagt worden sei, es sei nötig, „daß sich die SV alle Jahre dort wenigstens einmal sehen ließe“. Abt Vogel begrüßte den Vorschlag, denn sie hätten durch die Tagung in Berlin „viel an Boden gewonnen“[382].

In seinem Jahresbericht 1927/28 listete Sinnigen auf, zu welchen Vereinen er mittlerweile gehörte und in welcher Weise er dort aktiv war[383]: 1. Verein im Fernen Osten: er besuche Vortragsabende. 2. Deutsche Kolonialgesellschaft: er sei im Hauptausschuß[384], beteilige sich aber nicht aktiv. 3. Deutsche Kolonialgesellschaft Abt. Charlottenburg: er gehöre dem Vorstand an, zahle den Jahresbeitrag und besuche Vortragsabende. 4. Verein zur Bekämpfung des Afrikanischen Branntweinhandels[385]: er sei im Hauptausschuß und besuche Versammlungen. 5. Die Deutsche Gesellschaft für Eingeborenenkunde[386]: er gehöre ihrem Ausschuß an. Missionare sollten zur Mitarbeit angeregt werden und ihnen sollte Gelegenheit zu Vorträgen

---

379 SK-Bericht, 12.–14. 9. 1920. AVDO.

380 SK-Protokoll, 3.–4. 6. 1924. AVDO, DPB.

381 Aufzeichnung Leyendeckers von der SK 1924. OMI.

382 SK-Protokoll, 5.–6. 5. 1926. AVDO.

383 Sinnigens Jahresbericht 1927/28, 8.–9. 5. 1928. AVDO, DPB.

384 Vgl. RKA-Tätigkeitsbericht Sinnigens 1924/1925. KfZG, NL Büttner, RKA, A. III. 2; vgl. weitere Akten in: BAB, R 1001, 6689; LA Berlin, Rep. 142/1 St B 4083.

385 Vgl. Sinnigens Rundschreiben, 26. 3. 1928. SAC Limburg; vgl. Akten in: BAB, R 61 Ko 1, 386.

386 Sinnigen war Vorstandsmitglied der 1913 gegründeten Deutschen Gesellschaft für Eingeborenenkunde in Berlin zur Pflege des Humanitätsgedankens in der deutschen Kolonialpolitik. Vgl. Sinnigens Rundschreiben Nr. 13, 6. 3. 1926. AVDO; vgl. Akten in: BAK, R 57 neu/1004-26.

und Veröffentlichungen gegeben werden. 6. Der Deutsche Schutzbund[387], 7. Bund der Auslandsdeutschen[388], 8. Verein für das Deutschtum im Auslande[389], 9. Verein für Siedlung und Wanderung[390]: Sinnigen sei dort im Vorstand. Fast entschuldigend fügte er an: „Ich habe mich da aber bisher etwas zurückgehalten, weil wir wenig sachliche Berührungspunkte haben". 10. Deutsche Akademie: er sei im Vorstand der Berliner Abteilung[391]. Sinnigen war zudem vertreten im Verwaltungsrat der Vereinigten Fürsorge für das Auslandsdeutschtum[392], in der Arbeitsgemeinschaft für Deutsches Wanderungswesen[393] und der „Kolonialen Reichsarbeitsgemeinschaft" (Korag)[394].

Die Erläuterungen Sinnigens zu den Verbänden, bei denen „wenig sachliche Berührungspunkte" bestünden, waren notwendig geworden. 1928 diskutierte die SV nämlich ihre Haltung gegenüber den Bestrebungen der deutschen Kolonialvereine, die unübersehbar in jenen Bereichen lagen, die die SV in der Nachkriegszeit explizit ausschließen wollte, um ihrer Missions- und auslandsdeutschen Seelsorgstätigkeit nicht zu schaden. Sie kam nun aber nicht zu einem konsequenten Ausstieg aus jenen Vereinen, sondern zu einer kasuistischen Lösung: „An politischen und rein wirtschaftlichen Bestrebungen dieser Vereine können sich die Missionsgesellschaften und Missionare nicht beteiligen". „In wissenschaftlichen, ethnologischen, kulturellen, humanitären, sozialen und ähnlichen Fragen sind die Missionare bereit, die resp. Bestrebungen zu unterstützen". „Aus diesem Grunde

---

[387] Sinnigen als Vorstandsmitglied: vgl. Akten in: BAB, R 61 Ko 1, 335 u. 390; LA Berlin, Rep. 142 StB 1750/II.

[388] Sinnigen im Beirat: vgl. Akten in: BAK, R 57 neu/1003-25.

[389] Sinnigen im Hauptausschuß des 1881 als Deutscher Schulverein gegründeten VDA, der 1924 6500 Gruppen mit über 2 Mill. Mitgliedern in Deutschland und Österreich zählte: vgl. Akten in: BAK, R 57 neu/1009-2 und 1016; KfZG, NL Büttner, RKA, B. IV. 1a)aa.

[390] 1916 gegründete Vereinigung für Deutsche Siedlung und Wanderung zur Förderung der Siedlung in Deutschland und zur Gründung geschlossener auslandsdeutscher Siedlungen; ihr gehörten an u. a. Caritasverband, Bonifatiusverein, Raphaelsverein und der antisemitische Alldeutsche Verband: vgl. Akten in: BAK, R 57 neu/1003-23; LA Berlin, Rep. 42 Nr. 26600.

[391] Die 1925 unter dem Namen „Die Gesellschaft der Berliner Freunde der Deutschen Akademie" gegründete Außenstelle Berlin der Münchener „Deutschen Akademie" (gegr. 1925) zur wissenschaftlichen Erforschung des Deutschtums: vgl. FZ Nr. 444 vom 17. 6. 1925. BAK, R 57 neu/1004-25 u. 1039-35.

[392] Vgl. Akten in: BAK, R 57 neu/1042-13.

[393] 1919 gegründet, 1920 zählten 75 Mitglieder dazu, ab 1929 auch die Hauptstelle der Jüdischen Wandererfürsorge Berlin; vgl. Akten in: BAB, R 61 Ko 1, 324a; BAK, R 57 neu/1002-22 und 1003-23.

[394] Korag, 1921 gegründet; vgl. Akten in: LA Berlin, Rep. 142/2 St B 4080/II.

wird es für gut erachtet, daß der Generalsekretär der SV den Vorständen der Kolonialvereine weiter angehöre“[395]. Im Vergleich zum Austritt der SK aus dem RKA wegen der dort neu zu verzeichnenden politischen Richtung war dies auffällig inkonsequent und verweist einmal mehr auch auf die persönlichen Querelen Sinnigen-Brugger als Auslöser des Austritts[396], aber auch auf die lavierende Haltung der SV in ihren Interessenkoalitionen während der Weimarer Republik.

Es war auch keineswegs so, als trennten die Verbände, wie die SV dies für sich theoretisch zu können meinte, ihre Ziele und Zwecke fein säuberlich voneinander. Zudem stellten sie auch selbst Erwartungen an die Mitgliedsvereinigungen. Im Oktober 1917 hatte schon Direktor Hupfeld darauf aufmerksam gemacht, die 1882 gegründete Kolonialgesellschaft sei „um die Missionsfrage immer in einem großen Bogen herumgegangen“. Nun aber erwarte man „von der deutschen Mission ein gewisses Maß von nationalem Empfinden“, denn früher habe sich dort „eine gewisse Weltfreundschaft“ kundgegeben[397]. Als Ziele und Aufgaben wurden genannt: politisch die Wiederherstellung der kolonialen Gleichberechtigung Deutschlands, „Bekämpfung der kolonialen Schuldthese“, die „koloniale Erweckung und Belehrung der Jugend“[398], wirtschaftlich die Angliederung kolonialer Rohstoff-, Absatz-, Arbeitsgebiete an das Mutterland, kulturell „Schaffung und Erhaltung eines starken Deutschtums in den entrissenen Kolonien“. Die DKG wolle die „kolonialwilligen Kreise des deutschen Volkes vereinigen zu einem großen kolonialen Kampf- und Arbeitsverband“[399]. Die politische Entwicklung der DKG ging weit nach rechts. DKG-Generalsekretär Erich Duems zitierte 1932 in seinem Rückblick auf die 50-jährige Geschichte der Gesellschaft deren Präsident Dr. Schnee, der als Ziel angegeben habe: die Wiedergewinnung der Kolonien, weil zur sozialen Gesundung und geistigen Höherentwicklung Lebensraum benötigt werde. Die DKG wolle daher auch die engere Zusammenarbeit mit der NSDAP, die auch ein Kolonialreferat habe[400]. Als die DKG Sinnigen Ende 1931 anfragte, „ob die katholischen Missionen vielleicht auch Wünsche hätten, die der Vorsitzende der DKG auf der Konferenz der Interparlamentarischen Union in Bukarest vertreten

---

395 SV-Protokoll, 8.–9. 5. 1928. AVDO.
396 Vgl. S. 192–199.
397 Hupfeld, in: Bericht über die Sitzung des Ausschusses der DKG, 19. 10. 1917. BAB, R 61 Ko 1, 483.
398 DKG. Aufruf zur Deutschen Kolonialhilfe, 1929. LA Berlin, Rep. 142/1 St B 4083.
399 Ziele und Aufgaben der DKG. BAB, R 1001, 6697.
400 Vgl. Erich Duems, Die DKG seit Versailles, in: 50 Jahre DKG (1882–1932), Berlin 1932, S. 112. BAK, R 57 neu/1050-12.

sollte", ging Sinnigen darauf nicht ein. „Unsere Wünsche in den früheren Kolonien bewegen sich doch in anderer Richtung, nämlich dahin, daß die DKG unsere Missionare und ihre Arbeit nicht so ganz ignoriere. Es ist vielleicht gut so, daß unsere Missionare sagen können, sie würden in ihrer Tätigkeit, besonders was die Schule angeht, nicht von der DKG, die doch rein politische Ziele, sc. die Rückgewinnung der Kolonien, verfolgt, unterstützt"[401].

Rein politische Ziele verfolgten auch andere Verbände, in denen Sinnigen vertreten war. Zwar erklärte der 1918 gegründete Bund der Auslandsdeutschen, dem 1930 schon 130 Vereine und Verbände angeschlossen waren, er vertrete keine politischen Ziele[402], doch wurde auch unumwunden der „heiße Wunsch aller Deutschen" genannt, sich mit den nach dem Versailler Vertrag getrennten deutschen Gebieten „zu einem Großdeutschtum zu vereinigen"[403]. Auch der im Mai 1919 gegründete Deutsche Schutzbund e. V., der 1925 116 Vereine und Verbände zählte, gab recht allgemein als Zweck „Pflege des Gemeinschaftsgefühls zwischen allen Deutschen" und „Schutz gefährdeten deutschen Volkstums besonders in den Grenzgebieten der deutschen Staaten und im Auslande" an[404]. Behördlich wurde der Schutzbund ebenso wie der VDA als „nach rechts orientiert" beschrieben. Dennoch könne man nicht an seiner Verfassungstreue zweifeln[405].

Als vom 22.–25. 6. 1931 in Genf die Internationale Konferenz zum Schutz der afrikanischen Kinder stattfand, nahmen von seiten der deutschen Missionen auch Kassiepe und Sinnigen teil[406]. 200 Vertreter der verschiedenen an Afrika interessierten Kolonialmächte waren anwesend, u. a. 10 katholische, nichtdeutsche Missionare. Die Ausführungen der Missionare seien von den schwarzen Vertretern günstig aufgenommen worden. Die SV hielt den Kontakt zum Komitée. Kassiepe sei ständiges Mitglied der Kommission. „So bekommen wir moralischen Einfluß", lautete das Resumee Sinnigens[407]. In humanitären Fragen also bestand keine Reserve der SV.

---

[401] Sinnigen an Kassiepe, 14. 11. 1931. AVDO.

[402] Vgl. Akten in: LA Berlin Rep. 42 Nr. 26395 Bd. 1; BAK, R 57 neu/1003-25; BAB, R 61 Ko 1, 301 und 335.

[403] Bund der Auslandsdeutschen. Aufgaben und Ziele [1924]. BAK, R 57 neu/1003-25. „Auslandswarte": Zeitschrift des BdA.

[404] Satzung des Deutschen Schutzbundes e. V. BAB, R 61 Ko 1, 390; vgl. weitere Akten in: BAB, R 61 Ko 1, 335; LA Berlin Rep. 142, St B 1750/II; BAB, R 61 Schu 1, 2.

[405] Vertrauliche Stellungnahme Noebels über die Organisationen, die mit der Arbeit für das Auslandsdeutschtum beschäftigt sind, 5. 1. 1923. BAB, R 43 I, 545.

[406] Vgl. A. Sinnigen, Geschichtliche, S. 158.

[407] SV-Protokoll, 9.–10. 5. 1932. AVDO.

(c) Stellung der Missionsschulen

Wie schon in den Vorjahren[408] blieb die Frage der Stellung der Missionsschulen ein zentrales Thema für die Superioren. Die Aussprachen hatten gezeigt, daß diese Nachwuchsschmiede möglichst von „draußen“ abgeschirmt und unbeeinflußt tätig sein sollte, um die Zöglinge den vielen „Gefahren“, die auf sie lauerten und sie vom Eintritt in den Orden abbringen könnten, zu entreißen. Staat und Öffentlichkeit sollten dies respektieren, insbesondere, wenn die Zöglinge in den oberen Klassen ein Gymnasium als Externe zur Erlangung des Abiturs besuchen mußten. Dann setzten wiederum die Bemühungen ein, die Zöglinge von „gefährlichen“ Schulfächern wie den Leibesübungen mit der „unsittlichen“ Kleidung zu dispensieren bzw. Sonderregelungen für sie zu erwirken.

Zwischen 1924 und 1930 beschäftigte sich die SK intensiv mit der Stellung der Missionsschulen, von denen es etwa 50 im Deutschen Reich gab. Dringlich wurden diese Überlegungen durch das in der Weimarer Reichsverfassung angekündigte neue Reichsschulgesetz bzw. Reichs-Privatschulgesetz. P. Pietsch OMI, der 1924 und 1925 vor der SK über die gesetzliche Lage berichtete, wies auf die Notwendigkeit hin, daß im neuen Gesetz „auch unsere berechtigten Interessen gewahrt“ werden, damit nicht den Anstalten Bestimmungen „verhängnisvoll“ werden könnten. Das könne auch „ohne bösen Willen der Gesetzgeber geschehen, weil sie die eigentümliche Lage und Verfassung unserer Missionsanstalten nicht kennen und daher nicht berücksichtigen“[409]. Zunächst einmal unterlagen die Schulen noch den Landesgesetzen, die in sich variierten; Bayern wurde im Vergleich zu Preußen als „kleinlicher und bürokratischer“ in der Handhabung empfunden[410].

Für die Beurteilung des Status der jeweiligen Missionsschule fiel ins Gewicht, ob sie auch volksschulpflichtige Jungen bis 14 Jahren oder ob sie nur fortbildungspflichtige Jungen bis 18 Jahren unterrichtete, was eine entsprechende Handhabung der staatlichen Schulaufsicht nach sich zog. Zur Genehmigung der Errichtung der Schule war von Bedeutung, daß der Leiter die geforderten staatlichen Prüfungen nachweisen konnte, im Hinblick auf die Lehrer gab es eine ungeklärte rechtliche Lage, ob der Staat die Ordensgeistlichen analog den Weltgeistlichen, die als ohne weiteres zum Unterricht

---

[408] Vgl. S. 83f und 111f.

[409] P. Pietsch, Die gesetzliche Lage der Missionskollegien in Deutschland, 12.5.1925. WV.

[410] Ebd. Ähnlich: P. Tellkamp, Wird es möglich sein, für die Ordensschulen eine besondere einheitliche Regelung zu erstreben?, in: SK-Protokoll, 5.–6.5.1926. AVDO.

befähigt angesehen wurden, anerkannte. Bei den Ordensgeistlichen war nämlich nicht vorauszusetzen, daß sie ein Abitur erworben und ein Universitätsstudium bzw. ein Studium an einer staatlich anerkannten bischöflichen Studienanstalt abgeschlossen hatten.

Bemerkenswert ist es, daß die Superioren die Diskussion um die Missionsschulen im offenen Teil der Konferenzen bzw. auf Sondertreffen mit Gesprächsteilnehmern aus den Bereichen Kirche, Politik, Schule und Verbände führten. So waren zum Referat von P. Pietsch 1925 der Limburger Bischof, sein Generalvikar, das Domkapitel und höhere Geistliche, weltliche Gymnasiallehrer und Schullehrer, Dr. Schellberg vom preußischen Kultusministerium, Legationsrat Südhof vom Auswärtigen Amt, Landrat und Bürgermeister von Limburg und der Generalsekretär der katholischen Schulorganisation Böhler gekommen, wodurch die Versammlung nach der Meinung Prov. Grendels „einen ganz ausgeprägten Repräsentationscharakter" erhalten habe. Schellbergs Stellungnahme sei zwar eine „ausgesprochen ‚regierungsfromme' " gewesen, doch habe Legationsrat Südhof Entgegenkommen zugesagt[411].

Nun vertraten die Superioren und deren Fachreferenten wie P. Pietsch im Grunde genommen die Meinung, die Missionsanstalten seien „ein nationales Werk" durch ihre Leistungen für das Auslandsdeutschtum und die „Heidenmission" und daher fraglos „unbedingt nötig". Dies schloß dann ein, daß sie in ihrer besonderen Eigenart „ein weitgehendes Maß von Freiheit und Entlastung von staatlicher Bevormundung" verlangten: „Die erste Forderung wird allgemein auf Freiheit lauten müssen"[412]. Es ergaben sich aber gerade dadurch Probleme, daß die Missionsschulen in der Regel nicht die Freiheit nutzten, um die üblichen vergleichbaren Qualitätsstandards für die Lehrerbefähigung und für die Abschlüsse der Schüler zu wählen, sondern darunter blieben bzw. andere wählten. Hier setzten die Diskussionen ein.

Auf der SK 1926 griff P. Hecht PSM das Thema „Die humanistischen Studien der Klosterschulen" auf. Pius XI. habe das Abitur für Ordensleute nachdrücklich empfohlen und das Kirchenrecht (CIC 1918, can. 589) fordere es. Außerdem sei es eine Frage des Ansehens der Priester, das gemindert werde, „wenn selbst die Volksschullehrer in diesem Punkte über den Ordenspriestern stehen!" Die Ordensgeistlichen sollten den Weltpriestern auch in den humanistischen Studien „zum mindesten ebenbürtig sein", denn ihrer priesterlichen Wirksamkeit würden sonst Grenzen gesetzt. Hecht schnitt auch die soziale Seite der Frage an. Jene Studierenden, die nicht in den

[411] SK-Bericht Grendels, 12.–13. 5. 1925. AG-SVD, 26.
[412] Wie Anm. 409.

Orden eintreten würden, könnten anschließend leichter eine entsprechende Ausbildung erlangen. Außerdem plädierte er für einen Meinungswechsel von seiten des Ordens beim Ausscheiden eines Kandidaten: „Das Bewußtsein, die Erziehung des jungen Mannes maßgebend gefördert und damit der guten Sache einen erheblichen Dienst geleistet zu haben, wird den Orden für seine Aufwendungen in solchen Fällen entschädigen, wenn der Studierende es sonst nicht vermochte“[413]. Prov. Glasschröder OMCap unterstrich die Notwendigkeit, die Ordensschulen auf „eine gewisse Höhe“ zu bringen. Sie hätten die „Pflicht, Sorge zu tragen, daß der andere, vielleicht größere Prozentsatz bei uns eine Vorbildung bekommt, daß er weiterkommt, wenn er einsieht, daß Priester- und Ordensberuf nicht sein Beruf sein kann!“[414]

Die SV-Entschließung 1926 empfahl „dringend, daß alle Klosterschüler die staatliche Reifeprüfung machen und daß die Klosterschulen dementsprechend ausgebaut werden. Es soll in Verbindung mit der katholischen Schulorganisation und dem Reichsverband der freien Schulen darauf hingewirkt werden, daß die Belange der Klosterschulen in der kommenden Privatschulgesetzgebung und den Verordnungen gewahrt werden“[415]. Das Zusammengehen mit der Schulorganisation und der Beitritt zum Reichsverband der freien Schulen war ein weiteres Ergebnis der Konferenz von 1926, nachdem P. Tellkamp SVD in seinem Referat „Wird es möglich sein, für die Ordensschulen eine besondere einheitliche Regelung zu erstreben?“ dafür plädiert hatte. Einerseits sollten die SV-Mitglieder die volle „Geschlossenheit und Einigkeit“ wahren – „Oder glaubt man, daß der Starke am mächtigsten ist allein?“ – und einen Arbeitsausschuß für die Schulfrage bilden. Andererseits sollten sie ihren Forderungen Gehör verschaffen und mit den Organisationen, die gleiche Ziele verfolgen, in Verbindung treten, ohne daß die Gefahr bestünde, die „Selbständigkeit“ einzubüßen[416].

1929 wurde das staatliche Aufsichtsrecht in den Missionsschulen diskutiert. Prov. Kassiepe sprach davon, sie hätten doch „ganz andere Erziehungsziele in unsern Missionsschulen als der Staat. Wir haben allen Grund, uns jede Bevormundung vom Leibe zu halten“. Bischof Ehrenfried, der auf der SK erschien, unterstrich zunächst, er wolle sich „in keiner Weise in das Innere der Orden und Genossenschaften einmischen“. Aber er verwies sie doch deutlich auf ihre Sorgepflicht: „Es ist vorhin gesprochen worden von der Freiheit der Orden in der Ausbildung ihres Nachwuchses. Gewiß, wah-

---

413 P. Hecht, Die humanistischen Studien der Klosterschulen, Mai 1926. SAC Limburg.

414 SK-Protokoll, 5.–6.5.1926. AVDO.

415 Ebd.

416 P. Tellkamp, Wird es möglich sein, für die Ordensschulen eine besondere einheitliche Regelung zu erstreben?, in: SK-Protokoll, 5.–6.5.1926. AVDO.

ren Sie Ihre Freiheit, soweit es geht; aber setzen Sie auch Ihren ganzen Stolz darein, eine Ausbildung zu schaffen, die wirklich standesgemäß ist, und die Ausbildung kann heute gar nicht gründlich genug sein". „Sie wollen möglichst viel Freiheit haben in der Ausbildung ihres Nachwuchses; sie wollen möglichst alles allein machen ohne staatliche Aufsicht. Das hat seine gute und hat aber auch seine schlechte Seite". „Wenn der Welt- und Ordensklerus abseits erzogen und ausgebildet wird, graben wir uns selbst das Grab. Dann wird es keine 10, 20 Jahre dauern, bis wir Akademiker zweiten und dritten Grades geworden sind. Ich bin froh, daß ich diese Gedanken einmal vor Ihnen aussprechen konnte"[417].

Dieser Darlegung über die Qualitätsstandards, die für die Orden auch von seiten des Episkopats gefordert wurden, folgte im November 1929 die eingehende Erläuterung der staatlichen Auffassung in diesen Fragen bei einer – allerdings als nicht amtlich geführten – Besprechung von SV-Mitgliedern mit Vertretern des preußischen Kultusministeriums, Geheimrat Schellberg und Geheimrat Stolze, und dem Vertreter des Auswärtigen Amtes, Geheimrat Terdenge. Alle drei waren Katholiken und sozusagen in dieser Eigenschaft zur vertraulichen Beratung der SV gekommen. Nichtsdestoweniger waren sie die Vertreter der staatlichen Auffassung, wovon sie keinen Zentimeter abwichen. Stolze meinte, die Ordensvertreter „sollten wirklich nicht den Staat als Ihren Feind und Gegner ansehen". Ein nicht geringes Unverständnis herrschte zwischen beiden Seiten.

Die SV hatte am 16. 5. 1929 eine Eingabe[418] an das preußische Kultusministerium gerichtet und die Bitte geäußert, der Staat möge den Orden die Freiheit in Erziehung und Unterricht der Missionsschüler über 14 Jahren lassen, von der Aufsicht absehen und zudem darauf vertrauen, daß die Ordensobern für Leitung und Unterricht der Missionsschulen geeignete Priester auswählen, ohne daß diese die staatlichen Prüfungen abgelegt haben müßten. Die erste Schwierigkeit im Gespräch zwischen den staatlichen Vertretern und den Ordensvertretern ergab sich dadurch, daß erläutert werden mußte, die staatliche Schulaufsicht sei nun einmal verfassungsmäßig gefordert und habe auch einen Sinn. Erst die Aufsicht würde dann erweisen, ob das Vertrauen, das in die Schulen gesetzt würde, auch gerechtfertigt sei. Im übrigen könne doch von „keiner drückenden Staatsaufsicht die Rede sein", sie würde mit „größtem Wohlwollen" durchgeführt. Dem Gegenargument, die Missionsschulen seien „interne Angelegenheiten der Orden", hielt Stolze entgegen, daß doch höchstens ein Drittel der Schüler

---

417 SV-Protokoll, 30. 4. 1929. AVDO.

418 Vgl. Sinnigens Rundschreiben, 26. 10. 1929. AVDO, MSC Salzburg.

dem Orden beiträte. „Wo bleiben die anderen 2/3? Glauben Sie, daß es dem Staat einerlei sein kann, was aus diesen 2/3 Schülern aus Ihren Schulen wird? Trägt der Staat diesen jungen Menschen gegenüber nicht ein großes Maß an Verantwortung? Gerade diesen Umstand dürfen Sie nicht übersehen". Die Orden sollten daher eine Schulform wählen, die der öffentlichen staatlichen Schulverordnung entspreche, damit für die übrigen Schüler „ein glatter Übergang an die öffentlichen Schulen ermöglicht wird".

Auch von den Forderungen der Prüfungen der Schulleiter und Lehrer wolle der Staat nicht abgehen. Stolze wurde nun grundsätzlich: „Wir Katholiken sollten es als eine unabweisbare Pflicht ansehen, alle unsere Einrichtungen, also auch die Schuleinrichtungen so gut als möglich aufzuziehen. Wir Katholiken sollten auch vor Opfern nicht zurückschrecken. Wir müssen in allen unsern Einrichtungen so dastehen, daß der Staat nicht nur nichts auszusetzen findet, sondern unsere Einrichtungen als geradezu mustergültig hinstellen muß. Wenn ich Provinzial in einem Orden wäre, würde meine größte Sorge die sein, unter allen Umständen eine ganze Reihe der tüchtigsten Patres Prüfungen machen zu lassen; in keinem Fall aber würde ich vom Staat mir Ausnahmen zu verschaffen suchen". Die Ordensvertreter hielten dem die lange Ausbildungszeit entgegen, die mit einem Universitätsstudium, abgesehen von den Kosten und den Gefahren für den Beruf, nochmals verlängert würde. Außerdem könnten die Obern, wenn nur einige die Lehrbefähigung hätten, nicht mehr so frei die ihnen ungeeignet erscheinenden absetzen[419].

Die offizielle Antwort vom Kultusministerium auf die Eingabe der SV rückte nicht ab vom staatlichen Aufsichtsrecht und der Forderung der Prüfung für den Schulleiter. Für die Ordensgeistlichen, die lehren, sollte von Fall zu Fall entschieden werden, ob sie als „Geistliche" angesehen würden im Sinne des Gesetzes und ob eine erleichterte Form der Prüfung möglich sei[420]. Auf der SV-Aussprache im September 1930 konnte Sinnigen berichten, daß auch bei Schulleitern die mildere Form angewandt worden sei. „Ein Beweis, daß die Schulbehörde die bei den vorjährigen Besprechungen in Berlin in Aussicht gestellte Rücksichtnahme nun auch verwirklicht"[421].

---

[419] SV-Besprechung über Schul- und Missionsfragen, 18. 11. 1929. AVDO, DPB.

[420] Kultusministerium an SV, 3. 2. 1930, in: Sinnigens Rundschreiben, 19. 2. 1930. AVDO.

[421] SV-Protokoll, 5. 9. 1930. AVDO, MSC Salzburg.

(d) Finanz- und Rechtsfragen

Neben den neuen Schulgesetzen, mit denen sich die Orden in der Weimarer Republik auseinandersetzen mußten, waren die Finanzreform und die neue Steuergesetzgebung ein zentraler Beratungspunkt der Konferenzen und Besprechungen. Die Orden setzten anfangs ganz auf die Zusicherungen von Reichsfinanzminister Erzberger, der den Orden und Kongregationen weit entgegenkommen und – wie 1928 auf der SK Rechnungsrat Weiss beteuerte –, „sämtliche Klöster einfach von den Reichssteuern befreien" wollte[422]. Im August 1921 fiel Erzberger einem Mord der politischen Rechten zum Opfer. Damit war für die SK ein wichtiger Protektor, der noch auf der Konferenz vom September 1920 vor den Superioren gesprochen hatte, verloren.

Doch auch die katholischen Zentrumsmitglieder, Reichskanzler und Finanzminister Josef Wirth, dessen Nachfolger als Reichsfinanzminister, Andreas Hermes, und der Leiter des dortigen Büros, Oberregierungsrat Hermann Pünder, boten in den Jahren 1921 und 1922 ihre Hilfe an. Am 13. 6. 1921 fand im Reichsfinanzministerium eine Besprechung von Vertretern des Episkopats und der Ordensgenossenschaften, darunter Generalsekretär Schwager, statt. Die Unterredung betraf die Wirkung der neuen Steuergesetzgebung für die Diözesen, die kirchlichen Institutionen und die Ordensgenossenschaften. Insbesondere handelte es sich um die Befreiungsvorschriften im Grunderwerb-, Erbschaft-, Körperschaft-, Umsatz-, Kapitalertrag- und Einkommensteuergesetz. Die Begriffe „gemeinnützig", „wohltätig" und „mildtätig" seien nicht für alle Steuergesetze gleich festgelegt, auch sei die Praxis der Landesfinanzämter uneinheitlich in der Anwendung der Gesetze. Es wurde darauf verwiesen, daß die Ordensgemeinschaften in der Vergangenheit aufgrund der gesetzlichen Lage ihren Grundbesitz treuhänderisch erwerben und verwalten ließen. Nun sei durch die Reichsverfassung die Erlangung der Rechtsfähigkeit möglich. Es stelle jedoch eine besondere Härte dar, daß bei der Eigentumsübertragung Grunderwerbsteuer gezahlt werden müsse. Für diese Fälle wurde ein allgemeiner Steuererlaß gewünscht. Das sei bereits erwogen worden, versicherte der Referent des Reichsfinanzministeriums.

Ein wichtiger Tagesordnungspunkt betraf den Sachverhalt, daß Orden der Kirche bisher nicht gleichgestellt waren. Als „kirchliche Zwecke verfolgend seien sie nur anzusehen, wenn sie vorwiegend seelsorgerische Aufgaben erfüllten, insbesondere die Unterstützung des weltlichen Klerus be-

422 SV-Protokoll, 1. 12. 1928. AVDO, DPB.

zweckten. Für viele Orden würden jedoch die Vergünstigungen für mildtätige und gemeinnützige Zwecke in Frage kommen". Dem wurde entgegengehalten, nach der Reichsverfassung müßten „Orden als kirchliche Einrichtungen gelten". Diese Interpretation wurde abgelehnt, da die Reichsverfassung die „Orden nur zu den kirchlichen Vereinigungen rechne"[423]. Die ganze Bedeutungsschwere dieser für die Orden fatalen Interpretation von staatlicher Seite sollte erst in der nationalsozialistischen Zeit voll zum Tragen kommen[424].

Gerade weil die steuerliche Situation der einzelnen SV-Mitglieder in sich schon verschieden gelagert war, noch dazu die Handhabung der zuständigen Finanzämter voneinander abweichen konnte, wurde eine Verständigung untereinander und die Ausschau nach fachkundiger Beratung und nach einem Zusammenschluß umso dringlicher. Zudem zeichnete sich in der Zeit der Weimarer Republik aufgrund der wachsenden wirtschaftlichen Krisen eine Tendenz ab, die Klöster in steigendem Maße zu besteuern. Dies wurde von seiten der Superioren nicht in jedem Fall als ungebührlich angesehen. Prov. Janssen MSC war trotz der gewährten Befreiung von der Bürgersteuer für Ordensleute 1931 bereit, einen Teil zu zahlen: „Wir sollten uns bei der furchtbaren Not der Gemeinden, vor allem der kleineren Gemeinden, nicht einfach dagegen sperren. Ich schlage vor, daß wir 50 % zahlen und uns vorbehalten, bei besseren Zeiten um die Befreiung einzukommen. Ich habe jedenfalls schon so verfahren"[425].

Generalsekretär Sinnigen stellte auf der Konferenz 1926 das „Y-Büro" in Augsburg, St. Stephan, vor, das sich diesen Namen gegeben hatte, weil „sehr viele seiner Mitarbeiter an angesehenen Stellen tätig" seien, aber ungenannt bleiben wollten. Das Büro stehe in wirtschaftlichen, steuerlichen und rechtlichen (kirchen-, verwaltungs-, zivilrechtlichen) Angelegenheiten als Beratungsstelle zur Verfügung[426]. Es solle als „offizielle Rechtsberatungsstelle in Anspruch genommen und dementsprechend gestützt werden"[427]. Der ersten Empfehlung Sinnigens folgte der weitere Ausbau ab 1929 zur „Arbeitsgemeinschaft Klösterlicher Genossenschaften" (AKG). Den Vorstand bildeten der 1. Vorsitzende Abt Glogger OSB von St. Stephan in Augsburg, der 2. Vorsitzende Abt Wöhrmüller OSB von St. Bonifaz in München, der 3. Vorsitzende Sinnigen. Als 1. Schriftführer fungierte Rechtsanwalt Dr. Dr. Karl Weiss jun., als 2. Schriftführer und Kassierer Rechtsanwalt

---

[423] Niederschrift über die Sitzung im RFiM, 13. 6. 1921. ASFP.
[424] Vgl. S. 277–279.
[425] SV-V-Protokoll, 4. u. 5. 5. 1931. AVDO.
[426] SK-Protokoll, 5.–6. 5. 1926. AVDO.
[427] SV-Kurzprotokoll, 2. 12. 1928. AVDO, MSC Salzburg.

Dr. Max Weiss und als Beirat Rechnungsrat a.D. Karl Weiss, alle in München tätig[428]. Auf der Konferenz von 1928 hatten die Obern zunächst ins Auge gefaßt, alle damals in Deutschland lebenden Ordensleute, Priester, Brüder und Schwestern zu einem Verband in diesen steuerrechtlichen Fragen zusammenzuschließen. Der Vorsitzende Kassiepe hielt dem entgegen, bei dem „Versuch einer solchen Organisation würden sich sofort die größten Schwierigkeiten mit den Bischöfen ergeben, unter deren Jurisdiktion ja die weiblichen Orden alle stehen". Abt Vogel beurteilte dies anders. „Da sehe ich keine unüberwindliche Schwierigkeit. Vergessen wir nicht: Die Zeiten für die deutschen Ordensleute werden nicht gut. Man hat in unseren Kreisen und auch außerhalb unserer Kreise seit dem Krieg von einem ‚monastischen Frühling' gesprochen. Wir haben heute schon Grund zu beten, daß kein Herbststurm kommt und manchen Baum und manchen Ast knickt". „Es geht von Berlin in immer verstärktem Maße der Spezialisierungswillen aus; und die Folgen davon werden nicht zuletzt die Ordensleute zu tragen haben. Deshalb allein schon sollten wir uns alle zusammenschließen, um dem Staat und seinen Sozialisierungstendenzen gegenüber eine starke Macht darzustellen, über die man nicht einfach zur Tagesordnung übergehen kann. Und über 70 000 Menschen mit einem gemeinsamen starken Willen geht man heute nicht mehr einfach zur Tagesordnung über". Doch Kassiepe meinte, er habe vor einer neuen Organisation „etwas Angst", daher kam es nur zu einer Arbeitsgemeinschaft[429].

Die Vertreter der AKG legten insbesondere auf den Konferenzen am Ende der Weimarer Republik die steuerrechtlichen Fragen dar und vertraten einzelne Gemeinschaften. Bis zum April 1929 waren schon 100 Anmeldungen eingegangen. Auch zwei größere klösterliche Institute hätten Anfragen gestellt, hätten sich bedankt, „aber Anmeldung und Bezahlung vergessen". Die AKG-Vertreter sahen sich auch als Vermittler an, denn es falle den maßgebenden Persönlichkeiten außerordentlich schwer, „sich von den klösterlichen Betrieben die richtige Vorstellung zu machen und sich in diese Betriebe, die doch ganz eigenartig sind, einzufühlen. Denn sie übersehen und können schlecht verstehen, daß diese klösterlichen Wirtschaftsbetriebe eine ganz andere Zusammensetzung und einen wesentlich andern Zweck haben wie sonstige Betriebe, die dieser Steuer unterliegen"[430].

1931 wurde die Lage zunehmend kritischer, wie sich in den ernsteren Schreiben der AKG widerspiegelt, die „im Interesse der Erhaltung des

[428] Amtlicher Anzeiger der Kölnischen Franziskaner-Ordensprovinz, Stück 9, 2. Jg., 8.8.1930. AVDO.

[429] SV-Protokoll, 2.12.1928. AVDO, DPB.

[430] SV-Protokoll, 30.4.1929. AVDO.

Ordensvermögens" Stellung nahm. „Die gegenwärtig mehr denn jemals unübersichtliche innen- und außenpolitische Lage Deutschlands, sowie die Etatschwierigkeiten fast aller Länder der Welt, die kaum zu lösenden sozialen Probleme, der starke Preisverfall an den Hauptwarenmärkten sowie an allen Effektenbörsen des In- und Auslandes stellen jedermann, insbesondere aber die klösterlichen Institute vor schwerwiegendste Entscheidungen". Unter der Deflationskrise komme die Wirtschaft fast zum Erliegen. Der Winter werde die politische und wirtschaftliche Lage mit dem Arbeitslosenproblem verschärfen. Die Ordensleitungen sollten sich mit der Frage beschäftigen, ob die Vermögensanlage ihres Ordenshauses als denkbar sicher erscheinen könne[431]. Kassiepe aber meinte, „weil die meisten Genossenschaften kein überflüssiges Kapital haben", sei die Sicherstellung des unbeweglichen Eigentums weitaus wichtiger, da sie bei einem politischen Umsturz konfisziert werden könnten[432].

Ein weiteres Problem entstand den Orden durch die Reiseerschwernisse aufgrund der Ausreise-Gebühren und der Bestimmungen über den Devisenverkehr, weil so der Kapitalflucht aus Deutschland entgegengearbeitet werden sollte. Den Mitgliedern des Alpenvereins habe die Regierung freie Ausreise nach Österreich gestattet, nicht den Missionaren. „Man scheint also ziemlich kopflos vorzugehen, umsomehr müssen wir darauf dringen, daß den Ordensleuten und Missionaren keine unnötigen, törichten Beschränkungen auferlegt werden"[433], so Kassiepe.

In der Frage des Geldverkehrs mit dem Ausland, der durch die Notverordnungen erschwert wurde, beriet Dr. Terdenge die Superioren am 2. 9. 1932 in Essen. Eingangs bemerkte er, daß er „nicht als Beamter des Auswärtigen Amtes, sondern vertraulich als Katholik" spreche, „der Ihnen helfen und zur Seite stehen will". Das Reichswirtschaftsministerium befasse sich nun „ernstlich" mit den Dingen und habe den Willen, „den gesamten Geldverkehr für kirchliche und kulturelle Dinge und Zwecke vom Ministerium aus zu regeln", was bedeuten würde, daß die Geldtransfers der Orden und kirchlichen Vereine behandelt würden wie jene von Privatleuten. Es müsse dann eine Begründung geliefert werden, die den bearbeitenden Beamten vollständig überzeuge. „Hier sehen Sie ohne weiteres eine große Quelle von Schwierigkeiten, weil wohl die Mehrzahl der Beamten katholischen Dingen und katholischen Missionsinteressen sehr ferne steht". Terdenge habe sich dem Ministerium als Vermittler angeboten, um Richtlinien aus-

---

431 Dr. Max Weiss, Rechtsanwalt, Schreiben der AKG, vor 19. 9. 1931. SAC Limburg.
432 Kassiepe an Sinnigen, 27. 9. 1931. AVDO.
433 Kassiepe an Sinnigen, 25. 7. 1931. AVDO.

zuarbeiten. Die Bedenken des Wirtschaftsministeriums bezogen sich darauf, von katholischer wie von evangelischer kirchlicher Seite werde sehr viel Geld im Ausland angelegt, bevor es dort tatsächlich gebraucht werde, so daß also große Summen der deutschen Wirtschaft entzogen würden und für Zwecke verwendet würden, die nicht gerade notwendig seien. Terdenge wollte eng mit der SV zusammenarbeiten. Sinnigen erklärte, das Wirtschaftsministerium müsse lernen, „daß unsere Missionen draußen größtes Reichsinteresse haben, daß sie wirtschaftliche, kulturelle Einrichtungen sind, die auch für Deutschland größten Wert besitzen". Terdenge bekräftigte, er wolle sich dafür einsetzen, daß diese „einzig mögliche und einzig richtige Auffassung maßgebend wird"[434].

Ein weiterer Versuch in Finanzfragen stellte die Werbeaktion von Direktor Dr. Hofius, Bank für Kommunalwirtschaft Berlin, bei den Ordensobern dar. Die Katholiken bräuchten ein ihnen „nahestehendes Finanzierungsinstitut"[435]. Hofius bat die SV, seinen Plan einer „Katholischen Bank" auf der Konferenz von 1931 erläutern zu dürfen. Der Vorstand blieb distanziert, er wolle deswegen „in keiner Weise dadurch das Unternehmen empfehlen"[436]. Hofius' Vortrag solle „rein informatorischen Charakter haben", ohne Diskussion[437]. Es gelang Hofius bald, Provinzialate aus der SV und mehrere Brüdergenossenschaften für sein Projekt zu gewinnen. Dem Aufsichtsrat gehörten 5 Ordensleute an. Hofius begann nun, sich geradezu als „Ordensbank" zu präsentieren, Kunden anderer katholischer Institute abzuwerben. Der SV-Vorstand meinte, es gehe nicht, daß sich Hofius auf die SV berufe, und beschloß für die Konferenz 1932 daher, Hofius außerhalb des Programms referieren zu lassen. „Wir geben ihm die Begründung, daß die SV nur kulturelle und rein religiöse Zwecke verfolgt und empfiehlt", so der Beschluß der geschlossenen Versammlung[438], der von einigen jedoch als „Brüskierung" des Bankdirektors empfunden wurde[439]. Nachdem Beschwerden bei der SV wegen Hofius' Abwerbemethoden eingegangen waren, mußte Sinnigen klarstellen, daß die Bank für Kommunalwirtschaft weder von ihm noch von der SV einen Auftrag habe und er nichts dagegen tun könne, da die Klöster nicht der SV unterstünden „und völlig frei handeln können"[440].

---

434 Vgl. SV-Besprechungs-Protokoll, 2. 9. 1932. OFM Fulda, II15c Lagerort 2655.
435 Denkschrift Hofius' [16. 12. 1930]. SAC Limburg.
436 SV-V-Protokoll, 4. u. 5. 5. 1931. AVDO.
437 SV-Protokoll, 5.–6. 5. 1931. AVDO.
438 SV-Protokoll, 9.–10. 5. 1932. AVDO.
439 Hoffmann an Sinnigen, 9. 5. 1932. AVDO.
440 Sinnigen an Wirtz, 27. 8. 1932, zitiert in: SV-Besprechungs-Protokoll, 2. 9. 1932. OFM Fulda, II15c Lagerort 2655.

Im Bereich des Versicherungswesens tauchten in der Weimarer Zeit Fragen nach der Unfall- und Invalidenpflichtversicherung der Laienbrüder auf, die in Betrieben mit Maschinen beschäftigt waren. Eine Gesetzesänderung wurde angestrebt, damit die Institution, die die Versorgungspflicht auf Lebenszeit übernehme, von der Versicherungspflicht entbunden würde.

Im Hinblick auf die Fahrpreisermäßigungen gewährte der Reichsverkehrsminister 1923 den Zöglingen der Missionsseminare das Recht, Schülerkarten zu nehmen[441].

1928 stellten die Obern mit Verwunderung fest, daß französischen und belgischen Missionaren 30 % Rabatt für die Überfahrt von den Schiffahrtslinien gewährt wurden, auch auf den deutschen Linien. „Die deutschen Missionare aber haben diese große Vergünstigung nicht". Ihnen wurden lediglich bei Hapag in Hamburg und beim Norddeutschen Lloyd in Bremen 10 % gewährt. Bei den Besprechungen mit den Vertretern der deutschen Linien sei wegen dieser „merkwürdigen Sache" eine „gewisse Verlegenheit" zu verspüren gewesen[442].

Die Deutsche Reichsbahngesellschaft teilte der SV 1931 mit, die Gewährung von Fahrpreisermäßigungen für Ordensangehörige sei versagt worden, „weil die Berufswahl mit dem endgültigen Eintritt in den Orden getroffen ist und der Ordensangehörige durch den Ordensberuf eine Selbständigkeit im Sinne des bürgerlichen Rechts und eine ‚selbständige Lebensstellung' im Sinne des Eisenbahn-Personentarifs erhält". Die Studierenden der Philosophisch-Theologischen Hochschulen würden die Ermäßigung erhalten, weil sie noch nicht endgültig aufgenommen seien[443].

(e) Mission und koloniales und nationales Interesse

Sicherung der Missionstätigkeit

Jesuitenpater Väth faßte die Situation nach dem Versailler Friedensvertrag für die Mission mit den Worten zusammen: „Trübe über alle Maßen sind die Aussichten". 318 Priester, 296 Kleriker und Brüder und 326 Missionsschwestern seien gefangen, interniert oder in die Heimat abgeschoben. Die Friedensbedingungen brächten den „Vernichtungswillen gegen die deutschen Missionare klar genug zum Ausdruck"[444].

---

[441] Schwager an Leyendecker, 27. 2. 1923. OMI. Vgl. Reichsverkehrsminister Groener an MdR Mumm, 5. 2. 1923. Wortlaut zitiert im Schreiben: Schwager an Leyendecker, 27. 4. 1923. OMI.

[442] SV-Protokoll, 2. 12. 1928. AVDO, DPB.

[443] Sinnigens Rundschreiben, 16. 4. 1931. AVDO.

[444] A. Väth, Für das Recht der deutschen Missionare, zitiert in: K. Müller, Schwager, S. 111.

Die Missionare empfanden die Bestimmungen als Demütigung und Mißachtung ihrer Leistungen. Aber nicht nur das. Die SK vom März 1919 erweckte beim Vertreter des Düsseldorfer Franziskanerprovinzials, P. Rieck OFM, auch den Eindruck, als handele es sich darum, „die Fehler wieder gut zu machen, die manche Missionare durch die Tätigkeit im Dienste der deutschen Politik begangen haben". Nun sollte noch im Vorfeld der Friedensverhandlungen alles unternommen werden, das Schlimmste zu verhüten. Die SK wandte sich an die deutsche Regierung, damit sie entsprechende Forderungen stellen möge: Die deutschen Missionare sollten sich frei bewegen dürfen, ihre Tätigkeit solle nicht vom Ermessen „feindlicher" Gouverneure abhängen, die Missionen sollten wie die deutschen Kolonisten entschädigt werden, deutsche Missionare sollten sofort in die Missionsländer ausreisen dürfen. Mit der „eigentlichen Vertretung ihrer Interessen in Berlin" habe die SK ihren Vorsitzenden Witzel beauftragt[445], der aber in Berlin nach Schwagers Eindruck „eine sehr stumme Rolle" gespielt habe. Schwager hatte es abgelehnt, ständig nach Berlin zu gehen[446].

Artikel 438 des Versailler Vertrags bedeutete das Ende der deutschen Missionen in den Gebieten der alliierten und assoziierten Mächte. Zugesichert wurde allerdings, daß „das Eigentum dieser Missionen oder Missionsgesellschaften einschließlich des Eigentums der Handelsgesellschaften, deren Überschüsse der Unterhaltung dieser Missionen dienen, weiter für Missionszwecke verwendet werden soll". Unerbittlich wurde bestimmt: „Deutschland nimmt von den vorstehenden Verpflichtungen Kenntnis und erklärt, jeder getroffenen oder noch zu treffenden Regelung der beteiligten alliierten und assoziierten Regierungen hinsichtlich der Ausführung des Werkes der genannten Missionen oder Handelsgesellschaften zuzustimmen und enthält sich jedes Einwandes in dieser Hinsicht"[447]. Die deutsche Delegation in Versailles erreichte keine Rücknahme der gewaltsamen Verdrängung der deutschen Missionen aus ihren Arbeitsfeldern. Im Vergleich zur Kongo-Akte war die Rechtslage der christlichen Mission verschlechtert und ihre Supranationalität beeinträchtigt. Der Ausschluß von ihren Missionsfeldern verletzte die Deutschen und erschwerte eine Aussöhnung der Völker.

Entschädigungsfragen

Die Diskussionen auf den Superiorenkonferenzen spiegeln die ganze Enttäuschung, Verletzung und Demütigung dieser Austreibung aus den Missions-

[445] Rieck an P. Delegatus, 3. 4. 1919. ASFP.
[446] Schwager an Blum, 18. 4. 1919. AG-SVD, 26.
[447] Zitate in: Witzel an Obern, 27. 5. 1919. AVDO.

gebieten wider. Gerade Schwager konnte in den internen Besprechungen seine Verletzung, die sich in feindseliger Aggression äußerte, nicht verbergen. Bei der Frage der Verwendung der von den Alliierten verwalteten Almosen der deutschen Katholiken entlud sich Schwagers Empörung im Oktober 1919: „Diese Gaben sind nach Intention der Geber zu behandeln, die zweifelsohne entschieden dagegen sind, daß die Alliierten, die unser armes Vaterland bis aufs Blut aussaugen und unsere Missionen vernichten, auch noch unsere letzten Missionsgroschen ohne Not von uns ausgeliefert erhalten". Doch von seiten der Superioren kamen ausgewogenere Stellungnahmen. So betonte Prov. Klerlein CSSp: „Man darf den nationalen Gedanken nicht überspannen. Es wird eine Zeit kommen, wo wieder friedliche Gesinnung zwischen den Nationen herrscht". Prov. Bogenberger OSFS meinte: „Die Leute sehen nicht darauf, welcher Nationalität die Missionare angehören. Sie wollen nur die Missionen unterstützen und zur Ausbreitung des Glaubens mithelfen". Schwager lenkte ein: „Wir wollen gewiß keine nationalistische Politik treiben; aber solange die Entente in ihren Vernichtungsplänen gegen Deutschland verharrt, unser Volk zu Sklavendiensten zwingt, unsere Missionen erwürgt und solange französische Missionskreise die deutschfeindliche Missionspolitik der Alliierten moralisch unterstützen, wird kein Besonnener von den deutschen Katholiken die Abgabe deutscher Missionsgelder an französische Missionen verlangen. Müßten wir doch mit Grund befürchten, daß diese Gelder dazu dienen, um Missionsstationen und Schulen zu errichten, in denen noch mehr Abneigung gegen unser armes deutsches Volk geweckt wird"[448]. Es bedurfte noch einiger Zeit, bis Schwager die Frage der Versöhnung und des Friedens aufgriff[449].

Im Hinblick auf die Frage der verlorenen Missionsstationen galt grundsätzlich, da die Zusicherung der Alliierten für die Wiederverwendung als Missionen bestand, daß das Eigentum der Mission letztlich Eigentum der Propaganda bzw. des Hl. Stuhles blieb. Soweit die deutschen Missionshäuser eine Entschädigung für ihre Verluste erhalten wollten, mußten sie diese gegenüber der deutschen Reichsregierung geltend machen. Da eine Entschädigung für die evangelischen Missionen von der Regierung aus Reichsmitteln zugesagt worden war, forderten auch die SV-Mitglieder aus Paritätsgründen eine Gleichbehandlung ihrer Stationen. Schwager engagierte sich in dieser Frage ganz entschieden. Die Entschädigungsverfahren zogen sich noch weit bis in Sinnigens Amtszeit hinein und waren von ihm in seiner Eigenschaft als RKA-Geschäftsführer und Nachfolger P. Sonnen-

---

448 SK-Protokoll, 13.–14. 10. 1919. AVDO.
449 Vgl. S. 156.

scheins weitergeführt worden. Nachteilig wirkte sich aus, daß die Auszahlungen in die Inflationszeit fielen, so daß die Geldentwertung einen nicht unerheblichen Teil der Entschädigungssumme verschlang. Eine weitere Chance zur finanziellen Konsolidierung der Gemeinschaften bot das neue Ministerium für Wiederaufbau[450] an, das Beihilfen zum Wiederaufbau im Ausland, d.h. auch für neue Missionsstationen, gewährte. Das Reichsentschädigungsamt wurde zum 1.4.1930 aufgehoben.

Kooperation mit staatlichen Ämtern

Als die Bildung eines „Ausschusses der katholischen deutschen Missionsgesellschaften für China" überlegt wurde, zeigte sich Schwager hinsichtlich der Beziehungen zur politischen Seite reserviert. „Eine gewisse Vorsicht dürfte heute mehr als je am Platze sein und den jüngsten Weisungen der Propaganda entsprechen"[451]. Dieser betonte Umschwung einer „Entpolitisierung" setzte sich auch bei der Gründungskonferenz des Ausschusses in Düsseldorf am 16.3.1922 durch. Das Auswärtige Amt hatte dem RKA-Geschäftsführer P. Sonnenschein den Wunsch nahegelegt, eine Arbeitsgemeinschaft zwischen dem Auswärtigen Amt, dem Verband für den fernen Osten und den katholischen und evangelischen Missionen zur Förderung deutscher Kulturarbeit in China zu gründen. Schwager wies jedoch darauf hin, daß den Missionaren durch die Missionsgrundsätze[452] und die Vorschriften der Propaganda Schranken auferlegt seien. Die Epiphanie-Instruktion von 1920 gestatte, in Missionsschulen europäische Sprachen zu unterrichten, es werde aber gewarnt: „Politicarum atque temporalium rerum cujusvis generis curis in favorem nationis suae vel etiam alterius sese nunquam admisceant". Der Beschluß der Düsseldorfer Konferenz lautete, im „Interesse der Mission wie auch im wohlverstandenen Interesse des Deutschtums" halte sie die Arbeitsgemeinschaft nicht für angebracht. Schwager solle versuchen, die Vertreter der protestantischen Mission dafür zu gewinnen. Die Missionsgesellschaften würden auch keine weitergehenden Informationsdienste übernehmen[453].

Die Amtsführung Sinnigens in der Zeit der Weimarer Republik brachte,

---

[450] Aus dem Reichskolonialamt wurde nach dem Ersten Weltkrieg das Reichskolonialministerium, 1920–1924 das Reichsministerium für Wiederaufbau (Kolonialzentralverwaltung). Seit 1924 wurden die Kolonialangelegenheiten wieder im Auswärtigen Amt bearbeitet.

[451] Schwager an Obern, 1.3.1922. APT.

[452] Vgl. S. 180.

[453] Bericht der Gründungskonferenz des Ausschusses der katholischen deutschen Missionsgesellschaften für China, 16.3.1922. AG-SVD, 26.

gemessen an Schwagers Festhalten an den Missionsgrundsätzen, einen völligen Wandel im Verhältnis zu den staatlichen Ämtern. Ende Dezember 1923 informierte Sinnigen die SK darüber, im Auswärtigen Amt sei bei der Kulturabteilung „ein besonderes Referat für die katholischen Auslandsangelegenheiten, speziell für die Missionen, eingerichtet, das mit mir gemeinsam die Interessen unserer Missionare wahrnehmen soll". Enger konnte die Bereitschaft zur Kooperation nicht ausgedrückt werden, wobei der Zusatz „nicht für die Presse" darauf verweist, daß eben diese spezielle Kooperation diskretionär war[454]. Die SK traf auf das Interesse der Behörden aufgrund der von ihren Mitgliedsgemeinschaften ausgeübten Auslandsdeutschenseelsorge und der noch verbliebenen und wieder aufzubauenden Missionstätigkeit.

Die SK in der Amtszeit Sinnigens nutzte jede Möglichkeit, die Verbindung zur Regierung und zu Parlamentariern zu pflegen und öffentlichkeitswirksam zu demonstrieren. Am 4. 6. 1924 tagte die SK an ihrem 2. Sitzungstag in einem Saal des Reichstagsgebäudes, wo „neben 18 Ministerialräten noch an 40 Abgeordnete wenigstens zeitweise in der Sitzung anwesend" gewesen seien. Der 1. Vorsitzende Vogel dankte für das Interesse und Wohlwollen, „das aus diesen Kreisen den katholischen Missionen gezeigt werde". P. Freitag SVD referierte über die Tätigkeit und Bedeutung der katholischen Missionen „auch für die deutsche Kultur und die vaterländischen Interessen". Ministerialdirektor Heilbron vom Auswärtigen Amt sprach seine Anerkennung „für die Kulturarbeit der katholischen Missionen" aus. P. Sonnenschein erläuterte die Aufgaben von RKA und SK. P. Stegmiller und Msgr. Becker referierten über die Missionsausstellung in Rom[455] und das missionsärztliche Institut[456]. Am Abend traf man mit den katholischen Abgeordneten von Zentrum und Bayerischer Volkspartei zum Abendessen zusammen. Zusätzlich kamen auch Weihbischof Dr. Deitmer aus Berlin, Reichskanzler Wilhelm Marx, Reichsaußenminister Stresemann, Vertreter des Auswärtigen Amts, des Reichsinnen-, Reichsarbeits-, Reichsfinanz-, Reichswirtschaftsministeriums und des Kultus- und Justizministeriums von Preußen. „Man konnte es den ernsten Männern der Politik anmerken, daß es ihnen wohltat, nach den aufregenden Parlamentssitzungen einmal in Gesellschaft solch hoher religiöser Ordensvertreter zu sitzen". 82 Personen seien anwesend gewesen, „eine Versammlung, die in ihrer Zusammenstellung wohl einzig war", so Sinnigens zufriedenes Resumee[457].

---

[454] Sinnigens Rundschreiben, 24. 12. 1923. ASFP.

[455] Vgl. S. 183–188.

[456] Vgl. S. 143–146.

[457] SK-Protokoll, 3.–4. 6. 1924. AVDO, DPB. Vgl. Anwesenheitsliste, 4. 6. 1924. SAC Limburg.

In der „Germania" wurde berichtet, Ministerialdirektor Heilbron vom Auswärtigen Amt habe festgestellt, P. Freitags Referat über die Bedeutung der Missionstätigkeit der Deutschen sei eine wertvolle Widerlegung der Behauptung, Deutschland sei weder würdig noch fähig zum Kolonisieren. „Die Arbeit des Staates und der Missionare ergänzen sich gegenseitig. Er sprach die Hoffnung aus, daß Deutschland wieder seine Kolonien und seine Missionsgebiete zurückerhalten werde"[458]. Die Veranstaltung der SK im Reichstagsgebäude wurde somit politisch aufgeladen.

Sinnigen fungierte in der Folgezeit als Vermittler zwischen den Behörden und den Ordensgemeinschaften. Er führte die Behördenvertreter auf den Superiorenkonferenzen ein. Sie berieten die Obern vertraulich und erhielten die SK-Protokolle. Sinnigen leitete auch Anfragen der Behörden an die Gemeinschaften weiter oder vermittelte an die Mitglieder Informationen, die dem Auswärtigen Amt zur Lage in den Missionsländern zugingen.

Ein Beispiel für die Vermittlung und Beratung Sinnigens für Auslandsschulen bietet seine Korrespondenz mit Pfarrer Emmanuel Kreis aus Rumänien wegen Beihilfen für die Katholische deutsche Schule Pitesti, die Katholische Knaben-Volksschule aus Turn-Severin und die Katholische Knabenschule Braila. Sinnigen riet Kreis am 23. 7. 1929: „Ganz unverbindlich und vertraulich möchte ich Sie aufmerksam machen, daß hier zwei Fonds, die von derselben Behörde verwaltet werden, für Sie in Betracht kommen: der Schulfonds und der Kulturfonds. Dies sind aber keine offiziellen Namen. Aus dem ersteren kann eine Beihilfe zur Förderung des Deutschtums durch die Schule erbeten werden; aus dem letzteren zur Förderung der anderen Kulturarbeit unter Deutschen (Seelsorge, Vereinsarbeit, Literatur etc.). Da Sie für die Schule bereits ein Gesuch eingereicht haben, das Herr Sch[ellberg] wohl an die erstere Stelle weitergeben wird, so müssen Sie Ihr zweites Gesuch auf den anderen Titel abstempeln. Als Überschrift schreiben Sie einfach: an das Auswärtige Amt in Berlin und schicken dasselbe mit einem kleinen Begleitschreiben an die Gesandtschaft in Bukarest zur Weiterleitung". Am 10. 9. 1929 riet er Kreis: „Eine gewisse Möglichkeit Ihnen anderweitig zu helfen, sehe ich, wenn Sie direkt ein Gesuch ans Auswärtige Amt in Berlin richten, in welchem Sie etwa ausführen, was ich auf beiliegendem Zettel geschrieben habe. Ich bitte diesen Wink aber ganz diskret zu behandeln". Am 9. 8. 1932 schrieb Sinnigen Kreis: „Wegen eines Zuschusses für Ihre pfarrliche Deutschtumsarbeit werde ich mich bemühen. Die Unterstützung für die Schule haben Sie hoffentlich wieder durch die Gesandtschaft erhalten"[459].

---

[458] Missionstagung in Berlin, in: Germania Nr. 223 vom 5. 6. 1924. WV.
[459] Korrespondenz Kreis/Sinnigen, 3. 4. 1929–28. 9. 1934 incl. Fotos. AVDO, DPB.

Bei der SV-Mitgliederversammlung im Mai 1931 in Berlin plante Sinnigen die Beamten der Behörden mit ein. „Die Ordnung des zweiten Tages habe ich nach Rücksprache im Auswärtigen Amt so gemacht, damit die Herrn aus den Ministerien eventuell den Abend gleich bei uns bleiben können“[460]. Den Mitgliedern riet Sinnigen, es werde „aus naheliegenden Gründen sehr gut sein, wenn wir möglichst vollzählig vertreten sind, weil viele Herren aus den verschiedenen Ministerien anwesend sein werden, die wir vielleicht einmal notwendig haben werden“[461]. Reichskanzler Dr. Brüning empfing den SV-Vorstand am 1. Tag. „Der Kanzler widmete geraume Zeit einer Besprechung mit den Ordensobern über die Zeitverhältnisse und der Stellung der Orden zu diesen Verhältnissen“[462]. Die Tagung von 1931 machte besonders deutlich, welche Erwartungen von der politischen Seite den Orden gegenüber herrschten. Admiral a.D. Paul Behncke referierte an diesem Nachmittag und wollte den Vorschlag unterbreiten, die Orden sollten sich in den Dienst des Presse- und Nachrichtenwesens stellen „und für unsere Interessen wirken“. Der Vorsitzende Kassiepe bog hier doch etwas ab, indem er auf den Dienst an der Information durch die „weitverbreiteten Missionszeitschriften“ der Orden hinwies[463].

Als zweiter Referent war Reichsarbeitsminister a.D. Brauns erschienen, der über Innere Siedlung und katholische Missionsorden sprach. Brauns war Mitglied der Gutachter-Kommission für die Arbeitslosenhilfe. Angesichts von 5 Millionen Arbeitslosen habe er den Eindruck, „daß unsere Orden und Genossenschaften sich des Ernstes unserer Lage noch nicht recht bewußt geworden sind, daß sie sich nicht klarmachen, daß sie mit ihren Zielen und Zwecken, oder besser in der Unterstützung und Förderung dieser ihrer Ziele und Aufgaben stehen und fallen mit der Entwicklung unseres Volkes“. Brauns, selbst Geistlicher und langjährig in der Industrieseelsorge tätig, äußerte sich kritisch über die „Pfaffengasse“ und „Massierung von klösterlichen Niederlassungen“, die „schon rein volkswirtschaftlich eine sehr unerfreuliche Erscheinung“ seien.

Die Orden sollten aber Klöster in Siedlungsgebieten bauen und so Arbeitslosen Beschäftigungsmöglichkeiten eröffnen. „Rührt Sie denn nicht das furchtbare Schicksal unserer fünf Millionen Arbeitslosen mit ihrem tief seelischen Elend und Unglück, das eine Gefahr für unsere ganze Kultur darstellt? Diese fünf Millionen Arbeitslosen bedeuten auch rein politisch ein

---

460 Sinnigen an Stuhlweißenburg, 19. 4. 1931. APT.

461 SV-Protokoll, 5.–6. 5. 1931. AVDO.

462 „Die Arbeit der kath. Orden. Superioren-Konferenz in Berlin“, in: Kirche und Welt. Beilage zur Germania Nr. 6 (13. 5. 1931).

463 SV-Protokoll, 5.–6. 5. 1931. AVDO.

Wahlunglück. Sollten da unsere Orden und Kongregationen vor diesem Unglück ihre Augen verschließen können? Umsomehr, als durch die Entwicklung der Dinge ihre Arbeit jenseits der Meere zum größeren Teil zusammengebrochen ist?" Kassiepe meinte, die Orden wollten erwägen, ob sich eine Möglichkeit für diese Hilfe böte[464]. Aber im Grunde genommen hatte Brauns dieses Referat vor der falschen Versammlung gehalten: Adressat seiner Wünsche hätte die Missions-Konferenz sein sollen.

Das dann folgende Referat von P. Grentrup SVD, Professor an der Hochschule für Politik und am Orientalischen Seminar in Berlin, über „Die missionierenden Orden und Kongregationen in ihrem Verhältnis zu Staat und Reich" war demgegenüber äußerst aufschlußreich als Standortbestimmung der SV am Ende der Weimarer Republik. Staat und Kirche – darin das Missionswerk als Teil der Kirche – müßten frei bleiben. „Es hat sich noch immer gezeigt, daß es auf die Dauer übel ausläuft, wenn die Kirche weltliche Funktionen übernimmt, oder wenn der Staat die Kirche für politische Machtzwecke einspannt. Das Gleiche gilt für das Verhältnis von Staat und Mission. Die Mission wird gut tun, wenn sie es grundsätzlich ablehnt, im Dienste des Heimatstaates rein weltliche Funktionen zu übernehmen. Wir wissen, daß die römische Kurie konstant, besonders aber in der Neuzeit immer wieder darauf gedrängt hat, daß die Missionen keine politischen Aufgaben erfüllen sollen, daß sie es sogar ablehnen sollen, handelspolitische Vermittlungen zu besorgen. Andererseits muß der Staat darauf verzichten, die Mission als Mittel für machtpolitische Zwecke anzusetzen". Das war die klare Position, wie Schwager sie kurz nach dem Krieg noch eingenommen hatte, die aber verwässert war durch Sinnigens konkrete Kooperation. Grentrup plädierte für die Freiheit der Missionsschulen[465] und dafür, daß die Missionare als Bürger ihres Heimatstaates auch im Ausland Schutz erführen. Dafür seien sie – und hier spiegelt sich ein merklicher Wandel in der Sprache wider – „blutsmäßig mit ihrem Volke verbunden", und fühlten sich „nach Blut und Geist mit dem deutschen Volkstum" verbunden[466].

Gutachter-Ausschuß für die katholische Deutsche Auslandsarbeit

Am 5.11.1925 teilten Abt Vogel, Prälat Georg Schreiber MdR, Domkapitular Leicht MdR, Ministerialrat August Wegmann MdR und Oberregierungsrat Terdenge dem Auswärtigen Amt mit, daß sie die Tätigkeit als Gutachter-Ausschuß für die Verteilung der Mittel aus dem Kulturfonds auf-

[464] Ebd.
[465] Vgl. S. 210–214.
[466] Wie Anm. 463.

genommen hätten. Sie übermittelten die Bescheinigung Vogels für Sinnigen. Dieser sei von der SK beauftragt und somit berechtigt, „die Missionsorden bei den Behörden zu vertreten und besonders auch Unterstützungen für dieselben zu beantragen und entgegenzunehmen“[467]. Zeichnungsberechtigt waren Schreiber und Leicht, ihre Stellvertretung übernahm Terdenge, die geschäftliche Erledigung erfolgte durch Sinnigen. Der Ausschuß sollte bei der Verwendung der katholischen Quote der sogenannten Kirchenmillion beteiligt werden. Das Auswärtige Amt werde den Zentralstellen der anerkannten Religionsgesellschaften auf deren Antrag von der Gesamtsumme der für sie bereitgestellten Mittel Kenntnis geben, die für Aufgaben im Ausland für kirchliche und Missionszwecke mit Ausnahme der Schularbeit verwendet werden sollten. Beihilfen würden in Höhe von 3 000 RM gegeben. Sie müßten nachgewiesen werden. Höhere Beihilfen bedürften der Genehmigung des Auswärtigen Amtes[468]. „Die Mittel sind dazu bestimmt, kulturell-gemeinnützige Institute und Vereinigungen, an deren Wirksamkeit das Reich ein besonderes Interesse nimmt und für die andere Etatsmittel nicht vorhanden sind, zu fördern; das Reich behält hiervon 10 v.H. zur freien Verfügung und überweist den Rest dem Deutschen Evangelischen Kirchenbund, den Zentralen der katholischen Kirche und den Vereinigten Synagogenverbänden nach Maßgabe der letzten Volkszählung“[469].

Sinnigen war somit SK-Generalsekretär, RKA-Geschäftsführer und Geschäftsführer des Gutachter-Ausschusses für die katholische Deutsche Auslandsarbeit[470], „gleichsam eine halb amtliche Stelle“[471]. Die politische Verwobenheit Sinnigens wurde nur zu deutlich.

Sinnigen erläuterte den SK-Mitgliedern, die Beihilfen für die Missionsorden seien zur Unterstützung von Zwecken im Ausland gedacht, ausgenommen Schulzwecke, „also deutsche Kulturarbeit auf kirchlichem katholischem Gebiete: Ausrüstung und Reisegeld für Visitator, Missionare, Bibliothek, Bau eines Betsaales, der vielleicht auch als Vereinslokal dient“[472]. Von den Beihilfen aus dem Kulturfonds profitierte die SK sichtlich. 1926 richtete der Gutachter-Ausschuß beispielsweise ein Sammelersuchen an den Kulturfonds, in dem für den Vorstand 60 000 Mark für die Wiederaufbau-

[467] Bescheinigung Vogels für Sinnigen, 25. 9. 1925. PAAA, R 62183.

[468] Heilbron AA an [Abt Vogel], 10. 11. 1925. Beiblatt mit 5 Punkten zur Finanzierung. AVDO, DPB.

[469] Vgl. Drucksache des Reichstags Nr. 2233. Reichstag III. Wahlperiode 1924/26. Der Reichsminister der Finanzen, 27. 4. 1926. PAAA, R 72361.

[470] Vgl. Übersicht über die Ausgaben im Rechnungsjahr 1925. KfZG, NL Büttner, RKA, B. V. 2d.

[471] Sinnigens Jahresbericht 1927/28, 8.–9. 5. 1928. AVDO, DPB.

[472] Sinnigens Rundschreiben, 7. 6. 1926. AVDO.

arbeit der Missionen eingesetzt waren. Die Gesamtsumme aller Anträge belief sich auf 245 500 Mark[473].

Ein Protokoll der Sitzung des Ausschusses vom 1. 4. 1927 zeigt, welche konkreten Beihilfen empfohlen wurden: Beihilfen zum Bau von katholischen deutschen Vereinshäusern; katholische pädagogische Literatur für die Auslandsgruppe des katholischen Lehrerverbandes; Reisebeihilfen; 2 000 RM für den Bischof von Münster „zur Unterstützung der Schwestern vom Guten Hirten in Danzig als Gegengewicht der Tätigkeit polnischer Schwestern"; die Jesuiten erhielten „als Beihilfe zu deutscher religiöser Kulturarbeit unter der japanischen Studentenschaft" in Tokio 1 200 RM; zur Errichtung einer katholischen Seelsorgstelle in Madrid gingen 5 000 RM an Kardinal Schulte; zur Förderung des Deutschtums unter den katholischen Böhmen in Prag durch die „Großdeutsche Presse" gab es 1 000 RM[474].

Am 23. 5. 1927 erläuterte Schreiber dem Auswärtigen Amt, der Gutachter-Ausschuß befürworte für das Berchmanskolleg der Jesuiten in Pullach eine Beihilfe von 4 000 Mark für das Studium von 20 ausländischen Theologen, Jugoslawen, Tschechen, Deutschböhmen. „Die Ausbildung derselben in einem deutschen Kolleg liegt schon deshalb im deutsch-kulturellen Interesse, weil sonst die Gefahr besteht, daß dieselben, einer Einladung nach dem valutaschwachen Frankreich bzw. Polen folgend, dort unter fremdem Kultureinfluß erzogen würden. Eine deutsche Erziehung dagegen wird diese Theologen befähigen, später in ihrer Heimat, den früher österreichischen Staaten, im deutschen Sinne tätig zu sein und das deutsche Element daselbst zu stärken". „Wegen des höchst diskretionären Charakters dieser Beihilfen legt der Gutachterausschuß Wert darauf, daß dieselben nicht direkt durch amtliche Stellen übermittelt werden". Sie wurden auf Sinnigens Konto überwiesen[475]. Der Ministerialrat in der Reichskanzlei, Dr. Othmar Fessler, zugleich Mitglied des Ausschusses, prüfte die Buch- und Kassenführung des Geschäftsführers Sinnigen Ende 1927 und lobte die „große Sorgfalt und Gewissenhaftigkeit" der Kassenführung Sinnigens für den kulturellen Fonds[476].

Reichsbeirat für das deutsche Schulwesen im Ausland

Im Juni 1921 kamen Überlegungen auf zur Schaffung eines Reichsbeirats für das deutsche Schulwesen im Ausland als beratendes Organ des Reichsministeriums des Innern und des Auswärtigen Amtes. Reichskanzler Josef

---

473 Vgl. Schreiber an AA, 26. 3. 1926. PAAA, R 62183. Fast die gesamte Summe wurde bewilligt: vgl. AA an Schreiber, 30. 3. 1926. Ebd.

474 Protokoll des Gutachter-Ausschusses, 1. 4. 1927. KfZG, NL Büttner, RKA, B. V. 2e)i.

475 Schreiber an AA, 23. 5. 1927. PAAA, R 62183.

476 Bericht Fesslers, 29. 11. 1927. Ebd.

Wirth wünschte auch die Zuziehung der deutschen Missionen zum Reichsbeirat.

Am 20. 6. 1922 fand die erste Sitzung des Reichsbeirats statt, zu der frühere Auslandslehrer, wirtschaftliche Fachmänner und Kenner des Auslands geladen waren. Als Richtlinien für die Aufgaben des Reichsbeirats wurden genannt, er solle um Verständnis, Interesse und Hilfsbereitschaft in der Heimat für das deutsche Schulwesen im Ausland werben und darüber verhandeln, wie dies realisiert werden könne. Es sollten Entschließungen für die zuständigen Stellen gefaßt werden. Einmal jährlich trete er auf Berufung der Reichsregierung zusammen[477].

Zur 2. Sitzung kam man allerdings erst 1925 zusammen. Hier war erstmals Sinnigen vertreten. Er referierte über das deutsche Schulwesen der katholischen Missionen – und erschien auch zum Bierabend[478]. Zu den Sitzungen wurde nun jährlich eingeladen. Sinnigen hielt dieses Gremium für äußerst wichtig und nutzte die Gelegenheit, wiederholt auf die Bedeutung der Schulen der katholischen Missionen hinzuweisen. „Es wäre für die Lösung der Aufgaben der Auslandsschulen wertvoll, wenn diesen Schulen im Inlande und Auslande etwas mehr Aufmerksamkeit geschenkt würde. Ihr Umfang und ihre Bedeutung sei noch nicht recht erkannt worden“[479].

1929 stellte Sinnigen die katholischen Missionsschulen in Südwestafrika vor. Die Schule der Schwestern in Windhoek sei den anwesenden Herrn neu gewesen. Er habe auf die „Bedeutung der Schule und ihrer Leistungen für das Deutschtum“ hingewiesen. Da habe der frühere Direktor Körner „sehr lobende Worte für die Schule“ gefunden. Sinnigen habe nun die Schwestern aufgefordert, um Unterstützung nachzusuchen. „Unsere Katholiken müssen sich mehr melden und sich nicht einfach abspeisen lassen“[480]. 1930 referierte Sinnigen über die Lehrtätigkeit der katholischen deutschen Orden im Ausland, die häufig ein „deutsches Kulturzentrum“ im Gastland seien[481].

---

477 Vgl. 1. Sitzung des Reichsbeirats für das deutsche Schulwesen im Ausland, 20. 6. 1922; Aufgaben des Reichsbeirats, Richtlinien. PAAA, R 63569. Weitere Akten: PAAA, R 63570-72.

478 2. Sitzung, 25. 2. 1925; Einladung Heilbrons zum Bierabend, 19. 2. 1925; Zusage Sinnigens. PAAA, R 63569.

479 5. Sitzung, 29. 6. 1928. PAAA, R 63571.

480 Sinnigen an Kassiepe, 22. 7. 1929. OMI.

481 A. Sinnigen, Die Lehrtätigkeit der katholischen deutschen Orden im Ausland, in: Ders., Geschichtliche, S. 159. Hier irrtümlich als 6. Sitzung bezeichnet. Vgl. 7. Sitzung, 18. 7. 1930. PAAA, R 63572.

III.
Zusammenfassung

Die Superioren-Konferenz/Superioren-Vereinigung 1919–1932

Die schon 1918 geplante Einrichtung eines SK-Generalsekretariats wurde 1919 realisiert, zunächst allerdings noch in Anbindung an das Steyler Missionshaus in Hangelar, von wo aus der erste gewählte Generalsekretär, P. Friedrich Schwager SVD, 1919–1923 die Geschäfte führte. Schwager plädierte schon bald für ein repräsentatives SK-Büro in Berlin als ständige Interessenvertretung der Superioren am Regierungssitz und Sitz der Nuntiatur. Erst Schwagers Amtsnachfolger (1923–1940), P. Ansgar Sinnigen OP, gelang es, trotz der äußerst schwierigen wirtschaftlichen Lage diesen Plan zu verwirklichen. Zunächst profitierte die SK von der symbiotischen Bürounion mit dem „Reichsverband für die katholischen Auslandsdeutschen“ (RKA), die durch die Personalunion Sinnigens als SK-Generalsekretär und RKA-Geschäftsführer ihre intensivste Phase zwischen 1923 und 1927, bis zur RKA-Amtsniederlegung Sinnigens und zur Trennung der Geschäftsräume, erfuhr. Die SK, die sich 1927 als eingetragener Verein nach dem Bürgerlichen Gesetz neue Satzungen gab, verfügte nun über ein funktionstüchtiges Büro und einen eingespielten Organisationsapparat mit jährlichen Mitgliederversammlungen, Generalsekretariat, Vorstand und mehreren Fachausschüssen. Die Mitgliedschaft, weiterhin nur für die deutschen missionierenden Priesterorden und -kongregationen zu erwerben, wurde nun nicht nur den Gemeinschaften eröffnet, die in der „Heidenmission“ tätig waren, sondern auch jenen, die die katholischen Auslandsdeutschen seelsorglich betreuten.

Der Erfahrungsaustausch über missions- und ordensspezifische Fragen blieb wie schon in den Vorjahren dadurch gekennzeichnet, daß diese Themen in der Regel nicht zum Gegenstand der Verhandlungen gemacht wurden. In manchen Sitzungen, die eher organisatorische Fragen anschnitten, wie jener über „technische“ Fragen der Handhabung der Ferien von Missionszöglingen und der Zulassung von neuen Jugendorganisationen in den Seminaren, wird deutlich, wie die Mentalität einer harten Grenzziehung zwischen „draußen“ als „Gefahr“ und „drinnen“ als bergender Hort nach wie vor gepflegt wurde. Nach der Revolution von 1918 bot die SK den Superioren in der Umbruchphase zur Weimarer Demokratie dann selbst einen schützenden Raum. Die Einmütigkeit war selten so innig, wie sie in dem Rundschreiben an alle Gemeinschaften vom März 1919 zum Ausdruck kam. Die gemeinsame äußere Bedrohung führte nach innen zu einer Harmonisierung. Die alten Differenzen um Kollekten, Kolportage und Kalender brachen jedoch später wieder auf und mußten durch Mahnungen zur Brüderlichkeit von neuem eingehegt werden.

Am Ausbau des professionellen Missionssektors hatte die SK wesentlichen Anteil durch ideelle, finanzielle oder personelle Unterstützung der speziellen Institutionen und deren Organe, wie dem Missionsärztlichen Institut in Würzburg, dem Missionswissenschaftlichen Institut in Münster, der Zeitschrift für Missionswissenschaft, der Missions-Verkehrs-AG oder dem Missions-Werkbund. Spezielle Missionskurse, die die theoretischen und praktischen Fragen der Mission behandelten, wurden von der SK veranstaltet. Die Mitgliederversammlungen der Superioren boten im offenen Teil der Zusammenkünfte ein Forum für andere Institutionen aus dem Missionsbereich zu regelmäßigen Berichten.

Die SK-Interessenvertretung der Orts- und der Weltkirche gegenüber traf in der unmittelbaren Zeit nach dem Ersten Weltkrieg, vor dem drohenden und dann doch nicht zu verhindernden Verlust der Missionsstationen in den ehemaligen deutschen Kolonien, auf verständnisvolle Unterstützung durch Eingaben seitens der deutschen Bischöfe und des Papstes. Päpstlicherseits war für die deutschen Missionsorden die Förderung mittels Papstspenden und Stipendienindulte, die Zuweisung neuer Missionsgebiete und die öffentliche Anerkennung der Leistungen der deutschen Missionare durch die Internationale Missionsausstellung in Rom ein entscheidender Rückhalt in ideeller und materieller Hinsicht. Bischöflicherseits war mit den persönlichen Besuchen der Ortsbischöfe bei Mitgliederversammlungen ein Schritt zur Überwindung der dialoglosen Distanz zwischen Superioren-Vereinigung und dem Episkopat angebahnt. Die Anwesenheit des Kölner Kardinals Schulte auf der Konferenz von 1932 bildete hierbei den Höhepunkt, weil er den Charakter der Superioren-Vereinigung analog zur Fuldaer Bischofskonferenz beschrieb.

Der Konflikt der Missionsorden mit den allgemeinen Missionsvereinen, der seit 1909 durch Jesuitenpater Huonder geschürt worden war und zu einer von den Jesuiten betriebenen Monopolisierung und Zentralisierung der allgemeinen Missionsvereine und deren Missionszeitschriften führen sollte, wurde später von Jesuitenpater Schütz als „schwerer Mißgriff" gewertet. Die Wunden, die dadurch geschlagen worden waren und das Mißtrauen, das dadurch gesät worden war, polarisierten die Parteien. Doch selbst Schütz setzte zunächst noch das intrigante Spiel gegen die SK über den Franziskus-Xaverius-Verein fort, das allerdings beim SK-Vorsitzenden

Witzel und bei Generalsekretär Schwager nicht verfing. Schwager, „der bedeutendste Kopf der Superioren-Konferenz“ (Schütz), arbeitete gemäß seiner schon 1902 geäußerten Überlegung, die für das Missionswesen Verantwortlichen sinnvollerweise in die SK mit einzubinden. So wurde Schütz in den ständigen Arbeitsausschuß der SK genommen. Das verhinderte einiges oder milderte wenigstens manches durch regelmäßige Aussprachen, auch mit den Vertretern der päpstlichen Missionsvereine.

Die wirtschaftliche Misere nach dem Ersten Weltkrieg und die soziale Notlage weiter Kreise der Bevölkerung führten jedoch zu einer Zuspitzung der Auseinandersetzungen zwischen den allgemeinen Vereinen und der Ortskirche auf der einen und den Missionsorden auf der anderen Seite. Die Missionsorden wurden angesichts der von der Ortskirche beklagten pastoralen Not im eigenen Land unter Rechtfertigungsdruck gesetzt, warum sie – noch dazu nach dem Verlust vieler Missionsgebiete – nach wie vor alle Anstrengungen der Mission und Auslandsseelsorge widmeten und hohe finanzielle Summen dafür investierten und Personal dafür einsetzten. Die von den allgemeinen Missionsvereinen als Konkurrenz gewertete Arbeit der speziellen Missionsvereine und der von ihnen herausgegebenen Missionszeitschriften wurde zunehmend als Behinderung der von Rom geforderten Einführung der allgemeinen Vereine in jeder Pfarrei gesehen. Die „Plage“ des „Kolportage- und Kollektenwesens“ wurde beklagt und über bischöfliche Verordnungen zu unterbinden oder durch Sammelgenehmigungen der Ordinariate zu begrenzen gesucht. Versuche seitens der Superioren, Richtlinien der Zusammenarbeit mit den allgemeinen Vereinen zu erreichen, scheiterten daran, daß sie von letzteren nicht ausgeführt und für verbindlich erklärt wurden. Gemeinsame Aussprachen und die Entsendung eines SV-Mitglieds in den FXV-Verwaltungsrat sowie die Einladung eines FXV-Vertreters zur Superiorenkonferenz waren Ansatzpunkte für eine sachdienliche, institutionalisierte Kooperation, wie sie mit dem Zentralkomitee der Katholikentage seitens der SV bereits bestand.

Neben den Kontroversen mit den allgemeinen Missionsvereinen lieferte ein anderer Bereich neuen Konfliktstoff. Die katholischen Buchhändler und Sortimenter, die in der wirtschaftlichen Krise der Weimarer Zeit hart bedrängt waren, vermeinten in den Druckereien, Verlagen, Buchhandlungen und in der Kolportage der Orden eine der Ursachen für ihre Schwierigkeiten entdeckt zu haben. Die verhandlungsbereiten SV-Mitglieder mußten jedoch während der Besprechungen erkennen, daß die Tendenz dahin ging, sie letztlich überhaupt auszuschließen von diesem Bereich, der nach ihrem Verständnis auch ein Teil ihres Apostolats ausmachte. Die Vereinbarungen versandeten schließlich ergebnislos.

Die Phase der Personal- und Bürounion zwischen SK und RKA, die sich für die SK zunächst als vorteilhaft zum Aufbau des Büros und zu einer Interessenvertretung in den Ämtern und Behörden erwiesen hatte, endete mit einem weiteren Konflikt. Zwar war die Amtsniederlegung Sinnigens als RKA-Geschäftsführer 1927 wesentlich von den persönlichen Querelen mit dem 2. Vorsitzenden Brugger ausgelöst worden, doch lagen die tiefergehenden Ursachen in inhaltlichen Fragen. Sinnigen hatte früher noch als die übrigen Beteiligten die von Brugger sublim eingeleitete Veränderung der organisatorischen und politischen Richtung des RKA gespürt. Organisatorisch gesehen hätte die SV mit ihrem Generalsekretär, der zugleich beim RKA unter Leitung Bruggers – eines Laien – von einem Geschäftsführer zu einem Abteilungsleiter herabgestuft worden wäre, einen Positionsverlust erlitten. Das wollte Sinnigen keineswegs. Kritischer noch wurde das „politische Fahrwasser", in das die SV hineingeraten könnte, eingestuft. Dadurch sah sie die Arbeit ihrer Missionare und ihrer Seelsorger bei den katholischen Auslandsdeutschen als gefährdet an. Der Austritt der SV aus dem RKA im Dezember 1927 war die logische Konsequenz, da die Obern die Selbständigkeit, Unabhängigkeit und Freiheit ihrer Vereinigung nicht aufs Spiel setzen wollten. Inkonsequent aber blieb es, daß SV-Mitglieder einzeln weiterhin dem RKA angehörten. Dieses Verhalten ist symptomatisch für die Schwierigkeit der Superioren, die Trennlinie zwischen „politisch" und „unpolitisch" als „rein religiös" zu ziehen.

Dies spiegelt sich insbesondere bei der Interessenvertretung der SK/SV dem Staat und der gesellschaftlichen Öffentlichkeit gegenüber wider. Bei den nichtkonfessionellen Kolonial- und Deutschtumsvereinen, die öffentlich klare politische Positionen vertraten, hielten die Superioren den Spagat politisch-unpolitisch durch ihren Generalsekretär aus. Sinnigen verschaffte der SV alle Vorteile, die mit der Mitgliedschaft in den Verbänden verbunden waren, exponierte sich aber auch nicht in den Verbänden und erklärte lediglich die wissenschaftlichen, ethnologischen, humanitären, sozialen und kulturellen Ziele und Aufgaben der Vereine als von der SV unterstützte.

Im Verhältnis zum Staat war Sinnigen eher von ungetrübtem Stolz über seine „halb amtliche" Position erfüllt, die er zum Nutzen der SV-Mitglieder und anderer katholischer Organisationen, so durch den Gutachter-Ausschuß für die katholische Deutsche Auslandsarbeit oder den Reichsbeirat für das deutsche Schulwesen im Ausland zu erwirken suchte. Die Begründung mancher Anträge zur finanziellen Förderung konnte kaum den eigentlichen politischen Zweck, der für die staatlichen Geldgeber damit verbunden war, verbergen. Der diskretionäre Charakter, der allen Beihilfen anhaftete, machte die SV-Mitglieder zu Komplizen der Deutschen Regierungsstellen. Nicht ersichtlich ist, inwieweit die Ordensseite staatlich geforderte Begründungen schlicht formelhaft als Etikett auf ihre Projekte klebte, um dann ungestört rein religiös tätig sein zu können und ob nicht sogar auch von staatlicher Seite diese Vorgehensweise billigend in Kauf genommen wurde. Gravierender ist die Frage, ob sich auch Ordensleute tatsächlich zu Handlangern deutscher revisionistischer Politik – gerade in den abgetretenen Gebieten nach dem Krieg – machten. Das müßte am Einzelfall untersucht werden.

Das Verhältnis der Missionsorden zum Staat war trotz der Nähe bei Unterstützungen nicht durchwegs konfliktfrei. Gerade in den Bereichen Schule und Finanzen kam der Staat den Orden mit ihrer Maximalforderung nach Befreiung von staatlicher Aufsicht, üblichen Lehrerqualifikationen oder von Steuern nicht nach. Es bedeutete einen schmerzlichen Lernprozeß für sie, bei ihren Missionsschulen nicht nur die Sorge des Staates um all jene Schüler anerkennen zu müssen, die nicht in den Orden eintraten – und das war die Mehrheit –, sondern selbst darum besorgt zu sein, diesen Jungen vergleichbare staatliche Schulabschlüsse zu eröffnen, um ihnen den weiteren Ausbildungsweg nicht zu versperren. Außerdem wuchs die Erkenntnis, auch die Ordensgeistlichen möglichst durch Abitur und entsprechendes Studium den Weltgeistlichen ausbildungsmäßig gleichzustellen. Für die Interessenvertretung der SV in dieser Phase ist es bemerkenswert, daß es Sinnigen gelang, die katholische Ministerialbürokratie in den vertrauensvollen Beratungsdienst als Vermittler zwischen Staat und Orden hineinzunehmen. Den Herren des Auswärtigen Amtes, des Kultusministeriums und Innenministeriums war allerdings nicht selten eine harte Arbeit aufgebürdet, den sich auch im staatsbürgerlichen Bereich als „exemt“ empfindenden Ordensobern „Nachhilfe“ in den für alle geltenden Gesetzen, den damit verbundenen Rechten und Pflichten, zu erteilen.

Die Ordensobern der SK/SV, die mit ihren Missionsfragen und den Fragen um die Seelsorge für die katholischen Auslandsdeutschen vollauf absorbiert waren, richteten in diesem Gremium ihren Blick ins Ausland, trotz der dramatischen politischen und sozialen Entwicklung im Inland. Erst gegen Ende der Weimarer Republik, als die soziale Not nicht mehr zu übersehen war, appellierten Gastreferenten auf den Konferenzen dringend, die Orden sollten sich diesen Fragen auch zuwenden. Das war bereits am Vorabend des „Dritten Reichs“ und führte schon nicht mehr zu nachhaltigen Überlegungen seitens der Obern in diesem Gremium.

VIERTER TEIL

Die Superioren-Vereinigung 1933–1945

I.
Die organisatorische Entwicklung der SV 1933–1945

Während der nationalsozialistischen Diktatur sah sich die SV gezwungen, flexibel auf die jeweilige kirchenpolitische Lage zu reagieren. Entscheidend für die Interessenvertretung der Superioren blieb die adäquate Gestaltung ihrer Organisation. Letztlich leitete aber der personelle Wechsel in der Ämterbesetzung den einschneidenden organisatorischen Wandel 1941 ein.

1. Konferenzen

Die regelmäßigen Mitgliederversammlungen und zusätzlichen informellen Treffen, wie sie sich in der Weimarer Zeit herausgebildet hatten, reduzierten sich während des „Dritten Reichs" merklich. Die Superioren kamen lediglich zwischen 1933 und 1941 zu den jährlichen Konferenzen – mit Ausnahme von 1935 – zusammen. Nach der Selbstauflösung der SV 1941 endete auch diese Tradition, die erst wieder in der Nachkriegszeit auflebte. Die für den 21./22. 5. 1935 in Berlin geplante Versammlung sagte Sinnigen ab, nachdem im Mai öffentliche Prozesse gegen Ordensangehörige wegen angeblicher Devisenvergehen eingesetzt hatten. Unsicherheit machte sich breit. In der Einladung zur Konferenz hatte Sinnigen bereits geraten: „Möglichst nicht in auffälligem Habit reisen"[1].

Verunsichert über mögliche Schwierigkeiten zeigte sich auch der Direktor des Exerzitienheims Würzburg-Himmelspforten, als die Obern dort 1939 tagen wollten. Direktor Anton Zoll bat daher, „ungefähr den Rahmen eines Einkehrtages einzuhalten"[2]. Sinnigen gestaltete dementsprechend die Tagesordnung einkehrtagsmäßig, wodurch die reguläre jährliche Mitgliederversammlung aber nur mühsam getarnt war.

---

[1] SV-Einladung, 6. 5. 1935. AVDO, DPB.
[2] Sinnigen an Utz, 28. 4. 1939. AMS, VIIJII.

Die Jahreskonferenz vom Mai 1940, also die erste während des Krieges, sagte der SV-Vorstand ab. Sinnigens Nachfolger, P. Odilo Braun OP, organisierte gerade wegen der drängenden Probleme im Ordensbereich noch für Oktober im Mutterhaus der Pallottinerinnen eine Konferenz, obgleich sie mit den üblichen Schwierigkeiten der Kriegszeit behaftet war. Die Obern sollten „die entsprechenden Fleisch-Butter-Fett- und Nährmittelkarten" mitbringen bzw. einen „Beitrag in Naturalien" für das Kloster leisten[3].

2. Leitung und Vorsitz

Entscheidend für das Ende der Organisationsform der SV war, daß sich im Vorstand personelle Veränderungen bei den Entscheidungsträgern ergeben hatten. Der 1. Vorsitzende, Prov. Stienen CM, hatte im November 1940 seinen Rücktritt erklärt, der 2. Vorsitzende, Abt Utz OSB, war im Mai 1941 von seiner Münsterschwarzacher Abtei durch die Nationalsozialisten verbannt worden und dadurch an einer Teilnahme verhindert. So lag die Vorbereitung der Berliner Mai-Konferenz 1941 in den Händen des neuen Generalsekretärs Braun und des 3. Vorsitzenden, Prov. Rösch SJ, die beide an einer organisatorischen Umgestaltung aufgrund der kirchenpolitischen Situation interessiert waren[4].

3. Mitglieder und Teilnahme

Die Erweiterung der SV durch Aufnahme nichtmissionierender Orden wurde vom Vorstand wie in früheren Jahren auch 1934 vertagt. Zwei Jahre später kam die SV erneut zum Ergebnis, „daß von diesem Plane abzusehen sei"[5]. Selbst nach dem „Anschluß" Österreichs wurde im Mai 1938 die Frage der Eingliederung der Österreicher als „noch nicht spruchreif" angesehen[6] und wegen der dazu notwendigen Satzungsänderung auch 1939 zurückgestellt. Zur letzten Versammlung 1941 erschienen auch Obern weiterer Priesterorden des „Altreichs", ebenso aus Österreich und dem Sudetenland, ohne daß ein formeller Beitritt erfolgt wäre: Hier zeichnete sich schon die in der Nachkriegszeit vorgenommene Öffnung für alle Priesterorden und -kongregationen ab.

---

[3] Brauns Rundschreiben S 8, 12. 10. 1940. AVDO, MSC Salzburg.
[4] Vgl. S. 247–250.
[5] SV-Protokoll, 18.-19. 5. 1936. AVDO, MSC Salzburg.
[6] SV-Bericht, 23.–24. 5. 1938. AMS, VIIJII.

Mit der Satzung von 1936 endete die Mitgliedschaft des Direktors des Katholischen Missionsärztlichen Instituts in der SV; Msgr. Becker wurde allerdings noch die persönliche Mitgliedschaft zuerkannt.

4. Geschäftsordnung und Satzung

Am 15. 5. 1934 beschlossen die Superioren einstimmig, die SV als eingetragenen Verein aus dem Vereinsregister löschen zu lassen, aus „Zweckmäßigkeitsgründen“, wie in der daraufhin neu gefaßten Satzung erläutert wurde[7]. Über das Vereinsrecht sollte fortan auf die SV kein Einfluß genommen werden, was im nationalsozialistischen Staat durchaus von Vorteil war.

Die Obern äußerten sich zunächst schriftlich zum neuen Satzungsentwurf, den der Vorstand im Herbst 1934 vorlegte. Wegen der 1935 ausgefallenen Mitgliederversammlung konnte die neue Satzung formell erst 1936 verabschiedet werden. Bemerkenswerterweise hob sie die Ähnlichkeit von Superioren-Vereinigung und Bischofskonferenz hervor, die beide „aus freiem Entschluß“ gegründet worden seien[8]. Die SV bilde „keinen Verein im gewöhnlichen Sinne“. Daher trete sie mit anderen Vereinen auch nicht zu Arbeitsgemeinschaften oder Verbänden zusammen. Unterstrichen wurde – wie schon seit Gründungszeiten –, daß die Beschlüsse keinen rechtlich bindenden Charakter hätten. Die SV dokumentierte mit diesen Bestimmungen ihre volle Freiheit und Unabhängigkeit nach außen, sicherte aber auch den Mitgliedern die Selbständigkeit nach innen. So sollte verhindert werden, daß über die korporative Mitgliedschaft der SV in anderen Verbänden ein unerwünschter Einfluß auf die SV oder einzelne Mitglieder ausgeübt werden konnte.

Zu den wesentlichen Veränderungen der Satzung zählte der Wahlmodus. So waren Wahl und Wiederwahl per acclamationem nicht mehr gestattet. Die Wiederwahl des 1. Vorsitzenden mußte nun mit 2/3 Mehrheit erfolgen, „weil er vom Vertrauen einer wirklichen Mehrheit der Mitglieder in seiner Amtsführung getragen sein muß“[9]. Ausgeschlossen sollte sein, daß die Amtsnachfolger direkt in den Vorstand eintreten bzw. die Vertreter im Vorstand an Beschlüssen beteiligt sein könnten. Nach dem Ausscheiden des 1. Vorsitzenden sollte der 2. Vorsitzende bis zur nächsten Versammlung den Vorsitz führen, auf der dann ein neuer 1. Vorsitzender gewählt werden

---

[7] Satzungen der SV 1936. AVDO, DPB.

[8] Vgl. S. 159 f.

[9] Sinnigens Rundschreiben, 18. 12. 1934. AVDO.

mußte. Bei Ausscheiden eines anderen Vorstandsmitglieds rückten die übrigen auf, und ein 4. Mitglied wurde neu gewählt. Die Mitgliedschaft des Direktors des Katholischen Missionsärztlichen Instituts wurde nun ausgeschlossen, da er nicht zu den superiores majores zählte[10], womit eine wiederholt bemängelte Satzungsunstimmigkeit behoben wurde.

Obgleich die neuen Satzungen gerade erst verabschiedet waren, trat im Herbst 1936 Prov. Siemer OP mit geradezu revolutionären Vorschlägen an die SV heran, um eine Erweiterung des Gremiums herbeizuführen. Ihm schwebte eine Organisation vor, in der allgemein Priesterorden, -kongregationen und Schwesterngemeinschaften vertreten sein sollten. Teilausschüsse für missionierende Orden, Schulorden, beschauliche Orden und Krankenorden sollten zudem spezielle Fragen klären. Zum Teilausschuß der missionierenden Orden sollten auch Funktionäre des Xaverius-Vereins, des Ludwig-Missions-Vereins, des Katholischen Missionsärztlichen Instituts und der MIVA zählen. Siemer versprach sich davon eine „lebendige Vertretung der deutschen Orden und ihrer Interessen“[11]. Der Vorstand diskutierte 1936 zwar das „Reformbedürfnis der Geschäftsführung der SV“[12], doch brachten die folgenden Beratungen auf der SV 1937 keine konkrete Veränderung in dieser Hinsicht. Die Frage der Zusammenarbeit mit anderen Gremien blieb immer überschattet von der Frage einer Wahrung der eigenen Rechte. Nachdem der Reichsverband für die katholischen Auslandsdeutschen Überlegungen angestellt hatte, die SV in den RKA einzugliedern und sogar die SV-Geschäftsführung auf das RKA-Büro zu übernehmen, hatte Prov. Baumann PSM dies als „Generalangriff auf unsere Selbständigkeit“[13] gewertet. Die Mehrheit der SV-Mitglieder sprach sich 1936 dafür aus, daß die SV „sowohl innerlich als auch äußerlich selbständig bleiben“[14] und „Selbständigkeit und Unabhängigkeit der SV“ gewahrt werden müßten[15].

Doch der Handlungsradius der Superioren-Vereinigung erschien Sinnigen angesichts der zunehmenden Beschränkungen durch den NS-Staat äußerst gering geworden zu sein. 1940 griff er resigniert die von verschiedener Seite geäußerte Frage auf, „ob es nicht an der Zeit sei, den ganzen Geschäftsbetrieb der SV einzustellen“. Pius XII. habe aber gegenüber SV-Mitgliedern bei deren Besuch in Rom zu verstehen gegeben, daß er den Fortbestand der SV „auch während der augenblicklichen schweren Zeit für durchaus ratsam

---

[10] Satzungen der SV 1936. AVDO, DPB.
[11] Siemer an Sinnigen, 24. 9. 1936. APT.
[12] SV-V-Protokoll, 8. 10. 1936. AVDO, DPB.
[13] Baumann an Sinnigen, 18. 10. 1936. SAC Limburg; vgl. S. 266 f.
[14] Sinnigens Rundschreiben, 16. 11. 1936. ASFP.
[15] Rundschreiben Fromms, 23. 12. 1936. AVDO, MSC Salzburg.

erachte. Roma locuta, res finita. So werden wir also zusammenbleiben und die Geschäfte so weit möglich weiterführen"[16].

Wenige Monate später starb Sinnigen. Nach der Ernennung seines Nachfolgers Braun durch Siemer setzten erneut Bemühungen ein, die SV in Zusammenarbeit mit den allgemeinen Missionsvereinen, dem RKA, der Missions-Verwaltungs-Gesellschaft und der Missionskonferenz für Volksmissionen zu bringen. Der für die Kontakte zu den staatlichen Stellen zuständige Weihbischof Wienken vom Kommissariat der Fuldaer Bischofskonferenz wünschte auf Ordensseite eine einheitliche Stelle, die für die diversen Bereiche Sachbearbeiter benennen und auch mit den weiblichen Genossenschaften kooperieren solle. Auch die staatlichen Stellen hätten für alle Orden gern eine „Zentral-Stelle", mit der verhandelt werden könne. Die SV solle hierbei „im Interesse aller" tätig sein. Jesuitenpater Nell-Breuning wurde mit der Ausarbeitung einer neuen SV-Satzung beauftragt[17]. Doch die SV-Konferenz am 29.10.1940 in Limburg führte zu keinem definitiven Ergebnis hinsichtlich des vorgelegten Entwurfs. Vor allem Siemer sah das Ziel nicht erreicht, den Vereinscharakter der SV abzulegen, da „diese veraltete Art des Zusammenschlusses in der heutigen Zeit überaus gefährlich" sei[18]. Die Satzungsfrage wurde bis zur nächsten Mitgliederversammlung suspendiert. Die Situation hatte sich bis dahin allerdings derart dramatisch verändert, daß die SV ihre Selbstauflösung beschloß.

5. Das Generalsekretariat

(a) Generalsekretär P. Ansgar Sinnigen OP (1923–1940)

Vom 14.11.1935 bis zum 25.3.1936 war der SV-Generalsekretär Sinnigen wegen angeblicher Devisenverfehlungen verhaftet[19]. Die SV-Geschäftsführung kam in dieser Zeit praktisch zum Erliegen. Als „treuen und zuverlässigen Wächter des Büros" hatte Sinnigen seinen Bruder, der seit Sommer 1935 in selben Haus wohnte, eingesetzt[20]. Das Jahr 1935/36 brachte einen Einschnitt im Geschäftsbetrieb: Die Sekretärin wurde nach 8-jähriger Tätigkeit entlassen, der Reichszuschuß wurde nicht mehr gewährt, Sinnigens Tätigkeit für den Gutachter-Ausschuß mußte an den RKA abgetreten wer-

[16] SV-Jahresbericht vom 1.4.1939 – 31.3.1940. AVDO.
[17] Brauns Rundschreiben S 5, 18.8.1940. AVDO.
[18] Siemer an Stienen, 27.11.1940. APT.
[19] Vgl. S. 275.
[20] Sinnigen an Siemer, 1.3.1936. APT.

den[21]. Die starke Stellung der SV, die seit der Zeit der Weimarer Zeit im Verhältnis zu den staatlichen Stellen bestand und sich nicht zuletzt in finanzieller Förderung ihrer Projekte niederschlug, hatte im nationalsozialistischen Staat ihr Ende gefunden.

Die Verhaftung Sinnigens führte bei der SV zu Überlegungen, sich um einen Nachfolger zu bemühen. Sinnigens Provinzial Siemer wurde 1936 beauftragt, einen Assistenten zu benennen. Innerhalb der SV gab es Stimmen, die ihre Unzufriedenheit über den Generalsekretär äußerten und „seinen Mangel an Aktivität" beklagten[22]. Der 68-jährige Sinnigen sei „den wichtigen Aufgaben seines schweren Postens nicht mehr gewachsen"[23]. Im April 1938 kamen der 1. Vorsitzende, Prov. Fromm OMI, und Siemer überein, Sinnigen um seinen Rücktritt zu ersuchen. Sinnigen reagierte darauf verblüffend geradlinig und offen. In seinem Rundschreiben teilte er mit, Fromm habe ihm den freiwilligen Rücktritt nahegelegt, weil „eine starke Strömung" gegen seine Geschäftsführung vorhanden sei. Da er aber noch zuvor mit 25 SV-Mitgliedern persönlich zusammengekommen war, habe ihn diese Aufforderung überrascht. Er bat daher um direkte Äußerung der Mitglieder wegen des gewünschten Rücktritts[24]. Fromm bezweifelte, ob man Sinnigen offen antworten werde. „Mir ist der Modus unsympathisch"[25]. Auch Siemer meinte, Sinnigen habe „die Sache wahrhaftig nicht klug angefangen". „Freilich haben Sie 15 Jahre hindurch Ihr Amt glänzend verwaltet. Das werden auch alle anerkennen. Aber es kommt einmal ein Alter, und es kann auch einmal eine Zeitlage entstehen, wodurch ein Mensch ein bis dahin hervorragend geführtes Amt nicht mehr in der gleichen Vollkommenheit auszuüben vermag". Das Wohl der SV solle Sinnigen über die privaten Wünsche stellen[26]. Dazu erklärte sich Sinnigen ohne Einschränkung bereit. „Nur möge man, wenn ein Wechsel in heutiger Zeit für opportun gehalten wird, die Angelegenheit auf der Generalversammlung offen zur Sprache bringen"[27].

Von den 25 Mitgliedern, die 1938 vertreten waren, äußerten sich nur 11 für Sinnigens Ausscheiden, 14 waren dagegen. 24 sprachen sich daraufhin für die Bestellung eines Assistenten aus, den Siemer benennen solle. Ab November 1938 wurde Sinnigen ein Beirat mit P. Bremer OSCam und

---

[21] Vgl. S. 286f.
[22] Tellkamp an Generalassistent, 8. 5. 1937. AG-SVD, 26.
[23] Vonderheide an Rock, 12. 3. 1938. ASFP.
[24] 41. Rundschreiben Sinnigens, 9. 5. 1938. AVDO, DPB.
[25] Fromm an Sinnigen, 12. 5. 1938. APT.
[26] Siemer an Sinnigen, 15. 5. 1938. APT.
[27] 42. Rundschreiben Sinnigens, 15. 5. 1938. ASFP.

P. Tannerbauer SDS zur Unterstützung beigegeben. Siemer sah sich mit der Nachfolgefrage „reichlich bedrückt"[28], da die von ihm befragten Patres den Posten abgelehnt hatten. 1939 erklärte sich schließlich P. Hermann Fischer OP zur Amtsnachfolge bereit, doch äußerte er nach einer Besichtigung des Generalsekretariats, diese Arbeit liege ihm nicht.

Der letzte Jahresbericht Sinnigens vom April 1940 macht deutlich, welchen reduzierten Handlungsradius er für sich überhaupt noch sah. Die Aufgabe bestehe darin, „unter Berücksichtigung der veränderten Zeitlage und aller damit gegebenen Umstände auf Mittel und Wege zu sinnen, wie die H. H. Superioren den Hindernissen und Schwierigkeiten der Jetztzeit begegnen, und wie sie vor allem die Betätigungsmöglichkeit wahren sowie für die Heranbildung des Nachwuchses sorgen können". Sinnigens Tätigkeitsschwerpunkt verlagerte sich nun auf kleinere Konferenzen, Teilnahme an Beratungen anderer Gremien, persönliche Besuche der SV-Mitglieder und auf die Informationsweitergabe in Rundschreiben. Im letzten Jahr waren dies 23 mit 54 Seiten, wie er akribisch vermerkte. Das Generalsekretariat hätten 19 Superioren und etwa 80 andere Besucher aufgesucht. Im Vergleich zu den insgesamt 296 Personen des Geschäftsjahres 1927/28 konnte dies greifbar den Bedeutungsverlust des Sekretariats belegen. Immer häufiger bezog Sinnigen das „Vertrauen auf die Göttliche Vorsehung" in seine Briefe, Rundschreiben und Berichte ein[29]. Die selbstbewußten Äußerungen der Weimarer Zeit über alle eigenen Erfolge waren verflogen. Sinnigens Verdienst blieb es dennoch, die SV vor einer Ausschaltung oder Gleichschaltung bewahrt und ohne innere Spaltung zusammengehalten zu haben. Damit hatte er seinem Nachfolger im Amt die Aktionsbasis für weitere Vorhaben gesichert.

Am 11. 7. 1940 begab sich Sinnigen nach der Messe in das St. Norbert-Krankenhaus in Berlin-Schöneberg. Er fühlte sich unwohl. Gegen 18 Uhr erlag er einem Herzschlag. 17 Jahre lang hatte er das Amt des Generalsekretärs ausgeübt. Sinnigen habe aber, wie Siemer kritisch anmerkte, „in den letzten Jahren für die Notwendigkeiten der Zeit weniger Verständnis" gezeigt. Siemer teilte schon am 18. 7. 1940 den SV-Mitgliedern den von ihm bestellten Amtsnachfolger mit: Es war der 40-jährige P. Odilo Braun OP[30].

[28] Siemer an Fromm, 19. 5. 1939. APT.
[29] SV-Jahresbericht vom 1. 4. 1939–31. 3. 1940. AVDO.
[30] Siemers Rundschreiben, 18. 7. 1940. AVDO.

(b) Generalsekretär P. Odilo Braun OP (1940–1945)

Siemer wollte nach Sinnigens Tod endlich die Reform der SV in Angriff nehmen. Es sollten alle Orden durch die SV vertreten werden, für die weiblichen Orden müsse eine „Parallelvereinigung“ geschaffen werden[31]. Der von Siemer bestellte neue Generalsekretär, P. Odilo Braun OP[32], war zuletzt Syndikus und Prokurator im Kölner Provinzialat, verfügte über Erfahrungen bei Volksmissionen in verschiedenen Orten Deutschlands und hatte in der Leitung des Albertus-Magnus-Verlags und in der Schriftleitung der Missionszeitschriften „Der Apostel“ und „Marienpsalter“ die Restriktionen des NS-Staates im Seelsorgs- und im Verlags- und Zeitschriftenbereich gegen die Orden direkt erfahren. 1937 erhielt Braun eine Verwarnung aufgrund einer kritischen Predigt. Der Zensur im Verlagswesen beugte er sich nicht. Siemer versprach sich von Braun einiges für die Neugestaltung der SV aufgrund der „Zeitlage“.

Am 1. 8. 1940 trat Braun sein Amt in Berlin an. Im November nahm die Sekretärin Aenne Vogelsberg ihre Tätigkeit auf. Braun war hinsichtlich der möglichen Zusammenarbeit mit den übrigen Verbänden und Werken unbelastet und zeigte sich für Siemers Überlegungen der Kooperation aufgeschlossen. Die Konferenz in Köln vom August mit einigen Provinzialen und die Vorbereitung der Mitgliederversammlung vom Oktober 1940 signalisierten den SV-Mitgliedern, daß nun entschlossen Neuerungen angegangen werden sollten. Auf der Limburger Konferenz wurde Braun als Nachfolger Sinnigens bestätigt.

Braun hatte kaum einige Wochen seine Tätigkeit aufgenommen, als sich die Lage der Klöster im Deutschen Reich dramatisch verschlechterte. Im September 1940 wurde jungen Männern und Frauen der Ordenseintritt ver-

---

[31] Ebd.

[32] Braun, P. Odilo OP, Taufname: Leo Stanislaus, geb. 18. 11. 1899 in Danzig, D. Danzig; gest. 9. 8. 1981 in Braunschweig. Besuch des städtischen Gymnasiums 1912–1916, 1920–1922; 1916–1918 Kriegsdienst im Werkstattbüro im U-Boot-Betrieb, zeitweise Mitarbeit für Lebensunterhalt der Familie, kaufmännische Lehre; 1925 Angestellter beim Senat der Freien und Hansestadt Danzig in der Erwerbslosenfürsorge, zuletzt Leiter der Zweigstelle Danzig-Langfuhr. 1926 Eintritt in den Dominikanerorden, Philosophie- und Theologiestudium in Walberberg, Düsseldorf und Löwen/Belgien; 1930 Profeß; 1933 Priesterweihe; 1934 Seelsorgstätigkeit; 1936 Verlags- und Schriftleitung; 1938–1940 Syndikus und Prokurator im Provinzialat in Köln; 1. 8. 1940–1945 SV-Generalsekretär; 1941–1944 Mitglied Ordensausschuß; 27. 10. 1944–12. 2. 1945 Gefängnis Berlin-Moabit; 1945–1958 Gefängnisseelsorger; 1946–1948 Vorsitzender von Entnazifizierungskommissionen, 1953 Seelsorger im Flüchtlingslager Berlin bzw. ab 1960 in Uelzen; 1960 Pfarrer in Holxen „Maria Rast“. Zu Leben und Werk Brauns vgl. A. Leugers, Dominikanische; Dies., Gegen, passim; Dies., Angermaier, passim; J. Bauer. Quellen: NL Braun. ACDP, I-429. Veröffentlichungen: s. Literaturhinweise im Anhang.

boten, im Dezember 1940 setzte die Beschlagnahmungswelle gegen Klöster ein. Die alte Form der Geschäftsführung, wie sie Sinnigen ausgeübt hatte, schien in dieser Zeit überholt. Von Braun und der SV waren flexible Antworten gefragt; die alte Organisationsform wich neuen Lösungen.

6. Personalunion des Generalsekretärs der SV und der AG deutscher katholischer Missionsschwestern 1940–1945

Der SV-Mitgliederversammlung in Limburg war unmittelbar zuvor am gleichen Ort die Tagung der deutschen katholischen Missionsschwestern vom 26.–27.10.1940 vorausgegangen[33], zu der der Geschäftsführer der Aachener Missions-Verwaltungs-Gesellschaft (MVG), Dr. Karl Breuer, geladen hatte. Neben den 27 vertretenen weiblichen Missionsorden und Genossenschaften waren auch Vertreter des Missionsärztlichen Instituts Würzburg, des Päpstlichen Werkes der Glaubensverbreitung Aachen, der MVG Berlin sowie der Limburger Bischof Hilfrich und der 1. SV-Vorsitzende Stienen zugegen. 1934 schon war eine AG der weiblichen Orden gegründet worden, wegen der bald einsetzenden Devisenprozesse aber nie in Aktion getreten. Braun leitete die Konferenz, die Vorträge hielten ausnahmslos Männer. Am Ende der Tagung faßte man einstimmig den Beschluß zur erneuten Gründung der „Arbeitsgemeinschaft deutscher katholischer Missionsschwestern“. Als Vorsitzende wurde die Limburger Generaloberin der Pallottinerinnen, Schwester Aquina, als Generalsekretär Braun gewählt, der von Berlin aus nun die Geschäfte der SV und der AG zu führen hatte und die Institutionen nach außen hin vertrat. Es wurde ein Arbeitsausschuß gebildet, dem Braun, Breuer, Schwester Aquina und sechs weitere Ordensfrauen angehörten. Er sollte die AG verbindlich vertreten. Durch regelmäßige Beiträge der männlichen und weiblichen Mitgliedsgemeinschaften wurde das gemeinsame Generalsekretariat in Berlin finanziert.

7. Die Auflösung der SV 1941 und die Bildung von Regionalgruppen

Die Anzeichen für einen „Klostersturm“ verdichteten sich im Herbst 1940. Braun hatte bei einer Besprechung im Reichspropagandaministerium im September die an die Orden gerichtete Aufforderung vernehmen müssen,

---

33 Vgl. A. Leugers, Gegen, S. 159f, 167f.

„eine andere, d. h. mehr positive Einstellung dem Zeitgeschehen gegenüber, vor allem, was den Krieg angeht, zu finden“[34]. Ende September folgte der Nachwuchsstopp für die Klöster, wodurch den Orden auf lange Sicht ihre Lebensgrundlage und Altersversorgung entzogen werden sollte. Mit der Aufhebung des Franziskanerklosters Frauenberg in Fulda am 14. 12. 1940 setzte die Welle der Beschlagnahmungen der Klöster ein, bei denen die Ordensleute kriminalisiert, inhaftiert oder verbannt wurden. In dieser Phase kamen der SV-Generalsekretär Braun und der 3. Vorsitzende Rösch in näheren Kontakt. Zusammen mit dem 2. Vorsitzenden Abt Utz und dessen juristischem Berater, dem Justitiar der Würzburger Diözese, Dr. Georg Angermaier, entwickelten sie bald eine andere kirchenpolitische Vorgehensweise als sie der Leiter der „Arbeitsgemeinschaft katholischer Klöster in Bayern“, Domkapitular Zinkl, vertrat. Zinkls Büroräume in München waren im Herbst 1940 von der Gestapo durchsucht worden, Anfang Mai 1941 wurde Zinkl aus Bayern verbannt, seine AG aufgelöst. Die Maßnahmen gegen Zinkl wurden von Rösch, Braun und Angermaier als tragische Bestätigung ihrer Einschätzung der Lage gewertet. Ähnlichen Plänen zur Zerschlagung der SV wollten sie zuvorkommen.

Die SV stand unter Beobachtung, doch ergaben die Recherchen im Frühjahr 1941 wegen angeblicher Besprechungen in Berlin keine Ergebnisse[35]. Die SV tagte am 26.–27. 5. 1941 in Berlin im Saal des Bischöflichen Ordinariats – und beschloß offiziell ihre Auflösung. Rösch hatte zusammen mit Braun die Sitzung vorbereitet, da der 1. Vorsitzende zurückgetreten und der 2. Vorsitzende verbannt war. Die Anwesenheit des Berliner Bischofs Preysing sei „sehr wohltuend empfunden und mit größtem Dank“ aufgenommen worden, so Rösch. Das Fehlen des Nuntius, zu dem kein Vertrauen bestanden habe, sei nicht bedauert worden. Man habe beschlossen, die bisherige Vereinsform der SV aufzulösen und fünf Regionalgruppen mit Sitz in Berlin, Breslau (Obmann Braun), Köln (Obmann Siemer), München (Obmann Rösch) und Wien zu bilden. Die monatliche Aussprache sollte von einem der Provinziale als „primus inter pares“ geleitet werden. Die Leiter wiederum sollten sich untereinander treffen und austauschen[36]. Ein SV-Vorstand existierte nach der Selbstauflösung nicht mehr.

Diese organisatorische Veränderung blieb nicht ohne Kritik bei einigen SV-Mitgliedern. Siemer, der die Provinziale der Kölner Regionalgruppe

---

[34] Brauns Rundschreiben, 21. 9. 1940. AMS, VIIJII.

[35] Vgl. Korrespondenz Min. Rat Krüger, Stab des St. d. F., mit AA, Februar und März 1941. BAB, R 901, 69662.

[36] SV-Bericht, 1. 6. 1941, in: A. Rösch, Kampf, S. 60-68.

„rund alle zwei Monate" zu sich[37] einlud, mußte Braun gegen Klagen eines Obern in Schutz nehmen. Als sich Prov. Svoboda OSCam im Juni 1943 Braun gegenüber wegen seiner „Enttäuschung über den Leerlauf der SV" beschwerte, „in einer Zeit, wo sie unerhörte Aufgaben im Dienste gegenseitiger Liebe und Beratung hätte", und Braun vorwarf, er habe „ohne Zweifel stark versagt"[38], erhielt er eine deutliche Entgegnung der Regionalgruppe. Braun legte dort Svobodas Brief vor. Svoboda würde leider nie zu den Kölner Treffen kommen, so daß er nicht beurteilen könne, was dort geleistet werde, so Siemer. „Der Ton Ihres Briefes wurde bedauert, obwohl man überzeugt war, daß Sie es gut gemeint hatten"[39]. Svoboda, der nicht an diesen Kölner Treffen teilnahm, war dadurch – wie manch anderer der SV – ausgeschlossen von den diskreteren Informationen und dem direkten Austausch der Obern untereinander. Und: Wie den meisten blieb auch ihm der weitaus wichtigere Teil der Tätigkeit des Generalsekretärs verborgen – im „Ausschuß für Ordensangelegenheiten".

8. Die Konstituierung des Ausschusses für Ordensangelegenheiten 1941

Der Anlaß zur Gründung des „Ausschusses für Ordensangelegenheiten"[40] lag in den zunehmenden Angriffen auf die Existenz des Ordenslebens im nationalsozialistischen Deutschland, ohne daß seitens der deutschen Bischöfe energisch dagegen protestiert worden wäre. Rösch meinte, die Ordensleute sähen sich nach den Klosterbeschlagnahmungen und Vertreibungen „von den hiesigen kirchlichen Stellen bitter verlassen"[41]. Doch mit den Orden fielen für die Kirche auch die „Forts". Wenn die Partei nicht „Widerstand" erfahre, werde sie „um so brutaler und entschiedener vorgehen", auch gegen andere kirchliche Einrichtungen[42]. Angermaier plädierte in seinem Lagebericht im April 1941 für die Bildung eines Ausschusses. Neben der Regionalgruppenarbeit der SV-Mitglieder sollte dieser Ausschuß letztlich über den Bereich der unmittelbaren Ordensangelegenheiten hinausgehen. Doch zunächst suchten die SV-Mitglieder Rösch, Braun und Siemer mit Anger-

---

[37] Siemer an Schmidlin, 22. 2. 1943. APT. Weitere Belege in SAC Limburg.
[38] Svoboda an Braun, 20. 6. 1943. APT.
[39] Siemer an Svoboda, 26. 6. 1943. APT.
[40] Vgl. umfassend A. Leugers, Gegen.
[41] SV-Bericht, 1. 6. 1941, in: A. Rösch, Kampf, S. 68.
[42] Lagebeschreibung [Röschs]: Welche bedeutsamen Klöster wurden in den letzten Monaten aufgehoben, nach 15. 4. 1941. AMSJ.

maier und P. Lothar König SJ, der mit Rösch in München eng zusammenarbeitete, die Konstituierung dieses Ausschusses zu erreichen.

Hatte der Vorsitzende der Bischofskonferenz, Adolf Kardinal Bertram, an ein Referat für Ordensfragen gedacht, mit dem er den ehemaligen Benediktinerabt, den Passauer Bischof Landersdorfer, betraute, so lag den Ordensleuten und Angermaier an der Bildung eines neuen, nicht traditionellen Gremiums. Vorerst war es jedoch wichtig, daß die Bischofskonferenz auf ihrer Sitzung im Juni 1941 überhaupt die Bildung eines Ordensreferates, das Landersdorfer übertragen wurde, beschloß. Damit war eine Grundlage für ein autorisiertes erweiterungsfähiges Gremium geschaffen, das die Ordensleute Landersdorfer schon Ende Juli vorschlugen. Als neuer Leiter war der Fuldaer Bischof Dietz, offiziell wegen der zentralen geographischen Lage, letztlich aber wegen der Übereinstimmung mit der kirchenpolitischen Linie der Ordensleute, betraut worden. Hinzu kamen der Berliner Bischof Preysing, der Freiburger Erzbischof Gröber und der Osnabrücker Bischof Berning, letzterer auf Wunsch Bertrams. Neben den vier Patres Rösch, Siemer, König und Braun und dem Laien Angermaier, der offiziell nicht als Mitglied genannt wurde, gehörten zum Kern des Ausschusses Dietz und Preysing. Im August, September und Oktober waren die zentralen drei Beratungen in Fulda, Frankfurt und Würzburg. Die weiteren Treffen folgten einer Arbeitsteilung innerhalb des Gremiums, dessen Mitglieder sich intensiv untereinander in zahlreichen Gesprächen abstimmten. Die Patres waren zivil gekleidet, Braun hatte eine Ausweichwohnung in Berlin, bei schriftlichen und telefonischen Mitteilungen benutzten die Ausschußmitglieder eine verdeckte Sprache. Der Ausschuß für Ordensangelegenheiten war ein konspiratives Gremium, dessen Aktivitäten sich gegen das nationalsozialistische Unrechtsregime richteten[43].

II.
Die Ziele der SV und ihre Umsetzung 1933–1945

Der Erfahrungsaustausch der Superioren und die Vertretung ihrer Interessen der Kirche und dem Staat gegenüber war bald nach 1933 von den Bedingungen der nationalsozialistischen Diktatur geprägt. Im Vordergrund des Interesses der SV-Mitglieder stand die Selbstverteidigung der eigenen Institutionen, doch nicht allein dies: Vom SV-Vorstand ging eine Initiative zur Verteidigung der vom Regime verfolgten Menschen aus.

---

43 Vgl. S. 256–260, 280.

1. Erfahrungsaustausch über missions- und ordensspezifische Fragen

(a) Missionsthemen und Auslandsseelsorge

Die SV vom Mai 1933 hatte noch die Themen aus der Missionsarbeit – hier die „Alkoholfrage in den auswärtigen Missionen" als Hindernis für die Missionierung – und zur Förderung der Auslandsseelsorge durch das Auswärtige Amt aufgegriffen, womit die beiden Tätigkeitsschwerpunkte der SV-Mitglieder berührt waren. „Direkt im deutschen Interesse liegende katholische kulturelle Deutschtumsarbeit", so beteuerte Sinnigen auch noch nach dem politischen Machtwechsel, „wie Seelsorge bei Deutschen im Auslande, Büchereien, Förderung des deutschen Vereinslebens etc." würden vom Auswärtigen Amt gefördert werden[44]. Doch Sinnigens optimistische Einstellung mußte bald den realen politischen Veränderungen bis in die Ämter hinein Rechnung tragen. Missionstätigkeit und Auslandsseelsorge waren nicht mehr fraglos förderungswürdig vom nationalsozialistischen Standpunkt aus, sondern nur noch vorübergehend taktischen Erwägungen folgend[45]. Die Tagungen widmeten sich keinen spezifischen Fragestellungen aus diesem Bereich mehr. Es ging insgesamt um die Verteidigung der Ordensinstitutionen als solche.

(b) Ausbau des professionellen Missionssektors

Missionswissenschaftliche Fragen

Der Appell Fürst Löwensteins, den er 1932 an Prof. Schmidlin gerichtet hatte, die Angriffe in der Zeitschrift für Missionswissenschaft auf einzelne Orden, die Propaganda und andere Institutionen zu unterlassen, hatte keinen Erfolg erzielt[46]. Sinnigens Meinung nach müsse es „doch eine Kleinigkeit für die SV" sein, „Herrn Schmidlin glatt das Handwerk zu legen". Aber sie seien darin nicht einig, weil auch Mitarbeiter der Orden in der ZM veröffentlichten und einige mit Schmidlins Auslassungen „sympathisieren"[47].

Auf der Generalversammlung des Missionswissenschaftlichen Instituts war es zum offenen Bruch mit Schmidlin gekommen. Da die SV-Mitglieder zu den Geldgebern des Instituts gehörten, plädierte der 1. SV-Vorsitzende

[44] SV-Protokoll, 16. 5. 1933. AVDO.
[45] Vgl. S. 282–287.
[46] Vgl. S. 142.
[47] Sinnigen an Hayler, 23. 1. 1933. AVDO.

Fromm dafür, die SV solle keinen Zuschuß mehr zu Schmidlins ZM geben und die Exemplare nicht mehr zahlen. Die SV beschloß 1936, sie werde die neue Zeitschrift, die das Missionswissenschaftliche Institut herausgeben wolle, unterstützen, falls Schmidlins Ausfälle weitergingen. Als die SV 1937 sich ausdrücklich für die Unterstützung der neuen Zeitschrift aussprach, sei allen etwas unbehaglich gewesen, so Tellkamp, weil Schmidlin zuvor zu einer Gefängnisstrafe von 7 Monaten verurteilt worden war. „Unser Vorgehen könnte also den Eindruck erwecken, als ob wir dem ohnehin Gefallenen nun einen sehr überflüssigen Fußtritt versetzen“[48]. Schmidlin zeigte sich „ganz zerschlagen“ und warf Sinnigen die Schuld an der Beschlußfassung gegen ihn durch ein „Hetzzirkular“ vor[49].

Missionsärztliche Fragen

Die SV zählte für Direktor Becker vom Missionsärztlichen Institut zu den Säulen in der ideellen und finanziellen Förderung, so auch bei der von der bayerischen Staatsregierung verlangten Schaffung eines Reservefonds. In seinen Berichten vor der SV legte Becker die Leistungsbilanz des Instituts dar und bat jeweils um die Unterstützung der SV-Mitglieder, deren Beitrag nach der Zahl der Heimatpriester aufgeschlüsselt wurde. Nachdem der Assistent cum jure successionis, P. Thomas Ohm OSB, aus Gesundheitsrücksichten resigniert hatte, schlug die SV 1935 P. Karl Maria Bosslet OP als neuen Assistenten vor. Bosslet trug auf der Konferenz von 1936 den Wunsch Beckers vor, der Direktor des KMI solle wie bisher Mitglied der SV sein, doch die Superioren stimmten dagegen, der neuen Satzung entsprechend. Becker traf dies hart, erkannte er doch der SV in der gesamten Entwicklung eine „Vorzugsstellung“ zu, auch deswegen, damit von seiten der Orden dem KMI „fremde Einflüsse und schädliche Bestrebungen“ abgehalten würden[50]. Die SV nahm satzungsgemäß als solche Abstand vom KMI und interpretierte die 5 dort vertretenen SV-Vorstandsmitglieder als Vertreter ihrer jeweiligen Orden. „Eine Mitgliedschaft der SV selbst ist nach der Struktur der SV nicht angängig“[51].

Nachdem am 30. 3. 1937 der Gründer und erste Direktor des KMI, Becker, gestorben war, übernahm Bosslet das Amt. Wie Becker trug er auf den Konferenzen die Jahresberichte vor, die auch noch im Mai 1939 positiv klangen. Während des Zweiten Weltkriegs wurde das Missionsärztliche

[48] Tellkamp an Generalassistent, 8. 5. 1937. AG-SVD, 26.
[49] Schmidlin an Siemer, 25. 6. 1937. APT.
[50] Becker an SV, 6. 8. 1936. ASFP.
[51] SV-Protokoll, 3.–4. 5. 1937. AVDO, DPB.

Institut Würzburg als Lazarett genutzt, Bosslet wurde Lazarettpfarrer. Die Tätigkeit des KMI ruhte weitgehend.

(c) Selbstdarstellung in Publikationen

Sinnigen führte seine Publikationsvorhaben, von denen er schon vor 1933 einige verwirklicht hatte[52], auch noch in den ersten Jahren der nationalsozialistischen Diktatur bis 1935 weiter. So informierte er über die Katholischen Frauengemeinschaften Deutschlands, die Katholischen Männerorden außerhalb der SV, die Missionierenden Ordensgenossenschaften Deutschlands und stellte Karten über die Arbeitsfelder der deutschsprachigen Ordensleute vor[53]. Als die Kölnische Volkszeitung im November 1933 mit dem Plan an die SV herantrat, in einer Artikelserie in der Sonntagsbeilage etwas „rein Katholisches" zu bieten und die Leser „mit dem Wesen und den kulturellen Werten der Orden vertraut" zu machen, erklärte sich Sinnigen bereit, die Serie zu verfassen. Die Werbeabteilung der KV beabsichtigte damit auch, die Bedeutung des Klosterlebens aufgrund des „Wirtschaftsbedarfs der Klöster mit ihren Anstalten für die deutsche Wirtschaft" hervorzuheben[54]. Die Lieferanten der Klöster sollten per Annoncen die Serie finanzieren. Die SV versprach sich, wie sie 1934 vermerkte, von den Artikeln „auch ein Gegengewicht gegen die gerade heute oft so verhetzenden Schriften gegen die katholischen Orden"[55]. Doch 1934 war noch keineswegs das volle Ausmaß der Hetze gegen die Ordensleute losgebrochen.

Auf dem Höhepunkt der Devisenprozesse im Mai 1935 erschienen in der Sonntagsbeilage der „Germania" Artikel zu „Sinn und Wert christlicher Missionsarbeit für Volk und Kirche", wobei auch ein von Sinnigen namentlich gezeichneter Beitrag abgedruckt worden war. Deutschland stehe an 2. Stelle in der Missionstätigkeit. Etwa 5 200 deutsche Ordensleute, Priester, Brüder, Schwestern, seien in etwa 50 Missionsgebieten tätig. Sinnigen nannte sie die „Missionsarmee draußen im Heidenland", wobei auch „das heimatliche Missionswesen lebenskräftig und segenspendend" dastehe[56]. Doch dies galt nicht mehr lange. Die Werte, die Sinnigen noch aus der Weimarer Zeit im Zusammenhang mit der Missionstätigkeit und

---

52 Vgl. S. 151–154.

53 Vgl. Literaturangaben zu Sinnigen im Anhang.

54 KV an Ordenshäuser, 20. 11. 1933. OFM Fulda, II15c Lagerort 2654.

55 SV-Protokoll, 15. 5. 1934. AVDO.

56 A. Sinnigen, Die Verkündigung des Kreuzes. Entwicklung der christlichen Mission in Geschichte und Gegenwart, in: Sonntagsbeilage der Germania Nr. 20 vom 26. 5. 1935. SAC Limburg.

Auslandsseelsorge stereotyp vorbrachte, klangen wohl allgemein deutsch und national, aber eben nicht nach Ausfluß der nationalsozialistischen Ideologie. Die Orden als solche standen im Widerspruch zu ihr. Da konnten auch keine gutgemeinten Artikelserien die Einstellungen der Gegenseite ändern.

(d) Auseinandersetzungen mit politischen und sozialen Fragen

Der politische Wechsel wurde von seiten der SV kritisch-ambivalent kommentiert; schon 1932 waren Bedenken laut geworden wegen eines „Umsturzes“[57]. Jesuitenprovinzial Hayler, als 2. Vorsitzender mit der Leitung der SV nach dem Ausscheiden des 1. Vorsitzenden Kassiepe bis zur nächsten Konferenz betraut, fand die Lage „wenig durchsichtig“[58] und hegte Mißtrauen gegen Hitler, „daß wir SJ gar nicht mehr teilnehmen können“[59] an der SV. Andere unterlagen der Fehleinschätzung, wie Tellkamp, „daß die Männer, die an der Spitze stehen (Hitler, Frick, Rust...), das beste wollen, daß sie auch bereit sind, die Belange der katholischen Kirche zu respektieren“[60]. Die Zusicherungen aus Hitlers Regierungserklärung vom März, schließlich das Reichskonkordat vom Juli 1933 schienen nicht wenigen staatsmännisch vernünftige Lösungen zu sein. Tellkamp schlug sogar vor, daß sich die Lehrer in den Missionsschulen „positiv zu der Bewegung äußern“ sollten, „indem sie eben das Positive in den Vordergrund rücken“[61]. Auch Siemer verhielt sich in der Anfangsphase schillernd zu den vermeintlichen positiven Seiten der „Bewegung“. Er erhoffte sich von der „Arbeitsgemeinschaft katholischer Deutscher“ des Roderich Graf Thun „einiges Gute für unser deutsches Vaterland und für unsere hl. katholische Kirche“[62]. Für die Mitgliederversammlung 1934 hatte Sinnigen den RKA-Geschäftsführer Scherer und Jesuitenpater Friedrich Muckermann als Referenten vorgeschlagen, obgleich „beide Herren umstrittene Persönlichkeiten“ seien. Mit den Priestern Scherer und Muckermann würden sie wohl nicht in allem übereinstimmen, aber die Referate hätten damit „informatorischen Charakter über Dinge und Personen, die heute nicht mehr übersehen werden können“[63]. Von seiten der SV überwog die Skepsis, und selbst in der Freude über das

[57] Vgl. S. 155.
[58] Hayler an Sinnigen, 27. 4. 1933. AVDO.
[59] Hayler an Sinnigen, 4. 2. 1933. AVDO.
[60] Tellkamp an General, 20. 5. 1933. AG-SVD, 26.
[61] Tellkamp an Grendel, 1. 8. 1933. AG-SVD, 26.
[62] Siemer an Graf Thun, 21. 10. 1933. APT.
[63] Sinnigen an Vonderheide, 26. 3. 1934. ASFP.

Reichskonkordat mit den Zusicherungen für die Orden spiegelte sich noch die zweifelnde Verwunderung darüber wider.

Die Teilnahme an der Saarabstimmung 1934 sah Sinnigen als „vaterländische Pflicht" an[64]. Die Kriegsgefahr im Oktober 1938 fürchtete er. Wie sein französischer Freund, der ihm besorgt geschrieben hatte, wollte er um den Frieden beten. Sinnigen war von seinem ganzen Wesen her kein Nationalsozialist und Militarist.

(e) Optionen

Optionen der Superioren-Vereinigung

Sinnigen nannte in seinen Rundschreiben und auf der SV-Mitgliederversammlung Namen von Konvertiten jüdischer Herkunft, Ärzten, Studienräten, und den Namen eines Handelslehrers, die aufgrund des „Arierparagraphen" bzw. als Pazifist entlassen worden waren. Er ersuchte die SV-Mitglieder zu überlegen, ob man diesen Personen im Ordensbereich eine Anstellung geben bzw. sie von dort Unterstützung erfahren könnten[65]. Bedenkt man, mit welcher Vehemenz beispielsweise auch der Börsenverein des Deutschen Buchhandels umgehend im Mai 1933 in einem Sofortprogramm die „nationale Erhebung" begrüßte, sich rühmte, „Rassenfremde gehören seit einem halben Jahrhundert dem Vorstand nicht an", und versprach, die Anordnungen der Reichsregierung in der „Judenfrage" „ohne Vorbehalt" durchzuführen[66], so ist das Eintreten für Diskriminierte und Entrechtete des Regimes, zu denen nach NS-Ideologie „Nichtarier" und Pazifisten zählten, seitens der SV und insbesondere des Generalsekretärs Sinnigen nicht hoch genug zu bewerten.

Sinnigen beschränkte seine Offenheit aber nicht nur jüdischen Konvertiten gegenüber, sondern schilderte auch in einem Bericht über seine Reise nach Lettland, den er im Auswärtigen Amt vorlegte und in der Kölnischen Volkszeitung veröffentlichte, positiv seine Begegnung mit jüdischen, deutsch sprechenden Geschäftsleuten in Riga. „Unsere deutsche Gruppe aus Riga wurde von diesen Leuten sehr zuvorkommend behandelt; man öffnete uns auch die Synagoge und erklärte uns auch die Inneneinrichtung"[67]. Diese

---

64 Sinnigens Rundschreiben, 23. 8. 1934. OFMCap, Abt. VII Fach 78 Fasz. 5b.

65 Vgl. Sinnigens Rundschreiben, 8. 8. 1933. SAC Limburg; SV-Protokoll, 15. 5. 1934. AVDO.

66 Das Sofortprogramm des deutschen Buchhandels. Börsenblatt Nr. 101 vom 3. 5. 1933. AVDO.

67 Bericht Sinnigens: Katholische Ordensleute in den Ostseestaaten und ihre Bedeutung für die Förderung deutscher Kultur, August 1934; A. Sinnigen, Die Baltenländer, ein neues Arbeitsfeld deutscher Ordensleute, in: KV Nr. 271–273 vom 4., 5., 6. 10. 1934. PAAA, R 62172.

Haltung Sinnigens war prinzipiell gegen den propagierten und realisierten Rassismus der NS-Ideologie gerichtet.

Letztlich wurden missionierende Ordensgemeinschaften aus NS-Sicht schon deswegen für nicht linientreu angesehen, weil sie nicht ausschließlich „das Wohl der deutschen Volksgenossen" förderten. Dies sei „bei der Bekehrung fremdrassiger Menschen zum Christentum" nicht gegeben und außerdem würden Reichsmittel für einen Zweck aufgewendet, „der die Belange des deutschen Volkstums nicht berührt"[68]. Missionstätigkeit als solche war somit eine „Option" gegen das NS-Regime.

Optionen des Ausschusses für Ordensangelegenheiten

Das Charakteristische des Ordensausschusses[69] lag darin, daß es ihm nicht vordringlich um die Wahrung der Interessen der Orden ging, um die Rettung des klösterlichen Eigentums und der besonderen Lebensform, sozusagen als tolerierter Schonraum unter den Bedingungen einer Diktatur. Die Patres Rösch, Siemer, Braun, König und der Laie Angermaier klagten die Wahrung der Grundsätze eines geordneten Rechtsstaates für alle ein und schickten sich an, damit Mitverantwortung für die Gesamtkirche und Mitverantwortung für die Gesellschaft zu übernehmen. Schon im August 1937 hatte der Freiburger Erzbischof Gröber der Fuldaer Bischofskonferenz einen Vorschlag unterbreitet, der auf „die dringend notwendige Geschlossenheit des Episkopates und das gleichgerichtete Handeln" abzielte. Gröber forderte: „eine Heranziehung geeigneter Laien zur Aussprache über die Lage in Schwierigkeiten der katholischen Kirche in Deutschland", „eine, wenn auch lockere Beziehung zu den übrigen von uns getrennten Christgläubigen", „endlich, um ein gemeinsames und systematisches Vorgehen zu ermöglichen, Beiziehung der Oberen oder Vertreter einflußreicher Ordensgesellschaften zu einer Aussprache"[70]. Dieser Wunsch nach breitgefächerter Zusammenarbeit und Mitverantwortung – selbst über die Konfessionsschranken hinweg – überschritt die Grenze dessen, was nach bischöflichem Selbstverständnis noch zulässig war.

Die Bischofskonferenz unter Vorsitz von Adolf Kardinal Bertram war auch in den folgenden Jahren nicht in der Lage, eine den bischöflichen Amtspflichten entsprechende Antwort auf die Herausforderung des nationalsozialistischen Unrechtsregimes zu geben. 1940 kam es auf der Plenarsitzung zu einem Eklat zwischen dem Berliner Bischof Konrad Graf von

[68] Abschrift: Entscheidung des Reichsfinanzhofes vom 29. 11. 1938. SSCC.

[69] Vgl. dazu umfassend A. Leugers, Gegen.

[70] Gröber an Bertram, 16. 8. 1937, in: L. Volk IV, S. 274, Anm. 2.

Preysing und dem Vorsitzenden Bertram, ohne daß durch Preysings Vorstoß ein kirchenpolitischer Kurswechsel eingeleitet werden konnte. Bertram bekräftigte noch 1944: „Die Harmonie zwischen Kirche und Staat ist von Gott gewollt“[71]. Preysing hatte dem gegenübergestellt, „daß ein freundschaftliches, gedeihliches Zusammenleben zwischen dem totalitären Staat von heute und der katholischen Kirche unmöglich sei“[72]. Die Veränderung, die Gröber 1937 vergeblich angestrebt hatte, wurde erst von außen durch die Konstituierung des „Ausschusses für Ordensangelegenheiten“ im Sommer 1941 angestoßen. Zusammen mit den Bischöfen Preysing und Dietz war ein handlungsfähiges Gremium geschaffen, von dem entscheidende Impulse ausgingen.

Von Anfang an betrachtete der Kreis den Klostersturm im Gesamtzusammenhang des Staat-Kirche-Verhältnisses. Angermaier formulierte dies klarsichtig in seinem Lagebericht von Mitte April 1941, dem ersten Dokument, in dem die Bildung eines Ausschusses empfohlen wird: „Es geht nicht um den Schutz klösterlichen und kirchlichen Eigentums in erster Linie, es geht um den Schutz des Privateigentums überhaupt. Die zu entscheidende Frage lautet: Ist es mit den Grundsätzen eines geordneten Rechtsstaates und vor allem mit den Grundsätzen der natürlichen und christlichen Eigentumsordnung vereinbar, daß das Privateigentum ohne Angabe, ohne geordnetes Verfahren, lediglich auf einseitige Behauptungen hin entschädigungslos entzogen wird“[73]. Der Klostersturm wurde also als symptomatisch für die Verfaßtheit des nationalsozialistischen Staates angesehen, der nicht mehr im Bertramschen Sinne als Verhandlungspartner in Frage kam.

Neben die Analyse der staatlichen Verhältnisse trat für diesen Kreis auch die kritische Reflexion der Entscheidungs- und Handlungsfähigkeit der Bischofskonferenz. Es fehle an Klarheit über die allgemeine religiöse, politische und kirchenpolitische Lage und über eine einheitliche Haltung in der Verkündigung, wie im Falle der Tötung der Geisteskranken im Zuge der sogenannten „Euthanasie“. Andersgläubige und Nichtchristen fragten sich, von wem überhaupt noch das Naturrecht verteidigt werde. Heimkehrende Soldaten und die Massen würden später kaum für die Kirche zu gewinnen sein, wenn sie „jetzt an der Kirche nichts finden, was sie in der Gefahrenzeit anzieht“. Die Bischöfe hätten die Pflicht, in diesem Kampf gegen die Kirche einzutreten für die „Gottes- und menschlichen Rechte“[74].

---

[71] Bertram an Muhs [27.10.1944], in: L. Volk VI, S. 436.
[72] Aufzeichnung Adolphs, 10.10.1940, in: W. Adolph, S. 274.
[73] Lagebericht Angermaiers, nach 18.4.1941, in: A. Leugers, Angermaier, Nr. 1*.
[74] Stenographische Notiz Königs, nach 12.6.1941. AMSJ.

Es gehe nicht um die Kirche, „um Pfründen, um ein Amt, um einen Titel, um Versorgung, um unser Leben", so Angermaier, sondern um die „christliche Substanz". Die Christen seien „für den Letzten im Volk vor Gott verantwortlich" und zwar „für jede seiner vielfältigen Notlagen"[75]. Dabei war Angermaier überzeugt, daß „im Endergebnis Kirche, Christentum und Menschenwürde nur durch die feierliche apostolische Wortverkündigung zu wahren" seien[76]. Das öffentliche Eintreten für die Glaubens- und Sittenlehre, also das Zeugnisgeben, bedeutete in einem totalitären Staat in letzter Konsequenz die Gefahr der Zerschlagung der Institution Kirche und die Bereitschaft ihrer Mitglieder zum Martyrium.

Kirchenhistorisch bedeutsam ist es, daß der Ordensausschuß im Herbst 1941 einen Hirtenbrief ausarbeitete, der erstmals über die kirchlichen Eigeninteressen hinaus einen menschenrechtlichen Teil enthielt und die Gewaltmaßnahmen des Regimes anklagte. Die diversen Entwürfe bekamen mit den Erweiterungen des Juristen und Staatswissenschaftlers Angermaier die Wucht einer radikalen Anklage des Regimes, wie sie in bischöflichen Dokumenten bis dahin gefehlt hatte. So formulierte Angermaier: „Es ist Tatsache, daß viele Ordensleute und Priester in den Sammellagern der Geheimen Staatspolizei schmachten. Und dieses Geschick teilen sie mit unendlich vielen. Daß sie es erleiden, ohne jemals vor einem wirklich unabhängigen Richter einer Schuld überführt zu sein, ist schreiendes Unrecht. [...] Es ist Tatsache, daß keiner in Deutschland seines Lebens sicher ist; denn ebenso, wie er seiner Freiheit ohne Schuld und ohne Richter beraubt werden kann, ebenso sehr gilt das von seiner Gesundheit und seinem Leben. Niemand kann die Gewaltmaßnahmen der Geheimen Staatspolizei überprüfen und niemand kann sie hindern, daß sie tötet, wen sie töten will. Und es ist Tatsache, daß heute in Deutschland Hunderte von Geisteskranken im Zuge der angeordneten planwirtschaftlichen Maßnahmen des Staates getötet werden. Tötung von Geisteskranken, gleichviel aus welchem Grunde, ist und bleibt Mord". Angermaier stellte grundsätzlich fest: „Es ist Tatsache, daß die Verletzung fremden Eigentums, fremder Ehre, der Wahrhaftigkeit, der Freiheit und des Lebens das ganze Gebäude abendländischen und christlichen Rechtsdenkens zerstört haben"[77].

Alle deutschen Bischöfe sollten diesen Hirtenbrief am 2. Advent 1941 von den Kanzeln verlesen. Der Ausschuß erläuterte diesen Schritt, er fühle sich über die Klosterangelegenheiten hinaus für die Kirche und das ganze

[75] Referat Angermaiers, 18.11.1941, in: L. Volk V, S. 623, 625.
[76] Angermaier an Faulhaber, 28.1.1942, in: L. Volk II, S. 861.
[77] Entwurf IV: Katholisches Deutsches Volk! AMSJ.

Volk verantwortlich. Es werde eines Tages von „gewaltiger historischer Bedeutung“ sein, wenn die Bischöfe öffentlich die Verletzung von göttlichem und natürlichem Recht mißbilligt hätten: „Auch der nichtchristliche Teil in Deutschland, der unter der Last der Rechtlosigkeit und seiner eigenen Ohnmacht gegenüber Unrecht und Gewalt leidet, erwartet Hilfe und Verteidigung der allgemein menschlichen Rechte durch den deutschen Episkopat“[78]. Der Hirtenbrief wurde nicht verlesen, doch mit dem Entwurf des Ausschusses war eine Wendung hin zu einer Diskussion um die Amtspflicht der Bischöfe eröffnet worden. In einem Menschenrechtshirtenbrief vom Frühjahr 1942, der auf dem Entwurf von 1941 aufbaute, und im gemeinsamen Dekalog-Hirtenbrief vom Herbst 1943 spiegelt sich dieser Wandel wider.

Die Ausschußmitglieder verschlossen sich auch nicht der Beteiligung an Widerstandskreisen, die Pläne für den zukünftigen Staatsaufbau ausarbeiteten oder diskutierten. Die bekannteste Gruppe ist der „Kreisauer Kreis“ um Helmuth James Graf von Moltke, zu dem Rösch, König, deren Mitbruder P. Alfred Delp SJ, die Bischöfe Preysing und Dietz und als Mitglied des Münchener Zweigs Justitiar Angermaier Verbindungen hatten. Auch Siemers Gesprächskreise in Köln mit Männern, die vor allem aus den katholischen Arbeiterkreisen stammten, wie Nikolaus Groß und Bernhard Letterhaus, setzten sich kritisch mit dem Nationalsozialismus und positiv mit der christlichen Staats- und Gesellschaftsordnung auseinander. Die Bürowohnung des SV-Generalsekretärs Braun wurde für Personen aus dem Widerstand zu einem konspirativen Treffpunkt. Braun war darüber hinaus auch eine zuverlässige Adresse für Hilfesuchende. Im Januar 1943 versteckte er eine junge Frau kurz vor deren drohender Deportation. Den SV-Generalsekretär empörte das Schweigen der Oberhirten angesichts der Verbrechen des Regimes. Er schrieb an Bischof Dietz: „Meiner Überzeugung nach hätte der deutsche Episkopat schon längst in der furchtbaren Judenverfolgung als offizieller Vertreter der Kirche in Deutschland für die unterdrückte Menschenwürde eintreten sollen“[79].

Die Ordensausschußmitglieder gingen mit ihrem Einsatz ein hohes Risiko ein. Nach dem 20. Juli 1944, dem gescheiterten Attentat auf Adolf Hitler, wurde nach ihnen gefahndet. Siemer und König konnten untertauchen und blieben unentdeckt. Rösch versteckte sich, wurde verraten, in Berlin-Moabit inhaftiert, wo auch Braun einsaß. Im Februar 1945 wurde Braun überraschend entlassen, Rösch erlangte beim Einrücken der Russen im April

[78] Hirtenbrief-Gründe, 15. 11. 1941, in: L. Volk II, S. 837 f.

[79] Braun an Dietz, 6. 3. 1943, in: A. Leugers, Angermaier, S. 233 f., Anm. 9.

seine Freilassung. Angermaier kam im März 1945 unter bislang nicht geklärten Umständen bei einem Verkehrsunfall, in den ein SS-Auto verwickelt war, in Berlin ums Leben. König starb 1946 an den Folgen der Krankheit, die er durch seinen unermüdlichen Einsatz und wegen des monatelangen Lebens im Versteck nicht hatte behandeln lassen und kurieren können.

2. Interessenvertretung der Kirche und katholischen Institutionen gegenüber

Die katholischen Parteien Zentrum und Bayerische Volkspartei hatten sich im Juli 1933 aufgelöst, der Verbandskatholizismus wurde in der nationalsozialistischen Zeit fast vollständig zerschlagen. Die Interessenvertretung der SV gegenüber der Kirche und den noch bestehenden katholischen Institutionen konzentrierte sich in dieser Zeit auf Orts- und Weltkirche und nach wie vor auf den anpassungsbeflissenen Reichsverband für die katholischen Auslandsdeutschen.

(a) SV und Ortskirche

Die Superioren betrachteten 1933 den politischen Machtwechsel mit Besorgnis. Fraglich war, ob die Orden bei der Neugestaltung des Staat-Kirche-Verhältnisses in ihren spezifischen Interessen berücksichtigt würden. Der SV-Vorstand richtete daher im Anschluß an die Mitgliederversammlung vom Mai 1933 die Bitte an die Kardinäle Faulhaber und Bertram, bei ihren Verhandlungen „die Interessen der Orden mit im Auge zu behalten". Die Unsicherheit des Jahres 1933 löste bei den superiores majores, die in ihren souveränen Erfolgsphasen ihre Exemtion zu betonen wußten, den kirchlichen Schutzreflex aus. Sie versprachen den Bischöfen, „daß sie sich unter Führung und Leitung der hochwürdigsten Oberhirten für die Sache Christi mit allen Kräften einsetzen wollen"[80]. Es ging den Obern darum, bei den für die weiteren Verhandlungen zuständigen bischöflichen Stellen „Anlehnung zu suchen". Die „absolut exemte Stellung der Superioren-Vereinigung" blieb bischöflicherseits anerkannt[81]. Bertram versicherte „die Ordensleitungen der wärmsten Teilnahme"[82].

Das Reichskonkordat zwischen dem Deutschen Reich und dem Heiligen Stuhl vom 20. 7. 1933 beruhigte die Superioren insbesondere durch Art. 15,

[80] SV-Vorstand an Faulhaber und Bertram, 17. 5. 1933. AVDO.
[81] Sinnigen an Siemer, 27. 5. 1933. APT.
[82] Bertram an Sinnigen, 3. 6. 1933. AVDO.

der den Orden und religiösen Genossenschaften weitgehende Freiheiten einräumte, durch Art. 25, der auch die klösterlichen Privatschulen garantierte, und durch Art. 31, der katholische Organisationen und Verbände schützte, die religiösen, kulturellen und caritativen Zwecken dienten. Die SV brachte in einem Schreiben an Bertram Freude und Dank zum Ausdruck. „Dabei freuen wir Ordensleute uns besonders über die Sätze, die unserem Eigenleben und besonders unseren Schulen so ausgiebige Lebensmöglichkeit gewähren. Unsere Bitte an den hochwürdigsten Episkopat, sich bei den Beratungen auch der Anliegen der Orden anzunehmen, sehen wir jetzt über Erwarten erfüllt. Damit entbieten wir Ew. Eminenz unseren verbindlichen Dank. Sie haben damit den Orden ein großes väterliches Wohlwollen erwiesen, das diese mit vertrauensvoller Gewissenhaftigkeit in all ihren apostolischen Arbeiten erwidern werden“[83].

Das Vertragswerk wurde nach und nach ausgehöhlt. Die wahren Absichten des NS-Regimes bezüglich der Orden schlugen sich in den Plänen des Reichskirchenministers Kerrl nieder, der das Verschwinden dieser „unzeitgemäßen Erscheinungsform kirchlichen Lebens“ forderte und sich rühmte, „grundsätzlich ein Gegner des Kloster- und Ordenswesens“ zu sein[84]. Zwar blieb sein Vorhaben zu einem neuen Ordensgesetz, das die Gemeinschaften einer rigorosen staatlichen Aufsicht unterstellt hätte, in der Schublade. Offenkundig aber wurde die Umgangsweise des Regimes mit den Ordensangehörigen in zwei Prozeßwellen wegen angeblicher Devisenvergehen 1934/35 und wegen angeblicher sexueller Vergehen 1936/37. Das Vertrauen zu den Orden sollte erschüttert werden. Die Aktion verfehlte aber ihr propagandistisches Ziel, soweit es die allgemeine Meinung der Bevölkerung betraf. Was die Reaktionen auf bischöflicher Seite anlangte, so ließ sich doch kaum verbergen, daß hier die Überzeugung waltete, als bestünden gewisse Defizite im Ordensbereich, die dringend behoben werden müßten.

Äußerst behutsam boten die Ordinariate Beratungen an, um das Finanzgebaren der deutschen Ordensgesellschaften zu reformieren und zu professionalisieren. Kardinal Schulte wurde nicht müde herauszustellen, daß es ihm bei seinen „Bemühungen in dieser Angelegenheit fern lag, irgendwie der freien Entscheidung der exemten Ordensfamilien vorzugreifen“. Er wolle nicht „die Autonomie bzw. Exemtion der Orden“ beeinträchtigen[85]. Die Freiwilligkeit der Inanspruchnahme der Angebote der Erzbischöflichen Finanzkammer der Kölner Kirchenprovinz, zu der der Hl. Stuhl seine Einwilligung erteilt hatte, wurde stets betont.

[83] SV an Bertram, 25. 7. 1933. AVDO.

[84] Kerrl an Himmler, 11. 6. 1941, in: L. Volk V, S. 1032.

[85] Schulte an Sinnigen, 8. 5. 1936 (Abschrift). AVDO.

Die Sittlichkeitsprozesse veranlaßten den Episkopat zu deutlicheren Äußerungen. Den unschuldig unter den Vorwürfen leidenden Orden und Kongregationen sprachen die Bischöfe ihr Vertrauen aus. Sie würden sich gern „schützend vor die Orden stellen". Die Prozesse hätten beabsichtigt, „das Ordenswesen und Ordensleben als unmoralisch, sittlich ungesund und volksschädlich hinzustellen". Die Ordens- und Kirchenfeinde wollten einen Klostersturm, die Staatsaufsicht über die Klöster, den Entzug der Unterrichts- und Erziehungstätigkeit. Klöster würden als national unzuverlässig und volksschädlich bezeichnet. Der ganze Priesterstand und die Kirche selbst seien getroffen. Die Bischöfe ermahnten nun die Ordensleitungen, „daß solche und ähnliche Ärgernisse in Zukunft nicht mehr vorkommen. Sie mögen ein wachsames Auge haben auf Einhaltung der Ordensregel und Ordenszucht". „Zu großer Vorsicht möchten wir mahnen angesichts sehr gewagter wirtschaftlicher Unternehmungen und Belastungen. Ungünstig wirkt sich auch aus das viele Hausieren mit Zeitschriften und Kalendern. Auch die Sucht, immer wieder neue und oft sehr zweifelhafte religiöse Übungen zu erfinden und zu verbreiten, gibt Anlaß zu Spott und Hohn über katholisches Leben und Denken in kirchenfeindlichen Blättern. In manchen Fällen ist die Zensur populärer erbaulicher Schriften strenger zu handhaben durch Streichungen solcher Berichte, die wenig glaubwürdig sind, und solcher Aufstellungen, die wegen ihrer Sonderbarkeit zu Widerspruch und höhnischen Bemerkungen reizen"[86].

Die SV 1937 in Berlin ließ deutlich erkennen, wie verwundet sich die Orden und Kongregationen nach den Devisen- und Sittlichkeitsprozessen fühlten. Der 1. Vorsitzende Fromm begrüßte den Ortsordinarius Bischof Preysing und wies darauf hin, „daß die Ordensoberen bemüht seien in enger Fühlung mit dem Episkopat zu bleiben" und „Zucht und Ordnung in ihren Klöstern zu wahren und diese so zu wirklichen Stätten apostolischen Lebens und Wirkens zu machen"[87].

Im Dezember 1937 wurde das „Commissariat der Fuldaer-Bischofskonferenz" in Berlin errichtet. Mit der Geschäftsführung wurde Weihbischof Wienken betraut, der sich „auch der Angelegenheiten der Orden, speziell in der Wehrdienst- bzw. Hochschulfrage anzunehmen" hatte[88]. Die SV sagte ein „zentrales Vorgehen in den gemeinsamen Fragen" zu[89]. Sinnigen pflegte nun „ein enges und vertrauensvolles Zusammengehen" mit Wienken.

[86] Der deutsche Episkopat an Äbte und Provinzialoberen [19. 8. 1936], in: B. Stasiewski III, Nr. 315/IIh.

[87] SV-Protokoll, 3.–4. 5. 1937. AVDO, DPB.

[88] 29. Rundschreiben Sinnigens, 10. 1. 1938. AVDO.

[89] SV-Protokoll, 23.–24. 5. 1938. AVDO.

„Durch die Inanspruchnahme des bischöflichen Kommissars wird gleichzeitig bei den staatlichen Stellen das Bewußtsein der Zugehörigkeit der Orden zur kirchlichen Oberbehörde erhalten, was deshalb von großer Bedeutung ist, als sich ein Bestreben zeigt, die Orden als Privatvereine, die eigentlich nicht zum Organismus der Kirche gehören, zu betrachten und zu behandeln"[90].

Der Ordensausschuß[91] fürchtete 1941 auf dem Höhepunkt des Klostersturms, daß bei Volk, Klerus und Episkopat genau jenes Verständnis sich breit machen könne, die Orden gehörten doch nicht wesentlich zur Kirche. Einen ihrer Arbeitsschwerpunkte sahen die Mitglieder des Kreises daher in der Aufklärung über die Bedeutung der Orden für das kirchliche Leben. Der Ordensausschuß als solcher verwies durch seine personelle Zusammensetzung und als ein von der Bischofskonferenz autorisiertes gemischtes Gremium aus Bischöfen, Ordensobern, Patres – der Laie wurde nicht offiziell genannt – viel tiefergehend noch auf ein Desiderat der vergangenen Jahrzehnte im Verhältnis Superioren-Vereinigung und Episkopat: das Fehlen eines direkten, gleichberechtigten und institutionalisierten Kontakts zwischen Episkopat und Ordensobern in der gemeinsamen Verantwortung für Kirche und Gesellschaft.

(b) SV und Weltkirche

Die Unsicherheit der Superioren nach dem politischen Machtwechsel 1933 drückte sich in einer Anlehnung an die deutschen Bischöfe und an Papst Pius XI. aus. „Mehr wohl als je zuvor empfinden die deutschen Ordensobern das Bedürfnis eines engen Zusammenschlusses und engen Anschlusses an den Hl. Stuhl, von dem sie ihre Sendung haben, und dem sie sich in Liebe und Treue verbunden wissen. Wenn die gegenwärtigen Verhältnisse auch besonders schwere Aufgaben an die Ordensobern stellen, so fühlen sie sich in ihrer Verbundenheit mit dem Hl. Stuhl doch unter dem sicheren Schutz und Beistand der Göttlichen Vorsehung"[92]. Jährlich vor der Mitgliederversammlung bekräftigten die Superioren diese Verbundenheit mit dem Papst, der seinerseits Grußtelegramme schickte, die in eigener Weise die Konferenz prägten: „Die Verlesung des Papstbriefes wird stehend entgegengenommen"[93]. Zum Zustandekommen des Reichskonkordats gratulierte

---

[90] SV-Jahresbericht vom 1.4.1939–31.3.1940. AVDO.
[91] Vgl. dazu umfassend A. Leugers, Gegen.
[92] SV-Protokoll, 16.5.1933. AVDO.
[93] SV-Protokoll, 15.5.1934. AVDO.

die SV und dankte für die „Aufnahme höchst wichtiger Sätze in das Konkordat", die die religiösen Orden betrafen[94].

Den neuen Präfekten der hl. Kongregation „De Propaganda Fide", Kardinal Erzbischof Petrus Fumasoni Biondi, versicherten die Obern ihrer „Ergebenheit und rückhaltlosen Folgsamkeit in der Missionsarbeit. Sie stellen sich und ihre Untergebenen bereitwillig Ihrer Führung zur Verfügung und vereinigen sich mit Ew. Eminenz in innigem Gebet um die Ausbreitung des Reiches Jesu Christi"[95].

Wie schon während der Zeit der Weimarer Republik wurde nun im Hinblick auf die mit den Meßstipendien verbundenen finanziellen Fragen eine vorübergehende Lösung erwogen. Wegen der schwierigen Devisenlage in Deutschland war es nicht möglich, Missionen und andere auswärtige Stationen mit Stipendien zu versorgen. Sie würden sich daher in den Klöstern „häufen", so Sinnigen. Es sei schwer, für die Zelebration zu sorgen. Sinnigen regte an, den Papst um ein Indult zu bitten für die 2. und 3. Messe am Allerseelentag. Es wurde gewährt. Die Einnahmen mußten dem Bonifatiusverein überwiesen werden[96].

Pius XII. hatte 1940 nicht nur den weiteren Geschäftsbetrieb der SV gewünscht[97], er lobte im Jahr 1941 ausdrücklich die Bildung des Ordensausschusses und seine kirchenpolitischen Vorhaben. Damit war eine besonders enge Verbindung nach Rom gegeben[98].

(c) SV und „Reichsverband für die katholischen Auslandsdeutschen" (RKA)

Im Januar 1934 trat der RKA-Vorstand zurück. Bischof Berning wurde von Bertram und Faulhaber mit der Neugestaltung des RKA betraut, der unmittelbar der Leitung der deutschen Bischöfe unterstellt wurde. Als Neuerung wurde die „Übernahme des Führerprinzips in der Verbandsleitung" eingeführt! Der Verbandsführer, Dr. theol. Emil Clemens Scherer, meinte, sie stünden „an einem Markstein der Entwicklung des Reichsverbandes". Man erkenne immer mehr die „kirchliche Volkstumsarbeit" in ihrer Bedeutsamkeit. Am 30. 10. 1933 sei der „Volksdeutsche Rat" vom „Stellvertreter des Führers", Rudolf Hess, eingesetzt worden als die allein maßgebende Stelle für die einheitliche Planung der gesamten auslandsdeutschen Arbeit. Scherer

94 SV an Pacelli, 25. 7. 1933. AVDO.
95 Hayler an Fumasoni Biondi, 17. 5. 1933. AVDO.
96 SV-Protokoll, 18.–19. 5. 1936. AVDO, MSC Salzburg.
97 Vgl. S. 242 f.
98 Vgl. umfassend dazu A. Leugers, Gegen.

nehme im Volksdeutschen Rat die Stellung eines Referenten für Fragen des katholischen Auslandsdeutschtums ein. „Dadurch erhielt der RKA den Charakter einer auch behördlicherseits anerkannten Zentrale für die gesamte katholische Deutschtumsarbeit im Ausland. Zu anderen Deutschtumsverbänden besteht enge persönliche Fühlungnahme, die den Aufgaben des Reichsverbandes in erfreulicher Weise dient". Vom Auswärtigen Amt erfahre der RKA Förderung, ebenso vom Reichsinnenministerium und vom preußischen Innenministerium. Berning habe die Mitglieder des „Führerrates" berufen aus Vertretern des Episkopats, der Arbeitsgemeinschaft Katholischer Deutscher, des Caritasverbands, des Akademischen Austauschdiensts. Im „Führerbeirat" waren Vertreter vom Caritasverband, KJV, Bonifatiusverein und Bonifatiuswerk, Raphaelsverein, LMV, der katholischen Religionslehrer, der Kolpingsfamilie, der katholischen Schulorganisation, den katholischen Lehrerinnen, Orden und der wissenschaftlichen Arbeit für das Auslandsdeutschtum. Zu den Satzungen erläuterte Scherer, entsprechend der Neuordnung auf allen Gebieten des öffentlichen Lebens habe das „Führerprinzip" durchgeführt werden müssen. Es „mußten Rücksichten genommen werden auf etwaige Einwendungen des Registerrichters, die zu erwarten standen"[99].

Die neuen gedruckten Satzungen von 1935 hatten einen autoritären Zug angenommen. Bischöflicher Schirmherr und Verbandsleiter waren gestärkt in ihrer Position, die übrigen Organe geschwächt[100]. Die Gelder des RKA sollten nun, wie es die Denkschrift an den Episkopat 1935 formulierte, über die Bonifatiusvereine fließen, damit sie nicht „von fremdstaatlichen Behörden als staatlich-politische Propagandagelder" angesehen würden. „Der Reichsverband wird im Ausland damit völlig in den Hintergrund treten"[101]. Die Bischofskonferenz erkannte die Satzung und die „Missionsarbeit am katholischen Auslandsdeutschtum" an. Der RKA vertrete gegenüber den Deutschtumsverbänden und dem Staat die Arbeit für die katholischen Auslandsdeutschen[102].

Der RKA-Leiter Scherer unterschrieb fortan „Mit deutschem Gruß"[103] und entbot den Hitlergruß bei Versammlungen, wie in Frankfurt a.M. 1936[104]. Scherer hob bei dieser Tagung hervor, „daß durch den Aufbruch

[99] RKA-Protokoll, 26.6.1934. AVDO, MSC Salzburg.

[100] Satzung des RKA, 6.5.1935. ADCV, CA XVIII 28 B.

[101] RKA-Eingabe an die Bischofskonferenz, 24.7.1935. APT.

[102] Rundschreiben Scherers, 31.10.1935. AVDO, MSC Salzburg.

[103] RKA-Rundschreiben von E. Scherer, 27.4.1936. APT.

[104] Bericht über die Jahrestagung der katholischen Auslandsdeutschen Mission, in: Die Getreuen. Zweimonatsschrift des RKA und des St. Raphaelsvereins, 13. Jg., Nov./Dez. 1936, Heft 6, S. 161–171. PAAA, R 62262. Foto auf S. 167.

der Nation die Richtigkeit der Arbeit des Reichsverbandes bestätigt worden sei. Er selbst habe gegenüber dem Führer und Reichskanzler die persönliche Verpflichtung übernehmen können, die Arbeit des Verbandes voll und ohne Vorbehalt in den Dienst Deutschlands zu stellen. Die Betreuung des Auslandsdeutschtums bedeute zugleich auch eine Synthese zwischen Christentum und Deutschtum, denn das Credo des Glaubens berge in sich den Anspruch auf christlich-deutsches Schicksalsbewußtsein"[105]. 1938 wurde auf behördlichen Wunsch hin eine Namensänderung in „Reichsverband für das katholische Deutschtum im Ausland" vorgenommen.

Die schon gegen Ende der Weimarer Zeit deutlich gewordenen Richtungsunterschiede zwischen RKA und der nach wie vor demokratisch verfaßten SV, die sich aus dem Vereinsregister hatte löschen lassen, um den Zwängen des NS-Staates auf die Vereinigung zu entgehen, traten nun um so krasser hervor. Als der RKA 1936 sich auch noch zum Sprachrohr der Wünsche der Behörden machte und die einheitliche Vertretung der gesamten katholischen Auslandsarbeit, der Planung und Durchführung des Einsatzes deutscher Ordensleute im Ausland anführte sowie den Wunsch der Regierung und Partei [!] nach planmäßiger Schulung ausreisender Priester und Ordensleute für national-, kultur- und wirtschaftspolitische Aufgaben im Ausland, war eine Auseinandersetzung mit der SV vorprogrammiert[106].

Sinnigen kommentierte Siemer gegenüber äußerst kritisch die auf Frankfurt sich beziehenden Artikel in der „Germania"-Beilage „Glaube und Volkstum". „Der erste Artikel, ‚Religiöse Betreuung der Auslandsdeutschen' stellt die Religion ganz in den Dienst des Volkstums, als ob das für den katholischen Priester im Auslande die Hauptsache wäre. Der Abschnitt ‚Auslandsdeutsche Mission und Orden' ist nicht minder seltsam. Der RKA scheint sich deshalb die Orden ein- bzw. unterordnen zu wollen, damit sie nicht weiter ‚verländern'. Die bereits ‚verländerten Ordensleute' in Südamerika sollen allmählich durch Weltpriester ersetzt werden". „Der letzte Artikel ‚Das Recht der Minderheiten' ist ganz politisch. Unsere im Auslande arbeitenden Ordensleute, Patres wie Schwestern, würden sich ganz unmöglich machen, wenn es bekannt würde, daß sie zu solchen Zwecken gekommen seien. Diese Artikel werfen auf die Frankfurter Tagung ein eigentümliches Licht, und ich möchte nicht verfehlt haben, darauf hinzuweisen"[107].

Die SV befürchtete Bestrebungen des RKA nach Eingliederung und Übernahme der gesamten SV-Geschäftsführung auf das RKA-Büro. Prinzipiell,

---

105 Tagung der Katholischen Auslandsdeutschen Mission, in: Kölnische Zeitung vom 1. 9. 1936. BAK, R 57 neu/1046–14.

106 Scherer, Vorlage für Generalversammlung des RKA, 31. 8. 1936. APT.

107 Sinnigen an Siemer, nach 31. 8. 1936. APT.

so Sinnigen, trete die SV satzungsgemäß nicht mit anderen Vereinen zu Arbeitsgemeinschaften oder Verbänden zusammen. Die SV-Mitgliedsgemeinschaften hätten volle „Betätigungsfreiheit" und könnten selbst entscheiden, ob sie ihre Missionare „auch kulturwirtschaftspolitisch besonders durch einen Fremden aufklären" lassen und „ob sie dafür einen Vertreter des Reichsverbandes geeignet halten". Die SV lasse ihren Mitgliedern volle Freiheit und habe selbst volle äußere und innere Selbständigkeit[108].

In seiner Antwort für Bischof Berning betonte der 1. Vorsitzende Fromm die zwei SV-Grundsätze: „vollständige Unabhängigkeit und Selbständigkeit der SV" und „Vermeidung einer Verquickung von Missionsarbeit und Politik". Mit Bezug auf die Resolution der SV vom 8. 11. 1927[109] beschloß die SV von 1937: „Die SV besteht darauf, daß ihre vollständige Unabhängigkeit und Selbständigkeit gewahrt bleiben muß. Die offizielle Vertretung der Angelegenheiten der missionierenden Orden vor den weltlichen wie vor den kirchlichen Behörden bleibt auch in Zukunft das Generalsekretariat der SV". In Fragen der Seelsorge unter den deutschen Katholiken im Ausland werde die SV dem RKA „bereitwilligst zur Verfügung" stehen. Dazu wurde den beiden Büros die Fühlungnahme angeraten. Die Errichtung eines eigenen Ordensreferates im RKA hielt die SV nicht für angebracht, „da der Begriff ‚Ordensreferat' den Tätigkeitsbereich der SV überschneidet"[110].

Scherer bat nun im Auftrag des Schirmherrn des RKA, Bischof Berning, den SV-Vorstand zu einer Besprechung zur Erörterung des SV-Beschlusses vom Mai 1937[111]. Sinnigen reagierte pikiert; es sei wohl kaum angebracht, SV-Beschlüsse mit Scherer zu erörtern in der von Scherer gewünschten Form; immerhin sei die SV 1927 offiziell aus dem RKA ausgetreten. Daraufhin antwortete Scherer unterkühlt, Sinnigen halte also den Wunsch Bischof Bernings „nicht für angebracht"[112].

Erst als die beiden Posten im RKA und in der SV neu besetzt waren, auf der einen Seite RKA-Geschäftsführer Albert Büttner, auf der anderen Seite SV-Generalsekretär Braun, zeigte sich 1940 ein entspannteres Verhältnis beider Organisationen zueinander. Büttner erschien auf einer Konferenz der SV in Köln im August, Braun auf der Mitgliederversammlung des RKA im November 1940. Im Gegensatz zum anpassungsbeflissenen RKA, der die

[108] Stellungnahme [Sinnigens] zu Bernings Registratum, nach 30. 11. 1936; vgl. Registratum Bernings, 30. 11. 1936. AVDO, DPB.

[109] Vgl. S. 138.

[110] SV-Protokoll, 3.–4. 5. 1937. AVDO, DPB.

[111] Scherer an Sinnigen, 10. 12. 1937. KfZG, NL Büttner, RKA, A. II. 2b.

[112] Scherer an Sinnigen, 17. 12. 1937. Ebd.

gesamten 12 Jahre hindurch gefördert wurde, hatte die SV in der NS-Zeit allerdings einen anderen Weg beschritten.

3. Interessenvertretung dem Staat und der gesellschaftlichen Öffentlichkeit gegenüber

Nach Kaiserreich und Weimarer Republik stellte die Diktatur einen tiefen Einschnitt für die SV dar. Es ging bald nicht mehr um die wirksame Vertretung ihrer Interessen, sondern um die Frage, „wie sichern die Orden auch unter diesen Umständen ihre Weiterarbeit, bzw. ihre Existenz?“[113] Bei der Verteidigung der Rechtspositionen der Orden gewann der Episkopat nun ein größeres Gewicht, weil der NS-Staat nur ihn als Verhandlungspartner ansah.

(a) Repräsentation auf Ausstellungen

Als im Rahmen der großen landwirtschaftlichen Ausstellung vom 20.–28. 5. 1933 in Berlin auch eine Kolonialabteilung geplant wurde, bei der die katholischen und evangelischen Missionsgesellschaften „die kulturelle Arbeit der Missionare in den früheren Kolonien“ und „die Förderung des Wirtschaftlichen“ veranschaulichen sollten[114], zeigten sich die SV-Mitglieder abwartend. Die SV vom Mai 1933 äußerte schließlich Vorbehalte, weil die Tendenz der Ausstellung darin liege, die Leistungsfähigkeit und die Leistungen der Deutschen auf kolonisatorischem Gebiet zu zeigen. Damit begründe man „auch vor der Öffentlichkeit den Anspruch auf Rückgabe der Kolonien“. „Wenn wir als deutsche Männer solchen Wünschen auch zustimmen können, so dürfen die Missionsgesellschaften als ganzes sich doch nicht öffentlich für politische Bestrebungen einsetzen mit Rücksicht schon auf die unter fremden Behörden wirkenden Ordensleute“[115]. Die Superioren plädierten wie schon in den Auseinandersetzungen mit dem RKA 1927 für die Einhaltung des Prinzips einer unpolitischen SV.

(b) Zusammenarbeit mit Interessenverbänden

Auch im Hinblick auf die Zusammenarbeit mit den nationalen und kolonialpolitischen Interessenverbänden, denen Sinnigen seit einem Jahrzehnt

[113] Sinnigen an Utz, 3. 5. 1939. AMS, VIIJII.
[114] Sinnigen an Steinhage, 21. 2. 1933. WV.
[115] SV-Protokoll, 16. 5. 1933. AVDO.

angehört hatte, ergab sich während der NS-Zeit der Wandel, der sich schon gegen Ende der Weimarer Republik abgezeichnet hatte, aber in der inkonsequent lavierenden Haltung der SV ohne Lösung geblieben war[116]. Die SV argumentierte nun mit ihren beiden Schutzprinzipien: ihrer unpolitischen Haltung und ihrer satzungsgemäß nicht möglichen Eingliederung in andere Verbände. „Dem Charakter der SV entsprechend, die eine freie Vereinigung höherer kirchlicher Oberen darstellt, und sich satzungsgemäß nicht irgendwelchen Verbänden oder Vereinen eingliedert, hat der Generalsekretär jede Mitgliedschaft zu solchen Vereinen aufgegeben". Denn der Generalsekretär könne für die SV keine verbindlichen Verpflichtungen übernehmen, die die einzelnen Mitglieder binden würden. „Dazu kommt der starke politische Einschlag der Verbände, der für die ganz unpolitisch eingestellte SV leicht Schwierigkeiten bringen könnte"[117]. Die SV beschritt auch hier einen anderen Weg als der bischöflich getragene RKA: Auf der Tagung des „Vereins für das Deutschtum im Ausland" 1934 war der RKA-Leiter Scherer unter anderem neben dem Reichsführer der SS Heinrich Himmler vertreten. Reichsinnenminister Frick sandte ein Grußwort, in dem er bekundete, der VDA verdiene „Unterstützung jedes Volksgenossen, vor allem auch jedes echten Nationalsozialisten"[118].

(c) Stellung der Missionsschulen

Hatten die Superioren während der Weimarer Republik selbst die ganz und gar wohlwollende Haltung der staatlichen Seite, besonders in der vertraulichen Information seitens katholischer Beamter, mit ihrer Forderung nach der höheren Qualifizierung des Lehr- und Leitungspersonals der Missionsschulen und der verfassungsmäßigen Staatsaufsicht als wenig erträgliche Eingriffe in ihren Gestaltungsfreiraum gewertet[119], so führte ihnen erst die Diktatur vor Augen, welche Freiheit ihnen die Demokratie gewährt hatte: Bis Ostern 1940 wurden die Ordens- und Missionsschulen und viele Ordenskonvikte aufgehoben.

Der Abbau vollzog sich schrittweise. Zunächst sollten die Lehrpläne den Anforderungen der neuen Oberschule angeglichen werden unter Aufgabe des humanistischen Schwerpunkts. Der Vorsitzende der Fuldaer Bischofskonferenz wurde gebeten, für die Rechte der Orden einzutreten. Kardinal Bertram suchte in seinen Eingaben vom März 1937 noch zu argumentieren,

---

[116] Vgl. S. 207–209.
[117] SV-Protokoll, 15. 5. 1934. AVDO.
[118] Grußwort Fricks zur VDA-Tagung, 15. 5. 1934. BAK, R 57 neu/1012-2.
[119] Vgl. S. 210–214.

daß mit der Aufgabe des gymnasialen Charakters der Ordensschule „die Hauptbedingung zur Erreichung ihres eigentlichen Zweckes entzogen" würde, nämlich die Ausbildung der späteren Missionare, die eine wertvolle Hilfe für die deutsche Kulturarbeit im Ausland seien. Bertram ging noch weiter, denn „auch im Hinblick auf die Wiedergewinnung unserer Kolonien" sei es von Bedeutung, daß den Missionsgenossenschaften die Möglichkeit zur „bewährten Heranbildung ihres Nachwuchses unbenommen" bleibe[120]. Zwar wurden aus regionalen und lokalen Rücksichten in einer Übergangsphase noch einige Ausnahmen zugestanden, an der Zielrichtung in der Schulfrage änderte dies jedoch nichts.

Zur Zermürbungstaktik gehörten zuvor noch die Verpflichtung zur Zulassung der „Staatsjugend", d. h. der HJ in Schule und Seminar, das Verbot für Beamtenkinder, Privatschulen zu besuchen, schließlich die nur noch ausnahmsweise erteilte Genehmigung für Privatschulen überhaupt. Die „unbedingte nationalsozialistische Zuverlässigkeit des Leiters"[121] und des Unterhaltsträgers, die Übereinstimmung des Erziehungszieles und des Lehrplanes mit jenen der öffentlichen Schulen und weitere Forderungen engten die Überlebenschancen der Ordens- und Missionsschulen weiter ein. Schließlich wurde zur Bedingung für den Weiterbestand gemacht, daß der Unterhaltsträger der Schule der „Reichsgemeinschaft der deutschen Privatschulen e. V." angehöre. Die Aufnahme wurde den Ordens- und Missionsschulen allerdings verwehrt, da konfessionelle Schulen nicht Mitglieder werden konnten. Das bedeutete ihr Ende.

Die Erdrosselung der Missionsschulen folgte dem Willen der nationalsozialistischen Ideologen. Der Stabsleiter beim „Stellvertreter des Führers", Martin Bormann, betonte, im „nationalsozialistischen Staate ist seiner Weltanschauung entsprechend kein Raum mehr für Missionsschulen. Der Staat kann derartige Einrichtungen, die von Missionsorden betrieben werden und die die Aufgabe haben, den Nachwuchs an Missionaren auszubilden und damit zahlreiche wertvolle Kräfte der deutschen Volksgemeinschaft zu entziehen, weiterhin nicht dulden". „Ich vermag im übrigen auch keineswegs zu erkennen, inwieweit diese Missionsorden tatsächlich für den deutschen Kultureinfluß von Bedeutung sind. Es scheint mir dies eher ein von diesen Orden selbst vorgebrachtes Argument zu sein, welches die Beseitigung der Missionsschulen verhindern soll"[122]. Vom nationalsozialistischen

---

[120] Sinnigens Rundschreiben mit Abschrift der Eingabe Bertrams vom 19. 3. 1937, 9. 4. 1937. AVDO, DPB.

[121] Richtlinien des RuPrMWEV vom 22. 1. 1938, zitiert in: 33. Rundschreiben Sinnigens, 29. 3. 1938. AVDO, WV.

[122] Bormann an RMWEV, 31. 3. 1939. BAB, R 51. 01, 23114.

Standpunkt aus sei die Missionstätigkeit in den Kolonien „grundsätzlich abzulehnen", so Bormann. Es sei auch keine Gewähr geboten, daß die Schüler im nationalsozialistischen Sinn erzogen würden[123]. Der Regierungspräsident von Aachen wußte im Juli 1939 gegen die Missionsschule der Spiritaner in Broich Belege dafür vorzubringen. Die Schüler seien dort nicht „durch bewußte Erziehung im Geiste des Nationalsozialismus für ihre Aufgabe in der deutschen Volksgemeinschaft" geschult. In einzelnen Klassen, so habe die Besichtigung ergeben, sei den Schülern „weder vom Leben des Führers noch von den Persönlichkeiten seiner engsten Umgebung" etwas bekannt und auch „das Deutschland- und Horst-Wessel-Lied kaum einem Kinde geläufig" gewesen[124]. Hitler entschied, „daß ein öffentliches Interesse an dem Weiterbestehen der sogenannten Missionsschulen nicht gegeben ist"[125].

Bedenken gegen den völligen Abbau der Schulen und das Ende der „politisch und kulturpolitisch wertvoll anerkannten Tätigkeit einiger deutscher Orden" äußerte das Auswärtige Amt. Es bestünde die Gefahr, daß die von deutschen Missionaren betreuten Gebiete verloren gingen oder von Rom anderen Orden fremder Nationalitäten „ausgeliefert" würden. Dies würde „eine schwere Schädigung der deutschen Interessen in einzelnen Gebieten" bedeuten „und gerade während des Krieges dem Einbrechen der feindlichen Propaganda Vorschub leisten"[126]. Auch die „Volksdeutsche Mittelstelle" argumentierte noch damit, da die Deutschen sonst „politisch und kulturpolitisch ein wichtiges Feld für alle Zeiten räumen würden, was ja nicht in unserer Absicht liegen kann"[127]. Doch das Reichskirchenministerium bezweifelte grundsätzlich, ob die „Verdienste um das Deutschtum in Übersee", auf die die Orden immer hinwiesen, „wirklich entscheidend für die deutsche Weltgeltung waren"[128].

(d) Stellung der Ordenshochschulen

Im Dezember 1937 war das Kommissariat der Fuldaer Bischofskonferenz in Berlin errichtet worden, dessen Leiter, Weihbischof Wienken, sich im Auftrag des Episkopats auch der Angelegenheiten der Orden speziell in der Wehrdienst- und Hochschulfrage annehmen sollte. Vom Reichskirchenmini-

[123] Bormann an RKM, 29. 4. 1939. Ebd.
[124] Reg. Präs. Aachen an Leiter der Missionsschule Broich, 3. 7. 1939. BAB, R 901, 69462.
[125] Erlaß des RMWEV, 9. 11. 1939. BAB, R 51. 01, 23114.
[126] AA an RKM, 31. 10. 1939. Ebd.
[127] Volksdeutsche Mittelstelle an RKM, 19. 2. 1940. Ebd.
[128] RKM Roth an Bormann, Lammers, RMWEV, 1. 12. 1939. Ebd.

sterium wurde bemängelt, es bestünden zu viele kleine Ordenshochschulen – etwa 50 –, von denen zweifelhaft sei, ob ihrer Arbeit ein wirklicher hochschulmäßiger Charakter zuzuerkennen sei. Kardinal Faulhaber hatte erwogen, ob es nicht sinnvoll sei, einige Schulen zusammenzulegen, andere zu schließen, falls die Anforderungen an den wissenschaftlichen Betrieb gemäß CIC 1918, cc. 1365/1366, bestritten werden könnten. Bertram betonte, in Art. 14 und 20 des Reichskonkordats seien bei „kirchlichen Lehranstalten" auch die Ordenshochschulen eingeschlossen. Der Vorsitzende der Bischofskonferenz reichte in Absprache mit der SV schließlich dem Reichskirchenministerium eine reduzierte Liste der Ordenshochschulen ein. Aus wirtschaftlichen und technischen Erwägungen sei eine Zusammenlegung nicht ratsam, das Universitätsstudium von Ordensangehörigen sei mit finanzieller Mehrbelastung verbunden, abgesehen von der Schwierigkeit der Fortsetzung der geschlossenen Ordensausbildung. Bertram betonte, daß „die Orden mit ihren Einrichtungen als autoritativ eingerichtete und anerkannte Glieder zum Organismus der Kirche gehören"[129].

Die Verordnung über die Musterung und Aushebung vom 17. 4. 1937 hatte nämlich aufgeführt, daß der Besuch einer Ordenshochschule nicht zur Zurückstellung vom aktiven Wehrdienst[130] berechtige – im Unterschied zu den philosophisch-theologischen Fakultäten an den deutschen Universitäten, den päpstlichen Hochschulen in Rom und den deutschen kirchlichen akademischen Lehranstalten. Das war für die Orden ein weiteres überdeutliches Signal, daß sie aus dem rechtlichen Rahmen des Reichskonkordats auf dem Verordnungsweg ausgegrenzt werden sollten und in ihrer Existenzgrundlage von unterschiedlicher Seite angegriffen wurden.

Bertram setzte sich nun beim Reichskriegsminister für die Orden ein. Der Bildungsgang der künftigen Ordenspriester in den Ordenshochschulen sei dem der Weltgeistlichen gleichzustellen, weil er „voll und ganz den Forderungen des kanonischen Rechts" entspräche. Die Ordensschulen seien mit päpstlicher Genehmigung errichtet und unterstünden der Aufsicht der Behörden des päpstlichen Stuhles[131]. Das Reichskirchenministerium blieb unerbittlich, setzte das Wort Ordenshochschulen stets in Anführungszeichen und bekundete überdeutlich, daß der Staat diesen nicht die Freiheiten zugestehen könne wie den „Hochschulen, die bei einem geordneten Lehrbetrieb und Studienplan ein ordnungsgemäßes Philosophie- und Theo-

---

[129] Sinnigens Rundschreiben, 23. 9. 1937 mit Abschrift Bertram an RKM Kerrl, 21. 9. 1937. AVDO.

[130] Vgl. S. 281f.

[131] Sinnigens Rundschreiben, 28. 5. 1937 mit Abschrift Bertram an RKrM, 24. 5. 1937. AVDO.

logiestudium ermöglichen". Die Orden könnten ihre Studenten an die anerkannten Hochschulen senden. „Damit würde eine Entwicklung eingeleitet, die auch der deutsche Episkopat nur begrüßen könnte"[132]. Weitere Eingaben Bertrams und die Bemühungen der Orden selbst blieben erfolglos. Die 1940 einsetzende Beschlagnahmungswelle der Klöster bereitete auch den meisten Hochschulen ein Ende[133].

(e) Verlage und Zeitschriften

Die Bedingungen der Kriegszeit boten im Oktober 1939 der NS-Seite die gewünschte Begründung, Missionszeitschriften der Orden und andere religiöse Zeitschriften müßten aus „Papiermangel" eingestellt werden[134]. Zuvor hatten die Vorschriften über die Mitgliedschaft der Schriftleiter in der Fachschaft der katholisch-kirchlichen Presse bei der Reichspressekammer und der Schriftsteller im Reichsverband deutscher Schriftsteller zu Überwachung und Reglementierung geführt. Auch die Buchhändlerangelegenheit sei in ein „sehr kritisches Stadium" getreten, so Sinnigen im September 1934[135]. Die klösterlichen Verlags- und Sortiments-Buchhandlungen unterlagen nun den Bestimmungen der Meldung beim Börsenverein des deutschen Buchhandels in Leipzig und im Adreßbuch des Börsenvereins. Sinnigen stellte bei einer SV-Besprechung über die Buchhandelsfragen fest, daß „manche mit den Gepflogenheiten des deutschen Buchhandels nicht vertraut waren"[136]. Er erklärte für alle weiteren Verhandlungen aber, daß die SV keine Abmachungen treffe und für deren Beobachtung sozusagen „eine moralische Bürgschaft" übernehme, sondern daß die Reichskulturkammer und der Börsenverein an die jeweiligen Ordensverlage Forderungen stellen und daß „jeder Verlag für sich verantwortlich ist"[137]. In Kreisen des katholischen Buchhandels und Sortiments keimten wieder Hoffnungen, daß den Klöstern dieser Bereich evtl. ganz entzogen werde[138], womit sie bemerkenswerterweise mit den Vorstellungen der Reichskulturkammer übereinstimmten, die 1939 befand, der Verlagsbuchhandel sei grundsätzlich keine Tätig-

---

132 Sinnigens Rundschreiben, 8. 6. 1937 mit Abschrift RKM Roth an Bertram, 28. 5. 1937. AVDO.

133 Vgl. W. Prawdzik, Ordenshochschulen, ihr Bemühen um staatliche Anerkennung als kirchliche Hochschulen (1936–1938) und ihre Situation in den Kriegsjahren (1939–1945) (Manuskript).

134 SV-Jahresbericht vom 1. 4. 1939–31. 3. 1940. AVDO.

135 Sinnigen an Vonderheide, 4. 9. 1934. ASFP.

136 Rückblick auf Besprechung wg. Buchhandel, 7. 11. 1934. AVDO, MSC Salzburg.

137 Sinnigens Rundschreiben, 19. 2. 1935. AVDO, MSC Salzburg.

138 Vgl. S. 175–178.

keit für Kirchen und Vereine. Davon ausgenommen blieben kleine buchhändlerische Nebenbetriebe wie der Buchverkauf an Wallfahrtsorten und an der Klosterpforte.

(f) Finanz- und Rechtsfragen

Devisenfragen

Für die Orden, die international arbeiteten und auf diverse Weise während der Weimarer Zeit finanziert worden waren – zumeist über holländische Anleihen, wodurch sich trotz der Inflationszeit eine ungewöhnliche Bautätigkeit entwickelte –, brachten die neuen Devisenbestimmungen unvorhergesehene Schwierigkeiten wegen der Tilgung der Auslandsschulden. Aber auch die Unterstützung der Missionsstationen verlangte Devisentransfers. So mußte nach allgemeinen oder individuellen Lösungen gesucht werden. Das Angebot von Dr. Terdenge vom Auswärtigen Amt, das er 1932 der SV gemacht hatte, in Devisenfragen für sie nach gemeinsamen Lösungen zu suchen, wurde 1933 auf Anraten Sinnigens zugunsten der Einzelregelungen mit Finanzämtern zurückgenommen. „Norm ist: Die Devisenbeschaffung muß im Interesse der deutschen Wirtschaft oder deutscher Kulturpropaganda liegen. Beide Momente können die Missionsgesellschaften anführen und auch beweisen“[139].

Sinnigen hatte im September 1934 eine Unterredung mit Reichsbankpräsident Schacht, der gemeint habe: „Wir sind am Ende. Ich kann keine Devisen verteilen, die ich nicht habe“[140]. Im Auswärtigen Amt sei nun eine Stelle eingerichtet, die die Dringlichkeit und die Zweckdienlichkeit „deutsches Kulturinteresse“ prüfe. Es erkenne bezüglich katholischer Belange für Fragen des Auslandsdeutschtums die RKA-Geschäftsstelle an, „für das gesamte Missionsgebiet das Generalsekretariat der SV“. Sinnigen werde aufgrund der Angaben der SV-Mitglieder listenmäßig den Devisenbedarf im Auswärtigen Amt anmelden[141]. Da gleichzeitig auch der Franziskus-Xaverius-Verein Versuche unternahm, seine nicht unerheblichen Summen nach Rom zu schaffen, kam es zwischenzeitlich zu Unstimmigkeiten zwischen den Päpstlichen Werken und dem SV-Generalsekretariat. „Mit den Missionsgeldern haben die Herren etwas zu verbergen und werden nervös und erregt, wenn ihnen auch nur entfernt die Besorgnis kommt, ein anderer könnte ihnen in die Karten schauen“, so Sinnigen an Siemer. „Ich wäre

[139] Sinnigen an Löwenstein, 1. 6. 1933. AVDO.
[140] Tellkamp an Grendel, 5. 10. 1934. AG-SVD, 26.
[141] Sinnigens Rundschreiben, 10. 10. 1934. OFMCap, Abt. VII Fach 78 Fasz. 5b.

wirklich der letzte, der dazu einen Versuch machen wollte. Aber an einem Platze, an dem ich seit 12 Jahren stehe, erfährt man schon manches Interessante"[142].

Die allgemeinen Vereine hatten vom Wirtschaftsministerium eine Pauschsumme erwirkt, das Auswärtige Amt habe Sinnigen aber gefragt, ob die Katholischen Missionen im Ausland nicht auch Geld von anderen Stellen benötigten. Das habe Sinnigen bejaht. Mit ihrer Reaktion böten die Aachener Herren „den amtlichen Stellen in Berlin ein Bild des Zwistes und der Zerrissenheit innerhalb der katholischen Missionskreise"[143]. Im Oktober 1934 kam es dann doch zu einer Unterredung, nach der sie „geeinigt und allseitig zufriedengestellt" auseinandergegangen seien[144].

Im Mai 1935 wurde schließlich die „Missions-Verwaltungs-Gesellschaft mbH" (MVG) auf Wunsch der „Reichsstelle für Devisenbewirtschaftung" gegründet, um „die im Interesse der katholischen Missionen im Ausland von den hiesigen Missionsvereinen, Missionsgesellschaften, Orden und Kongregationen gesammelten Geldbeträge an die deutschen Missionen im Ausland zu überweisen"[145]. Die MVG hatte in Berlin und Aachen Geschäftsstellen. Die Reichsstelle war einverstanden, daß die in Deutschland gesammelten Missionsgelder auch mit Warenbestellungen des Vatikans in Deutschland verrechnet und der Gegenwert den deutschen Missionaren im Ausland vom Vatikan in Devisen zur Verfügung gestellt würden. Die Bewilligung bei direkten Überweisungen an die Missionare sollten von Fall zu Fall vom Auswärtigen Amt im Zusammenwirken mit den auswärtigen Vertretungen des Reichs entschieden werden. Als die MVG Mitte März 1943 Mittel nach Ostasien überweisen wollte, u. a. an die Steyler Missionare, befürwortete das Auswärtige Amt dies „wärmstens", da „begründetes Reichsinteresse" vorliege. Es solle aber sichergestellt werden, daß die Devisen nur zur Finanzierung von „absolut loyalen Kräften" verwendet würden[146].

Diesen weiterhin abgestimmten Kooperationen staatlicherseits zugunsten von Missionsgesellschaften stand ein gezieltes Vorgehen gegen die SV gegenüber. Im November 1935 wurde Generalsekretär Sinnigen für vier Monate wegen angeblicher Devisenvergehen inhaftiert, schließlich entlassen und zu einer Geldstrafe von 4 000 RM verurteilt, die durch die Haft als verbüßt angesehen wurde. Es wurde ihm zur Last gelegt, er habe Gelder der SV auf ein Konto in Köln überwiesen, das die Anklage als ein „getarntes

142 Sinnigen an Siemer, 15. 10. 1934. APT.
143 Sinnigen an Fromm, 15. 10. 1934. APT.
144 Sinnigen an Siemer, 25. 10. 1934. APT.
145 Rundschreiben der MVG, 9. 11. 1938. SSCC.
146 RWiM an AA, Leiter Parteikanzlei, RKM, 1. 9. 1943. BAB, R 51.01, 22191.

Konto" ausmachte[147], das dem Neffen des ebenfalls verfügungsberechtigten Generalsuperiors Anton Trampe von der Kongregation der Missionare der heiligen Familie in Grave/Holland gehörte. Trampe wurde devisenrechtlich als Ausländer eingestuft, so daß Sinnigen die Genehmigung der zuständigen Devisenstelle vor Einzahlung von Geldbeträgen hätte einholen sollen. Die Verteidigung argumentierte demgegenüber, Trampe sei zugleich der Provinzial der noch im Aufbau befindlichen deutschen Provinz, also devisenrechtlich kein Ausländer, und habe die Gelder für die deutsche Provinz verwendet. Sinnigen hatte Meßstipendien an Trampe weitergeleitet.

Der Fall Sinnigen fügte sich zu offenkundig ein in die Prozeßwelle von angeblichen Devisenvergehen katholischer Ordensangehöriger und Geistlicher zwischen März 1935 und April 1936. Dabei bestanden ohne Zweifel tatsächliche Defizite und Unkenntnis in Buch- und Kassenführung in den Klöstern – die berühmten Zigarrenkisten, über die sich geheimnisvollerweise die gesamten Finanzen mancher Institute abwickeln ließen, waren berüchtigt. So gab es neben den propagandistisch aufgemachten, ideologisch motivierten Schauprozessen, die sich gegen die Institution der Orden an sich richten sollten, wirkliche Straftatbestände und Gesetzesübertretungen, die freilich die geringste Zahl ausmachten und im übrigen von jeher in rechtsstaatlichen Verfahren geahndet wurden. Der Prozeß gegen den Generalsekretär der SV bezweckte noch ein weiteres: diese Organisation zu diskreditieren, die so lange auf ihre gewachsenen vertraulichen Verbindungen in den Ämtern hatte setzen können. Die Gestapo in Berlin verwies im April 1936 daher auf die Devisenprozesse gegen Sinnigen und das Vorstandsmitglied, Franziskanerprovinzial Meinrad Vonderheide, um der Bewilligung einer Beihilfe für die SV aus dem Kulturfonds „erhebliche Bedenken" entgegenzustellen[148].

Sammelverbot

Einen schweren Eingriff in die Finanzierung der Missionsgemeinschaften stellten schon bald die Beschränkungen ihrer Sammeltätigkeit dar. Den Mendikantenorden wurde anfangs noch erlaubt, für den Erwerb des eigenen Lebensunterhalts zu sammeln – ein jahrhundertealtes kirchlich und staatlich anerkanntes Recht (CIC 1918, cc. 621, 623, 624 und RK Art. 15). Sinnigen aber wies mit einem Kollektivgesuch im Reichsinnenministerium

---

[147] Anklageschrift gegen Sinnigen von Generalstaatsanwalt beim Landgericht Berlin an Schöffengericht Berlin, 27.1.1936. APT.

[148] Gestapo, Gestapa an Staatskommissar der Hauptstadt Berlin, 16.4.1936. BAB, R 51.01, 22194.

gegen die Bestimmungen des Sammlungsgesetzes im Herbst 1934 noch darauf hin, daß die Sammlungserträge „zur Erhaltung und Förderung des Missionswerkes" dienten[149]. Das hatte vorübergehend sogar Erfolg, indem über Werbebriefe und Aufrufe gezielt Personen um Spenden angeschrieben werden durften. Dann aber wurde eine „Sammelpause" verordnet, da die „Volksgenossen mit Beitragsleistungen aller Art", v. a. zum „Winterhilfswerk", stark in Anspruch genommen seien[150]. Siemer bildete 1936 eine „Interessengemeinschaft der Mendikanten". Doch auch den Mendikanten wurden die Sammlungen untersagt. Sinnigen meinte im August 1938, es scheine „eine nochmalige Eingabe zwecklos" zu sein[151]. Der Runderlaß des Reichs- und Preußischen Ministeriums des Innern vom 10. 4. 1937 untersagte jede Sammlung von Geld- und Sachspenden. „Infolgedessen ist eine Sammlung durch die Mendikanten-Orden nicht gestattet"[152].

Steuerfragen

Die neuen Steuerbestimmungen für die einzelnen Orden wurden immer undurchschaubarer. Das Reichsfinanzministerium[153] suchte die spezifischen Verhältnisse einer Ordensgemeinschaft unter rein bürgerlichen Gesichtspunkten zu beurteilen und legte daher gleiche Maßstäbe an wie bei jedem anderen Betrieb oder bei jeder anderen Lebensgemeinschaft bezüglich der Wirtschaftlichkeit, der arbeitnehmerähnlichen Verbindung des Ordensmitglieds zum Orden und Ordensbetrieb, hinsichtlich Werbungskosten, Alters- und Krankenversorgung, Mitgiften und Erbschaften, Gemeinnützigkeit oder eigenwirtschaftlichen Zwecken. Auf der Prüfliste standen die Körperschaft-, Umsatz-, Vermögen-, Gewerbe-, Erbschaft-, Schenkung- und Kapitalverkehrsteuer. Schon die Feststellung des Steuersubjekts (Abtei, Niederlassung, Provinzialat, Generalat usw.), der Rechtsform (öffentlich-rechtlich, privatrechtlich, AG, GmbH, e. V. usw.), die Frage, ob die Einkünfte für kirchliche, gemeinnützige und mildtätige Zwecke ausschließlich und unmittelbar, satzungsgemäß und tatsächlich oder auch für eigenwirtschaftliche Zwecke verwendet würden, führten in ungeahnte Problembereiche. Um das steuerrechtliche Verhältnis der Ordensangehörigen zu den Orden zu definie-

149 Sinnigens Rundschreiben, 16. 11. 1934. AVDO, MSC Salzburg.

150 Sinnigens Rundschreiben, 1. 7. 1935. AVDO, DPB.

151 Sinnigens Rundschreiben, 5. 8. 1936. OFMCap, Abt. VII Fach 78 Fasz. 5b.

152 Abschrift: NSDAP Reichsleitung, Hauptamt für Volkswohlfahrt, an Kreutz, 11. 5. 1937 mit Abschrift: Runderlaß des RuPrMI, 10. 4. 1937. OMI.

153 Vgl. auszugsweise Abschrift der Prüfungsanweisungen für die Betriebsprüfer bei geistlichen Orden und ähnlichen Vereinigungen gemäß Fachprüferbesprechung, 15.–16. 2. 1938. AMS, VIIJII.

ren, wurde die „Familientheorie" entwickelt, die von familienähnlichen Verhältnissen ausging. Die Finanzgerichte bestritten nun, daß Orden als unmittelbare Einrichtungen der katholischen Kirche anzusehen seien. So wurden in den Richtlinien zum Grundsteuergesetz vom 19.7.1937 Orden als religiöse Vereine und Verbände bezeichnet. Selbst die als öffentlich-rechtliche Körperschaften anerkannten Orden, wie in Bayern, sollten nun in Steuerfragen diesen Vorteil verlieren. In einer Besprechung im März 1938 argumentierten die Finanzbeamten, die gleichmäßige Besteuerung aller sei oberster Grundsatz, der sich nicht „durch Landesrecht durchbrechen lasse"[154]. Es wurde weiter in Abrede gestellt, daß „Heidenmission" als ein kirchlicher Zweck und die „Selbstheiligung" der Ordensleute als ein Ordenszweck zu werten sei.

Missionsschulen und Konvikte sollten Umsatzsteuer zahlen, obgleich bischöfliche Theologen- und Gymnasialkonvikte umsatzsteuerfrei waren. Kardinal Bertram stellte demgegenüber den Antrag beim Reichsfinanzministerium, daß die Ausbildung des Ordensnachwuchses „als Erfüllung kirchlicher Hoheitsaufgaben nicht der Umsatzsteuer unterliege"[155]. Der Reichsfinanzminister hielt jedoch die Umsatzsteuerpflicht bei Missionsschulen für gegeben, weil sie „nicht ausschließlich der Ausbildung von Geistlichen" dienten[156]. Zuweilen gab es Entscheidungen, die Teilerfolge für einzelne Schulen brachten, eine Rechtssicherheit aber bestand nicht mehr.

Der Reichsfinanzhof erkannte am 24.8.1938 auch auf Umsatzsteuer-Pflicht für Meßstipendien, die weitergeleitet wurden, gegen die Franziskanerprovinz in Düsseldorf, obgleich es 1936 noch positive Entscheidungen in dieser Frage bei den unteren Instanzen gegeben hatte. Stipendien seien in diesem Falle nicht Entgelt für eine geistliche Amtshandlung einer Körperschaft öffentlichen Rechts. Es sei kein reines Geschenk, da für das Stipendium immerhin eine geistliche Amtshandlung erwartet werde, so die Urteilsbegründung[157]. Das Finanzamt Heidelberg befand am 15.9.1938 über die Steuerpflicht der Benediktinerabtei Neuburg bei Heidelberg, weil das Kloster nicht ausschließlich kirchlich bzw. gemeinnützig tätig sei. Der Hauptzweck der „Selbstheiligung" seiner Mitglieder bedeute keine Förderung der Allgemeinheit. Die Satzungen entsprächen im übrigen nicht den Forderungen des Gesetzes betr. Sicherstellung des Restvermögens bei Auf-

[154] Bericht über Besprechung im Oberfinanzpräsidium München, 15.3.1938. SAC Limburg.
[155] Rundschreiben Sinnigens, 5.8.1935. AVDO, MSC Salzburg.
[156] RFiM an Bertram, 6.2.1936. OMI.
[157] Vgl. Abschrift: Urteil des Reichsfinanzhofs zur Umsatzsteuersache der Kölnischen Franziskanerprovinz vom 24.8.1938, in: 45. Rundschreiben Sinnigens, 1.9.1938. AVDO, MSC Salzburg.

lösung der Abtei. Der Reichsfinanzhof sprach den Mariannhiller Missionaren im Urteil vom 29. 11. 1938 ab, mit der „Heidenmission“ einen steuerbegünstigten kirchlichen Zweck zu verfolgen[158].

All die genannten Probleme und Urteile signalisierten den Orden, daß staatlicherseits ihr Selbstverständnis angegriffen wurde mit dem ökonomisch profitablen Neben- oder Haupteffekt, den das Finanzministerium damit erzielte. Daß dies die Orden entrechten und von der Kirche isolieren sollte, war offenkundig. Die Kosten für Prozesse, besonders bei sogenannten „Musterprozessen“, die alle SV-Mitglieder betrafen, trug die SV. Prov. Vonderheide OFM meinte, „das Gefühl solidarischer Verantwortung“ sei stärker geworden[159].

Rechtsberatung

Angesichts der Komplexität der Probleme in Steuer- und Rechtsfragen ließ sich die SV auf ihren Konferenzen in allgemeinen Referaten die Lage durch Fachreferenten erläutern. Verschiedene Beratungs- und Fortbildungsstellen wurden empfohlen. Der SV-Vorsitzende Fromm wies hin auf die von Fachleuten der „Solidaris Treuhand“-Gesellschaft gegebenen Wirtschaftskurse „Organisation des Rechnungswesens für zentrale Verwaltung“. Es solle den Provinzökonomen und -prokuratoren in Lehrkursen gezeigt werden, „wie die verschiedenartigen Buchführungen gestaltet werden müssen, damit sie eine Kontrolle bestehen können“[160]. Auch das von Kardinal Bertram gegründete „Institut für kirchliche Verwaltung und Finanzwirtschaft“ in Breslau, das Prof. Heinrich Weber leitete, wurde gelobt. Dem Kuratorium gehörte als Vertreter der Klöster zunächst der 1. SV-Vorsitzende Fromm an, der das Amt jedoch dem Breslauer Franziskanerprovinzial übertrug. Fromm plädierte dafür, die Orden sollten in ihrem eigenen Interesse zu dieser Spezialausbildung Patres entsenden.

Auf der Konferenz der SV 1938 strebte man angesichts der Komplexität der Probleme eine „Zentralisierung“ der Arbeit an[161]. Die zentrale Behandlung der Steuersachen durch Weihbischof Wienken in Zusammenarbeit mit Sinnigen solle finanziert werden durch Episkopat, Deutschen Caritasverband und Ordensgenossenschaften. Dahinter stand auch die Forderung seitens der Behörden, die „in prinzipiellen Fragen nur mit dem Episkopat

---

158 65. Rundschreiben Sinnigens, 14. 3. 1939 mit Bericht über die Konferenz vom 20. 2. 1939. AVDO.

159 Vonderheide an Sinnigen, 12. 9. 1938. ASFP.

160 Empfehlung Fromms, 1. 4. 1936. MSC Salzburg.

161 SV-Bericht, 23.–24. 5. 1938. AMS, VIIJII.

bzw. dessen Vertretern" verhandelten[162]. Die SV hatte einen Teil ihrer Souveränität verloren. Arbeitsgemeinschaften wurden angeboten. Den exemten Ordensprovinzen ging die ausdrückliche Einwilligung des Heiligen Stuhles für die freiwillige Inanspruchnahme von Institutionen zur Überprüfung ihres Finanzgebarens zu.

Die erste Sitzung der „Arbeitsgemeinschaft für Steuerfragen" beim Erzbischöflichen Generalvikariat Köln fand am 7. 10. 1938 statt. 30 männliche und – wie es hieß – „ca. 55 weibliche Ordensleute" Westdeutschlands erschienen neben Vertretern der westdeutschen Ordinariate. Man betonte den „freien Charakter der Arbeitsgemeinschaft" ohne aufsichtliche oder behördliche Funktion[163].

Der Vorsitzende der Bischofskonferenz, Kardinal Bertram, setzte sich für die Belange der Orden mit einer Eingabe beim Reichsfinanzministerium ein. Dadurch wurden manche Anwendungen der neuerlichen Besteuerungsgrundsätze zumindest verschoben und keine nachträglichen Veranlagungen vorgenommen. Das konnte die Entwicklung nur verzögern. Der konkordatsrechtliche Schutz der Orden war in Auflösung begriffen.

Klosterraub

Der Ausschuß für Ordensangelegenheiten reagierte auf die zunehmende Entrechtung der Orden und Kongregationen mit einer Reihe von Maßnahmen, die das Mittel der Drohung in Eingaben sowie finanzielle Tricks zur Rettung des Klostervermögens bei Beschlagnahmung der Gestapo umfaßten. Abenteuerlich wurde der Stopp des beabsichtigten Klosterraubs im Elsaß 1943. Rösch und König gelang es im Zusammenspiel mit Erzbischof Gröber, die geplante Beschlagnahmung der Klöster und die Vertreibung der Ordensleute zu verhindern[164].

(g) Arbeitsdienst und Militärdienst

Die Einführung der allgemeinen Arbeitsdienstpflicht 1935 band auch die Theologiestudenten. Hingegen schien die allgemeine Wehrpflicht 1935 zunächst für die Orden durch die Einräumung der möglichen Zurückstellung der Theologiestudierenden vom Dienst ohne große Schwierigkeiten zu verlaufen; Theologen mit Subdiakonatsweihe waren bereits befreit. Nun wurde aber schon bald die Forderung erhoben, der zuständige Diözesan-

162 51. Rundschreiben Sinnigens, 26. 9. 1938. AVDO.
163 Protokoll der 1. Sitzung der „AG für Steuerfragen" beim EB GV Köln, 7. 10. 1938. AVDO.
164 Vgl. dazu umfassend A. Leugers, Gegen.

bischof müsse bestätigen, daß die jeweilige Ordenshochschule eine „kirchliche, rechtmäßig bestehende Ordensschule zur wissenschaftlichen Vorbildung der Ordenskleriker bis zur Priesterweihe mit philosophisch-theologischem Lehrgang nach Maßgabe des Can. 1365 CIC ist" und der Ordenskleriker zum Studium zugelassen sei. Voraussetzung sei das Abitur. Klerikernovizen könnten zurückgestellt werden und dann wegen des bald beginnenden Theologiestudiums nochmals eine Zurückstellung erlangen[165].

Genau bei der Frage nach der Anerkennung der Ordenshochschulen setzte das Problem für die Ordensstudenten ein[166]. Die Bemühungen vom Vorsitzenden der Fuldaer Bischofskonferenz und der SV, wenigstens einem Teil der Ordenshochschulen die staatliche Anerkennung zu verschaffen, scheiterten. Theologiestudierende, die einem Orden angehörten, konnten nur dann befreit werden, wenn sie an einer staatlich anerkannten theologischen Fakultät, Akademie oder Hochschule studierten. Das Reichskirchenministerium unterband jede weitere Diskussion wegen der möglichen Zulassung von Ordenshochschulen: „Die Zurückstellung der an staatlichen oder bischöflichen Lehranstalten studierenden katholischen Theologen vom allgemeinen Wehrdienst bedeutet immerhin eine so große und von weiten Volkskreisen bitter empfundene Privilegierung sowohl vor den Theologiestudierenden anderer Religionsgemeinschaften wie vor der gesamten übrigen deutschen Jugend, daß ich empfehlen möchte, die ganze Frage auf sich beruhen zu lassen, um eine Entwicklung zu vermeiden, die vom status quo in einer den kirchlichen Behörden nicht angenehmen Richtung abweichen könnte"[167].

Nachdem das Deutsche Reich Polen im September 1939 überfallen hatte, kamen die Fragen des aktiven Kriegsdienstes in überraschender Weise für den Ordensklerus im Unterschied zum Weltklerus auf. Im Geheimanhang zum Reichskonkordat, der erst jetzt den Betroffenen eröffnet wurde, war eine Ungleichbehandlung praktisch festgeschrieben. Der Erlaß des Oberkommandos der Wehrmacht von Mitte Oktober 1939 eröffnete insbesondere den Geistlichen in der Diözesanverwaltung, im theologischen Lehrfach, in der ordentlichen Seelsorge den Status „unabkömmlich" zu erhalten. Für Ordensgeistliche galt dies nicht. Prov. Baumann PSM drängte, daß doch darauf hingewirkt werden solle, entsprechend den in der Diözesanverwaltung beschäftigten Geistlichen auch „in maßvoller Weise" die in der Ordensleitung, Verwaltung und Hochschule tätigen Mitglieder als un-

[165] Bertram an Fromm, 3. 6. 1936. OMI.

[166] Vgl. S. 272 f.

[167] Abschrift: RKM an Bertram, in: 45. Rundschreiben Sinnigens, 2. 9. 1938. AVDO, MSC Salzburg.

abkömmlich anzuerkennen. Sonst sei die Aufrechterhaltung mancher Niederlassungen stark bedroht[168]. Sinnigen antwortete Baumann wenig hilfreich, es sei die „Staatsnotwendigkeit“ einer Niederlassung nachzuweisen, weil staatswichtige Betriebe geschont würden[169]. Sinnigen erreichte keine nennenswerten Änderungen mehr, er hatte schon resigniert.

Erst der neue Generalsekretär Braun und Prov. Siemer unternahmen verschiedene Anläufe, um wenigstens die Obern für unabkömmlich erklären zu lassen. Siemer berichtete Prov. Schulte PSM vom Ergebnis eines Gesprächs bei Erzbischof Frings. „Wir werden die Ehre haben, Diözesan-Räte zu sein“[170]. Die Kardinäle von Wien und Breslau seien bereit, so Siemer, die Provinziale als selbständige Prälaten zu erklären. Frings wolle sie nur, soweit sie das Amt auch ausübten, zu Prosynodalrichtern und Konsistorialräten ernennen. „Der Bischof von Aachen sieht in der Gemeinschaft der Provinziale, die in seiner Diözese ansässig sind, den Diözesanrat für Ordensangelegenheiten“[171]. Somit gab es keine prinzipielle Gleichstellung der Ordenspriester mit dem Weltklerus, sondern nur eine durch bischöfliche Titelverleihung und diözesane Ämterübernahme geschützte Position.

(h) Mission und koloniales und nationales Interesse

Sicherung der Missionstätigkeit

Welch tiefgreifender Wandel sich in der Bewertung der Missionstätigkeit im Unterschied zu Kaiserreich und Weimarer Republik ergeben hatte, mußten die missionierenden Priesterorden und -kongregationen in verschiedenen Bereichen schmerzlich erkennen. Die Missionsschulen wurden abgebaut und damit die Rekrutierung des Nachwuchses wesentlich beschränkt, die Wertung der Missionstätigkeit als solche bis ins Steuerrecht gemindert, die Sammlungen verboten, auch Missionshäuser beim Klostersturm 1940 beschlagnahmt[172]. Nun wurden allerdings nicht abrupt alle Missionseinrichtungen in Deutschland aufgelöst und nicht einmal die Unterstützung für die Missionsstationen und -institute im Ausland vollständig gestrichen. Es kam also darauf an, so viel wie möglich zu retten. Sinnigen meinte im August 1939, es gehe darum, „wie die Missionsgenossenschaften den verschiedenen Hindernissen und Schwierigkeiten der Jetztzeit begegnen kön-

[168] Baumann an Sinnigen, 10. 2. 1940. SAC Limburg.
[169] Sinnigen an Baumann, 13. 2. 1940. SAC Limburg.
[170] Siemer an Schulte, 8. 10. 1943. SAC Limburg.
[171] Siemer an Provinziale, 20. 11. 1943. APT.
[172] Vgl. S. 269–271, 277, 279 f.

nen, vor allem ihr Betätigungsfeld zu erhalten und ihren Nachwuchs zu sichern“[173].

Die Missions-Verwaltungs-Gesellschaft und die SV legten im Oktober 1940 dem Auswärtigen Amt und anderen Ämtern eine Denkschrift über das „Deutsche katholische Missionsschaffen unter besonderer Berücksichtigung Afrikas“ vor. Sie begründeten die Nützlichkeit der Mission für die deutsche Wirtschaft und für die „deutschen kolonialpolitischen Interessen“, insbesondere in Afrika. Durch die Gebote des Christentums werde auch „die koloniale Gewalt in den Augen der Neger eine religiöse Sanktion erhalten“. Die SV diente sich also sehr weit der nationalsozialistischen Regierung an. Dennoch gab es für die NS-Ideologen schon in der Darlegung dessen, was die Missionare beabsichtigten, tiefe Gräben. „In dem Bestreben, die Zivilisationskrise in Afrika zu beheben, die Kultur und das Volkswohl der Eingeborenen zu steigern und gleichzeitig die Schwarzen zu möglichst großer und fruchtbarer Teilnahme am Wirtschaftsleben des Kolonialvolkes heranzuziehen, haben Regierung und Mission eine wesentliche gemeinsame Aufgabe“[174]. Das aber war weit entfernt von der NS-Weltanschauung.

Nun gab es aber nach wie vor Beamte, besonders der auswärtigen Vertretungen, die den Missionen bestätigten, „einen großen Kultur- und Propagandafaktor für Deutschland“ darzustellen[175]. Auch das Auswärtige Amt lobte im März 1941 noch die Arbeit der Steyler Mission. „Sie verbreitet – wenn auch in konfessioneller Form – deutsche Sprache und Kultur an zahlreichen Plätzen, an denen andere kulturelle Positionen Deutschlands fehlen“. Wenn man die Ausreisegenehmigungen der Missionare verweigere, würden die Einrichtungen der Steyler „in die Hände unserer kulturpolitischen Konkurrenten“ übergehen[176]. Eine Gegenstellungnahme aber beurteilte das Wirken der Missionare als „außerordentlich umstritten“. Der „lebendige Kontakt mit dem neuen Deutschland“ sei zu vermissen. „Die Grundeinstellung der Missionare gegenüber dem nationalsozialistischen Staat ist durchaus negativ“. Man solle die Missionsstationen mal unter die Lupe nehmen[177]. Auch das Referat der NSDAP im Auswärtigen Amt war seit einiger Zeit bestrebt, Ausreisen von Missionaren zu unterbinden, „da

---

[173] SV-V-Protokoll, 22. 8. 1939. AMS, VIIJII.

[174] Deutsches katholisches Missionsschaffen unter besonderer Berücksichtigung Afrikas. Denkschrift der MVG und der SV. Karte: Deutsche Missionsgebiete in aller Welt, August 1939, Oktober 1940. SAC Limburg.

[175] Generalkonsul Kriebel, Shanghai, an Dt. Gesandtschaft in Peping, 24. 1. 1935. PAAA, R 72255.

[176] Stellungnahme v. Twardowskis, AA, 24. 3. 1941. BAB, R 901, 69662.

[177] [v. Puttkamer] an AA, Leg. Rat Büttner, 28. 3. 1941. Ebd.

sonst noch manches Pfäfflein oder manche Betschwester durch die Lappen wischt“[178]. Die Missionare hätten „unbedenkliche Berufsangaben, z. B. Schriftleiter, Studienrat“ genannt, um sich zu „tarnen“ und die Ausreise zu erschleichen[179].

Die Gewährung von Ausreisen wurde jedoch auch in Zukunft unterschiedlich gehandhabt, je nach Einschätzung der außenpolitischen Bedeutung. Die Ausreise von 8 Benediktinern nach Korea und Mandschukuo wurde „im Hinblick auf die Erhaltung des deutschen Einflusses in Ostasien“ befürwortet[180]. Der Chef der Sicherheitspolizei und des Sicherheitsdienstes aber fand, daß „katholische Ordensangehörige nicht die Gewähr dafür bieten, daß sie sich im Ausland rückhaltlos für die Belange des Dritten Reiches einsetzen“. Das Auswärtige Amt meinte, es gebe halt keine allgemein gültige Antwort. Wo ein „wichtiges, deutsches, kulturpolitisches Interesse“ unversorgt bleibe oder notleiden würde, da müßten noch Ausnahmen gemacht werden. Es dürfe keine „Schwächung“ und keinen „Rückgang unserer kulturellen Geltung“ in Übersee geben[181]. Die Rechts- und Kulturabteilung der NSDAP Reichsleitung, Kolonialpolitisches Amt, erklärte, im künftigen deutschen Kolonialreich würde die Frage zu klären sein, ob christliche Missionsgesellschaften zugelassen würden, sobald die Gebiete feststünden. Sie würden reglementiert und „nur unter Vorbehalt des jeweiligen Widerrufs und unter Vorbehalt der Kontrolle der gesamten Missionstätigkeit“ zugelassen[182].

Kooperation mit staatlichen Ämtern

Im Mai 1933 meinte Sinnigen auf der SV noch zufrieden: „Die Vertrauensstellung, die ich seit 10 Jahren bei den Reichs- und Staatsbehörden habe, hat sich auch im vergangenen Jahre in vieler Beziehung günstig ausgewirkt“, so unter anderem bei Vermittlungen, Auskünften, Zuwendungen für Ordensleute. Es sei aber zu beachten, „daß unsere Behörden nicht direkt die religiöse Arbeit finanziell fördern, sondern ihre nationale bzw. kulturelle Nebenbedeutung. So kommt es, daß vom katholischen religiösen Standpunkt aus weniger wichtig erscheinende Unternehmungen und Arbeiten oft verhältnismäßig stark unterstützt werden, während für große und weite

[178] Leg. Rat Büttner AA an Min. Rat Dr. Krüger, Stab des St. d. F., 25. 4. 1941. Ebd.

[179] Krüger an Hart, Chef Sipo und SD, 30. 4. 1941. Ebd.

[180] RKM Roth an AA, 7. 5. 1940. BAB, R 51. 01, 23114.

[181] Aufzeichnung Dr. Granow, Kulturabt. AA, 28. 1. 1941. BAB, R 901, 69297.

[182] Rechts- und Kulturabt. der NSDAP Reichsleitung, Kolonialpolitisches Amt, an Kerrl, 9. 11. 1940. BAB, R 51. 01, 23116.

Missionsarbeiten keine oder nur geringe Mittel zur Verfügung stehen"[183]. Das Reichskonkordat veranlaßte Sinnigen, ein Dankschreiben an Hitler zu senden, in welchem er die sicheren „Garantien" für die Arbeit der Ordensleute hervorhob und eine „Anerkennung unserer bisherigen Arbeit" darin sah[184].

Auch 1934 befand Sinnigen, das „Verhältnis zu den Reichsbehörden ist auch unter der neuen Regierung gut". Die Arbeit mit dem Auswärtigen Amt sei unverändert, auch in der Kulturarbeit mit den bisherigen Sachbearbeitern. Der neue Leiter der Abteilung, der Gesandte Stieve, habe sich „als verständnisvoller und sehr wohlwollender Förderer unserer Interessen bewiesen. Auch in den anderen Abteilungen weiß man die Bedeutung der katholischen Missionsarbeit für die deutschen Kulturinteressen und die Förderung der Beziehungen zu fremden Staaten sehr zu schätzen. Das Reichsministerium hat eine weitere Unterstützung unserer Arbeiten gewährt; ebenfalls ein gutes Zeichen"[185].

Am 3. 6. 1935 stellte Sinnigen einen Antrag an das Reichsinnenministerium auf einen Zuschuß aus dem Kulturfonds für die SV von 2 000 RM „zur Fortsetzung der bisherigen Arbeiten", die in „religiösen Aufgaben" aber auch in „vaterländischen Belangen" in „sozialer und kultureller Hinsicht" lägen[186]. Doch die Gestapo Berlin erhob „erhebliche Bedenken" gegen die Bewilligung eines Zuschusses, insbesondere mit Vermerk auf Sinnigens Devisenvergehen[187]. Der nun ablehnenden Distanz zur SV stand eine auffällige Protektion des bischöflich getragenen RKA gegenüber, der mit seinem NS-freundlichen Leiter Scherer genehm war. Auch als Scherer wegen Devisenzuwiderhandlungen in ein Ermittlungsverfahren beim Sonderstaatsanwalt und bei der Reichsstelle für Devisenbewirtschaftung geriet, stellte sich das Auswärtige Amt schützend vor ihn. Er hatte 250 000 RM durch private Verrechnung an die Auslandsstützpunkte des RKA gelangen lassen. Nun hatte aber der RKA erhebliche Zuschüsse aus amtlichen Mitteln für „besondere Aufgaben delikater Natur" erhalten. Es sei „unter keinen Umständen gegen ihn ein öffentliches oder auch nur indirekt der Öffentlichkeit zugängliches Verfahren durchzuführen"[188]. Dem Reichsjustizministerium gegenüber betonte das Auswärtige Amt, es dürften „die Verbindungen mit dem Auslandsdeutschtum vom Reich aus nicht bekannt werden". Es solle

183 SV-Protokoll, 16. 5. 1933. AVDO.
184 SV an Hitler, 25. 7. 1933. AVDO.
185 SV-Protokoll, 15. 5. 1934. AVDO.
186 Sinnigen an RMI, 3. 6. 1935. BAB, R 51. 01, 22194.
187 Gestapo, Gestapa an Staatskommissar der Hauptstadt Berlin, 16. 4. 1936. Ebd.
188 AA an RuPrMinWirtschaft, 27. 4. 1936. PAAA, R 62262.

Sorge dafür getragen werden, daß das Verfahren nicht der Öffentlichkeit bekannt werde[189]. Albert Büttner löste Scherer im Amt des RKA-Geschäftsführers ab. Der Fall war erledigt und die Beihilfen für den RKA und die von ihm beantragten Projekte wurden auch in den folgenden Jahren weitergezahlt[190]. Selbst Bormann äußerte keine Bedenken gegen die RKA-Unterstützung[191]. Der direkte und vertrauensvolle Bezug der Superioren-Vereinigung zu den Ämtern, wie er noch in der Weimarer Republik bestanden hatte, war aber zerstört.

Gutachter-Ausschuß für die katholische Deutsche Auslandsarbeit

Sinnigen hatte in den ersten Jahren des „Dritten Reichs" weiterhin die Geschäftsführung des Gutachter-Ausschusses inne[192]. Die SV erhielt aus dem Kulturfonds des Auswärtigen Amts bedenkenlos Beihilfen für ihre Tätigkeit „zur Förderung der katholischen kulturellen Deutschtumsarbeit" durch ihre Mitglieder[193]. Die Bewilligung des Auswärtigen Amts für die vom Ausschuß eingebrachten Anträge lautete auf „kirchliche Deutschtumspflege im Ausland"[194]. Der Präsident des Landesfinanzamtes Berlin erteilte dem Ausschuß die Genehmigung, daß ausländische Zahlungsmittel auf Sinnigens Konto überwiesen werden dürften für die Auslandsunterstützungen[195].

Sinnigen veränderte die Formeln für die Antragstellungen ab 1934 deutlich. So empfahl er für die Missionsarbeit der Pallottiner in Übersee und in der Mission die Bewilligung von 1.500 RM zur „Hebung des Deutschen Namens in Kolonialgebieten", zum Beweis, „daß deutsche Männer und Frauen wirklich zu kolonisieren imstande sind"[196]. Für den Antrag der ostdeutschen Jesuitenprovinz argumentierte er mit der „Förderung der kirchlich kulturellen Deutschtumsarbeit in Osteuropa und in der Mission"[197]. Noch im August 1935 teilte der langjährige Vertraute Sinnigens vom Auswärtigen Amt, Goeken, mit, die Auszahlung für Beihilfen sei veranlaßt[198].

Sinnigens Verhaftung wegen der angeblichen Devisenvergehen 1935/36 veränderte seine Position. Goeken ersuchte darum, Sinnigen solle sich

---

189 AA an RMinJ, 8.6.1936. Ebd.

190 Vgl. Akten BAB, R 51.01, 22194; PAAA, R 98802, 98834, 98844.

191 Vgl. Bormann gegenüber Lammers, 11.4.1942. BAB, R43II, 153.

192 Vgl. S. 227–229.

193 Sinnigen an AA, 1.8.1933. PAAA, R 62185.

194 AA an Sinnigen, 18.12.1933. Ebd.

195 Präs. des Landesfinanzamtes Berlin an Stelle für Devisenbeschaffung, 5.8.1933. Ebd. Dort Genehmigungen bis 1934.

196 Sinnigen an AA, 2.5.1934. PAAA, R 62172.

197 Sinnigen an AA, 29.11.1934. Ebd.

198 Vgl. Goeken AA an Sinnigen, 2.8.1935. BAB, R 901, 69474.

„jeder Tätigkeit als Gutachter" enthalten[199]. Doch die Entwicklung hatte schon früher eingesetzt. Der Fonds des Auswärtigen Amtes, über dessen Verwendung dem Gutachter-Ausschuß ein weitgehendes Vorschlagsrecht zugestanden hatte, wurde mit dem 1. 4. 1935 aufgelöst, die letzten Anträge noch für 1935/36 bearbeitet. Im August 1935 erkannte die Bischofskonferenz den RKA als Zentralstelle für Auslandsarbeit an. Bischof Berning teilte dies allen amtlichen Stellen mit. Der Gutachter-Ausschuß mußte seine Arbeit einstellen. „Das Auswärtige Amt hat daher folgerichtig zu erkennen gegeben, daß es künftighin, soweit es sich um katholische kirchlich-kulturelle Auslandsarbeit handelt, nur noch mit der kirchlich anerkannten Zentrale, nämlich dem RKA, in Verbindung treten werde". Bei Anträgen, die sich auf die „Heidenmission" bezögen, könne die Stellungnahme der SV eingeholt werden[200]. Die in der Auslandsarbeit tätigen Orden mußten künftig ihre Anträge beim RKA einreichen.

Reichsbeirat für das deutsche Schulwesen im Ausland

Das Auswärtige Amt hielt nach 1933 eine Neuordnung in der Zusammensetzung des „Reichsbeirates für das deutsche Schulwesen im Auslande" für erforderlich. Prov. Hayler SJ schlug vor, Sinnigen als Fachberater in Sachen der Schulen der katholischen Orden und Kongregationen beizubehalten[201]. Der Reichsbeirat, dessen Mitglied Sinnigen gewesen war, sei wohl aufgehoben, so die Auskunft auf der Mitgliederversammlung der SV 1934. Es bestünden aber gute Beziehungen zum Gutachter-Ausschuß für das Auslandsschulwesen, der aus amtlichen Fachleuten bestehe[202]. Damit endeten Sinnigens „halbamtliche" Verbindungen im Gutachter-Ausschuß und im Reichsbeirat, die er in der Weimarer Republik ausgebaut hatte.

---

199 Gutachter-Ausschuß für die katholische Deutsche Auslandsarbeit, Unterschrift: M. L. Feuerlein, an MinRat Fessler, 31. 3. 1936. Ebd.

200 RKA, E. Scherer, an Sinnigen, 20. 4. 1936. APT.

201 Vgl. Hayler an AA, z. Hd. Gesandten Stieve, 6. 10. 1933. AVDO.

202 Vgl. SV-Protokoll, 15. 5. 1934. AVDO.

III.
Zusammenfassung

Die Superioren-Vereinigung 1933–1945

War die Erfahrung der Superioren-Vereinigung in der Weimarer Republik durch die gesellschaftliche Anerkennung und eine blühende Entwicklung in allen Bereichen gekennzeichnet, die freilich nicht ohne Konflikte hinsichtlich konkurrierender Institutionen besonders aus dem katholischen Raum verlief, so vermittelten die nationalsozialistischen Partei- und Staatsorgane des „Dritten Reichs“ der SV, daß es nun um Sein oder Nichtsein gehe. Orden wurden als „religiöse Vereine und Verbände“ herabgestuft, die nicht notwendig zum Organismus der katholischen Kirche gehörten und vom Standpunkt der Partei und des Staats aus zu verschwinden hatten, noch bevor die Kirche nach dem „Endsieg“ insgesamt zerschlagen werden sollte. Die Diffamierung von Ordensangehörigen in den Devisen- und Sittlichkeitsprozessen, die Einführung eines grundlegende Rechtspositionen mißachtenden Steuerrechts, der existenzbedrohende Nachwuchsstopp und das Sammelverbot, der Abbau der Missionsschulen und -zeitschriften, der Raub der Klöster und die Vertreibung von Ordensleuten ließen an diesem Ziel keinen Zweifel. Einige Zugeständnisse mußte die NS-Seite allerdings bis zur völligen Realisierung ihrer Ziele noch machen; gerade die in der Auslandsseelsorge und in der Mission tätigen Ordensleute konnten in manchen Kreisen der Behörden auf vorübergehende Duldung oder sogar Förderung setzen, solange gewisse außenpolitische Positionen noch gehalten werden mußten. Als staatliche Verhandlungspartner wurden nur noch Vertreter der Bischöfe akzeptiert, die die Ordensinteressen nun mit vertreten sollten. Sinnigen verlor seine einflußreichen Ämter – z. B. im Gutachter-Ausschuß an den bischöflichen „Reichsverband für die katholischen Auslandsdeutschen“, der sich nun auf behördlichen Wunsch in „Reichsverband für das Deutschtum im Ausland“ umbenannte und das „Führerprinzip“ pflegte. Die souveräne Stellung der SV aus der Zeit der Demokratie war gebrochen.

Ungebrochen aber blieben Selbständigkeit, Unabhängigkeit und Freiheit der SV, die sie gegen eine Ausschaltung oder Gleichschaltung verteidigte. Die SV ließ sich schon 1934 aus dem Vereinsregister löschen, um nicht Vorgaben von außen für ihre Satzungen unterworfen zu werden. In den neuen Satzungen von 1936 erklärte sie, die SV trete anderen Arbeitsgemeinschaften und Vereinen korporativ nicht bei. Die Handlungsfreiheit der SV und ihrer einzelnen Mitglieder sollte gewahrt werden. Folgerichtig trat Sinnigen aus den Deutschtums- und Kolonialvereinen aus und lehnte die Beteiligung an Ausstellungen ab, die der unpolitischen SV nicht anstünden. Sinnigen bekundete nicht zuletzt mit seinen Aufrufen in SV-Rundbriefen zur Unterstützung von „Nichtariern“ und eines Pazifisten und durch seine auch noch in Zeitungsartikeln positiv vermerkten Darstellungen des Kontakts zu jüdischen Geschäftsleuten, daß er die NS-Weltanschauung keineswegs mittrug.

Der Handlungsradius der SV reduzierte sich fortschreitend. SV-Generalsekretär Sinnigen hatte bereits resigniert und wurde von SV-Mitgliedern wegen seiner Passivität kritisiert. Erst sein Amtsnachfolger, P. Odilo Braun OP, fand zusammen mit den SV-Mitgliedern Prov. Siemer OP und Prov. Rösch SJ zu flexiblen Antworten auf die Veränderung der kirchenpolitischen Lage. 1940 wurde die Kooperation mit den missionierenden Schwesterngemeinschaften vereinbart, 1941 löste sich die SV auf zugunsten von Regionalgruppen der Obern in Köln, München, Breslau, Berlin und Wien und eines gemischten Gremiums, dem „Ausschuß für Ordensangelegenheiten“, der aus Bischöfen, Obern, Patres und einem Laien bestand. Die adäquate Umsetzung der Ziele der SV wurde nun in der Organisationsform von Regionalgruppen und vom Ordensausschuß gesehen. Dadurch konnte sich einerseits der notwendige interne Erfahrungsaustausch intensivieren, andererseits erhielt die Interessenvertretung ein ganz neues Gesicht. Ein Desiderat der vergangenen Jahrzehnte, der direkte gleichberechtigte und institutionalisierte Kontakt zwischen Episkopat und Ordensobern in der gemeinsamen Verantwortung für Kirche und Gesellschaft wurde zumindest in diesem kleinen Gremium realisiert, an dem maßgeblich auch ein Laie beteiligt war. Der Ordensausschuß verteidigte die Wahrung der allgemeinen Menschenrechte gegen das Unrechtsregime und beteiligte sich an Neuordnungsplänen für die Zeit nach dem Ende der Diktatur. Die SV gab damit eine über die Eigeninteressen hinausreichende Antwort auf das NS-Regime in der Solidarität zu Verfolgten und zu Widerstandskreisen, die auf die Unterstützung und die Sachkenntnis auch der katholischen Vertreter setzten.

FÜNFTER TEIL

Die Vereinigung Deutscher Ordensobern 1946–1998

I.
Die organisatorische Entwicklung der VDO 1946–1998

Die Obernvereinigung konnte sich in der bundesrepublikanischen Zeit erstmals bruchlos organisatorisch weiterentwickeln. Kontinuierlich baute sie den ihren Zielen dienenden Organisationsapparat aus. Zunächst einmal mußte aber nach 1945 die Vereinigung, die sich 1941 in Regionalgruppen aufgelöst hatte, reorganisiert werden.

1. Mitgliederversammlungen

Von den fünf Regionalgruppen[1] Köln, München, Berlin, Breslau und Wien wurden Köln und München zum Kern der neu zu errichtenden Vereinigung. Auf Einladung Prov. Siemers OP, des Kölner Obmanns, kamen die westdeutschen Obern vom 14.–17. 1. 1946 in Walberberg zusammen. Sie gründeten nach den alten SV-Statuten die Nordwestdeutsche SV, der 22 Mitglieder angehörten. Schon im August 1946 knüpften die Teilkonferenzen München und Köln Kontakte, um eine gemeinsame Mitgliederversammlung zu organisieren. Anfang November 1946 kamen sie im Fuldaer Franziskanerkloster trotz der ungünstigen Verkehrsverhältnisse, der Erschwernisse durch die verschiedenen Besatzungszonen und nicht zuletzt trotz der unzureichenden Versorgungslage zusammen; die Einladung hatte die Bitte, Lebensmittelkarten mitzubringen, enthalten. Der Zusammenschluß zur „Vereinigung Deutscher Ordensobern“[2] wurde beschlossen. Sogar der „bolschewistische Sender in Berlin“ habe darüber berichtet, so Prov. Hack CSSp in seinem Rückblick. In einem Kommentar zur Gründung der Obernvereinigung sei damals die Vermutung ausgesprochen worden, das Ziel der VDO sei die

---

[1] Vgl. S. 248 f.

[2] Die Bezeichnung „Vereinigung Deutscher Ordensobern“ gab sich auch schon die August-Konferenz in Walberberg, vgl. Bericht vom 29. 8. 1946. AVDO.

„Bildung eines gewaltigen Interessenblocks gegen den Bolschewismus"[3]. Da die ostdeutschen Superioren durch die Nachkriegssituation des in Besatzungszonen geteilten ehemaligen Deutschen Reichs an einer Teilnahme gehindert waren, wurde die Möglichkeit zu deren späterem Beitritt eigens offengehalten.

Die Mitgliederversammlungen fanden fortan mit einer in den vorhergehenden Phasen der SK und SV nicht gekannten Regelmäßigkeit Jahr für Jahr statt. Zunächst noch satzungsgemäß in der 2. Jahreshälfte, im November, bald im Oktober und einige Jahre im September terminiert, spielten sich schließlich als Termin die Woche nach dem Herz-Jesu-Fest und als Tagungshaus das Würzburger Kloster Himmelspforten ein. Nur während der dortigen Umbauzeit des Klosters, 1963–1966, konnte es nicht aufgesucht werden, so daß die VDO in andere Häuser auswich. Außerdem boten die Jubiläen in den Klöstern St. Ottilien und Beuron, die beide auf 100 Jahre ihres Bestehens zurückblicken konnten, oder traditionellerweise die Oberammergauer Festspiele mit der Tagung im nahegelegenen St. Ottilien weitere Anlässe zu einem Wechsel des Tagungshauses. 1959 wurde die Mitgliederversammlung sogar nach Bensberg verlegt, um eine Unterredung zwischen der VDO und dem Vorsitzenden der Bischofskonferenz, Kardinal Frings, zu erleichtern. Ein Zeichen für die ruhige Entwicklung der VDO in der Zeit seit 1946 sind auch die seltenen außerordentlichen Versammlungen. Dringende Fragen waren nur 1965 zu den Ordenshochschulen und 1975 zur organisatorischen Erweiterung der VDO zu behandeln[4].

Der 1. VDO-Generalsekretär Obergarz[5] bemühte sich nach Kräften, die Tagungen in der unmittelbaren Nachkriegszeit angenehm zu gestalten, wozu „der gute Nescafé und die amerikanische Zigarette" aus Hilfspaketen zählten, die manchem Referenten in Erinnerung blieben[6]. In Himmelspforten fehlten anfangs sogar genügend Zimmer, so daß der Direktor die unübliche Doppelbelegung dem Generalsekretär überließ: „Freilich die hohen Herren zusammenschieben, müssen Sie schon selbst"[7]. Aber auch in späteren Jahren – bei ausreichendem Zimmerangebot – pflegte Generalsekretär Siepen[8] diese an die Obern „entsprechend Alter, Würde und Aufgabe"[9] zu verteilen.

---

[3] H. Hack: 60 Jahre „Vereinigung Deutscher Ordensobern", Anlage zu: VDO-Protokoll, 1958. AVDO.
[4] Vgl. S. 365f, 394.
[5] Vgl. S. 307–310.
[6] Kochs an Obergarz, 8.12.1946. AVDO.
[7] Zoll an Obergarz, 23.10.1947. AVDO.
[8] Vgl. S. 312–314.
[9] Siepen an Schw. Edelgundis, 29.6.1973. AVDO.

Im Ablauf der Konferenzen blieben Elemente der Vorkriegsjahre[10] erhalten: Eröffnung durch Gebet, manchmal auch mit einem Lied, Begrüßung durch den Vorsitzenden, Gedenken der Verstorbenen, Vorstellen der neuen Mitglieder und der Gäste, Besuch des Ortsbischofs oder seines Vertreters, geschlossene Sitzungen mit Regularien und offener Studienteil mit Referenten und Gästen, das „gemütliche Beisammensein“ am Abend. Die Gestaltung des Tagungsbeginns variierte noch. Man traf sich zuweilen schon zum Kaffee, später erst Sonntag abends. Dann folgten zwei Konferenztage. 1953 beschloß man, die Tagungen mit einer Andacht zu beginnen. Liturgische Feiern konnten sich erst nach dem II. Vatikanischen Konzil voll entfalten durch Konzelebration der Ordenspriester bei der gemeinsamen Eucharistiefeier, bei der einer der Obern oder der geistlichen Gäste die Predigt hielt. Teilweise fand der Gottesdienst am späten Vormittag, ab 1972 schließlich in der Regel am Morgen vor dem gemeinsamen Frühstück statt. Varianten bildeten Morgenlob und Abendgottesdienst oder Frühgottesdienst und Vesper.

Seit 1970 ist der Apostolische Nuntius in Deutschland im besonderen Auftrag des Hl. Stuhles zur Teilnahme an den VDO-Konferenzen verpflichtet. 1974 nahm erstmals ein Bischof als Vertreter der Deutschen Bischofskonferenz teil. Auch die deutschen Generalobern aus Rom wurden eingeladen, doch erlaubte deren Terminkalender nur selten den Besuch in Würzburg. Als weitere Gäste ohne Stimmrecht werden regelmäßig eingeladen: die Vorsitzenden der für die Belange der Orden zuständigen Bischöflichen Kommission (K IV) und deren Unterkommission „Ständige Arbeitsgruppe Institute des geweihten Lebens“, der Vorsitzende und der Generalsekretär der „Vereinigung der Ordensobern der Brüderorden und -kongregationen Deutschlands“ (VOB), die Vorsitzende und die Generalsekretärin der „Vereinigung der Ordensoberinnen Deutschlands“ (VOD) und die Leitungen der Ordensobern-Vereinigungen der Schweiz und Österreichs, ebenso die Vorsitzenden der VDO-Arbeitsgemeinschaften und gemeinsamer Institute. Seit 1993 nimmt die VOB am Studienteil der VDO-Mitgliederversammlungen teil. Die Regularien verhandeln VDO und VOB weiterhin getrennt.

Eine Entwicklung der Nachkriegszeit, die in Schüben verlief, betraf die Anwesenheit von Frauen als Gäste oder Referentinnen. Auf der Suche nach einem Referenten, der den Ordens- und Priesterberuf aus der Sicht der Jugend darlegen könnte, erfuhr Generalsekretär Obergarz 1949 leicht irritiert, „die Tüchtigste und Begabteste“ sei Ludgera Kerstholt von Haus Altenberg. Obergarz meinte, „aber wir können ja nicht gut sie vor unserem

[10] Vgl. S. 121f.

Gremium sprechen lassen"[11]. Nachdem ihm versichert worden war, Kerstholt sei auch „hinsichtlich der männlichen Jugend wohl eine geeignete Kraft", befragte Obergarz vorsichtig den 1. Vorsitzenden nach seiner Ansicht zu einem möglichen Referat einer Frau vor den Obern mit dem Hinweis: „Es wäre mal was Neues"[12]. Das Neue trat damals doch noch nicht ein, denn schließlich referierte Oskar Neisinger. 1954 war es dann soweit: Frau Dr. Schlüter-Hermkes, Mitglied der deutschen UNESCO-Kommission, sprach vor den Obern über die Bedeutung der UNESCO auch für die Missionsschulen. 17 Jahre später erst hielt zum zweiten Mal eine Frau vor den Obern ein Referat. Generalsekretär Siepen machte die erwünschte Zäsur deutlich, als er der Referentin schrieb: „Ich freue mich, daß nun auch erstmals eine Schwester in unserer Versammlung mitwirken wird"[13]. 1971 berichtete Schwester Ambrosia Fischbach über das Synodalbüro der Orden für die Würzburger Synode. Seit 1972 nahm die VOD-Vorsitzende an den Versammlungen teil. Im Schlußgottesdienst der VDO hielt 1977 Schwester Heribert Walter OSF eine Meditation, wodurch auch im liturgischen Teil der Mitgliederversammlungen Mitwirkungsmöglichkeiten für Frauen eröffnet waren. Referate auch von Frauen im Studienteil der VDO-Versammlungen sind mittlerweile selbstverständlich, wie nicht zuletzt der Beitrag der Katholikin und Grünen-Politikerin Christa Nickels 1991 zeigt.

Die Mitgliederversammlungen erhielten in der bundesrepublikanischen Zeit einen besonderen Stellenwert als Forum des Erfahrungsaustauschs, des Studiums und der Diskussion ordensspezifischer Themen. Bei den Umbrüchen, die sich gesellschaftlich, innerkirchlich und theologisch in diesen Jahrzehnten vollzogen, boten die Konferenzen einen Ort, an dem sich die Obern offen und kontrovers mit diesen Fragen auseinandersetzen konnten. Gerade die Generalsekretäre förderten den Erfahrungsaustausch. Schon Obergarz gab 1951 dem von ihm gewünschten Referenten Urban H. Fleege, Office of Public Affairs, Education and Cultural Relations Division, für sein Thema „Die Kirche und ihre Priester in Deutschland" den Rat: „And, please, do not talk ‚durch die Blume' but as straightforward as possible"[14]. Der Studienteil wurde mit Referaten und Korreferaten organisiert, oft mit dem ausdrücklichen Wunsch an die Referenten, auch kritische Anmerkungen zu machen. Diese Offenheit haben nicht wenige Referenten und Gäste als wohltuend und befreiend erlebt. Hermann J. Kreitmeir, Redakteur der

---

[11] Obergarz an Füller, 23. 8. 1949. AVDO.
[12] Obergarz an Füller, 12. 9. 1949. AVDO.
[13] Siepen an Fischbach, 24. 5. 1971. AVDO.
[14] Obergarz an Fleege, 28. 7. 1951. AVDO. Fleege sagte ab.

Eichstätter Kirchenzeitung, der über die von Laien an Orden gerichteten Erwartungen sprach, zeigte sich beeindruckt, wie das Protokoll von 1982 vermerkt: „All das politische Taktieren, das Zurückhalten, was er in anderen Gremien feststelle, wo kaum noch ein Unterschied ist zwischen Parteikongressen, Bundestag und den katholischen Konferenzen, bis in die Formulierung hinein, bei den Orden sei das einfach anders“[15].

Das war allerdings nicht naturgegeben anders, sondern auch ein Ergebnis des steten Eröffnens dieses notwendigen Freiraums und der Pflege einer Atmosphäre, in der sich die Beteiligten gern offen austauschten. Während seiner langen Amtszeit hat insbesondere Siepen Sorge getragen für diese Qualitätsstandards. 1981 schrieb er dem Hauptreferenten, der sich dem Thema der geistlichen Führung widmen wollte, er solle nicht ideale Zielvorstellungen, sondern „eine erfahrungsgesättigte, vielleicht sogar leidvoll erfahrene Darstellung der ungeschminkten Wirklichkeit“ bringen. „Daraus entstehen gewiß die überzeugenden Anregungen und Hilfen, die man sich sehr ausgedehnt in Arbeitskreisen und [im] Plenum während der Tage auch gegenseitig schenken kann und wird“[16].

Seit 1963 wurden als intensivere Arbeitsformen Arbeitskreise gebildet, um die gründliche Auseinandersetzung mit der Thematik – damals wurden die Konzilsschemata zum Ordensleben besprochen – zu ermöglichen. Die Arbeitskreise waren ab 1983 „gemischt“, d.h. nicht mehr getrennt nach Mendikanten, monastischen und ignatianischen Gemeinschaften oder neueren Gemeinschaften des 19. Jahrhunderts. Seit 1985 wurden auch Gesprächsgruppen zu Schwerpunktthemen der VDO-Arbeitsgemeinschaften gebildet, z.T. wurden Fragenkataloge bzw. Thesen der Hauptreferenten schon mit der Einladung verschickt. Als neue Arbeitsform trafen die Arbeitskreise auf gute Resonanz. Sie brächten „mehr Leben und Ausdrucksmöglichkeit in die Tagung. Man kam sich im engeren Kreis näher“[17]. Es sei ein „fruchtreiches Arbeiten“[18] in einer mitbrüderlichen Atmosphäre mit Anstößen und Anregungen. Arbeitskreise „ermöglichten einen besseren Kontakt untereinander und einen freimütigen Gedankenaustausch“[19]. 1968 gab es eine weitere Neuerung mit einer ersten „Podiumsdiskussion“. Mancher für das Podium ausersehene Teilnehmer zeigte sich überrascht, daß die Wahl auf ihn gefallen war. So meinte Prov. Mittermeier CSsR 1970, für das Thema werde die Gruppe wohl „so breit“ angesetzt, „daß auch ein wenig

---

[15] VDO-Protokoll, 1982. AVDO.
[16] [Siepen] an Polag, 7.1.1981. AVDO.
[17] Aßfalg an Siepen, 31.7.1973. AVDO.
[18] Eder an Siepen, 4.8.1973. AVDO.
[19] VDO-V-Protokoll, 31.10./1.11.1973. AVDO.

Geistigkeit genügt, um über Spiritualität reden zu können"[20]. Auch in diese neue Gesprächsform mußte die VDO erst noch hineinwachsen.

Die Konferenzen verliefen, soweit die Akten dies wiedergeben können, weitgehend konstruktiv und ohne offen ausgetragene Zwistigkeiten, wenngleich nicht immer für jeden zufriedenstellend nach Inhalt, Verlauf, Methode und Ergebnis. 1980 wurde Siepen von P. Wisse OFMCap nach der VDO-MV mitgeteilt, ein Abt habe ihm gesagt, er würde nicht mehr kommen, falls im nächsten Jahr wiederum Fragen der 2. Bildungsphase und der Ausbildungsleiter besprochen würden. „Das seien doch keine Fragen, die die Äbte beträfen". Außerdem habe Unzufriedenheit geherrscht über die Gesprächsführung des Vorsitzenden, Abt Schulz OSB. „Es wurde in vielen Fällen kaum noch nach der Meinung der Teilnehmer gefragt, sobald von irgendwoher Kritik laut wurde, wäre eine Patentlösung zur Hand und damit die Diskussion abgebrochen". Die Thematik der Versammlungen solle nicht nur pastoral orientiert sein, sondern theologisch-spirituell. Es bestünde sonst die Gefahr der Auseinanderentwicklung der VDO in beschauliche und tätige Orden[21]. Abt Schulz, der den Brief Wisses ebenfalls erhalten hatte, meinte, er sei froh darüber. Die Kritik sei „nur durch den ehrlichen Besserungsversuch abzufangen"[22]. Siepen reagierte umgehend. Seit 1981 wurden die Obern jeweils am Ende der Konferenzen zur „Manöverkritik" aufgefordert, wobei sie mündlich und dann auch auf Fragebogen ihre Beurteilungen hinsichtlich Verlauf, Thema, Behandlung des Themas, Regularien, äußerer Tagungsbedingungen und Themenvorschläge für die nächsten Mitgliederversammlungen abgeben konnten. Die Auswertungsergebnisse wurden im Protokoll aufgenommen, so daß eine größtmögliche Transparenz angestrebt war.

Die VDO-Protokolle, die in der Anfangszeit auf das Wesentliche beschränkt waren, wurden von Siepen später anhand von Tonbandmitschnitten angefertigt. Teilweise erhielten die Referenten den Mitschnitt – „und zwar befindet sich Ihr Vortrag auf der grünen Spur bei Geschwindigkeit 4,7"[23] –, um ihn selbst zu übertragen. Doch nicht jedes eingereichte Manuskript gab dann den Wortlaut wieder. Abt Bomm OSB schickte einfach seine Ansprache, wie er sie entworfen hatte. „Gehalten habe ich sie anders. Aber das Wesentliche ist wohl geblieben"[24]. Bei der Unmenge von AG-, Kommissions- und weiteren regelmäßigen Berichten für die Mitgliederversammlung

---

[20] Mittermeier an Siepen, 3. 4. 1970. AVDO.
[21] Wisse an Siepen, 9. 7. 1980. AVDO.
[22] Schulz an Siepen, 22. 7. 1980. AVDO.
[23] Siepen an Soballa, 18. 8. 1967. AVDO.
[24] Bomm an Siepen, 18. 8. 1973. AVDO.

bat Siepen später, die technischen Neuerungen der Vervielfältigung nutzend, den Bericht so zu schreiben, „daß man ihn nur noch zu fotokopieren braucht“[25]. „Protokoll“ als Gattung ist dabei nicht eng zu fassen, weil Siepen auch manche aktuellen Zusatzinformationen zu den Tagesordnungspunkten, die auf der Konferenz verhandelt worden waren, an entsprechender Stelle einfügte. Da die Fertigstellung des Protokolls meist erst gegen Jahresende erfolgte, lagen oft schon wissenswerte Ergebnisse vor. Die Qualität der Protokolle liegt gerade darin, viele Diskussions- und Gesprächsverläufe ausführlich und offen wiederzugeben, wie sie bei den Amtsvorgängern Obergarz und Flesch[26] noch fehlten. Für Siepens Amtszeit zeichnet sich so ein deutliches Bild ab vom Diskussionsstand der Obern auf der jeweiligen Jahreskonferenz in den kirchenhistorisch wichtigen Umbruchzeiten. Als Kreitmeir zur Vorbereitung auf sein Referat 1982 das Protokoll der VDO von 1981 gelesen hatte, schrieb er Siepen: „Bisher habe ich kein derart ehrliches Dokument über einen Teilbereich der Kirche gelesen wie dieses“[27].

Die Protokolle von Siepens Nachfolger Schumacher[28] – „wie üblich präzise und straff“[29] – verzichten auf die tonbandgestützte Wiedergabe der Mitgliederversammlung. Sie geben Verlauf und Ergebnis knapp wieder, zuweilen aber auch mit wörtlichen Stellungnahmen einzelner Mitglieder während der Aussprache oder Diskussion. Ein zusätzlicher Anhang (Anwesenheitsliste, Berichte, Beschlüsse, Stellungnahmen, Pressespiegel, Umfrageergebnisse, Predigttexte etc.) dokumentiert umfassend die für die VDO zentrale jährliche Mitgliederversammlung.

Zu einem Medienereignis, wie manche Tagungen der SV in der Zeit der Weimarer Republik[30], gestalteten sich die Versammlungen in der bundesrepublikanischen Zeit nicht gerade. Da man die mediale Unterrepräsentation selbst gespürt hatte, wurde 1977 ein Pressesprecher, P. Adalbert L. Balling CMM, für kurze Zeit bestimmt. Es gab erstmals klar strukturierte und formulierte Informationsblätter für die Presse über die VDO und über die jeweilige Versammlung. Die Tagungen fanden hauptsächlich in der Würzburger oder Fränkischen Lokalpresse ihren Niederschlag. Erst das 100-jährige Jubiläum 1998 erfuhr eine größere Aufmerksamkeit.

---

[25] Siepen an Leiter VDO-Kommissionen, AGs, der VDO zugeordnete Institutionen, 10. 4. 1980. AVDO.
[26] Vgl. S. 310–312.
[27] Kreitmeir an Siepen, 11. 3. 1982. AVDO.
[28] Vgl. S. 314–317.
[29] Heereman an Schumacher, 14. 3. 1994. AVDO. Hier bezogen auf ein Vorstandsprotokoll.
[30] Vgl. S. 122, 224 f.

2. Leitung und Vorsitz

Im Hinblick auf die Vorsitzenden und deren Amtsdauer verlief die Zeit seit 1946 im großen und ganzen unaufgeregt gleichmäßig. Meist konnten die 1. Vorsitzenden während ihrer vollen Amtszeit von 4 Jahren für die VDO tätig sein, das vorzeitige Ausscheiden nach 3 Jahren durch die Beendigung des Amtes des Obern, aber auch die Verlängerung – wie bei Prov. Hack CSSp –, die zu einer 6-jährigen Amtsdauer führte, blieben die Ausnahme. Seit 1978 wählte die Mitgliederversammlung zum 1. Vorsitzenden nicht selten einen Oberen, der bereits dem vorhergehenden Vorstand angehört hatte und daher über interne Vereinserfahrungen verfügte. Einen Rücktritt vom Amt des Obern, der auch das Amtsende als 1. VDO-Vorsitzender zur Folge hatte, so im Fall von Abt Schulz OSB im Januar 1982, gab es seither nicht mehr.

Klagen über die Amtsführung oder Verhandlungsführung eines Vorsitzenden fanden kaum ihren Niederschlag in den Akten[31]. Ausgesprochenes Lob ist hingegen auch nicht übermäßig häufig anzutreffen, was wohl mit der allgemeinen Zurückhaltung in diesen Dingen zu tun haben dürfte. Bei der ersten Sitzung nach Abschluß des Konzils 1966 dankte Prov. Nordhausen OFM dem scheidenden Vorstand für seine Leistung, „wodurch die VDO zu einer Institution von ständig wachsender Bedeutung geworden ist für das, was die Orden in Deutschland wollen“[32]. Die Geschäftsordnung von 1997 eröffnet mit der Möglichkeit der Bestellung eines Moderators durch den 1. Vorsitzenden, der die Mitgliederversammlungen üblicherweise leitet, eine Entlastung des Vorsitzenden und bei guter Moderation eine Förderung des Verlaufs der Sitzungen[33].

3. Mitglieder und Teilnahme

Die Mitgliederzahl stieg nach der Konstituierung der VDO und der Öffnung für alle Priesterorden und -kongregationen mit Amtssitz in Deutschland von 42 (1946) kontinuierlich an, obgleich in dieser Zeit durch Veränderungen auch einige Mitglieder ausschieden[34]. Die 98 Mitglieder im Jahr 1998 gehörten 47 verschiedenen Ordensgemeinschaften an. Neben den 89 Vollmitgliedern waren 9 sogenannte assoziierte Mitglieder in der VDO

[31] Vgl. S. 298.
[32] VDO-Protokoll, 1967. AVDO.
[33] Vgl. VDO-Geschäftsordnung, 10. 6. 1997. AVDO.
[34] Vgl. Liste der Mitglieder im Anhang.

vertreten, d. h. Lokal- bzw. Regionalobere von Gemeinschaften in Deutschland, deren Höhere Obere ihren Amtssitz im Ausland hatten. Durch eine Ergänzung der Geschäftsordnung 1997 wurde die Möglichkeit einer assoziierten Mitgliedschaft eröffnet und bei manchen älteren Mitgliedsgemeinschaften der juristische Status entsprechend neu geregelt. Im Unterschied zu den ordentlichen Mitgliedern haben die außerordentlichen Mitglieder kein aktives und passives Stimmrecht[35]. Zu den zur VDO zählenden Abteien, Provinzen, Prioraten und Regionen gehörten am 1. 1. 1998 5 721 im Inland tätige Ordensmänner und weitere 1 428, die im Ausland eingesetzt waren. Von den in Deutschland lebenden Ordensmännern waren 4 009 Ordenspriester bzw. Priestermönche, 18 Ständige Diakone und 1 440 Ordensbrüder bzw. Brüdermönche. 254 junge Ordensleute studierten Theologie und bereiteten sich auf die Priesterweihe vor. Die zur VDO gehörenden klerikalen Ordensgemeinschaften hatten 539 klösterliche Niederlassungen im Gebiet der Bundesrepublik Deutschland.

Überblickt man die Teilnahme an den Mitgliederversammlungen im Verhältnis zur Mitgliederzahl, so waren im Schnitt drei Viertel der Mitglieder anwesend bzw. ließen sich vertreten, es gab allerdings auch – wie 1989 mit der Anwesenheit von 42 der 92 Mitglieder – extrem schlecht besuchte Versammlungen. Die Obern aus Berlin waren mit besonderen Schwierigkeiten konfrontiert, weil ihnen in der Nachkriegszeit zuweilen der für die Reise nach Westdeutschland nötige „Interzonenpaß“ nicht ausgestellt wurde. In der Deutschen Demokratischen Republik etablierte sich 1965 schließlich eine eigene Ordensobern-Konferenz, die eigenständig tätig war[36], zu der von seiten der VDO aber auch Kontakte unterhalten wurden. In der Regel waren fehlende Obere durch diverse andere Verpflichtungen gehindert, an den VDO-Versammlungen teilzunehmen, nicht wenige, weil sie sich auf längerer Visitationsreise im Ausland befanden. Prov. Hepers MSC habe schon, so sein Vertreter P. Rademacher, „abenteuerliche Fahrten im Flugzeug über Island, Grönland, Neufundland, New York, [die] Bermudas, Panama und Südamerika hinter sich, mit Maschinendefekt, Tornado und Hotelbrand! Mehr konnte er für eine Fahrt an Abwechslung nicht verlangen!“[37] Ganz andere Gründe für sein Fehlen führte Kurat Ildefons Pauler OT 1952 an. Die geringe Zahl der Deutsch-Ordens-Priester bringe es mit sich, „daß die zu behandelnden Themen der Konferenz ganz außerhalb unseres Sorgenkreises liegen“[38].

---

[35] Vgl. VDO-Geschäftsordnung, 10. 6. 1997. AVDO.

[36] Die OOK, Ordensobern-Konferenz auf dem Gebiet der DDR, wurde am 2. 1. 1991 aufgehoben.

[37] Rademacher an Obergarz, 17. 9. 1949. AVDO.

[38] Pauler an Obergarz, 19. 8. 1952. AVDO.

Es gab aber auch notorisch fehlende Obere. Ihr Kontakt zur VDO bewegte sich im Rahmen eines Dienstleistungsverhältnisses. Sie empfanden sich nicht persönlich verantwortlich an der gemeinsamen Arbeit in den Organen und Gremien und suchten auch nicht den Erfahrungsaustausch auf den Mitgliederversammlungen. Dabei mangelte es manch einem nicht an der nötigen Zeit, wie die medienwirksame Präsenz in anderen Kreisen verdeutlicht. 1997 warf Prov. Grimm OFM in der Manöverkritik die Frage nach der dürftigen Präsenz der VDO-Mitglieder auf. Prov. Willms SSCC fragte, warum von den mehr als 30 Äbten so wenige zu den Jahrestagungen kämen. Abt Lambert OSB von Scheyern verwies auf den jährlichen Äbtekongreß, der in gewisser Weise in Konkurrenz zur VDO stehe. Generalsekretär Schumacher betonte, „daß die VDO eine Ordinarien-Konferenz analog zur Deutschen Bischofskonferenz sei. Wenn unsere Konferenz zumindest innerkirchlich ein politisches Gewicht haben soll, ist eine Mitwirkung möglichst aller Höheren Oberen – insbesondere auch der Äbte als Mitraträger – unerläßlich. Wenn sich die Mehrheit der Äbte mit Hinweis auf den Äbtekongreß von den Mitgliederversammlungen der VDO ausklinke, schwäche dies das politische Gewicht der VDO erheblich“[39].

Ein bleibendes Problem, das den VDO-Konferenzen anhaftet, ist die Fluktuation – 1968 waren z. B. ein Drittel der Mitglieder neu gewählte Amtsinhaber –, da die Amtsdauer der Obern, ausgenommen die der Äbte, selbst bei Wiederwahl nur begrenzt ist. Die Kontinuität der Organisation wahrt daher letztlich gerade nicht ein Oberer, sondern ein „einfacher“ Pater, der Generalsekretär.

4. Geschäftsordnung und Satzung

Als sich die Obern im November 1946 zum Zusammenschluß der Nordwestdeutschen und Süddeutschen SV zur VDO trafen, hoben sie hervor, dies im „Geist brüderlicher Eintracht“ zu tun. Die „Solidarität von Ordensmännern“ binde sie bei ihren Beschlüssen[40]. Die VDO-MV beauftragte den neuen Generalsekretär Obergarz, P. Nell-Breuning SJ um einen Satzungsentwurf zu bitten. Mit dem Rundschreiben vom 21. 2. 1947 ging der Entwurf den Obern zu[41]. Nach der Diskussion auf der folgenden Mitgliederver-

[39] VDO-Protokoll, 1997. AVDO.

[40] VDO-Protokoll, 1946. AVDO.

[41] Vgl. Entwurf einer Satzung für die Vereinigung Deutscher Ordensobern, Anlage zu Obergarz' Rundschreiben 6, 21. 2. 1947. AVDO.

sammlung vom 20.–22. 11. 1947 wurde er mit kleinen Ergänzungen im wesentlichen angenommen. Man kehrte zur zivilrechtlichen Rechtsform des „eingetragenen Vereins" zurück, die 1934 aufgegeben worden war[42]. Die VDO e. V. (Sitz Köln) wurde am 18. 2. 1948 beim Amtsgericht Köln ins Vereinsregister eingetragen. Unverändert blieben auch die Bestimmungen über die Zusammensetzung des für 4 Jahre gewählten Vorstands aus 1. und 2. Vorsitzendem, 2 Beisitzern und dem Generalsekretär, der im Sinne des BGB der Vorstand war. Wie schon in der Satzung 1919 sollte er auf unbestimmte Zeit gewählt werden. Die Festlegung der Mitgliederversammlungen auf die 2. Jahreshälfte war ebenso neu wie unpraktisch. Ab 1956 schon hielt man dies nicht mehr ein. Mit der Satzungsänderung 1962[43] wurde diese Praxis durch Fortfall des Termins nachträglich sanktioniert. Die Amtszeit des Generalsekretärs wurde nun auf 5 Jahre festgelegt, so daß er stets über die Amtszeit der übrigen Vorstandsmitglieder hinaus die Geschäfte weiterführt, aber auch turnusmäßig neu bestätigt bzw. von den Obern ein Nachfolger neu gewählt werden muß. Die Bestimmung aus der Satzung von 1948[44], daß bei Auflösung des Vereins das Reinvermögen der Missions-Verwaltungs-Gesellschaft in Aachen zufalle, wurde 1962 ebenfalls geändert. An die Stelle der MVG trat der Erzbischöfliche Stuhl in Köln.

Die von Nell-Breuning vorgeschlagene Zweckbeschreibung des Vereins wurde auf Wunsch Erzabt Chrysostomus Schmids OSB zur „Wahrung der Tradition"[45] erweitert um die Aufnahme der „Angelegenheiten der Äußeren Mission". Als Zweck der VDO benannte die Satzung von 1948: „Austausch von Erfahrungen und Rat sowie gemeinsame Vertretung nach außen in allen Angelegenheiten der kirchlichen, mildtätigen und gemeinnützigen Wirksamkeit der Mitglieder, insbesondere auch in Angelegenheiten der Äußeren Mission, und der durch sie angeschlossenen Orden und religiösen Genossenschaften". Durch die Öffnung der Mitgliedschaft über den Bereich der Mission und der Seelsorge im Ausland hinaus war allerdings bei der VDO der eigentliche Bruch in der Tradition vollzogen. Die weitere institutionelle Ausdifferenzierung, die den Missionsrat[46] und das Katholische Auslandssekretariat[47] als die zuständigen Zentralinstitutionen für Missions- und Auslandsseelsorgsfragen etablierte, verlagerte die früheren Schwerpunktbereiche. VDO-Mitglieder konnten nun – wie dies in den Vorjahren

---

[42] Vgl. S. 241.
[43] Vgl. Siepens Rundschreiben 156, 10. 5. 1962 mit Anlage: Satzungsänderungen. AVDO.
[44] Vereinigung Deutscher Ordensobern. Satzung, 1948. SDS, 22. 12d.
[45] VDO-Protokoll, 1947. AVDO.
[46] Vgl. S. 382–386.
[47] Vgl. S. 388 f.

stets erfolglos angeregt worden war[48] – die „höheren Obern (Superiores maiores) der Priesterorden und priesterlichen religiösen Genossenschaften (religiones clericales) der katholischen Kirche mit Amtssitz in Deutschland" werden. Die einfache Anmeldung beim Vorstand genügte zur Aufnahme, eine schriftliche Austrittserklärung zum Austritt[49].

Als Generalsekretär Flesch 1959 auf Anfrage einem Wiener Provinzial die VDO-Statuten schickte, bemerkte er dazu: „Da wir einen eingetragenen Verein haben, ist nur das notwendigste aufgenommen. Weil unsere Vereinigung bereits 60 Jahre alt ist, hat Rom keine Neufassung der Statuten gewünscht, und wir wünschen auch keine. Wir sind bisher gut ausgekommen"[50]. Die VDO als Modell aller späteren Obernvereinigungen ist damit im eigentlichen Sinne nie approbiert worden[51]. Als der Sekretär der Religiosenkongregation, P. Larraona, auf dem 2. Religiosenkongreß in Rom im Dezember 1957 die Schlußansprache hielt, nannte er die Vereinigungen der Ordensobern „Organisationen der Anpassung". Das konnte die Geschichte der VDO in ihrer nach Selbständigkeit und Unabhängigkeit strebenden Phase zwischen 1898 und 1945 kaum charakterisieren, sollte aber wohl auch eher auf die Anpassung an die Erfordernisse der Zeit anspielen. Diese Vereinigungen, so Larraona, seien päpstlichen Rechts, „selbst wenn einige der ihnen angehörigen Institutionen diözesanen Rechts sind. Die Vereinigungen unterstehen der Religiosenkongregation, die sich ihre Errichtung, Approbation ihrer Statuten und die Bestätigung der leitenden Persönlichkeiten vorbehält". Diese Ausführungen mußten von der ehrwürdigen VDO mit ihren 60 Jahren als Quasiapprobation zu werten sein, zumal Larraona fortfuhr: „Vorbehaltlich des Rechtes der Intervention, wie und wann es das Wohl der Vereinigungen erfordert, gewährt die Kongregation hinsichtlich der Statuten eine weitgehende Selbständigkeit. Diese Autonomie kann gegebenenfalls durch besondere Vollmacht vervollständigt werden". „Eventuell ist es empfehlenswert, daß die Vereinigungen die Rechtsfähigkeit im zivilen Bereich erwerben"[52].

Im Kern blieben die Satzungen der VDO auch in den nachfolgenden Jahrzehnten erhalten. Denn bei weitergehenden Änderungen, so Siepen 1989, „müßte dann wohl auch die Zustimmung der Religiosenkongregation ein-

---

[48] Vgl. S. 124f, 240.

[49] VDO-Satzung, 1948. SDS, 22,12d.

[50] Flesch an Pinsker, 11. 12. 1959. AVDO.

[51] Siepen an A. Mayer OSB, 23. 2. 1972. AVDO: „Vielleicht sollten wir bei nächster Gelegenheit auch die Frage klären, warum unsere Obernvereinigung, die wohl die älteste in der Welt ist, bisher noch nicht endgültig approbiert worden ist."

[52] VDO-Protokoll, 1958. AVDO.

geholt werden, was wir bisher tunlichst vermieden haben“[53]. Es waren im Verlaufe der Jahre vor allem Veränderungen wegen spezifischer Erfordernisse notwendig. 1964 wurde der Vorstand um 2 Beisitzer auf 7 Mitglieder erweitert wegen der „Gemischten Kommission“ aus VDO und Vertretern der Bischofskonferenz[54]. 1970 wurde Paragraph 2 der Satzung ergänzt, damit sachkundige Ordensleute als Prozeßbevollmächtigte vor den Gerichten auftreten konnten. Die Ergänzung nahm Formulierungen der Interessenvertretung wieder auf, wie sie schon in älteren Satzungen standen: „Der Verein ist berechtigt, die Interessen der religiösen Genossenschaften gegenüber den kirchlichen oder staatlichen Behörden zu vertreten, insbesondere kann er auf Verlangen den einzelnen religiösen Genossenschaften Rechtsbeistand gewähren in Streitigkeiten, die vor den Sozialgerichten oder Finanzgerichten anhängig sind“[55]. 1974 wurde eine Satzungsänderung aus formaljuristischen Gründen vom Amtsgericht Köln (Vereinsregister) gefordert. Bis dahin hatte die Vertretung des Vereins nach außen der Generalsekretär als Vorstand im Sinne des Paragraphen 26 BGB allein ausgeübt. Das Bayerische Oberlandesgericht hatte jedoch gefordert, daß jedes Vorstandsmitglied vertretungsbefugt sein müsse. Dementsprechend wurde die Satzung angepaßt, indem nun die Vertretungsbefugnis dem geschäftsführenden Vorstand aus dem 1. und 2. Vorsitzenden und dem Generalsekretär zusteht.

Die letzte Umarbeitung erfuhr die VDO-Satzung 1989, weil das Finanzamt gemäß Abgabenordnung die eindeutige Formulierung in der Satzung verlangte, daß der Verein ausschließlich und unmittelbar steuerbegünstigten kirchlichen Zwecken diene. Der Passus lautet nun: „Die ‚Vereinigung Deutscher Ordensobern e. V.‘ mit Sitz in Köln verfolgt ausschließlich und unmittelbar gemeinnützige und kirchliche Zwecke im Sinne des Abschnitts ‚Steuerbegünstigte Zwecke‘ der Abgabenordnung. Zweck des Vereins ist die Förderung der katholischen Kirche, insbesondere deren Ordensgemeinschaften“[56]. Die Verbindlichkeit von Beschlüssen – eine Frage, die die Obern seit den Anfängen ihrer Vereinigung stets bewegte – sei, wie die VDO auf eine Umfrage der Religiosenkongregation zu den Konferenzen der Höheren Obern ausführte, nur dann gegeben, wenn Einstimmigkeit in staats-, kirchen- und zivilrechtlichen Fragen erreicht worden sei[57].

1976 wurde der Vorstand gebeten, eine Geschäftsordnung vorzulegen, um die Diskussion auf den Mitgliederversammlungen zu straffen. Siepen

[53] Siepen an Meyer OP, 11. 4. 1989. AVDO.
[54] Vgl. S. 358 f.
[55] VDO-Protokoll, 1970. AVDO.
[56] Vereinigung Deutscher Ordensobern. Satzung. 1989. AVDO.
[57] Vgl. VDO an SCRIS, 13. 7. 1972. AVDO.

entwarf sie „zum Teil nach der guten Vorlage der Geschäftsordnung" des Generalkapitels der Benediktiner. Er habe dabei versucht, „nicht alles bis ins Kleinste festzulegen. Die VDO ist fast 80 Jahre ohne Geschäftsordnung ausgekommen, und unsere Mitglieder haben immer einen Modus gefunden, sich zu einigen, ohne sich zu sehr auf rechtliche Normen stützen zu müssen"[58]. 1990 wurde die Geschäftsordnung dann doch „bis ins Kleinste" neu gefaßt und 1997 durch die Möglichkeit einer assoziierten Mitgliedschaft ergänzt[59]. Die Geschäftsordnung beinhaltet die für Vereine und deren Organe – in diesem Falle die jährliche Mitgliederversammlung und der geschäftsführende und erweiterte Vorstand – üblichen Bestimmungen zu Einberufung, Teilnahme, Mitsprache-, Antrags- und Stimmrecht, Leitung, Verhandlung, Kassenprüfung, Haushaltsplan, Festsetzung der Mitgliedsbeiträge, Berichterstattung, Beschlußfassung, Protokollführung. Im wesentlichen wurde dies alles auch schon vor 1945 so gepflegt.

Eine bedeutende organisatorische Erweiterung[60] fand die VDO 1975 durch die Einrichtung von Kommissionen analog zu den neu gebildeten Zentralstellen der Deutschen Bischofskonferenz. Vier ständige Kommissionen wurden für die Sachbereiche „Pastorale Grundfragen", „Bildung und Erziehung", „Medien" und „Weltkirchliche Aufgaben" gegründet. Sie setzen sich zusammen aus Höheren Oberen und Berater(inne)n. Der von der jeweiligen Kommission gewählte Vorsitzende wird von der Mitgliederversammlung bestätigt. Zu den erweiterten Vorstandssitzungen der VDO werden die Kommissionsvorsitzenden eingeladen, die hier Mitsprache-, Antragsrecht und beratendes Stimmrecht besitzen. Sie vertreten die VDO fachbezogen in den Arbeitskonferenzen der vier Zentralstellen der Deutschen Bischofskonferenz und in anderen kirchlichen Gremien.

Obgleich es verschiedene Fachkonferenzen, Vereinigungen und Arbeitskreise schon seit längerem gegeben hatte, wurden die institutionelle Anbindung als Arbeitsgemeinschaften der VDO oder die Neugründung von AGs erst in den 1960er bis 1980er Jahren realisiert. Dies entsprach nicht nur einem Bedürfnis nach gegenseitigem Austausch, sondern auch einer notwendigen Spezialisierung und Professionalisierung von Ordensleuten der Mitgliedsgemeinschaften. Neben den Kommissionen bestehen zehn Arbeitsgemeinschaften[61] in den Bereichen der Berufswerbung (AGMO), der Noviziats- und Ausbildungsleitung (AGNO und AGAL), der Ordenshochschulen (AGO, vormals OLV), der Ordensschulen und -Internate (ODIV), der

[58] Siepen an Schulz, 25. 4. 1977. AVDO.
[59] Vgl. VDO-Geschäftsordnung, 10. 6. 1997. AVDO.
[60] Vgl. VDO. Struktur und Kooperation im Anhang.
[61] Vgl. ebd.

Gemeindemission (AMDO, vormals MK), der Jugendpastoral (AGJPO), der audiovisuellen Medien (AVO), der Ordensarchive (AGOA) und der Ordensverwaltung (AGCEP)[62]. Die AG-Vorsitzenden werden zu den Kommissionen eingeladen, denen sie sachlich zugeordnet sind. Dort haben sie beratendes Stimmrecht. Mitglieder der Arbeitsgemeinschaften sind nicht notwendig Höhere Obere, sondern Fachleute aus den Ordensgemeinschaften, die der VDO angehören.

Die Kommissionen durchlebten verschiedene Phasen, bis sich Ziele und Aufgaben abzeichneten sowie Zusammenarbeit und Effizienz einstellten und die Rückkoppelung zur Mitgliederversammlung in Berichten und Arbeitskreisen sich einspielte. In Zusammenarbeit mit den Arbeitsgemeinschaften haben die Kommissionen zahlreiche Stellungnahmen ausgearbeitet und die Schwerpunktthemen der Mitgliederversammlungen vorbereitet.

5. Das Generalsekretariat

(a) Generalsekretär P. Paul Obergarz SJ (1946–1953)

Siemer, der im November 1945 ein Treffen der Obern angeregt hatte, schlug bereits kurz vor der ersten Zusammenkunft der nordwestdeutschen Superioren vor, ein Generalsekretariat mit Sitz in Köln einzurichten. Die Konferenz beauftragte Prov. Flosdorf SJ, einen Generalsekretär zu benennen. Die Steyler Missionare sollten zudem einen Referenten für die „Heidenmission" ernennen. Der von Flosdorf bestimmte P. Paul Obergarz SJ[63] war zunächst

---

[62] Vgl. S. 343–346, 392–395, 399f.

[63] Obergarz, P. Paul SJ, geb. 19.3.1908 in Liblar, Kr. Euskirchen, gest. 7.3.1977 in Dormagen; 1919–1928 Realgymnasium in Köln-Nippes, Abitur 1929 Deutsche Oberschule in Euskirchen, 17.4.1929 Ordenseintritt Niederdeutsche Provinz SJ in 's-Heerenberg/Niederlande, Noviziat, 1931–1934 Philosophiestudium an der Philosophisch-Theologischen Hochschule SJ in Valkenburg/Niederlande, 1935 Interstiz als Subpräfekt am Aloisiuskolleg in Godesberg, 1936 Theologiestudium am Heythrop College, Chipping Norton/England, 1937–1939 in Valkenburg, 28.8.1938 Priesterweihe in Valkenburg, 1940 Terziat im Berchmanskolleg in Pullach, 1940–1945 Soldat, Sanitätsunteroffizier, Dolmetscher bei Luftaufklärung, 2.2.1941 Letzte Gelübde, 1941 Seelsorgspriester und Prediger in Essen, 1939–1959 neben- und hauptamtlicher Stellvertretender Direktor im Fürsorgeheim Raphaelshaus in Dormagen, 1942–1947 Hausgeistlicher in Dormagen, 1946 Generalsekretär der Nordwestdeutschen SV, 1946–1953 VDO-Generalsekretär, 1949–1954 Prokurator in Köln, 1954–1955 Deutscher Korrespondent in Genf zur Vorbereitung des Internationalen Wanderungskongresses in Breda, 1955–1959 Seelsorgspriester im Raphaelshaus in Dormagen, 1959 Austritt aus dem Jesuitenorden, 1959–1960 Stadtpfarrkaplan in Feldkirchen,

der Generalsekretär der Nordwestdeutschen SV und hatte den Sitz des Sekretariats zuerst in Dormagen, ab Oktober 1946 im Provinzialat der Jesuiten in der Stolzestraße 1a in Köln. Den SV-Vorstand bildeten Siemer, Flosdorf und Prov. Füller OFM.

Durch die Nordwestdeutsche SV und die Süddeutsche SV, die ebenfalls einen eigenen Generalsekretär hatte, war ein nicht ganz geklärter Übergangszustand gegeben. Formaljuristisch betrachtet war noch der letzte SV-Generalsekretär, P. Odilo Braun OP, im Amt. Er trug diesen Titel daher noch im ersten Nachkriegsjahr. Prov. Hepers hatte folgerichtig im Dezember 1945 die Berufung Brauns aus dem von den vier Mächten besetzten Berlin in den Westen gewünscht. Das geschah nicht. Braun widmete sich auf Bitten des Berliner Bischofs Preysing der Seelsorge[64]. Als man – ohne Braun – im Januar 1946 in Walberberg tagte und die neue Nordwestdeutsche SV gründete, galt der Dank des Vorstands dem letzten SV-Generalsekretär. „Man war allgemein der Ansicht, daß Pater Odilo Braun sein Amt vorbildlich verwaltet habe“[65]. Auch die Fuldaer VDO-Gründungsversammlung, auf der Obergarz „durch Zuruf“ als neuer Generalsekretär gewählt wurde, sprach Braun und den verstorbenen Jesuitenpatres König und Delp, die für die Vereinigung „sehr verdienstvoll“ gearbeitet hätten, ihren Dank aus[66]. Das Schreiben Prov. Steinhages WV an Braun bringt über die dürftigen Zeilen Obergarz' im VDO-Protokoll deutlicher die Verbundenheit der Obern mit dem ehemaligen Generalsekretär zum Ausdruck: „Es war für mich eine besondere Freude, auf der Tagung der SV in Walberberg und jetzt wieder in Fulda feststellen zu können, mit welcher Liebe und Dankbarkeit man Ihrer gedachte. Und mit vollem Recht! Ich habe Sie oft bewundert und frage mich heute noch, wie es möglich war, daß die Nazis Sie nicht ins Jenseits befördert haben. Der liebe Gott hat Sie beschützt und Ihnen in Ihrer so schweren Aufgabe zur Seite gestanden“[67].

Obergarz mußte in der Nachkriegszeit mit einfachsten Mitteln im Generalsekretariat beginnen. Er verfügte über keinerlei Akten seiner Amtsvorgänger[68]. Um überhaupt für das Sekretariat genügend Schreibpapier zu erhalten, bat er die „Hochw. Ordensobern aus den papierreicheren Zonen um

---

1960–1973 Provisor in Möllbrücke, 1. 6. 1969 in die D. Gurk inkardiniert, 1. 9. 1973 Ruhestand. Angaben aufgrund der frdl. Auskünfte: Archiv der Diözese Gurk an die Verf. in, 15. 12. 1998; Br. M. Pillat an die Verf. in, 7. 11. 1998.

[64] Vgl. A. Leugers, Gegen, S. 336 f.

[65] Nordwestdeutsche SV-Protokoll, 1946. AVDO.

[66] VDO-Protokoll, 1946. AVDO.

[67] Steinhage an Pater [Braun], 12. 11. 1946. WV.

[68] Vgl. S. 18.

Überlassung von ‚Saug Post'"[69]. Nach der Anredeformel in Briefen fügte er an, „entschuldigen Sie bitte das Komma, aber meine Maschine hat kein Ausrufezeichen"[70]. Im Verlaufe der Jahre verschwanden auch diese Schwierigkeiten, und 1950 erhielt Obergarz sogar als erster Generalsekretär – nach dem Dienstfahrrad, das Sinnigen 1923 noch in Berlin erstanden hatte, eine merkliche Neuerung – ein Dienstauto: einen Volkswagen. Wie schon Sinnigen und Braun innerhalb eines Geschäftsjahres die Rundbriefe durchnumeriert geführt hatten, zählte Obergarz sie nun fortlaufend. Dies wurde von seinen Amtsnachfolgern seither fortgesetzt. Die Zählung ist allerdings insoweit nicht korrekt, als Obergarz in seiner Eigenschaft als SV-Generalsekretär bis zur Wahl als VDO-Generalsekretär 4 Rundbriefe schrieb, die streng genommen nur der VDO-Vorgeschichte zuzurechnen sind. In Obergarz' Amtszeit ging es vor allem darum, wie er 1953 rückblickend feststellte, „daß wir zunächst einmal bemüht sein mußten, hier im deutschen Raum wieder all das zu erreichen, was wir vor dem Dritten Reich gehabt haben"[71].

Obergarz agierte in dieser Anfangsphase geschickt und erfolgreich für die VDO, wenngleich er zuweilen seine Kompetenz als Generalsekretär überschritt, indem er Beschlüsse der VDO-Mitgliederversammlung zu unterlaufen suchte. Als diese 1946 einen alten Gedanken[72] wieder aufgriff, die Katechismuskommission zu bitten, an entsprechender Stelle im Katechismus auf das Ideal des Ordens- und Missionsberufes hinzuweisen, schrieb Obergarz an Prof. J. A. Jungmann in Innsbruck: „Es erschien mir als ein recht bedenkliches Zeichen, wenn in einer derartig offiziellen Form für Verständnis und Beachtung des Ordensideals geworben werden soll. Nach Rücksprache mit R. P. Prov. Franz X. Müller [SJ] in München, möchte ich Sie bitten, auf die Kommission entsprechend einzuwirken. R. P. Prov. Müller hielt dies für die beste Lösung"[73]. Diese Frage hätte wohl auch offen und kollegial mit der VDO-MV erörtert werden können und müssen.

Ungewöhnlich in der Geschichte der SV/VDO ist das Ende der Amtszeit von Jesuitenpater Obergarz. Im September 1952 hatte Obergarz den Obern mitgeteilt, er müsse kündigen. Er sollte im Herbst 1952 eine „neue Aufgabe in St. Georgen" übernehmen[74]. Im August 1952 hatte sich Obergarz bei Mitgliedern der VDO erkundigt, wie sie zu einer eventuellen Verlegung des

[69] Obergarz' Rundschreiben 5, 15. 1. 1947. AVDO.
[70] Obergarz an Schweinsberg, 29. 11. 1946. AVDO.
[71] P. Obergarz: Bedeutung des Missionsrats, 14. 4. 1953. AVDO.
[72] Vgl. S. 58.
[73] Obergarz an Jungmann, 3. 4. 1947. AVDO.
[74] Junk an Obergarz, 4. 9. 1952. Frdl. Mitteilung einiger Sätze dieses Briefes durch Br. M. Pillat an Verf. in, 15. 12. 1998.

Generalsekretariats von Köln nach Frankfurt stünden. „Die Antwort war ausnahmslos die auf verschiedenen Konferenzen bisher schon geäußerte, daß der Sitz der Vereinigung deshalb nach Köln gelegt worden wäre, weil dort alle Behörden zu erreichen" seien, nämlich der Vorsitzende der Bischofskonferenz, die Bonner Bundesbehörden und die Düsseldorfer Landesbehörden. „Aus der Haltung der von mir befragten hochw. Herren glaube ich schließen zu müssen, daß der Konferenz wohl schwerlich klargemacht werden kann, daß das Sekretariat ebenso gut in Frankfurt sein könnte". Obergarz selbst teilte diese Ansicht, denn der direkten „Fühlung" zu wichtigen Persönlichkeiten habe er viel zu verdanken.

Mit der Beschreibung seiner Arbeitsweise in diesen ersten Nachkriegsjahren wird zugleich deutlich, welchen wichtigen Dienst Obergarz der VDO im Neuaufbau ihrer Organisation leistete. „Es ist ja nicht damit getan, an irgendeinen Minister einen Brief zu schreiben und dann prompt Erfolg zu haben". „Es ist eine Atmosphäre nötig, in der man diesen oder jenen in dieser oder jener Form kennenlernt, ihn persönlich beiseite nehmen kann, von ihm Hinweise für die sachliche Gestaltung erhält oder Hinweise auf andere Personen, die weiterhelfen können. Für mich ist das jedenfalls unerläßlich, und ich glaube auch, daß sonst niemand dem Aufgabenbereich des Sekretariates in Frankfurt gerecht werden könnte". „Ich sehe also für mich keine Möglichkeit, in Frankfurt das Sekretariat weiterzuführen"[75]. Obergarz selbst wäre wohl gern im Dienst der VDO geblieben, doch „leider besteht mein Provinzial auf der Kündigung"[76].

Dies war für die VDO eine unerwartete Situation. Prov. Schulte SAC schlug deshalb vor, evtl. Braun erneut um Übernahme des Amts zu bitten. Doch es wurde eine andere Lösung gefunden.

(b) Generalsekretär P. Josef Flesch CSsR (1953–1962)

Mit dem Ende der Amtszeit von P. Josef Flesch CSsR[77] als Provinzial endete auch seine Amtszeit als 1. Vorsitzender der VDO, so daß Obergarz, Flesch

[75] Junk an Obergarz, 29. 8. 1952. Frdl. Mitteilung einiger Sätze dieses Briefes durch Br. M. Pillat an Verf. in, 15. 12. 1998.

[76] Obergarz an Schulte, 9. 10. 1952. AVDO.

[77] Flesch, P. Josef CSsR, geb. 16. 1. 1899 in Sterkrade (heute: Oberhausen), gest. 28. 3. 1962 in Köln-Mühlheim; 1913–1917 Collegium Josephinum der Redemptoristen in Vaals (Holland), 1917 Soldat, 4. 9. 1918–4. 3. 1919 Lazarett, 1919–1921 Collegium Josephinum (ab 1920 in Bonn), 1921 Noviziat, 15. 3. 1922 Profeß, 1922–1927 Philosophie- und Theologiestudium an der Hochschule der Redemptoristen in Geistingen (Hennef/Sieg), 1927 Priesterweihe in Hennef, 1928 Lektor im Collegium Josefinum, zugleich Studium an der Universität Bonn in Philosophie, Deutsch, Französisch,

und dessen neuer Provinzial übereinkamen, „daß es am besten wäre", wenn Flesch Obergarz' Nachfolger werde[78]. Der VDO-Vorstand und eine Regionalversammlung der VDO in Köln stimmten am 15.4.1953 diesem Vorschlag zu. Aus „Gründen der bürgerlich-rechtlichen Übergabe des Amtes" bat Obergarz die VDO-Mitglieder am 27.4.1953, schriftlich ihre Stimme zur Wahl Fleschs abzugeben[79]. Der Rücklauf der Voten brachte das Vertrauen der Obern zum Ausdruck, das Flesch genoß. Am 1.5.1953 trat er sein Amt an, „dessen Schwierigkeit ich nur zu gut kenne"[80]. Auf der Mitgliederversammlung im September wurde er von den Obern bestätigt. Seit 1946 gehörte er als Provinzial der Konferenz an, von 1949 bis 1952 hatte er das Amt des 1. Vorsitzenden der VDO inne. Die VDO-Fragen waren Flesch also bestens vertraut. Die Kontinuität in der Amtsführung konnte gewahrt werden. Und: das Generalsekretariat blieb in Köln, nun in der Schleswigstraße 18.

Kardinal Frings habe Flesch, der die Gründungen der Brüder- und der Schwesternvereinigung (VOB und VOD) mitbegleitete und von der Religiosenkongregation zu deren Assistens religiosus ernannt worden war, als „Papst der deutschen Ordensleute" bezeichnet[81]. Fleschs enge Verbundenheit mit den anderen Vereinigungen förderte den Zusammenschluß der Vorstände von VDO, VOD und VOB. Nachdem sie schon 1958 gemeinsam getagt hatten, beschlossen sie 1959 die Bildung der „Arbeitsgemeinschaft der Deutschen Ordensobern-Vereinigungen" (ADOV) und die Herausgabe eines gemeinsamen Mitteilungsblattes. Am 1.3.1960 erschien das erste Heft der „Ordenskorrespondenz. Mitteilungsblatt der Deutschen Ordensobernvereinigungen", das Flesch zusammen mit P. Karl Siepen CSsR im Auftrag der ADOV herausgab. Nach allen Versuchen aus der SK/SV-Zeit,

---

1934 Staatsexamen für den höheren Schuldienst, 1934 Promotion zum Dr. phil. mit der Arbeit „Metaphysik des Symbols und der Metapher", 1935 Referendarzeit am Apostelgymnasium in Köln, 1936 Pädagogisches Examen, als Ordenspriester nicht zum Studienassessor ernannt, 1936–1940 Direktor des Collegium Josefinum bis zur Schließung durch die NS-Behörden, 1940–1945 Provinzprokurator in Köln, 1945–1952 Provinzial, 1949–1952 1. VDO-Vorsitzender, 1953–1962 VDO-Generalsekretär, 1953–1959 Rektor des Alfonsushauses in Köln, 1953–1956 Provinzprokurator, 1953 Mitbegründer des KMR, 1953–1962 KMR-Generalsekretär, im Auftrag der Religiosenkongregation an der Gründung der VHOD und VHOB beteiligt, Ernennung zum Assistens religiosus der VHOD und VHOB, 1960 Gründung der „Ordenskorrespondenz". Nachruf: K. Siepen, Pater Josef Flesch; W. Brachthäuser, Nachruf.

78 Obergarz an den VDO-Vorstand, 20.11.1952. AVDO.

79 Rundschreiben Obergarz', 27.4.1953. AVDO.

80 Flesch an Utz, 28.4.1953. AVDO.

81 Grußwort Br. E. Schnorrenberg CFP, Vors. VHOB, VDO-MV 1958. AVDO.

die wie die „Missions- und Auslandskorrespondenz“ gescheitert waren[82], schrieb die OK eine Erfolgsgeschichte[83]. Auch an der Bildung des „Katholischen Missionsrates“, dessen erster Generalsekretär Flesch zugleich in Personalunion als VDO-Geschäftsführer seit 1953 war, hatte er wesentlichen Anteil[84]. Flesch förderte nach der grundlegenden Reorganisation der VDO durch Obergarz den weiteren organisatorischen Ausbau und die Intensivierung der Kontakte zu den Brüder- und Schwesterngemeinschaften sowie nach Rom. Die VDO wurde international bekannt. Auch im gesellschaftspolitisch überschaubareren Köln-Bonner Raum dürften Fleschs Verbindungen, die er als Mitglied des „Politischen Arbeitskreis der Katholischen Verbände“ und als Mitglied des „Klubhaus Bonn e. V.“ knüpfen konnte, nicht ohne Bedeutung gewesen sein. Fleschs Amtszeit war angefüllt mit zahlreichen Besprechungen, so daß er, wie er selbstironisch bemerkte, „vor lauter Beratungen kaum noch Rat weiß“[85]. Es gebe halt Menschen, „die zwischen grauen Akten und schwerfälligen Behörden herumpendeln, ‚der Not gehorchend, nicht dem eignen Triebe‘“[86].

Schon im Frühjahr 1960 hatte Flesch einen Schlaganfall erlitten, erholte sich dann aber wieder. Zwei Jahre später erlag Flesch am 28. 3. 1962 einem Herzinfarkt.

(c) Generalsekretär P. Karl Siepen CSsR (1962–1989)

P. Karl Siepen CSsR[87] war wie keiner seiner Vorgänger in die Nachfolge als Generalsekretär hineingewachsen. Siepen war seit 1953 als zweiter Provinz-

---

[82] Vgl. S. 76, 130 f.

[83] Vgl. S. 346.

[84] Vgl. S. 385 f.

[85] Flesch an Gräf, 31. 7. 1953. AVDO.

[86] Flesch an Neumayr, 9. 3. 1955. AVDO.

[87] Siepen, P. Karl CSsR, geb. 27. 12. 1923 in Neuss a. Rh.; Besuch des Collegium Josefinum der Redemptoristen in Bonn, nach dessen Auflösung durch die NS-Behörden 1940 der staatlichen Oberschule für Jungen in Neuss, 1942–1945 Militär- und Kriegsdienst in Rußland, Frankreich und in der Tschechoslowakei, 1. 9. 1945 Beginn des philosophisch-theologischen Studiums bei den Redemptoristen, 1947 Profeß, 1951 Priesterweihe, 1952–1953 Seelsorgstätigkeit in Rheine, 1953–1959 zweiter Provinzprokurator und zugleich Sekretär von P. Flesch, ab 1956 Studium am Kanonistischen Institut in München, 1958 lic. iur. can. mit der Arbeit „Klösterliche Verbände als juristische Personen nach kanonischem und deutschem Recht“, 1961 Promotion zum Dr. iur. can. (vgl. K. Siepen, Vermögensrecht), seit 1960 Herausgeber und Schriftleiter der „Ordenskorrespondenz“, 1962–1989: VDO-Generalsekretär, KMR/DKMR-Generalsekretär, Assistens religiosus der VOB; 1984–1993 Superior des Alfonsushauses in Köln, 1990 Bundesverdienstkreuz I. Klasse. Würdigung: K. Meyer, P. Dr. Karl Siepen. Veröffentlichungen: s. Literaturhinweise im Anhang.

prokurator und Sekretär Fleschs dessen rechte Hand. Schon 1953 hatte Siepen seinen Provinzial zur Mitgliederversammlung in Würzburg chauffiert, 1960 und 1961 führte er dort das Protokoll und begleitete Flesch zu wichtigen Sitzungen. Von Anfang an war Siepen auch in der Schriftleitung der „Ordenskorrespondenz" tätig, die er seither führt. Die kirchenrechtlichen Spezialstudien am renommierten Kanonistischen Institut der Ludwig-Maximilians-Universität München, die mit der Promotion 1961 ihren Abschluß fanden, qualifizierten Siepen umso mehr für das Amt eines Generalsekretärs, der mit juristischen Fragen permanent konfrontiert ist. Es lag daher von seiten des VDO-Vorstands nahe, nach Fleschs unerwartetem Tod im März 1962 Siepen mit der Führung der Geschäfte zu betrauen. Er wurde auf der dann folgenden Mitgliederversammlung im Juni von den Obern gewählt. Nach den Satzungen des Missionsrates übernahm er als VDO-Generalsekretär zugleich das Amt des MR-Generalsekretärs. Wie Flesch wurde er von der Religiosenkongregation als Assistens religiosus der VOB ernannt.

Waren Obergarz die Reorganisation und Flesch der Ausbau der VDO aufgetragen, so wurde Siepen zum Mitgestalter der Aufbruch- und Erneuerungsphase der VDO während der Konzils- und Synodenzeit. Siepen war dabei durchaus „pädagogisch" engagiert, wenn es darum ging, wichtige Fragestellungen in den Blick der Obern zu rücken und Diskussionen auf der Mitgliederversammlung voranzubringen. P. Kajetan Eßer OFM bat er 1966, nochmals über die „Brüderfrage" zu berichten. Auf der Mitgliederversammlung 1965 habe man nämlich „einen ganzen Tag gesprochen, ohne eine Lösung zu finden". Es werde „das ganze Problem nur von wenigen richtig gesehen", aber es gehe um den „richtigen theologischen Ausgangspunkt für unsere weiteren Bemühungen"[88]. Als andererseits 1972 nach Siepens Eindruck „zum Teil hysterische Erwartungen" hinsichtlich neuerer gruppendynamischer und gruppenpädagogischer Methoden in manchen Ordensgemeinschaften aufgetaucht seien, widmete sich die VDO dem Hauptthema „Wege und Forderungen für Führungsverantwortung im Ordensleben". Vom Referenten Prof. A. Görres wünschte sich Siepen die Behandlung des soziologischen, psychologischen und theologischen Aspekts des Themas. Es solle dabei auch gezeigt werden, „daß nicht alles mit Gruppenpädagogik und -dynamik gelöst werden kann"[89].

1976 bat Siepen J. B. Metz um ein Referat auf der Mitgliederversammlung: „Wir wollen uns dabei natürlich nicht selbst etwas vormachen. Die Zahlen der Priester- und Ordensstatistik der letzten Jahre, die ich kürzlich

---

[88] Siepen an Eßer, 30. 3. 1966. AVDO.
[89] Siepen an Görres, 26. 1. 1972. AVDO.

für die deutschen Äbte und Provinziale zusammengestellt habe, sind alles andere als erfreulich. [...] Wir müssen uns also die Frage stellen, warum sind die Reformen der Orden der Nachkriegsjahre versandet?"[90] So hat Siepen in seiner langen Amtszeit von 27 Jahren ganz wesentlich dazu beigetragen, in der VDO den Prozeß der Erneuerung, des Dialogs und der selbstkritischen Reflexion zu aktivieren.

Als Vertreter der VDO war Siepen zusätzlich in diverse Gremien eingebunden, so als Protokollführer der Bischöflichen Kommission für das Ordenswesen, als Mitglied des Missionsärztlichen Instituts e.V. Würzburg, des Arbeitskreises für katholische freie (private) Schulen in Deutschland, des Instituts der Orden für missionarische Seelsorge und Spiritualität e.V. (IMS), der Arbeitsgemeinschaft für Entwicklungshilfe e.V. (AGEH), als Beiratsmitglied des Informationszentrums Berufe der Kirche (PWB) Freiburg. Daneben wurde er als DKMR-Generalsekretär oder ad personam in weitere Gremien gewählt oder berufen[91].

Als Siepen 1984 von der Mitgliederversammlung für die nächsten 5 Jahre einstimmig, ohne Gegenstimme und Enthaltung, gewählt worden war, dankte er und wies darauf hin, „daß man sich in der kommenden Wahlperiode ernstlich Gedanken um einen Nachfolger machen müsse"[92].

(d) Generalsekretär P. Wolfgang Schumacher OCarm (1989–1999)

Siepen war es dann selbst, der seinen Nachfolger entdeckte. P. Wolfgang Schumacher OCarm[93] war bereits 1980 als Vertreter seines Bamberger Provinzials auf der Mitgliederversammlung gewesen und hatte als Provinzprokurator und AGCEP-Vorsitzender 1988 seine Sachkompetenz in versicherungs-, steuer-, arbeits- und finanzrechtlichen Fragen unter Beweis stellen können. In seinem AGCEP-Bericht vermerkte Schumacher aufgrund der

---

[90] Siepen an Metz, 22.4.1976. AVDO.
[91] Vgl. die Liste der Ämter bei: K. Meyer, P. Dr. Karl Siepen, S. II–III.
[92] VDO-Protokoll, 1984. AVDO.
[93] Schumacher, P. Wolfgang OCarm, geb. 30.9.1948 in Neheim-Hüsten Krs. Arnsberg ED. Paderborn; 1970 Abitur am Spätberufenengymnasium der Karmeliten in Bamberg, Eintritt in die Oberdeutsche Provinz der Karmeliten, 8.9.1971 einfache Ordensgelübde in Springiersbach/Mosel, 8.9.1974 feierliche Gelübde in Bamberg, Theologiestudium in Mainz, 1976 Diplomtheologe, 20.3.1977 Priesterweihe in Bamberg, Tätigkeit als Internatspräfekt, Religionslehrer, Kaplan, in der Beicht- und Gesprächsseelsorge, 1985–1989 Provinzprokurator der Oberdeutschen Karmelitenprovinz, 1986 AGCEP-Vorstandsmitglied, 1987 AGCEP-Vorsitzender, 1989–1999 VDO- und DKMR-Generalsekretär, zusätzlich 1991–1999 SW-Geschäftsführer; Assistens religiosus der VOB. Veröffentlichungen: s. Literaturhinweise im Anhang.

gesammelten Erfahrungen bei Verhandlungen, es werde in kirchlichen Institutionen noch stellvertretend für die Orden gedacht. Programmatisch erklärte er: „Wir haben zum Ausdruck gebracht, daß wir eigentlich auch in der Lage sind, selber zu denken"[94]. Schumacher war also mit der VDO schon vertraut, als er seine Bereitschaft zur Übernahme des Amts bekundete. Im Juni 1989 wurde er auf der Mitgliederversammlung einstimmig von den Ordensobern gewählt. Etwa ein Jahr hatte Siepen seinen Nachfolger in Köln einarbeiten können, bis das Generalsekretariat am 15. 10. 1990 nach Bamberg verlegt wurde.

Der Wechsel des Generalsekretariats von Köln nach Bamberg und der Generationenwechsel vom 65-jährigen Siepen zum 40-jährigen Schumacher waren verbunden mit manchen Neuerungen. So erhielt die VDO in Bamberg großzügige repräsentative und funktionale Büroräume, die mit der neuesten Kommunikations- und Informationstechnik ausgestattet wurden. Kurzum: Seit 1990 erfuhr die VDO eine Rundummodernisierung und – wie in den Rundbriefen – eine Perfektionierung in Form eines Quasi-Amtsblattes, das in einer Auflage von 140 Exemplaren in der Regel monatlich herausgeht und bis zu 12 Seiten Umfang zählt. Es ergänzt die Ordenskorrespondenz durch aktuelle Informationen aus allen ordensrelevanten Bereichen und bietet im Anlagenteil wichtige Unterlagen.

Wie seine beiden Amtsvorgänger führte auch Schumacher in Personalunion die Geschäfte als VDO- und DKMR-Generalsekretär und übernahm wie Siepen die Vertretung in diversen Gremien und Institutionen. 1991 kam zusätzlich die Geschäftsführung des „Solidarwerks der katholischen Orden Deutschlands"[95] hinzu[96]. Die Geschäftsführung Schumachers war also nicht

---

[94] AGCEP-Bericht Schumachers, in: VDO-Protokoll, 1988. AVDO.

[95] Vgl. S. 400–402.

[96] Die Aufgaben und Funktionen des Generalsekretärs der VDO in der Amtszeit 1989–1999: MITGLIED: VDO-MV; geschäftsführender VDO-Vorstand; ADOV; IMS e. V. Trägerverein; UCESM-Generalversammlung; „Club der Generalsekretäre Europas"; Kontaktgespräch DBK/VDO – Protokollführer; Arbeitsgruppe „Institute des geweihten Lebens" = Unterkommission der Kommission IV der DBK, darin: ad-hoc-Arbeitsgruppe „Ausländische Priester und Ordensleute in Deutschland"; VDD-Rechtskommission, darin: ad-hoc-Arbeitsgruppe „Sozialversicherung für Mitglieder neuer geistlicher Bewegungen"; VDD-Datenschutzkommission; VDD-Gestellungskommission; ZdK – ad personam – 1991–1996; Arbeitskreis „Katholische Schulen in freier Trägerschaft" 1991–1994; Vorstand ODIV-Schule – kooptiert – 1990–1994; als Geistlicher Beirat der VOB Mitglied des VOB-Vorstands und der VOB-MV; beratendes Mitglied des AGCEP-Vorstands; als Finanzverwalter der UCESM beratendes Mitglied des UCESM-Vorstands 1989–1997; Zentralbeirat der Bruderhilfe Sach- und Rechtsschutzversicherung; Zentralbeirat der Bank für Sozialwirtschaft 1989–1995; Beirat der Pax-Bank Köln 1989–1990. BERATER: VDO-Kommission Bildung und Erziehung; AVO;

nur vom räumlichen und technischen Ausmaß her gewachsen, sondern auch inhaltlich und von den Verpflichtungen her. Zentrale Organisationen gehören nun einmal zu den Entwicklungsgesetzlichkeiten institutioneller Ausdifferenzierung, so auch der Organisationsapparat der VDO.

Parallel dazu wuchs auch das Organisationsnetz im kirchlichen und gesellschaftlichen Bereich. Eine wirksame Vertretung der Interessen der VDO in allen relevanten Gremien, bei Ministerien, Behörden und Verbänden des kirchlichen, staatlichen und gesellschaftlichen Bereichs und die Organisation und Koordination der verbandsinternen Arbeit, des Erfahrungsaustauschs und der Beratung verlangten einen Dauereinsatz, der aufgrund des ausgedehnten Sitzungs- und Repräsentationskatholizismus regelmäßig tage- und wochenlange Abwesenheit von der Geschäftsstelle zur Folge hatte. Daß die personelle Besetzung seit 1919 mit einem einzigen hauptamtlichen Generalsekretär, der zwischen 1923 und 1927 und seit 1953 jeweils in Personalunion noch eine weitere Geschäftsführung inne hatte, unverändert geblieben ist, dürfte zweifelsohne nach einer adäquateren Lösung verlangen. Der Vorsitzende Prov. Schorr OFM stellte 1997 nach der Auswertung der Zeiterfassung Schumachers, bei der sich statt einer Halbtagstätigkeit für die VDO neben der Arbeit für den DKMR nahezu eine Ganztagsbeschäftigung abzeichnete, nüchtern fest, „daß unser Generalsekretariat völlig unterbesetzt ist“[97].

Schumacher ist in der Reihe der Generalsekretäre der erste, der keinen Krieg und keinen politischen Systemwechsel erlebte, sondern in der Demokratie aufwuchs und sozialisiert wurde und der durch Theologiestudium und Ausbildung die Früchte des II. Vatikanischen Konzils genießen konnte, wie sie sich auch und gerade im von der VDO geförderten Prozeß der zeitgemäßen Erneuerung der Orden niederschlugen. Er gehört daher zu jener Generation der Ordenspriester, die sich nicht mehr als 2. Kategorie neben den Weltpriestern, sondern als gleichberechtigt und gleichwertig nach Qua-

---

AGO; Konferenz der diözesanen Ordensreferenten; Kommission Bildung und Schule der DBK 1991–1996. ORDENSVERTRETER in: Konferenz der Datenschutzbeauftragten der deutschen Diözesen; „Kirche-Online-Forum“ der Zentralstelle Medien der DBK; Arbeitskreis „Gemeinnützigkeitsrecht und Wohlfahrtspflege in Deutschland und Europa“ beim Katholischen Büro Bonn. VDO-VERTRETER: Bundeskonferenz kirchliche Archive 1989–1996. Verwalter des IMS-Fonds. GESCHÄFTSFÜHRER der Schlichtungsstelle der deutschen Ordensobern-Vereinigungen. LEITER der AGCEP-Geschäftsstelle in Bamberg. KURSLEITER der „Sozialversicherungsrechtlichen Grundkurse“ in Münsterschwarzach. SCHRIFTLEITER der „Materialien zur Ordensverwaltung“ (MOV). GESCHÄFTSFÜHRER des SW und Berater des SW-Vorstands und der MV.

97 VDO-Protokoll, 1997. AVDO.

lifikation und Tätigkeit wissen. Und er gehört zu jenen, die auch die Spielregeln der demokratischen Gesellschaft und der demokratischen Gremien der Ordensvereinigungen beherrschen und daher empfindlich reagieren bei – selbst für die nicht demokratisch verfaßte katholische Kirche – auffälligen Ungereimtheiten und Ungerechtigkeiten, wie sie z. B. bei den Sonderrechten für Opus-Dei-Priester in der Erzdiözese Köln zutage treten. Diese müssen, anders als Ordenspriester, nicht zum Wohl der Diözese eine Aufgabe wahrnehmen (CIC can. 498 Par. 1 u. 2), um aktives und passives Wahlrecht für den Priesterrat und die Dechantenkonferenz zu erlangen. Aufgrund einer Erklärung der Kongregation für die Bischöfe vom 23. 8. 1982 genügt es für Opus-Dei-Priester, daß sie in der Erzdiözese Köln wohnen. Schumacher befand, daß sie dadurch „eindeutig und aus meiner Sicht nicht nachvollziehbar bevorzugt werden“[98]. Auf seine Anfrage bei Nuntius Kada bestätigte dieser die Ungleichbehandlung: „Eine Begründung für diese ungleiche Behandlung wurde von der Kongregation für die Bischöfe nicht gegeben“[99].

So beharrlich Schumacher im Hinblick auf die Opus-Dei-Priester nachhakte, so verständnisvoll reagierte er hinsichtlich der „sicher berechtigten Anliegen der Jugendseelsorger“, die 1994 mit ihrem offenen Brief zu Fragen der Sexualität für Wirbel gesorgt hatten[100]. Die Stellungnahme des 1. Vorsitzenden Schorr sei ein „schweres Geschütz“, die VDO solle doch „etwas mehr Partei ergreifen und Interesse wecken an einem offenen Dialog und einer qualifizierten und guten Auseinandersetzung um der Sache willen“[101], so Schumacher. Nach Reorganisation, Ausbau und Gestaltung des konziliaren Aufbruchs, wie sie seine Amtsvorgänger Obergarz, Flesch und Siepen durchgeführt hatten, stand die Amtszeit Schumachers im Zeichen der Standortbestimmung der VDO in Gesellschaft und Kirche und verlangte nach der Vertretung dezidierter Positionen, insbesondere im sozialpolitischen Bereich.

6. Personalunion des Generalsekretärs der VDO und des KMR/DKMR seit 1953

Im Unterschied zur SK/SV der missionierenden und in der Auslandsseelsorge tätigen Priesterorden und -kongregationen steht die VDO seit 1946 allen Priesterorden und -kongregationen offen. Sie bemühte sich, den verpflichtenden Gedanken der Weltmission auch in der Nachkriegszeit wach-

[98] Schumacher an Schorr, 7. 5. 1994. AVDO.
[99] Kada an Schumacher, 3. 5. 1994. AVDO.
[100] Vgl. S. 354 f.
[101] Schumacher an Schorr, 24. 11. 1994. AVDO.

zuhalten und in neuen Gremien zu institutionalisieren[102]. Die Einrichtung einer Arbeitsgemeinschaft „Weltmission“ auf der Werktagung des Katholikentags 1950 in Altötting stellte die Weichen für die Gründung des „Katholischen Missionsrates“ 1953, in dem sich erstmals die Päpstlichen Missionswerke, die missionierenden männlichen und weiblichen Orden und Genossenschaften mit weiteren Einrichtungen zusammenschlossen. Damit war nach den wiederholt aufgetauchten Konflikten mit den Päpstlichen Werken, wie sie die SK/SV seit ihrer Gründung begleitet hatten[103], endlich eine Institution geschaffen, die sich um Koordination und Kooperation in den gemeinsamen Aufgaben bemühte. Das Generalsekretariat des Missionsrates (seit 1970 „Deutscher Katholischer Missionsrat“) ist seither in Personalunion mit dem VDO-Generalsekretariat verbunden[104]. Die Präsidentschaft des DKMR wechselt in dreijährigem Turnus zwischen den Leitern der Päpstlichen und Bischöflichen Werke für die Weltkirche. Der 1. Vorsitzende der VDO und der Generalsekretär gehören kraft Amtes dem geschäftsführenden Vorstand des DKMR an.

7. VDO als Modell für die Obernvereinigungen der deutschen Frauen- und Brüderorden und anderer Länder

Schon vor 1945 hatte es Überlegungen gegeben, in anderen Ländern ebenfalls eine Vereinigung der Ordensobern zu bilden[105]. Als 1950 in Rom der erste internationale Religiosenkongreß stattfand – ein kirchenhistorisches Ereignis –, war der von der Religiosenkongregation unterstützte Anstoß gegeben, weitere Obernvereinigungen zu gründen[106]. Der Teilnehmer P. Hecht SAC berichtete auf der VDO-Mitgliederversammlung, es scheine, „daß man anderwärts plant, diese [VDO-]Einrichtung nachzuahmen“[107]. In

[102] Vgl. S. 382–386.

[103] Vgl. S. 58–61, 102–111, 160–174.

[104] Aufgaben und Funktionen des DKMR-Generalsekretärs in der Amtszeit 1989–1999: MITGLIED: DKMR; geschäftsführender DKMR-Vorstand; DKMR-Verteilerausschuß; AGEH e.V.; BEGECA-Verwaltungsrat; RAPTIM-Verwaltungsrat; St. Elisabeth-Hilfe für erkrankte katholische Schwestern e.V.; Katholische Zentralstelle für Entwicklungshilfe 1990–1996. BERATER: VDD-Arbeitsausschuß; KOWEKID 1997–1999. GESELLSCHAFTER: BEGECA; RAPTIM. DKMR-VERTRETER: Arbeitskonferenz Weltkirche der DBK; vgl. zu den Ämtern Siepens: K. Meyer, P. Dr. Karl Siepen, S. II–III.

[105] Vgl. S. 100, 139f.

[106] Vgl. K. Siepen, Konferenzen, S. 287f.

[107] VDO-Protokoll, 1951. AVDO.

der VDO als ältester Obernvereinigung weltweit wurde das Bewußtsein gestärkt, das „Original“ zu sein. Als im Juni 1958 in der Schweiz eine Neugründung anstand, bat Prov. Stierli SJ Generalsekretär Flesch um Material. „Ich könnte mir z.B. denken, daß Sie eine Sammlung authentischer Äußerungen des Papstes und anderer hoher kirchlicher Instanzen über die Zusammenarbeit der Orden besitzen oder eine Dokumentation über ähnliche Bestrebungen in anderen Ländern. Ich habe mich mit diesem Anliegen schon zweimal nach Rom gewandt, aber ohne wesentlichen Erfolg. Wenn Sie mir also den Start unserer Vereinigung etwas erleichtern können, bin ich Ihnen sehr dankbar“[108]. Flesch antwortete, er sei „tatsächlich in einer gewissen Verlegenheit“ wegen des geforderten Materials, denn von der „Vereinigung der Priesterorden her haben wir uns nicht bemühen brauchen, weil unsere Vereinigung ja schon seit nunmehr 60 Jahren besteht“[109]. Zwischen 1950 und 1965 entstanden die meisten nationalen und internationalen Vereinigungen der Höheren Ordensobern und Oberinnen. In den 1970er und 1980er Jahren kam es dann – ähnlich wie beim Zusammenschluß der nationalen Bischofskonferenzen – zum Zusammenschluß der Europäischen Ordensobernvereinigungen (UCESM) und der Generalsuperioren (USG) und -superiorinnen (UISG). Der 1. Vorsitzende, P. Senftle OFMCap, schlug 1971 vor, „die VDO solle wichtige Fragen über die Generalsuperiorenkonferenz laufen lassen, weil wir dort schneller ans Ziel kommen und eine gute Vertretung unserer Interessen haben“[110].

Bei den Gründungen der deutschen Schwestern- und Brüdervereinigungen stand die VDO Pate. Der Apostolische Nuntius beauftragte 1953 den VDO-Generalsekretär Flesch, „eine Vereinigung der höheren Oberinnen Deutschlands in die Wege zu leiten“[111]. 1954 wurde die „Vereinigung der höheren Ordensoberinnen Deutschlands“ (VHOD, später VOD) gegründet und 1957 approbiert[112]. Der ebenfalls 1954 erfolgte Zusammenschluß der General- und Provinzialobern der deutschen Brüdergenossenschaften wurde als „Vereinigung höherer Ordensobern der Brüderorden und -kongregationen Deutschlands“ (VHOB, später VOB) 1958 approbiert[113].

Das, was sich als Erfindung der deutschen Obern 1898 gebildet hatte, wurde erst 1983 vom Kirchenrecht eingeholt. In den Canones 708 und 709

108 Stierli an Flesch, 14.4.1958. AVDO.
109 Flesch an Stierli, 29.4.1958. AVDO.
110 VDO-Protokoll, 1971. AVDO.
111 VDO-Protokoll, 1953. AVDO.
112 Vgl. Festschrift: 25 Jahre Vereinigung der Ordensoberinnen Deutschlands 1954–1979, Trier 1979.
113 Vgl. K. Siepen, Konferenzen, S. 300–309.

(CIC 1983) sind die Konferenzen der höheren Oberen erwähnt. Die Obern könnten sich zweckmäßigerweise zu Konferenzen oder Räten zusammenschließen, um dazu beizutragen, daß der Zweck der einzelnen Institute unter Wahrung ihrer Selbständigkeit, ihrer Eigenart und ihres eigenen Geistes vollkommener erreicht werde. Andererseits könnten gemeinsame Angelegenheiten behandelt und eine entsprechende Abstimmung und Zusammenarbeit mit den Bischofskonferenzen und mit einzelnen Bischöfen in die Wege geleitet werden. Die Konferenzen müßten ihre Statuten vom Hl. Stuhl genehmigen lassen, von dem sie allein, auch als juristische Person, errichtet werden und unter dessen oberster Leitung sie bleiben.

Noch vor der kirchenrechtlichen Festschreibung hatte das II. Vatikanische Konzil im Ordensdekret „Perfectae Caritatis“ (Art. 23) die Förderung der Obernkonferenzen empfohlen, die zur besseren Verwirklichung des Zieles der einzelnen Institute, zum wirksameren Einvernehmen hinsichtlich des Wohles der Kirche, zur gerechteren Verteilung der Mitarbeiter im Evangelium in einem bestimmten Gebiet sowie zur Behandlung gemeinsamer Belange der Ordensleute dienlich sein könnten. Auch auf eine Abstimmung und Zusammenarbeit mit den Bischofskonferenzen in der Ausübung des Apostolats sei zu achten.

II.
Die Ziele der VDO und ihre Umsetzung 1946–1998

Wie für die organisatorische Entwicklung der VDO in der Zeit nach 1945, so gilt auch für die Umsetzung ihrer Ziele, daß sich in der bundesrepublikanischen Demokratie die größten Freiräume dafür eröffneten.

1. Erfahrungsaustausch über ordensspezifische Fragen

(a) Ordensthemen

Der VDO-Vorstand stellte 1985 fest, die Mitgliederversammlung sei „zuerst eine Veranstaltung für uns selbst“. „Sie führt Kollegen zusammen, die sich austauschen möchten, sie will Orientierungshilfe geben. Es geht um unser Eigenes, was uns direkt angeht, um unser Selbstbewußtsein und Selbstwertgefühl“[114]. Als Generalsekretär Siepen 1970 dem Kartäuserprior Bissig den

[114] VDO-V-Protokoll, 30. 9./1. 10. 1985. AVDO.

Beitritt zur VDO nahelegte, tat er dies charakteristischerweise mit dem Verweis auf die jährlichen Mitgliederversammlungen, die „vor allem dem Gedanken- und Erfahrungsaustausch“[115] dienten. „Die Situation der Orden in der Kirche und in der Gesellschaft von heute“, so der 1. Vorsitzende Senftle OFMCap zwei Jahre später vor den Obern, „zeigt die Notwendigkeit unserer Begegnung, damit wir in den Schwierigkeiten der Zeit gemeinsam unsern Standort finden“[116]. Diese Standortsuche der Orden in Kirche und Gesellschaft durchzieht wie ein roter Faden die Jahrzehnte seit 1946. Es veränderten sich während dieses Zeitraums nicht nur die Bezugsgrößen Kirche und Gesellschaft, sondern auch die Orden, die bis dahin in ihrem traditionellen Selbstverständnis von keinen nachhaltigen Selbstzweifeln geplagt worden waren. Ende der 50er, Anfang der 60er Jahre zeichneten sich Krise und Umbruch bereits in den Vorträgen auf den Mitgliederversammlungen ab, Vorläufer des während des II. Vatikanischen Konzils (1962–1965) eingeleiteten Erneuerungsprozesses, von dem auch die Orden ergriffen wurden.

Als P. Westemeyer OFM 1959 zum Thema „Klösterliche Autorität in der Krise?“ sprach, fragte er noch vorsichtig: „Darf der Obere, anstatt einfach zu befehlen, seinerseits die Überordnung in ein mehr menschliches Verhältnis wandeln, wie es P. Wulf zur Förderung des Gehorchenden für wünschenswert hält?“ Die jüngeren Mitbrüder wollten Mitdenkende, Mitüberlegende, Mitentscheidende, Mitführende sein, und man habe heute „den Untergebenen als Partner“[117]. In der folgenden Diskussion der Obern kam die „große Sorge um die Erneuerung der Autorität im Ordensleben“ zum Ausdruck. Leichte Wandlungen im Verständnis des Führungsamtes zeigten sich in den Maximen, die dann genannt wurden: „Vertrauen gewinnen – behutsam befehlen – gelegentlich die Gründe für einen Auftrag mit dem Untergebenen besprechen – nicht herrisch, sondern ehrfürchtig gebieten – der Initiative der Untergebenen Raum geben“[118]. P. Häring CSsR forderte in seinen Ausführungen[119] drei Jahre später vor den Superioren schon konzilsantizipierend, man müsse eine Anpassung an die Zeit in Treue zum Erbe wagen. Kritisch merkte er an, beim Benediktinerabt spiegele manches noch „den Feudalherrn wider, und sei es auch nur in der äußeren Form. Die Verfassung der Jesuiten erinnert an die eines Heeres aus dem 16. Jahrhundert“. Moderne Kongregationen hingegen zeigten mehr demokratische Elemente.

---

[115] Siepen an Bissig, 6. 4. 1970. AVDO.

[116] VDO-Protokoll, 1972. AVDO.

[117] VDO-Protokoll, Anlagen, 1959. AVDO.

[118] Ebd.

[119] Druck: B. Häring, Treue zum überkommenen Erbe und Offenheit gegenüber dem Ruf der Stunde, in: OK (1962), S. 245–258.

„Mit demokratischen Ausdrucksweisen gelingt es sogar den Oberen heute vielfach besser, die Einfachheit Jesu nachzuahmen und einen beseelteren und freudigeren Gehorsam zu wecken, als dies unter monarchischen oder aristokratischen Formen der Fall war". P. Wulf SJ war es schließlich, der nach der Eröffnung des Konzils auf der Mitgliederversammlung 1963 die Volk-Gottes-Idee und die Gleichheit aller Christen erläuterte, unter denen es keine „vollkommeneren" Christen gäbe[120]. Diese neuartigen Darlegungen tangierten das bisherige Selbstverständnis vom Ordensleben bis hinein in den inneren Aufbau der Gemeinschaften.

Brüderfrage

Wie tiefgehend – und nicht ohne Widerstände und Verzögerungen – sich der Wandel im Selbstverständnis auswirken sollte, offenbarte bald schon die seit 1964 aufgegriffene Brüderfrage in den Priesterorden und -kongregationen. Prov. Hüntemann SDS wandte sich in einer Ausarbeitung für die VDO gegen das Verständnis der Brüder als Lückenbüßer oder Zweitrangige. Es müsse sich das „Klima verbessern", damit ein „wirklich brüderliches Verhältnis" möglich sei[121]. Auf der VDO-MV 1965 wurden Stellung, Leitbild, Ausbildung und Altersstruktur der Brüder in den verschiedenen VDO-Mitgliedsgemeinschaften beschrieben. In den Berichten schlug sich die verspätete Zuerkennung der menschen-, christen- und ordenswürdigen Gleichberechtigung der Brüder nieder. Nun wurden ihre Gleichstellung, Verantwortung, Selbständigkeit und ihr Mitspracherecht gefordert. Man besann sich überhaupt auf das Wesen des Laienmönchs. Eine spezielle Ausbildung, die es nicht einmal im religiös-monastischen Bereich gegeben hatte, wurde nun empfohlen. Brüder seien früher eben wie „der gute Dienstbote", der kindlich einfache „gute Bruder" behandelt und als „Hilfskräfte für die Priester" benutzt worden. Das sei eine „völlig falsche Sicht". Es dürfe „auf keinen Fall eine verschiedene Wertung" geben. Auch die Erholung sei nun grundsätzlich gemeinsam mit den Patres. Die Kleidung sei angeglichen worden, auch ein gewisses Mitbestimmungs- und Wahlrecht seien zuerkannt. Die unberechtigte Bevorzugung und die Ansprüche der Patres in der Lebenshaltung müßten beseitigt werden. Vom Wesen des Mönchtums und von den Ursprüngen im Evangelium her sei eine Umstrukturierung unerläßlich. Diesen evangeliumsgemäßen Reformwünschen traten andere Obere jedoch entgegen. Es sollten nicht „jene gewachsenen Ordnungen in ein neues Laienmönchtum in gleichmacherischem Drang umgeschmolzen werden"! Nach

[120] Druck: F. Wulf, Hierarchie und Orden, in: OK (1964), S. 2–16.
[121] P. Hüntemann, Die Brüderfrage, Anlage: VDO-Protokoll, 1964. AVDO.

diesem ersten Erfahrungseinblick kam die VDO überein, ein gemeinsames Bemühen in der Frage sei unerläßlich[122].

Generalsekretär Siepen forcierte die Weiterbeschäftigung[123] mit der Brüderfrage, die ihm nicht zufriedenstellend gelöst schien. Vor der VDO-MV traf sich Siepen zu vorbereitenden Gesprächen mit einigen Magistri, Brüderpräfekten und P. Kajetan Eßer OFM, der sich dann auf der VDO-MV 1966 mit „Leitbild und Stellung der Laien in klerikalen Orden" befaßte. Eßer bezog sich in seinen engagierten Ausführungen auf das Konzilsdekret über die zeitgemäße Erneuerung des Ordenslebens, „Perfectae Caritatis", und die dogmatische Konstitution über die Kirche, „Lumen gentium". Die Konzilstexte zeigten eine „wirklich neue Richtung", so Eßer. „Wenn man dies liest und an eine jahrhundertelange Entwicklung im Ordensleben der Kirche denkt, kann es einem den Atem verschlagen". „Wer solches vor etwa 10 Jahren gefordert hätte, wäre unweigerlich in den Verdacht gekommen, vom Kommunismus angesteckt worden zu sein. Der Ordensgeschichtler weiß allerdings, daß hier wiederum uraltes Traditionsgut aufgenommen wurde, das nun wieder voll und ganz fruchtbar werden kann". Es sei wohl etwas „Schockierendes", daß nicht ein neues Leitbild für die Laien in den Orden gegeben werde, „sondern für das Zusammenleben von Klerikern und Laien in unseren Gemeinschaften". Es dürfe nicht länger „ein heißes Eisen" sein, das man besser nicht anrühre. „Man darf nunmehr, ohne in den Verdacht kommunistischer Beeinflussung zu geraten", feststellen, daß wesentliche Fragen neu zu überdenken und neuen Lösungen zuzuführen seien. Das Volk Gottes verlange danach, Schranken zwischen Klerikern und Laien im Orden abzubauen, denn sie seien nicht christlichen Ursprungs. Der „dienende Bruder" solle Leitbild aller im Orden sein, in dem wieder evangelische Lebensformen und Lebensnormen gelten müßten. Die Christen in Kirche und Orden hätten die „Grundanschauungen und Leitsätze ihrer jeweiligen Umwelt" entnommen: monarchisch, absolutistisch, aristokratisch, demokratisch. „Da entstand ein der jeweiligen Umwelt konformes Denken in Ständen und Klassen, in Privilegien und Präzedenzen, in Herrscheramt und Untertanengehorsam". Es sei dann lediglich „die mehr erbauliche Zeremonie am Gründonnerstag" geblieben. Man könne aber aufgrund des Konzils nur noch sagen, was nicht mehr Aufgabe der Laien in den Orden sei, nämlich das, was sich aus den höheren Weihen ergäbe. Es gehe um eine „große und umfassende Gesinnungsänderung, um eine Metanoia" in den Orden. Das Konzil eröffne eine Chance als „Schule des Evangeliums". Allen Glie-

122 VDO-Protokoll mit Anlage der 15 Referate, 1965. AVDO.
123 Vgl. S. 313.

dern der Kirche seien die Kirche und die Welt anvertraut. Alle sollten apostolisch wirksam sein. Es sei „wirklich eine neue Zeit für die Kirche und die Orden in ihr angebrochen". Die Chance sei für die Orden gegeben, „das eine Gottesvolk des Neuen Bundes, zusammengesetzt aus Klerikern und Laien, paradigmatisch darzustellen".

Eßer appellierte schließlich an die Obern: „Lassen wir Vergangenheit, so wertvoll sie für ihre Zeit war, vergangen sein: Stellen wir uns vorbehaltlos in die neue Lebensbewegung hinein, die für die ganze Kirche aufgebrochen ist"[124]. Die Aussprache spiegelte allerdings die bei den Superioren noch nicht ganz vollzogene vorbehaltlose Annahme der neuen Lebensbewegung wider. Die einen sprachen von „gesunder Tradition", die anderen hielten dem entgegen, es seien ein theologisches Umdenken, eine Gesinnungs- und Herzensänderung gefordert. Abtpräses Hoeck OSB deutete den Wandel so, als habe man sich „den sozialen Einflüssen irgendwie gebeugt und sie nachher erst theologisch begründet". Eßer widersprach, es handele sich gerade nicht um eine Anpassung an die gesellschaftliche Umwelt, sondern um eine Forderung des Evangeliums[125].

Die Mitgliederversammlungen bildeteten fortan ein Forum, in dem die gemeinsamen Bemühungen um die zeitgemäße Erneuerung des Ordenslebens zur Sprache kamen und von dem Impulse zur Umsetzung der Zielvorgaben in die Wirklichkeit des Ordensalltags ausgingen, nicht zuletzt durch Gründung gemeinsamer Arbeitsgemeinschaften und Kommissionen[126]. Schon während seiner Erarbeitungszeit war das Konzilsschema über die Orden der VDO-MV zur Kenntnis gelangt, so daß die Obern ihre Wünsche und Stellungnahmen dazu abgeben konnten und mit den Neuerungen noch vor der Verabschiedung des Dekrets vertraut waren. Schließlich zog dies alles die Neufassung der Ordenssatzungen und die Angleichung von Leitlinien für die Studien- und Ausbildungsphasen der Ordensmitglieder nach sich. Nicht nur die Binnenseite des Ordenslebens, auch das Verhältnis der Orden zur „Welt" und zur Ortskirche wurde in die „neue Lebensbewegung" des Konzils hineingezogen. Als der Mainzer Bischof Hermann Volk[127] 1965 auf der VDO-MV die Orden als Kristallisationspunkte besonders intensiven kirchlichen Lebens aufforderte, die Erneuerung der Kirche aus der Liturgie mitzutragen und nicht ein „Sammelbecken des Widerstan-

---

[124] Druck: K. Eßer, Leitbild und Stellung der Laien im klerikalen Orden, in: OK (1966), S. 364–373.

[125] VDO-Protokoll, 1966. AVDO.

[126] Vgl. S. 306f, 343–346.

[127] Druck: H. Volk, Die Erneuerung der Liturgie und die Orden, in: OK (1965), S. 370–391.

des“ zu werden, konnte er sich das Ausmaß der Erneuerung, das die Orden im Verlaufe der nächsten Jahrzehnte verwirklichten, wohl kaum vorstellen. Nicht nur die Wiederentdeckung der evangeliumsgemäßen Leitbilder und die Entwicklung einer zeitgemäßen Theologie reformierten die Orden. Es waren auch und vor allem die Erkenntnisse der Humanwissenschaften, die einen späten, fast revolutionären Eingang in die Reflexion über das Individual- und Gruppenverhalten in den Ordensgemeinschaften fanden als eine notwendige und hilfreiche Ergänzung zu den traditionellen, lediglich theologischen oder spirituellen Überlegungen geschuldeten Verhaltensregeln.

Humanwissenschaftliche Erkenntnisse

P. Hermann Stenger CSsR beleuchtete 1966 aus psychologisch-pädagogischer Sicht Erziehung und Persönlichkeitsbildung der Ordenskleriker gemäß den Konzilstexten. Es werde dort die reife Persönlichkeit betont, deren Merkmale seien eine harmonische Entwicklung aller Anlagen, die Entfaltung des Verantwortungsbewußtseins, die innere Freiheit und Beständigkeit, das Entscheidungs- und Urteilsvermögen, die persönliche Initiative und positive soziale Beziehungen. Stenger plädierte für ein berufsoffenes Haus in den Seminaren, in dem unbefangener über den Priester- und Ordensberuf gesprochen werden könne. Psychologisch gesehen seien ein späteres Noviziat besser und eine Eignungsuntersuchung der Kandidaten sinnvoll. Die Sexualität dürfe nicht verdrängt oder entfremdet, sondern müsse integriert sein. Eine intellektuelle Zustimmung zur Ehelosigkeit sei nicht gleichzusetzen mit einer affektiven. Auch bezüglich Autorität und Gehorsam sei ein Stilwandel zu vermerken: „Wenn im Gefolge des Konzils der Witz entstanden ist, die Ordensleute würden künftig Armut, Keuschheit und Dialog geloben, so steckt darin [...] ein Korn Wahrheit“. Neu sei die Freiheit, die Würde der menschlichen Person, die freiwillige Gefolgschaft, das gemeinsame Überlegen, die Initiative und Verantwortungsfreude, die gehorsame Mitarbeit. Ein paternalistisch-monologisierender Stil stehe dem kollegial-dialogischen gegenüber. Der Modus der Verwirklichung des Gehorsams sei also anders[128]. Die Aussprache der Obern erbrachte eine allgemeine Bejahung der nicht mehr berufsgebundenen Internate und – der Tanzkurse dort. „Es geht ja nicht darum, daß die Internatsschüler tanzen lernen, sondern daß sie eine anständige kontrollierte Begegnung mit dem anderen Geschlecht haben. Sonst kann das Geheimnis und die Verlockung zu groß werden“[129].

---

128 Druck: H. Stenger, Überlegungen zur Erziehung und Persönlichkeitsbildung der Ordenskleriker nach dem II. Vatikanischen Konzil, in: OK (1966), S. 393–403.

129 VDO-Protokoll, 1966. AVDO.

P. Karl Rahner SJ[130] sparte in seinem Vortrag 1971 nicht an kritischen Bemerkungen zum Ordensleben, wie er es im Jesuitenorden kennengelernt hatte. Früher seien sie „kasernierte Einsiedler“ gewesen. Das Ordensleben könne aber „unmöglich von der Voraussetzung ausgehen, es seien seine Lebensnormen klar und eindeutig, seien in der Tradition schon unzählige Male erprobt und müßten nur getreulich weiterbefolgt werden“. Die Kirche müsse heute „ihren Widerspruch so verkünden, daß er wirklich gehört wird; sie muß in den Verständnishorizonten der Welt von heute sprechen“. Solle das Ordensleben sich nicht auflösen, müsse gemeinsam experimentiert werden. „Auch Orden sollen nicht durch ihre eigene Schuld zu kleinen Häufchen werden, zu Gesellschaften, die die Treue zu ihren Idealen dadurch erkaufen, daß sie und so diese Ideale nur noch getragen werden durch ein paar wenige Leute, die aus einem rückständigen gesellschaftlichen und geistigen Milieu entstammen und so noch bereit sind, sich diese Ideale in ihrer altmodischen Gestalt anzueignen“. Spiritualität solle man „nicht zu ideologisch“ verstehen, sondern begreifen „als die Christlichkeit und letzte Tiefe des konkreten Lebens“. „Wir Alten sind auch das Produkt eines Milieus, das die Jungen weder haben noch ersehnen“.

Im Kreis der Obern kam natürlicherweise der Frage nach der Ausübung der Führungsverantwortung im Ordensleben ein besonderer Stellenwert zu. 1972 wurde dies aufgrund tiefenpsychologischer Erkenntnisse und aus der Sicht eines Psychiaters untersucht. Personen mit Führungsaufgaben sollten gruppendynamische Schulungen und Kommunikationstrainings absolvieren. Ihnen müßten die sozialen Grundbedürfnisse, die Stärkung des Wir-Bewußtseins, Methoden der Konfliktlösung und die Kenntnis der Rollenstrukturen vertraut sein[131].

Im folgenden Jahr widmete sich die VDO-MV wiederum einem Thema, das die Grundlagen und Formen der Gemeinschaften beleuchtete. Dabei wurden Schwierigkeiten innerhalb einer Gemeinschaft, die Autoritätsfrage, das Generationenproblem und die Isolierung einzelner Mitbrüder offen angesprochen und der Wandel im Verständnis der Gelübde hervorgehoben. Gelübde würden „funktional“ auf die Gemeinschaft und das Apostolat hin gesehen. Mit dem Verständnis der drei Räte – Armut, Gehorsam, Keuschheit – setzten sich die Obern in Arbeitskreisen auseinander. Bezüglich des Gehorsams wurde auf die nötige psychologische Aufarbeitung mancher Situationen verwiesen, in denen „der bloße Appell an den Gehorsam Pro-

---

[130] Druck: K. Rahner, Das Verhältnis von personeller und gemeinschaftlicher Spiritualität und Arbeit in den Orden, in: OK (1971), S. 393–408.

[131] Vgl. VDO-Protokoll, 1972. AVDO.

bleme nicht lösen“ könne. „Der Gehorsam soll sichtbar gemacht werden im Rahmen einer vernünftigen Planung. Planung und Entscheidung sollen von der Basis her wachsen. Erst dann wird die Entscheidung von oben williger angenommen, wobei der Sachgehorsam gegenüber einem reinen Autoritätsgehorsam stärkeres Gewicht erhält“. Das Gelübde der Ehelosigkeit wurde nur kurz berührt. Die junge Generation spreche über diese Frage „überraschend offen“. „Bei jüngeren gibt es die Tendenz, Freundschaft mit Personen anderen Geschlechts zu pflegen, um dadurch besser zölibatär zu werden. Wenn es reine Freundschaft ist, um dadurch die andere Wesensart besser kennenzulernen, kann man solche Freundschaften bejahen“. Armut sei auch Konsumverzicht, kollektive Armut, Armut als Dienst und zum Dienst am Notleidenden. Die „Taschengeldempfänger-Mentalität“, die als entwürdigend empfunden werde, wurde abgelehnt. Man solle von „Gütergemeinschaft“ reden. „Dabei ist aber zu bedenken, daß die Armut oder besser die Gütergemeinschaft auch essentielle und konkrete Bedeutung in der sozialen Hilfe hat, die durch Einsparungen erst ermöglicht wird“. Kontrovers blieb die Frage nach zeitlich begrenzter Zugehörigkeit zu einer Ordensgemeinschaft statt der „ewigen“ Bindung. „Hier wurde zunächst über den Stellenwert der Konstitutionen gesprochen. Im gewissen Sinne ist die heutige allgemeine Haltung zur Regel auch als ein gesunder Pendelschlag gegen die ‚heilige Regel‘ zu werten: im wandernden Gottesvolk ist vieles in Bewegung geraten und die Regeln, die ja tatsächlich auf den Generalkapiteln abgeändert werden können, stellen keine unveränderlichen Größen dar. Das Ordensleben ist heute, ohne den Wert der Regel unterzubetonen, nicht mehr so sehr auf die Konstitutionen aufzubauen als vielmehr auf tragfähige Gemeinschaften“[132].

Abt Polag OSB referierte 1981 über die geistliche Führung[133] und beschrieb diese ordensalltagsnah mit vielen mitmenschlichen Zügen. Es gelte Vertrauen zu fördern, füreinander Zeit zu haben, gemeinsam zu feiern, Schwierigkeiten in der Gemeinschaft zu beseitigen. Die Aussprache im Plenum erbrachte, daß es für die Obern eine bedrückende Erfahrung sei, bei persönlichen Schwierigkeiten eines Mitbruders erst zum Schluß gebraucht zu werden, wenn es nur noch um die Abwicklung der rechtlichen Dinge gehe, d. h. um Administration. Die Arbeitskreise hoben hervor, wie hilfreich es sei, „etwas von den humanwissenschaftlichen Grundlagen menschlichen Miteinanders zu wissen“. Es gehe um die menschliche und geistliche Weiter-

132 VDO-Protokoll, 1973. AVDO.

133 Druck: A. Polag, Der Auftrag der geistlichen Führung. Überlegungen zur Praxis geistlicher Führung in unseren Gemeinschaften, in: OK (1981), S. 420–429.

bildung, darum, die Erfahrungshintergründe der Mitbrüder kennenzulernen, verstehende Gespräche zu führen und die Identität der Gemeinschaft zu fördern. Realität in der Gemeinschaft sei aber oft, den spirituellen Fragen gegenüber eine Abwehr aufzubauen und nach dem Prinzip zu verfahren: Arbeit ist auch Gebet. Es sei häufig zu wenig Vertrauen untereinander. Angst vor der Kommunikation bestehe, die durch die Erziehung des Priesters „zum Rechthaben" verursacht sei. Man müsse zur Wahrheits- und Entscheidungsfindung neue Wege in den Gemeinschaften gehen. Auch geistliche Wege, die Bitte um Verzeihung, Bußgottesdienste, psychologische und pädagogische Wege, seien nötig. Ein Teil der Mitbrüder lehne „rundweg eine solche geistliche Führung durch den Oberen" ab. Er sei dann reiner „Verwaltungstechnokrat". Gute Impulse seien aber Tage der Begegnung auf Provinzebene, Symposien und persönliche Briefe. Eigentlich hindere die apostolische Tätigkeit und die Zahl der auf viele Häuser verteilten Kommunität die persönliche Begegnung. Der Obere selbst brauche auch echte Freundschaft, geistliche Lektüre und Hobbys. Ein Arbeitskreis faßte die Bedeutung dieser Gespräche der Obern zusammen: „Neben den Einzelzeugnissen war das schönste und wichtigste unserer Besprechung im AK der offene, mitbrüderliche Austausch über Nöte und Versuche im Bereich der geistlichen Führung und die Bitten um Ermutigung und echte, praktische Hinweise. Allein von hier her hat die VDO-Tagung in einem solchen helfenden Rundgespräch ihren Sinn gehabt"[134].

Das Thema „Menschlich-geistliche Reife der Ordenschristen – Lebensfragen und Probleme aus der Sicht der Obern" wurde 1988 erneut aufgegriffen. P. Vitus Seibel SJ lieferte eine Beschreibung der Verhaltensweisen von Ordensleuten und eine Typenlehre von Ordenschristen. Als Typen charakterisierte er den getreuen Knecht (Ackergaul), den Hintersinnigen (Hinterfrager), den Ex-cathedra-Mann (Kompromißloser), den Versöhnlichen (Abwiegler), den Frommen (Vertikalist) und den Realisten (Horizontalist). Das bemerkenswerte an diesem Referat ist nicht die Typenlehre an sich, denn diese Typen kommen in allen Gemeinschaften, Betrieben usw. vor, sondern das Daß, weil damit der Erkenntnis Rechnung getragen wurde, auch Ordensgemeinschaften werden wie alle menschlichen Gemeinschaften mit ähnlichen Persönlichkeitsstrukturen und Rollen konfrontiert. P. Dufner OSB wandte sich dem möglicherweise „neurotischen Geflecht" von Gemeinschaften zu, denn auch das Kloster sei nicht ideal. „D. h. die kollektive Lüge, wie toll wir sind, verstärkt die private Lebenslüge oder vertuscht sie. Dies ist eine große Gefahr und eine Reifungshemmung". Manche würden

[134] VDO-Protokoll, 1981. AVDO.

als Reinigungsritual den Sündenbock, auf den alles projiziert werde, suchen. Andere hätten ein Suchtproblem durch Ersatzbefriedigungen, wieder andere wählten einen Vaterersatz in einer Ideologie. Es müsse im Orden Gemeinschaft und Einsamkeit geben, einen Ordensweg als geistlichen und menschlichen Reifungsweg.

In den Gruppengesprächen wurden krankmachende Strukturen benannt, zu denen die Überalterung, die Großkonvente, die „Junggesellen"-Gemeinschaft, der Leistungsdruck zählten. Dazu kämen die Verwundungen: Einsamkeit, Kommunikationsschwäche, Wüsten im Leben. Eine Nervenärztin erläuterte im Podiumsgespräch die Zunahme von Krankheiten in Gemeinschaften. Auch das Vollkommenheitsideal könne krank machen. P. Grün OSB bezeichnete es als ein heidnisches Ideal. Demgegenüber müsse eine ganzheitliche Spiritualität entwickelt werden. Es sei falsch, „frömmelnde Lösungen" zu geben. „Du mußt nur beten und fromm sein und wenn Du genug Glauben hast, dann hast Du keine Angst mehr. Dies ist ein Irrweg, der uns nur ein neues schlechtes Gewissen ermöglicht". Ein weiterer Beitrag forderte, man müsse über die Ehelosigkeit neu nachdenken. Eine „Theologie der Zeichenhaftigkeit genüge nicht". Einer der Mitbrüder habe gesagt, „er habe keine Lust, als eschatologisches Verkehrszeichen zu fungieren". Da in den meisten Kommunitäten das Thema tabu sei, werde viel Energie blockiert. Es sei die Frage, wie man mit den Grundkräften Sehnsucht, Zärtlichkeit, Leben schenken auch als Eheloser umgehe. „Je mehr sich der Ordensmann seine Sehnsucht eingestehe, umso mehr reift er daran und kann auch geistlich zärtlich sein und verständnisvoll"[135].

Der seit dem Konzil angestoßene Prozeß der Erneuerung hatte also, wie diese Wiedergabe der Beschäftigung der Obern mit dem eigenen Amt und den eigenen Gemeinschaften belegt, tiefgreifende Veränderungen zur Folge. Sie vollzogen sich weitgehend intern und drangen kaum an die Öffentlichkeit. Hier herrschten über die Mönche und Klöster, wie der Redakteur der Eichstätter Kirchenzeitung, Kreitmeir, 1982 vor den Obern feststellte, „geradezu verrückte Vorstellungen bei den Menschen, auch beim katholischen Volk"[136]. Auf der VDO-MV von 1991, als die Grünen-Politikerin Christa Nickels die sensiblen Fragen nach dem pastoralen Umgang mit wiederverheiratet Geschiedenen und den eigenen Sündenregistern der Kirche ansprach, sah sich einer der Obern herausgefordert, einmal mit Bestimmtheit zu erklären: „Auch wir in den Orden sind kritisch und lernbereit!"[137] Die

---

[135] VDO-Protokoll, 1988. AVDO.
[136] VDO-Protokoll, 1982. AVDO.
[137] VDO-Protokoll, 1991. AVDO.

Vermittlung des eigenen, menschlich und theologisch reflektierten und offenen Standpunkts der Orden, wie er auf den Mitgliederversammlungen zum Ausdruck kam, in die gesellschaftliche oder auch nur kirchliche Öffentlichkeit hinein, gelang nicht. Der Studienschwerpunkt von 1996, bei dem sich die Obern mit dem Thema „Führen und Leiten in Ordensgemeinschaften" aufgrund der Erfahrungen und Prinzipien aus dem Management-Bereich beschäftigten, erbrachte nicht von ungefähr die von den Obern monierte Schwäche: „Wir bringen nicht an die Öffentlichkeit, wie gut wir sind"[138].

Orden und Apostolat

Die vom Konzil ausgehenden Erneuerungsimpulse betrafen nicht nur das Gemeinschaftsleben der Orden, sondern auch das Verhältnis der Orden zu den Bischöfen und zum Weltklerus. Schon im Mai 1963 hatte die VDO einen engeren Kontakt zum Episkopat angeregt, der schließlich in der „Gemischten Kommission" einen ersten institutionalisierten Anfang nahm[139]. Auf den Mitgliederversammlungen setzten sich die Obern mit dem ekklesiologischen Ort der Orden auseinander. Da seit dem Konzil eine stärkere Betonung auf das Bischofskollegium und die Teilkirchen gelegt wurde, war die gesamtkirchliche Dienstfunktion der Orden stärker hervorgehoben. Diözesan- und Ordenspriester im Diözesandienst wurden dem Diözesanbischof als Mitarbeiter zugeordnet und damit wurde die Pastoral dem partikulären Recht, also der Exemtion, vorgeordnet. P. Klöckner OFM befaßte sich 1966 mit den Konzilswünschen hinsichtlich der Seelsorge von Ordenspriestern in der Diözese. Das genuine Charisma eines Ordens dürfe nicht einem aktuellen Auftrag oder einer externen Autorität geopfert werden. Die Spiritualität habe Exklusivcharakter. Diese werde aber oft wie „Spaltmaterial" in der Kirche, im Spannungsfeld Orden und Institution, gesehen. Orden und Diözesen sollten aber nicht „kurzsichtige Konkurrenz", sondern Zusammenarbeit pflegen. Die apostolischen Werke und Initiativen müßten koordiniert werden, Ordensleute in den Seelsorgeräten der Bischöfe vertreten sein, die Kräfte in bestimmten Arbeitsgebieten durch die Konferenzen der Höheren Ordensobern verteilt werden. Bischöfe und Ordensobern müßten zusammenkommen[140]. P. Fesenmeyer OFMCap mahnte, der selbständige Charakter der Orden komme etwas zu kurz. Auch in den seelsorglichen Fragen sollten sich die Orden nicht ganz unter die hierarchische Kirche eingliedern

---

[138] VDO-Protokoll, 1996. AVDO.
[139] Vgl. S. 358.
[140] Druck: S. Klöckner, Seelsorge in und mit der Diözese. Konzilswünsche – Überlegungen – Anregungen, in: OK (1966), S. 374–385.

lassen. Sie sollten eine „Parallelorganisation" zum Seelsorgeamt der Diözesen bilden. Die Missionskonferenz solle umgeformt in die VDO eingegliedert werden, um ein „schlagkräftiges und zielbewußtes Instrument" der Orden zu haben[141].

Soziologische Untersuchungen zur Tätigkeit der Ordensmänner, die 1966 und 1982 im Auftrag der VDO durchgeführt wurden, erbrachten, daß die Haupttätigkeit zu zwei Dritteln im diözesanspezifischen Bereich und nur zu einem Drittel im eigentlichen, dem ordensspezifischen Bereich lag. P. Pöppinghaus SJ[142] kritisierte daher 1968, die Ordensniederlassungen würden zu „Verleihanstalten von Aushilfspriestern". In der Diskussion über das Apostolat der Orden wurde das selbstkritische Fazit gezogen: „Die meisten leben noch in einer Welt der Vergangenheit und verkündigen das Evangelium ohne Rücksicht auf den Adressaten". Die Orden müßten aber beweglicher sein. Sie seien nicht identisch mit der hierarchischen Kirche. „Wozu aber hat die Hierarchie in Deutschland seit dem letzten Weltkrieg aufgerufen? Zu alten Parolen aus der Weimarer Zeit, zur christlichen Institutionalisierung in antiquierten Formen (katholische Schule, christliche Gewerkschaft, Verbandskatholizismus, Verrechtlichung moralischer Grundsätze. In all diesen Fragen muß heute der Bankrott erklärt werden)". Viele Dinge müßten von unten entstehen. Man müsse die eigene soziale Menschlichkeit lernen. In der Podiumsdiskussion wurden neue Modelle erwähnt wie „Kloster auf Zeit", Meditationszentren, Telefonseelsorge und die „offene Tür" mit Professionellen aus den Bereichen Psychotherapie, Sozialarbeit, Theologie, Recht. P. Schlösser CSsR vom Institut für Missionarische Seelsorge meinte, das IMS müsse der „Umschlagplatz" in der Ausbildung, Koordination und Kooperation der Orden werden[143].

Zwar waren die Orden im Unterschied zu der Zeit vor 1945 nun bedacht, möglichst eine quantitativ und qualitativ vergleichbare Priesterausbildung zu erreichen in den Dimensionen geistliches Leben, menschliche Reifung, theologische Bildung und pastorale Befähigung. Sie bemühten sich aber, neben der 4. Dimension, der vita communis, ihre ordenseigenen Akzentuierungen, Ordenstraditionen und ordenstypischen Tätigkeiten einzufügen. 1979 wurden die „Ordensspezifischen Leitlinien und Anregungen für die sinngemäße Übernahme der Rahmenordnung der DBK für die Priesterbildung"[144] einstimmig von der VDO-MV angenommen als Hilfen für die

[141] VDO-Protokoll, 1966. AVDO.

[142] Druck: J. Pöppinghaus, Die psychologischen, soziologischen und theologischen Ansatzpunkte für das Apostolat der Orden in Deutschland, in: OK (1968), S. 404–411.

[143] VDO-Protokoll, 1968. AVDO.

[144] Druck: OK (1980), S. 146–158.

von jedem Orden selbst zu erlassenden Ordnungen für die Priesterausbildung. Für die Orden blieben das spirituelle Selbstverständnis aller Ordensgemeinschaften, die Priorität der Ordensberufung, die vita communis und das ordenseigene Charisma verpflichtend. Die dem Pfarrexamen gleichwertige, aber in sich ordensspezifische pastorale Abschlußprüfung sollte nun auch von der Bischofskonferenz formell anerkannt werden. Damit war der Gleichwertigkeit von Ordens- und Diözesanpriestern zum Durchbruch verholfen, verbliebene Spannungen beseitigte dies dennoch nicht.

P. Peter Lippert CSsR[145] erkannte 1985 eine Ursache darin, daß im Priesterbild Amt und Tätigkeit gemeindebezogen gesehen würden, was bei Ordenspriestern in der Regel nicht der Fall sei. Der Dienst der Orden an den Teilkirchen sei bestärkend und verstärkend, ergänzend in der außerordentlichen Seelsorge, geistlich vertiefend, auch kritisch mahnend hinsichtlich Gesellschaft und Kirche durch Reden, Tun und Lebensweise, empfangend und lernend seitens der Laien und des Klerus. Die Orden hätten ein Ursprungscharisma, einen theologisch-spirituellen Eigenbereich, der einen Freiraum gegen kirchliche Verplanung darstelle. Neben dem Konfliktmodell oder dem Harmoniemodell zwischen Orden und Diözesen sei wohl das Modell einer von Einheit umfaßten und zugelassenen Konflikthaftigkeit das richtige Kirchenmodell in diesem Falle. Die Ortskirche müsse Raum für Charismen geben. Vom rechtlichen Standpunkt aber war dieser Raum, wie H. Reinhardt in seinem Referat[146] darlegte, nicht übermäßig weit. Das Kirchenrecht betone die Teilkirchen und die Diözesanbischöfe. Die Autonomie des klösterlichen Instituts beziehe sich auf das Leben, die innere Leitung, das geistliche Erbgut und die eigene Disziplin. Bezüglich der Seelsorge und der Gottesdienste seien Ordenspriester der potestas des Diözesanbischofs unterworfen. Staatskirchenrechtlich seien die Orden der verfaßten Kirche zugeordnet, wenn der Zweck der Vereinigung auf die Erreichung des Ziels gerichtet sei, den Auftrag der Kirche in der Welt wahrzunehmen und zu erfüllen. Dadurch sei der Freiraum der Institute in kirchenpolitischen Zielsetzungen nicht mehr groß.

Der Standort in Kirche und Gesellschaft

Die Frage nach dem eigentlichen Standort der Orden in Kirche und Gesellschaft wurde durch die nachkonziliare Entwicklung eher drängender. Auf

[145] Druck: P. Lippert, Zur besonderen Berufung des Ordenspriesters in der Kirche, in: OK (1986), S. 55–64.

[146] Druck: H. Reinhardt, Die besondere Berufung der Ordenspriester im Dienst der Kirche – aus rechtlicher Sicht, in: OK (1986), S. 65–78.

der Gemeinsamen Synode der Bistümer in der Bundesrepublik Deutschland (1971–1975), zu der die VDO 10 von ihr gewählte Ordenspriester entsandte, bemerkte der VDO-Vorsitzende Senftle, „daß die Orden am Rand des öffentlichen Bewußtseins" stünden[147]. P. Hirschmann SJ konstatierte eine „gewisse Reserve unter den deutschen Katholiken gegenüber den Ordensleuten", die man auch lieber demokratisch gewählt hätte statt sie von der Obernvereinigung wählen zu lassen. Man erwarte von den Orden „das Zeugnis der Solidarität mit den andern Christen", keine fertigen Lösungen. „Mit anderen Worten: man erwartet vor allem von uns die Überwindung unserer tatsächlichen oder oft wenigstens nur angenommenen Isolierungen in Kirche und Welt. Man ist durchaus bereit, auch auf uns zu hören, verlangt von uns aber auch das Mithören auf die anderen"[148].

Als 1974 Abt Schulz die überarbeitete und erweiterte Vorlage „Die Orden und andere geistliche Gemeinschaften" vorstellte, meinte P. Westemeyer, im Synodenpapier seien zu hohe Anforderungen an die Ordensleute gestellt. Die persönlichen, fachlichen, sachlichen und finanziellen Bedingungen fehlten. Die Obern gewannen den Eindruck, der Text sei pädagogisierend. Armut dürfe nicht von der „diogenesischen Armut" her bestimmt werden. Die irdischen Güter sollten der Berufung und Sendung dienstbar sein. „Wir sind mit unserer Berufung eingefordert, einen kulturellen Prozeß durch Pastoral zu schaffen und dazu braucht man auch Güter. Es kommt darauf an, wozu und wie wir mit den Gütern umgehen". Dazu gehöre auch das Weiterschenken der geistlichen und materiellen Güter[149].

Nachdem dann 1976 J. B. Metz über „Zeit der Orden? – Impulse aus dem Synodentext ‚Unsere Hoffnung'"[150] vor den Obern referiert hatte, meinte der 1. Vorsitzende Oerder SDB, es sei nicht leicht, „die Brücke von den praktischen Gegebenheiten zu den Hintergründen zu schlagen, die Sie uns gezeichnet haben. Trotzdem aber ist das, was Sie gesagt haben, eine tatsächliche Orientierungshilfe"[151]. Der Priester und Universitätsprofessor Metz bürdete den Ordenspriestern nicht wenig auf durch seine These, „daß die Krise unseres kirchlichen Lebens am Ende nur durch radikale, d. h. an der Wurzel gefaßte Nachfolge zu wenden sei". Den Orden komme eine funktionale Bestimmung zu als „produktive Vorbilder", als „Korrektive", als „Schocktherapie des Heiligen Geistes für die Großkirche". Metz fragte,

---

147 VDO-Protokoll, 1971. AVDO.

148 Druck: J. Hirschmann, Beitrag der Orden zur Synode – Erwartung der Synode an die Orden, in: OK (1971), S. 422–425.

149 VDO-Protokoll, 1974. AVDO.

150 Vgl. J. B. Metz, Zeit.

151 Oerder an Metz, 8. 7. 1976. AVDO.

wo sich die „legitime und fruchtbare Spannung, der lebendige Antagonismus zwischen Orden und Großkirche" zeige, ob die Orden nicht etwa großkirchlich angepaßt und gezähmt seien. Er konstatierte eine schleichende passive Anpassung an eine spätbürgerliche Wohlstandsmentalität in einer „Service-Kirche für bürgerliche Lebensfeiern". „Die Ordenskrise ist, wenn ich recht sehe, nur sekundär eine Nachwuchskrise, sie scheint primär eine Funktionskrise zu sein – verursacht durch das Fehlen großer, spezifischer, in einer gewissen Weise nicht übertragbarer Aufgaben in der Kirche". Die Nachfolge müsse mystisch und situativ und praktisch-politisch sein. „Armut als evangelische Tugend drängt in die praktische Solidarität mit jenen Armen, für die Armut gerade keine Tugend, sondern Lebenssituation und gesellschaftliche Zumutung ist". Die Ehelosigkeit als Ausdruck kompromißloser Sehnsucht nach dem „Tag des Herrn" dränge in helfende Solidarität mit den Einsamen, für die es keine Tugend sei, ehelos, geschieden oder alt zu sein. Der Gehorsam dränge in die Nähe derer, für die Gehorsam keine Tugend, sondern Ausdruck von Unterdrückung und Entmündigung sei[152].

Der Arbeitskreis der monastischen Gemeinschaften zeigte sich von Metz' Thesen wenig berührt. Er unterstrich, die einzelne Abtei könne nur bestrebt sein, „die allgemeine neutestamentliche christliche Spiritualität zu leben mit einem besonderen Akzent, der von der tradierten Lebensform einer jeden Abtei abhängt". Die Ordensgemeinschaften der Neuzeit beschäftigten sich mit der Verwirklichung von Gerechtigkeit und der Kritik als Dienst an der Kirche. Ein anderer Arbeitskreis meinte, die Hierarchisierung und Verpriesterlichung der Orden lähme. Metz äußerte sich erschrocken wegen der Relativierung der Armut in diesem Kreis: Armut habe „eine unbezweifelbare sozial definierte Komponente", sonst werde sie konturenlos, so Metz. „Die gravierendste Form, in der die ‚List' wirkt, in der die Anpassungsversuche der Großkirche gegenüber den Orden am erfolgreichsten sind, ist vielleicht das Geld. Geld schafft Abhängigkeit. Das sei seines Erachtens aber nicht das Problem der Orden, sondern der Bischöfe, die ein gutes Beispiel dafür geben müßten, daß Bischöfe nicht kapitalistisch mit Geld umgehen, d.h. daß sie also nicht durch Geld Abhängigkeiten schaffen". Abt Schulz wandte sich gegen die „Eindimensionalität" des Armutsbegriffs. Andere meinten, sie wüßten doch gar nicht, was Armut sei. Der Freiraum der Orden würde durch die Verzweckung durch die Kirche kleiner. Die Gefahr bestehe, verplant zu werden, bis „von unseren Charismen nicht mehr viel übrig bliebe". Wieder andere brachten vor, das sei doch die Lebenskunst, innerhalb der Gesetzmäßigkeiten den Geist zu verwirklichen. Die Orden

[152] Druck: J. B. Metz, Zeit der Orden?, in: OK (1976), S. 420–428.

würden die Institutionalisierung mit sich schleppen, sollten aber nach innen pluralistisch bleiben. Mancher plädierte für einen Rückzug der Ordensleute aus dem Diözesandienst, damit die Kirche für sich allein plane[153].

Die VDO-MV setzte ihre Diskussionen 1977 zur Thematik „Die Orden zwischen Charisma und Institution in der gegenwärtigen Lage der Kirche" fort, doch blieb außer der biblisch legitimierten Entfaltung individueller Charismen zum Nutzen aller kaum eine konkrete Übersetzung dieser Frage in das 20. Jahrhundert. Der wahre Charismatiker, so die Tendenz der Gesprächsbeiträge, könnte im Grunde genommen nie die Gemeinschaft als solche in Frage stellen. Charismatiker war nicht das eigentliche Reizwort, das die Obern anregte, sondern, wie sich weiter zeigte, die Figur des Propheten.

Es zählten zur Standortsuche der Orden auch die Beschäftigung mit den neuen Sekten (1979), die Frage der Erwartungen, die Laien an Orden stellten (1982), die Betrachtungen der beiden Berufungen zum Ordensleben oder zum Eheleben (1982) und die Beschäftigung mit den neuen geistlichen Bewegungen (1987). Die Tendenz, die sich jedoch in der Standortbestimmung Ende der achtziger Jahre abzeichnete, klang bei der VDO-MV 1986 mit dem Thema „Orden – Zeichen des Glaubens und Träger der Zuversicht – Versuch einer Standortbestimmung" in einem kritischen Beitrag Prov. Arens' OFM in der Aussprache schon an. Er fragte, was denn eigentlich „der Welt gegenüber" heiße. Welche Ekklesiologie dahinter stehe. Auch Ordenschristen würden in der Welt leben und gäben doch nicht nur Antwort auf Ängste der Zeit, sondern durchlebten als Kind der Zeit die Ängste auch selbst. Es sei für ihn ein Zeichen der Hoffnung, „daß ein Thema wie ‚Ordensleute für den Frieden'[154] hier überhaupt zur Sprache kommt". Es werde zu wenig beachtet, daß sie als Ordensleute „als Teil unserer Welt und Gesellschaft unseren Weg gehen. Wenn es zur Sprache kam, schien es mir etwas mit Angst besetzt. Teilhaben an dieser Welt heißt nicht, die ganze Gefühlslage dieser Welt teilen, sondern als Ordenschristen teilhaben an dieser Welt, d. h. in dieser Welt leben und die Erfahrungen dieser Welt teilen, aber der Hoffnung den Vorrang geben". Ein anderer in der Plenumsdiskussion riet: „Vielleicht könnten die Orden wieder mehr Zeichen der Hoffnung sein, wenn sie nach außen gingen und nicht in der gut umzäunten Kirche stehen blieben bei dem einen Schaf im Pferch". Die 99 Schafe seien nämlich schon weg[155].

Die Mitgliederversammlungen zwischen 1989 und 1992 wandten sich dann konsequent der Frage der „Fernstehenden", der „Zeichen der Zeit",

---

153 VDO-Protokoll, 1976. AVDO.
154 Vgl. S. 337, 349.
155 VDO-Protokoll, 1986. AVDO.

der „Wege zum Menschen“ und der „Option für die Armen“ zu. Die Presseerklärung der VDO-MV 1989 wirkte in ihrer grundsätzlichen Formulierung wie die Eröffnung dieses verstärkten Bemühens nach außen: „Kirche und mit ihr die Orden dürfen nicht um sich selbst kreisen. Sie sollen vielmehr für andere da sein und müssen sich daher um Offenheit bemühen“[156].

Ottmar Fuchs, der sich mit der Situation der „Fernstehenden“ aus praktisch-theologischer Sicht[157] befaßte, forderte die Orden zu „mehr Zivilcourage und Mut zum Positionsbezug und zur Solidarisierung mit denen, die Barmherzigkeit und Gerechtigkeit brauchen“ auf. Orden sollten Optionen in ihrem Handeln verfolgen „und die von ihnen her unvermeidbaren Konflikte in Kirche und Welt“ durchtragen. Sie sollten zugunsten der Welt den Glauben leben. Jeder Notleidende, gleichgültig, was er glaube, gehöre immer in das Zentrum der Kirche. „Das bringt Turbulenzen!“ Christen solidarisierten sich dann mit allen Menschen, die Leiden und Unterdrückung verhindern wollten. „Auch dieses Bestreben bringt die Grenzen zwischen innen und außen, zwischen nahe und ferne in Bewegung: aber gerade nicht um irgendwelcher Integrationen willen, sondern um einer möglichst breiten Manifestation des Reiches Gottes in unserer Geschichte willen“. Die Rede von Gott dürfe nicht Indoktrination, Integrationsgehabe oder Sanktionsquelle zur angstbesetzten und zwanghaften Reglementierung der Menschen sein. Das Podiumsgespräch 1989 führten Mitglieder aus Gemeindemission, Künstlerseelsorge, Beratungsseelsorge, Jugend- und Frauenseelsorge, Nichtseßhaftenseelsorge und Arbeiterpriester. Die einzelnen Gemeinschaften brachten Beispiele für ihre Arbeit mit „Fernstehenden“, Flüchtlingen, Asylbewerbern und Studenten aus Übersee[158].

J. B. Metz setzte 1990 mit seinem Referat „Zeichen der Zeit – Antwort der Orden. Orden in Kirche und Gesellschaft“[159] den Akzent auf die prophetisch-kritische Aufgabe der Orden, die Leid wahrnehmen und an ungeteilter Gerechtigkeit Interesse zeigen müßten. Es gäbe keine politische Unschuld. Die Kirche sei im Prozeß, Weltkirche zu werden, darin seien die global organisierten Orden Keimzellen interkulturellen Zusammenlebens. Das traf in der Diskussion auf Zustimmung der Obern, die als Aufgaben der Orden den sozialen Einsatz, das politische Engagement und die spiri-

---

156 Erklärung der Vereinigung Deutscher Ordensobern zur Frage des Verhältnisses von Kirche und Fernstehenden, in: OK (1990), S. 25.

157 Druck: O. Fuchs, Die Situation der Fernstehenden aus der praktisch-theologischen Perspektive der Evangelisierung, in: OK (1990), S. 1–23.

158 VDO-Protokoll, 1989. AVDO.

159 Druck: J. B. Metz, Zeichen der Zeit – Antwort der Orden. Orden in Kirche und Gesellschaft, in: OK (1990), S. 418–425.

tuellen Dienste als Oasen inmitten rein materialistisch-diesseitig orientierter Überfluß- und Konsumgesellschaft hervorhoben.

1991 wurde das Thema „Wege zum Menschen – Anstöße zur Evangelisierung" behandelt. P. Gunk OP berichtete über die Initiative „Ordensleute für den Frieden", die sich seit 1983 mit Wallfahrten, Friedens-Camps, gewaltfreien Blockadeaktionen oder symbolischen Handlungen wie dem Aufbau von Slum-Hütten vor der Deutschen Bank in Frankfurt für den Frieden einsetzten. Christa Nickels von den Grünen meinte, die Ordensleute sollten die Menschen in die Klöster hereinlassen bzw. sie müßten zu den Menschen gehen. Orden seien Biotope in der Kirche und sollten ihre Parteilichkeit für die Armen leben und sich der sogenannten Randgruppenpastoral, die nicht das Ziel Kirchgang habe, öffnen. An der prinzipiellen Richtigkeit dieser Positionen bestand von seiten der Obern im Grunde kein Zweifel. Der 1. Vorsitzende, Prov. Dantscher SJ, machte allerdings auf Schwierigkeiten in der Umsetzung aufmerksam. Teils liege es daran, „daß wir zu schwerfällig reagieren oder uns daran gewöhnt haben, daß andere in der Kirche sich zu Wort melden und Stellung beziehen". „In vielen Bereichen sind wir nicht kompetent oder haben die jeweils kompetenten Mitbrüder nicht so bei der Hand, daß wir damit wirksam und verständlich teilnehmen können an den Fragen der heutigen Welt"[160].

Mit der Thematik „Option für die Armen. Der existentielle Platz der Orden in Deutschland an der Seite der Armen" schloß die Reihe der pastoral orientierten Themen. P. Norbert Lohfink SJ[161] legte das Armenethos der Bibel dar. Jahwes Befreiungshandeln führe Arme und Unterdrückte, ökonomisch Ausgebeutete und gesellschaftlich Deklassierte aus dem sie knechtenden System heraus. Ursula Adams[162] plädierte „dringend dafür, daß die Orden heute zu Neuem aufbrechen. Das sollen sie in eigenem Interesse tun. Sie wissen alle, daß dies eine Frage des Überlebens ist, also in Ihrem eigenen Interesse sein sollte. Aber ebenso ist ein Neuaufbruch wegen der Menschen in unserem Land erforderlich. Alle haben Anspruch darauf, Kirche nah in ihren Zeugen zu erfahren". „Es braucht Menschen, die sich wirklich für die Menschen interessieren, für die Fachleute wie für die Armen". Ulrich Borchert schilderte aus der Sicht der professionellen Sozialarbeit, wie die Neuaufbrüche in den Orden gesehen

---

160 VDO-Protokoll, 1991. AVDO.

161 Druck: N. Lohfink, Die Bibel und die Armen – drei Lesehilfen für Ordensleute, in: OK (1992), S. 385–392.

162 Druck: U. Adams, Option für die Armen. Der existentielle Platz der Orden an der Seite der Armen, in: OK (1992), S. 393–400.

würden[163]. Die Ordensleute würden ungewöhnliche Wege beschreiten, den Alltag mit den Menschen teilen, Vertrauen und Solidarität zeigen. In der Diskussion wandten sich Obern dagegen, Ordensgemeinschaften nur als nicht professionell tätige hinzustellen, da es gerade, wie bei den Salesianern, professionell ausgebildete Sozialarbeiter und Sozialpädagogen gäbe.

Charismatisch-prophetisch: Ideologisierte Ekklesiologie?

Die engagierte Standortbestimmung der Ordensobern in den 1990er Jahren zog dezitierte Reaktionen seitens des Sekretärs der Religiosenkongregation, Erzbischof Francisco Javier Errazuriz, auf der VDO-MV 1993 nach sich. Errazuriz' thematischer Schwerpunkt lag bei den Orden in einer geschwisterlichen Kirche, was ihn bald zu einem „Konfliktstoff" führte, den er in der „polarisierende[n] Beschreibung der Sendung des Ordenslebens und der Bischöfe" ausmachte. „Demnach stellt das Ordensleben den charismatisch-prophetischen Pol in der Kirche dar, während die Bischöfe die Institution verkörpern. Mittlerweile werden an diesem dualistischen Bild Korrekturen vorgenommen: auch den Bischöfen wird zugestanden, daß sie Propheten sein können und sollen, aber im Gegensatz zu ihnen sind die Ordensleute als Mitglieder religiöser Gemeinschaften immer, per se, prophetisch und charismatisch, denn das macht ihre ureigenste Identität aus. Diese Behauptungen sind nicht nur als Lehre unhaltbar und spiegeln eine ideologisierte Ekklesiologie wider, sondern sie tragen auch einen Konfliktstoff von großer Sprengkraft in sich, wenn sie in die Praxis umgesetzt werden. Denn was kann man von einer solchen Betrachtungsweise anderes erwarten als die Verkündigung der totalen Autonomie der Propheten, zu der man vor Gott verpflichtet ist, weil der institutionelle Pol, wie schon alttestamentliche Erfahrungen zeigen, den prophetischen ja doch nie begreifen und ihn immer unterdrücken wird? So entsteht eine Gegenführung des Volkes Gottes". „Darum hängen sowohl die Einheit des Leibes als solche wie auch der Reichtum im Austausch zwischen seinen Gliedern, und die Fruchtbarkeit der Neuevangelisierung von der organisch-hierarchischen Communio des Leibes mit seinem Haupt ab"[164].

Die auf der VDO-MV 1993 verabschiedete gemeinsame Stellungnahme der VDO und VOB zur geplanten Bischofssynode 1994 „Das gottgeweihte Leben und seine Sendung in Kirche und Welt" bzw. zu den Lineamenta

---

163 Druck: U. Borchert, Zur Standortbestimmung der Aufbrüche in den Orden aus der Sicht der professionellen Sozialarbeit: Störenfried oder Bündnispartner, in: OK (1992), S. 405–412.

164 VDO-Protokoll, 1993. AVDO.

machte nun aber unmißverständlich deutlich, daß die Orden die Konflikthaftigkeit ihrer Positionsbestimmung nicht harmonisiert sehen wollten. Sie kritisierten an den römischen Texten, dort stünden Rechtsfragen statt des Ordenscharismas, des prophetischen Charakters der Orden und des geschwisterlichen Miteinander, im Mittelpunkt. Welt und Gesellschaft sehe man dort pessimistisch. „Mit Schlagworten wie ‚Säkularismus', ‚Individualismus', ‚Feminismus' wird einseitig vor der ‚Welt' gewarnt". Darin lägen aber auch ermutigende Chancen. Statt Geschwisterlichkeit und Partnerschaft würden die Lineamenta die Unterordnung betonen. Demgegenüber sei ein evangeliumsgemäßes Verständnis von Autorität und Gehorsam wichtig, wobei keine doppelten Gehorsamsstrukturen aufgebaut werden sollten. Die Solidarität mit allen Menschen, der Dialog mit Andersdenkenden und die Ökumene seien wichtig. Das Gründungscharisma müsse im Kontext der Gegenwart ausgelegt werden. Die Monastisierung und Klerikalisierung von apostolischen Gemeinschaften sei ungut. Auch die Laien sollten Leitungsämter haben. Die Ordensberufung sei von der Berufung zum Priestertum im Entwurf überlagert. Es gäbe neben den evangelischen Räten auch neue evangeliumsgemäße Zeichen wie Gewaltfreiheit und Gerechtigkeit. Ordenstracht oder Klausur seien demgegenüber nicht zeichenhaft. Man solle durch Gemeinschaftsleben, Glauben, Hoffen und Hinwendung zu den Menschen erkennbar sein. Die „prophetische Dimension" sei „von Anfang an für diese Lebensform typisch" und gelte außerhalb wie innerhalb der Kirche. Die Ordensgemeinschaften unternähmen außerdem große Bemühungen, zu einer höheren Wertschätzung der Personen als der Strukturen zu gelangen[165].

1994 und 1995 kam es auf der VDO-MV zu einem Gespräch über die Bischofssynode über das „Gottgeweihte Leben" mit dem Vorsitzenden der Deutschen Bischofskonferenz, Bischof Karl Lehmann, der das Fehlen einer Ortsbestimmung der Orden in der Kirche (locus theologicus) beklagte. Er unterstrich die Bedeutung der Orden als zentrale Säulen der Kirche. 1996 gab P. Lippert CSsR eine Stellungnahme zum Apostolischen Schreiben „Das geweihte Leben" (Vita consecrata) von Papst Johannes Paul II. ab[166]. Er merkte kritisch an: „Gilt die Prophetie der Orden auch der institutionellen Großkirche (Metz) oder nur der Gesellschaft bzw. den Laien?" Es seien im Text auch einige Brüche zu Erkenntnissen des II. Vatikanums bzw. zu allgemeinen theologischen Erkenntnissen vorhanden, so die „Vorrangigkeit des Ordenslebens", die sich doch mit der Berufung aller zur Heiligkeit nicht

[165] Ebd.

[166] Druck: P. Lippert, Nachsynodales Schreiben „Vita consecrata" über das geweihte Leben und seine Sendung in Kirche und Welt vom 25. 3. 96 (VC). Eine Stellungnahme, in: OK (1996), S. 390–401.

vereinbaren lasse, der falsche Vergleich der Jerusalemer Urgemeinde mit dem Ordensleben, Ausführungen über die Klausur. Das Schreiben sei zu sehr vom Soll-Zustand geprägt, und das Versagen der Kirche und der Orden hätte auch genannt werden müssen. Die „in der Geschichte allzu oft auffindbaren Irrwege und Grenzen des idealen Ordenslebens“ fehlten: „sekundäre, soziale Gründe für das ‚Ins-Kloster-Gehen‘ während vieler Jahrhunderte“, „menschliche Verformungen, die während einer langen Zeit vielen Ordensleuten durch eine schiefe Deutung der Räte angetan wurden (wo es eben nicht, wie heute gewünscht, um auch menschliche und affektive Reife ging, vgl. VC 88)“; „Überlegenheitsgehabe und Diskriminierung von Laiendasein und Eheleben, die wirklich erst durch Kapitel 5 von Lumen Gentium überwunden wurde“; „vereitelte Absichten bei Ordensgründungen, deren ursprüngliche Impulse auch ‚von oben‘ verbogen wurden“; „Rivalitäten unter den Orden und zwischen Orden und Diözesanklerus zum Schaden der Kirche und der Gläubigen“.

Die Stellungnahmen der VDO/VOB und P. Lipperts sind bemerkenswert auf dem Hintergrund der römischen Dokumente und des Beitrags von Errazuriz auf der VDO-MV. Sie markieren den Standort der Obern in der VDO, wie er sich durch jahrelange gemeinsame selbstkritische Reflexion und kritische Diskussion herausgebildet hatte. Die Stellungnahmen sind so gesehen, das zeigen die Reaktionen von manchen Vertretern der Hierarchie[167], in sich schon unruhestiftend, obgleich sozusagen nur intern, im klar akzentuierten und artikulierten ernsten Flüsterton zu vernehmen.

(b) Professionalisierung des Ordenssektors

Durch die Beschränkung der SK/SV von 1898 bis 1945 auf die den Mitgliedsgemeinschaften gemeinsamen Tätigkeitsbereiche „Heidenmission“ und Auslandsseelsorge lag auch das Schwergewicht der Förderung des professionellen Sektors damals in diesen Bereichen. Die Öffnung der VDO für alle Priesterorden und -kongregationen nach dem Zweiten Weltkrieg und die Bildung des Missionsrats verliehen der VDO nun in allen Ordensfragen zur Spezialisierung und Professionalisierung der Ordensmitglieder ein größeres Gewicht.

---

167 Die DBK-Stellungnahme zu den „Lineamenta“ vom 23. 9. 1993 (Anlage zu Schumachers Rundschreiben 649, 11. 1. 1994. AVDO) kehrt ohne Ängstlichkeit positiv die „prophetische Funktion“ der Orden heraus, „die nicht nur gegenüber der profanen Gesellschaft, sondern auch in innerkirchlichen Prozessen“ gelte.

MI: Missionsärztliches Institut Würzburg

Im November 1946 konstatierte die VDO-MV unter dem Eindruck der damaligen Lage, die Blüteperiode missionsärztlichen Wirkens sei vorbei. Die bleibende Bedeutung des Würzburger Missionsärztlichen Instituts aber wurde nicht bestritten, auch wurde die traditionell gewachsene Verbindung der VDO mit dieser Institution nicht gelöst. Das MI gestaltete sich um. Weiterhin nahm die VDO ihr Vorschlagsrecht zur Kandidatenbenennung für das Direktorenamt wahr und entsandte 5 Mitglieder in den MI-Trägerverein. Der Direktor berichtete vor den Obern über den Entwicklungsstand des MI und bat, wie schon vor 1945, um finanzielle Unterstützung der VDO. Seit der Satzungsänderung 1965 war die VDO in der Mitgliederversammlung des „Vereins für ärztlichen Dienst in Übersee e. V." mit 3 Personen vertreten, die mit Zustimmung der VDO beauftragt wurden, seit der Satzungsänderung von 1996 mit nur noch einem Sitz und einer Stimme in der Mitgliederversammlung.

IMS: Institut der Orden für missionarische Seelsorge und Spiritualität

Der entscheidende Impuls zur Gründung des IMS verdankt sich einem gründlichen Mißerfolg auf dem Gebiet der Volks- und Gemeindemission. Die seit 1912 in diesem Bereich agierende Missionskonferenz (MK)[168] übernahm innerhalb der VDO durch deren Öffnung einen eigenen Part mit Berichten seit den 1950er Jahren. 1955 legte der MK-Vorsitzende Prov. Scherzl CSsR die Bemühungen um eine zeitgemäße außerordentliche Seelsorge dar, die sich in Überlegungen einer „Großraum Mission" zur „Verchristlichung" aller Lebensbereiche und zur „Rückeroberung des weltlichen Raumes" ergingen[169]. Als 1960 dann „das größte missionarische Unternehmen im deutschen Sprachraum", das in München durchgeführt wurde, kläglich gescheitert war, so daß sich sogar, wie der MK-Vorsitzende P. Spielbauer CSsR vor den Obern ausführte, „offenkundige Greuelmärchen" darüber verbreiteten – vieles sei aber nur „klerikaler Klatsch" –, sah sich die MK zum Umdenken gezwungen, denn die „Mission steht vor einer Krise". Die Missionare seien ihrer Aufgabe nicht gewachsen gewesen, die Predigten nach Inhalt und Form ungenügend. Es stelle sich sogar die Frage, ob Volksmissionen sich nicht überlebt hätten. Bei einer Fortführung müsse die Qualität unbedingt gefördert werden durch ein Missionsinstitut, das Methoden, Medien, Aus- und Weiterbildung vermittele. „Schließlich wird das immer

---

[168] Vgl. S. 136f.

[169] VDO-Protokoll, 1955. AVDO.

wieder die Aufgabe der Orden sein, in der Kirche erneuernd zu wirken"[170]. „Ein Institut für missionarische Seelsorge ist darum jetzt fällig. Es darf keine dilettantische Angelegenheit werden"[171], so das Ergebnis der VDO-MV 1961.

1962 wurde das „Institut für Missionarische Seelsorge" in München gegründet in Trägerschaft der MK, später verlagerte es den Sitz nach Frankfurt a. M., 1997/98 zog es nach Mannheim um. Das 1967 als e.V. gemeldete Institut, das in VDO-Trägerschaft übernommen worden war, wird seit 1973 von den drei deutschen Ordensobern-Vereinigungen VDO, VOD und VOB und den Superiorenkonferenzen der deutschsprachigen Nachbarländer getragen. Es verstand sich als Pastoralinstitut der Orden mit dem nicht unbedeutenden „kirchenpolitischen Aspekt", der Profilierung der Orden zu dienen[172]. Entsprechend den Umfrageergebnissen zu Spezialtätigkeiten einzelner Ordensmitglieder, die das IMS im Auftrag der VDO auswertete – „Es gibt nichts, was Ordensleute nicht auch tun"[173] –, richtete sich das IMS auf ein umfassendes Angebot ein, das persönlichkeits-, prozeß- und erfahrungsorientiert menschliche Reife, spirituelle Tiefe und pastorale Fertigkeiten vermitteln wollte.

Die Veranstaltungen des IMS wurden dezentral in Deutschland, Österreich und der Schweiz angeboten und betrafen die Bereiche Ausbildung in geistlicher Begleitung, Exerzitienleiter-Ausbildung, Ausbildung und Begleitung von Formatorinnen und Formatoren in den Ordensgemeinschaften und Diözesen (Noviziatsleitung, Ausbildungsleitung in Scholastikat, Juniorat und Priesterseminar, Aus- und Fortbildung von Regenten, Spiritualen usw.), Ausbildung und Supervision für Leitungsaufgaben in den Orden (Entscheidungsfindung aus dem Glauben, Organisationsentwicklung für Führungskräfte, Schulung und Supervision für Obere und Oberinnen usw.) und Angebote für pastorale Dienste (Pastoralpraktische Ausbildungen für Neupriester und Pastoralreferenten aus den Ordensgemeinschaften bis zur 2. Dienstprüfung, Fortbildung für Ordensleute in der Sakramentenpastoral und in der Sonderseelsorge). Bis zu vier hauptamtliche Ordensleute sind im Institut tätig, zahlreiche externe Fachleute werden für die Angebote engagiert.

Krise, Umbruch und Erneuerungsprozeß erlebten die Ordensgemeinschaften gemeinsam. Sie suchten nicht nur auf der Ebene der Ordensobern

---

[170] Bericht: Münchner Mission 1960. AVDO.
[171] VDO-Protokoll, 1961. AVDO.
[172] VDO-Protokoll, 1984. AVDO.
[173] Bericht Schlössers, VDO-MV 1972. AVDO.

nach neuen Entwicklungsmöglichkeiten, sondern auch in diversen Arbeitsgemeinschaften aus Fachleuten der Mitgliedsgemeinschaften. Dadurch konnte in den Bereichen Gemeindemission, Berufswerbung, Ausbildungs- und Noviziatsleitung, Jugendpastoral, audiovisuelle Medien und Ordensarchive durch den gemeinsamen Erfahrungsaustausch in Spezialbereichen eine Professionalisierung vorangebracht werden. In der Geschichte der Orden ist die Kooperation der AGs, wie sie in der 2. Hälfte des 20. Jahrhunderts gelang, eine Zäsur gegenüber den zuvor noch verheimlichten Interna bzw. gegenüber den wenigen Aussprachen über die nur technisch-organisatorischen Aspekte, wie sie auch schon in der SK/SV gepflegt worden waren. Und diese Arbeitsgemeinschaften – anders als beim Ausbau im missionsspezifischen Sektor vor 1945 – wurden integrativer Bestandteil der VDO.

AMDO: Arbeitsgemeinschaft für missionarische Dienste der Orden

Die AMDO ist die Nachfolgeorganisation der MK für Volks- und Gemeindemission[174], die zunächst noch ohne engere organisatorische Anbindung an die VDO auf ihrer gewachsenen Selbständigkeit beharrte, bis sie sich schließlich 1972 in die Arbeitsgemeinschaften der VDO einreihte.

Sie umfaßt Ordensleute, Weltpriester und Laien in Regionalgruppen im deutschsprachigen Raum (Bundesrepublik Deutschland, Schweiz, Österreich, Südtirol). Sie beschäftigt sich mit Zielen und Realisierungsmöglichkeiten der missionarischen Arbeit in Gemeindemissionen und Glaubenswochen und organisiert für die daran beteiligten Missionare und Missionarinnen Fortbildungsveranstaltungen. Ende der 1980er, Anfang der 1990er Jahre konnte die AMDO von einer steigenden Tendenz von Gemeindemissionen und Glaubenswochen berichten. Die Interessierten müßten eine Wartezeit bis zu 3 Jahren in Kauf nehmen.

AGMO: Arbeitsgemeinschaft der Männerorden für die Pastoral der geistlichen Berufe

Der erste Gedankenaustausch über die gemeinsame Ordenswerbung wurde 1965 angebahnt. Als der Sprecher des Arbeitskreises auf der VDO-MV 1969 für die Gründung einer AG plädierte, begrüßten die Obern diese Idee. Die AG solle ein neues Klima für die geistlichen Berufe schaffen, ihr Ziel sei aber nicht, so der etwas ängstliche Hinweis, „für einen bestimmten Orden zu werben“[175]. Die AGMO vereinte die Ordensmänner, die in der Beru-

---

[174] Vgl. S. 136f.

[175] VDO-Protokoll, 1969. AVDO.

fungspastoral tätig waren. Sie gaben Informationsmaterialien für Jugendliche heraus, veranstalteten Informationstage, Besinnungstage und religiöse Wochen für sie. Inserate, Plakate, Prospekte, Broschüren, Kurzbiographien und Tonbilder wurden entworfen, die Medien Rundfunk und Fernsehen zur Werbung genutzt, bei den Foren der Katholikentage zur persönlichen Begegnung mit Ordensleuten eingeladen. In einem häufiger tagenden „Kernkreis" und dem jährlichen „Kontaktertreffen" werden die Ideen und Anregungen ausgetauscht. Mit dem Freiburger Informationszentrum „Berufe der Kirche" der Deutschen Bischofskonferenz und den angeschlossenen Diözesanstellen intensivierte sich die Zusammenarbeit. Der AGMO-Vorsitzende wurde in den Beirat des Informationszentrums berufen. 1975 beurteilte die AGMO allerdings realistisch die Grenzen medialer Werbung: „Die Mitarbeiter der AGMO selbst müssen darum wissen, daß man sich im Gebet, in Meditation immer wieder besinnen muß, daß Berufe ein Gnadenangebot sind und es nicht nur auf menschliches Schaffen allein ankommt. Es geht in erster Linie nicht um Organisation. Selbstverständlich muß einiges koordiniert und organisiert werden, es geht in erster Linie um Inspiration"[176].

AGNO: Arbeitsgemeinschaft der Novizenmeister

1961 berief Generalsekretär Flesch die Regenten und Magister erstmals zu einer Tagung über den Ordensnachwuchs ein. Die Referenten betrachteten das Thema Berufung aus medizinischer, tiefenpsychologischer und religiöser Sicht. Die Diskussionen der späten 1960er Jahre zerlegten die Institution Noviziat dermaßen, daß sie erst wieder in einer zeitgemäßen Gestalt aufgebaut werden mußte. Die AGNO veranstaltete jährliche Werkwochen. Sie sah 1969 ihren Auftrag darin, „nicht unseren eigenen Nachwuchs, sondern Ordensleute der Zukunft auszubilden". Die Zusammenarbeit aller sei das „Gebot der Stunde"[177]. Die Noviziatsleiter befaßten sich mit allen Themen, die mit der Begleitung von Novizen in Zusammenhang standen, von der Liturgie über die Widersprüche, die in den Orden selbst herrschten, bis zu ganz praktischen Fragen nach den Zulassungskriterien für einen Ordenseintritt. Die Kollegenberatung mit konkreten Erfahrungen aus der geistlichen und menschlichen Begleitung der Novizen ist ein weiterer Schwerpunkt der Werkwochen. Tabuthemen gab es nicht. Auf der Mitgliederversammlung 1996 plädierte die AGNO dafür, Homosexualität und Ordensleben in den Gemeinschaften zu thematisieren. Als Tendenzaussagen hierzu

[176] VDO-Protokoll, 1975. AVDO.
[177] VDO-Protokoll, 1969. AVDO.

hielt sie fest: „Grundsätzlich sehen wir in der homosexuellen Veranlagung keine Krankheit, Behinderung, Perversion oder persönliche Schuld“[178].

AGAL: Arbeitsgemeinschaft der Ausbildungsleiter

Die AGAL wurde 1969 gegründet als AG der Klerikermagister und Spirituale der Ordensscholastikate. Sie beschäftigte sich mit Fragen der Ausbildung und Begleitung junger Ordensleute nach dem Noviziat bis zum Abschluß ihres meist philosophisch-theologischen Studiums und zur zweiten Dienstprüfung. Die Entscheidung der jungen Ordensmänner zur endgültigen Bindung an die Ordensgemeinschaft („ewige Profeß“) und die Diakonen- und Priesterweihe begleiten die Ausbildungsleiter ebenfalls.

Der Vorsitzende der AGAL, P. Justin Lang OFM, betonte 1987, es komme darauf an, „daß wir, die wir verantwortlich sind für die Ausbildung und die eventuelle Reifung einer Berufung, immer einen halben Schritt hinter dem bleiben müssen, der zu uns kommt. Wir dürfen uns nicht vor ihn stellen und vor ihm hergehen und sagen: Geh nur immer hinter uns her! Wir wissen, wo es lang geht, und Du wirst schön systemkonform sein und dann bist Du ein guter Ordensmann. Das ist die beste Möglichkeit, eine Persönlichkeit ihres Erstgeburtsrechts zu berauben, oder den Menschen zu enttäuschen“. Der junge Mensch solle ermutigt werden: „Sei der, der Du wirklich bist! Laß Dir nicht irgendein Etikett von außen aufkleben, sondern werde das, was Gott von Dir will von innen her, denn nur so können wir dieses Potential an Gestaltungsfreude und an neuen Ideen auch wirklich erhalten und für unsere Gemeinschaft als das Wertvollste empfangen, was wir empfangen können in diesem Prozeß“[179].

AGJPO: Arbeitsgemeinschaft Jugendpastoral der Orden

In der AGJPO schlossen sich 1987 die Beauftragten für die Jugendpastoral in den einzelnen Provinzen und Abteien der Männerorden von VDO und VOB zusammen. Seit 1992 beteiligen sich auch die Beauftragten in den Frauenorden (VOD) daran. Die AG befaßt sich nicht nur mit der von den Orden getragenen Jugendpastoral, sondern sucht den fachlichen Kontakt zu den Kollegen und Kolleginnen in kirchlichen und gesellschaftlichen Institutionen der Jugendarbeit. Die AG widmete sich Fragen des Okkultismus und New Age, führte Kontaktgespräche mit der Kommission Jugend der Bischofskonferenz, schickte eine Resolution an die Kultusministerien zur

[178] VDO-Protokoll, 1996. AVDO.
[179] VDO-Protokoll, 1987. AVDO.

ganztägigen schulischen Betreuung, veranstaltete 1990 das Zeltkloster auf dem Katholikentag in Berlin und einen Friedenstag in Bergen-Belsen. Besondere Aufmerksamkeit aber zog 1994 der offene Brief der AGJPO zu Fragen der Sexualität auf sich[180], der ungeschminkt den Dissens zwischen der lehramtlichen Verkündigung und deren Akzeptanz bei Jugendlichen aufzeigte und daraus provozierende Schlußfolgerungen zog. Das Echo auf den Brief von seiten der Jugendarbeit war positiv. Neu seien nicht die dort angesprochenen Inhalte, sondern die Tatsache, dies von Ordensleuten zu hören.

AVO: Audiovisueller Treff der Ordensleute

Der AVO zählt seit 1993 zu den Arbeitsgemeinschaften der VDO. In diesem Arbeitskreis befaßten sich Ordensfrauen und Ordensmänner mit den Chancen audiovisueller Medien für ihren Tätigkeitsbereich. In jährlichen Treffen kamen sie zu einem Erfahrungsaustausch zusammen.

AGOA: Arbeitsgemeinschaft der Ordensarchivare und -archivarinnen

Die AGOA wurde 1997 gegründet als Fachgremium der VDO, VOB und VOD und befaßte sich mit Fortbildungsveranstaltungen, Qualifizierungskursen und der Vertretung gemeinsamer ordensspezifischer Interessen aus dem Archivbereich in der Bundeskonferenz der kirchlichen Archive.

(c) Publikationsorgan: Ordenskorrespondenz

Die Gründung der „Ordenskorrespondenz“ (OK) 1960[181] im Auftrag der ADOV und als deren Amtsorgan war vor allem von Bedeutung für die zuverlässige Information und Dokumentation von ordensrelevanten kirchlichen und staatlichen Gesetzen, Verordnungen und Erlassen, aber auch von ordensinternen Mitteilungen und Protokollen wichtiger Sitzungen – z. B. der Kontaktgespräche zwischen DBK und VDO. Der Abdruck der im Studienteil der VDO-Mitgliederversammlungen und der DKMR-Jahresversammlungen vorgetragenen Referate, mancher Diskussionsverläufe und verabschiedeter Resolutionen erlaubt zudem einen Einblick in die Arbeit dieser Organisationen. Viermal jährlich erscheint die Zeitschrift, die nur über die Schriftleitung in Köln zu beziehen ist, mit einem Umfang von durchschnittlich 500 Seiten und in einer Auflagenhöhe von 2 000 Exemplaren.

---

[180] Vgl. S. 354 f.
[181] Vgl. S. 311.

(d) Kooperation der Gemeinschaften

An Bekundungen zur Notwendigkeit und Nützlichkeit der Kooperation der Gemeinschaften fehlte es nicht. Die VDO sehe sich, so Prov. Westemeyer OFM 1966, im Dienst für die Gemeinschaften in subsidiärer Funktion, um die Initiative zu ergreifen als Vertrauensorganisation der Orden als Orden. Generalsekretär Siepen unterstrich in seiner Einladung zur VDO-MV 1968: „Die heutige Zeit verlangt stärkere Mitarbeit und bessere Zusammenarbeit der Orden“[182]. Der VDO-Vorsitzende Oerder SDB sprach 1978 die Hoffnung aus, „daß die VDO ein wirksames Instrument bleibe, auf dem unsere Harmonie bei allen verschiedenen Tonlagen deutlich zum Klingen komme“[183]. Der 2. Vorsitzende Zepp SVD betonte 1982 auch die Verbundenheit der Orden mit der Ortskirche, „denn wir ziehen heute alle an einem Strang, der nicht leicht zu bewegen ist“[184]. Auf den Fragenkatalog der Römischen Kongregation für die Ordensleute und Säkularinstitute antwortete die VDO 1981: „Angesichts der in nahezu allen Orden gleicherweise vorhandenen Nöte und Schwierigkeiten ist das Verlangen nach Austausch und gegenseitiger Anregung und Hilfe so vorherrschend, daß der Wille zur Kooperation bei weitem die gelegentlichen Differenzen übersteigt“[185].

Die Kooperation der Gemeinschaften betraf einerseits die gemeinsame Arbeit in der VDO, ihren Kommissionen und Arbeitsgemeinschaften, aber auch die Kooperation der VDO mit der VOB und VOD. Diese fand ihren Ausdruck in den gemeinsam getragenen Aufgaben und Institutionen, wie der OK, dem IMS, der Schlichtungsstelle, dem Solidarwerk, dem Forum der Orden und der gemeinsamen Präsenz im Internet[186]. In den Arbeitsgemeinschaften und Kommissionen der VDO sind auch jeweils Vertreterinnen aus den VOD-Mitgliedsgemeinschaften geladen. Die Arbeitsgemeinschaft der Deutschen Ordensobern-Vereinigungen (ADOV) setzt sich seit 1959 aus den Vorständen von VDO, VOD und VOB zusammen. Zwischen 1959 und 1988 trat die ADOV nur nach Bedarf zusammen, so um 1963 ein gemeinsames Promemoria zur Beratung der für die Ordensleute einschlägigen Konzilsschemata zu verfassen, 1977 wegen eines Fragebogens zum Ordensrecht oder 1979 nach der Veröffentlichung von „Mutuae relationes“. Doch erst seit 1988 wird die regelmäßige Abstimmung gemeinsamer Fragen und Positionen, die die Orden untereinander betreffen bzw. deren Verhältnis zu

---

182 Siepens Rundbrief 233, 25. 5. 1968. AVDO.
183 VDO-Protokoll, 1978. AVDO.
184 VDO-Protokoll, 1982. AVDO.
185 VDO an Kongregation für die Ordensleute, 24. 2. 1981. AVDO.
186 Vgl. S. 341–343, 350f, 400–402.

kirchlichen und staatlichen Stellen, in z. T. halbjährlichen Sitzungen gepflegt.

(e) Auseinandersetzung mit politischen, sozialen und kirchenpolitischen Fragen – Optionen

Prov. Heinrich Schulte SAC schrieb 1952 an Generalsekretär Obergarz, die VDO solle auf den Konferenzen auch versuchen, „eine grundsätzliche Stellung" zu bekommen „zu manchen öffentlichen Fragen der Gegenwart". Sie solle einen „einheitlichen, grundsätzlichen Standpunkt zu konkreten praktischen Fragen" erarbeiten. „Wenn die Konferenzen allzu unverbindlich bleiben, besteht die Gefahr, daß die meisten nur kommen, um ein wenig zuzuhören". Die „Entscheidungs- und Handlungsfreiheit" bleibe ja unbenommen[187].

Eine explizite Auseinandersetzung mit konkreten politischen und sozialen Fragen als solchen auf den Mitgliederversammlungen der VDO findet sich im Grunde genommen kaum. Erst über die Kommissionsarbeit und deren Berichte und Stellungnahmen kamen diese Themen vor allem in den 80er und 90er Jahren auf den VDO-MV zur Sprache. Als sich am 21. 6. 1976 die Bamberger Missionsbrüder des Hl. Franziskus an Generalsekretär Siepen mit einem ausführlichen Lagebericht über Repressionen gegen Jesuiten in Paraguay wandten, die sich für den Schutz der Indios und Campesinos eingesetzt hatten, hofften sie auf eine Reaktion der VDO. Doch ihr Bericht wurde auf der VDO-MV 1976 unter dem Punkt Verschiedenes abgehandelt mit dem Ergebnis: „Da nicht genügend Informationen vorlagen und die Zeit abgelaufen war, wollte die Versammlung dazu nicht mehr Stellung nehmen. Es wurde daher vorgeschlagen, das Problem im Vorstand zu prüfen und dann entsprechende Schritte zu tun"[188]. Das Thema fand sich dann aber nicht einmal mehr auf der Tagesordnung für die Vorstandssitzung am 30. 11. 1976.

Als im folgenden Jahr die Lage der katholischen Orden in der Tschechoslowakei thematisiert worden war, kam es erstmals zu einer Resolution der VDO, VOD und VOB in politischen Fragen. 1971 noch hatte der Vorstand die Bitte der Generalobernvereinigung, gegen die Verfolgung der Ordensleute in der Tschechoslowakei zu protestieren, als „nicht opportun" angesehen, weil dadurch eine Verschlechterung ihrer Lage befürchtet wurde[189].

[187] H. Schulte an Obergarz, 26. 7. 1952. AVDO.
[188] VDO-Protokoll, 1976. AVDO.
[189] VDO-V-Protokoll, 5./6. 1. 1971. AVDO.

1977 wurde hingegen eine Resolution für die Ordensleute an einen breiten Medien- und Institutionenverteiler verschickt, darunter amnesty international, die UNO, die Bundesregierung und der Vatikan. Die Unterdrückung der Orden in der Tschechoslowakei, Aufhebungen, Enteignungen, „Konzentrationsklöster“ und Zwangsarbeit wurden beschrieben und der gesetzliche Rechtsschutz, die Grund- und Menschenrechte der Ordensangehörigen eingeklagt. Auch 1981 befaßte sich die VDO-MV mit der Lage der Orden dort und sprach die Bitte um „Solidarität mit den Orden und der Kirche in der Tschechoslowakei“[190] aus.

Von den Kommissionen „Weltkirchliche Aufgaben“ und „Pastorale Grundfragen“ wurden schließlich seit den achtziger Jahren politische, soziale und kirchenpolitische Themen in die Mitgliederversammlungen eingebracht. 1983 betonte die Kommission Weltkirche die besonderen Aufgaben der missionierenden Orden gerade für die Afrikaner in Deutschland angesichts der zunehmenden rassistischen Diskriminierung. 1984 brachte sie eine Beschlußvorlage gegen Ausländerfeindlichkeit ein, die allerdings einer Unterkommission zur Bearbeitung weitergegeben wurde und nicht in den Rang einer offiziellen VDO-Resolution gelangte. In der Aussprache war der Vorschlag gemacht worden, „weil man sich zu leicht den konkreten oder heiklen Themen entziehe, diese als Generalthema zu wählen, etwa in der Form: Ordensgemeinschaften angesichts der gesellschaftlichen und politischen Probleme“[191].

1986 wurde das Positionspapier der „Ordensleute für den Frieden“[192] diskutiert. Es sprach sich aus gegen Massenvernichtungswaffen und für die Rücknahme des Nato-Nachrüstungsbeschlusses, lehnte Feindbilder, Abschreckung, Blockdenken, Rüstungsexporte und steigende Rüstungsausgaben bei gleichzeitigem Sozialabbau ab und gab Anregungen der Zusammenarbeit und des Einsatzes von Ordensleuten. Die VDO-MV unterstrich in einer von der Kommission „Pastorale Grundfragen“ ausgearbeiteten Stellungnahme zu diesem Papier, sie sehe Frieden und Friedenssicherung als „besonders dringende Aufgabe unserer Tage“ an. „Dabei verstehen sich die Orden von ihrem Auftrag her in besonderer Weise verpflichtet, hierfür einzutreten und dies durch ihr Zeugnis wie durch ihr Engagement gewaltlos zu vertreten“. Die VDO begrüße die Initiative der Ordensleute für den Frieden und heiße sie gut. Allerdings sei diese Initiative kein offizielles Gremium der VDO, die sich das Positionspapier als solches daher nicht zu eigen mache[193].

---

190 VDO-Protokoll, 1981. AVDO.
191 VDO-Protokoll, 1984. AVDO.
192 Ordensleute für den Frieden, 1986. AVDO.
193 VDO-Stellungnahme zur „Initiative Ordensleute für den Frieden“, 1986. AVDO.

Die Kommission „Bildung und Erziehung“ legte 1987 den überarbeiteten Entwurf „Die Bedeutung der Ordensberufung in Kirche und Gesellschaft. Versuch einer Standortbestimmung“ vor. Unter anderem wurde die „Auseinandersetzung mit den Unrechtsstrukturen unserer Zeit“, die „Solidarität im Handeln und Denken mit Ausgestoßenen und Randgruppen“ gefordert, der Vorrang des Menschlichen vor angeblichen Sachzwängen hervorgehoben. Das Engagement für die Kirche könne sich als prophetisches Element und alternatives Leben „auch in Kritik ausdrücken“. Ordensgemeinschaften sollten sich immer als „integrierende und zugleich korrigierende Gruppe in Kirche und Gesellschaft verstehen“. Sie hätten „Aufgaben in der Weltkirche und der Menschheitsgemeinschaft“. Die Kommission Weltkirche beschäftigte sich konkret mit der Schuldenkrise. Die Kommission Pastoral war der Meinung, für die „Fernstehenden“ werde zu wenig getan[194].

1991 legte sie ein Papier zu Optionen für die Pastoral der Orden in Deutschland vor: Die prophetisch-kritische Gotteszeugenschaft der Orden, die Solidarität aller Orden für Anliegen, die allen Ordensgemeinschaften eigen seien, wie Frieden, Bewahrung der Schöpfung, Menschenrechte. Sie plädierte für die „Schaffung einer gemeinsamen Plattform der Orden, die alle Aktivitäten und Projekte, die sich mit den Herausforderungen dieser Zeit befassen, aufnimmt und zu einer größeren Öffentlichkeit und Wirksamkeit verhilft“[195]. 1992 unterstrich die Kommission Pastoral nochmals mit Blick auf die Optionen, die sie einklagte, es gehe um die Glaubwürdigkeit der Orden.

Die Überlegungen der Vorstände von VDO, VOB und VOD, mit einer „Ordenssynode“[196] einen Prozeß in Gang zu bringen, der als Umkehr der Orden und der Ordensleute im Bemühen um Authentizität und Identität auch einen Beitrag liefern sollte, die Stimme der Orden in der Gesellschaft hörbar zu machen, verbreiterten den Diskussionsraum auch für explizit politische und soziale Fragen. Seit 1991 kam das „Forum der Orden“ zu jährlichen Treffen zusammen, die ein Leitungsteam vorbereitete. Mehrere hundert Ordensleute aus Deutschland und Gäste aus dem Ausland nahmen daran teil. In Foren, Gesprächs- und Arbeitskreisen wurde zu aktuellen Themen Stellung genommen.

Der Initiator des Forums, P. Dantscher SJ, stellte 1990 auf der VDO-MV als Ziel heraus, daß „die Orden in Deutschland ihren Beitrag für Kirche

---

194 VDO-Protokoll, Anlagen, 1987. AVDO.

195 VDO-Protokoll, Anlagen, 1991. AVDO.

196 Auf Druck des DBK-Vorsitzenden schließlich in „Forum der Orden“ umbenannt; vgl. S. 378.

und Gesellschaft durch einen gemeinsamen Weg (syn-odos) konkretisieren und präzisieren"[197]. Bei 2 Enthaltungen wurde Dantschers Vorschlag der „Ordenssynode" angenommen.

In den „Thesen zur Menschlichkeit der Orden" von 1994 wurde die eindeutige Option ausgesprochen: „Wir wollen dabei die Nachfolge Jesu besonders in der Solidarität mit denen verwirklichen, deren Menschenwürde und Menschenrechte bedroht sind oder mißachtet werden". „Wir Ordensleute sind bereit, mit allen Menschen guten Willens zusammenzuarbeiten und mit ihnen die Sorge um die Würde des Menschen und seiner Rechte zu teilen. Dabei wollen wir auch vor ungewöhnlichen ‚Koalitionen' nicht zurückschrecken. Die Befürchtung, dadurch die eigene Identität zu verlieren, scheint uns unbegründet"[198]. Das Forum der Orden führte den Diskussionsprozeß der Standortbestimmung der Orden weiter, der in den VDO-Mitgliederversammlungen seinen Ausgang genommen hatte, aber dort nie zu so zugespitzten und eindeutigen Stellungnahmen führte wie zu jenen aus dem Ordensforum. Hier wurden in den „Fragen zur politischen Kultur" 1994 die Problembereiche von der Asylfrage und der doppelten Staatsbürgerschaft über Rüstungsexporte bis zur Familienpolitik und Gleichstellung der Frau behandelt, „weil wir als Kirchen hier selbst einen deutlichen Nachholbedarf haben"[199], so die Begründung.

Das Positionspapier von 1994 „Ein Plädoyer für mehr Menschlichkeit", das das Ordensforum der VDO-MV vorlegte, wurde allerdings nicht als offizielle Stellungnahme der VDO angenommen. Die VDO gab eine für sie aufschlußreiche Erklärung dafür ab, die einerseits die Notwendigkeit der Auseinandersetzung von Ordensleuten mit politischen und sozialen Fragen unterstrich, sich andererseits einer Übernahme des Papiers von seiten der VDO aber enthielt. Die VDO begrüße zwar die Aussagen zu Fragen der politischen Kultur, weil Ordensleute sich „auf der Basis ihrer Berufung mit wichtigen Fragen zu Politik und Gesellschaft auseinandersetzen und zu Wort melden. Der Text fordert heraus und kann niemanden gleichgültig lassen". Er stelle die Themenvielfalt zur politischen Kultur in Einzelaspekten „zugespitzt" dar. Gerade darauf beruhe der „prophetische Charakter" des Textes. Würde man ihn zu einer offiziellen Stellungnahme der VDO machen, so müsse er „notwendigerweise dem Gebot größerer Ausgewogenheit und erhöhter Differenzierung" unterliegen, wodurch die Wirkkraft des

---

[197] VDO-Protokoll, 1990. AVDO.

[198] Ein Plädoyer für mehr Menschlichkeit in den Orden. Thesen zur Menschlichkeit der Orden, 1994. AVDO.

[199] Fragen zur politischen Kultur 1994. AVDO.

Textes geschwächt würde, der daher ein Papier des Forums der Orden bleiben solle. Das Fazit der VDO lautete: „Als solches sollte es dem ins Auge gefaßten Adressatenkreis [Ordensoberinnen, Ordensobern, Bischöfen, Parteien, Presse] zugänglich gemacht werden. Unseren Ordensgemeinschaften sollte es als Gesprächs- und Aktionsgrundlage dienen“[200]. Damit hatte die VDO keine glatte und ausgewogene Lösung präsentiert, sondern den Diskussions- und Aktionsprozeß von „oben“ und „unten“ herausgefordert und offengehalten.

Der Vorschlag Generalsekretär Schumachers auf der VDO-MV 1990, der auch schon 1986 von den Ordensleuten für den Frieden und 1988 von der Kommission Pastoral gekommen war, sollte einen Schritt weitergehen. Er regte die Gründung einer Kommission oder AG „Justitia et Pax“ an. Sie solle sich aus der Perspektive der Orden mit Gerechtigkeit, Frieden und Bewahrung der Schöpfung befassen und Initiativen der Ordensgemeinschaften koordinieren. Sie könne dann Stellungnahmen der Orden zu drängenden Fragen ermöglichen. Die Realisierung dieses Vorschlags hätte der Auseinandersetzung mit politischen und sozialen Fragen letztlich innerhalb der VDO einen bleibenden Ort verschafft und die Obern selbst zu Stellungnahmen – nicht nur zur Ermöglichung von Meinungsbildungs- und Entscheidungsprozessen in den Orden – herausgefordert. Der Vorschlag wurde nicht realisiert.

Als die VDO-MV 1992 eine mögliche Stellungnahme zur Neuregelung des Paragraphen 218 diskutierte, zeigte sich die fehlende gemeinsame und fundierte Auseinandersetzung mit dieser Thematik. Selbst eine so weitreichende Forderung wie der Austritt der Orden aus den Krankenkassen, weil diese Abtreibungen mitfinanzierten, wurde erhoben. Doch man lenkte ein: Der Protest der Ordensleute solle sich nicht gegen die Krankenkassen, sondern gegen den Staat richten. Die Ordensobern fanden allerdings keinen Konsenstext als gemeinsame Stellungnahme zur höchst komplexen Problematik des Paragraphen 218 und seiner Neuregelung. Schließlich gab es lediglich im VDO-Pressetext eine Passage, die sich dem Schutz des geborenen und des ungeborenen Lebens widmete. Die Ordensobern beklagten, „daß das Unrechtsbewußtsein im Fall der Abtreibung geringer wird und der Schutz des ungeborenen Lebens auf dem Spiel steht“[201].

In kirchenpolitischen Fragen bezog die VDO keine Position, die nach außen hin vernehmbar gewesen wäre. Nicht zu übersehen ist allerdings, daß innerhalb der VDO eigenständige Meinungsbildungsprozesse laufen. Nach-

200 VDO-Protokoll, 1995. AVDO.
201 VDO-Protokoll, 1992. AVDO.

dem 1984 die Instruktion der Kongregation für die Glaubenslehre über einige Aspekte der Theologie der Befreiung erschienen war, war die Mahnung der Kommission Weltkirche auf der VDO-MV 1985, die Befreiungstheologie doch nicht aus Kommentaren, sondern aus der Wirklichkeit der Menschen kennenzulernen, eine kirchenpolitische Option.

Die VDO wählte in der Regel den innerkirchlichen Eingabeweg für ihre gleichwohl dezidierten Stellungnahmen. So richtete sie 1983 an Papst Johannes Paul II. einen Brief, in dem sich die Obern dafür einsetzten, die Laisierungsverfahren ausgetretener Ordenspriester durchzuführen, da es sonst zu einer grauenhaften Lage für die Betroffenen komme. Durch Verweigerung der Laisierung von Ordensleuten werde dem „bonum ecclesiae“ und dem Ruf der Kirche in der Öffentlichkeit Schaden zugefügt[202]. Kardinal Ratzinger antwortete ein halbes Jahr später, es müsse dort, „wo Dispens nicht möglich ist“, d. h. nach Ratzingers Interpretation nicht gewährt werden solle, „um so mehr pastorale Mühe Platz greifen, d. h. ein verstehendes Begleiten, das zum Mitsein in der Kirche verhilft und das Kreuz des Ausschlusses vom Sakrament um des Ganzen willen zu tragen lehrt“[203]. Der Bitte der Obern, die wegen der pastoralen Gründe vorgetragen worden war, war damit nicht entsprochen worden. Die von den Obern erbetene Barmherzigkeit und das von Ratzinger verordnete „Kreuz des Ausschlusses“ standen sich als zwei kirchliche Optionen gegenüber.

Bemerkenswert für die VDO ist auch die auf der VDO-MV 1990 eingebrachte Erklärung der Äbte, die sie an die Bischofskonferenzen Deutschlands, Österreichs und der Schweiz im Hinblick auf den von Rom geforderten Treue-Eid[204] gerichtet hatten. Der Treue-Eid sei weder hilfreich noch notwendig. Loyalität könne man nicht mit einem Eid erzwingen, auch nicht den Verzicht der Ausübung der Vernunfttätigkeit im Gehorsam verordnen. Abt Kränkl OSB führte aus, die Orden mögen „mit deutlicher Stimme gegen den von Rom verlangten Treue-Eid votieren, da dieser nicht hilfreich für die Kirche sei und ernste Probleme in den Orden und bei den sich auf die Weihe vorbereitenden jungen Mitbrüdern provoziere. Die Orden müßten auch hier ein ‚Ort der Freiheit‘ bleiben und ihre Stimme erheben, auch wenn von offizieller Seite bereits Theologen als ‚nicht mehr katholisch‘ bezeichnet würden, die gegen den Treue-Eid Einspruch erheben“[205]. Die Diskussion auf der VDO-MV entspann sich nun darum, ob die VDO öffentlich protestie-

[202] VDO an Johannes Paul II., 2. 7. 1983. AVDO.
[203] Ratzinger an VDO, 24. 1. 1984. AVDO.
[204] Vgl. Text: AAS 81 (1. 3. 1989), S. 104–106.
[205] VDO-Protokoll, 1990. AVDO.

ren solle als Zeichen der Freiheit in der Kirche. Man solle doch nicht an falscher Stelle schweigen. Andere empfahlen Zurückhaltung bei der Einbeziehung von Presse und Öffentlichkeit. Drei Viertel der Anwesenden sprachen sich für ein Schreiben an die Bischofskonferenz aus, nur ein Zehntel war für ein öffentliches Schreiben, immerhin die Hälfte für ein Schreiben an den Vatikan.

Die VDO, die bei ihren dezidierten Positionen in politischen, sozialen und kirchenpolitischen Fragen gerade die Öffentlichkeit scheute, traf daher der Wirbel, den 1994 der Offene Brief der „Arbeitsgemeinschaft Jugendpastoral der Orden“ (AGJPO) zu Fragen der Sexualität, insbesondere zu den Themen Empfängnisverhütung, nichteheliche Lebensgemeinschaften und Homosexualität, ausgelöst hatte, ziemlich unvermittelt[206]. Die VDO begegnete dem selbst nicht verschuldeten Interesse der Bischöfe und der Medien einerseits durch die Bereinigung des Mißverständnisses, als handele es sich um ein offizielles Positionspapier eines autorisierten Organs der VDO und gab andererseits der AG die Chance, ihre Position im Vorstand und bei der Mitgliederversammlung im offenen Dialog zu erläutern, um dann für eine vertiefte Weiterbehandlung in einer Fachkommission zu plädieren[207].

Zunächst hatte der 1. Vorsitzende Schorr in einer ersten Stellungnahme noch recht „kirchenamtlich“ reagiert und den Verfassern vorgeworfen, sie würden sich „offen gegen das Lehramt“ stellen[208]. Dem Vorsitzenden der Bischofskonferenz gegenüber versicherte Schorr, daß er „weder mit der Form noch mit dem Inhalt des offenen Briefes und der Erklärung der AGJPO einverstanden“ sei[209]. Schorr erreichten auch, wie von Prov. Tupec OFMCap, empörte Schreiben, die die Aussagen des AGJPO-Papiers „verwerflich“ nannten[210]. Hingegen äußerte sich die VDO-Kommission „Bildung und Erziehung“ in weitgehend positiver Wertschätzung des offenen Briefes. „Er sei mutig, bemerkenswert, bedenkenswert, er treffe die Realität“. „Ordensleute haben einen Freiraum, den wir nützen können und

---

206 Offener Brief an die DBK, die Ordensobern und Ordensoberinnen in Deutschland; Erklärung der AGJPO: Unsere Option für die Jugend am Beispiel der Sexualität, Juli 1994. AVDO.

207 1998 als „Prozeßbericht“ und Versuch der „Überwindung der Sprachlosigkeit in der Kirche“ fertiggestellt. VDO-Protokoll 1998. AVDO. Vgl. Die Broschüre der AGJPO von 1998: Gesprächsforum zu Jugend, Sexualität und Kirche. In Beziehung leben. Anstöße und Ergebnisse des gemeinsamen Forums mit Mitgliedern aus VDO und VOD. AVDO.

208 Schorrs Stellungnahme, 30. 8. 1994. AVDO.

209 Schorr an Lehmann, 6. 9. 1994. AVDO.

210 Tupec an Schorr, 7. 9. 1994. AVDO.

müssen. Verantwortliche in diözesaner Anstellung haben oft Angst vor Kündigung, wenn sie hier den Mund der Realität entsprechend auftun". Die Orden sollten „ein positives Dialogbeispiel geben"[211].

Schorrs Entwurf zu einer Stellungnahme der VDO wurde vom Vorstand intern mehrfach mit Überarbeitungs- und Formulierungsvorschlägen versehen. So zeigte sich Prov. Merten OP enttäuscht von der „Abgrenzung" Schorrs statt der „Solidarität und Loyalität", die zum Ausdruck kommen solle. Die Obern sollten doch ein Zeichen setzen, „wie wir uns als Ordensleute die Austragung von Konflikten und Spannungen innerhalb der Kirche vorstellen"[212]. Im Vergleich zu Querelen zwischen der Bischofskonferenz und dem Bund der Deutschen Katholischen Jugend (BDKJ), die damals nicht dialogisch geklärt wurden, bewies die VDO hier besten Stil, der in der Regel im innerkirchlichen Raum nicht gepflegt wird. Der Mitverfasser des offenen Briefs, P. Bopp SDB, war nach der VDO-MV erleichtert: „Ich bin tatsächlich mit einem Gefühl hingefahren, wie man in die ‚Höhle des Löwen' geht. Zurückgefahren bin ich mit dem frohen Gefühl, eine solidarische, geschwisterliche und gesprächsbereite Kirche erfahren zu haben – und das tut einfach gut". Bopp blieb aber auch dem VDO-Vorsitzenden Schorr gegenüber davon überzeugt, „daß einige kirchenamtliche Normen in Bezug auf die Sexualität einer Korrektur bedürfen [...]"[213].

Die VDO-MV 1995 sprach der AGJPO ihr Vertrauen aus für die weitere Arbeit.

2. Interessenvertretung der Kirche und katholischen Institutionen gegenüber

(a) VDO und Ortskirche

Lückenbüßer und Hilfskräfte in pastoralen Notsituationen

Als das Schlagwort vom „Missionsland Deutschland" bald nach dem Zweiten Weltkrieg aufkam und die Veränderungen der konfessionellen Landkarte aufgrund der zahlreichen Flüchtlinge und der aus den ehemals deutschen Gebieten vertriebenen Menschen die ordentliche Seelsorge der Diözesen an den Rand der Leistungsgrenze brachten, sahen sich die Ordensgemeinschaften einem unzumutbaren Druck ausgesetzt. Diese Entwicklung

[211] Protokollauszug Kommission Bildung und Erziehung, 23./24. 10. 1994. AVDO.
[212] Merten an Schorr, 8. 12. 1994. AVDO.
[213] Bopp an Schorr, 27. 6. 1995. AVDO.

erreichte ihren Höhepunkt in einem scharfen Angriff gegen die Orden auf dem Katholikentag 1948. Die VDO hatte hierbei vermittelnd zu wirken, um einerseits die selbstverständliche Bereitschaft zur Mitarbeit in der Flüchtlingsseelsorge zu signalisieren, andererseits die Grenze des Einsatzes zu verdeutlichen, die dort gezogen werden mußte, wo die unverzichtbare gemeinsame Lebensform und die besondere Sendung der jeweiligen Gemeinschaft durch den geforderten diözesanen Einsatz in Gefahr zu geraten drohte.

Prov. Siemer hatte schon zur Januartagung in Walberberg 1946 den Aachener Bischof van der Velden und Erzbischof Frings eingeladen. Die Versammlung wünschte damals, die Bischöfe sollten die Obern vor Beschlüssen hören, die die missionierenden Orden und die außerordentliche Seelsorge beträfen. Die Nordwestdeutschen Obern teilten dem Vorsitzenden der Bischofskonferenz mit, daß sie als missionierende Orden nicht unbeschränkt Priester für die Seelsorgsarbeiten in der Heimat bereitstellen könnten. In der Flüchtlingsseelsorge sollten Ordensleute in zusammenhängenden Gebieten eingesetzt werden, um dem Orden nicht entfremdet zu werden. In der sowjetisch besetzten Zone sei die Seelsorgsnot deswegen entstanden, weil der Weltklerus weggegangen sei. Es wäre sicher eine Linderung, wenn die ordentlichen Seelsorger zu ihrer „Herde“ zurückkehrten.

Nachdem Generalsekretär Obergarz im November 1946 dann die Bischöfe von der Neugründung der VDO informiert hatte, zeigte der Rücklauf ihrer Antworten, daß sie nach wie vor an die Mithilfe der Orden in pastoraler Not appellierten. Es erweckte den Eindruck, als seien die Orden nur als Hilfsgeistliche von Interesse. Abt Utz spielte hierauf an, als er Obergarz im August mitteilte, der Passauer Bischof Landersdorfer sei auf der Rückreise von der Bischofskonferenz in Münsterschwarzach vorbeigekommen: „In Fulda hat man wohl wieder beraten, was die Orden tun könnten oder sollten“. „Ich wollte nicht weiter fragen. Vielleicht hat man auch nur die Zufriedenheit über uns ausgesprochen!“[214]

Um mit konkreten Zahlen argumentieren zu können, erhoben die Orden ihre Beteiligung an der ordentlichen Seelsorge 1950 statistisch. In der Diskussion auf der VDO-MV wurde unterstrichen, „daß nun endlich einmal Schluß damit gemacht werden müsse, fast ausschließlich bei den Orden den Sündenbock zu suchen für den Mangel an priesterlichen Kräften zur Meisterung der außerordentlichen Schwierigkeiten in der seelsorglichen Situation der Jetztzeit. Die weit verbreitete Meinung, daß die Ordensleute nicht genügend arbeiteten, sei durch nichts zu begründen“[215]. Obergarz berich-

---

[214] Utz an Obergarz, 27. 8. 1949. AVDO.
[215] VDO-Protokoll, 1950. AVDO.

tete später, es sei schwer gewesen, „manchen Bischöfen klar zu machen, daß die durch den Krieg außerordentlich mitgenommenen Ordensgemeinschaften erst wieder einer inneren Sammlung bedurften“[216].

Die Frage von Ordensleuten im Diözesandienst blieb auch in den folgenden Jahrzehnten nicht ohne Spannungen. Audomar Scheuermann riet dem 1. VDO-Vorsitzenden Westemeyer während der Konzilszeit, die VDO solle wachsam sein. „Von seiten der Bischöfe aber ist das Bestreben da – um es einmal etwas massiv zu sagen –, die Klöster zu Reservoirs werden zu lassen, in welche die Bischöfe bei Personalbedarf jederzeit greifen dürfen. Das aber wäre das Ende des Klosterlebens überhaupt, weil dann unsere Klöster immer zwei Köpfe hätten, den bischöflichen und den klösterlichen Oberen. Ich verstehe sehr wohl, daß die Erstarkung der bischöflichen Gewalt und die heute bei den Ordinariaten konzentrierte Macht dahin streben, die seelsorgerliche, schulische, caritative Tätigkeit der Klöster stärker in ihren Regierungsbereich einzubeziehen. Aber die Ordensoberen und -oberinnen werden darüber wachen müssen, daß dies zu keiner Entleerung der Ordensoberngewalt (und damit gleichzeitig zum Zerfall des klösterlichen Gemeinschaftslebens) führt“[217]. Für die Orden ergab sich eine gewisse Ambivalenz im Bekunden der fraglos auch vorhandenen Bereitschaft zum Dienst in den Diözesen und der notwendigen Wahrung der besonderen Berufungen jeder Gemeinschaft. Als die VDO 1965 einen Brief an die Deutschen Bischöfe entwarf, ergaben sich lange Diskussionen um die Formulierungen, die dieser Spannung gerecht werden könnten. Westemeyer bemerkte zu einem Entwurf, der Brief erwecke den Eindruck, „als ob wir nichts darum gäben, eventuell in eine Abhängigkeit zu geraten“[218].

Von seiten der VDO und der Bischofskonferenz wurden die empfindlichen Punkte deutlich gesehen. Der Vorsitzende der Kommission Pastoral der VDO, P. Karl Heinen SAC, erklärte in einem Interview 1994: „Auch wollen wir nicht durch unkritischen Einsatz von möglichst vielen Mitbrüdern in den Pfarreien anstehende Strukturreformen und notwendige Änderungen der Zugangsbedingungen zum priesterlichen Amt blockieren. Ich möchte unsere Solidarität mit der Ortskirche deshalb als kritische Solidarität bezeichnen“[219]. In seiner Stellungnahme für das Kolloquium zur Umsetzung der Welt-Bischofssynode „Das gottgeweihte Leben und seine Sendung in Kirche und Welt“ schrieb Bischof Lehmann im März 1995: „Bischof und Bistum müssen zuerst dafür Sorge tragen, daß die Orden und

[216] VDO-Protokoll, 1951. AVDO.
[217] Scheuermann an Westemeyer, 3. 1. 1963. AVDO.
[218] Westemeyer an Siepen, 30. 3. 1965. AVDO.
[219] Interviewtext, 1994. AVDO.

die Säkularinstitute uneingeschränkt ihre Berufung leben können und bei aller Notwendigkeit pastoraler Hilfen nicht ihr eigenes Charisma verlieren“[220].

Gemischte Kommission

Das Bemühen um ein gutes partnerschaftliches Verhältnis mit den Bischöfen blieb einer der Wünsche der VDO. Realisiert wurde er erst im Zuge des konziliaren Prozesses. Im Mai 1963 regte die VDO in einem Brief an den Vorsitzenden der Bischofskonferenz, Kardinal Frings, eine Kommission aus VDO-Vertretern und Bischöfen an. Die Fuldaer Bischofskonferenz beauftragte 1963 die Bischöfe Volk (Mainz), Leiprecht (Rottenburg) und Emanuel (Speyer) mit der Bildung dieser „Gemischten Kommission“. Es geschah vorerst allerdings nichts. Auf Nachfrage der VDO teilte Frings ohne Eile am 11. 1. 1964 das Ergebnis von 1963 mit.

Am 23. 5. 1964 kamen in Stuttgart erstmals drei Vertreter der Deutschen Bischofskonferenz, die Bischöfe Volk, Leiprecht und Emanuel, mit den Vertretern der Vereinigung Deutscher Ordensobern, 1. Vorsitzender Westemeyer OFM, Generalsekretär Siepen und Prov. Gypkens MA, zusammen. In dieser „Gemischten Kommission“ als „feste[r] Kontaktstelle“ wurde zunächst das Thema der von Ordenspriestern ausgeübten Priesterseelsorge angeschnitten. Die VDO-MV von 1964 schlug als mögliche weitere Themen auch die Berufswerbung, Schulfragen und die staatliche Finanzhilfe für die Kirche aus Schäden der Säkularisation vor, die unberechtigterweise nur die Diözesen erhalten würden, obgleich auch die Orden Schäden erlitten hätten. Doch kam man überein, man solle die Fragen an sich herankommen lassen, „zumal die Verbindung mit den Bischöfen noch sehr jung ist“. Der geistliche Beirat der Höheren Ordensoberinnen, Jesuitenpater Wehner, hielt eine persönliche Vertretung der Oberinnen in der Gemischten Kommission der Bischöfe nicht für nötig, da die Schwestern mit Bischof Volk in der Bischofskonferenz vertreten seien. Die Geschichte überholte jedoch bald Wehners paternalistische Vorstellung[221].

Westemeyer und Siepen leiteten vor dem 2. Treffen 1965 den Bischöfen ihre Themenwünsche zu. Die Gespräche, so ihr Bericht vor den Obern, „liefen zunächst sehr vorsichtig an“. Der Episkopat begrüße grundsätzlich die Zusammenarbeit. Trotz aller bekundeten Rücksichtnahme blieben auch diese Unterredungen ein Abbild der zwischen Episkopat und Ordensobern bislang fehlenden Kommunikation und der verfestigten pastoralen Rollen-

---

220 Protokoll Kolloquium zur Umsetzung der Bischofssynode 1994, 21. 3. 1995. AVDO.
221 VDO-Protokoll, 1964. AVDO.

zuschreibungen. Unverständnis hätten die Bischöfe darüber gezeigt, daß die Orden überlegten, den Gemeinden bei der Liturgieerneuerung zu helfen. Die Klöster sollten sie in ihren Gemeinschaften durchführen. „Es ist jedenfalls für uns bedrückend, daß die Bischöfe so wenig für die Liturgie bei den Gemeinden von uns erwarten". Außerdem hätten die Bischöfe „mit Staunen vermerkt", daß die Orden unentgeltliche Dienste leisteten. Die Erfahrungen aus den beiden ersten Gesprächen faßte Westemeyer vor den Obern zusammen mit einer deutlichen Positionsaussage der VDO: „Unser großes Anliegen, die Zusammenarbeit mit den Bischöfen zu verbessern, ist begründet aus dem Konzil. Wir wollen aber auf der anderen Seite auch keine verkehrten Eindrücke erwecken, als ob wir die Schwächeren wären, als ob nur wir darauf angewiesen wären oder ähnliches mehr"[222].

Die 3. Sitzung der Gemischten Kommission 1966 in Mainz habe in einer „ausgesprochen guten Atmosphäre" stattgefunden. Die Bischöfe berichteten über die in Planung befindliche Neugliederung der DBK in Kommissionen. Der Standort der Ordensleute sei darin noch nicht gefunden. Als Gesprächspunkte wurden wiederum die Priesterseelsorge, aber auch die Schwesternseelsorge angeschnitten. Die Vertreterinnen der Ordensoberinnen, so die Meinung, sollten ebenfalls an der Gemischten Kommission teilnehmen. Außerdem wünschte die VDO Zusammenkünfte der Ordenspriester in den Diözesen mit den Ordinariaten und dem Diözesanbischof. Grundsätzlich erklärten sich die Orden bereit, Pfarreien zu übernehmen. Weitere Gesprächspunkte betrafen die im deutschen Altarmeßbuch fehlende Votivmesse zur Feier der Ordensprofeß, die Neuausgabe des Breviers und die Frage, ob das Abitur Voraussetzung zum Studium und zur Priesterweihe in den Orden sei. Als Ziel der weiteren Zusammenarbeit solle die „Überprüfung unseres Dienstes aus unserer Sicht und aus der Sicht der Diözesen" angestrebt werden, so der Bericht auf der VDO-MV. Mögliche Formen der Zusammenarbeit neben den gemeinsamen Treffen könnten Eingaben, Besuche und Gespräche bilden. Man vereinbarte auf der VDO-MV, die Beratungen müßten unter Beiziehung von Fachleuten aus dem Ordensbereich vorbereitet werden. „Immerhin: Es sind gute Grundlagen gelegt für die weitere Entwicklung"[223], so das Fazit.

Gemischte Kommission für das Ordenswesen

Die weitere Entwicklung war geprägt durch die Neustrukturierung der DBK nach dem Konzil. Auch eine „Bischöfliche Kommission für das Ordens-

---

222 VDO-Protokoll, 1965. AVDO.
223 VDO-Protokoll, 1966. AVDO.

wesen“ wurde geschaffen. Zu den ernannten Mitgliedern zählten die Bischöfe Leiprecht (Rottenburg), Landersdorfer (Passau), Emanuel (Speyer) und die Weihbischöfe Stein (Trier) und Gnädinger (Freiburg). Von Ordensseite kamen Vertreter der VDO, VOB, VOD und Berater hinzu. Zu den Aufgaben der Kommission zählte die Zusammenarbeit zwischen dem Episkopat und den Höheren Ordensobern und -oberinnen, Fragen des Ordenslebens, die Mitwirkung der Orden in der Seelsorge und Nachwuchsfragen.

Die 1. Sitzung fand am 30. 11. 1966 statt. Das Protokoll hielt fest, die Begegnung zwischen den Bischöfen und den Orden solle „nicht in einer von Ängstlichkeit geprägten Atmosphäre stattfinden, vielmehr sollen alle gemeinsamen Fragen offen und ohne Scheu besprochen werden“[224]. Allein die Betonung dieser selbstverständlichen Voraussetzung für Gespräche verdeutlicht die Situation. Die auf einen Hörfehler bei der Tonbandübertragung zurückgehende Formulierung Westemeyers in einem Berichtsentwurf über die „Bischöfe der gemischten Hoffnung“ verstärkt diesen ambivalenten Eindruck[225]. Von seiten des VDO-Vorstands waren Siepen, der 1. und 2. Vorsitzende, Prov. Ostermann SJ und Westemeyer, und Prov. Quatmann OP vertreten. Als Berater kamen P. Schlösser vom IMS und P. Wulf hinzu. „Die Mannschaft, die wir stellten, ist größer als die Satzungen der Bischofskonferenz vorsehen“, so Westemeyer in seinem Bericht auf der VDO-MV 1967. Die VDO habe einen „Ordensrat“ gewünscht, was den Bischöfen zunächst – schon wegen der Terminologie – „nicht genehm“ gewesen sei, doch Weihbischof Stein habe dann gemeint, das sei eine „echte Lücke“. Auf Diözesanebene hätten sich schon Gremien gebildet, auch mit Ordensfrauen, „damit die VHOD mit der VDO am gleichen Strick ziehe“. Diese Initiativen von „unten“ wurden durch Einladungen von Bischöfen an die Orden ergänzt[226]. Die Erwartungen der Obern nach engerer Kooperation und gegenseitiger Information zwischen Diözesen und Orden wurden allerdings nicht selten enttäuscht. So hatten die Ordensvertreter beklagt, bei einem Übertritt eines Ordenspriesters zur Diözese würde leicht Dispens für die Ordensgelübde erteilt, ohne daß sich der Bischof auch nur mit dem zuständigen Ordensobern in Verbindung gesetzt hätte. Prov. Schrodi OMI führte Siepen gegenüber einen Fall an, in welchem ausgerechnet die Diözese Speyer einen seiner jungen Patres ohne vorherige Rücksprache mit ihm aufgenommen habe. Die Bischöfe der Gemischten Kommission, darunter der Speyerer Bischof Emanuel, hätten sich dieses Anliegens der Obern doch annehmen

[224] Protokoll Gemischte Kommission, 30. 11. 1966. AVDO.
[225] Siepen an Westemeyer, 20. 3. 1967. AVDO.
[226] Bericht Westemeyers, in: VDO-Protokoll, 1967. AVDO.

wollen. Man könne, so Schrodi, „auch den Bock zum Gärtner machen. Ein weiterer Kommentar erübrigt sich“[227].

Die 2. Sitzung von 1967 vereinigte zwei Gesprächsinstitutionen zwischen Bischöfen und Orden: die Gemischte Kommission aus Bischofsvertretern und Ordensvertretern und die Bischöfliche Kommission für das Ordenswesen mit bischöflichen Mitgliedern und Beratern. Zu den Themen zählten die Bildung von diözesanen Ordensräten, die Errichtung einer Arbeitsstelle des Päpstlichen Werkes für geistliche Berufe in Deutschland, zu dessen Beirat auch VDO-Generalsekretär Siepen gehörte, die Repräsentation des Ordenslebens auf dem Katholikentag in Essen, die Bildung eines Instituts für Ordensfrauen. Im Programm des Essener Katholikentags mit dem Titel „Mitten in der Welt“ seien die Orden nicht vorgekommen, „obwohl das Leitwort geradezu den Beweis dafür herausfordert, daß die Orden als wesentlicher Teil der Kirche ein sichtbares Zeichen in der Welt sind“. Die VDO-Vertreter der Gemischten Kommission hätten dann den Vorsitzenden Leiprecht um Vermittlung bei der Programmkommission des ZdK gebeten. Das Gespräch im Forum habe schließlich gelautet „Die evangelischen Räte – Provokation der Welt?“[228]

Auf der DBK-Frühjahrssitzung 1968 bildete sich die „Bischöfliche Kommission für das Ordenswesen“, die schließlich auch „Gemischte Kommission für das Ordenswesen“ genannt wurde, denn bald schon waren die Übergänge der beiden Kommissionen fließend, wie schon die erste Sitzung erwies. Vom Vorsitzenden der Bischofskonferenz wurden für 3 Jahre neben Leiprecht, Landersdorfer, Emanuel, Stein und Gnädinger berufen: P. Hertz OP, P. von Severus OSB, Prov. Westemeyer, P. Wulf, Prov. Ostermann, Ordinariatsrat Israel (Trier), Prof. Scheuermann, die VOD-Vorsitzende M. Theresita Berger, Weihbischof Böggering (Münster) und Prälat Leo Christoph (Reinbek).

Am 7. 6. 1968 tagten die Bischöfliche Kommission für das Ordenswesen in voller Besetzung in Stuttgart und die Gemischte Kommission, zu der auch eine Vertreterin der Säkularinstitute aus dem deutschen Sprachraum, die Generalsekretärin der VOD, der Generalsekretär der VOB, VDO-Generalsekretär Siepen, Abtpräses Hoeck OSB und Prov. Quatmann hinzukamen. Beide Kommissionen konferierten gemeinsam. Eine halbe Stunde trat die Bischöfliche Kommission mit Beratern allein zusammen, „um auf diese Weise auch nach außen zu zeigen, daß es sich wirklich um 2 verschiedene Kommissionen handelt“. Die Bischöfe hätten mit Interesse das Referat

[227] Schrodi an Siepen, 23. 1. 1967. AVDO.
[228] Bericht Siepens, in: VDO-Protokoll, 1968. AVDO.

Ostermanns über die Tätigkeit der Ordensleute angehört, bei der auch die Verplanung und die finanziellen Sorgen der Orden zur Sprache gebracht wurden. Dabei „fanden wir weitgehendes Verständnis, und es ist zu hoffen, daß wir mit der Zeit auch hier zu ganz konkreten Ergebnissen kommen“[229], so Siepen.

Ostermann hatte über „Das Apostolat der Orden in Deutschland“ gesprochen. 1965 seien ein Drittel des deutschen Klerus Ordenspriester (6 428) und fast die Hälfte der Theologiestudenten seien Ordensstudenten. 45 % der Ordenspriester seien mit Seelsorgsaufgaben betraut, zusammengenommen 69 % in der Haupt- oder Nebentätigkeit in der Seelsorge tätig. Ostermann regte an, es sollten Grundsätze aufgestellt werden, um „Funktionen, die von Ordensleuten in einer Diözese verwaltet werden“, wie bei den Weltpriestern zu vergüten. Die Kirche solle gemeinsame Anliegen der Ordensleute, wie das Institut für missionarische Seelsorge und Spiritualität, unterstützen. In der Mannigfaltigkeit ihrer Charismen und ihrer Zielsetzung sollten die Orden in der deutschen Seelsorge zum Zuge kommen und für die Entfaltung eines gesunden geistigen Pluralismus sorgen[230]. Siepen wünschte sich von den Gesprächen mit den Bischöfen nicht nur gegenseitige Information. Die Beratungen sollten schließlich auch „Einfluß auf das Leben und Wirken der Orden selbst“[231] haben. Der „Formalismus unserer Kommissionssitzungen“, so P. Wulf SJ, müsse noch überwunden werden[232].

Die Gemischte Kommission für das Ordenswesen tagte bis 1975 zweimal jährlich. Neben Fragen aus den Bereichen Seelsorge, Kooperation Diözese und Orden, Ordensschulen und Bistümer kamen nun auch Fragen der Gestellungsverträge oder Sozialversicherungsprobleme in den Blick der Beratungen. Die Kommission selbst nahm zu diversen, die Orden betreffenden Anfragen der Religiosenkongregation oder der Bischofskonferenz ausführlich Stellung. So wurde das IMS trotz der dort angewandten Gruppenpädagogik und Gruppenpsychologie in den Kursen 1974 weiterhin von der Kommission empfohlen.

Ständige Arbeitsgruppe der Kommission IV der DBK

Die Änderung der Zahl der Kommissionen der DBK 1976 beendigte die Tätigkeit der Gemischten Kommission für das Ordenswesen. Als Kommis-

---

229 Ebd.

230 H. Ostermann, Das Apostolat der Orden in Deutschland, 7. 6. 1968. AVDO; erweiterte Fassung in: OK (1968), S. 383–393.

231 Siepen an Wulf, 26. 9. 1968. AVDO.

232 Wulf an Siepen, 19. 12. 1968. AVDO.

sion IV der DBK entstand die „Kommission für geistliche Berufe und kirchliche Dienste“ unter dem Vorsitz von Bischof Hemmerle. Als Arbeitsgruppe der Kommission IV wurde die „Ständige Arbeitsgruppe für Ordensfragen und geistliche Gemeinschaften“ gebildet, die zu ihrer 1. Sitzung am 15. 11. 1976 unter ihrem Vorsitzenden, Weihbischof Defregger (München), zusammentrat. Bischof Brems (Eichstätt) und die Weihbischöfe Jacoby (Trier) und Guggenberger (Regensburg) gehörten ihr zunächst an. Unter den Berufenen befanden sich zwei VDO-Vertreter. Die Arbeitsgruppe, die die Gemischte Kommission ablösen sollte, führte deren kontinuierliche und gut eingespielte Arbeit keineswegs bruchlos fort, so daß 1989 eine „Reaktivierung der Ständigen Arbeitsgruppe“ gefordert wurde, die 1996 umbenannt wurde in „Arbeitsgruppe Institute des geweihten Lebens“. Von bemerkenswerter Konstanz und Frische des Problems sind manche Themen im Verhältnis Orden-Bischöfe über die Jahrzehnte hindurch geblieben und dem bürokratischen Apparat der Gremien stets neu überwiesen worden. So hält das Protokoll der Arbeitsgruppe vom 21./22. 10. 1997, wie schon die Protokolle der Gemischten Kommission aus den 1960er Jahren, fest: „Die Ordensobern-Vereinigungen formulieren konkrete Wünsche für regelmäßige Kontaktgespräche zwischen Bischöfen und höheren Ordensobern auf Bistumsebene“. Auch die Ordensreferenten der Diözesen hatten sich mit diesem Thema beschäftigt. „Der Impuls der Ordensreferenten und die Vorschläge der Ordensobern-Vereinigungen sollen im März 1998 innerhalb der Arbeitsgruppe weiterberaten werden mit dem Ziel, das Beratungsergebnis über die Kommission IV dem Ständigen Rat der Deutschen Bischofskonferenz vorzulegen“[233].

VDO und DBK

Neben den seit 1964 in Gang gekommenen regelmäßigen Gesprächen zwischen Bischofsvertretern und Ordensvertretern blieb für die VDO im Hinblick auf die Bischofskonferenz ein weiteres Desiderat, das der Vorsitzende der VDO, Prov. Ostermann SJ, auf der VDO-MV 1967 formulierte: „Im Konzil, das iuris divini ist, sind die Ordensgeneräle mit Sitz und Stimme vertreten; bei einer Bischofskonferenz, die nur eine organisatorische Einheit ist, sind wir überhaupt nicht vertreten. Das ist nur schwer zu verstehen“[234]. Die Höheren Obern argumentierten damit, sie seien Ordinarii mit Jurisdiktion und nicht in der DBK vertreten, obgleich Weihbischöfe und Prälaten, also solche, die einerseits nicht Ordinarii, andererseits zum Teil auch keine

[233] Protokoll AG Institute des geweihten Lebens, 21./22. 10. 1997. AVDO.
[234] VDO-Protokoll, 1967. AVDO.

Bischöfe seien, bei den DBK-Versammlungen anwesend seien. Den Antrag der VDO auf ordentliche Mitgliedschaft der Höheren Ordensobern in der DBK, der von der Gemischten Kommission für das Ordenswesen – außer von Weihbischof Gnädinger – befürwortet worden war, lehnte die Bischofskonferenz im November 1970 ab. Sie sehe die rechtlichen Voraussetzungen für eine Beteiligung nicht gegeben.

Ostermanns Nachfolger, Prov. Senftle OFMCap, stellte das Gesuch, wegen dringender Fragen zur Bischofskonferenz wenigstens geladen zu werden. Senftle, begleitet von Siepen und Abtpräses Mayer OSB, konnte am 3. 3. 1971 in Bad Honnef den Bischöfen die Forderungen des Konzils, in das Presbyterium der Diözesen als Orden integriert zu sein, darlegen. Er wünschte eine „integrierte dauernde Kommunikation und Partnerschaft", damit sich die Ordenschristen „mehr als nur in Funktionen gebraucht erfahren"[235].

Auf der VDO-MV berichtete er über die Konferenz: „Von daher habe ich versucht, den Bischöfen klar zu machen, daß es uns nicht um eine soziologische Aufwertung geht, sondern darum, daß auch die Frage der Glaubenssituation von der evangelischen Lebensform her mitgesehen und mitverantwortet werden muß. Die Resonanz bei den Bischöfen war eine ehrliche Betroffenheit. Sie haben gesagt, so haben wir das noch nicht gesehen. Sie haben wörtlich von einer Schuld des Übersehens gesprochen, weil sie betroffen waren von ihrer geforderten Mitverantwortung des Bedeutungswertes des evangelischen Lebens als solches. Zum anderen wurde uns der Vorwurf einer egoistischen Handhabung der sogenannten Exemtion gemacht. Damit war die Sache natürlich nicht ausgeglichen, das haben sie selbst gemerkt, auch nicht mit dem Hinweis, daß es sehr schwierig sein kann, mit manchen Ordensleuten ins reine zu kommen, weil sie ganz extrem sind und keiner jeweils zuständig ist". Es sei notwendig, durch ein „wachsendes gegenseitiges Vertrauen ein Verhältnis zueinander" zu gewinnen. Die Vertrauensbasis sei „grundsätzlich anerkannt und von daher scheint auch die sogenannte Integrationsbereitschaft bei den Bischöfen größer geworden zu sein. Wir haben allerdings betont, daß Integration nicht heiße: wir werden vereinnahmt. Integration ist nur dort möglich, wo wir das unserige in voller Gestalt und Eigenartigkeit in das Ganze einbringen können". Die Bischöfe erbaten von der VDO eine Bestandsaufnahme über Schwerpunkte und Konfliktsituationen in der Praxis und mit den Ordinariaten[236].

Die DBK baute nun ihre neuen Strukturen auf, ohne daß konkret die Orden als Orden darin einen wesentlichen Part für sich sahen. Daher for-

[235] A. Senftle, Das Apostolat der Orden, in: OK (1971), S. 259.
[236] VDO-Protokoll, 1971. AVDO.

derte der 1. Vorsitzende Prov. Oerder SDB 1975, daß die Orden in den Zentralstellen der DBK, „in diesen wichtigen Schaltstellen gesamtkirchlicher Arbeit“, vertreten seien. „Von da aus ergäbe sich dann auch eine stärkere Information, eine notwendige Mitplanung und auch eine dem Gewicht der von Ordensleuten getragenen Einrichtungen entsprechenden Mitsprache, nicht zuletzt vielleicht auch in bezug auf die Finanzen“[237]. Die VDO richtete ein Votum an die DBK zur Zusammenarbeit in den Zentralstellen. Der Ständige Rat der DBK begrüßte im Juni 1975 diesen Wunsch.

Auf der außerordentlichen VDO-Versammlung im Dezember 1975 im Kloster Hünfeld gab Oerder einen Überblick über die Kooperation mit der DBK seit 1964 in der Gemischten Kommission, später in der Bischöflichen Kommission und durch beratende Mitgliedschaft des VDO-Vorsitzenden in der DBK-Pastoralkommission. Die Würzburger Synode habe die notwendige Zusammenarbeit zwischen Orden und Diözesen unterstrichen. Durch neue Gremien sollten auch die Orden stärker in die kirchliche Gesamtverantwortung einbezogen werden. Der Synodentext „Die Orden und andere geistliche Gemeinschaften – Auftrag und pastorale Dienste heute“ zähle zum Auftrag der Orden die „gesellschafts- und kirchenkritische Funktion“. Die Orden seien stärker als je zuvor auf die Diözesen angewiesen. Die Charismen der Orden sollten in das Gesamtgefüge der Kirche eingebracht und alle Dienste und Charismen aufeinander bezogen werden. Die funktionsgerechte und fachliche Leitung einer Ordensgemeinschaft brauche eine fachorientierte Information. Es solle ein „gesunder Wettbewerb der positiven Kräfte auch im katholischen Raum“ sein. Daher sei eine Strukturverbesserung nötig, weil sonst eine Isolierung drohe.

Die eigentlichen Ziele der Orden sollten stärker in die Erfordernisse der Pastoral integriert werden. Es sei allerdings mehr Phantasie erforderlich bei der „um sich greifenden Sitzungsmüdigkeit“. Die Möglichkeiten der Information, Koordination und Kooperation seien zu nutzen und auszubauen. Dem Synodentext gemäß sollten gerade die Ordenspriester den gesamtkirchlichen Geist fördern, Entwicklungen vorantreiben und Reformen anstoßen. Das Eigenleben müsse natürlich erhalten und gefördert werden, weil sonst die Sorge wachse, daß „am Ende die Orden und geistlichen Gemeinschaften nicht mehr ihre notwendige Eigenständigkeit bewahren könnten, sondern immer mehr in ein Groß-System der Seelsorge integriert würden“[238].

Der DBK-Sekretär Josef Homeyer erläuterte auf der VDO-MV 1975 die neuen überdiözesanen Strukturen der Kirche in Deutschland und berührte

---

[237] VDO-Protokoll, 1975. AVDO.
[238] VDO-Protokoll, 4.–5. 12. 1975. AVDO.

die Mitarbeit der Orden darin. Die fünf Sachbereiche Pastoral, Bildung, Medien, Caritas und Soziales, Weltkirchliche Fragen sollten in fünf kirchlichen Zentralstellen als Dienststellen der DBK unter Leitung des DBK-Sekretärs geführt werden. Den Zentralstellen zugeordnet wurden Arbeitskonferenzen, in denen auch die Orden vertreten sein sollten in einer „brüderliche[n] Zusammenarbeit". „Wir möchten in Ihnen den Dienst in der Kirche finden, den wir als unaufgebbar und konstitutiv für die Kirche ansehen, den spezifischen Dienst der Orden, der wesentlich ein geistlicher Dienst ist, wie die Synode formuliert hat. Wir glauben, daß Sie mehr als andere eigentlich von Hause aus dazu verpflichtet, dazu geeignet sind, diesen geistlichen Dienst einzubringen. Wir möchten von Ihnen das Spezifische, was Sie innerhalb der Orden tun". Homeyer charakterisierte die geplante Zusammenarbeit als „eine Art geschichtlicher Stunde der Zusammenarbeit zwischen Orden und der Bischofskonferenz". „Die Phase eines interessierten Nebeneinander muß überwunden werden"[239].

Vertreter der Zentralstellen erläuterten deren Tätigkeit. In Arbeitsgruppen widmete sich die VDO nun den Schwerpunktbereichen Pastorale Grundfragen, Bildung und Erziehung, Medienfragen, Weltkirche und Mission. Die VDO-Versammlung beschloß, vier Kommissionen zu bilden. Die jährliche VDO-MV als „Informationsinstrumentarium" litte schon an „Überbordung". Die Kommissionen könnten die MV entlasten und den Stil und die Art der Arbeit der VDO verändern. Die Mitglieder der Kommissionen, deren Vorsitzende, die als VDO-Vertreter in die Arbeitskonferenzen gingen, wurden gewählt. Oerder sprach zum Schluß seinen Glückwunsch aus mit der Bitte, „aus der Sache etwas zu machen"[240].

Auf der folgenden VDO-MV 1976 meinte Oerder, man habe 1975 „von der sogenannten ‚Hünfelder Wende' gesprochen. Aber wir merken, wie schwer diese Wende nun anläuft". Moniert wurde, daß die Obern, die in die bischöflichen Kommissionen berufen wurden, „Berater" genannt werden sollten. Präzise sei doch der Begriff „Gast". „Das Entscheidende ist jedoch, daß überhaupt Kontakte zwischen der VDO und der Bischofskonferenz entstehen, daß die Möglichkeit besteht, eine Meinung einzubringen und eine gewisse Relation zu schaffen zwischen der Bischofskonferenz und der VDO". Für die Kommission IV der DBK „Geistliche Berufe und kirchliche Dienste" wurde der 1. Vorsitzende Oerder gewählt, „damit er von dorther die weitere Entwicklung sondieren könne". Es wurde der Wunsch geäußert,

---

[239] Druck: J. Homeyer, Die Neuordnung der überdiözesanen Strukturen der Kirche in Deutschland und die Mitarbeit der Orden, in: OK (1976), S. 125–132.

[240] VDO-Protokoll, 4.–5. 12. 1975. AVDO.

in jeder Kommission solle ein Abt oder Provinzial als Dauergast für die VDO vertreten sein. Er sei damit nicht in erster Linie als Fachberater dort, sondern als Jurisdiktionsträger, der in besonderer Partnerschaft zur DBK stehe. Nachdem die „Gemischte Kommission" fortgefallen war, sollte es eine eigene Arbeitsgruppe zwischen Bischöfen und den Ordensobern-Vereinigungen geben. Die Frage wurde auch vorgebracht, ob nicht ein gesondertes regelmäßiges Treffen zwischen dem Vorsitzenden der DBK und VDO-Vertretern eingerichtet werden solle[241]. Das Ergebnis der Beratungen der VDO-MV teilte Oerder dem Vorsitzenden der Kommission IV, Bischof Hemmerle, mit[242].

Auf der VDO-MV 1976 berichteten die 1975 gegründeten VDO-Kommissionen, „Pastorale Grundfragen", „Medien", „Weltkirchliche Aufgaben", „Bildung und Erziehung", über ihre Jahresarbeit und den Kontakt zu den bischöflichen Arbeitskonferenzen. Oerder betonte: „Keinesfalls dürfe sich die VDO als solche von der Mitarbeit in der Arbeitskonferenz drücken; denn nur über diese Mitarbeit und eine gewisse Bewährung in der Arbeitskonferenz führe der Weg eines Tages zu einer echten Mitarbeit, in eine bischöfliche Kommission hinein"[243]. Zunächst bestand bei manchen VDO-Vertretern in den Arbeitskonferenzen der DBK Skepsis über den Nutzen ihrer Präsenz: „Es gibt viele und gute Informationen. Aber was bringt eine solche Konferenz tatsächlich an Entscheidungshilfen?", so die Kommission Bildung und Erziehung. „Ein Viertel bis ein Fünftel der Teilnehmer wechselt jedesmal, auch ist jedesmal ein anderer Bischof als Vorsitzender tätig. Zwei residierende Bischöfe alternieren im Vorsitz, und wenn einer verhindert ist, kommt ein Weihbischof von ihm". „Das Dabeisein ist sicher wertvoll. Wir haben das Recht und auch die Aufgabe, als Christen und Realisten Optimisten zu sein auch im Hinblick auf die Mitarbeit in der Arbeitskonferenz". Der VDO-Vertreter in der Arbeitskonferenz Medien berichtete, er habe „gewisse Identifikationsschwierigkeiten", da die anderen in der Arbeitskonferenz im Gegensatz zu ihm Profis seien[244]. Die VDO-Kommissionen brachten sich schließlich mit eigenen Papieren in den Arbeitskonferenzen ein, hielten aber fest, daß Entscheidungen nicht dort fielen, sondern in „verschiedenen bischöflichen Kommissionen", in denen die Papiere dann „von Experten präpariert" würden. In der DBK-Pastoralkommission war zunächst kein Ordensvertreter[245]. Zwischenzeitlich gab es auch Flauten in der

241 VDO-Protokoll, 1976. AVDO.
242 Oerder an Hemmerle, 30. 6. 1976. AVDO.
243 VDO-Protokoll, 1976. AVDO.
244 VDO-Protokoll, 1977. AVDO.
245 VDO-Protokoll, 1978. AVDO.

Kommissionsarbeit. 1980 berichtete die Kommission Medien: „Es zeigt sich nur aufs Neue, daß eine solche Kommission sich schwer tut, fruchtbar und befriedigend zu arbeiten, wenn sie nur aus Ordensobern zusammengesetzt" ist.

Die Kommission Weltkirche konnte hingegen über aktuelle Themen nicht klagen. Es gab auch Kontroversen, die zu bereinigen waren. Bei der Arbeitskonferenz Weltkirche monierte die VDO, in einem DBK-Merkblatt über Projektpartnerschaften würde nur vorgeschrieben, daß Gemeinden diese Partnerschaften mit den Werken Adveniat, Missio und Misereor abstimmen sollten, ohne die Ordensgemeinschaften zu berücksichtigen. Die Arbeitskonferenz war an diesem Merkblatt nicht einmal beteiligt worden. Spannungen zu Adveniat wurden von der Kommission benannt, weil es Sperrfristen für die Sammlung der Kollekten der Werke anordnete und die Missionsorden als „kirchliche Hilfsinstitutionen" titulierte[246]. Zunächst gewannen die VDO-Vertreter den Eindruck: „Grundsätzlich ist von den Arbeitskonferenzen zu sagen, daß sie zwar sehr informativ sind und ein breites Spektrum bieten, aber besonders effektiv für unsere Arbeit scheinen sie nicht zu werden". Abt Schulz urteilte, die Wirksamkeit der VDO-Vertreter in den DBK-Arbeitsgruppen sei gering, die Bedeutung der VDO-Kommissionen für die VDO selbst aber groß[247].

Die VDO-Kommissionsarbeit gewann im Verlaufe der Jahre durch Verflechtung mit den VDO-Arbeitsgemeinschaften und den DBK-Arbeitskonferenzen ein höheres Maß an Effizienz, Transparenz, Information, Koordination und Kooperation. Der Vorstand stellte 1982 zufrieden fest, die Kommissionen seien „zu gut arbeitenden Instrumenten der VDO geworden"[248]. Das prinzipielle Defizit, das die Kommission Pastoral konstatierte, „daß wir in Deutschland nicht die Eigenständigkeit und das öffentliche Gewicht haben, das Ordensobernvereinigungen in anderen Ländern besitzen"[249], blieb.

Auf der VDO-MV 1985 legte Prov. Meyer OP unter dem Titel „Zur Lage der Orden in der deutschen Pastoral" den Bericht der Kommission Pastoral vor. Etwa ein Drittel der Ordenspriester seien im Diözesandienst. Die Stellung der Orden im Gesamtgefüge der Kirche sei aber nicht geklärt. Die Situation vor dem Konzil habe zwar ein unabhängiges Dasein der Orden, aber auch keinen Einfluß auf die Kirche gekennzeichnet. Die Ordenshochschulen seien von niedrigerem Rang gewesen, Klerus und Orden einander

[246] VDO-Protokoll, Anlagen, 1982. AVDO.
[247] VDO-Protokoll, 1980. AVDO.
[248] VDO-V-Protokoll, 13./14. 12. 1982. AVDO.
[249] VDO-Protokoll, 1983. AVDO.

fremd und die Orden vor allem in der Mission tätig. Seit dem Konzil seien angesichts des Priestermangels Laien und Ordenspriester als Reservoir für die ordentliche Seelsorge genommen worden. Die Ordensgemeinschaften hätten wenig eigene neue Werke, dafür viel Außenarbeit. Intellektuelle aus den Ordenshochschulen würden in staatliche und kirchliche Bildungsinstitutionen gehen. 1985 war in der Bischofskonferenz kein Bischof aus dem Ordensstand, so daß „ein spontanes Verständnis für Ordensprobleme" nicht vorhanden sei. 1975 habe Homeyer die Phase eines interessierten Nebeneinander überwinden wollen. Zusammenarbeit und Absprache mit der DBK seien unerläßlich, denn die Orden erwarteten, die eigene Sicht einbringen zu können, Impulse und Informationen weiterzugeben. Es gäbe aber nur zwei Sitzungen jährlich in den Arbeitskonferenzen, in denen Information, nicht Diskussion, vorherrsche. Die Tagesordnung müßte frühzeitiger fertig sein, damit die VDO-Kommission zuvor die Themen durchsprechen könne. Der Informationsfluß von der Arbeitskonferenz zur VDO sei nur begrenzt realisierbar. Die Pastoralplanung in den Diözesen laufe trotz der römischen Empfehlung und der Empfehlung des Studientags der DBK ohne Rücksprache mit den Orden. Orden als Träger der Pastoral kämen in den Plänen gar nicht vor[250].

Gespräche auf Diözesanebene

Parallel zur Kontaktaufnahme mit der Bischofskonferenz suchte die VDO auch auf Diözesanebene Treffen anzuregen. 1966 berichtete Prov. Westemeyer auf der VDO-MV über die von der VDO „als kompetenter Ordensstelle" herausgegebenen Einladungen an Ordenspriester und Bischöfe zu gemeinsamen Gesprächen. Man müsse die Orden zum Mitsprechen bringen, sie aber auch schulen für die Gespräche und ihnen helfen, „zu ihrem Selbstverständnis und Selbst zu kommen". Die Verbindungen der Orden untereinander seien „menschlich ein Manko" und „ein Manko aus der Sicht der Solidarität", „aus der Sicht der Verantwortung". Die Einladungen und Unterlagen für die Diözesantreffen gingen von der VDO aus, die Leitung sollte ein Ordensmann je Diözese übernehmen, die Sprecher sollten untereinander Verbindungen herstellen[251].

Westemeyer referierte 1968 auf der VDO-MV wiederum über den „neuen Ansatz zur Zusammenarbeit zwischen Orden und Ortskirche". Auch die Bischöfliche Kommission für das Ordenswesen hieß die „Ordensräte" auf Diözesanebene gut. Leiprecht wünschte allerdings als Bezeich-

[250] VDO-Protokoll, 1985. AVDO.
[251] VDO-Protokoll, 1966. AVDO.

nung, „Arbeitgemeinschaft der Orden in den Diözesen“. Das Zustandekommen der Ordensräte verlaufe unterschiedlich, man experimentiere noch. Die VDO verabschiedete einen Text, in dem der DBK mitgeteilt wurde, in den Diözesen schlössen sich Ordenspriester, -schwestern und -brüder in Arbeitsgemeinschaften zusammen. Auch die Ordensmitglieder aus dem Priesterrat und dem Seelsorgerat seien in einer Arbeitsgemeinschaft. Die Ordensverbände sollten so in Kontakt zueinander gebracht werden. Sie sollten sich gegenseitig helfen bei der Erneuerung ihrer Institutionen und ihrer Spiritualität und die Förderung der Tätigkeit in und mit den Diözesen beraten. Dazu würden Vertreter der jeweiligen Diözese eingeladen[252].

Auf der VDO-MV 1969 wurde das Verhältnis der Kooperation von Welt- und Ordensklerus behandelt. Der 1. Vorsitzende Ostermann meinte, es sei ein „Problem der echten Zusammenarbeit in der nachkonziliaren Ära“. „Es gilt, gewisse Vorurteile abzubauen und zu einer sinnvollen Zusammenarbeit zu kommen, d. h. zunächst einmal zu einem Verständnis des Partners“. Zur Diskussion auf der VDO-MV waren auch die Vertreter der Seelsorgsämter eingeladen worden, doch nur wenige nutzten diese Möglichkeit. Auch ein bischöflicher Vertreter der Kommission für das Ordenswesen fehlte. Jesuitenpater Mühlenbrock referierte über Weltpriester aus der Sicht der Ordensleute. Prälat Boonen referierte über Orden aus der Sicht des Diözesanpriesters. In der Podiumsdiskussion unterstrich ein Teilnehmer: „Die Ordensleute sollten daher an der Gesamtplanung beteiligt werden, von der Bischofskonferenz her angefangen. Es ist nicht einzusehen, daß die Ordensgeneräle beim Konzil, das iuris divini ist, mit Sitz und Stimme vertreten sind, aber in einer organisatorischen Einheit wie der Bischofskonferenz die Orden nicht vertreten sind“. In Frankreich sei das anders. Die Orden sollten gleichwertig auf allen Ebenen sein. „Die verschiedenen Gruppen in der Kirche müssen ja miteinander erst sprechen lernen“[253]. Dieser Prozeß ist noch nicht überall geglückt, ja nicht einmal an allen Orten auch nur in Gang gekommen: 1989 waren erst in 14 von 22 Bistümern die Gespräche auf Diözesanebene zwischen den Ordensobern und dem Diözesanbischof aufgenommen worden, in den Diözesen Augsburg und Rottenburg gab es auch 1998 noch keine Gespräche.

---

[252] VDO-Protokoll, 1968. AVDO.
[253] Podiumsdiskussion. Druck: OK (1970), S. 27–35.

DBK-VDO Kontaktgespräche

Neben der Mitarbeit von VDO-Vertretern in den DBK-Gremien und den Begegnungen der Ordensvertreter und Diözesanbischöfe blieb der direkte Kontakt der VDO mit der Bischofskonferenz ein weiterer Wunsch. Der VDO-Vorsitzende Oerder und der Vorsitzende der Deutschen Bischofskonferenz, Kardinal Höffner, kamen daher überein, ein regelmäßiges „Kontaktgespräch" zwischen VDO und DBK zu pflegen. Daneben wurde als offizieller Vertreter der DBK zur VDO-MV als Gast erstmals 1977 Weihbischof Defregger, der Vorsitzende der Ständigen Arbeitsgruppe Ordensfragen und Geistliche Gemeinschaften der Kommission IV der DBK, geladen. Oerder meinte, die VDO bräuchte notwendig einen „Kontaktbischof" zur DBK[254]. Das Gespräch zwischen Bischöfen und Obern solle dazu dienen, so Oerder, „eine gemeinsame Linie" zu vertreten[255].

Am 13.12.1977 fand das erste Kontaktgespräch zwischen dem Vorsitzenden der DBK, Kardinal Höffner, Bischof Hemmerle und Sekretär Homeyer auf der einen Seite und dem 1. und 2. VDO-Vorsitzenden, Prov. Oerder und Abt Schulz OSB, und Generalsekretär Siepen auf der anderen Seite statt. Oerder wertete dies in seinem Bericht auf der VDO-MV 1978 als einen „wichtigen Meilenstein"[256]. Thematisiert worden waren die Zusammenarbeit in Arbeitskonferenzen, die prinzipielle Kooperation zwischen Episkopat und Ordensobern, die Rahmenordnung für die Priesterausbildung, der Übertritt von Ordenspriestern in den Weltklerus, die Umfrage zum sozialpolitischen Einsatz. Man beschloß den Austausch von Protokollen[257]. Es habe Übereinstimmung darin bestanden, daß das Kontaktgespräch „im Interesse aller Orden und geistlichen Gemeinschaften gemäß ihrer Bestimmung als ‚Kirche für die Kirche'" sei[258].

Die Atmosphäre zwischen den Bischöfen und den Ordensobern war durch diese institutionalisierte Begegnung eindeutig verbessert. Als Weihbischof Defregger 1978 auf der VDO-MV als Vertreter der Bischofskonferenz und Vorsitzender der Ständigen Arbeitsgruppe Ordensfragen der Kommission IV sprach, meinte er gar, er gehöre „als redlicher Makler und Anwalt der Ordensobern in der Deutschen Bischofskonferenz gleichsam zu den Orden". Er dankte den Orden für ihren Dienst. „Die VDO habe sich so gut etabliert und in ihrer Arbeit als so wesentlich erwiesen, daß die Deutsche

---

254 VDO-Protokoll, 1977. AVDO.
255 Oerder an Homeyer, 20.5.1977. AVDO.
256 VDO-Protokoll, 1978. AVDO.
257 Die VDO erhielt jedoch nie DBK-Protokolle.
258 Protokoll Kontaktgespräch, 13.12.1977, in: OK (1978), S. 339.

Bischofskonferenz sie nie mehr missen möchte"[259]. Die Bischofskonferenz war im Sommer 1978 allerdings nicht von innen heraus, sondern in diesem Falle von außen, von Rom, durch Leitlinien herausgefordert worden, von deren Erfüllung sie letztlich noch weit entfernt war.

Als am 14. 5. 1978 die Römische Kongregation für die Bischöfe und die Kongregation für die Orden und Säkularinstitute das gemeinsame Dokument über die Beziehungen zwischen Bischöfen und Ordensleuten in der Kirche („Mutuae relationes") veröffentlichten, sah sich die VDO in ihren Wünschen, die die Praxis der DBK weit übertrafen, bestätigt. Insbesondere wurde dort empfohlen, daß „Probleme, die beide Seiten angehen, in gemischten Kommissionen behandelt werden, die aus Bischöfen, Höheren Obern und Höheren Oberinnen bestehen". Zudem wurde die „gegenseitige Anwesenheit von Delegierten der Bischofskonferenzen und Konferenzen oder Räte der Höheren Obern in ihren beiderseitigen Versammlungen und Zusammenkünften" angeraten[260].

1980 nahm die DBK-Frühjahrskonferenz das Thema „Orden" auf. Abt Schulz OSB, 1. Vorsitzender der VDO, referierte vor den Bischöfen[261]. Ein Indiz für die merkwürdige Situation sei, daß die Ordensobern ihre Daseinsberechtigung in der Kirche vor dem Episkopat begründen müßten, so Schulz[262]. Insgesamt aber beurteilte er dieses Zusammentreffen als Anfang eines „aufrichtigen und tiefen und wohl auch für beide Teile befruchtenden Meinungsaustausches". Es komme ihm „fast noch immer unglaublich vor"[263]. Gesichtspunkte für den Einsatz von Ordensleuten in der Pastoral der Bistümer und für die pastorale Zusammenarbeit zwischen den Bistümern und Ordensgemeinschaften wurden nun benannt. Die Bischöfe empfahlen, der pastorale Einsatz solle in Übereinstimmung mit der spezifischen Berufung der Ordensgemeinschaften stehen, damit die Ordensleute nicht entfremdet würden. Sie sollten aber die Leitlinien des Bistums mittragen. Umgekehrt sollten die Orden der Ortskirche die besonderen Charismen zugänglich machen durch ihre Präsenz und Beteiligung. Es solle eine „geistliche Landkarte" der Bistümer erstellt werden, damit sichtbar werde, wer wo was tue. Die vita communis und der eigene Charakter der Gemeinschaft sollten gewahrt, aber auch die Zusammenarbeit mit anderen in der Pastoral

[259] VDO-Protokoll, 1978. AVDO.
[260] Leitlinien für die gegenseitigen Beziehungen zwischen Bischöfen und Ordensleuten in der Kirche. Dokument der Kongregation für die Ordensleute und Säkularinstitute und der Kongregation für die Bischöfe, in: OK (1979), S. 1–33, hier S. 32.
[261] Druck: OK (1980), S. 166–179.
[262] Druck: OK (1980), S. 161–165.
[263] Schulz an Siepen, 27. 2. 1980. AVDO.

gepflegt werden. Über ihre Planungen sollten sich Orden und Bistümer gegenseitig informieren. Auf Bistumsebene sollten regelmäßige offizielle Kontakte zwischen dem Diözesanbischof und den Höheren Obern und Oberinnen stattfinden, zusätzlich mit den Obern der Priesterorden, die in der Pastoral tätig seien. Die Rahmenordnung für die Priesterausbildung räume in der 2. Phase einen 4-wöchigen Studienurlaub ein. Die ordensspezifische pastorale Abschlußprüfung werde als Pfarrexamen von der DBK anerkannt. Gemeinsam trage man die Sorge um den Priesternachwuchs und die Förderung der Berufungen.

In der Arbeitsgruppe Bischöfe und Orden begab man sich am 21. 4. 1980 zur Nacharbeit dieser besonderen DBK-Frühjahrsvollversammlung. Das Leitbild für das Zusammenwirken sei Partnerschaft. Der Personalverband der exemten Priesterorden bringe die universalkirchliche Dimension in der territorialen Ortskirche zum Ausdruck. Man erkenne in den Leitlinien der DBK einen sich „immer deutlicher anbahnenden Mentalitätswandel" als „atmosphärisch-klimatische Entspannung bzw. als eine allmählich um sich greifende Entkrampfung", meinte Abt Schulz. Seit dem Konzil, der Würzburger Synode bis hin zu den DBK-Empfehlungen von 1980 machte er einen „Wachstumsvorgang" aus[264].

Die VDO-MV 1980 griff das Thema „Orden im Spannungsfeld zwischen Ortskirche und Gesamtkirche" auf. Abt Schulz gab einen Überblick über die Kooperation zwischen Bischöfen und Ordensobern, wobei das jährliche Kontaktgespräch „atmosphärische Auswirkungen" gezeitigt habe, „damit man auf Dauer die anstehenden Sachfragen in der Haltung einer aufrichtigen Partnerschaft zu lösen imstande ist". Schulz hob den Studientag auf der DBK-Frühjahrsversammlung hervor, der den Klimawechsel anzeige[265]. Generalsuperior J. Pfab CSsR referierte über Universalkirche und Priesterorden[266]. Kassian habe geschrieben, Ordensleute sollten Bischöfe und Frauen fliehen. Für das Verhältnis der Ordensleute zu den Bischöfen gäbe es jetzt zumindest die Leitlinien vom 14. 5. 1978. Die Mentalitätsänderung der Hierarchie bestehe darin, daß sie die Orden und deren Werke früher als „privat" angesehen habe, wohingegen sie sie nun in ekklesialer Dimension sehe. Die Teilhabe der Priesterorden an den Strukturen und Organismen als Teil der Kirche werde durch die DBK stufenweise gewährt. Die sich anschließenden Arbeitskreise brachten auch kritische Anfragen, ob man denn

---

264 Druck: A. Schulz, Zusammenwirken von Orden und Diözesen im pastoralen Dienst, in: OK (1980), S. 311–324.

265 VDO-Protokoll, 1980. AVDO.

266 Druck: J. Pfab, Universalkirche und Priesterorden. Auswirkungen der universalkirchlichen Dimension auf das Leben in den Priesterorden, in: OK (1980), S. 401–427.

die Orden nun stärker in den Griff bekommen wolle, da die Exemtion fast nivelliert werde. Sollten die Priesterorden nicht doch nur wieder Lücken füllen? Bezüglich des eigenen Armutsverständnisses wurde angemerkt, in den letzten 30 Jahren hätten in Deutschland die Orden „vielleicht allzu unbesehen an den Errungenschaften des ‚Wirtschaftswunders' partizipiert". Der pastorale Einsatz mit seinem Leistungsprinzip überfordere die Orden. Gestellungsverträge würden letztlich hindern, prophetisch anders zu leben[267].

Bischof Hemmerle referierte über das Verhältnis Ortskirche und Priesterorden[268]. Beim DBK-Studientag zu den Orden sei als Fazit herausgekommen: „Bitte, macht die Orden für die Kirche nutzbar, indem ihr sie nicht vereinnahmt". Aber es solle auch „die spezifische Notlage der Bistümer konkret mitgetragen" werden von den Orden. Das Zeugnispotential in den Orden und geistlichen Gemeinschaften durch explizite und implizite Verkündigung durch gelebte Communio und Diakonie habe den Vorrang vor der bloß sakramentalen Versorgung der Gemeinde. Hemmerle meinte, daß es keine Zeit in der Kirchengeschichte gegeben habe, „in der das Miteinander von Ortskirche und geistlichen Gemeinschaften so dringend und notwendig war und ist wie heute. Denn wo es darum geht, das Wort Gottes in einer neuen Sprache zu sagen, in sich selber, im eigenen Dasein, da brauchen wir viele, die die Erfahrung mit diesem Wort im ganz persönlichen und unkonventionellen Weg ihrer Berufung gehen. Und ich meine, das sind Sie, liebe Ordensleute".

Die Kontaktgespräche fanden in der Regel einmal jährlich statt; zuweilen mußte im Folgejahr ein wegen Terminschwierigkeiten des DBK-Vorsitzenden kurzfristig abgesagtes Treffen nachgeholt werden. Sowohl zum Vorsitzenden, Kardinal Höffner, der die Gespräche von 1977–1987 führte, als auch zu seinem Nachfolger, Bischof Lehmann, entwickelte sich, insgesamt betrachtet, von seiten der VDO ein gutes Verhältnis. Wesentlich war dies mitbestimmt durch die Wertschätzung, die die beiden Vorsitzenden den Orden innerhalb der Kirche entgegenbrachten. Hinsichtlich der Gesprächsatmosphäre mit Bischof Lehmann kann von einem sich entwickelnden vertraulichen Gedanken- und Meinungsaustausch gesprochen werden, der sich allerdings nicht protokollmäßig niederschlug. So dankte 1991 der VDO-Vorsitzende Dantscher Bischof Lehmann für das letzte Kontaktgespräch, das ein „sehr gutes, offenes und mitbrüderliches Gespräch" gewe-

---

267 VDO-Protokoll, 1980. AVDO.

268 Druck: K. Hemmerle, Ortskirche und Priesterorden in der Bundesrepublik Deutschland, in: OK (1980), S. 428–442.

sen sei[269], merkte aber auch an, daß das vom VDO-Generalsekretär verfaßte Protokoll „in weiten Teilen verändert“ worden sei ohne Rückfrage bei der VDO. Sie wollten aber dennoch „weiterhin mit dem herben Charme der Offenheit im Gespräch bleiben“[270]. Die Institution „Kontaktgespräch“ wurde daher bezüglich ihrer eigentlichen Funktion auch hinterfragt: Ist es ein kirchenpolitisches Gremium, in dem die Ordensobern und -oberinnen relevante Themen vorbringen, die dann in den weiteren Gremien, Bischofskonferenz, Mitgliederversammlungen usw., Entscheidungen herbeiführen können? Oder handelt es sich beim Kontaktgespräch lediglich um einen vertraulichen Meinungsaustausch, der in gewisser Weise folgenlos bleiben muß, dafür aber gegenseitiges Verständnis, nicht zuletzt durch manche Hintergrundinformationen, schaffen kann und letztlich mittelbare Auswirkungen zeitigen könnte? Der Vorstand der VDO faßte als Anfragen an die Kontaktgespräche zusammen: „Können sie eine kirchenpolitische Clearingstelle zwischen Bischofskonferenz und Ordensobern-Vereinigungen zu konkreten Problemen mit konkreten Ergebnis-Erwartungen sein (wünschenswert, aber eher unwahrscheinlich) oder hätten sie als ‚kollegiale‘ Hintergrundgespräche ohne konkrete Handlungserwartungen auf seiten der Orden nicht eher die Chance einer langfristigen Verbesserung der Atmosphäre zwischen Bischöfen und Ordensobern (ebenso wünschenswert und eher realisierbar)?“[271] Zugespitzt formulierte es der Vorstand 1993: „Das Gesprächsklima sei sehr gut und verständnisvoll gewesen. Dennoch: Man habe über die DBK, aber nicht mit ihr gesprochen ...“[272] Die Arbeitsgemeinschaft der Deutschen Ordensobern-Vereinigungen (ADOV) kam 1993 zu dem Ergebnis, aus dem „bisherigen ‚Zur-Kenntnis-Nehmen‘ von Meinungen müsse ein wirkliches Gespräch werden“[273]. Außerdem beklagte man die „Überfrachtung“ des Kontaktgesprächs[274].

Das Kontaktgespräch wurde zunächst als „Austausch zwischen den Jurisdiktionsträgern über alle Fragen des amtspriesterlichen Heilsdienstes“ angesehen, d.h. exklusiv für die DBK und die VDO. Die Frage der „Opportunität“ der Beteiligung auch der Ordensoberinnen wurde damit vorerst ad acta gelegt[275]. Seit 1989 war auch die VOD an den Kontaktgesprächen beteiligt, wobei zunächst neben den gemeinsamen VDO/VOD/DBK-Ge-

---

[269] Dantscher an Lehmann, 28. 3. 1991. AVDO.
[270] Dantscher an Schätzler, 28. 3. 1991. AVDO.
[271] VDO-V-Protokoll, 7./8. 4. 1992. AVDO.
[272] VDO-V-Protokoll, 15./16. 2. 1993. AVDO.
[273] ADOV-Protokoll, 21./22. 11. 1993. AVDO.
[274] VDO-V-Protokoll, 7./8. 3. 1990. AVDO.
[275] Protokoll Kontaktgespräch, 22. 11. 1979, in: OK (1980), S. 205f.

sprächen auch getrennte Gesprächseinheiten der VOD und der VDO mit der Bischofsseite blieben. Ab 1994 wurde auch die VOB zu den Kontaktgesprächen geladen.

Betrachtet man die Gesprächsthemen und die Verhandlungsstrukturen während der gut 20 Jahre, in denen diese Institution besteht, so fällt auf, daß ein nicht unwesentlicher Teil mit Fragen ausgefüllt war, die in der nachkonziliaren und nachsynodalen Zeit im Grunde genommen zu den Selbstverständlichkeiten hätten zählen müssen, die die Bischofskonferenz oder die Diözesanbischöfe von sich aus hätten umsetzen können bzw. in Erfüllung der Konzilsdekrete und weiterer Texte auch müssen.

Regelmäßig baten die Obern, daß auch Ordensleute in die Bischöflichen Kommissionen berufen werden sollten, allerdings sollten sie, um echte Vertreter der Orden sein zu können, von den Obernvereinigungen benannt werden. Frühzeitig sollten ihnen auch Informationen über die Tagesordnungspunkte der Kommissionen zugehen, soweit ordensrelevante Themen anstünden, so daß sie Stellung dazu beziehen könnten. 1985 wurde argumentiert, 30 % der Ordenspriester seien im Diözesandienst ohne Vertretung in der Bischofskonferenz, zumal auch kein Ordenspriester Bischof sei. Also solle doch der 1. VDO-Vorsitzende die Ordenspriester in der DBK vertreten. 1989 wurde mit Bezug auf „Mutuae relationes" vermerkt, daß die dort gewünschte gegenseitige Vertretung in den jeweiligen Gremien noch immer nicht gegeben sei. 1997 fragten die VDO-Vertreter, ob die Strukturen Kontaktgespräch, Ständige Arbeitsgruppe, Gespräche auf Diözesanebene und Ordensräte denn ausreichten. „Die Ordensobernvereinigungen laden zu ihren Mitgliederversammlungen selbstverständlich Bischöfe ein. Wie steht es in diesem Zusammenhang um die Teilnahme von Vertretern der Ordensleute an der Bischofskonferenz (vgl. hierzu V[ita] C[onsecrata] 50)? [...] Die Bischöfe berichten über die Zurückhaltung, mit der der Frage nach Teilnahme von Ordensvertretern an den Sitzungen der Bischofskonferenz begegnet wird. [...] Bischof Lehmann bittet darum, die Frage der Beteiligung von Ordensvertretern an den Vollversammlungen der Deutschen Bischofskonferenz zunächst zurückzustellen"[276].

Nach jahrzehntelangen wiederholten VDO-Anfragen war „zunächst" wohl eher euphemistisch gemeint. In der Stellungnahme der DBK zu den „Lineamenta" für die Bischofssynode 1994, „Das gottgeweihte Leben und seine Sendung in Kirche und Welt", ist es bei dieser von Ordensseite stets eingeklagten Partizipation, ihren steten Kommunikationsversuchen und Bitten um Information nicht ohne Komik, daß die Bischöfe in ihrer Stel-

[276] Protokoll Kontaktgespräch, 8. 1. 1997, in: OK (1997), S. 478.

lungnahme für die Orden – und keineswegs auf sich bezogen – meinten feststellen zu können: „Nicht nur mangelnde Fähigkeit zur Auseinandersetzung mit Fragen der Zeit, sondern auch unzureichende innerkirchliche und innergemeinschaftliche Kommunikationsfähigkeit der Mitglieder von Instituten des geweihten Lebens zeigt sich nach innen und außen als lähmender Faktor. Greifbar wird das in gelegentlich noch zeitfremden Formen des Miteinander zum Beispiel in der Art, Informationen weiterzugeben, in der Versetzungspraxis oder überhaupt im Stil der Entscheidungsfindung in der Gemeinschaft". Generalsekretär Schumacher konnte sich der Randbemerkungen zur angeblich fehlenden „Kommunikationsfähigkeit" und den angeblich „zeitfremden Formen des Miteinander" nicht enthalten: „Wenn man uns denn ließe!" bzw. „und was macht die DBK mit uns?"[277]

Fehlende Partizipation und Information der Orden seitens der Bischöfe führten nämlich dazu, daß Orden schlicht vergessen oder wie nicht existent behandelt wurden. So beklagten sich die Ordensvertreter 1993, daß bei der Einführung der neuen Grundordnung für den kirchlichen Dienst die Orden, die zu den größten kirchlichen Arbeitgebern zählten, überhaupt nicht berücksichtigt worden waren. „Bischof Lehmann und Prälat Schätzler bedauerten die bisherigen Versäumnisse und sagten eine entsprechende Verbesserung der Kommunikationsstrukturen auf Sekretariatsebene zu"[278], so das Protokoll. Zwei Jahre später mußten die Ordensvertreter darauf aufmerksam machen, daß im DBK-Dokument „Pastorale Dienste in der Pfarrgemeinde" die Ordensleute in Pfarrleitungsteams, die „Pfarrkonvente", der pastorale Dienst der Ordensschwestern überhaupt nicht vorkämen, obgleich die „essentielle Bedeutung für die Kirche auch auf der Ebene der Pfarrgemeinde zu betonen" gewesen wäre[279]. Auch baten die Orden 1990 darum, „daß ihre Interessen ebenso wie die der diözesan-verfaßten Kirche als Gesamt-Interesse der katholischen Kirche in Deutschland vom Katholischen Büro Bonn vertreten werden; dies erfordere jedoch eine verstärkte Aufmerksamkeit des Katholischen Büros für die Belange der Orden und eine enge Abstimmung der zu vertretenden Interessen in allen Fragen, die die Orden unmittelbar (z. B. Sozialgesetzgebung) oder mittelbar (z. B. Steuergesetzgebung) betreffe"[280].

Die Themenpalette während der zwei Jahrzehnte Kontaktgespräche weist spezifische Aufgaben der Orden in der Pastoral, Rahmenordnung für die

---

[277] DBK-Stellungnahme zu den Lineamenta, Oktober 1993 mit Randbemerkungen Schumachers. AVDO.

[278] Protokoll Kontaktgespräch, 16. 12. 1993, in: OK (1994), S. 347.

[279] Protokoll Kontaktgespräch, 14. 12. 1995, in: OK (1996), S. 347.

[280] Protokoll Kontaktgespräch, 29. 11. 1990, in: OK (1991), S. 203.

Priesterbildung und Anerkennung der ordenseigenen Abschlußprüfung, gemeinsame Berufungspastoral, Beichtjurisdiktion für Ordenspriester, Ordenshochschulen und Ordensschulen, Exemtion, Übertritt zum Weltklerus, Laisierungen, Gestellungsverträge oder Vergütungen für Seelsorgsaushilfen in den Diözesen auf. Auch manche Unstimmigkeiten und Irritationen auf beiden Seiten kamen zur Sprache. So habe die Streichung des jährlichen Zuschusses des Verbandes der Diözesen Deutschlands (VDD) für das Institut für Missionarische Seelsorge ohne vorherige Konsultation der Ordensseite „großen Unmut erweckt“, die „Tatsache, aber auch die Art und Weise des Vorgehens“[281]. Daraufhin wurden für 1984 nochmals ein Zuschuß, für 1985/86 eine Überbrückungshilfe gewährt. Von der Deutschen Bischofskonferenz und vom Vertreter der Religiosenkongregation kamen andererseits Vorbehalte gegen den Terminus „Ordenssynode“[282], für den sich VDO, VOD und VOB schon ausgesprochen hatten. Da halfen im Kontaktgespräch 1990 auch keine Darlegungen des 1. Vorsitzenden, Prov. Dantscher SJ, zur Bedeutung des „synodalen Prozesses“, der nicht die kirchenrechtliche Definition meinte. Obgleich Bischof Lehmann das Anliegen grundsätzlich begrüßte und würdigte, hielt er den Begriff „Synode“ „vor allem im Blick auf die theologische Struktur und die kirchenrechtliche Bedeutung dieses Begriffes für falsch und angesichts des Grundanliegens der Sache auch für hinderlich“[283]. Der Name „Ordenssynode“ wurde in „Forum der Orden“ umgeändert, „um nicht Gemeinschaften auszuschließen, die sich nach heftiger Kritik von Bischöfen und Religiosenkongregation am Begriff ‚Synode‘ der Orden nicht hätten beteiligen dürfen oder können“[284].

Ein weiterer Beschwerdepunkt von Ordensseite blieb die „ablehnende Haltung mancher Bistümer“ zum „Solidarwerk der Orden“[285], wodurch „erhebliche Irritationen und spürbar gewordene Nachteile bei nicht wenigen Gemeinschaften (meist bischöflichen Rechts)“ vorgekommen seien[286]. Ausgerechnet vom Sekretariat der Kommission IV der DBK aus war der Satzungs-Entwurf zum Solidarwerk an die Ordensreferenten in den Ordinariaten verschickt worden, was in diesem Fall „kontraproduktiv“ gewesen war, denn es habe, so Schumacher, zu „erheblichen Verwirrungen und Irritationen geführt“, ohne daß wiederum die Rückkoppelung über die Ordensobern-Vereinigungen gesucht worden wäre. Die Ordinariate hätten eine

---

281 Protokoll Kontaktgespräch, 14. 12. 1983, in: OK (1984), S. 212.
282 Vgl. S. 350–352, 381f.
283 Protokoll Kontaktgespräch, 29. 11. 1990, in: OK (1991), S. 201.
284 VDO-V-Protokoll, 24./25. 10. 1991. AVDO.
285 Vgl. S. 400–402.
286 Protokoll Kontaktgespräch, 11. 4. 1992, in: OK (1993), S. 209.

„kritisch-distanzierte Position“ eingenommen, Justitiare und hohe Prälaten hätten mehrere Orden zu anderer Lösung gedrängt, die „den Grundgedanken einer breiten Solidarität der Orden ernsthaft gefährdet“[287]. Schumacher mußte manchen ausgesprochenen Unsinn, wie er sich in Protokollen von Gesprächen auf Diözesanebene niederschlug, mühsam korrigieren. So schrieb er dem Protokollanten der Konferenz zwischen dem Regensburger Bischof Manfred Müller und Ordensobern, Weihbischof Guggenberger, es sei nicht das Ziel des Solidarwerks, „‚eine Darlegung der Finanzsituation der Orden‘ (wem gegenüber?) ‚zu vermeiden‘“, der Zweck sei auch nicht, „‚nur jene Ordensgemeinschaften‘“ aufzunehmen, „‚die bereits ausreichend für das Ruhestandsalter ihrer Mitglieder gesorgt haben‘“. Schumacher versuchte mit seinen Erläuterungen zu verhindern, daß „wegen der Komplexität der behandelten Themen nicht durch unzutreffende Formulierungen falsche Einschätzungen unserer Anliegen und der sie betreibenden Orden, Vereinigungen und deren Repräsentanten entstehen“[288].

Neben Irritationen gab es aber auch – wie im Falle des Votums der VDO zum Treue-Eid[289] – Übereinstimmung zwischen DBK und Ordensobern in der Sache, was auch „in die Überlegungen der DBK eingegangen sei“ und dort „Eindruck gemacht“ habe[290]. Die Stellungnahme der DBK zu den Lineamenta zur Bischofssynode 1994, „Das gottgeweihte Leben und seine Sendung in Kirche und Welt“, wurde seitens der Orden allgemein mit Dank zur Kenntnis genommen, denn sie sei „ganz im Sinne der Orden“[291].

1996 meinte der Vorsitzende Prov. Schorr OFM im Hinblick auf die Gespräche mit der DBK: „Von unserer Seite aus wäre es ins Auge zu fassen, dabei auch ‚politische‘ Themen anzusprechen, als da sind: Kirchensteuerfinanzierung von ordensgetragenen Schulen und Hochschulen, Schulentwicklungsplan, Zölibat u.a.m., was bei der Vorbereitung des nächsten Kontaktgesprächs auch besser berücksichtigt werden soll“[292].

(b) VDO und Weltkirche

Auch während der bundesrepublikanischen Zeit blieben die von Rom gewährten Meßstipendienindulte für die Klöster von zentraler Bedeutung, denn sie machten, wie Generalsekretär Siepen 1972 erläuterte, gut ein Drit-

[287] Schumacher an Tigges, 30.11.1991. AVDO.
[288] Schumacher an Guggenberger, 28.10.1991. AVDO.
[289] Vgl. S. 353f.
[290] Protokoll Kontaktgespräch, 29.11.1990, in: OK (1991), S. 202.
[291] Protokoll Kontaktgespräch, 16.12.1993, in: OK (1994), S. 347.
[292] VDO-Protokoll, 1996. AVDO.

tel der Einnahmen aus. Daher gefährdeten die 1953 vom Osnabrücker und 1964 vom Münchener Ordinariat vorgebrachten Interpretationen, die im Diözesandienst stehenden Ordenspriester sollten die Meßstipendien wie die Diözesanpriester abführen, diese für die nicht kirchensteuerfinanzierten Orden wichtige Einnahmequelle. Beide Ordinariate erklärten sich schließlich einverstanden – ohne die eigentliche Rechtsfrage zu lösen –, daß diese Einnahmen weiterhin für ordenseigene Zwecke verwendet werden durften. Die Meßstipendienfrage als solche wurde gerade in jüngster Zeit zum Gegenstand für ein unter theologischen und finanzrechtlichen Aspekten betrachtetes zeitgemäßes Verständnis[293].

Die Anerkennung der ältesten Superioren-Konferenz seitens der römischen Behörden als „Original" und „Modell" für die vor allem in der Nachkriegszeit gegründeten Ordensobern-Vereinigungen kam bei der Beauftragung des VDO-Generalsekretärs Flesch zur Begleitung der Gründungen der Schwestern- und Brüdervereinigungen und zur Ernennung per Dekret der Religiosenkongregation für jeweils 3 Jahre als „Assistens religiosus" zum Ausdruck[294]. Flesch sei der „Hauptverbindungsmann" in Deutschland[295]. Dabei war den Schwestern in ihren Statuten das Vorschlagsrecht für den geistlichen Beirat noch eingeräumt worden, bei den Brüdern fehlte es bereits. Der in der Religiosenkongregation tätige P. Schäfer OFM erläuterte Flesch im April 1958, dieses Recht der Schwestern würde „natürlich auch für sie gestrichen werden", falls die Statuten nun approbiert werden müßten. „Der Assistens religiosus ist ja auch in etwa der Vertreter der Hl. Kongregation"[296]. Als 1958 die VDO auf ihr 60-jähriges Bestehen zurückblicken konnte, riet P. Schäfer, einen Vertreter der Religiosenkongregation zur Mitgliederversammlung einzuladen. „So weit ich mich in diesem Milieu hier auskenne, sieht man das als einen Akt der Romtreue an und wohl auch der Höflichkeit, besonders bei dem Anlaß des 60-jährigen Bestehens"[297].

Für die direkte Beziehung des Hl. Stuhles zur VDO wurde in der Nachkonzilszeit die Teilnahme des Apostolischen Nuntius an den VDO-Mitgliederversammlungen von Bedeutung. Aufgrund des Motu proprio „Sollicitudo omnium Ecclesiarum" vom 24. 6. 1969 war die Teilnahme des Nuntius an den Jahrestagungen der Höheren Obern vorgeschrieben, ebenso die

[293] Vgl. Handreichungen der DBK zu Meßstipendien „Den Himmel kaufen", 24. 2. 1994. Anlage zu Schumachers Rundschreiben 652, 29. 4. 1994. AVDO; W. Schumacher, Versteuerungen.
[294] Vgl. S. 311.
[295] Schäfer an Flesch, 24. 4. 1958. AVDO.
[296] Schäfer an Flesch, 14. 4. 1958. AVDO.
[297] Schäfer an Flesch, 13. 2. 1958. AVDO.

Übermittlung des Protokolls an den Nuntius zur Weiterleitung an die Religiosenkongregation. Die Grußworte und Predigten wurden teilweise zu Belehrungen und Bewertungen genutzt, um die römische Sicht zu manchen neuen Entwicklungen in den Orden zu vermitteln oder sogar um bei der Nuntiatur vorgebrachte Klagen über die Orden weiterzugeben. Die Äbte und Provinziale nahmen all dies mit würdevollem Interesse entgegen und verfolgten ihre Anliegen auf der jeweiligen VDO-MV engagiert weiter.

In seinem Grußwort empfahl Nuntius Guido del Mestri 1977, die Orden sollten dem Geist ihrer Orden treu bleiben und den Geist des Gebetes pflegen. Die Bischöfe hätten sich beklagt „über zuviel Freiheit in liturgischem Gebiet. Ich möchte das hier nur einmal gesagt haben". Die Orden sollten sich gegen die Traditionalisten wenigstens treu an die liturgischen Vorschriften halten[298]. 1978 warnte der Nuntius in seinem Grußwort, wie das Protokoll vermerkt, „im Auftrag des Sekretärs der Religiosenkongregation Erzbischof Dr. Augustinus Mayer OSB, auch vor gruppendynamischen Formen und Methoden insbesondere bei der Schulung von Ordensschwestern"[299].

Nuntius Uhac meinte in seinem Grußwort 1990 über die Aufgaben der Theologen, die „der theologischen Forschung eigene Freiheit" gelte „innerhalb des Glaubens der Kirche". Von den Theologen sei die Zustimmung zu Entscheidungen des Lehramtes gefordert. Kontroversen sollten nicht in den Massenmedien ausgetragen werden[300].

Nuntius Kada hielt 1991 eine Ansprache, in der er heraushob, daß Orden und Erneuerungsbewegungen in der Kirche fruchtbar geworden seien, „nachdem die Stifter und Stifterinnen ihre Regel oder Lebensprinzipien der Prüfung des Papstes unterstellt und geduldig auf die Anerkennung gewartet hatten!" „Andere endeten trotz allen guten Willens in der Selbstisolation, weil sie ihre Ideen und Kirchenträume eigensinnig durchsetzen wollen". Kada riet: „Leisten Sie durch Ihr Leben die Übersetzungsarbeit, die die Worte des Heiligen Vaters in eine überzeugende Praxis überträgt. Um des guten Rufes der Orden willen und – viel wichtiger – um des Rufes Gottes willen, der an jeden einzelnen von Ihnen erging, bitte ich Sie: machen Sie das Forum der Orden[301] zu einem dankbaren Erfahrungsaustausch über das, was Gott wirkt und durch Sie wirken will, nicht zu einem Klagelied über Ihren Ärger oder über Ihre Enttäuschungen und erst recht nicht zu einer gesamtdeutschen Klagemauer ‚gegen Rom'! Ein zuversichtlicher Aufbruch kommt aus dem Vertrauen auf Gott, der einen neuen Anfang schenkt

[298] VDO-Protokoll, 1977. AVDO.
[299] VDO-Protokoll, 1978. AVDO.
[300] VDO-Protokoll, 1990. AVDO.
[301] Vgl. S. 350–352.

und uns Großes anvertraut. Erkennen wir nüchtern in der Gegenwärtigkeit des Umbruchs unsere persönlichen Grenzen und die Schwächen mancher verfestigter Strukturen! Aber versuchen wir, gläubig die Chancen und Aufgaben wahrzunehmen, die uns der Geist Gottes heute zutraut! Dann schauen wir zuversichtlich nach vorne, anstatt uns resigniert zurückzuwenden". Die Ordensgemeinschaften seien „Zellen der Ermutigung für die gesamte Kirche"[302].

1997 betonte Nuntius Lajolo in seinem Grußwort vor dem Referat über die Superioren-Vereinigung 1933–1945: „Aus dem Geist der Gelübde kann nämlich in den Ordensleuten dem ihnen eigenen prophetischen Geist gemäß eine objektive Distanz zum Zeitgeist wach bleiben". „In der geschichtlichen Periode, in der die Superioren-Vereinigung so aufklärend für die Verantwortlichen in der Kirche hat wirken können, sind auch die zahlreichen Ordensleute zu erwähnen, die von ihrem christlichen Glauben her mit großem Mut ein edles Zeugnis für die Gerechtigkeit, die Wahrheit und die Menschlichkeit haben geben können"[303].

Lajolos Anerkennung des Einsatzes der Ordensobern – und zwar „aufklärend für die Verantwortlichen in der Kirche" – stellt eine Besonderheit dar. Zumeist werden die Ordensobern selbst im innerkirchlichen Bereich nicht wahrgenommen, ja sogar vergessen. Ein bemerkenswertes Beispiel der kirchlichen Ausblendung der Ordensobern ist 1987 die Seligsprechung der beiden Ordensmitglieder, der Karmelitin Edith Stein und des Jesuitenpaters Rupert Mayer, in Köln und München durch Papst Johannes Paul II. Ein Treffen mit den Ordensobern-Vereinigungen war nicht vorgesehen. Nach der Intervention beim Nuntius kam es im Anschluß an eine Meßfeier doch noch zustande. Auch bei der Seligsprechung Bernhard Lichtenbergs in Berlin 1996 wurden die Repräsentanten der Deutschen Bischofskonferenz und des Zentralkomitees der deutschen Katholiken eingeladen, nicht aber Vertreter(innen) der Ordensobern-Vereinigungen VOD, VDO und VOB.

(c) VDO und Missionsfragen

Ihrer Verantwortlichkeit für Missionsanliegen suchten die Obern nach dem Zweiten Weltkrieg weiterhin nachzukommen. Schon die Mitgliederversammlung der Nordwestdeutschen SV im Januar 1946 lud den Vizepräsidenten der Päpstlichen Glaubenswerke, den Aachener Bischof van der Velden, zu einem Austausch ein. Van der Velden betonte, die Aachener hät-

[302] VDO-Protokoll, 1992. AVDO.
[303] VDO-Protokoll, 1997. AVDO.

ten „keine Monopolansprüche zu stellen". „Darum würden die Päpstlichen Glaubenswerke den Eigenbestrebungen der einzelnen Missions-Gesellschaften ebenfalls volles Verständnis entgegenbringen"[304]. In auffälliger Kontinuität benutzte van der Velden ausgerechnet die bekannten Reizworte aus der SK/SV-Kontroverse mit den päpstlichen Werken in den zurückliegenden Jahrzehnten[305], hier allerdings als Einstieg in eine Zusammenarbeit gedacht. Der Hintergrund dieses Wohlwollens zeigte sich bald: Aachen stellte den Antrag, die Orden sollten auf ihre eigenen Missionszeitschriften verzichten, da die Deutschen Behörden die Genehmigung für „Die Weltmission" davon abhängig machen würden. Das SV-Protokoll vermerkt: „geschlossener Widerspruch der Versammlung". Prälat Nilles versicherte nun, es bestünden „in Aachen keinerlei diktatorische Gelüste". Der vermittelnde Beschluß der Nordwestdeutschen Obern sah dann vor, zunächst den Antrag auf Genehmigung der „Weltmission" stellen zu lassen und das Redaktionskomitee mit Ordenspatres zu besetzen[306]. In der Nachkriegszeit zeichnete sich bald schon die Tendenz ab, die unumgängliche Zusammenarbeit von Missionsorden und Päpstlichen Werken anzustreben, ohne daß deswegen schon tieferliegende Konfliktpotentiale beseitigt gewesen wären. Auf den VDO-Mitgliederversammlungen wurden die Vertreter des PWG zu Berichten eingeladen. Über die Katholikentage müsse der Missionsgedanke neu belebt werden, so die Überlegungen 1949.

Auf Anregung der VDO wurde in Altötting die 1. Arbeitsgemeinschaft „Weltmission" anläßlich des Passauer Katholikentags 1950 eingerichtet. Der VDO-Missionsreferent, P. Leo Robert SVD, berichtete darüber, es hätten „eher mehr als weniger verhüllt Differenzen" bestanden zwischen dem Päpstlichen Werk der Glaubensverbreitung Aachen und einzelnen Ordensgemeinschaften. Man habe dann vereinbart, sich in einer kleinen Runde zu besprechen. „Diese Zusammenkunft weniger, unmittelbar Interessierter war von Herrn Prälat Solzbacher angeregt, gestaltete sich aber zu einem gemütlichen Beisammensein, weil alle Teilnehmer der Arbeitsgemeinschaft irrtümlich sich auch einfanden"[307]. Solzbacher bemühte sich danach um die Bildung eines „Missionsrates", freilich ohne daß dazu ein formeller Beschluß gefaßt worden war, denn die VDO wünschte zunächst ein kleineres Gremium. Prov. Hepers MSC hatte das „unangenehme Gefühl", daß „‚Aachen' mal wieder dominieren wolle"[308]. Generalsekretär Obergarz meinte, er sei

[304] SV-Protokoll, 14.–17. 1. 1946. AVDO.
[305] Vgl. S. 58–61, 102–111, 160–174.
[306] Bericht, 29. 8. 1946. AVDO.
[307] Roberts Bericht in: VDO-Protokoll, 9.–11. 9. 1950. AVDO.
[308] Hepers an Obergarz, 14. 10. 1950. AVDO.

dagegen, „daß wir einen Resonanzboden abgeben, auf dem das Rot von einigen Prälaten sich besser abhebt“[309]. Nach der Rückmeldung aus der VDO wünschten die Mitglieder eine Arbeitsgemeinschaft für Missionsfragen, während Solzbacher annahm und dies auch zum Ausdruck brachte, daß „ein herzhaftes Jasagen zu unserem Plan“ von seiten der Obern gekommen sei[310].

Am 23.7.1951 kam es schließlich in Aachen auf Wunsch von Kardinal Frings zur Bildung eines geschäftsführenden Ausschusses. Prälat Dossing wurde auf Vorschlag Frings' als federführend für den Ausschuß gewählt. Obergarz berichtete P. Robert von „Differenzen kürzlichster Art hinter den Kulissen“, denn Dossing, der Nationaldirektor des Priestermissionsvereins, habe die Führung der Unio Cleri anvisiert, Solzbacher aber sei dagegen[311]. Bis zum August 1951 tat sich nichts. Prov. Kneipp CMM wartete darauf, daß sich Dossing äußere über „Gestaltung und Aufgabenbereich des Missionsrates. Bis jetzt ist ja eigentlich noch alles schleierhaft, und es ist die Frage berechtigt: ‚Was soll aus diesem Kinde werden‘?“ Der Missionsrat könne viel Gutes bewirken, wenn er funktionieren würde. Das nicht ganz gewichene Mißtrauen seitens der Missionsorden wurde in der Bemerkung Kneipps deutlich: „Ob Aachen nicht doch ein Instrument daraus machen will, das primär seinen Interessen zu dienen hat, bleibt abzuwarten“[312].

Auf der VDO-MV im September 1951 referierte Dossing dann zum Stand der Entwicklung des Missionsrates. Genaues zu Gestalt und Aufgaben führte er allerdings noch nicht aus. Man müsse dem Missionsrat ein „organisches Wachstum“ zubilligen. Seiner Meinung nach sei es gut, wenn der MR innerhalb der Unio Cleri pro Missionibus „den ihm zukommenden Platz“ fände. Es solle nicht ein „Zusammenschluß von Organisationen und Institutionen“, sondern ein „Zusammenwirken missionsbegeisterter und missionsbefähigter Personen“ sein. Im Korreferat führte Prov. Kneipp nun das gerade Gegenteil aus. Er betonte, es gehe um „Abstimmung der Zusammenarbeit zwischen allen missionstreibenden Kräften und Stellen, Mitbeteiligung der missionierenden Ordensgemeinschaften im Bundesgebiet ohne gegenseitige Bevormundung“. Die Aufgaben umschrieb er mit Vorhaben wie Kalendern, Ausstellungen, Bildarchiv, Missionsfilm, Missionspriester-Hilfswerk, Vertretung der Mission nach außen und als Ziel die Einigkeit.

---

309 Obergarz an Hepers, 19.10.1950. AVDO.
310 Solzbacher an Obergarz, 6.12.1950. AVDO.
311 Obergarz an Robert, 25.7.1951. AVDO.
312 Kneipp an Obergarz, 14.8.1951. AVDO.

Generalsekretär Obergarz urteilte damals, bezüglich der Aufgabe des MR bestehe eine „naturnotwendige Unklarheit“[313].

Klarheit wurde erst schrittweise in Einzelbesprechungen und Sitzungen der nächsten Jahre gewonnen, nicht ohne erstaunliche Mißverständnisse und unterschiedliche Auslegungen im Anschluß an die Beratungen. P. Otto SJ konnte sich eines entnervten Ausrufs nicht enthalten während dieser Arbeitsphase: „Es ist doch fast ein Ärgernis, daß die Protestanten sich in der Praxis einig sind, obwohl sie im Glauben uneins sind. Bei uns ist es umgekehrt“[314]. Den Abschluß der Vorbesprechungen bildete die Versammlung des „Vorbereitenden Ausschusses des Missionsrates“ in Frankfurt am 19. 8. 1953. Auf der Mitgliederversammlung im September 1953 faßte Generalsekretär Flesch aus Sicht der VDO die Grundlinien der Überlegungen zusammen. Die Bildung eines Missionsrates sei notwendig, um eine „gemeinsame Vertretung der Missionsinteressen“ und eine wirksame „Verlebendigung des Missionsgedankens“ durch eine „weitgefaßte Organisation“ zu erreichen. Die Federführung des Priestermissionsbundes lehnten die Orden ab, ebenso die Vertretung von Persönlichkeiten aller Sparten des Missionswesens. Die Orden wollten die Vertretung einzelner Missionsinstitutionen. Die Führung des Generalsekretariats des Missionsrates wünschte die VDO selbst. Dossing hingegen wollte keine Einzelorganisationen mit Aufgaben betrauen, wollte auch kein eigenes Sekretariat, sondern nur eine gemeinsame Koordination. Solzbacher seinerseits stellte sich jeweils bei konkreten Vorhaben Beauftragungen vor. Dossing empfahl im Juli 1953, einen MR-Vorsitzenden für je 1 Jahr von der VDO und den Päpstlichen Werken zu bestellen und Ausschüsse mit beratendem Charakter zu bilden und mit entsprechenden Aufgaben zu beauftragen. Der VDO-Vorstand formulierte für sich, der Generalsekretär solle eine „leitende koordinierende Stelle“ übernehmen und von der VDO sein. Von den Päpstlichen Werken solle der Präsident bestellt werden. Der MR habe „beratende und koordinierende Funktion“ und sei ein „konsultatives Gremium“. Die Diskussion der Mitgliederversammlung ergab Einverständnis hinsichtlich der Besetzung des Präsidentenamtes und des Generalsekretariats. Der VDO-Generalsekretär solle seinerseits einen Sekretär erhalten, der die Geschäfte des Missionsrates in Aachen übernehmen solle. Das war sehr realistisch bezüglich der erforderlichen personellen Kräfte gedacht angesichts einer Personalunion des VDO- und MR-Generalsekretärs, setzte sich aber nicht durch[315].

---

[313] VDO-Protokoll, 1951. AVDO.
[314] Besprechungs-Protokoll, 16. 3. 1953. AVDO.
[315] VDO-Protokoll, 1953. AVDO.

Im Anschluß an die VDO-MV 1953 tagte der MR am 13.9.1953 in Würzburg. Es war zugleich die MR-Gründungsversammlung. Erster MR-Präsident wurde Prälat Mund, erster MR-Generalsekretär auf Drängen der VDO-Seite der VDO-Generalsekretär Flesch. Insbesondere das Generalsekretariat sei ein „wesentliches Anliegen der Äbte und Provinziale" gewesen. Wäre der VDO-Generalsekretär nur im MR-Vorstand vertreten gewesen, so würde „Aachen ohne weiteres federführend in der ganzen Sache sein, und es wird sich kaum die Möglichkeit zu einer intensiven Zusammenarbeit ergeben"[316], so Flesch.

Die MR-Mitgliederversammlungen fanden seither in der Regel unmittelbar vor oder nach der VDO-Mitgliederversammlung am selben Ort statt, die Geschäftsstellen vom MR (seit 1970 Deutscher Katholischer Missionsrat, DKMR) und von der VDO sind seit 1953 verbunden, der VDO-Generalsekretär ist in Personalunion zugleich Generalsekretär des DKMR. Die Präsidentschaft wechselt in dreijährigem Turnus zwischen den Leitern der Päpstlichen und den – später hinzugekommenen – Bischöflichen Werken für die Weltkirche. Der 1. VDO-Vorsitzende und der Generalsekretär gehören kraft Amtes dem geschäftsführenden Vorstand des DKMR an. Die männlichen und weiblichen Missionsorden, die Päpstlichen Missionswerke, die Bischöflichen Werke für die Weltkirche und die Missionsreferate der Bistümer bilden den „Deutschen Katholischen Missionsrat", der die missionarischen Aktivitäten in der katholischen Kirche Deutschlands, die Fortbildung von Missionskräften und die treuhänderische Verwaltung und Vergabe kirchlicher und staatlicher Fördermittel zu seinen Aufgaben zählt.

Nach den Querelen zwischen den allgemeinen Missionsvereinen und der SK/SV zwischen 1898 und 1945 eröffnete die Gründung des Missionsrates eine sachdienliche Koordination und Kooperation in den gemeinsamen Anliegen. Das bedeutete keineswegs das Ende von Spannungen zwischen den einzelnen Mitgliedsvereinigungen, doch zumindest die Wandlung der Auseinandersetzungen von öffentlichen Anwürfen, wie sie die Frühphase noch kannte, in intern ausgetragene Meinungsverschiedenheiten, wie 1977/78 die Kritik der Missionsprokuratoren an der Mittelvergabe der Päpstlichen und Bischöflichen Werke.

(d) VDO und Katholikentage

Mit der Konstituierung der Arbeitsgemeinschaft X „Weltmission" der Katholikentage hatte die VDO in der Nachkriegszeit versucht, auch auf den

---

316 Flesch an Kneipp, 23.9.1953. AVDO.

Katholikentagen den Schwerpunkt Mission nicht aus dem Blick zu verlieren. Für den Katholikentag 1952 wünschte die VDO Sonderveranstaltungen, Predigten und missionarische Jugendkundgebungen zum Thema Weltmission.

Die Konstituierung des Katholischen Missionsrates nahm der VDO einen ihrer Tradition entwachsenen Schwerpunktbereich und öffnete zugleich die Reflexion der VDO zu einer Präsenz der Orden in ihrer Gesamtheit und mit ihren vielfältigen Aufgaben auf den Katholikentagen. Seit den späten 1960er Jahren, vor allem aber seit den in der Geschichte der Katholikentage zu Massenveranstaltungen angewachsenen Versammlungen in den 1980er Jahren, sind die Orden mit Informationsständen, im Geistlichen Zentrum und mit persönlichen Gesprächsangeboten vertreten. Als Mangel wurde jedoch immer wieder moniert, daß die Orden nicht im eigentlichen Planungsprozeß selbst und bei den verschiedenen Diskussionsforen als Orden sich hätten einbringen können. Zuweilen verlief die Kommunikation mit den Vorbereitungsgremien für den Katholikentag schlecht, andererseits wurden manche Katholikentage, wie 1984 in München mit dem Beitrag der Orden, als geglückt empfunden. Zuweilen kamen noch weitergehende Erwartungen zum Ausdruck, wie beim Katholikentag in Karlsruhe, bei dem die Orden den Eindruck gewannen, eine „untergeordnete Rolle“ gespielt zu haben. „Die Orden seien verdrängt gewesen, man habe sie – abgesehen von einigen wenigen Ordensleuten in manchen Foren – auf geistliche Zentren reduziert, ungeachtet des gesellschaftspolitischen und sozialen Engagements der Orden in Deutschland“[317].

1974 berichtete Prov. Senftle, nachdem er bei der Versammlung des ZdK gewesen war, erstmals sei dort das Thema Ordenschristen und die Zusammenarbeit zwischen Laien und Orden vom Präsidenten Bernhard Vogel angesprochen worden, was Senftle als „Fortschritt“ wertete[318]. 1990 äußerte der VDO-Vorsitzende Meyer OP, die Orden möchten am Diskussionsprozeß der Katholiken in der Gesellschaft als Orden teilnehmen. Daher habe die VDO zum Zentralkomitee Kontakte geknüpft. „Wir möchten damit auch ein leidiges Problem angehen: nämlich die Verplanung der Orden auf den Katholikentagen, ohne daß wir in grundlegende Überlegungen mit einbezogen werden“[319]. Die erste und bislang einzige offizielle Begegnung zwischen der VDO und dem ZdK fand auf Wunsch des geschäftsführenden VDO-Vorstands am 29. 10. 1990 in Bonn statt.

---

317 VDO-Protokoll, 1992. AVDO.
318 Senftle an Siepen, 27. 10. 1974. AVDO.
319 VDO-Protokoll, 1990. AVDO.

Als Zeichen des guten Willens zu einer engeren Zusammenarbeit wurde Generalsekretär Schumacher 1991 als persönliches Mitglied in das Zentralkomitee der Katholiken gewählt. Die den Ordensobern-Vereinigungen angebotene institutionelle Mitgliedschaft im ZdK lehnte die VDO ab, da dies „nicht unserem Selbstverständnis als ‚dritte Kraft' in der Kirche zusammen mit Bischöfen und Laien entspricht"[320]. Chancen für ein „verstärktes gedeihliches Zusammenwirken aller Kräfte in der Kirche unseres Landes" aber hatten die Obernvereinigungen gegenüber dem ZdK-Rektor Hagemann bekundet, ebenso „Interesse am Leben und den Initiativen des ZdK"[321].

(e) VDO und Katholisches Auslandssekretariat

1955 referierte Prälat Büttner auf der VDO-MV über die Bedeutung der Apostolischen Konstitution „Exsul familia" (1952) für die deutsche Auslandsseelsorge. In einem Überblick stellte er dar, daß seit 1918 der „Reichsverband für die katholischen Auslandsdeutschen" auf diesem Gebiet tätig gewesen sei, „bis das Kriegsende jede weitere Tätigkeit lahmlegte". 1951 habe die Bischofskonferenz das „Katholische Auslandssekretariat" mit einer Abteilung für Westeuropa in Köln und einer für Südosteuropa und Übersee in Frankfurt a. M. gegründet. Büttner führte aus, daß die „religiöse Auswanderungsbetreuung nicht mehr wie früher religiöse Volkstumsarbeit sein kann und will". Die Orden sollten die deutschsprachige Seelsorge unterstützen[322].

Bei der konstituierenden Sitzung des zunächst als „Katholischer Auslandsausschuß" bezeichneten Gremiums am 14. 1. 1952 unter Vorsitz von Kardinal Frings waren neben dem Deutschen Caritasverband, Prälat Büttner und zwei Vertretern vom Auswärtigen Amt auch der 1. VDO-Vorsitzende Flesch und Generalsekretär Obergarz vertreten, der zur Lage der katholischen Ordensschulen im Ausland einen Überblick lieferte. Das kulturpolitische Interesse des Auswärtigen Amtes an den deutschsprachigen Schulen im Ausland war wieder erwacht, die Kulturabteilung stellte Bücher und Lehrmittel dafür in Aussicht. Obergarz referierte über die Schulen, der „neuralgische Punkt im vorpolitischen Raum", in einem ganz und gar nüchternen Bericht ohne jede nationale Phrase, betonte die primäre Aufgabe der Missionare, nämlich die Missionierung, und meinte, die Personen vor Ort

[320] Schumacher an die Vorsitzenden VOD, VDO, VOB, 28. 2. 1994. AVDO.
[321] Hagemann an VDO/VOD/VOB, 10. 5. 1994. AVDO.
[322] VDO-Protokoll mit Anlagen, 1955. AVDO.

müßten die Lage selbst beurteilen[323]. Obergarz sah die „vermutlich aufsteigenden Differenzen" mit dem Auslandsausschuß, da die VDO die „Interessen der im Ausland befindlichen Ordensleute" selbst wahrnehmen wolle. Demgegenüber sei es so, als ob ein „fait accompli geschaffen werden soll bezüglich der Vertretung der katholischen Interessen im Ausland". So sei Obergarz bei der Tagung des Auslandsausschusses nicht als Generalsekretär der VDO aufgeführt worden[324], Flesch sei für 1952 gar nicht geladen worden. Weitere Unstimmigkeiten deutete Obergarz lediglich an: „Wir sprachen über die Manieren, die uns gegenüber angewandt werden, so daß ich darauf nicht einzugehen brauche"[325].

Neben den Missionsfragen, die der neu gegründete Missionsrat vertrat, war nun auch der zweite langjährige Arbeitsschwerpunkt der Seelsorge für Deutsche im Ausland von der Ordensobern-Vereinigung als solcher verlagert in ein von der Bischofskonferenz getragenes Gremium, womit auch Finanz-, Kompetenz- und Selbstvertretungsfragen in den Ämtern verbunden waren[326]. Nicht nur die Verlagerung, auch die historische Erinnerung an die maßgebliche Beteiligung der SK/SV an der Entwicklung des RKA in der Weimarer Republik geriet in Vergessenheit.

3. Interessenvertretung dem Staat und der gesellschaftlichen Öffentlichkeit gegenüber

In der bundesrepublikanischen Zeit bot sich die Möglichkeit für die Orden, die Wiedergutmachung der Übergriffe der NS-Diktatur gegen die Klöster einzuleiten und die Chance, nun im Rechtsstaat für die eigenen Interessen einzutreten. Wie bei den Ordensschulen wurden schließlich auch die schon in der Weimarer Republik von katholischen Beamten moderat eingeklagten notwendigen Veränderungen durchgeführt.

(a) Stellung der Ordensschulen und Ordenshochschulen

Wandel im Verständnis der Ordensschulen

Angesichts des fehlenden Ordensnachwuchses diskutierten die Ordensobern Anfang der sechziger Jahre dieses Phänomen. 1961 luden sie P. Dr. J. Corot-

323 Obergarz' Bericht, 14. 1. 1952. AVDO.
324 Vgl. Protokoll Katholischer Auslandsausschuß, 19. 5. 1952. AVDO. Alle Vertreter der Organisationen waren als solche benannt, außer Obergarz.
325 Obergarz an Westemeyer, 7. 5. 1952. AVDO.
326 Vgl. S. 404–406.

togini SMB vom Missionsseminar Schöneck in der Schweiz ein, dessen Buch „Werden und Krise des Priesterberufs“ nur an Leser mit Indexerlaubnis abgegeben wurde. Dadurch bekam diese VDO-Veranstaltung noch einen besonderen Akzent. Corrotogini referierte über „Die Genese der religiösen Berufung in psychologischer Sicht“. Seine Ergebnisse stellten nichts weniger als die kirchliche Erziehungspraxis in Frage. Aufgrund psychologischer Untersuchungen zu Berufswunschphasen beurteilte er nüchtern die traditionell geführten, tridentinischen Knabenseminare als ungeeignet. Christliche Internate ohne Berufsbindung seien hingegen besser. Auch die Pädagogik müsse phasenentsprechend sein. Der 1. Vorsitzende Prov. Hack CSSp trug mit seiner Formulierung, die Orden hätten in allen Schulen „das gleiche Ziel: In Freiheit den christlichen Menschen zu erziehen, ohne ihn beruflich festzulegen“, der neuen Entwicklung schon Rechnung. „Eine Überspitzung der Berufsbindung sei abzulehnen. Zu bedenken sei auch, daß durch Verabschiedung von Schülern zu ‚ungelegener Zeit‘, nur aus dem Grunde, weil der Schüler sich nicht mehr zum Ordensleben berufen fühle, die Ordensschulen bei den weltlichen Schulbehörden in Schwierigkeiten kämen“[327].

Der Rechtsstaat forcierte hier also auch einen Einstellungswandel, den Erzabt Reetz OSB allerdings noch nicht vollzogen hatte. In seinem Referat „Ist das totale Wagnis des Ordenslebens noch zeitgemäß?“[328] befand er, „unser demokratisches Zeitalter ist daher dem Ordensleben nicht günstig“. Seine Ursachenanalyse für die Nachwuchsproblematik offenbart seine Einstellung zum Wert der Grund- und Menschenrechte: „Schon unsere Volksschüler werden bekannt mit der Mentalität, die seit der französischen Revolution alle Kreise erfaßt hat, die Mentalität der Gleichheit, Freiheit, Brüderlichkeit. Das alles geht unserer Jugend in Fleisch und Blut über. Im Ordensleben fürchten sie die Beschneidung oder gar den Verlust dieser Rechte“. Reetz nannte die Grundgesetzartikel 2 (Handlungsfreiheit, Freiheit der Person), 3 (Gleichheit vor dem Gesetz), 5 (Meinungsfreiheit) und 10 (Brief-, Post- und Fernmeldegeheimnis), die seiner Meinung nach dem ganzen Ordensleben nicht günstig seien. In der Diskussion wurde Reetz entgegengehalten, bestimmte „Traditionen und äußere Formen des Ordenslebens“ könne man jungen Menschen nicht mehr zumuten, z. B. das Öffnen der Briefe. Auch das kirchliche Recht enthalte keine Bestimmung über die Briefzensur der Obern. Andere wiederum meinten, man solle die Briefzensur im Internatsvertrag regeln, auch die Besuche von Angehörigen, weil danach die

---

[327] VDO-Protokoll, 1961. AVDO.

[328] Druck: B. Reetz, Ist das totale Wagnis des Ordenslebens noch zeitgemäß?, in: OK (1961), S. 193–201.

„Bindung an Gott und die kirchliche Gemeinschaft durch Bindungen nach draußen aufgelockert" werde[329].

Der Wandel im Verständnis der Ordensschulen und Internate seit den Anfängen der SK/SV[330] bedurfte also selbst in der Demokratie eines längeren Prozesses. Als qualitativer Fortschritt dürfte hierbei das Referat von P. Stoeckle OSB auf der VDO-MV 1967 zu werten sein. Gegen die üblichen Massenunterkünfte und die Überwachung sollten das Gemeindeprinzip und das Prinzip der kleinen Gruppe gesetzt werden, in der ein personal-dialogischer Erziehungsstil in Freiheit und Vertrauen gepflegt werden könnte und die Eröffnung der Christusbegegnung. Daher solle auch die Messe nicht zur täglichen Pflicht gemacht werden. Heime könnten auch nicht mehr unter dem Gesichtspunkt von „Großgaragen und Kasernen" und nur hinsichtlich der „Rentabilität für den Orden" betrachtet werden. „Die Förderung der ‚Berufsfähigkeit' kann und darf sich nicht vorbeimogeln an den Gegebenheiten und Daten, die für die Förderung der Ehefähigkeit von Bedeutung sind. Eine im Vorherein auf zölibatären Lebensstil und die Lebensform der Jungfräulichkeit abgestellte Heimerziehung ist vor dem christlichen Gewissen nicht zu verantworten"[331].

In der Aussprache betonte P. Adamek SJ das neue Selbstverständnis der freien Schulen, zu denen auch die Ordensschulen zählten. „Sie verstehen sich heute als öffentliche Schulen, die für das öffentliche Wohl unserer Gesellschaft erziehen, wenn auch gegenüber den staatlich ‚gebundenen' Schulen als ‚freie' öffentliche Schulen. Daher verlangen sie die gleichen Chancen, die gleiche Förderung und das gleiche Interesse der Öffentlichkeit. Was unsere Schulen tun, ist wichtig im Gesamt der Erziehungsarbeit der katholischen Kirche und des Staates. Auch das Konzil hat unsere Schulen neu bestätigt". Laien als Lehrer sollten voll verantwortlich und gleichberechtigt sein, „denn in der Kirche sollen Klerus und Laien zusammen die Verantwortung tragen". „Die Existenz und Formung unserer Schulen ist also nicht nur eine Verantwortung für unseren eigenen Orden, sondern für unsere Kirche und Gesellschaft"[332].

Diese Erkenntnisse, zu denen die katholischen Beamten der Weimarer Republik die Ordensobern schon bewegen wollten[333], wurden mit der üblichen innerkirchlich zeitlichen Verzögerung unter äußeren Zwängen zum Wandel – wie dem unübersehbaren Nachwuchsproblem – erreicht, aber

---

329 VDO-Protokoll, 1961. AVDO.

330 Vgl. S. 83f, 111f, 140f, 210–214, 269–271.

331 B. Stoeckle, Die Zukunft unserer Ordensschulen und Internate, in: OK (1968), S. 43.

332 VDO-Protokoll, 1968. AVDO.

333 Vgl. S. 213f.

seither auch gehalten und weiterentwickelt. So verdeutlicht der von der VDO-Kommission „Bildung und Erziehung" erarbeitete und von der VDO-MV 1990 verabschiedete Grundlagentext zur „Schulpastoral in katholischen Schulen in freier Trägerschaft (Orden) in der Bundesrepublik Deutschland"[334], in welcher Weise sich das Verständnis für Schule und Schüler gewandelt hat. Der Kirche gehe es darum, „die Subjektwerdung junger Menschen, die an Jesus Maß nimmt, zu fördern und für einen dazu notwendigen menschenwürdigen Lebensraum Schule einzutreten, mit ihnen eine Kultur der Gemeinschaft und Partizipation einzuüben, die geprägt ist von Kommunikation und Solidarität, im Miteinander die eigene Gottesbedürftigkeit zu entdecken und Wege zur persönlichen Glaubenserfahrung zu suchen und zu gehen und sie als die (künftigen) Träger von Gesellschaft und Kirche zu einer Haltung des Friedens, der Gerechtigkeit, der Solidarität und der Bewahrung der Schöpfung zu befähigen. Die Schulpastoral will jungen Menschen zu einer ganzheitlichen Entfaltung verhelfen, damit diese als Befreite und Erlöste leben und glauben können. Schulpastoral wird deshalb auch das System Schule immer wieder am Evangelium Jesu Christi überprüfen und sich bei Notwendigkeit für Veränderungen einsetzen".

ODIV: Vereinigung Deutscher Ordensschulen und -internate

Der schon während der Weimarer Republik einsetzende Prozeß der Erkenntnis zur notwendigen Qualifizierung der Ordensschulen im Rahmen des Gestaltungsraums, den die staatliche Gesetzgebung den freien Schulen beließ, fand in der bundesrepublikanischen Zeit seine Fortsetzung. Unter dem Druck eines demokratischen Umfeldes wurden die Leistungsfähigkeit der Ordensschulen, ihr gegenseitiger Austausch, Teamwork und Transparenz befördert.

Die Direktoren von Jungenschulen in Ordensträgerschaft schlossen sich schon bald nach dem Zweiten Weltkrieg zusammen zur Ordensdirektoren-Vereinigung (ODIV). Ihrem christlichen Bildungsideal entsprechend arbeiteten die Ordensschulen Lehrpläne und Richtlinien aus. Daneben wurden auf den jährlichen Versammlungen auch Fragen der Erziehung, des Rechts, der Verwaltung und der finanziellen Unterstützung, Muster für Verträge auch und gerade für Laienlehrkräfte, Angleichungen an neue Curricula und wechselnde schulpolitische Situationen – je nach Bundesländern – behandelt.

---

[334] Druck: Schulpastoral in katholischen Schulen in freier Trägerschaft (Orden) in der Bundesrepublik Deutschland, in: OK (1990), S. 426–432. Der Text ging Schulreferaten der Bistümer, Schulverbänden, der Bischofskonferenz und der Fachpresse zu.

Den Wandel zu den Einstellungen der Ordensschulträger der vorhergehenden SK/SV-Phase markieren die Ausführungen des ODIV-Vorsitzenden P. Kämpfer OSB auf der Mitgliederversammlung 1974: „Es geht nicht mehr um die Gewinnung von Ordensnachwuchs – obwohl auch das weiterhin ein Anliegen bleiben sollte –, sondern um die Erziehung und Bildung junger Menschen, die befähigt sind, eine eigenständige sachgerechte Gewissensentscheidung und Glaubensentscheidung zu treffen. Diese Jugendlichen werden nicht mehr in eine geschlossene katholische Gesellschaft hineinwachsen, sondern sich morgen bewähren müssen in einer offenen Gesellschaft. [...] Von daher müssen wir einsteigen in eine sachkundige Auseinandersetzung mit den divergierenden Tendenzen über Bildungsfragen in unserer Gesellschaft“. Schwerpunkt der Arbeit sei die Bildungsreform. „Die katholischen Schulen müssen sich daher bemühen, etwas zustande zu bringen, um bei der Diskussion um die curriculare Erneuerung mitreden zu können“. Ein Andrang auf die Ordensschulen sei zu verzeichnen, weil man „Erziehung“ und nicht „Sozialisationstechnologie“ wolle[335].

Für die Internate wurde 1981 ein Rückgang an Schülern gemeldet. Auch hier hatte sich die Überzeugung bzw. die pragmatische Erkenntnis durchgesetzt, das Legitimationskriterium für diese Internate sei nicht mehr die Gewinnung geistlichen Nachwuchses. Die Erziehungsarbeit dort sei pastorale Arbeit, familienergänzend, gemeinschaftsfördernd, Hilfe, den persönlichen Glauben zu finden und mit kirchlichen Berufen vertraut zu werden. Ständige Fragen der ODIV blieben die Anliegen der Finanzierung seitens des Staates und der Kirche sowie die Gleichbehandlung mit anderen freien privaten und katholischen Schulen.

Bis 1969 tagten die Direktoren und Internatsleiter der katholischen Ordensschulen gemeinsam wegen der nicht seltenen Personalunion in der Leitung von Schule und Internat. 1970 wurde die ODIV in eine Sektion Schule für Direktoren und Lehrer und eine Sektion Internate für Leiter und Erzieher gegliedert, die unter dem Namen „Vereinigung Deutscher Ordensschulen und -internate“ verbunden blieben. Seit 1976 gehören auch die Direktorinnen von Ordensschulen in der Trägerschaft weiblicher Ordensgemeinschaften zur „ODIV-Sektion Schule“. 1989 hatte diese 320 ordentliche und 17 assoziierte Mitglieder. Um ehemalige Ordensschulen, deren Trägerschaft an ein Bistum übergegangen ist, als Verbandsmitglieder nicht zu verlieren, erweiterte die Sektion Schule 1995 ihre Satzung und nennt sich seitdem „Vereinigung katholischer Schulen in Ordenstradition“. 1997 gehörten noch 274 Schulen (Grund-/Haupt- und Realschulen, Gymnasien, be-

[335] VDO-Protokoll, 1974. AVDO.

rufsbildende Schulen und Schulen des Zweiten Bildungsweges) mit mehr als 130 000 Schülerinnen und Schülern diesem Teilverband an. Ziel der ODIV ist die gegenseitige Beratung und Förderung in religiösen, pädagogischen und juristischen Fragen sowie die korporative Vertretung der angeschlossenen Schulen und deren Leiter bei kirchlichen und staatlichen Stellen, in anderen Organisationen und in der Öffentlichkeit. Bei den Jahrestagungen geht es um eine intensive Auseinandersetzung mit geistesgeschichtlichen, gesellschaftspolitischen und religiösen Strömungen, um die Vermittlung von Hilfen zur Bewältigung des pädagogischen Alltags, um eine Förderung und Festigung des geistlichen Niveaus der angeschlossenen Schulen und um die Analyse schulpolitischer und pädagogischer Entwicklungen.

AGO: Arbeitsgemeinschaft der Ordenshochschulen

Die seit 1926 bestehende Ordenslektorenvereinigung (OLV)[336] erklärte 1957, sie betrachte sich als Fachverband der VDO. Auf einer außerordentlichen Mitgliederversammlung im April 1965 in Königstein befaßten sich die Ordensobern mit der Frage der Selbständigkeit der Ordenshochschulen. Audomar Scheuermann hielt ein engagiertes Plädoyer für den Bestand der Ordenshochschulen[337]. Man strebte das Habilitationsrecht für Ordensleute, eine Konzentration der Ordensstudien und eine echte Partnerschaft der Ordenshochschulen untereinander an. Die zunächst in Gang gekommene Initiative der Zusammenarbeit brachte nicht gleich Erfolge, nicht einmal genügend positive Reaktionen der angeschriebenen Hochschulen. Es ging nun aber darum, den Beweis zu erbringen, auch die Ordenshochschulen könnten qualifizierte Theologie bieten, um „endlich die Legende aus der Welt“ zu schaffen, „daß der Ordensmann weniger wert sei“[338], wie es im Protokoll von 1965 heißt.

Die 1967 gegründete AGO[339], die aus der OLV hervorging, bündelte dann die Fragen zur Lage und Zukunft der damals noch bestehenden 28 Ordenshochschulen. Sukzessiv wurde eine Niveauangleichung an die Theologischen Fakultäten der staatlichen Universitäten und der Kirchlichen Hochschulen nach Studienangebot und Studienabschluß angestrebt, wozu zunächst das Recht zählte, das Theologische Diplom auch an den Ordenshochschulen verleihen zu können, die den Status als staatlich anerkannte wissenschaftliche Hochschulen in freier Trägerschaft hatten. Die AGO-

---

[336] Vgl. S. 150.
[337] A. Scheuermann, Die Ordenshochschulen heute, in: OK (1965), S. 292–302.
[338] VDO-Protokoll, 21.–23. 6. 1965. AVDO.
[339] Vgl. W. Prawdzik, 25 Jahre.

Arbeitsgruppe wies auf der Mitgliederversammlung der VDO 1985 darauf hin, daß ein Studium ohne Abitur den Ruf der Ordenshochschulen schädige.

Die AGO setzt sich für die Zusammenarbeit der Ordenshochschulen und der Lehrenden ein. Sie vertritt die gemeinsamen Interessen der Ordenshochschulen, die inzwischen kirchlich und staatlich anerkannt sind und z.T. Promotions- und Habilitationsrecht haben. Sie berät die VDO in Fragen der philosophisch-theologischen Ausbildung. Mitglied der AGO sind auch Ordenshochschulen, deren Lehrtätigkeit z.Z. ruht. Gastrecht haben die Ordenshochschulen Österreichs und der Schweiz. Seit 1991 werden zur jährlich tagenden AGO-Vertreterversammlung auch Studentenvertreter eingeladen. Zur AGO zählen 1998 die Philosophisch-Theologischen Hochschulen der Salesianer Don Boscos mit Jugendpastoralinstitut in Benediktbeuern, der Franziskaner und Kapuziner in Münster, der Steyler Missionare in St. Augustin, der Pallottiner in Vallendar und der Jesuiten in Frankfurt a.M. Sankt Georgen, die Hochschule der Jesuiten für Philosophie in München und das Pastoraltheologische Institut der Pallottiner in Friedberg.

(b) Finanz- und Rechtsfragen

Lösung grundsätzlicher Fragen

Im Vordergrund der Bemühungen der VDO stand zunächst, das während der NS-Zeit enteignete oder beschlagnahmte Ordenseigentum zurückzuerhalten und die damals geschlossenen Ordensschulen und -hochschulen wieder zu errichten. Dazu mußten Rücksprachen mit der Militärregierung der jeweiligen Zone getroffen und Anträge aufgrund der Rückerstattungsverordnungen gestellt werden. Diese Prozeduren zogen sich noch bis in das sechste Jahr nach Kriegsende hin. Auf der Mitgliederversammlung 1951 stellte Obergarz dann fest, die Rückgabe sei beendet. Weitere Möglichkeiten, den tatsächlichen Schaden erstattet zu bekommen, eröffneten sich durch das Bundesentschädigungsgesetz 1953, das die Beschlagnahme der Klöster, die Ausweisungen der Ordensangehörigen sowie Haft und Redeverbot mit einbezog. Es gelang schließlich auch, die Anerkennung auf Anspruch für den Arbeitsausfall der Ordensleute in der Verfolgungszeit geltend zu machen und die Aufhebung von Urteilen der „Devisenprozesse“ aus der NS-Zeit zu erwirken, so daß hier ebenfalls Entschädigungsansprüche geltend gemacht werden konnten.

Die Notwendigkeit, die anstehenden diffizilen versicherungs-, steuer- und finanzrechtlichen Sachverhalte auch verbandsintern zu klären, um die gemeinsamen Interessen wirksam vertreten zu können, schien nicht allen

Höheren Obern gleichermaßen drängend zu sein. Generalsekretär Flesch klagte 1960 in einem Brief an den sachkundigen Scheuermann: „Ich habe bisher, unter uns gesagt, meine liebe Not gehabt, die hohen Herren unserer Konferenz für die rechtlichen Dinge zu interessieren. Es scheint, daß die Prokuratoren-Konferenz in etwa als Eisbrecher wirksam gewesen ist, denn unerwarteterweise sagte mir unser 1. Vorsitzender, P. Hack, der bisher immer als Bremse gewirkt hat, es sei nach seiner Meinung unbedingt notwendig, auf der nächsten Konferenz mit den Herren Äbten und Provinzialen über die wirtschaftlichen und rechtlichen Dinge zu sprechen, die sie unbedingt wissen müßten“[340].

Die Orden mußten größte Aufmerksamkeit gerade den rechtlichen und finanziellen Fragen widmen, denn es war die Regel bei Gesetzen, Verordnungen und Erlassen, daß, „wie schon früher, die Ordensgemeinschaften unberücksichtigt blieben“[341]. 1950 betraf dies beispielsweise das Luxussteuergesetz. Es zog zwar in Betracht, daß die Kirche für den Kult hochwertige Materialien gebrauche, was daher steuerlich entsprechend zu beachten war, ließ aber außer acht, daß dies ebenso für Orden galt. Die Gleichbehandlung der Orden mußte meist im nachhinein erst erkämpft werden. Obergarz führte 1951 die Erfolge in verschiedenen Fragen auf, so beim Grundsteuergesetz, beim Umsatzsteuergesetz „in einem für uns außerordentlich günstigen Sinn“, nicht zuletzt auch bei der Reichsbahn nach der „geradezu lächerlichen Kleinarbeit“, um „wie alle anderen Staatsbürger in den Genuß von Vorzugskarten“ gelangen zu können. Aufgrund dieser Erfahrungen empfahl Obergarz, „daß wir in den für uns lebenswichtigen Fragen den Behörden auch gegebenenfalls in der richtigen Form zusetzen dürfen“[342].

Die VDO hatte also in Verhandlungen mit Behörden und Verwaltungen die oftmals schwierige Vermittlungsarbeit zu leisten, den Ordensangehörigen eine ihrer besonderen Lebensform gerecht werdende Position zu sichern. Das gelang insbesondere durch die Anerkennung der Einkünfte, die einer Ordensgemeinschaft aufgrund von Gestellungsverträgen zufließen, als nicht einkommen- und lohnsteuerpflichtige Einkünfte der Ordensangehörigen, sondern als umsatzsteuerfreie der Ordensgemeinschaft[343].

---

340 Flesch an Scheuermann, 10. 5. 1960. AVDO.

341 Obergarz' Rundbrief 42, 6. 10. 1950. AVDO.

342 VDO-Protokoll, 1951. AVDO.

343 Vgl. A. Scheuermann, Gutachten zur Lohn- bzw. Einkommensteuerpflicht von Ordensangehörigen aus der Sicht des kirchlichen Rechts, in: OK (1961), S. 140–167; Urteil des VI. Senats des Bundesfinanzhofs vom 11. 5. 1962, in: OK (1962), S. 214–220.

Als einen weiteren grundlegenden Erfolg verbuchten die Ordensobern-Vereinigungen auch die zwischen ihnen und den Ersatzkrankenkassen BEK und DAK geschlossene Vereinbarung vom 20. 3. 1989 im Hinblick auf das zum 1. 1. 1989 in Kraft getretene Gesundheitsreformgesetz (Sozialgesetzbuch V). Diese Vereinbarung differenziert u. a. nach „satzungsmäßigen Mitgliedern", die versicherungsfrei bleiben, und „Mitgliedern", in diesem Falle Postulant(inn)en/Noviz(inn)en, die in der gesetzlichen Sozialversicherung versicherungspflichtig sind. Die Bedeutung dieser Vereinbarung liegt unter anderem darin, daß die Zeit von Postulat und Noviziat als Berufsausbildungsverhältnis für den Beruf der Ordensfrau und des Ordensmannes anerkannt ist[344]. Das Urteil des Bundessozialgerichts vom 17. 12. 1996, das sich auf ein Kloster aus dem Lefèbvre-Kreis bezieht – und damit auf ein außerhalb der katholischen Kirche stehendes Kloster –, stellte die Versicherungspflicht der Postulanten/Novizen bei kontemplativen Orden infrage und gefährdet damit die grundsätzliche Vereinbarung der ADOV mit den Ersatzkassen[345].

Auch im Fall des am 1. 1. 1995 in Kraft getretenen Pflege-Versicherungsgesetzes[346] gelang es der VDO und der VOD mit den Ersatzkassen BEK und DAK Verträge zur Durchführung häuslicher Krankenpflege (am 19. 1. bzw. 12. 6. 1996) zu schließen, wobei hier der klösterliche Privat- und Klausurbereich als „häuslicher Bereich" im Sinne des Pflegeversicherungsgesetzes (Sozialgesetzbuch XI) anzuerkennen war. Pflegebedürftige, in einer gesetzlichen Krankenkasse freiwillig versicherte Ordensleute, die zugleich versicherungspflichtig in der Pflegekasse sind, erhalten auch Leistungen aus der Pflegeversicherung, wenn sie innerhalb des klösterlichen „häuslichen" Bereichs gepflegt werden. Damit sei es geglückt, so Schumacher, „die im klösterlichen Bereich auftretenden Fallgestaltungen mit unseren ordenseigenen Begriffen zu beschreiben und eine von den Kassen legitimierte Umsetzung des Pflege-Versicherungsgesetzes so darzustellen, daß sie unseren Anforderungen gerecht wird und daß man damit zugleich bei den örtlichen Geschäftsstellen argumentieren kann"[347].

Andreas Sailer kommt in seiner Untersuchung der Stellung der Ordensangehörigen im staatlichen Sozialversicherungs- und Vermögensrecht zu dem positiven Ergebnis: „Die staatlichen Sozialversicherungsträger sind bei der Anwendung der gesetzlichen Vorgaben in allen Fällen bestrebt, ordens-

344 Vgl. auch W. Schumacher, Ordensrelevante Gerichtsurteile, S. 319–322; Ders., Rechtliche Fragen.

345 Vgl. A. Sailer, Krankenversicherungspflicht.

346 Vgl. W. Schumacher, Umsetzung.

347 Schumachers Rundschreiben 668, 4. 4. 1995. AVDO.

internen Sicherungsmechanismen nach Möglichkeit einen breiten Regelungsbereich zu belassen und die finanzielle Belastung der Ordensgemeinschaften möglichst gering zu halten, wo die Einbeziehung ihrer Angehörigen in das staatliche Sozialversicherungssystem nicht zu vermeiden ist. Das Verhältnis von den zu zahlenden Beiträgen zu den beanspruchten Leistungen fällt deshalb für die Ordensangehörigen besonders vorteilhaft aus. Die Ordensgemeinschaften sind deshalb zu Recht der Ansicht, durch die Einbeziehung ihrer Angehörigen in die fünf Zweige der staatlichen Sozialversicherung nicht belastet, sondern begünstigt zu werden"[348]. Das heißt, die Solidargemeinschaft der übrigen, nicht in gleicher Weise begünstigten konfessions- und religionsübergreifenden Beitragszahler und -zahlerinnen, trägt die Ordensgemeinschaften mit. Das verpflichtet zweifelsohne die Ordensleute zu einem fruchtbaren Dienst in Kirche und Gesellschaft.

Neben der Aufgabe der VDO, den Ordensangehörigen eine ihrer besonderen Lebensform gerecht werdende Position zu sichern durch Verhandlungen mit Behörden und Ämtern, ergab sich nicht selten auch die Pflicht, Ordensangehörigen schlicht die staatsbürgerliche Gleichbehandlung zu erstreiten. So protestierte Generalsekretär Siepen 1976 gegen die Bundeswahlordnung, die „eine unerträgliche politische und verfassungsrechtliche Diskriminierung der Ordensangehörigen in ihrer Eigenschaft als Wahlberechtigte" beinhalte[349]. Bei Briefwahl in Klöstern sollte nämlich ein eigener Raum mit Stellwänden zur Verfügung gestellt werden! Selbst das Kommissariat der Deutschen Bischöfe meinte allen Ernstes, es müsse „gegenüber dem Bundesinnenministerium glaubhaft versichert werden, daß in allen Klöstern, in denen per Briefwahl gewählt wird, auch ohne Einrichtung eines Wahlraumes die Möglichkeit einer unbeobachteten Stimmabgabe besteht"[350]. Siepen entgegnete, Klöster sollten doch „keiner Sonderregelung mehr unterworfen werden". Ordensangehörige gingen wie alle Staatsbürger entweder zu den Wahllokalen zum Wählen oder würden per Briefwahl ihre Stimme abgeben. Ein eigener Wahlraum in den Klöstern sei nicht nötig. „Die Ordensleute leben als freie Menschen in ihrem Kloster. Sie sind keinem Zwang unterworfen wie etwa solche, die in geschlossenen Anstalten oder in Gefängnissen leben müssen"[351]. Im Juli 1977 wurde die entsprechende Vorschrift in der Bundeswahlordnung gestrichen.

---

[348] A. Sailer, Stellung, S. 249.
[349] Siepen an Bundesinnenministerium, 6. 7. 1976. AVDO.
[350] Kommissariat der Deutschen Bischöfe an Siepen, 13. 12. 1976. AVDO.
[351] Siepen an Katholisches Büro, 27. 1. 1977. AVDO.

Steuer- und Rechtsausschuß der ADOV

Die Dringlichkeit, in Finanz- und Rechtsfragen über ein gediegenes Fachwissen in den Ordensgemeinschaften selbst zu verfügen, hatte sich nicht zuletzt während der NS-Zeit gezeigt[352], doch war dieser Fragenkomplex von Anbeginn der SK/SV ein zentraler Punkt gewesen[353]. Eine adäquate Lösung wurde erst in der bundesrepublikanischen Zeit gefunden. Bald nach dem Krieg kamen Prokuratoren in Köln regelmäßig zusammen, um die gemeinsamen Fragen in Zusammenarbeit mit dem Generalsekretär der VDO zu behandeln. Der schließlich zur Prokuratorenkonferenz erweiterte Kreis betrachtete sich als Fachverband der VDO ohne besonderen organisatorischen Aufbau; eine Arbeitsgruppe aus Prokuratoren arbeitete eng mit dem VDO-Generalsekretär zusammen, regionale Zusammenkünfte von Prokuratoren förderten den fachlichen Austausch. 1964 entstand der von der ADOV anerkannte „Steuer- und Rechtsausschuß" aus der Prokuratorenkonferenz. Die Ergebnisse seiner Tätigkeit wurden als „Mitteilungen des Steuer- und Rechtsausschusses", die sogenannten „Grünen Blätter", zwischen 1964 und 1984 von P. Dr. Bernward Hegemann OP als Justitiar der ADOV zusammengestellt und vom Generalsekretariat herausgegeben.

AGCEP: Arbeitsgemeinschaft der Cellerare und Prokuratoren

Seit 1978 veranstaltete das VDO-Generalsekretariat regelmäßig Fachtagungen für Provinzprokuratoren, Ökonomen und Cellerare. 1986 entstand daraus die „Arbeitsgemeinschaft der Cellerare und Prokuratoren" (AGCEP) als Zusammenschluß der in den Provinz- und Abteiverwaltungen der Männerorden von VDO und VOB Verantwortlichen. Im Mittelpunkt der Zusammenarbeit der Leiter der Ordens- und Abteiverwaltungen stehen aktuelle Fragen aus den Bereichen Steuer-, Sozialversicherungs- und Arbeitsrecht im Hinblick auf die Ordensgemeinschaften selbst und deren Ordensmitglieder und hinsichtlich der wirtschaftlichen Geschäftsbetriebe. Die AGCEP befaßt sich aber auch mit der sozialen und wirtschaftlichen Verantwortung für Laienkräfte in den Ordenseinrichtungen und Betrieben. Das Themenspektrum ist weit und betrifft Energieversorgung und Denkmalschutz, Kapitalmarktfragen, Stiftungswesen und Vermögensverwaltung, die Finanzierung von Schulen, Internaten und Bildungshäusern. Die AGCEP-Arbeitsergebnisse schlagen sich nieder in Musterverträgen für Seelsorgsgestellung, in einer Materialsammlung zur Ordensverwaltung (MOV), in Handreichun-

---

[352] Vgl. S. 274–280.

[353] Vgl. S. 84–86, 215–220.

gen für die Regelung wirtschaftlicher und finanzieller Angelegenheiten beim Ausscheiden von Mitgliedern aus der Ordensgemeinschaft, in fachbezogenen Fortbildungsveranstaltungen (Grundkurse für Cellerare und Prokuratoren), in Fragen der Schriftgutverwaltung. Der Vorstand der AGCEP arbeitet eng mit dem Vorstand der Arbeitsgemeinschaft der Ökonominnen der Frauenorden (AGÖ) zusammen und berät das Generalsekretariat der VDO bei dessen Verhandlungen mit Ministerien, Behörden und Dienststellen.

Solidarwerk

Pläne einer solidarischen Altersversorgung für Ordensleute kamen schon 1971 auf. Der Kölner Bischofsvikar Hermann Jansen betonte vor den Obern, in einem Gemeinschaftswerk solle „etwas von jener Solidarität unter den Ordensgemeinschaften verwirklicht werden, die im Ordensdekret des II. Vatikanischen Konzils angesprochen ist: die stärkeren Gemeinschaften sollen den schwächeren auch und gerade in diesem Punkt Hilfe leisten“[354]. Die Wünsche, die die Ordensgemeinschaften daran knüpften, seien allerdings teilweise „irreal“, so „das Verlangen nach absoluter Risikolosigkeit, Garantie auf Fortbestehen des Systems bei Wechsel der politischen Verhältnisse oder bei Eintritt einer Totalinflation, Absicherung bei Auflösung eines Klosters oder [einer] Ordensgemeinschaft“. „Ein anderer Wunsch war, es möge eine gewisse Leistungsdauer auch bei vorzeitigem Tod garantiert sein bzw. bei Tod vor Leistungsbeginn sollte ein Rückfluß der Beiträge erfolgen“[355]! Vorgespräche mit der Kirche zur Lösung der Altersversorgung verliefen nicht zufriedenstellend. „Nachdem man also nach dem letzten Modell nicht mehr von einer wirklichen Solidarität der Kirche und Orden in Deutschland sprechen kann, da die Orden im wesentlichen sich selbst überlassen werden, obwohl die Diözesen seit Jahrzehnten Milliardenbeträge durch die Tätigkeit der Orden eingespart haben und auch heute noch Millionen einsparen, ist das Modell nicht realisierbar“[356], so der VDO-Vorstand enttäuscht.

Realisiert wurde die Idee eines solidarischen Gemeinschaftswerkes zur Altersversorgung erst 20 Jahre später unter dem Druck des Rentenreformgesetzes vom 1. 1. 1992 (Sozialgesetzbuch VI), das die Versicherungsfreiheit satzungsmäßiger Ordensmitglieder in der gesetzlichen Rentenversicherung davon abhängig machte, daß das Vorhandensein erheblicher Eigenmittel

[354] H. Jansen, Altersversorgungswerk für die Ordensleute, in: OK (1971), S. 454.

[355] Stellungnahme der Beratungsgruppe und Versorgungskommission, in: OK (1971), S. 467.

[356] VDO-V-Protokoll, 20./21. 1. 1972. AVDO.

oder einer kirchlichen Ausfallbürgschaft nachgewiesen werden konnte; andernfalls besteht für die Ordensleute unabhängig von ihrer Tätigkeit die gesetzliche Versicherungspflicht mit der Zahlung von Beiträgen in die staatliche Rentenkasse. Für 1998 hätte das pro Person ca. 4 230 DM ausgemacht. Die meisten Ordensgemeinschaften hätten dies finanziell nicht leisten bzw. nicht lange durchhalten können.

Nachdem die DBK eine von den Ordensobern-Vereinigungen beantragte globale Ausfallbürgschaft dem Staat gegenüber verweigert hatte, wurde daher 1991 zur Abwendung der ab 1.1.1992 drohenden Rentenversicherungspflicht das „Solidarwerk der katholischen Orden Deutschlands“[357] (SW) auf Initiative von VDO-Generalsekretär Schumacher in Verbindung mit dem AGCEP-Vorstand gegründet, das 1998 320 Ordensgemeinschaften und selbständige Einzelklöster mit gut 30 500 Ordensleuten vereint, um sich bei der Versorgung der alten und nicht mehr arbeitsfähigen Mitbrüder und Mitschwestern solidarisch zu unterstützen, soweit die eigenen Möglichkeiten dazu nicht mehr ausreichen. Als P. Reetz CSSp das Solidarwerk auf der Mitgliederversammlung der VDO 1991 vorstellte, appellierte er an die Mitglieder: „Wir sind mit allem und jedem solidarisch; jetzt sollten wir es auch mit uns selber sein!“[358]

Das Solidarwerk stellt eine Gewährleistungsbescheinigung für seine Mitgliedsorden aus, die die vom Staat verlangte Ausfallbürgschaft darstellt, mit der die Orden den zuständigen staatlichen Behörden und den Sozialhilfeträgern gegenüber nachweisen können, daß sie mit eigenen Mitteln oder notfalls mit solidarischer Unterstützung der zum SW gehörenden anderen Ordensgemeinschaften ihre eigenen satzungsgemäßen Ordensmitglieder bei verminderter Arbeitsfähigkeit und im Alter jederzeit versorgen können, wie sie es ihnen durch den Profeßvertrag verbindlich zugesagt haben, und zwar ohne einen Rückgriff auf beitrags- oder steuerfinanzierte Leistungen des Sozialstaates.

Falls eine Ordensgemeinschaft beim Austritt eines Ordensmitglieds für dessen Zugehörigkeitsdauer zur Ordensgemeinschaft Nachversicherungsbeiträge an die staatliche Rentenkasse einzahlen muß, so ist auch dies umschlossen. Die Gewährleistungsbescheinigung des Solidarwerks ist von den zuständigen Behörden aller Bundesländer, von den Rentenversicherungsträgern und vom Bundesarbeitsministerium als hinreichende Voraussetzung für die Versicherungsfreiheit der Ordensmitglieder in der gesetzlichen Rentenversicherung anerkannt. Das Solidarwerk, so Schumacher, sei „als histo-

---

[357] Vgl. W. Schumacher, Solidarwerk.
[358] VDO-Protokoll, 1991. AVDO.

risches Ereignis in der Geschichte der Orden und Kongregationen unseres Landes" zu werten[359].

Die Gründung des Solidarwerks blieb nicht ohne Gegenreaktion. So disqualifizierte eine Stellungnahme aus dem Erzbischöflichen Ordinariat in München das Solidarwerk, wodurch Gemeinschaften, so Schumacher, „bewußt in einen Loyalitätskonflikt" gebracht würden und massiver Druck auf sie ausgeübt würde[360]. Rechtlich selbständigen Klöstern und Ordensgemeinschaften diözesanen Rechts verbot das Erzbischöfliche Ordinariat München, sich dem SW anzuschließen. Schumacher resümierte, es müsse wohl „als Trauerspiel" bezeichnet werden, „daß eine kirchlich hochrangige Stelle die monatelangen Bemühungen und schließlich erfolgreichen Gespräche zwischen staatlichen und kirchlichen Stellen systematisch und konsequent unterläuft. Von staatlicher Seite wurden mehrfach ‚goldene Brücken gebaut'"[361]. Das Bayerische Kultusministerium in München hingegen empfahl das SW.

Schlichtungsstelle

Die „Schlichtungsstelle der deutschen Ordensobern-Vereinigungen", die von den Mitgliederversammlungen der VDO, VOD und VOB 1992 durch Erlaß einer Verfahrensordnung errichtet wurde, bietet Hilfe an, falls ehemalige Ordensmitglieder in Not geraten sollten. Es wird dabei angestrebt, eine Lösung im außergerichtlichen Bereich zu finden. Von den sieben Mitgliedern des auf jeweils fünf Jahre berufenen „Senats" sind zwei zum Richteramt befähigte Laien und fünf Ordensleute, die paritätisch von den Vorständen der Vereinigungen berufen werden. Die Richter aus dem Laienstand werden gemeinsam von der ADOV berufen und sind – wie alle Mitglieder der Schlichtungsstelle – ehrenamtlich tätig.

(c) Wehrdienst von Ordensangehörigen

Im September 1954 kam es in Würzburg zu einem vertraulichen Gespräch zwischen Regierungsrat Lubbers aus der Dienststelle Blank im Bundeskanzleramt, Prälat Georg Werthmann und VDO-Vertretern wegen Fragen der Militärseelsorge und der Freistellung Geistlicher und Studenten der Theologie vom Wehrdienst. Lubbers führte aus, daß die Bestimmungen des Reichskonkordats, die während der NS-Zeit zur Benachteiligung der Ordenstheo-

[359] Solidarwerk an VDO, VOD, VOB, 5. 12. 1991. AVDO.
[360] Schumachers Rundschreiben 621, 26. 11. 1991. AVDO.
[361] Schumachers Rundschreiben 622, 13. 12. 1991. AVDO.

logen geführt hatten[362], nun durch eine entsprechende Auslegung bezüglich der Anerkennung der „größeren Ordenshochschulen" als kirchliche akademische Lehranstalten anzuwenden seien. Prov. Schulte SAC ergänzte, die Bischöfe müßten eine Reihe von Ordenshochschulen als gleichberechtigt anerkennen. Lubbers notierte: „Die Orden wünschen in der Frage der Freistellung ihrer Geistlichen und Theologiestudenten volle Gleichberechtigung mit den übrigen Geistlichen". Sollte im Kriegsfalle die Befreiung aller Geistlichen nicht möglich sein, müsse sichergestellt werden, daß „eine bestimmte Kategorie von Ordensgeistlichen, die für die Erhaltung unbedingt erforderlich sind, befreit bleibt. Eine den Geheimanhang zum Konkordat entsprechende Aufzählung dieser Geistlichen wird vorsorglich vorbereitet und demnächst der Dienststelle zugeleitet"[363].

Die Folgegespräche zeigten ein Entgegenkommen des Verteidigungsministeriums. Ordenshochschulen wurden praktisch als gleichberechtigt anerkannt, die zeitliche Begrenzung zur Zurückstellung über das 27. Lebensjahr hinaus wurde aufgehoben, nach der Subdiakonatsweihe sollten Kleriker weder im Krieg noch im Frieden Dienst leisten müssen. Theologiestudenten, die vor der Subdiakonatsweihe stünden, würden im Kriegsfall Sanitätsdienst leisten. Die Laienbrüderfrage konnte allerdings noch nicht geklärt werden. Flesch meinte, man dürfe da „nicht locker lassen"[364]. Die VDO befand 1958, die Gesetzgebung hinsichtlich des Militärdienstes habe „zu einer für uns günstigen Lösung geführt"[365]. Auch die Militärseelsorge durch Ordensleute wurde nach Auffassung der VDO positiv gelöst.

Schließlich wurde im September 1959 durch Erlaß des Bundesministeriums für Verteidigung zugesichert, daß auch Ordensbrüder vom Militärdienst zurückgestellt werden könnten. Der Erlaß sollte allerdings nicht veröffentlicht werden. Mit dem Erlaß des Bundesministers der Verteidigung vom 19.12.1967 wurden „Ordensleute" – dieser Begriff umschloß logischerweise auch Ordensbrüder – aufgrund Art. 6 RK vom Wehrdienst befreit, Wehrpflichtige – Postulanten/Novizen/Theologiestudenten – wurden auf Antrag zurückgestellt. Der Erlaß des Bundesverteidigungsministers vom 29.8.1989 und das Wehrpflichtgesetz in der Fassung vom 15.12.1995 bestätigten diese Praxis. Damit war für die Ordensobern seit ihren ersten Bemühungen um die Gleichbehandlung mit den Priesteramtskandidaten und Weltgeistlichen eine zufriedenstellende Lösung gefunden.

---

362 Vgl. S. 280–282.
363 Besprechungsvermerk Lubbers', 15.9.1954. AVDO.
364 Flesch an Breuer SVD, 22.12.1955. AVDO.
365 VDO-Protokoll, 1958. AVDO.

(d) Kooperation mit Behörden und Ämtern

Schon auf ihrer Mitgliederversammlung im November 1946 erklärte die VDO, sie wolle weitgehend mit den deutschen Behörden zusammenarbeiten. Eine Bindung an eine Partei lehne sie ab. Sie behalte sich vor, „ihre Belange durch dafür geeignete politische Persönlichkeiten vertreten zu lassen“[366].

Zu den Ämtern, hier vor allem dem Auswärtigen Amt, wurden bald schon die alten Kontakte aus der Weimarer Zeit, so zu Terdenge und Schlegelberger, wieder aufgenommen. Der vormals in der Kulturabteilung des Auswärtigen Amts tätige Terdenge habe zu Generalsekretär Obergarz gesagt, die VDO solle die Herren der Kulturabteilung des Auswärtigen Amtes ruhig an sich herankommen lassen. „Wer hat solche Auslandsbeziehungen und leistet solche Arbeit, auch für deutsche Interessen, wie unsere Ordensgemeinschaften?“[367] Dies erinnerte an die bekannte Argumentationslinie, die im Auswärtigen Amt vor allem nach dem Ersten Weltkrieg zu stärkster, wenngleich verdeckter Förderung der SK/SV geführt hatte[368]. Kontinuität und Wandel der Wertschätzung der Orden für das Bild der Deutschen im Ausland spiegelt die Rede des Vortragenden Legationsrats Simon vom Auswärtigen Amt zum 60-jährigen Jubiläum der VDO 1958 wider mit dem Thema „Kulturpolitischer Rück- und Ausblick“. Die „kulturelle Außenpolitik“ diene der Selbstdarstellung und der internationalen Zusammenarbeit, wolle Fehl- und Vorurteile beseitigen und Verständnis und Vertrauen wecken. Sie solle die „menschlichen Eigenschaften des Deutschen Volkes verständlich“ machen und „jenen Zügen in unserm Wesen Ausdruck“ verleihen, „die konstruktive Bedeutung für die friedliche Zusammenarbeit aller Völker haben“. Auch Missionsstationen und Missionsschulen, Krankenhäuser und Kirchen würden zu „Mittelpunkten stiller Kulturausstrahlung“[369]. Die Orden blieben also auch in bundesrepublikanischer Zeit für das Auswärtige Amt von Interesse.

Die VDO war zunächst bemüht, gegen die Vereinnahmungen durch andere Gremien zu betonen, „daß die Belange dieser Ordensleute [in der Auslandsseelsorge] nur von der Vereinigung Deutscher Ordensobern wahrgenommen werden können“[370]. Der Bundestagsabgeordnete Hermann Pünder, mit dem Obergarz gesprochen hatte, habe „den Einfluß der Superioren-

---

366 VDO-Protokoll, 1946. AVDO.
367 VDO-Protokoll, 1952. AVDO
368 Vgl. S. 223–229.
369 Simon: Kulturpolitischer Rück- und Ausblick, 1958. AVDO.
370 VDO an Kulturabt. AA, 18. 4. 1952. AVDO.

Konferenz in Berlin ziemlich genau" gekannt und habe bezüglich der Kulturabteilung des Auswärtigen Amtes im Mai 1952 gemeint, die VDO habe schon wieder „dieselbe Position wie damals". „Er hält es durchaus für unerwünscht, daß irgendein Prälat zwischengeschaltet werde". „Die Interessenvertretung", so hinsichtlich der Ordensschulen und Hochschulen, müsse bei der VDO liegen[371]. Doch diesen Einschätzungen Pünders und den Wünschen Obergarz' standen die Bestrebungen des Leiters der Schulabteilung, Legationsrat Simon, und des Leiters der Kulturabteilung, Legationsrat Salat, gegenüber, die mit einer einzigen Stelle in Deutschland, nämlich der Katholischen Kirche, die vom Vorsitzenden der Bischofskonferenz, Kardinal Frings, repräsentiert werde, verhandeln wollten. Obergarz entgegnete bei dem Gespräch im Auswärtigen Amt, auch die übrigen Ministerien würden sicher auch gern „nur mit einem Kontrahenten" zu tun haben, aber die „Interessensphären" seien zu vielgestaltig. Die Belange der Orden könnten vom Kirchenrecht her nicht vom Bischof wahrgenommen werden[372].

Obergarz sah als solche Interessensphären Seelsorge, Schule und Mission an. Die eigenständigen Bestrebungen der VDO innerhalb der Kulturpolitischen Abteilung blieben den Mitgliedern des Auslandsausschusses nicht verborgen. Bei der Tagung vom 19. 5. 1952, die unter Vorsitz von Prof. Georg Schreiber stattfand, unterstrich Obergarz, die deutsche Kulturpolitik solle nicht „zu massiert" im Ausland auftreten. Die Kirche habe die Missionsaufgabe, die einheimische Kirche in allen Kulturbereichen zu begründen und auszubauen. Damit sprach sich Obergarz gegen Schreiber aus, der eine „Führung" der Deutschen wünschte![373]

Die Kulturabteilung setzte 1952 ihren Kurs zur zentralisierten Mittelvergabe in der Auslandsseelsorge und in Missionsangelegenheiten fort. Obergarz hielt es bezüglich der Missionsgelder „nicht für gut, das Generalsekretariat mit der Verwaltung dieser Mittel zu belasten, obwohl seinerzeit von P. Sinnigen dieser Weg begangen wurde"[374]. Die Förderungen für Missionshilfe und für sozialcaritative, erzieherische und kleinere wirtschaftliche Unternehmen der deutschen christlichen Missionen aus verschiedenen Fonds des Auswärtigen Amts wurden in der bundesrepublikanischen Zeit schließlich von einem Verteilerausschuß bzw. von einem Prüfungsausschuß des Missionsrats bearbeitet und weitergeleitet. Dadurch, daß der Generalsekretär der VDO zugleich die Geschäfte des Missionsrates führte, blieb

---

371 Gesprächsnotiz Obergarz', 10. 5. 1952. AVDO.
372 Aktennotiz Obergarz', 10. 5. 1952. AVDO.
373 Aktennotiz Obergarz' über Katholischen Auslandsausschuß, 19. 5. 1952. AVDO.
374 VDO-Protokoll, 1952. AVDO.

hier eine gewisse mittelbare traditionelle Verbindung wie schon zu Zeiten des Generalsekretärs Sinnigen erhalten. Als zentrale Vermittlungsstelle zwischen Staat und Kirche wurde jedoch bald das „Katholische Büro", Kommissariat der Deutschen Bischofskonferenz, in Bonn eingerichtet, über das auch die VDO Anliegen vorbringen konnte. Hier ergab sich in manchen Fragen eine „gute und fruchtbare Zusammenarbeit"[375].

Mit den Behörden der demokratischen Bundesrepublik entwickelte sich daneben ein sachdienlicher direkter Verhandlungs- und Gesprächsweg der VDO, insbesondere im Bundesarbeitsministerium, im Bundesfinanzministerium, in der Frühphase auch im Auswärtigen Amt in der Kultur- und der Kirchenabteilung. Die Kulturabteilung betonte, sie lege „den größten Wert auf enge Zusammenarbeit" mit der VDO[376]. Wiederholt wurde die „wohlwollende Einstellung des zuständigen Ministerialrats und seines Oberregierungsrates"[377] hervorgehoben bzw. „daß sich die zuständigen Regierungsstellen in wohlwollender Weise bemühen, eine Formulierung zu finden, die den Orden gerecht wird"[378]. Manchen Übereifer der direkten Bittgesuche von Orden in der Nachkriegszeit an das Bundeskanzleramt oder das Auswärtige Amt wurde mit deutlichen Hinweisen auf den Mitgliederversammlungen Einhalt geboten. Legationsrat Dr. Schlegelberger aus dem Kirchenreferat des Auswärtigen Amts bat zudem diskret, in der Diasporaseelsorge alles zu vermeiden, „was den Protestanten Anlaß geben könnte zu der Annahme, es würde von der katholischen Kirche in der Diaspora eine Art Gegenreformation eingeleitet"[379].

III.
Zusammenfassung

Die Vereinigung Deutscher Ordensobern 1946–1998

Die Ordensobern, die sich trotz der erschwerten allgemeinen Bedingungen in der unmittelbaren Nachkriegszeit zur Gründung der „Vereinigung Deutscher Ordensobern" rasch zusammenfanden, setzten mit der Öffnung der

[375] Schumacher an Katholisches Büro, Kommissariat der deutschen Bischöfe, 18.2.1998. AVDO.
[376] Salat an Flesch, 20.6.1953. AVDO.
[377] VDO-Protokoll, 1955. AVDO.
[378] VDO-Protokoll, 1956. AVDO.
[379] VDO-Protokoll, 1954. AVDO.

Mitgliedschaft für alle Priesterorden und -kongregationen einen in den Jahrzehnten zuvor immer wieder geäußerten Vorschlag um. Zum Charakteristikum der bundesrepublikanischen Zeit der VDO gehört es geradezu, daß nun Lösungen für diverse Problembereiche und Desiderate angestrebt wurden, die die Vereinigung seit ihren Anfängen begleitet hatten.

Die VDO als eingetragener Verein nach bürgerlichem Recht, ihre Satzung und Geschäftsordnung wurden Teil der demokratischen Kultur der Bundesrepublik, wie sie auch in den Organen der Höheren Obern – Mitgliederversammlung und Vorstand – gepflegt wurde. Das Generalsekretariat erfuhr einen funktionsgerechten Ausbau, die Geschäftsführung eine Perfektionierung als Informations-, Koordinations-, Verwaltungs- und Dienstleistungszentrale, ohne daß allerdings die personelle Besetzung entsprechend diesen erhöhten Anforderungen eine angemessene Erweiterung erhalten hätte. Die Zahl der Mitglieder nahm von 42 im Jahr 1946 um mehr als das Doppelte auf 98 im Jahr des 100-jährigen Jubiläums zu. Das VDO-eigene Organisationsnetz aus Kommissionen und Arbeitsgemeinschaften verdichtete schließlich das Geflecht der Kooperation der Mitgliedsgemeinschaften untereinander über die Mitgliederversammlungen hinaus.

Erst auf den Jahreskonferenzen der bundesrepulikanischen Zeit öffneten sich die Obern zu einem Erfahrungsaustausch, der die Reflexion über Interna der jeweiligen Gemeinschaften bis hin zur persönlichen Kollegenberatung umschloß. Diese Entwicklung stand im Zusammenhang mit dem vom II. Vatikanischen Konzil angestoßenen Prozeß der zeitgemäßen Erneuerung des Ordenslebens. Die Referate, Berichte und Diskussionen berücksichtigten neben evangeliumsgemäßen Leitbildern und einer zeitgemäßen Theologie ebenso humanwissenschaftliche Erkenntnisse zum Individual- und Gruppenverhalten, die nun als fraglos auch für Ordensangehörige und deren Gemeinschaftsleben geltend entdeckt wurden. Die Amtsführung der Obern und das Leben nach den evangelischen Räten Gehorsam, Ehelosigkeit und Armut wurden selbstkritisch hinterfragt und zeitgemäß erneuert interpretiert.

Im Hinblick auf die Interessenvertretung der VDO gegenüber der Kirche und kirchlichen Institutionen kam es zu einer konstruktiven Lösung beim „Konfliktherd“ des Verhältnisses der Missionsobern zu den Päpstlichen Werken durch die Gründung des Katholischen Missionsrates 1953. In der Übernahme der MR-Geschäftsführung in Personalunion mit der des VDO-Generalsekretariats und in der wechselnden Präsidentschaft zwischen den Leitern der Bischöflichen und Päpstlichen Werke für die Weltkirche wurden die einstigen Konfliktgegner sozusagen institutionell zur Kooperation verpflichtet bzw. zur Austragung von Meinungsverschiedenheiten auf den

Binnenraum verwiesen. Das bedeutete im Unterschied zu den kräftezehrenden Auseinandersetzungen der Jahrzehnte zuvor einen merklichen Fortschritt.

Auch die Bemühungen der VDO seit der Konzilszeit, den direkten, institutionalisierten Kontakt zur Deutschen Bischofskonferenz zu suchen, führten zum Erfolg. Mit den jährlich stattfindenden Kontaktgesprächen zwischen den Vertretern der Ordensobern-Vereinigungen und der DBK, der Mitarbeit von VDO-Vertretern in den Gremien der DBK sowie des VDD und mit den Gesprächen von Ordensvertretern auf Diözesanebene fand das „interessierte Nebeneinander" ein Ende.

Der demokratische Staat eröffnete für die Obernvereinigung vergleichsweise die günstigsten Lösungen, nachdem Klärungen in prinzipiellen Fragen gefunden worden waren. Der aus der Verantwortung des sozialen Rechtsstaates für jeden Bürger erwachsenen Forderung an die Orden, den Nachweis zu erbringen, daß sie ihre Ordensangehörigen tatsächlich auch im Alter und bei Arbeitsunfähigkeit versorgen und gegebenenfalls für ausgeschiedene Mitglieder die Rentennachversicherung bezahlen können, kam die VDO zusammen mit den Vereinigungen der Brüder und Schwestern in enger Kooperation mit den Ämtern nach. Das Solidarwerk der katholischen Orden Deutschlands und die Schlichtungsstelle der deutschen Ordensobern-Vereinigungen stellen eine konstruktive solidarische Lösung dar.

In den Bereichen Ordensschule und Ordenshochschule wurde die Niveauangleichung an die staatlichen und kirchlichen Bildungs- und Ausbildungsstandards für Schüler, Lehrer, Studenten und Dozenten, die nicht zuletzt schon die Weimarer katholischen Beamten so nachdrücklich gefordert hatten, endlich verwirklicht. Die Befreiung der Ordensangehörigen vom Wehrdienst und im Kriegsfall die Möglichkeit der Freistellung auch für Ordensgeistliche – analog zum Diözesanklerus aufgrund des nun demokratisch ausgelegten Reichskonkordats – markiert eine wesentliche Entwicklung zur Gleichbehandlung und Gleichstellung von Ordensangehörigen und Studierenden der Theologie der Diözesen und vom Ordens- und Diözesanklerus.

In der Vertretung der eigenen Interessen hatte die VDO somit in der bundesrepublikanischen Zeit grundlegende Erfolge für sich zu verzeichnen. Im Mittelpunkt der Überlegungen der Ordensobern stand jedoch seit Jahren eine andere Frage: Welchen Standort in Kirche und Gesellschaft sollten die Orden einnehmen? Die Antwort war einmütig: Der Ort der Orden sei an der Seite der Armen, in Solidarität mit den Bedürftigen und „Fernstehenden". Im Verhältnis zu Kirche und Gesellschaft sei die Aufgabe der Orden eine prophetisch-kritische. Manche Reaktionen seitens der Hierarchie auf die Selbstbeschreibung dieses vordringlichen Dienstes der Orden haben die wunden Stellen im Verhältnis Orden-Hierarchie bloßgelegt, einen „lebendigen Antagonismus von Orden und Großkirche“ (J. B. Metz) und die dauernde „Konflikthaftigkeit“ (P. Lippert). Die Interessenpolitik der VDO zur Sicherung des Handlungs- und Gestaltungsspielraums der Ordensgemeinschaften drückte sich in sachdienlicher und loyaler Kooperation mit Staat und Kirche aus. Die Solidarität der Orden aber zugunsten anderer im Sinne ihres prophetisch-kritischen Dienstes, der sich in ihrem Handeln, Reden und in ihrer Lebensweise verwirklicht, dürfte den Rahmen der Loyalität zu Staat und Kirche nicht selten sprengen müssen.

Schluß

100 Jahre Superioren-Konferenz / Vereinigung Deutscher Ordensobern: Interessenpolitik und Solidarität

Im „Anzeiger für die katholische Geistlichkeit Deutschlands" fand sich 1899 folgende Anweisung für den Klerus: „Die mit der Selbstbeförderung auf dem Rade verbundenen mehr oder minder starken und hastigen Bewegungen der Extremitäten, die des Komischen trotz aller Gewöhnung nicht entbehrende Haltung, einige recht wenig würdige Situationen (der Anlauf mit dem Aufsprung, das Absitzen, Schieben oder Drücken des Rades über Steigungen, ungefährliche Störungen durch zu große Anziehungskraft der Erde, Umsichhauen nach oppositionellen Vierfüßlern), das Alles ist wenig geeignet, die Übung des Radfahrens dem Wesen des klerikalen Standes harmonisch erscheinen zu lassen"[380]. Am Ende des historischen Überblicks über die VDO-Verbandsgeschichte soll dieses Zitat nochmals in Erinnerung rufen, welcher tiefgreifende Wandel sich während der letzten 100 Jahre gerade im innerkirchlichen Bereich vollzog. An den eigentlich amüsanten Nebensächlichkeiten des Fahrradfahrens, die gewichtig in Zusammenhang mit dem Wesen des priesterlichen Standes gesetzt wurden, ist dies seismographisch abzulesen.

In der VDO-Geschichte spiegelt sich der Wandel am intensivsten in der gemeinsam getragenen zeitgemäßen Erneuerung des Ordenslebens in der konziliaren und postkonziliaren Zeit wider, wobei nicht zuletzt die Mitgliederversammlungen, Arbeitsgemeinschaften und Kommissionen eine entscheidende Rolle beim Umsetzungs- und Einübungsprozeß spielten. Die heutige VDO ist geprägt von diesem umfassenden Wandel. Sie ist nicht nur als eingetragener Verein nach bürgerlichem Gesetz ein demokratisch verfaßtes und arbeitendes Gremium und steht somit auf dem Boden des Grundgesetzes, sondern sie steht auch auf dem Boden des II. Vatikanums. Die Interessenpolitik, die die VDO seit ihren Anfängen gegenüber Staat und Kirche

---

[380] Zitiert nach: N. Busch, Katholische Frömmigkeit und Moderne. Die Sozial- und Mentalitätsgeschichte des Herz-Jesu-Kultes in Deutschland zwischen Kulturkampf und Erstem Weltkrieg, Gütersloh 1997, S. 218, Anm. 61.

verfolgte, kannte unterschiedliche Phasen von Nähe und Distanz zu Regierung und Kirche, die die Obernvereinigung selbstkritisch als nicht unproblematisch für ihre Unabhängigkeit und Selbständigkeit einstufte. Erst die sachlichen Kontakte zu Ämtern und Behörden in der bundesrepublikanischen Zeit boten den Orden die Möglichkeit der von Sekundärzwecken freien Vertretung ihrer Interessen. Im Hinblick auf die Kirche endete erst in der postkonziliaren Zeit mit der Einführung von direkten, institutionalisierten Gesprächen zwischen VDO und Vertretern der Bischofskonferenz sowie zwischen Obern und Diözesanbischöfen die dialoglose Phase des „interessierten Nebeneinander". Das möglicherweise weitaus interessantere Miteinander der in der VDO vertretenen superiores maiores in Zusammenarbeit mit den Bischöfen in der Deutschen Bischofskonferenz, wie es „Mutuae relationes" empfiehlt und wie es wiederholt von der VDO angeboten wurde, dürfte sich nicht realisieren lassen, solange von seiten der Bischofskonferenz ein ausgeprägtes Desinteresse daran gepflegt wird.

Die Möglichkeiten der VDO zur Interessenvertretung dürften ohnehin derzeit ausreichend sein. Da es durchaus zeitraubend und personalintensiv ist, die Interessen im kirchlichen und gesellschaftlichen Gremiengeflecht tatsächlich geltend zu machen, ist die VDO hierin an ihrer Leistungsgrenze angelangt, will sie nicht ihren zweiten programmatischen Arbeitsschwerpunkt, die Solidarität, gefährden durch – Interessenpolitik. Das historische Beispiel des Einsatzes des „Ordensausschusses" während der NS-Zeit für Verfolgte ohne Rücksicht auf Eigeninteressen zeigt, zu welchen mutigen und flexiblen Antworten die Obernvereinigung im Verlauf ihrer Geschichte fähig war. Die in den letzten Jahren von der VDO vorgelegte Standortbeschreibung der Orden an der Seite der Armen, in Solidarität mit den Bedürftigen und „Fernstehenden", wie sie in einzelnen Projekten von Ordensgemeinschaften gelebt wird, stellt die Kontinuität zu diesem historischen Engagement für die Menschenrechte her. Im Verhältnis zu Kirche und Gesellschaft sehen sich die Orden in prophetisch-kritischer Funktion.

Nun kann man aber mit Recht fragen, wo diese „prophetisch-kritische Funktion" – außer in den von den Medien nicht einmal rezipierten allgemeinen VDO-Erklärungen – denn zum Tragen kommt. In ihren konkreten Anliegen, die durchaus eine differenzierte kritische Einstellung deutlich werden lassen, wandte sich die VDO in vertraulichen Eingaben an die zuständigen kirchlichen Stellen. Bei öffentlichen Stellungnahmen von engagierten Initiativen aus dem Ordensraum (Ordensleute für den Frieden, Erklärungen des Forums der Orden, Offener Brief der AGJPO) stellte die VDO klar, daß es sich hier um keine autorisierte VDO-Erklärung handele. Die dann folgende, nicht gerade kirchentypische Reaktionsweise von seiten der VDO bestand darin, daß sie diese Initiativen und Stellungnahmen nicht rundum verurteilte, sondern deren Verbreitung und die Auseinandersetzung mit ihnen durchaus empfahl. Die VDO schaffte also keine Opfer, sondern Dialogpartner. Sie schützte dadurch den Pluralismus der Meinungen – auch innerkirchlich. Die VDO könnte somit den fehlenden Raum für die letzten Fragen eröffnen, die sich selbst nach kirchenamtlich vermeintlich letzten Antworten noch immer stellen werden. Das dürfte auf Dauer ein wichtiger Dienst der VDO und der Orden bleiben, die weniger im Verlautbarungskatholizismus als schlicht bei den Menschen ihren Ort gefunden haben. Die Chancen, die sich dabei abzeichnen, formulierte die Deutsche Bischofskonferenz treffend: „Die prophetische Funktion der Institute des geweihten Lebens gilt nicht nur gegenüber der profanen Gesellschaft, sondern auch in innerkirchlichen Prozessen. Geschichtlich betrachtet war solche kirchliche Selbstkritik oft Quelle einer wirkungsvollen Reformdynamik“[381].

---

[381] DBK-Stellungnahme zu den „Lineamenta“ vom 23. 9. 1993 (Anlage zu Schumachers Rundschreiben 649, 11. 1. 1994. AVDO).

ANHANG

Die Mitglieder[1] der Superioren-Konferenz 1898–1926 und der Superioren-Vereinigung 1927–1945[2]

Nr.	Jahr	Mitglied/Sitz Provinzialat, Generalat, Abtei
1	1898	Gesellschaft des Göttlichen Wortes SVD, Steyl/Holland [Post Kaldenkirchen]
2		Oblaten der Unbefleckten Jungfrau Maria OMI, Hünfeld
3		Missionsbenediktiner OSB, St. Ottilien
4		Väter vom hl. Geist CSSp, Knechtsteden
5		Pallottiner PSM, Limburg
6		Missionare vom hl. Herzen Jesu MSC, Hiltrup
7		Weiße Väter MA, Trier
8	1901	Maristen SM, Meppen
9	1903	Kapuziner OMCap, Straßburg-Königshofen [Ehrenbreitstein]
10	1904	Oblaten des hl. Franz von Sales OSFS, Wien/Österreich[3]
11	1910	Gesellschaft Jesu SJ, Exaeten/Holland[4]
12		Mariannhiller Missionare RMM, Mariannhill/Südafrika[5]
13		Salvatorianer SDS, Rom/Italien[6]
14		Bayerische Kapuzinerprovinz OMCap [Altötting]

[1] Quellen: SK-Protokolle; SK-Satzungen; Aus der Geschichte der Superioren-Vereinigung, 1929. AVDO; Auskünfte der Mitgliedsgemeinschaften. Bei der Numerierung ist zu beachten, daß manche Mitglieder wieder ausschieden, andere ihren Beitritt unter verschiedenem Sitz angaben. Die Numerierung gibt also die bis zum jeweiligen Jahr in der Summe als beigetreten jemals vermerkten Mitglieder an. Tatsächlich müssen jeweils die bereits ausgeschiedenen Mitglieder und Doppelnennungen ein und derselben Gemeinschaft abgezogen werden.

[2] Den Namen „Superioren-Vereinigung" nahm die SK mit Beschluß vom 5.5.1926 an; die Satzungen wurden am 25.2.1928 gedruckt, die Eintragung ins Vereinsregister erfolgte am 10.4.1928.

[3] Späterer Sitz: Overbach.

[4] Nach der Wiederzulassung der SJ im Deutschen Reich: Sitz der Niederdeutschen Provinz SJ in Köln.

[5] Späterer Sitz: Reimlingen bzw. Würzburg.

[6] Vgl. Nr. 35: Es zählte 1924 nur eine SDS-Provinz zur SV.

Nr.	Jahr	Mitglied/Sitz Provinzialat, Generalat, Abtei
15		Rheinisch-Westfälische Franziskanerprovinz OFM, Düsseldorf
16		Thüringische Franziskanerprovinz OFM, Fulda [v. d. hl. Elisabeth]
17		Bayerische Franziskanerprovinz OFM, München
18		Schlesische Franziskanerkustodie OFM, Breslau [später Franziskanerprovinz zur Hl. Hedwig]
19	1912	Herz-Jesu-Priester SCJ, Sittard/Holland
20		Benediktinerabtei Merkelbeck OSB (zeitweise)
21	1913	Dominikaner OP, Düsseldorf
22		Franziskaner OFM, Metz (zeitweise)
23	1918	Benediktiner OSB, Münsterschwarzach
24		Gesellschaft des Göttlichen Wortes SVD, St. Gabriel Mödling/Österreich[7]
25	1919	Benediktiner OSB, Schweiklberg
26		Maristen Schulbrüder, Landshut (zeitweise[8])
27		Picpus-Missionare SSCC, Aachen[9]
28	1921	Missionare von der hl. Familie MSF, Grave/Holland
29		Gesellschaft Jesu SJ, München
30		Redemptoristen CSsR, Bonn
31		Redemptoristen CSsR, Gars
32	1922	Lazaristen (Vinzentiner) CM, Köln[10]
33		Pallottiner PSM, Bruchsal[11]
34		Salesianer SS, München
35	1924	Salvatorianer SDS, München[12]
36	1925	Franziskaner Minoriten OMConv, Würzburg
37		Missionare vom hl. Herzen Jesu MSC, Freilassing
38	1926	Direktor des Missionsärztlichen Instituts, Würzburg[13]

[7] Die SVD hatten seit 1898 ein SK-Mitglied, den Generalsuperior. Mit der Errichtung der beiden Provinzialate St. Wendel bzw. Hangelar und St. Gabriel (1913) kam also nur ein Mitglied hinzu; zu St. Gabriel, Mödling, gehörte Heiligkreuz/Kr. Neisse ED. Breslau, das ab 1928 als Provinzialat aufgeführt wurde.

[8] Bis 1925.

[9] Im Protokoll der SK 26.–27. 5. 1918 wurden die Picpus-Missionare als fehlend vermerkt, ohne daß über deren Beitritt zuvor eine Notiz belegt ist.

[10] Siemer (Rundschreiben, 10. 12. 1945. AVDO) teilte mit, Prov. Stienen CM habe 1941 nach der SV-Auflösung seinen Austritt erklärt.

[11] Schon auf der SK 26.–27. 5. 1918 wurden die Pallottiner, Bruchsal, als fehlend verzeichnet, ohne daß über deren Beitritt zuvor eine Notiz belegt ist. Auf der SK im März 1919 nahm ein Vertreter der PSM Bruchsal teil.

[12] Es zählte nur eine SDS-Provinz zur SV.

[13] Bis 1936.

Nr.	Jahr	Mitglied/Sitz Provinzialat, Generalat, Abtei
39	1928	Gesellschaft des Göttlichen Wortes SVD, Tirschenreuth
40		Gesellschaft des Göttlichen Wortes SVD, Steyl[14]
41		Kamillianer OSC, Heidhausen
42	1929	Kölnische Franziskanerprovinz zu den hl. 3 Königen OFM, Düsseldorf
43		Sächsische Franziskanerprovinz v. hl. Kreuz OFM, Werl[15]
44	1930	Augustiner OESA, Würzburg
45	1931	Gesellschaft Jesu SJ, Berlin
46		Salvatorianer SDS, Berlin[16]
47	1934	Comboni-Missionare MFSCJ, Ellwangen[17]
48	1936	Oblaten des hl. Franz von Sales OSFS, Eichstätt
49		Redemptoristen CSsR, Breslau
50	1937	Missionare von der hl. Familie MSF, Rückers/Kreis Glatz
51	1939	Unbeschuhte Karmeliten OCarmDisc, München
52		Dominikaner OP, Wien[18]

[14] 1928 zählt die SVD 4 Provinzen: Hangelar, Heiligkreuz, Steyl (Post Kaldenkirchen), Tirschenreuth. 1936 scheidet eine Provinz aus.

[15] Aus der rheinisch-westfälischen Franziskanerprovinz entstanden jene in Düsseldorf und Werl, so daß zahlenmäßig nur eine neue OFM-Provinz hinzukam.

[16] Die SDS hatten im Januar 1931 2 Provinzialate errichtet: Berlin und Wurzach.

[17] Nur 1934 und 1935.

[18] 1941 werden als Teilnehmer genannt, ob formal auch Mitglied, ist unklar: OMI, Warsdorf/Sudetenland; SDS, Wien; SJ, Wien; OCarm, Bamberg; MFSCJ, Mellatz Opfenbach über Lindau. Röschs SV-Bericht (vom 1.6.1941, in: A. Rösch, Kampf, S. 62) gibt an, Rösch habe erstmals die Benediktiner von St. Bonifaz München, Ettal, Schäftlarn, Scheyern, Plankstetten, Niederaltaich, Weltenburg und Metten „vertreten“. Ein formaler Beitritt ist nicht belegt.

Die 1998 zur Vereinigung Deutscher Ordensobern gehörenden Ordensgemeinschaften[19]

1898	*Afrikamissionare Weiße Väter* WV
	Augustiner OSA:
1930	Provinzialat Würzburg
	Augustiner Chorherren CR:
1986	Kongregation der „Brüder vom gemeinsamen Leben“ CRVC
1991	*Windesheimer Kongregation* CRV
	Benediktiner OSB
	Bayerische Kongregation
1960	Abtei St. Bonifaz München
1948	Abtei Schäftlarn
1960	Abtei Scheyern
1948	Abtei Ettal
1960	Abtei St. Mauritus, Niederaltaich
1960	Abtei Metten
1960	Abtei Weltenburg
1967	Abtei Braunau in Rohr
1960	Abtei Plankstetten
1959	Abtei St. Stephan Augsburg
1960	Abtei Ottobeuren
	OSB / Beuroner Kongregation
1960	Erzabtei St. Martin Beuron
1960	Abtei Maria Laach
1963	Abtei St. Martin Weingarten
1958	Abtei St. Josef Gerleve
1963	Abtei St. Ulrich und Afra Neresheim
1955	Abtei Grüssau Bad Wimpfen
1963	Abtei St. Bartholomäus Neuburg
1963	Abtei St. Mauritius Tholey
1975	Priorat St. Ansgar Nütschau
	OSB / Kongregation St. Ottilien
1898	Erzabtei St. Ottilien
1918	Abtei Münsterschwarzach
1919	Abtei Schweiklberg
1958	Abtei Königsmünster Meschede

[19] Die Jahreszahl bezieht sich auf den Beitritt; zu den Daten vor 1945 vgl. S. 417–419. Einige Mitglieder schieden wieder aus, darunter die Gemeinschaft von den hl. Engeln Banz und durch Provinzvereinigungen OFM Berlin und SJ Berlin.

	OSB / Kongregation von der Verkündigung BMV
1960	Abtei St. Matthias Trier
1991	Priorat Huysburg
	OSB / Sublazenser Kongregation
1958	Abtei Kornelimünster
1941	Abtei Michaelsberg Siegburg
1954	*Claretiner* CMF
1934	*Comboni-Missionare* MCCJ
1950	*Deutsch-Ordens-Priester* OT
	Dominikaner OP
1913	Deutsche Provinz Teutonia
1939	Oberdeutsch-Österreichische Provinz
1960	*Eucharistiner* SSS
	Franziskaner OFM
1910	Kölnische Provinz
1929	Sächsische Provinz
1910	Thüringische Provinz
1910	Bayerische Provinz
1925	*Franziskaner-Minoriten* OFMConv
1912	*Herz-Jesu-Priester* SCJ
	Jesuiten SJ
1910	Norddeutsche Provinz[20]
1921	Oberdeutsche Provinz
1928	*Kamillianer* OSCam
	Kapuziner OFMCap
1903	Rheinisch-Westfälische Provinz
1910	Bayerische Provinz
	Karmeliten OCarm
1955	Niederdeutsche Provinz[21]
1941	Oberdeutsche Provinz[22]
1939	*Karmeliten, Unbeschuhte* OCD
1971	*Kartäuser* OCart
1957	*Kreuzherren* OSC
1910	*Mariannhiller Missionare* CMM

[20] Seit 1978 Norddeutsche Provinz SJ durch Fusion der früheren Niederdeutschen mit der Ostdeutschen Provinz SJ.

[21] Zunächst Kommissariat der Holländischen Provinz, 1965 Niederdeutsche Vizeprovinz, 1969 Niederdeutsche Provinz.

[22] Vgl. Anm. 18.

1901 *Maristen-Patres* SM

1954 *Missionare vom hl. Johannes d. Täufer* MSJ

Missionare vom hlst. Herzen Jesu MSC
1898 Norddeutsche Provinz
1925 Oberdeutsche Provinz

1947 *Missionare vom kostbaren Blut* CPPS

1921 *Missionare von der hl. Familie* MSF

1898 *Missionsgesellschaft vom hl. Geist/Spiritaner* CSSp

1971 *Montfortaner* SMM

1898 *Oblaten der Makellosen Jungfrau Maria* OMI

Oblaten des hl. Franz von Sales OSFS
1904 Deutsche Provinz
1936 Österreichisch-Süddeutsche Provinz

Pallottiner SAC
1898 Norddeutsche Provinz
1922 Süddeutsche Provinz

Passionisten CP
1954 Deutsch-Österreichische Provinz

1919 *Picpus-Missionare/Arnsteiner Patres* SSCC

Prämonstratenser OPraem
1970 Abtei Hamborn St. Johann
1965 Abtei Windberg
1960 Abtei Speinshart

Redemptoristen CSsR
1921 Kölner Provinz
1921 Münchener Provinz

Salesianer Don Boscos SDB
1955 Norddeutsche Provinz
1922 Süddeutsche Provinz

Salvatorianer SDS
1931 Norddeutsche Provinz
1910 Süddeutsche Provinz

1991 *Schönstatt-Patres* ISch

1966 *Serviten* OSM

Steyler Missionare SVD
1898 Norddeutsche Provinz
1928 Süddeutsche Provinz

1954 *Trappisten – Zisterzienser der strengeren Observanz* OCSO

1922 *Vinzentiner* CM

	Zisterzienser OCist
1960	Abtei Marienstatt
1961	Abtei Himmerod
1994	*Regulierter Dritter Orden des hl. Franziskus* TOR
1996	*Pauliner* OSPPE

Assoziierte Mitglieder der VDO 1998[23]

1997	*Amigonianer* TC (Spanien)
1971	*Assumptionisten* AA (Holland)
	Augustiner OSA
1972	Regionalat der Augustiner (Österreich)
	Franziskaner OFM
1959	Delegatur der Nordbrasil. Provinz
1957	*Marianisten* SM (Österreich)
	Passionisten CP
1966	Deutsche Klöster der holländischen Provinz
	Prämonstratenser OPraem
1951	Stift Tepl-Obermedlingen
1997	Priorat Fritzlar (Österreich)
	Zisterzienser OCist
1997	Priorat Bochum-Stiepel (Österreich)
1997	Priorat Langwaden (Österreich)

[23] Soweit es sich um ein Altmitglied der VDO handelte, wurde 1997 der Status als assoziiertes Mitglied geklärt.

SK/SV/VDO-Mitgliederversammlungen 1898–1998[24]

Jahr	Datum	Ort	(Neu) gewählte(r) Leiter/ Kommission/Vorstand
1898:	24.08.	Krefeld	P. Gen. Sup. Janssen SVD
1899:	05.–06.09.	Steyl	P. Gen. Sup. Janssen SVD
1900:	30.–31.08.	Limburg	P. Prov. Acker CSSp
			Kommission:
			P. Gen. Sup. Janssen SVD
			P. Prov. Acker CSSp
			P. Prov. Linckens MSC
1901:	26.–27.08.	Osnabrück	P. Prov. Linckens MSC
			P. Prov. Acker CSSp
1901:	26.–27.11.	Trier	Informelles Treffen
1901:	28.11.	Limburg	Informelles Treffen
1902:	25.–26.08.	Mannheim	P. Prov. Froberger MA
1903:	24.08.	Köln	P. Prov. Acker CSSp
1904:	22.–24.08.	Regensburg	P. Prov. Flaus SM
1905:	21.–22.08.	Straßburg	P. Prov. Acker CSSp
1906:	20.–22.08.	Essen	P. Gen. Sup. Janssen SVD
1907:	26.08.	Würzburg	P. Enshoff OSB
			(Abt Weber OSB de jure)
1908:	17.08.	Düsseldorf	P. Prov. Froberger MA
1909:	03.–04.08.	Knechtsteden	P. Prov. Acker CSSp
			Kommission:
			P. Prov. Acker CSSp
			P. Prov. Linckens MSC
			P. Prov. Froberger MA
			P. Prov. Steffen SM
			[P. Prov. Watterott OMI[25]]

[24] Neben den SK-Protokollen, weiteren Notizen und Berichten sind auch die – allerdings nicht immer korrekten – Übersichten von Bedeutung, die Generalsekretär Sinnigen erstellte: Aus der Geschichte der SV, 1929. AVDO; Verzeichnis der bisherigen Superioren-Konferenzen, 1939. AMS, VIIJII. Die Angaben zu den neu gewählten oder weiter amtierenden Leitern, Vorsitzenden, Kommissionen und Vorständen beziehen sich auf Amtsinhaberschaft, nicht zugleich auf Anwesenheit bei der jeweiligen Mitgliederversammlung. Soweit sich im Vorstand keine Änderungen ergaben, fehlen die Angaben.

[25] Statt Steffen findet sich in anderer Quelle Watterott als Kommissionsmitglied.

Jahr	Datum	Ort	(Neu) gewählte(r) Leiter/ Kommission/Vorstand
1910:	26.08.	St. Ottilien	Abt Weber OSB
			Kommission:
			P. Prov. Froberger MA
			P. Prov. Acker CSSp
			P. Krose SJ
1911:	03.05.	Berlin	Außerordentliche Versammlung
			P. Prov. Froberger MA
1911:	05.08.	Fulda	P. Prov. Acker CSSp
			Kommission:
			P. Prov. Acker CSSp
			P. Krose SJ
			P. Rathscheck OFM
1912:	10.08.	Valkenburg	*Vorstand:*
			P. Prov. Acker CSSp
			P. Prov. Kassiepe OMI
			P. Rathscheck OFM
1913:	16.08.	Metz	P. Prov. Acker CSSp
			P. Prov. Kassiepe OMI
			P. Broqsitter OFM
1914:	13.–14.08.	Münster	ausgefallen
1915:			ohne Angaben
1916:	04.09.	Köln	geplant, ohne weitere Angaben
1916:	23.11.	Düsseldorf	Prof. Josef Schmidlin[26]
1916:	01.12.	Köln	Prof. Josef Schmidlin[27]
1917:	14.02.	Köln	P. Prov. Acker CSSp
			P. Prov. Witzel OFM
			P. Prov. Huss OMI[28]
1917:	21.–22.10.	Aachen	
1918:	26.–27.05.	Fulda	P. Prov. Witzel OFM
			P. Prov. Huss OMI
			P. Prov. Laumen MSC

[26] Streng genommen nicht als SK zu werten, da nicht statutengemäß einberufen und geleitet.

[27] Wie Anm. 26.

[28] Da die letzte satzungsmäßige SK, die belegt ist, 1913 mit einer Vorstandswahl war, 1916 aber Acker als seine Beisitzer Witzel und Huss schon erwähnt, dürfte sich der Vorstand statutengemäß selbst ergänzt haben nach Ausscheiden Kassiepes als Provinzial – Nachfolger Huss – und Witzels für Broqsitter.

Jahr	Datum	Ort	(Neu) gewählte(r) Leiter/ Kommission/Vorstand
1919:	26.–27. 03.	Bad Soden	
1919:	23. 07.	Düsseldorf	P. Prov. Witzel OFM P. Prov. Huss OMI P. Prov. Laumen MSC *P. Schwager SVD*: *1. Generalsekretär*
1919:	13.–14. 10.	Düsseldorf	
1920:	12.–14. 09.	Würzburg	P. Prov. Witzel OFM P. Prov. Lettenbauer PSM Abt Vogel OSB[29] P. Schwager SVD
1921:	05. 07.	Würzburg	P. Prov. Witzel OFM[30] P. Prov. Lettenbauer PSM Abt Vogel OSB P. Schwager SVD
1922:	04. 09.	Aachen	Abt Vogel OSB P. Prov. Arens CSsR P. Prov. Stuhlweißenburg OP P. Schwager SVD
1922:	14. 11.	Köln	außerordentliche Versammlung Abt Vogel OSB P. Prov. Arens CSsR[31] P. Prov. Stuhlweißenburg OP P. Schwager SVD
1923:	29. 08.	Köln	ausgefallen
1924:	03.–04. 06.	Berlin	Abt Vogel OSB P. Prov. Arens CSsR P. Prov. Stuhlweißenburg OP *P. Sinnigen OP*: *2. Generalsekretär*[32]

[29] Nach dem Amtsende Huss' wurde Vogel statutengemäß in Selbstergänzung des Vorstands am 15. 3. 1920 gewählt und später auf der SK in der Wahl bestätigt.

[30] Witzel trat von seinem Amt als Prov. am 22. 6. 1922 zurück, so daß Lettenbauer bis zur SK am 4. 9. 1922 den Vorsitz übernahm; zum Vorstand hinzugewählt wurde Stuhlweißenburg Anfang Juli 1922.

[31] Der Vorstand wählte wg. der mehrmonatigen Verhinderung Arens' P. Plum CSsR, Bonn, als dessen Vertreter.

[32] Sinnigen wurde im April 1923 vom SK-Vorstand als Generalsekretär berufen und auf der SK 1924 in geheimer Wahl einstimmig gewählt.

Jahr	Datum	Ort	(Neu) gewählte(r) Leiter/ Kommission/Vorstand
1925:	12.–13. 05.	Limburg	Abt Vogel OSB
			P. Prov. Glasschröder OMCap
			P. Prov. Gnädig SM
			P. Prov. Dreiling OFM
			P. Sinnigen OP
1926:	05.–06. 05.	Schweiklberg	
1926:	29. 12.	Würzburg	Außerordentliche Versammlung
1927:	06.–07. 05.	Berlin	Abt Vogel OSB
			P. Prov. Haggenmiller OMCap[33]
			P. Prov. Gnädig SM
			P. Prov. Dreiling OFM[34]
			P. Sinnigen OP
1927:	05. 09.	Dortmund	Informelles Treffen
1927:	08. 11.	Berlin	Außerordentliche Versammlung
1927:	06. 12.	Berlin	*Gründungsversammlung:*
			Superioren-Vereinigung e. V.
			Abt Vogel OSB[35]
			P. Prov. Haggenmiller OMCap
			P. Prov. Gnädig SM
			P. Prov. Ricking OFM
1928:	08.–09. 05.	Münster	P. Prov. Kassiepe OMI
			P. Prov. Haggenmiller OMCap
			P. Prov. Gnädig SM
			P. Prov. Ricking OFM
			P. Sinnigen OP
1928:	02. 12.	Würzburg	Außerordentliche Versammlung
1929:	30. 04.	Würzburg	
1930:	13.–14. 05.	St. Ottilien	P. Prov. Kassiepe OMI
			P. Prov. Hayler SJ
			P. Prov. Janssen MSC
			P. Prov. Ricking OFM
			P. Sinnigen OP
1930:	05. 09.	Münster	Informatorische Versammlung

33 Nach Ende des Provinzialats Glasschröders folgte als 2. Vorsitzender sein Amtsnachfolger Haggenmiller.

34 Dreiling fehlte auf der Konferenz.

35 Amtsniederlegung am 2. 2. 1928; da Haggenmiller erkrankte, übernahm Gnädig den Vorsitz bis zur Maikonferenz.

Jahr	Datum	Ort	(Neu) gewählte(r) Leiter/ Kommission/Vorstand
1931:	05.–06. 05.	Berlin	
1931:	28. 08.	Nürnberg	Informatorische Versammlung
1932:	09.–10. 05.	St. Augustin	P. Prov. Kassiepe OMI[36]
			P. Prov. Hayler SJ[37]
			P. Prov. Janssen MSC[38]
			P. Prov. Ricking OFM
			P. Sinnigen OP
1932:	02. 09.	Essen	Informelles Treffen
1933:	16. 05.	Hofheim	P. Prov. Hayler SJ
			P. Prov. Jansen OMI[39]
			P. Prov. Wilmsen MSC[40]
			P. Prov. Ricking OFM
			P. Sinnigen OP
1934:	15. 05.	Schönstatt	P. Prov. Fromm OMI
			P. Prov. Tellkamp SVD
			P. Prov. Hoffmann CSSp
			P. Prov. Vonderheide OFM
			P. Sinnigen OP
1935:	21.–22. 05.	Berlin	ausgefallen
1936:	18.–19. 05.	Essen	
1937:	03.–04. 05.	Berlin	
1938:	23.–24. 05.	Hofheim	P. Prov. Fromm OMI[41]
			P. Prov. Vonderheide OFM[42]
			P. Prov. Stienen CM
			Abt Utz OSB
			P. Sinnigen OP

[36] Amtsende am 23. 12. 1932. Vgl. Anm. 37.

[37] Nach Kassiepes Amtsende am 23. 12. 1932 übernahm der 2. Vorsitzende Hayler den SV-Vorsitz.

[38] Im Oktober 1932 endete das Provinzialat Janssens (Generalat in Rom); Wilmsen folgte ihm im Amt und Vorstand.

[39] Der Amtsnachfolger Kassiepes, Jansen, übernahm nicht den Vorsitz, sondern lediglich einen Vorstandsposten. Sein Nachfolger Fromm wurde sogleich Vorstandsmitglied, auf der Mitgliederversammlung 1934 auch durch Wahl bestätigt.

[40] Vgl. Anm. 38.

[41] Da Fromms Provinzialszeit kurz danach endete, trat er 1939 vom Vorsitz zurück.

[42] Da Vonderheides Provinzialszeit kurz danach endete, trat er 1939 vom Vorstandsamt zurück.

Jahr	Datum	Ort	(Neu) gewählte(r) Leiter/ Kommission/Vorstand
1939:	22.–23.05.	Würzburg	P. Prov. Stienen CM Abt Utz OSB P. Prov. Rösch SJ P. Prov. Meurers CSsR P. Sinnigen OP
1940:	28.–30.10.	Limburg	P. Prov. Stienen CM[43] Abt Utz OSB[44] P. Prov. Rösch SJ P. Prov. Meurers CSsR *P. Braun OP*: *3. Generalsekretär*[45]
1941:	26.–27.05	Berlin	Leitung: P. Prov. Rösch SJ[46] P. Braun OP

Selbstauflösung der SV, Bildung von 5 Regionalgruppen, Konstituierung des „Ausschusses für Ordensangelegenheiten"

Jahr	Datum	Ort	(Neu) gewählte(r) Leiter/ Kommission/Vorstand
1946:	14.–17.01.	Walberberg	Westdeutsche SV P. Prov. Siemer OP P. Prov. Flosdorf SJ P. Prov. Füller OFM
1946:	04.–07.11.	Fulda	Zusammenschluß Süddt. und Nordwestdt. SV zur VDO P. Prov. Füller OFM Abt Utz OSB P. Prov. Scherzl CSsR P. Prov. Hepers MSC *P. Obergarz SJ*: *4. Generalsekretär*
1947:	20.–22.11.	Würzburg	
1948:	09.–11.10.	Würzburg	

---

43 Stienen erklärte Siemer gegenüber am 28.11.1940 schriftlich, er lege sein Amt nieder.

44 Utz wurde am 9.5.1941 verhaftet und von der beschlagnahmten Abtei Münsterschwarzach verbannt.

45 Braun wurde von Siemer zum 1.8.1940 berufen und auf der SV im Oktober bestätigt.

46 Utz war verbannt, Stienen zurückgetreten.

Jahr	Datum	Ort	(Neu) gewählte(r) Leiter/ Kommission/Vorstand
1949:	01.–03.10.	Würzburg	P. Prov. Flesch CSsR[47]
			Abt Utz OSB
			P. Prov. Scherzl CSsR
			P. Prov. Hepers MSC
			P. Obergarz SJ
1950:	09.–11.09.	St. Ottilien	P. Prov. Flesch CSsR
			Abt Utz OSB
			P. Prov. Scherzl CSsR
			P. Prov. Breuer SVD
			P. Obergarz SJ
1951:	08.–10.09.	Vierzehnheiligen	P. Prov. Flesch CSsR[48]
			Abt Utz OSB
			P. Prov. Scherzl CSsR
			P. Prov. Gräf CSSp[49]
			P. Obergarz SJ
1952:	13.–14.09.	Würzburg	
1953:	12.–13.09.	Würzburg	P. Prov. Much SVD
			Abt Utz OSB
			P. Prov. Sibold OFM
			P. Prov. Schulte SAC
			P. Flesch CSsR:
			5. Generalsekretär[50]
1954:	10.–11.09.	Würzburg	
1955:	06.–07.09.	Würzburg	
1956:	11.–12.06.	Würzburg	P. Prov. Hack CSSp[51]
			Abt Utz OSB
			P. Prov. Sibold OFM
			P. Prov. Wehner SJ[52]
			P. Flesch CSsR
1957:	24.06.	Würzburg	

[47] Wg. Ende von Füllers Provinzialat Neuwahl.

[48] Wg. Ende von Fleschs Provinzialat im November 1952 übernahm Utz bis 1953 den Vorsitz.

[49] Nachwahl, da Breuer in ein anderes Amt berufen wurde.

[50] Flesch wurde am 1.5.1953 zum Generalsekretär bestellt und auf der VDO-MV „durch Akklamation" bestätigt.

[51] Wg. Ende von Muchs Provinzialat Neuwahl.

[52] Nachwahl, da Schulte nach 4 Jahren ausschied.

Jahr	Datum	Ort	(Neu) gewählte(r) Leiter/ Kommission/Vorstand
1958:	18.–19. 06.	Würzburg	P. Prov. Hack CSSp Abt Utz OSB P. Gen. Sup. Lechner MFSC[53] P. Prov. Wehner SJ P. Flesch CSsR
1959:	23.–24. 06.	Bensberg	P. Prov. Hack CSSp Abt Margraf OSB[54] P. Gen. Sup. Lechner MFSC P. Prov. Wehner SJ P. Flesch CSsR
1960:	17.–19. 07.	St. Ottilien	P. Prov. Hack CSSp Abt Margraf OSB P. Gen. Sup. Lechner MFSC P. Prov. Mianecki SJ[55] P. Flesch CSsR
1961:	13.–14. 06.	Würzburg	
1962:	05.–06. 06.	Würzburg	P. Prov. Westemeyer OFM Abt Margraf OSB P. Prov. Gypkens MA P. Prov. Mianecki SJ *P. Siepen CSsR:* *6. Generalsekretär*[56]
1963:	13.–15. 05.	Beuron	
1964:	08.–10. 06.	Vallendar	P. Prov. Westemeyer OFM Abt Margraf OSB P. Prov. Gypkens MA Abt Gerards SOCist P. Prov. Junk SJ P. Prov. Schrodi OMI P. Siepen CSsR
1965:	12. 04.	Königstein	Außerordentliche Versammlung
1965:	21.–23. 06.	Vallendar	

[53] Nachwahl, da Sibold nach 4 Jahren ausschied.
[54] Nachwahl, da Utz als Abt resignierte.
[55] Wg. Ende von Wehners Provinzialat.
[56] Nach Fleschs Tod am 28. 3. 1962 wurde Siepen mit der Weiterführung der Geschäfte betraut und auf der VDO-MV gewählt.

Jahr	Datum	Ort	(Neu) gewählte(r) Leiter/ Kommission/Vorstand
1966:	20.–22. 06.	Vallendar	P. Prov. Ostermann SJ
			P. Prov. Westemeyer OFM
			Abt Bomm OSB
			P. Prov. Christ SVD
			P. Prov. Fesenmeyer OFMCap
			P. Prov. Quatmann OP
			P. Siepen CSsR
1967:	07.–09. 08.	Würzburg	P. Prov. Ostermann SJ
			P. Prov. Quatmann OP
			Abt Bomm OSB
			P. Prov. Christ SVD
			Abtpräses Hoeck OSB
			P. Prov. Nordhausen OFM
			P. Siepen CSsR
1968:	18.–20. 06.	Würzburg	
1969:	23.–25. 06.	Würzburg	
1970:	08.–10. 06.	Würzburg	P. Prov. Senftle OFMCap
			Abtpräses Mayer OSB
			P. Prov. Mittermeier CSsR
			P. Prov. Ostermann SJ
			P. Prov. Schmitz OP
			Abt Schulz OSB
			P. Siepen CSsR
1971:	21.–23. 06.	Würzburg	
1972:	12.–14. 06.	Würzburg	P. Prov. Senftle OFMCap
			Abt Schulz OSB[57]
			P. Prov. Brenninkmeyer SJ
			Abt Hoheisel OSB
			P. Prov. Mittermeier CSsR
			P. Prov. Schmitz OP
			P. Siepen CSsR
1973:	01.–04. 07.	Würzburg	

[57] Nachwahl, da Mayer 1972 Sekretär der Religiosenkongregation wurde.

Jahr	Datum	Ort	(Neu) gewählte(r) Leiter/ Kommission/Vorstand
1974:	23.–26. 06.	Würzburg	P. Prov. Oerder SDB Abt Schulz OSB Abt Hoheisel OSB P. Prov. Hötzel OMI P. Prov. Schalück OFM P. Prov. Seibel SJ[58] P. Siepen CSsR
1975:	08.–11. 06.	Würzburg	
1975:	04.–05. 12.	Hünfeld	Außerordentliche Versammlung
1976:	27.–30. 06.	Würzburg	
1977:	20.–22. 06.	Würzburg	
1978:	04.–06. 06.	Würzburg	Abt Schulz OSB P. Prov. Zepp SVD Abtpräses Hoheisel OSB P. Prov. Anlauf SSCC P. Prov. Borst CSsR P. Prov. Geiger OFMCap P. Siepen CSsR
1979:	24.–26. 06.	Würzburg	
1980:	15.–17. 06.	Würzburg	Abt Schulz OSB[59] P. Prov. Zepp SVD Abtpräses Hoheisel OSB P. Prov. Anlauf SSCC P. Prov. Borst CSsR P. Prov. Schalück OFM P. Siepen CSsR
1981:	29. 06.–1. 07.	Würzburg	
1982:	20.–22. 06.	Würzburg	P. Prov. Kratz CSsR[60] P. Prov. Schneider OFM Abtpräses Hoheisel OSB P. Prov. Meyer OP P. Prov. Dobhan OCD P. Prov. Borst CSsR P. Siepen CSsR

[58] Amtsende als Provinzial im April 1978.
[59] Ende des VDO-Vorsitzes am 25. 1. 1982 mit dem Rücktritt als Abt.
[60] Ende des VDO-Vorsitzes im Dezember 1985 durch Berufung in ein anderes Amt.

Jahr	Datum	Ort	(Neu) gewählte(r) Leiter/ Kommission/Vorstand
1983:	12.–15. 06.	Würzburg	
1984:	27.–30. 06.	St. Ottilien	
1985:	16.–19. 06.	Würzburg	
1986:	08.–11. 06.	Würzburg	P. Prov. Schneider OFM
			P. Prov. Zwiefelhofer SJ[61]
			Abtpräses Hoheisel OSB
			P. Prov. Arens OFM
			P. Prov. Dobhan OCD
			P. Prov. Meyer OP
			P. Siepen CSsR
1987:	28.–30. 06.	Würzburg	
1988:	12.–15. 06.	Würzburg	P. Prov. Schneider OFM[62]
			P. Prov. Meyer OP
			Abtpräses Hoheisel OSB
			P. Prov. Arens OFM
			P. Prov. Dobhan OCD
			P. Prov. Stöckl CSsR
			P. Siepen CSsR
1989:	04.–06. 06.	Würzburg	P. Prov. Meyer OP
			P. Prov. Dantscher SJ
			Abtpräses Hoheisel OSB
			P. Prov. Helbing SDB
			P. Prov. Dobhan OCD
			P. Prov. Stöckl CSsR
			P. Schumacher OCarm: 7. Generalsekretär[63]
1990:	24.–26. 06.	Würzburg	P. Prov. Dantscher SJ
			P. Prov. Stöckl CSsR
			P. Prov. Flatau SCJ
			Abt Heereman OSB
			P. Prov. Groß OFM
			P. Prov. Dobhan OCD
			P. Schumacher OCarm
1991:	09.–11. 06.	Würzburg	
1992:	28.–30. 06.	Würzburg	

[61] Ende des 2. VDO-Vorsitzes ab November 1987 durch Berufung in ein anderes Amt.
[62] Ende des VDO-Vorsitzes am 31. 3. 1989 durch Ende des Provinzialats.
[63] Beginn der Amtszeit: 1. 8. 1989.

Jahr	Datum	Ort	(Neu) gewählte(r) Leiter/ Kommission/Vorstand
1993:	20.–22. 06.	Würzburg	P. Prov. Schorr OFM[64]
			P. Prov. Sanders MSC[65]
			P. Prov. Flatau SCJ
			Abt Heereman OSB
			P. Prov. Franke SJ
			P. Prov. Merten OP
			P. Schumacher OCarm
1994:	12.–14. 06.	Würzburg	P. Prov. Schorr OFM[66]
			P. Prov. Demuth CSsR
			P. Prov. Flatau SCJ
			Abt Heereman OSB
			P. Prov. Franke SJ
			P. Prov. Merten OP
			P. Schumacher OCarm
1995:	25.–27. 06.	Würzburg	
1996:	16.–19. 06.	Würzburg	
1997:	08.–11. 06.	Würzburg	P. Prov. Demuth CSsR
			P. Prov. Merten OP
			P. Prov. Arens OFM
			P. Prov. Bihlmayer SDB
			P. Prov. Franke SJ
			P. Prov. Grimm OFM
			P. Schumacher OCarm
1998:	21.–23. 06.	Würzburg	

64 Da 3 Vorstandsmitglieder wegen Amtsende hätten nachgewählt werden müssen für 1 Jahr der laufenden Amtsperiode, trat der Vorstand gesamt zurück und wurde neu gewählt.

65 Durch Berufung in ein anderes Amt blieb der 2. Vorsitz von November 1993 bis zur VDO-MV 1994 vakant.

66 Mai 1997 Ende des VDO-Vorsitzes wg. Berufung in ein anderes Amt.

Datenüberblick 1898–1998

14. 02. 1898: Deutsches Kolonial-Museum Berlin bittet Superioren um Beteiligung an Kolonial-Ausstellung

24. 08. 1898: SK Krefeld, Westwall 44

05.–06. 09. 1899: SK Missionshaus St. Michael in Steyl/Holland

30.–31. 08. 1900: SK Missionshaus in Limburg

26.–27. 08. 1901: SK Roter Saal des Osnabrücker Vereinshauses

26.–27. 11. 1901: Informelles Treffen von Superioren Missionshaus in Trier

28. 11. 1901: Informelles Treffen von Superioren Missionshaus in Limburg

25.–26. 08. 1902: SK Saal des Realgymnasiums in Mannheim

24. 08. 1903: SK Zimmer 10 der Bürgergesellschaft zu Köln

22.–24. 08. 1904: SK St. Erhardi-Saal in Regensburg

24. 08. 1904: Allgemeine Missionsversammlung in Regensburg

21.–22. 08. 1905: SK Saal des Marthastifts in Straßburg

08.–09. 10. 1905: Erste Allgemeine katholische Missionsfeier in Berlin

20.–22. 08. 1906: SK Saal des Gartenbaues der Stadt Essen

26. 08. 1907: SK Saal der Max–Schule in Würzburg

17. 08. 1908: SK Düsseldorf

03.–04. 08. 1909: SK Missionshaus in Knechtsteden: „Bestimmungen“ zur Organisation der SK

29. 08.–02. 09. 1909: 56. Generalversammlung der Katholiken Deutschlands in Breslau
Missionsrede Alois Fürst zu Löwenstein

02. 09. 1909: Bildung der Missions-Kommission

26. 08. 1910: SK Abtei St. Ottilien: „Konstituierung der Konferenz der deutschen Missions-Orden“[67]

03. 05. 1911: Außerordentliche SK in Berlin wg. Missionswissenschaftlichem Institut

05. 08. 1911: SK Franziskanerkloster Frauenberg, Fulda

10. 08. 1911: Konstituierung Internationales Institut für Missionswissenschaftliche Forschungen in Mainz

09. 08. 1912: 1. Missionskonferenz für Volksmissionen in Valkenburg

10. 08. 1912: SK St. Ignatius-Kolleg in Valkenburg/Holland: „Satzungen und Geschäftsordnung der Konferenz der Ordens- und Missionsobern in Deutschland für Missions- und Ordensangelegenheiten“

---

[67] Vgl. S. 41.

16. 08. 1913:	SK Priesterseminar in Metz; Satzungsergänzung: Zweck
13.–14. 08. 1914:	SK in Münster fiel aus
30. 08. 1914:	„Notschrei der katholischen Missionen an die christlichen Mächte!"
1915:	Ohne Angaben über Superioren-Konferenz
04. 09. 1916:	SK Köln geplant, ohne weitere Angaben
05.–07. 09. 1916:	1. missionswissenschaftlicher Kursus in Köln für den deutschen Klerus, veranstaltet vom Internationalen Institut für missionswissenschaftliche Forschungen Münster
23. 11. 1916:	7 SK-Mitglieder unter Leitung von Prof. J. Schmidlin in Köln
01. 12. 1916:	SK-Mitglieder unter Leitung von Prof. J. Schmidlin im Franziskanerkloster Düsseldorf
14. 02. 1917:	SK Bürgergesellschaft zu Köln
21.–22. 10. 1917:	SK Institut St. Ursula in Aachen
21. 10. 1917:	Besprechung Verwaltungsrat FXV und SK; Empfang Kardinal von Hartmanns
26.–27. 05. 1918:	SK Franziskanerkloster Frauenberg, Fulda
26.–27. 05. 1918:	Tagung des Generalvorstands der Diözesanvertreter und des Religionslehrer-Ausschusses des FXV in Fulda, in Verbindung mit der SK
27. 05. 1918:	SK und FXV-, LMV-Vertreter unter Vorsitz des Fuldaer Bischofs Schmitt im Bonifatiussaal des Priesterseminars, Fulda
05. 10. 1918:	Gründung des RKA, Koblenz
26.–27. 03. 1919:	SK Bad Soden bei Salmünster im Marienheim der Barmherzigen Schwestern
02. 05. 1919:	„Funkspruch zur Rettung der deutschen katholischen Auslands-Missionen"
23. 07. 1919:	SK Düsseldorf Franziskushaus
23. 07. 1919:	Satzungen des Generalsekretariats der SK Wahl des 1. SK-Generalsekretärs: P. Friedrich Schwager SVD, Sitz: Hangelar
23. 07. 1919:	„Grundsätze und Erklärungen zur Missionsfrage"
16. 09. 1919:	Missions-Sachverständigen-Ausschuß Düsseldorf
07.–14. 10. 1919:	Missionskursus für Missionare und heimatliche Ordenspriester, veranstaltet von der SK in Düsseldorf
13.–14. 10. 1919:	SK Düsseldorf, Paulushaus
1919:	1. Jahrgang der „Missions- und Auslands- Korrespondenz" (MAC), Hg. SK-Generalsekretariat

12.–14. 09. 1920:	SK Würzburg, Huttenscher Garten
14. 09. 1920:	„Satzungen und Geschäftsordnung der Deutschen Superioren-Konferenz“
01. 07. 1921:	Gründung des Deutschen katholischen Vereins für missionsärztliche Fürsorge in Aachen
05. 07. 1921:	SK Hochzeitssaal des Huttenschen Gartens in Würzburg
07. 07. 1921:	Generalversammlung der Missionskonferenz für Volksmissionen in Würzburg Beschluß: „Verschmelzung“[68] SK und MK Vorsitzender in Personalunion: Prov. Witzel OFM
16. 03. 1922:	Gründungskonferenz: Ausschuß der katholischen deutschen Missionsgesellschaften für China in Düsseldorf
20. 06. 1922:	1. Sitzung „Reichsbeirat für das deutsche Schulwesen im Ausland“
04. 09. 1922:	SK Kloster der Schwestern vom armen Kinde Jesus in Aachen Änderung von Paragraph 3 der Satzungen
14. 11. 1922:	Außerordentliche SK Dominikanerkloster Köln Satzungsergänzungen
03. 12. 1922:	Eröffnung des Missionsärztlichen Instituts Würzburg
27. 01. 1923:	Abdankungsgesuch des SK-Generalsekretärs Schwager
April 1923:	Berufung des 2. SK-Generalsekretärs P. Ansgar Sinnigen OP durch den SK-Vorstand
20. 04. 1923:	Sinnigen nimmt die Geschäfte in Berlin auf; Einrichtung des Generalsekretariats in Berlin-Moabit, Oldenburgerstraße 46
01. 05. 1923:	Stellvertretender RKA-Geschäftsführer P. Ansgar Sinnigen OP Berlin in Personal- und Bürounion mit dem SK-Generalsekretariat
03.–04. 06. 1924:	SK Bibliothek des Dominikanerklosters in Berlin Wahl P. Sinnigens zum SK-Generalsekretär
04. 06. 1924:	RKA-Jahresversammlung in Berlin Wahl P. Sinnigens zum RKA-Geschäftsführer
04. 06. 1924:	Superioren im Reichstagsgebäude in Berlin mit Abgeordneten u. Regierungsvertretern gemeinsames Abendessen

[68] Vgl. S. 136f.

20.–22. 10. 1924:	Vorschau in München zum deutschen Beitrag zur Weltmissionsausstellung in Rom
20. 12. 1924:	Eröffnung der Weltmissionsausstellung in den Höfen und Gärten des Vatikans durch Pius XI.
16. 02. 1925:	SK/RKA-Büro Oldenburgerstraße 47/II, Berlin-Moabit
12.–13. 05. 1925:	SK Missonshaus in Limburg
05.–06. 05. 1926:	SK Benediktinerabtei Schweiklberg Satzungsentwurf wird beraten Beschluß Namensänderung: Superioren-Vereinigung
29. 12. 1926:	Außerordentliche SV Hörsaal der Würzburger Universität
16. 02. 1927:	P. Ansgar Sinnigen OP legt Amt als RKA-Geschäftsführer nieder
22. 03. 1927:	MIVA-Gründung in Köln
06.–07. 05. 1927:	SV Dominikanerkloster Berlin
07.–10. 05. 1927:	Große Katholische Missionstagung Berlin, veranstaltet vom FXV, KJV und von der SV
08. 05. 1927:	Aussprache zwischen Vertretern der SV, des FXV, LMV und KJV im Gemeindehaus St. Hedwig in Berlin
05. 09. 1927:	Informelles Treffen von SV-Mitgliedern im Franziskanerkloster in Dortmund anläßlich der Katholikenversammlung
08. 11. 1927:	Außerordentliche SV-Versammlung im Dominikanerkloster Berlin
09. 11. 1927:	RKA-Jahresversammlung im Reichstag in Berlin: SV erklärt Austritt aus RKA
06. 12. 1927:	Gründungsversammlung in Berlin: Superioren-Vereinigung e. V.
02. 02. 1928:	Amtsniederlegung des 1. SV-Vorsitzenden Vogel
25. 02. 1928:	Satzungen der Superioren-Vereinigung e. V.
10. 04. 1928:	Eintragung der SV e. V. in das Vereinsregister des Amtsgerichts Berlin-Mitte
08.–09. 05. 1928:	SV Kapuzinerkloster Münster
02. 12. 1928:	Außerordentliche SV Benediktiner-Kolleg Würzburg
03. 12. 1928:	Einweihungsfeier des Neubaus des Katholischen Missionsärztlichen Instituts Würzburg
30. 04. 1929:	SV Pius-Seminar der Mariannhiller Missionare in Würzburg
13.–14. 05. 1930:	SV St. Ottilien
05. 09. 1930:	Informatorische SV-Versammlung Studentenburse in Münster

05.–06. 05. 1931:	SV Dominikanerkonvent Berlin Zusätze zu den SV-Satzungen
07. 07. 1931:	Generalversammlung des Katholischen Vereins für missionsärztliche Fürsorge, Frankfurt a. M.; Gründungsversammlung des Vereins Katholisches Missionsärztliches Institut Würzburg
28. 08. 1931:	Informatorische SV-Versammlung Nürnberger Lehrervereinshaus, Lessingstraße
02. 1932:	Sinnigens Geschichtliche Darstellung erscheint
09.–10. 05. 1932:	SV Missionshaus St. Augustin/Siegburg
02. 09. 1932:	Informatorische SV-Besprechung im Exerzitienhaus der Oblaten in Essen-Borbeck
16. 05. 1933:	SV Exerzitienheim der Franziskaner in Hofheim/Taunus
15. 05. 1934:	SV Bundesheim der Pallottiner in Schönstatt Auflösungsbeschluß der SV als e. V.
04. 10. 1934:	SV-Vorstandssitzung in Striegau: Satzungsentwurf
12. 1934:	Löschung aus dem Vereinsregister: SV e. V.
21.–22. 05. 1935:	SV zunächst in Werl geplant, dann in Berlin, wurde abgesagt
14. 11. 1935:	Verhaftung Sinnigens
16. 11. 1935:	Untersuchungshaft Sinnigens Berlin-Moabit
25. 03. 1936:	Freilassung Sinnigens; nimmt Geschäfte als SV-Generalsekretär wieder auf
18.–19. 05. 1936:	SV Exerzitienheim „St. Augustinus“ OMI in Essen Borbeck
08. 10. 1936:	SV-Vorstandssitzung in Berlin
Oktober 1936:	SV-Satzungen
03.–04. 05. 1937:	SV Hospiz des Christkönigshauses der Johannes-Missionare von Leutesdorf in Berlin
26. 06. 1937:	Verurteilung Sinnigens zu einer Geldstrafe von 4000 RM
23.–24. 05. 1938:	SV Exerzitienhaus St. Joseph der Franziskaner in Hofheim
22.–23. 05. 1939:	SV Exerzitienheim Himmelspforten in Würzburg
11. 07. 1940:	Tod (Herzschlag) von P. Ansgar Sinnigen OP im Krankenhaus St. Norbert in Berlin-Schöneberg
15. 07. 1940:	Beisetzung Sinnigens auf dem St. Sebastian-Friedhof in Berlin-Reinickendorf
01. 08. 1940:	Amtsantritt 3. SV-Generalsekretär, P. Odilo Braun OP, Sitz: Berlin

07. 08. 1940: SV-Besprechung im Dominikanerkloster in Köln
29. 09. 1940: Verbot neuer Ordenseintritte
26.–27. 10. 1940: Tagung der Missionsschwestern in Limburg
Gründung: AG deutscher Katholischer Missionsschwestern
28.–30. 10. 1940: SV Refektorium des Priesterseminars; Unterkunft im Mutterhaus der Pallottinerinnen, Marienborn in Limburg
Wahl des 3. Generalsekretärs Braun; überarbeiteter SV-Satzungsentwurf
14. 12. 1940: Beschlagnahme Kloster Frauenberg Fulda; weitere Beschlagnahmungen Frühjahr/Sommer 1941
26.–27. 05. 1941: SV Saal des Ordinariats Behrenstraße 66 in Berlin: Selbstauflösung der SV;
Bildung von 5 Regionalgruppen
24.–26. 06. 1941: Fuldaer Bischofskonferenz
Beauftragung Landersdorfers mit dem „Referat über die Ordensfragen“
30. 07. 1941: Hitlers Stoppbefehl gegen Klostersturm
09. 08. 1941: Kardinal Bertram mit Bildung eines „Ausschusses für Ordensangelegenheiten“ (AfO) einverstanden
26. 08. 1941: Fulda AfO
01. 09. 1941: Frankfurt AfO
18. 10. 1941: Würzburg AfO
26. 10. 1941: Berlin AfO: Novemberhirtenbrief-Fassung
15. 11. 1941: Novemberhirtenbrief AfO, Richtlinien
24.–25. 11. 1941: Konferenz der westdeutschen Bischöfe in Paderborn
Entscheidung gegen den Novemberhirtenbrief
Ende 04. 1942: Hausdurchsuchung und Gestapoverhör Angermaiers
25. 01. 1943: Braun versteckt eine Frau, die deportiert werden soll
11. 07. 1943: Geplanter Klostersturm im Elsaß durch Rösch, König und Gröber verhindert
20. 07. 1944: Attentat Stauffenbergs auf Hitler scheitert
28. 07. 1944: Verhaftung Delps
20. 08. 1944: König taucht unter
26. 08. 1944: Rösch taucht unter
17. 09. 1944: Siemer entkommt nachts der Gestapo in Schwichteler und taucht unter
07. 10. 1944: Gestapo-Agentin in SV-Generalsekretariat, Braun entkommt
27. 10. 1944: Brauns Musterung in Berlin, Verhaftung am S-Bahnhof Zoo, Gefängnis Moabit

11. 01. 1945:	Verhaftung Röschs in Hofgiebing
13. 01. 1945:	Gefängnis Rösch Berlin-Moabit
02. 02. 1945:	Hinrichtung Delps
12. 02. 1945:	Entlassung Brauns aus der Haft
27. 03. 1945:	Angermaier stirbt an den Folgen eines Verkehrsunfalls im SS-Lazarett Berlin-Lichterfelde
11. 04. 1945:	Siemer verläßt sein Versteck
25. 04. 1945:	Entlassung Röschs aus der Haft
03. 05. 1945:	König kehrt nach Pullach zurück
14. 11. 1945:	Siemer regt ein Oberentreffen an
05. 01. 1946:	Einladung zum 1. Nachkriegstreffen
14.–17. 01. 1946:	Westdeutsche SV, Walberberg
15. 05. 1946:	P. Paul Obergarz SJ als SV-Generalsekretär bestimmt, Sitz: Dormagen bei Köln
22. 05. 1946:	1. Rundschreiben Obergarz'
29. 08. 1946:	Teil-SV-Tagung, Walberberg
31. 08. 1946:	Obergarz an Generalsekretär der Süddeutschen SV: Wunsch nach gemeinsamer Tagung
07. 10. 1946:	SV-Generalsekretariat im Provinzialat der Jesuiten, Köln
04.–07. 11. 1946:	VDO Fulda Frauenberg Zusammenschluß der süddeutschen und nordwestdeutschen Superioren, Name: Vereinigung Deutscher Ordensobern; 4. Generalsekretär: P. Paul Obergarz SJ; Missionsreferent: P. Leo Robert SVD
20.–22. 11. 1947:	VDO Würzburg Himmelspforten Satzungsentwurf von P. Nell-Breuning SJ
18. 02. 1948:	VDO e. V., Eintragung: Amtsgericht Köln
09.–11. 10. 1948:	VDO Würzburg Himmelspforten
24. 05. 1949:	Das Grundgesetz der Bundesrepublik Deutschland tritt in Kraft
01.–03. 10. 1949:	VDO Würzburg Himmelspforten
09.–11. 09. 1950:	VDO St. Ottilien
23. 07. 1951:	Bildung eines geschäftsführenden Ausschusses des Missionsrates in Aachen
08.–10. 09. 1951:	VDO Vierzehnheiligen
13.–14. 09. 1952:	VDO Würzburg Himmelspforten
01. 05. 1953:	P. Josef Flesch CSsR wird zum Generalsekretär bestellt nach der Kündigung von Obergarz, Sitz: Köln
12.–13. 09. 1953:	VDO Würzburg Himmelspforten 5. Generalskretär: P. Josef Flesch CSsR

13. 09. 1953:	Gründungsversammlung Missionsrat
23.–24. 02. 1954:	AG der General- und Provinzialobern der Brüdergenossenschaften Westdeutschlands
21.–22. 06. 1954:	Konstituierung VHOD [VOD]
10.–11. 09. 1954:	VDO Würzburg Himmelspforten
06.–07. 09. 1955:	VDO Würzburg Himmelspforten
11.–12. 06. 1956:	VDO Würzburg Himmelspforten
24. 06. 1957:	VDO Würzburg Himmelspforten
18.–19. 06. 1958:	VDO Würzburg Himmelspforten
24. 11. 1958:	Sitzung der engeren Vorstände VDO, VOD, VOB
23.–24. 06. 1959:	VDO Thomas-Morus-Akademie Bensberg Beschluß: AG der deutschen Orden und Genossenschaften aus VDO, VOB, VOD
01. 03. 1960:	Erscheinen des 1. Heftes „Ordenskorrespondenz“
17.–19. 07. 1960:	VDO St. Ottilien
13.–14. 06. 1961:	VDO Würzburg Himmelspforten
28. 03. 1962:	Tod Generalsekretär Fleschs P. Karl Siepen CSsR mit der Weiterführung der Geschäfte betraut
05.–06. 06. 1962:	VDO Würzburg Himmelspforten 6. Generalsekretär: P. Karl Siepen CSsR; Satzungsänderung
11. 10. 1962:	Eröffnung des II. Vatikanischen Konzils
13.–15. 05. 1963:	VDO Erzabtei Beuron
16. 05. 1963:	VDO an DBK: Wunsch nach engerem Kontakt
28.–29. 08. 1963:	Beschluß DBK: Bildung einer Gemischten Kommission DBK/VDO
1964:	P. Bernward Hegemann OP, Justitiar der ADOV 1964–1984 Mitteilungen des Steuer- und Rechtsausschusses
23. 05. 1964:	1. Treffen der Gemischten Kommission DBK/VDO Stuttgart
08.–10. 06. 1964:	VDO Vallendar
12. 04. 1965:	Außerordentliche VDO Königstein i. Taunus
21.–23. 06. 1965:	VDO Vallendar
30. 07. 1965:	VDO-Brief an DBK: Wunsch Zusammenarbeit Diözesen – Orden
28. 10. 1965:	Dekret „Perfectae Caritatis“
08. 12. 1965:	Beendigung des II. Vatikanischen Konzils
20.–22. 06. 1966:	VDO Vallendar
30. 11. 1966:	1. Sitzung DBK-Kommission für das Ordenswesen Stuttgart

07.–09. 08. 1967:	VDO Würzburg Himmelspforten
04.–07. 03. 1968:	Frühjahrstagung DBK: Konstituierung der Bischöflichen Kommission für das Ordenswesen aus Berufenen
07. 06. 1968:	Sitzung: Gemischte Kommission und Bischöfliche Kommission für das Ordenswesen in Stuttgart
18.–20. 06. 1968:	VDO Würzburg Himmelspforten
23.–25. 06. 1969:	VDO Würzburg Himmelspforten
08.–10. 06. 1970:	VDO Würzburg Himmelspforten, Satzungsänderung
16.–18. 11. 1970:	DBK-Sitzung: VDO-Antrag auf ordentliche Mitgliedschaft der Höheren Ordensobern in DBK abgelehnt
03. 01. 1971:	Eröffnung der Gemeinsamen Synode der Bistümer in der BRD
21.–23. 06. 1971:	VDO Würzburg Himmelspforten
12.–14. 06. 1972:	VDO Würzburg Himmelspforten
01.–04. 07. 1973:	VDO Würzburg Himmelspforten
23.–26. 06. 1974:	VDO Würzburg Himmelspforten, Satzungsänderung
08.–11. 06. 1975:	VDO Würzburg Himmelspforten
23. 08. 1975:	Ständiger Rat DBK: Beschluß Zusammenarbeit DBK-VDO
29. 10. 1975:	Letzte Sitzung Gemischte Kommission für das Ordenswesen
22. 11. 1975:	Beendigung der Gemeinsamen Synode der Bistümer in der BRD
04.–05. 12. 1975:	Außerordentliche VDO Kloster Hünfeld Bildung von 4 VDO-Kommissionen
27.–30. 06. 1976:	VDO Würzburg Himmelspforten
15. 11. 1976:	1. Sitzung Ständige Arbeitsgruppe Ordensfragen und geistliche Gemeinschaften der K IV DBK
20.–22. 06. 1977:	VDO Würzburg Himmelspforten, Geschäftsordnung VDO
13. 12. 1977:	1. Kontaktgespräch DBK-VDO
14. 05. 1978:	„Mutuae Relationes“
04.–06. 06. 1978:	VDO Würzburg Himmelspforten
24.–26. 06. 1979:	VDO Würzburg Himmelspforten
26. 02. 1980:	DBK Vierzehnheiligen, Studientag zum Thema Orden
15.–17. 06. 1980:	VDO Würzburg Himmelspforten
29. 06. –01. 07. 1981:	VDO Würzburg Himmelspforten
20.–22. 06. 1982:	VDO Würzburg Himmelspforten
12.–15. 06. 1983:	VDO Würzburg Himmelspforten
27.–30. 06. 1984:	VDO St. Ottilien
16.–19. 06. 1985:	VDO Würzburg Himmelspforten
08.–11. 06. 1986:	VDO Würzburg Himmelspforten

28.–30. 06. 1987:	VDO Würzburg Himmelspforten
12.–15. 06. 1988:	VDO Würzburg Himmelspforten
04.–06. 06. 1989:	VDO Würzburg Himmelspforten 7. Generalsekretär: P. Wolfgang Schumacher OCarm; Satzungsänderung
31. 07. 1989:	Ende Amtszeit Siepens
01. 08. 1989:	Beginn Amtszeit Schumachers
24.–26. 06. 1990:	VDO Würzburg Himmelspforten Neue Geschäftsordnung
16. 10. 1990:	Neuer Sitz des Generalsekretariats: Bamberg
08.–09. 01. 1991:	Tagung in Heppenheim wg. „Synode der Orden“
09.–11. 06. 1991:	VDO Würzburg Himmelspforten
09.–10. 10. 1991:	1. „Synode der Orden“, Nürnberg
19. 11. 1991:	Gründung Solidarwerk München (SW)
11. 12. 1991:	SW e. V. Eintragung ins Vereinsregister München
28.–30. 06. 1992:	VDO Würzburg Himmelspforten
20.–22. 06. 1993:	VDO Würzburg Himmelspforten Erstmals gemeinsame Tagung VDO und VOB
12. 10. 1993:	Konstituierende Sitzung Mainz: Schlichtungsstelle, Geschäftsstelle Bamberg
12.–14. 06. 1994:	VDO Würzburg Himmelspforten
25.–27. 06. 1995:	VDO Würzburg Himmelspforten
16.–19. 06. 1996:	VDO Würzburg Himmelspforten
08.–11. 06. 1997:	VDO Würzburg Himmelspforten Geschäftsordnungs-Ergänzung
21.–23. 06. 1998:	VDO Würzburg Himmelspforten
23. 06. 1998:	Feier des 100-jährigen VDO-Jubiläums Würzburg

1./2. Vorsitzender
von der Mitgliederversammlung gewählt
(4 Jahre Amtszeit)

Generalsekretär/Geschäftsführer
nicht notwendig Höherer Oberer
auf Vorschlag des Vorstands von
der Mitgliederversammlung gewählt
(5 Jahre Amtszeit)
Mitglied des geschäftsf. Vorstandes

4 gewählte Beisitzer
von der Mitgliederversammlung gewählt
(4 Jahre Amtszeit)
erweiterter Vorstand

Kommissionsvorsitzende
von der Kommission gewählt und
von der Mitgliederversammlung
bestätigt
zum erweiterten Vorstand als
Berater eingeladen

Höhere Obere
Mitgliedschaft in einer Kommission
erwünscht
Doppelmitgliedschaft möglich

Die Kommissionen
können Gäste und Berater haben,
die keine Höheren Oberen sind

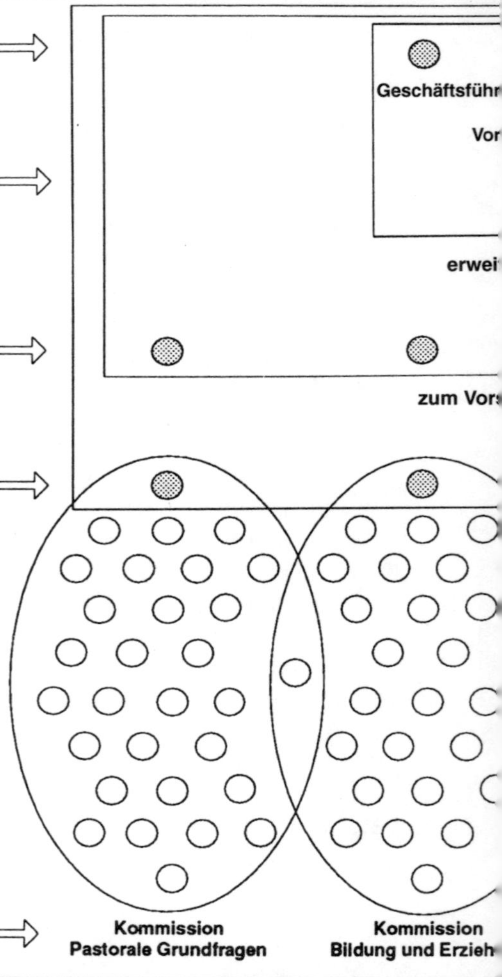

Arbeitsgemeinschaften
den Kommissionen zugeordnet.
Mitglieder sind jene,
die in diesem Umfeld arbeiten,
also nicht notwendig Höhere Obere;
Vorsitzende der AGs werden zu den
übergeordneten Kommissionen und
als Gäste zur Mitgliederversammlung
der VDO eingeladen.

Arbeitsgemeinschaften

AGAL	AG der Ausbildungsleiter
AGCEP	AG der Cellerare und Prokuratoren (VDO/VOB)
AGJPO	AG der Männerorden für die Pastoral der geistlichen Berufe
AGNO	Arbeitsgemeinschaft der Novizenmeister

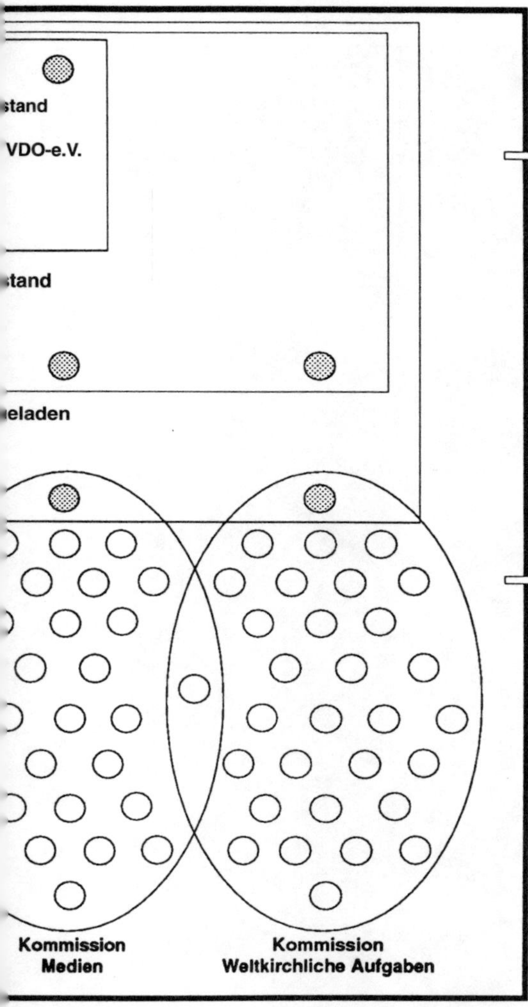

Zusammenarbeit mit bzw. Mitgliedschaft in

+ ADOV: AG Deutscher Ordensobern-Vereinigungen
+ OK - Ordenskorrespondenz (Zeitschrift für Fragen des Ordenslebens, Organ der deutschen Ordensobern-Vereinigungen)
+ IMS - Institut der Orden für missionarische Seelsorge und Spiritualität

+ Forum der Orden
+ Solidarwerk der Orden
+ Schlichtungsstelle der Orden

+ DKMR
  Deutscher Katholischer Missionsrat

+ Kontaktgespräch mit der DBK (Deutsche Bischofskonferenz)
+ Ständige Arbeitsgruppe "Orden und Säkularinstitute" der Kommission IV der DBK

+ Kommissionen des VDD (Verband der Diözesen Deutschlands)
  - Steuerwesen
  - Personalwesen
  - Datenschutz und Meldewesen
  - Schulrecht
  - Rechtskommission
  - Kirchenvermögen/ Grundstückswesen/ Baurecht
  - Verlags-, Urheber- u. Medienrecht

+ UCESM
  (Union der europäischen Ordensobern-Vereinigungen)

AGO AG der Ordenshochschulen
AGOA AG der Ordensarchivare/-innen
AMDO AG für missionarische Dienste der Orden
AVO Audiovisueller Ordenstreff
ODIV Ordensdirektoren-Vereinigung
– Sektion Schule
– Sektion Internate

VDO

Struktur und Kooperation

nach der Satzung vom 6.06.1989
im Amtsgericht Köln 24.08.1989
eingetragen
Geschäftsordnung vom 10.06.1997

SK Kloster Frauenberg/Fulda 1918: (der spätere) Generalsekretär P. Friedrich Schwager SVD (obere Reihe, 3. v. l.) als Vertreter seines Provinzials; SK-Vorsitzender P. Prov. Theophil Witzel OFM (untere Reihe, 4. v. r.).

SK Missionshaus der Pallottiner in Limburg 1925: Generalsekretär P. Ansgar Sinnigen OP (untere Reihe, 2. v. r.); SK-Vorsitzender Abt Placidus Vogel OSB (5. v. r.); Leg. Rat Dr. Südhof aus dem Auswärtigen Amt (3. v. r.); Geh. Rat Dr. Schellberg vom Preußischen Kultusministerium (1. v. r.).

SK Missionshaus St. Augustin 1932: Generalsekretär P. Ansgar Sinnigen OP (untere Reihe, 2. v. l.); Josef Kardinal Schulte (6. v. l.); SV-Vorsitzender P. Prov. Max Kassiepe OMI (7. v. l.).

Generalsekretär P. Odilo Braun OP (vor 1945).

P. Paul Obergarz SJ *(hier im späteren Pfarrdienst in Österreich),* VDO-Generalsekretär 1946–1953.

VDO St. Ottilien 1950: VDO-Vorsitzender (und späterer Generalsekretär) P. Josef Flesch CSsR (untere Reihe, 3. v. r.).

1. *Internationaler Kongreß „Pro Mundi Vita“ in Essen 1963: Generalsekretär P. Karl Siepen CSsR (rechts).*

VDO Würzburg Himmelspforten 1994:
VDO-Vorsitzender Prov. Peter Schorr OFM;
VOB-Vorsitzender Generalleiter Br. Thomas Bischop;
DBK-Vorsitzender Bischof Karl Lehmann;
Erzbischof Lajos Kada, Apostolischer Nuntius in Deutschland;
VDO-Generalsekretär P. Wolfgang Schumacher OCarm (v. l. n. r.).

Bildnachweis: Archiv Vereinigung Deutscher Ordensobern, Bamberg: Bild S. 448–450, 451 oben, 452–454; P. Jörg Dantscher SJ, München: Bild S. 446 f; Privat: Bild 451 unten.

Abkürzungen und Zeichen

AA	Auswärtiges Amt
AA	Congregatio Augustinianorum ab Assumptione, Assumptionisten
AAS	Acta Apostolicae Sedis
AAW	Archiwum Archidiecezjalne We Wrocławiu
AB	Amtsblatt
ABP	Archiv des Bistums Passau
ACDP	Archiv für Christlich-Demokratische Politik
ADCV	Archiv Deutscher Caritasverband Freiburg
ADOV	Arbeitsgemeinschaft der Deutschen Ordensobern-Vereinigungen
AEB	Archiv des Erzbistums Bamberg
AEM	Archiv des Erzbischofshofes München
AfO	Ausschuß für Ordensangelegenheiten
AG	Arbeitsgemeinschaft
AGAL	AG der Ausbildungsleiter
AGCEP	AG der Cellerare und Prokuratoren
AGEH	AG für Entwicklungshilfe
AGJPO	AG Jugendpastoral der Orden
AGMO	AG der Männerorden für die Pastoral der geistlichen Berufe
AGNO	AG der Novizenmeister
AGO	AG der Ordenshochschulen
AGOA	AG der Ordensarchivarinnen und -archivare
AGÖ	AG der Ökonominnen der Frauenorden
AG-SVD	Archivum Generale SVD Rom
AK	Arbeitskreis
AKG	Arbeitsgemeinschaft Klösterlicher Genossenschaften
AMDO	Arbeitsgemeinschaft für Missionarische Dienste der Orden
AMPR	Provinz-Archiv der Redemptoristen Gars
AMS	Archivum Monasterii Swarzacensis der Abtei Münsterschwarzach
AMSJ	Archivum Monacense SJ
APT	Archivum Provinciae Teutoniae Köln
ASFP	Archiv der Sächsischen Franziskanerprovinz Werl
AVDO	Archiv Vereinigung Deutscher Ordensobern
AVO	Audiovisueller Ordenstreff
BAB	Bundesarchiv Berlin
BAF	Bistumsarchiv Fulda
BAK	Bundesarchiv Koblenz

BdA	Bund der Auslandsdeutschen
BDKJ	Bund der Deutschen Katholischen Jugend
BEGECA	Beschaffungsgesellschaft mbH für kirchliche, caritative und soziale Einrichtungen in Missionsgebieten und Entwicklungsländern
BEK	Barmer Ersatzkasse
BGB	Bürgerliches Gesetzbuch
BHStAM	Bayerisches Hauptstaatsarchiv München
BMV	Beatae Mariae Virginis
Br.	Bruder
BZAR	Bischöfliches Zentralarchiv Regensburg
can.	Canon
CIC	Codex Iuris Canonici
CFP	Armen-Brüder des hl. Franziskus Seraphikus
CM	Congregatio Missionis, Missionspriester vom hl. Vinzenz von Paul, Vinzentiner, Lazaristen
CMF	Congregatio Missionariorum Filiorum Immaculati Cordis Beatae Mariae Virginis [Cordis Mariae Filii], Missionare, Söhne des Unbefleckten Herzens Mariä, Claretiner
CMM (neu)	Congregatio Missionariorum de Mariannhill, Mariannhiller Missionare
CP	Congregatio Passionis Jesu Christi, Passionisten
CPPS (neu)	Congregatio Missionariorum Pretiosissimi Sanguinis, Missionare vom Kostbaren Blut
CR	Ordo Canonicorum Regularium Sancti Augustini, Augustiner Chorherren
CRV	Congregatio Canonicorum Regularium Vindesemensis-Victorina, Augustiner-Chorherren von Windesheim-St. Victor
CRVC	Canonici Regulares S. Augustini Congregatio Fratrum a Vita Communi, Brüder vom gemeinsamen Leben
CSSp	Congregatio Sancti Spiritus, Missionsgesellschaft vom Heiligen Geist, Spiritaner
CSsR	Congregatio Sanctissimi Redemptoris, Kongregation des Allerheiligsten Erlösers, Redemptoristen, Liguorianer
CSsR Köln	Provinz-Archiv der Redemptoristen Köln
D.	Diözese
DAB	Diözesanarchiv Berlin
DAK	Deutsche Angestellten-Krankenkasse
DBK	Deutsche Bischofskonferenz
DCV	Deutscher Caritasverband
DKG	Deutsche Kolonialgesellschaft

DKMR	Deutscher Katholischer Missionsrat
DPB	Dominikanerkloster St. Paulus Berlin
EAF	Erzbischöfliches Archiv Freiburg i. Br.
EB	Erzbischöflich
ED.	Erzdiözese
Fr.	Frater
FXV	Franziskus-Xaverius-Missionsverein
FZ	Frankfurter Zeitung
Gen. Sup.	Generalsuperior
Gestapa	Geheimes Staatspolizeiamt
Gestapo	Geheime Staatspolizei
GStAPK	Geheimes Staatsarchiv Preußischer Kulturbesitz Berlin
GV	Generalversammlung
GV	Generalvikariat
HAEK	Historisches Archiv des Erzbistums Köln
HJ	Hitlerjugend
IMS	Institut der Orden für missionarische Seelsorge und Spiritualität
Isch	Schönstatt-Patres
KAS	Katholisches Auslands-Sekretariat
KfZG	Kommission für Zeitgeschichte Bonn
KH	Kirchliches Handbuch
KJV	Kindheit-Jesu-Verein
KK	Katholische Korrespondenz
KM	Die Katholischen Missionen
KMI	Katholisches Missionsärztliches Institut
KMR	Katholischer Missionsrat
Korag	Koloniale Reichsarbeitsgemeinschaft
KOWEKID	Konferenz Weltkirche der Diözesen und Hilfswerke
KV	Kölnische Volkszeitung
LA	Landesarchiv Berlin
LMV	Ludwig-Missions-Verein
LThK	Lexikon für Theologie und Kirche
MA	Missionarii Africae, Weiße Väter
MAC	Missions- und Auslands-Korrespondenz
MCCJ (neu)	Missionarii Comboniani Cordis Jesu, Comboni-Missionare
MFSC[J] (FSC)	Missionarii Filii SS. Cordis Jesu, Missionare Söhne vom Heiligsten Herzen Jesu, Comboni-Missionare
MdR	Mitglied des Reichstags
MI	Missionsärztliches Institut
MinRat	Ministerialrat

Missio	Missio Aachen
MIVA	Missions-Verkehrs-Arbeitsgemeinschaft
MK	Missionskonferenz
MK	Missionskorrespondenz
MLA	Archiv der Abtei Maria Laach
MOV	Materialien zur Ordensverwaltung
MR	Missionsrat
MSC	Missionarii Sacratissimi Cordis Jesu, Herz-Jesu-Missionare, Missionare v. hlst. Herzen Jesu
MSC Münster	Provinz-Archiv der Herz-Jesu-Missionare Münster
MSC Salzburg	Provinz-Archiv der Herz-Jesu-Missionare Freilassing
MSF	Congregatio Missionariorum a Sancta Familia, Missionare von der Hl. Familie
MSJ (neu)	Missionare vom hl. Johannes d. Täufer
MV	Mitgliederversammlung
MVG	Missions-Verwaltungs-Gesellschaft mbH
ND	Bund Neudeutschland
NL	Nachlaß
NS	Nationalsozialismus, nationalsozialistisch(e)
NSDAP	Nationalsozialistische Deutsche Arbeiterpartei
OCarm	Ordo Fratrum Beatae Mariae Virginis de Monte Carmelo, Karmeliten
OCarmDisc	Ordo Fratrum Discalceatorum Beatae Mariae Virginis de Monte Carmelo, Karmeliten, Unbeschuhte
OCart	Ordo Cartusiensis, Kartäuser
OCD (neu)	Karmeliten, Unbeschuhte
OCist, SOCist	Ordo Cisterciensium, Zisterzienser
OCSO, OCist SO	Ordo Cisterciensium Reformatorum (OCR) seu strictioris observatiae, Trappisten, Zisterzienser von der strengeren Observanz
ODIV	Ordensdirektoren-Vereinigung
OESA, OSA	Ordo Fratrum Eremitarum Sancti Augustini, Augustiner-Eremiten
OFM	Ordo Fratrum Minorum, Franziskaner Minderbrüder
OFM Fulda	Provinz-Archiv der Franziskaner Fulda Frauenberg
OFMCap, OMCap	Ordo Fratrum Minorum Capuccinorum, Kapuziner
OFMCap	Provinz-Archiv der Bayerischen Kapuziner München
OFMConv, OMConv	Ordo Fratrum Minorum Conventualium, Minoriten Konventualen

OK	Ordenskorrespondenz
OLV	Ordenslektoren-Vereinigung
OMC	Minoriten
OMI	Congregatio Missionariorum Oblatorum Beatae Mariae Virginis Immaculatae, Genossenschaft der Oblaten der Unbefleckten Jungfrau Maria, Oblaten der makellosen Jungfrau Maria
OMI	Provinz-Archiv der Hünfelder Oblaten Mainz
OOK	Ordensobern-Konferenz der DDR
OP, Opr	Ordo Fratrum Praedicatorum, Dominikaner
OPraem	Candidus et Canonicus Ordo Praemonstratensis, Prämonstratenser
OSA	Ordo Sancti Augustini, Augustiner
OSB	Ordo Sancti Benedicti, Benediktiner
OSC (neu)	Ordo Sanctae Crucis, Kreuzherren
OSC	Ordo Sancti Camilli, Kamillianer, Väter vom guten Tode
OSCam (neu)	Kamillianer
OSCD	Ordo Carmelitarum Discalceatorum, Unbeschuhte Karmeliten
OSF	Ordo Sancti Francisci, Franziskanerinnen
OSFS	Institutum Oblatorum Sancti Francisci Salesii, Oblaten des heiligen Franz von Sales
OSM	Ordo Servorum Mariae, Serviten
OSPPE (neu)	Ordo Fratrum Sancti Pauli Primi Eremitae, Orden des hl. Paulus des Ersten Einsiedlers, Pauliner
OT	Ordo Fratrum Domus Hospitalis Sanctae Mariae Teutonicorum in Jerusalem, Deutscher Orden, Deutsch-Ordens-Priester
P.	Pater
PA	Patres Albi (Weiße Väter)
PAAA	Politisches Archiv des Auswärtigen Amtes
Pr.	Preußisch
Präs.	Präsident, Präsidium
Prov.	Provinzial
PSM	Pia Societas Missionum Pallottini, Pallottiner, Missionsgesellschaft des ehrwürdigen Dieners Gottes Vinzenz Pallotti
PWB	Päpstliches Werk der Berufe der Kirche
PWG	Päpstliches Werk der Glaubensverbreitung
Raptim	Romana Associatio Pro Transvehendis Itinerantibus Missionariis, Internationaler Missionsreisedienst
Reg. Präs.	Regierungspräsident
RFiM	Reichsfinanzminister[ium]

RK	Reichskonkordat
RKA	Reichsverband für die katholischen Auslandsdeutschen
RKM	Reichskirchenminister[ium]
RKrM	Reichskriegsminister[ium]
RM	Reichsmark
RMI	Reichsminister[ium] des Innern
RMinJ	Reichsminister[ium] der Justiz
RMM	Religiosi Missionarii de Mariannhill, Mariannhiller-Missionare
RMWEV	Reichsministerium für Wissenschaft, Erziehung und Volksbildung
RSHA	Reichssicherheitshauptamt
RuPrMI	Reichs- und Preußisches Ministerium d. Innern
RuPrMin	Reichs- und Preußisches Ministerium
RuPrMWEV	Reichs- und Preußisches Ministerium für Wissenschaft, Erziehung und Volksbildung
RWiM	Reichswirtschaftsminister[ium]
SA	Sturmabteilung
SAC (neu)	Societas Apostolatus Catholici, Gesellschaft des Katholischen Apostolats, Pallottiner
SAC Friedberg	Provinz-Archiv der Pallottiner Friedberg
SAC Limburg	Provinz-Archiv der Pallottiner Limburg
Schw., Sr.	Schwester
SCJ	Congregatio Sacratissimi Cordis Jesu, Sacerdotes a Sacro Corde Jesu, Herz-Jesu-Priester
SCRIS	Sacra Congregatio pro Religiosis et Institutis Saecularibus
SD	Sicherheitsdienst
SDB (neu)	Societas S. Francisci Salesiani di Don Bosco, Salesianer Don Boscos
SDS	Societas Divini Salvatoris, Salvatorianer, Gesellschaft des Göttl. Heilandes
SDS	Provinz-Archiv der Salvatorianer München
Sipo	Sicherheitspolizei
SJ	Societas Jesu, Jesuiten
SK	Superioren-Konferenz
SM (neu)	Societas Mariae, Gesellschaft Mariens, Marianisten
SM	Societas Mariae, Maristen-Patres, Gesellschaft Mariens
SMA (MA)	Societas Missionariorum Africae, Weiße Väter
SMB	Societas Missionum Exterarum de Bethlehem in Helvetia, Missionsgesellschaft Bethlehem (Schweiz)
SMM (neu)	Societas Mariae Montfortana, Gesellschaft Mariens, Montfortaner

SS	Societas S. Francisci Salesii, Salesianer Don Boscos
SS	Schutzstaffel
SSCC (neu)	Congregatio Sacrorum Cordium Jesu et Mariae necnon adorationis perpetuae Sanctissimi Sacramenti Altaris, Genossenschaft von den Heiligen Herzen Jesu und Mariä und von der ewigen Anbetung des Heiligsten Altarssakraments, Picpus-Patres, Arnsteiner Patres
SSCC	Provinz-Archiv der Arnsteiner Patres
SSS	Congregatio Presbyterorum a Sanctissimo Sacramento, Priester vom Heiligen Sakrament, Eucharistiner
StAWt-R	Staatsarchiv Wertheim
St. d. F.	Stellvertreter des Führers
SV	Superioren-Vereinigung
SVD	Societas Verbi Divini, Steyler Missionare, Gesellschaft des Göttlichen Wortes, Missionare vom Göttlichen Wort
SVD St. Wendel	Provinz-Archiv der Steyler Missionare St. Wendel
SV-V	SV-Vorstand
SW	Solidarwerk der katholischen Orden Deutschlands
TC	Fratres Tertii Ordinis Sancti Francisci Capulatorum a Beata Virgine Perdolente, Kapuziner-Terziaren von der Schmerzhaften Jungfrau, Amigonianer
TOR (neu)	Tertius Ordinis Regularis Sancti Francisci, Regulierter Dritter Orden des hl. Franziskus
UCESM	Unio Conferentiarum Europae Superiorum Maiorum, Union der Ordensobern-Vereinigungen Europas
UISG	Unione Internazionale delle Superiore Generali
uk	unabkömmlich
USG	Unio Superiorum Generalium
VC	Vita consecrata
VDA	Verein für das Deutschtum im Ausland
VDD	Verband der Diözesen Deutschlands
VDO	Vereinigung Deutscher Ordensobern
VDO-V	VDO-Vorstand
VKB	Vereinigung des Katholischen Buchhandels
VOB [VHOB]	Vereinigung der Ordensobern der Brüderorden und -kongregationen Deutschlands
VOD [VHOD]	Vereinigung der Ordensoberinnen Deutschlands
WRV	Weimarer Reichsverfassung
WV (neu)	Afrikamissionare Weiße Väter
WV	Provinz-Archiv der Weißen Väter Köln
ZdK	Zentralkomitee der deutschen Katholiken

ZK Zentralkomitee
ZM Zeitschrift für Missionswissenschaft

( ) Klammer in der Vorlage
... Auslassung in der Vorlage
<...> In der Vorlage nicht zu entziffern
<> Unsichere Lesart
[ ] Ergänzung der Verfasserin
[...] Auslassung der Verfasserin

Ungedruckte Quellen[69]

(1) Akten aus staatlichen Archiven
Bayerisches Hauptstaatsarchiv München [= BHStAM]
Bundesarchiv Berlin [= BAB]
Bundesarchiv Koblenz [= BAK]
Geheimes Staatsarchiv Preußischer Kulturbesitz Berlin [= GStAPK]
Landesarchiv Berlin [= LA Berlin]
Politisches Archiv des Auswärtigen Amtes Bonn [= PAAA]
Staatsarchiv Wertheim [= StAWt-R]

(2) Akten aus kirchlichen Archiven
Archiv des Bistums Passau [= ABP]
Archiv des Erzbischofshofes München [= AEM]
Archiv des Erzbistums Bamberg [= AEB]
Archiwum Archidiecezjalne we Wrocławiu [= AAW]
Bischöfliches Zentralarchiv Regensburg [= BZAR]
Bistumsarchiv Fulda [= BAF]
Diözesanarchiv Berlin [= DAB]
Erzbischöfliches Archiv Freiburg i. Br. [= EAF]
Historisches Archiv des Erzbistums Köln [= HAEK]

(3) Akten aus privaten Beständen
Archiv der Abtei Maria Laach [= MLA]
Archiv für Christlich-Demokratische Politik der Konrad-Adenauer-Stiftung Sankt Augustin [= ACDP]
Archiv Deutscher Caritasverband Freiburg [= ADCV]
Archiv der Sächsischen Franziskanerprovinz Werl [= ASFP]
Archiv Vereinigung Deutscher Ordensobern Bamberg [= AVDO]
Archivum Generale SVD Rom [= AG-SVD]
Archivum Monacense SJ München [= AMSJ]
Archivum Monasterii Swarzacensis der Abtei Münsterschwarzach [= AMS]
Archivum Provinciae Teutoniae Köln [= APT]
Dominikanerkloster St. Paulus Berlin [= DPB]
Kommission für Zeitgeschichte Bonn [= KfZG]
Missio Aachen [= Missio]
Provinz-Archiv der Arnsteiner Patres Aachen [= SSCC]
Provinz-Archiv der Bayerischen Kapuziner München [= OFMCap]

---

69 Hier sind alle Archive aufgeführt, in denen Quellen zur SK/SV/VDO-Geschichte eruiert wurden.

Provinz-Archiv der Franziskaner Fulda Frauenberg [= OFM Fulda]
Provinz-Archiv der Herz-Jesu-Missionare Freilassing [= MSC Salzburg]
Provinz-Archiv der Herz-Jesu-Missionare Münster [= MSC Münster]
Provinz-Archiv der Hünfelder Oblaten Mainz [= OMI]
Provinz-Archiv der Pallottiner Friedberg [= SAC Friedberg]
Provinz-Archiv der Pallottiner Limburg [= SAC Limburg]
Provinz-Archiv der Redemptoristen Gars [= AMPR]
Provinz-Archiv der Redemptoristen Köln [= CSsR Köln]
Provinz-Archiv der Salvatorianer München [= SDS]
Provinz-Archiv der Steyler Missionare St. Wendel [= SVD St. Wendel]
Provinz-Archiv der Weißen Väter Köln [= WV]

(4) Auskünfte

In der Regel wurden Auskünfte schriftlich eingeholt, wenn nicht ausgewiesen (zusätzlich) mit:
G = Gespräch
T = Telefonat

P. Dr. Josef Alt SVD, Rom, Stifterarchiv (G)
Amtsgericht Charlottenburg
Archiv des Bistums Görlitz
Archiv der Diözese Gurk, Klagenfurt
P. Antonio Blöhsel SVD, Rom, Archivar (G)
Pfarrer Norbert Blome, Katholisches Auslandssekretariat, Bonn
P. Norbert Böhr OMI, Mainz, Archivar (G)
P. Gerfried A. Bramlage OP, Köln
Dr. Ursula Creutz, Berlin
P. Michael M. Dillmann OP, Köln, Archivar (G)
Diözesanhaus Bernardinum, Neuzelle
Dominikanerkloster St. Paulus, Berlin
Fr. Emmanuel Dürr OFM, Fulda
P. Rainer M. Groothuis OP, Vechta
Dr. Brigitte Huber, München (G, T)
Dr. Gotthard Klein, Diözesanarchiv Berlin (G, T)
P. Engelhard Kutzner OFM, Werl, Archivar (G)
P. Hans J. Limburg MSC, Münster, Archivar (G)
P. Helmut Mertens SAC, Limburg, Archivar (G)
P. Franz Obereuter WV, Köln, Archivar (G)
Bernadette Ott M. A., München (G, T)
B. Peters, Archiv Knechtsteden
P. Karl Pfeiffer SSCC, Aachen, Archivar (G)

P. Pfeilstetter CSsR, Gars, Archivar
Br. Markus Pillat SJ, Köln, Archivar
Raphaels-Werk, Genereralsekretariat, Hamburg
P. Burkard Runne OP, Berlin, Prior (G)
P. Markus Sachsenhauser MSC, Salzburg, Archivar (G)
P. Dr. Emmanuel von Severus OSB, Maria Laach, Archivar
P. Dr. Karl Siepen CSsR, Köln (G)
Br. Meinolf Stohl SVD, St. Wendel
P. Provinzial Walter Winopal SDS, München (G)
P. Ludwig Wörle OFMCap, München, Archivar (G)
Zentralkomitee der deutschen Katholiken Bonn

Literaturhinweise

Adolph, Walter, Geheime Aufzeichnungen aus dem nationalsozialistischen Kirchenkampf 1935–1943, 3. Aufl. Mainz 1982.

Brachthäuser, Wunibald, Nachruf für P. Josef Flesch CSsR, in: OK (1962), S. 83 f.

Braun, Odilo, Lebendig in der Erinnerung, in: *Alfred Delp*, Kämpfer, Beter, Zeuge. Letzte Briefe und Beiträge, Berlin 1954, S. 111–114.

Braun, Odilo, Wie sie ihren Kreuzweg gingen. Ansprache zur Gedenkfeier der Opfer des 20. Juli 1944 in Berlin-Plötzensee am 20. Juli 1954, in: Bekenntnis und Verpflichtung. Reden und Aufsätze zur zehnjährigen Wiederkehr des 20. Juli 1944, Stuttgart 1955, S. 26–29.

Deutscher Katholischer Missionsrat, hg. v. Generalsekretariat des DKMR (Broschüre), Köln 1987.

Kassiepe, Max, Zur Erinnerung an P. Ansgar Sinnigen OP, in: Paulus Nr. 64 (1940), S. 1–4.

Kirchliches Handbuch für das Katholische Deutschland, Freiburg i. Br. 1908–1929, Köln 1931 ff.

Leugers, Antonia, Dominikanische Gestalten: Im Kampf gegen das Unrecht. Odilo Braun OP (18. 11. 1899–9. 8. 1981), in: Wort und Antwort 28 (Oktober/Dezember 1987) H. 4, S. 182–185.

Leugers, Antonia, Gegen eine Mauer bischöflichen Schweigens. Der Ausschuß für Ordensangelegenheiten und seine Widerstandskonzeption 1941 bis 1945, Frankfurt a. M. 1996.

Leugers, Antonia, Georg Angermaier 1913–1945. Katholischer Jurist zwischen nationalsozialistischem Regime und Kirche. Lebensbild und Tagebücher, 2. Aufl. Frankfurt a. M. 1997.

Leugers, Antonia, Die Superioren-Vereinigung 1933–1945, in: OK (1998), S. 5–39.

Leugers, Antonia, Die Vereinigung Deutscher Ordensobern 1898–1998, in: OK (1998), S. 412–444.

Metz, Johann Baptist, Zeit der Orden? Zur Mystik und Politik der Nachfolge, Freiburg, Basel, Wien 1977.

Meyer, Karl, P. Dr. Karl Siepen CSsR zum 70. Geburtstag, in: OK (1994), S. I–IV.

Müller, Karl, Friedrich Schwager (1876–1929). Pionier katholischer Missionswissenschaft (= Studia Instituti Missiologici Societatis Verbi Divini Nr. 34), Nettetal 1984.

Ordenskorrespondenz. Zeitschrift für Fragen des Ordenslebens, hg. i. A. der Deutschen Ordensobern-Vereinigung, Jahrgang 1 (1960) bis Jahrgang 39 (1998).

Prawdzik, Werner, 25 Jahre Arbeitsgemeinschaft der Ordenshochschulen in Deutschland 1967–1992 (2 Broschüren) [1992].

Rösch, Augustin, Kampf gegen den Nationalsozialismus, hg. v. Roman Bleistein, Frankfurt a. M. 1985.

Sailer, Andreas, Die Krankenversicherungspflicht der Postulanten und Novizen von Ordensgemeinschaften, in: Neue Zeitschrift für Sozialrecht 7 (1998) H. 10, S. 464–467.

Sailer, Andreas, Die Stellung der Ordensangehörigen im staatlichen Sozialversicherungs- und Vermögensrecht (= Staatskirchenrechtliche Abhandlungen Bd. 26), Berlin 1996.

Schumacher, Wolfgang, Erklärung der Vereinigung Deutscher Ordensobern zur Frage des Verhältnisses von Kirche und Fernstehenden, in: OK (1990), S. 24–25.

Schumacher, Wolfgang, Das „Institut der Orden" mit neuem Standort in Mannheim, in OK (1998), S. 257–258.

Schumacher, Wolfgang, Missionsrat, in: LThK 7 (1998), Sp. 319.

Schumacher, Wolfgang, Ordensrelevante Gerichtsurteile und anhängige Verfahren, in: OK (1992), S. 317–323.

Schumacher, Wolfgang, Rechtliche Fragen im Zusammenhang mit Postulat und Noviziat, in: OK (1997), S. 325–340.

Schumacher, Wolfgang, Das Solidarwerk der katholischen Orden Deutschlands. Satzung und Kommentar, in: OK (1992), S. 179–198.

Schumacher, Wolfgang, Superioren-Konferenzen, in: LThK 7 (1998), Sp. 1098 f.

Schumacher, Wolfgang, Die Umsetzung der Pflegeversicherung im Ordensbereich, in: OK (1995), S. 317–335.

Schumacher, Wolfgang, Die Vereinigung Deutscher Ordensobern heute, in: Vereinigung Deutscher Ordensobern, hg. v. VDO (Broschüre), Bamberg 1998, S. 21–33.

Schumacher, Wolfgang, Versteuerung von Meßstipendien, in: OK (1998), S. 472–475.

Schwager, Friedrich, Der Düsseldorfer Missionskursus für Missionare und Ordenspriester. 7.–14. 10. 1919. Vorträge, Aussprachen und Beschlüsse des Missionskursus, hg. i. Auftrag der Superiorenkonferenz, Aachen 1920.

Siepen, Karl, Das kirchliche Handelsverbot und die Bewirtschaftung von Klostervermögen, in: OK (1963), S. 121–127.

Siepen, Karl, Klösterliche Verbände als Körperschaften des öffentlichen Rechts, in: OK (1960), S. 20–29.

Siepen, Karl, Die Konferenzen der Höheren Ordensobern der Priester- und Brüderordensverbände in Deutschland, in: Ecclesia et Ius. Festgabe für A. Scheuermann, hg. v. Karl Siepen, Joseph Weitzel, Paul Wirth, Paderborn 1968, S. 287–309.

Siepen, Karl (Hg.), Das Konzil und die Missionstätigkeit der Orden, Köln 1966.

Siepen, Karl (Hg.), Das Konzil und die Orden. Die Lehre des II. Vatikanischen Konzils über den Ordensstand, 2. erw. Folge, Köln 1967.

Siepen, Karl, Orden und Weltklerus in der Begegnung, in: OK (1970), S. 1, 27–35.

Siepen, Karl, Pater Josef Flesch CSsR, in: OK (1962), S. 81f.

Siepen, Karl, Die Rechtsstellung der klösterlichen Verbände in der Bundesrepublik Deutschland, in: OK (1960), S. 25–50.

Siepen, Karl, Die Superioren-Konferenz (Vereinigung Deutscher Ordensobern) und das Missionsärztliche Institut, in: Missionsärztliches Institut Würzburg 1922–1997, S. 95–100.

Siepen, Karl, Treuhänder, in: LThK X (1965), Sp. 335.

Siepen, Karl, Vereinigung Deutscher Ordensobern, in: LThK X (1965), Sp. 692f.

Siepen, Karl, Die „Vereinigung Deutscher Ordensobern“ nach Akten und Berichten des Generalsekretariats der Vereinigung Deutscher Ordensobern (VDO), in: OK (1964), S. 104–125.

Siepen, Karl, Vermögensrecht der klösterlichen Verbände, Paderborn 1963.

Siepen, Karl, Zusammenschlüsse und Institute der Orden: Die Vereinigung Deutscher Ordensobern und die Vereinigung der Brüderorden und -kongregationen Deutschlands, in: Männerorden in der Bundesrepublik Deutschland, hg. v. Leonard Holtz i. A. d. Vereinigung Deutscher Ordensobern, Zürich, Einsiedeln, Köln 1984, S. 375–383.

Siepen, Karl/Scheuermann, Audomar, Das Konzil und die Orden, Köln 1967.

Sinnigen, Ansgar, Geschichtliche Darstellung der in der Superioren-Vereinigung zusammengeschlossenen Orden und Kongregationen, 1. Aufl. Düsseldorf 1931, 2. Aufl. Düsseldorf 1932.

Sinnigen, Ansgar (Hg.), Kartenskizzen der Arbeitsfelder deutschsprechender Ordensleute, Berlin 1933.

Sinnigen, Ansgar, Katholische Frauengemeinschaften Deutschlands (Deutsche Schwestern-Genossenschaften), Düsseldorf 1933.

Sinnigen, Ansgar, Katholische Männerorden Deutschlands (außerhalb der Superioren-Vereinigung), 2. Aufl. Düsseldorf 1934.

Sinnigen, Ansgar, Katholische Ordensgenossenschaften in Deutschland. Die missionierenden Genossenschaften, Köln 1935.

Sinnigen, Ansgar, Superioren-Vereinigung, in: LThK IX (1937), Sp. 907f.
Sinnigen, Ansgar, *Schade, Ludwig (Hg.)*, Jahrbuch des Reichsverbandes für die katholischen Auslandsdeutschen 1926, Münster i. W. 1926.
Stasiewski, Bernhard (Bearb.), Akten deutscher Bischöfe über die Lage der Kirche 1933–1945, III: 1935–1936, Mainz 1979.
Volk, Ludwig (Bearb.), Akten deutscher Bischöfe über die Lage der Kirche 1933–1945, IV: 1936–1939; V: 1940–1942; VI: 1943–1945, Mainz 1981, 1983, 1985.
Volk, Ludwig (Bearb.), Akten Kardinal Michael von Faulhabers (1917–1945), I: 1917–1934; II: 1935–1945, Mainz 1975, 1984.
Weih, Sebastian, Pater Christoph Becker SDS und die Anfänge des Missionsärztlichen Instituts, in: Missionsärztliches Institut Würzburg 1922–1997, hg. v. Verein für ärztlichen Dienst in Übersee, Missionsärztliches Institut Würzburg, o.O. [1997], S. 89–94.

Personenregister[70]

70 Die Namen und Vornamen folgen den Angaben in den Quellen und partizipieren somit ggf. an deren Fehlern. Aus Zeitmangel konnten sie nicht in jedem Fall verifiziert werden.

Weitere Bücher von Antonia Leugers bei KNECHT

Antonia Leugers
Gegen eine Mauer bischöflichen Schweigens
Der Ausschuß für Ordensangelegenheiten und seine Widerstandskonzeption 1941 bis 1945
560 Seiten, Paperback
ISBN 3-7820-0746-8

Eine umfassende Untersuchung zum Ordensausschuß, dem bedeutendsten Bindeglied zwischen der katholischen Hierarchie – also den Bischöfen und dem Papst – und dem politischen Widerstand im Dritten Reich. Es liegt eine wissenschaftliche Arbeit vor, von der die Diskussion über den Widerstand im Dritten Reich neue Impulse empfängt. Bisherige (kirchen-)geschichtliche Forschungsergebnisse werden entscheidend korrigiert werden müssen.

Antonia Leugers
Georg Angermaier
1913–1945
Lebensbild und Tagebücher
444 Seiten, Paperback
ISBN 3-7820-0762-X

Die lesenswerte Biographie zeichnet Werdegang und Einsatz dieses Juristen und Offiziers, dem seine Kirche wie sein Land gleichermaßen Verpflichtung waren, kenntnisreich nach. Angermaiers Tagebücher, von 1941 bis kurz vor seinem mysteriösen Tod 1945 niedergeschrieben, erhellen seine religiösen, kulturellen und politischen Anschauungen. Wichtige Texte aus dem „Kreisauer Kreis“ können ihm eindeutig zugeschrieben werden.

KNECHT